Eberhard Zeller · GEIST DER FREIHEIT

EBERHARD ZELLER

GEIST DER FREIHEIT

DER ZWANZIGSTE JULI

Umschlag: Jirka Buder

Bibliographische Information der Deutschen Bibliothek:

Die Deutsche Bibliothek verzeichnet diese Publikation in der Deutschen Nationalbibliographie; detaillierte bibliographische Daten sind im Internet über http://dnb.ddb.de abrufbar.

ISBN 978-3-929886-20-7
© 2008 by Junge Freiheit Verlag GmbH&Co.
Hohenzollerndamm 27 a, 10713 Berlin
Gedruckt in Deutschland

1. Auflage August 2004
2. Auflage Juli 2008

Alle Rechte, insbesondere das der Übersetzung in fremde Sprachen, vorbehalten. Ohne ausdrückliche Genehmigung des Verlages sind Vervielfältigungen dieses Buches oder von Buchteilen auf fotomechanischem Weg (Fotokopie, Mikrokopie) nicht gestattet.

VORWORT ZUR 6. AUFLAGE

Der Verlag „Junge Freiheit" hat darum gebeten, das Buch „Geist der Freiheit. Der zwanzigste Juli", das in den Nachkriegsjahren großen Zuspruch fand und zuletzt 1965 in fünfter Auflage erschien, unverändert neu auflegen zu dürfen.

Bundespräsident Theodor Heuss hat sich in seiner großen Rede in Berlin zum 10. Jahrestag des 20. Juli 1944 an alle Deutschen gewandt: „Bekenntnis zur Gesinnung wie zum Rechte jener Männer, deren Tun Eberhard Zeller in seinem großen Werke unter das Wort gestellt hat 'Geist der Freiheit', Dank für ein Vermächtnis, das durch das stolze Sterben dem Leben der Nation geschenkt wurde.

Die Scham, in die Hitler uns Deutsche gezwungen hatte, wurde durch ihr Blut vom besudelten deutschen Namen wieder weggewischt.

Das Vermächtnis ist noch in Wirksamkeit, die Verpflichtung noch nicht eingelöst."

Ich wünsche mir, daß die Neuauflage meines Buches nach fast vier Jahrzehnten den Geist der Freiheit im Sinne der Stauffenbergschen Liebe zu Deutschland belebt.

Eberhard Zeller im Juli 2003

ZUM GELEIT

„Geist der Freiheit" ist ein besonderes Buch, früh begonnen, rastlos und sorgsam erkundet, leidenschaftlich niedergelegt. In lastenden Ereignissen deutscher Geschichte suchte Eberhard Zeller lebensvolle Menschen, die, der Menge entgegen, um das Gebot ihrer Entscheidung rangen, und die handelten. Er entriß sie dem Vergessen und der Gleichgültigkeit ihrer Nachwelt und wies auf ihr Erbe, das nicht mit ihnen getötet wurde. „Geist der Freiheit" gehört zu den intelligentesten Werken über meinen Mann, aber auch zu den sympathischsten.

Nina Gräfin von Stauffenberg im März 2004

EINLEITUNG

Angesichts des Umfangs, den die Literatur über den deutschen Widerstand gegen die nationalsozialistische Herrschaft dreißig Jahre nach dem Ende des Zweiten Weltkrieges erreicht hatte, schien die Zeit reif für eine Zwischenbilanz. Eine kaum zu überblickende Zahl von Büchern und Aufsätzen hatte sich bis dahin schon dem Thema gewidmet. Regine Büchel, die die Kärrnerarbeit ihrer bibliographischen Erfassung auf sich nahm, konnte in ihrer 1975 veröffentlichten Arbeit „Der Deutsche Widerstand im Spiegel von Fachliteratur und Publizistik seit 1945" denn auch Tausende von Titeln versammeln.[1] Der ausführliche Bericht zur Geschichte der Widerstandsforschung, den Büchel ihrer Bibliographie voranstellt, um die wichtigsten Stationen historiographischer Aufarbeitung und politischer Bewertung der deutschen Opposition zu kennzeichnen, hebt vor allem zwei Werke hervor, die ihr als Meilensteine der Widerstandsgeschichte gelten: Hans Rothfels' „Die deutsche Opposition gegen Hitler", 1949 in deutscher Übersetzung erschienen[2], und Eberhard Zellers „Geist der Freiheit", eine Darstellung, die 1952 in erster Auflage herauskam und die 1965, mehrfach überarbeitet und erweitert ihre fünfte Auflage erreichte[3].

Anders als Hans Rothfels, der 1934 infolge der NS-Rassengesetzgebung seinen Lehrstuhl an der Königsberger Universität verlor, war Eberhard Zeller kein Fachhistoriker. Gleichwohl bescheinigt ihm Büchel, daß er eine durch „eigentümliche sprachliche Ausdrucks- und Gestaltungskraft" geprägte „abgerundete, umfassende Darstellung der Widerstandsbewegung" vorgelegt habe. Dabei sei es ihm weniger um die politische Einreihung und Beurteilung der Akteure gegangen, als um den „Geist", der das Denken und Handeln dieser Menschen bestimmte. Daran ausgerichtet schildere er „in kunstvollem Ineinander" die „Motive, Persönlichkeiten und Vorgänge, die in der ausführlichen Beschreibung der Ereignisse des 20. Juli 1944 in der Wolfsschanze und in Berlin gipfeln". Zellers „prägnante Persönlichkeitsskizzen", unter denen die „Charakterbilder der Brüder Stauffenberg, denen eingestandenermaßen seine besondere Zuneigung und Verehrung gilt", mußten nach Büchels Urteil jene Biographien ersetzen, die in den siebziger Jahren noch zu den Desiderata der Widerstandsgeschichte zählten und die erst im Kontext des 40. Gedenktages (1984) nach und nach ihre Bearbeiter fanden.[4]

Zellers „Zuneigung und Verehrung" für Claus und Berthold von Stauffenberg entsprang nicht bloßem Quellenstudium und entzündete sich nicht an Berichten überlebender Zeitzeugen. Der 1909 in Stuttgart geborene Zeller war ihr Generationsgenosse, besuchte wie sie das Eberhard-Ludwig-Gymnasium seiner Vaterstadt, nahm die Stauffenberg-Brüder aus bewundernder Perspektive bei Schulaufführungen wahr. Bertholds Zwillingsbruder, der Althistoriker Alexander Schenk Graf von Stauffenberg, den Zeller 1944 kennen lernte und mit dem er in der Ablehnung des NS-Regimes rasch einig war, bat den promovierten Mediziner 1948 darum, die Geschichte des 20. Juli zu schreiben. Der wieder als praktischer Arzt tätige Zeller konnte dieses Wagnis nicht zuletzt deshalb riskieren, weil er, auch insoweit seinen einstigen Mitschülern ähnlich, seine Studien nicht auf die Ausbildung fachlicher Fähigkeiten beschränkte, sondern seinen literaturwissenschaftlichen, historischen und philosophischen Neigungen nachgab. Wie für die weltanschaulich im Kreis Stefan Georges geformten Stauffenberg-Brüder blieb auch für Zeller der Typus des „Spezialisten" hinter den wesentlichen Möglichkeiten des Menschen zurück. Dieser spätidealistische Humanismus, der in den zwanziger und dreißiger Jahren in seiner jungkonservativen Variante auf viele junge Menschen seine sinnstiftende, lebensorientierende, in der Regel aber modernisierungskritische Macht ausübte, bestimmt noch Zellers Deutungsmuster in „Geist der Freiheit". Wie er 2002 in einem kurz vor seinem Tode geführten Gespräch selbst resümierte, habe er den Aufstand gegen Hitlers Herrschaft verstanden als „Widerstand des Nationalen gegen den Totalitarismus von Fortschritt und Technisierung".[5] Das erinnert nicht von ungefähr an Martin Heideggers NS-Kritik ab 1935, die den Nationalsozialismus als Erscheinungsform der den Menschen zum „Material" degradierenden technischen Weltgesellschaft auf eine Stufe mit dem Amerikanismus und Bolschewismus stellt. Fluchtpunkt für Heidegger wie für die Zöglinge des „Meisters" Stefan George blieb die zur idealen Lebensform hypostasierte „Nation", ein spiritualisiertes Verständnis vom deutschen Volk, vom „heiligen" Deutschland, das Claus von Stauffenberg vor dem Erschießungskommando im Innenhof des Bendlerblocks angerufen haben soll, von den Deutschen, die Heidegger als Erben der Griechen und Hüter der „Wahrheit des Seins" in die Pflicht nahm, oder vom Volk in der Mitte Europas als „heilig Herz der Völker" in Friedrich Hölderlins Sinne. Daß bei dem Sozialdemokraten Theodor Haubach, auch er ein Opfer des 20. Juli, dieser Hölderlin-Vers lange vor 1933 über dem Hamburger Redaktionsschreibtisch hing, hielt Zeller natürlich schon deshalb für erwähnenswert, weil er darin über die politischen Gräben hinweg ein Kennwort des „Geheimen Deutschland" entzifferte.[6]

Bis an sein Lebensende war Zeller der Überzeugung, in dieser Fixierung auf das „geistige Deutschland", auf den „nationalen Mythos", den die Gesänge Hölderlins und die Gedichte Georges gespeist hätten, den authentischen Zugang zum Selbstverständnis der Männer um Stauffenberg gefunden zu haben.[7] Wie die ähnlich auf den „Geist" des Widerstandes abstellende, frühe und dann bis in unsere Gegenwart immer wieder repetierte Deutung Marion Gräfin Dönhoffs, mußte eine solche Interpretation Gefahr laufen, in den geschichtspolitischen Kontroversen der sich dezidiert „europäisch", „weltoffen" und „multiethnisch" verstehenden späten Bonner wie der jungen Berliner Republik marginalisiert und vergessen zu werden. Was Eckart Conze jüngst gegen Dönhoffs „Bild vom Widerstand" geltend machte, wäre daher im Kern auch auf Zeller zu beziehen: ihre Deutung individualisiere, moralisiere und heroisiere den Widerstand.[8] Sie verkürze ihn durch ihre Konzentration auf den 20. Juli, auf das Handeln der adelig-bürgerlichen Oberschicht und einiger, vor 1933 hochrangiger Funktionäre der Arbeiterbewegung wie Julius Leber und Wilhelm Leuschner.

Den Rahmen dieser sozial weitgehend homogenen Schicht verlassen auch Zellers Gruppenporträts nicht. Die seit den siebziger Jahren eingeforderte „Breite und Vielfalt des Widerstands", eine Forschungsstrategie, die sich dann dem sozialistischen und kommunistischen Widerstand verstärkt zuwandte, schließlich die exzessive Ausdehnung des Widerstandsbegriffs auf geschlechtlich Diskriminierte, Deserteure, Jugendrenitenz, sowie die Emigration samt des in Stalins Diensten stehenden „Nationalkomitees Freies Deutschland" – davon ist Zeller weit entfernt. Die überschaubaren, mühelos zu individualisierenden Zirkel, deren Aktivitäten Zeller auf einer für seine Zeit schon erstaunlich breiten, durch ihn um viele Zeitzeugenaussagen bereicherten Quellenbasis nachzeichnet[9], vornehmlich also die nationalkonservativen Hitler-Opponenten um Carl Goerdeler, Ulrich von Hassell und Johannes Popitz, die Militäropposition mit Ludwig Beck, Henning von Tresckow und Stauffenberg, dazu der Kreisauer Kreis, einige Exponenten des protestantischen wie katholischen Widerstands neben sozialdemokratischer und gewerkschaftlicher Prominenz, stehen bei ihm für jenen „Aufstand des Gewissens", unter den auch Annedore Leber etwa zeitgleich mit Zeller ihre „64 Lebensbilder aus dem deutschen Widerstand" in einem weit verbreiteten Sammelband zusammenfaßte.[10] Die soziale Homogenität korrespondierte also mit einer einheitlichen, genau genommen vereinheitlichten Motivlage. Primär sind ethische, stark christlich imprägnierte Werte Triebfedern der „Aufständischen". Deutschland wird als idealisierte Kulturnation dabei zumeist verwoben mit der abendländischen Wertegemeinschaft und dem universalisierbaren Verständnis von „Recht" und „Freiheit". Kehrseite solcher Moralisierung ist, bei Zeller wie bei Rothfels und Dönhoff, die enthistorisierende „Monumentalisierung" des Widerstands. Sind allein moralische Impulse für das Handeln bestimmend, gehe, so Conzes Einwand, der politische Kontext und damit auch die „Heterogenität", die „Gegensätzlichkeit von Widerstandsmotiven und Wider-standszielen" verloren. In der Tat ist es dann zur Heroisierung nur noch ein kleiner Schritt.[11] Davon ist die Widerstandsliteratur der fünfziger Jahre, sind vor allem die Pionierarbeiten von Rothfels und Zeller, sicher nicht frei. Vom Paradigma der jüngeren Widerstandsforschung, von deren Interesse am Nachweis einer weitgehenden „Kollaboration" der konservativen „Funktionseliten" mit dem NS-Regime[12], trennen Rothfels und Zeller lebensgeschichtliche und ideologische Welten. Hier haben die zahlreichen Lebensbeschreibungen, die Zellers Porträtskizzen inzwischen ergänzen oder ersetzen, differenzierend gewirkt und „das Bild vom monumentalen Charakter der militärisch-konservativen Opposition" weitgehend aufgelöst.[13] Doch dies führt mittlerweile zu paradoxen vergangenheitspolitischen Déjà-vu-Effekten: Unaufhaltsam scheint sich die Phalanx der am „Kollaborations"-Paradigma orientierten Widerstandshistoriker, allen voran jener radikale Flügel, der bestrebt ist, die Protagonisten der Militäropposition in der Heeresgruppe Mitte um Henning von Tresckow in der Grauzone zwischen Mitwisser- und Mittäterschaft am Judenmord anzusiedeln[13], den Verdammungen des Widerstands zu nähern, die ihre Ursprünge in der alliierten Kriegspropaganda hatten. Angelsächsische und sowjetkommunistische Deutungen, denen in der DDR noch ein langes Fortwirken beschieden war, wollten eine prinzipielle weltanschauliche Differenz zwischen „Nazis" und ihren „Helfershelfern" aus „Junkertum" und „Bourgeoisie" nicht zulassen. Diese Negierung eines „anderen Deutschland" erstickte bekanntlich jedes Verhandlungsangebot im Keim, das Emissäre wie Ulrich von Hassell oder Adam Trott zu Solz im Namen der deutschen Opposition Richtung London und Washington auf den Weg brachten und machte sie zu „verlassenen Verschwörern".[14] Stauffenbergs mißlungenes Attentat werteten angelsächsische Politiker und Publizisten kurz nach dem 20. Juli 1944 fast einmütig als internen Machtkampf zwischen „preußischen Militaristen" und „Nazis". Aus Moskauer Sicht wollten die deutschen „Monopolkapitalisten" sich mit Hilfe der „Generals- und Adelskaste" der gescheiterten NS-Führung entledigen, um noch rechtzeitig einen Frontwechsel hin zu den westlichen „Klassengenossen" vollziehen und ihre „verbrecherische imperialistische Politik" gegen die Sowjetunion fortsetzen zu können.[15] In der unmittelbaren Nachkriegs- und Besatzungszeit ging diese Negierung des „anderen Deutschland" in den Westzonen so weit, daß wichtige Zeitzeugnisse von Opfern und Verfolgten wie Ulrich von Hassells Tagebücher (1946), Fabian von Schlabrendorffs „Offiziere gegen Hitler" (1946) oder Rudolf Pechels „Deutscher Widerstand" (1947) nur in Zürich verlegt werden konnten. Erst der einsetzende „Kalte Krieg" und die sich daraus ergebende Notwendigkeit, Westdeutschland in die Front gegen die Sowjetunion zu integrieren, gab den Weg frei für Identifikationsangebote, die das „bessere Deutschland" der „Nicht-Gleichschaltung" (Rothfels), das der Kirchen, der intellektuell-künstlerischen „inneren Emigration", und eben vor allem das der „Widerstandszirkel" in Verwaltung, Wehrmacht und Diplomatie parat hielt.[16] Den Arbeiten von Rothfels und Zeller kommt in diesem Kontext das nicht zu überschätzende Verdienst zu, zuerst und eindrücklich die prinzipielle weltanschauliche und politische Differenz zwischen Hitler und seinen Gegnern, den fundamentalen Unterschied zwischen der nationalsozialistischen Ideologie und dem christlich-humanistischen Menschenbild des konservativen, konfessionellen und sozialdemokratischen Widerstands profiliert zu haben. Angesichts forschungspolitischer Tendenzen, diesen Graben zuzuschütten, und insbesondere den militärischen Widerstand gegen Hitler mit den NS-Verbrechen zu identifizieren, scheint das Werk Eberhard Zellers heute eine neue aktuelle Qualität zu gewinnen, indem es diesem Ungeist bundesdeutscher Traditionsentsorgung widersteht.

Dieter Stein

Anmerkungen

1 Regine Büchel, Der Deutsche Widerstand im Spiegel von Fachliteratur und Publizistik seit 1945, München 1975 (=Schriften der Bibliothek für Zeitgeschichte, N. F. der Bibliographien der Weltkriegsbücherei, Heft 15).

2 Hans Rothfels, Die deutsche Opposition gegen Hitler. Eine Würdigung, Krefeld 1949, 2. Aufl. ebd. 1951, zuerst in den USA 1948 erschienen.

3 Eberhard Zeller, Geist der Freiheit. Der 20. Juli, München: Rinn Verlag 1952, in einem Umfang von 395 Seiten; die 2. vermehrte Auflage erschien schon 1954 mit 454 Seiten, eine dritte Auflage folgte 1957, die vierte, „vollständig neu bearbeitete Auflage" wurde dann von einem neuen Verlag, Gotthold Müller in München, herausgebracht, der 1965 auch die 560 Seiten zählende Fassung als „nochmals durchgesehene" fünfte Auflage ins Programm nahm, die Textgrundlage dieses Neudrucks ist.

4 Büchel (wie Anm. 1), S. 18 f.

5 Moritz Schwarz, „Kampf für Deutschland". Eberhard Zeller über den 20. Juli, die Gebrüder Stauffenberg und die Entnationalisierung des Widerstandes, in: Junge Freiheit, 17. Jg., Nr. 30/02, 19. Juli 2002. Eberhard Zeller starb am 8. September 2003 in Friedrichshafen am Bodensee; vgl. den Nachruf von M. Schwarz, Der Hüter. Zum Tode Eberhard Zellers, in: Junge Freiheit, 18. Jg., Nr. 39/03, 19. September 2003.

6 Zeller (wie Anm. 3), 1965, S. 503.

7 Vgl. Zeller im Interwiev mit M. Schwarz (wie Anm. 5).

8 Eckard Conze, Aufstand des preußischen Adels. Marion Gräfin Dönhoff und das Bild des Widerstandes gegen den Nationalsozialismus in der Bundesrepublik Deutschland, in: Vierteljahreshefte für Zeitgeschichte 51, 2003, S. 483-508.

9 Das in fünfzehn Jahren zusammengetragene Material für den „Geist der Freiheit" befindet sich in der „Sammlung Zeller" im Institut für Zeitgeschichte, München.

10 Annedore Leber, Das Gewissen steht auf. 64 Lebensbilder aus dem deutschen Widerstand 1933-1945. Hg. in Zusammenarbeit mit Willy Brandt und Karl Dietrich Bracher, Berlin-Frankfurt/M. 1954.

11 Conze (wie Anm. 8), S. 499 f.
12 Vgl. etwa, mit einschlägigem Untertitel, die Monographie von Theodore S. Hamerow, Die Attentäter. Der 20. Juli – von der Kollaboration zum Widerstand, München: C. H. Beck 1999.
13 So zu Recht Gerd R. Ueberschär, Von der Einzeltat des 20. Juli 1944 zur „Volksopposition"? Stationen und Wege der westdeutschen Historiographie nach 1945, in: ders. (Hg.), Der 20. Juli. Das „andere Deutschland" in der Vergangenheitspolitik, Berlin 1998, S. 125-157 (hier zit. S. 137).
14 Klemens von Klemperer, Die verlassenen Verschwörer. Der deutsche Widerstand auf der Suche nach Verbündeten 1938-1945, Berlin 1994.
15 Dazu ein langjähriger dogmatischer Verfechter marxistisch-leninistischer Positionen zur Bewertung des 20. Juli: Kurt Finker, Die Stellung der Sowjetunion und der sowjetischen Geschichtsschreibung zum 20. Juli 1944, in: Ueberschär (wie Anm. 13), S. 47-67 und ebd. Lothar Kettenacker, Die Haltung der Westalliierten gegenüber Hitlerattentat und Widerstand nach dem 20. Juli 1944, S. 22-46.
16 Rothfels (wie Anm. 2), 1951, S. 36 ff.

VORREDE

> Ehrt uns nicht mit Kränzen,
> Kränkt uns nicht mit Mälern.

Der Zwanzigste Juli wirkt als sokratisches Daimonion in unserem Schicksal. Wir sollten uns hüten, uns durch staatliche Denkmalpflege und historische Würdigung von ihm loskaufen zu wollen. Noch hat er seinen revolutionären Zündstoff nicht verbraucht, fordert Gegenwart und widerlegt unseren Wunschtraum, wir segelten, geborgen in eine neue Zeit, stetig vor dem Wind . . .
Die Bundesrepublik hat sich des Dankes angenommen, den sie den Männern und Frauen des Zwanzigsten Juli und ihrem Opfer für Freiheit, Gerechtigkeit und für ein neues Zusammenleben der Völker zu schulden glaubt, und sie weiß sie als Zeugen gegen Unterdrückung und Lüge jenseits der Mauer. Das Heer hat sich aus dem Eidstreit gelöst und hat durch Namengebungen an Kasernen das ihm gewordene Erbe bejaht.
Im andern Teil Deutschlands hat sich nach einem Jahrzehnt der Schmähung eine wahlweise Rühmung durchgesetzt: gegen die führende Gruppe um Beck und Goerdeler („Handlanger des Imperialismus", „Reaktionäre") werden die Patrioten um Stauffenberg hervorgehoben, die für die Rettung der deutschen Nation kämpften und sich „auf die Seite der patriotischen Volkskräfte und des historischen Fortschritts stellten". Auf sie sich zu berufen, wird der Bundesregierung das Recht abgesprochen, die den Deutschen ihr Vaterland genommen und sie an die Wirtschaftsmächte des Westens verkauft habe.
Wäre der Gedanke erlaubt, die Männer kämen nach zwanzig Jahren zurück, die Deutschland mehr liebten als sich selbst: wie würden sie urteilen? Manches in der so anderen Zeit würden sie gewiß als Erfüllung begrüßen, so das Sichzusammenfinden der europäischen Völker, anderes mit Sorge, ja vielleicht Scham sehen, wenn sie uns so wirt-

schaftlich, so „privat" wiederfänden und so kurzsichtig, daß wir unsere Freiheit für von innen errungen und befestigt halten, die wir zuerst der Teilnahme an politischen Entwicklungen von außen verdanken – Entwicklungen, die den Riß zwischen Deutschen und Deutschen vertieft und die ganze Last des verlorenen Krieges der einen Seite aufgeladen haben. So käme mancher von ihnen vielleicht zu einem Urteil, das die Worte des Paters Delp auf Deutschland übertrüge: „. . . wird aufs neue in den Schmelztiegel geworfen, weil es die letzte Probe falsch bestand und die gestellte Frage betrügerisch löste." Mancher sähe vielleicht Hoffnungen. Streng und fremd erschienen sie uns jedenfalls, auch wenn wir auf ihren Vorwurf mit einem bitteren Müssen antworteten ... Die Aufnahme der Atom-„Waffe" hat zudem ihre verantwortliche Frage erneuert: was tun *wir* gegen die Zerstörung des Menschen durch die Akte politischer Übermächte?

Es scheint, wir könnten den Zwanzigsten Juli nicht so leicht feiern, wir müßten sein Wagnis erst bestehen.

ZUR FÜNFTEN AUFLAGE

Die Neuausgabe des Buches folgt dem Text der neubearbeiteten und durch hinzugekommene Quellen, insbesondere über Claus Stauffenberg, erweiterten vierten Auflage. Einzelnes ist berichtigt, weniges gekürzt oder neu aufgenommen.

Inzwischen ist durch Hannah ARENDT, Professorin für politische Theorie in den USA (einst Jaspers-Schülerin in Heidelberg) in ihrem Buch „Eichmann in Jerusalem" (1964) ein Angriff auf die Männer des Zwanzigsten Juli erfolgt, dem hier entgegenzutreten ist.

H. Arendt geht davon aus, daß die „gesamte tonangebende Gesellschaft auf die eine oder andere Weise Hitler zum Opfer gefallen war" (23). Sie behauptet, daß auch die Opposition des Zwanzigsten Juli sich „erst an der Kriegsfrage entzündet" (133) habe und daß auch diese Männer den Eindruck erweckten, „daß das, was man gemeinhin unter Gewissen versteht, in Deutschland so gut wie verlorengegangen war" (138). Sie spricht von der „Komplizität der gesamten Beamtenschaft in den staatlichen Ministerien, der Wehrmacht und des Generalstabs, der Justiz, der Industrie und der Wirtschaft" (44) bei der Ausrottung der

Juden und sieht im Einklang mit einer Stelle aus dem posthum aus dem KZ veröffentlichten „Tagebuch eines Verzweifelten" in dem Aufstand vom Zwanzigsten Juli den macchiavellistischen Schachzug einer von je gewissenlosen Gruppe „sich ein politisches Alibi zu verschaffen" (137). Die sachliche Widerlegung solcher Behauptungen von H. Arendt enthält dieses Buch. Der apodiktische Anspruch ihrer Pauschalverurteilung wirft die Frage nach deren Grundlegung auf, die offensichtlich im argen liegt. Man kann den Zwanzigsten Juli nicht aus übriggebliebenen Niederschriften C. F. Goerdelers beurteilen, die sein sehr persönliches Gepräge tragen und jeweils aus ganz bestimmter Wirkungsabsicht hervorgegangen sind. Nach überwiegenden Zeugnissen – viele sind hier enthalten – gab es kaum jemals eine politische Aufstandsbewegung, die so stark wie diese vom Ethischen, von dem, „was man gemeinhin unter Gewissen versteht", vom Begehren nach Sühnung, Reinigung, Umkehr aus der Bahn des Frevels bestimmt war – so sehr, daß es dieser Bewegung sogar zum Vorwurf gemacht worden ist.

In H. Arendts Augen gab es nur „einen Weg, im 3. Reich zu leben, ohne sich als Nazi zu betätigen, nämlich überhaupt nicht in Erscheinung zu treten...", und sie sagt: „... dies Nichtteilnehmen war das einzige Kriterium, an dem wir heute Schuld und Schuldlosigkeit des einzelnen messen können" (164). Ein staatliches Tun aber, das sich verantwortlich fühlt, das Selbstreinigung und Umkehr einschließt, ja durch sie erst möglich wird, fehlt im eigenen Gedankenbereich der Autorin und ist ihr, wo sie ihm begegnet, zutiefst verdächtig.

Mit Recht schließt H. Arendt den Allzumal-Sünder-Ausweg eines „Eichmann in uns selbst" aus dem juristischen Blickfeld aus. Sie läßt aber in einem Epilog erkennen, daß die Entdeckung der Atomenergie eine Situation schuf, „in der man ‚Probleme' mit einem Vernichtungspotential lösen könnte, dem gegenüber Hitlers Gasanlagen sich wie die stümperhaften Versuche eines bösartigen Kindes ausnehmen. Es besteht aller Grund, sich zu fürchten, und aller Grund, die Vergangenheit zu bewältigen" (322). Diese Bewältigung gilt der Autorin nur für die Greuel von Auschwitz, nicht aber für die von Hiroshima und Nagasaki, die sie als „Kriegsverbrechen im Sinne der Haager Konvention" einreiht – einer Konvention, die ihr aber als „überholt" erscheint, da „die technische Entwicklung der Gewaltmittel die Anwendung von ‚verbrecherischer Kriegführung' unvermeidlich gemacht hatte" (304 f.).

Diese moralisch wie völkerrechtlich dubiose Entgegensetzung der „zwecklosen" und der militärisch „zweckmäßigen" (ebendort) Brutalität des Völkermordes läßt Günther ANDERS, der durch das gleiche Exilschicksal gegangene Philosoph aus Wien (H. Arendt entstammt einer Königsberger Familie), in seiner Schrift zum Eichmann-Prozeß „Wir Eichmann-Söhne" (1964) nicht mehr als möglich zu. Er stellt Auschwitz, ohne die Größe der Untat zu vermindern, in eine Reihe mit Hiroshima und begreift den politischen als eine Ausdrucksform des epochalen „technischen Totalitarismus"*, der den Menschen aus der gewachsenen Struktur, worin er sich selbst vorstellen und sich verantworten kann, herauslöst und der in Zukunft, unter dem Banner der Freiheit oder in jedweder Planwirtschaft, ein noch schlimmeres Auschwitz oder Hiroshima verwirklichen kann.

Daß der Zwanzigste Juli ein „Aufstand des Geistes" auch gegen diese Welt war, die heute im Weltwesten wie im Weltosten immer mächtiger heraufkommt, gibt ihm auch zukünftige Bedeutung.

Von Alexander Graf STAUFFENBERG, der als letzter der drei Brüder gestorben ist (1964), ist ein Band Gedichte erschienen: „Denkmal" (1964), das als künstlerische Dokumentation eines Nahestehenden bedeutend ist für das Geschehen des Zwanzigsten Juli.

Sei zuletzt aus dem Vorwort zur 4. Auflage dieses Buchs zu wiederholen erlaubt: Der Verfasser, um Darstellung bemüht, ist sich seiner Einseitigkeit bewußt gegenüber denen, die Rezension und Kritik verlangen und ihm vielleicht ein „Heldenepos" unterstellen. Er möchte wünschen, ein geschichtliches Anschauungs-, ja Lernbuch zu geben für den, der sich bewegen zu lassen, zu fassen, zu sichten bereit ist.

Seinen Dank hat er zu übermitteln Herrn Gotthold Müller, der als ihr Verleger die Arbeit mit innerer Beteiligung bereitwillig unterstützt hat, und Herrn Hermann Graml vom Institut für Zeitgeschichte in München, dessen fachliche Beratung ihr besonders zustatten kam.

7991 Fischbach/Bodensee, im Frühjahr 1965   Eberhard Zeller

---

* *Friedrich Wagner* zeigt in seinem umfassenden Buch „Die Wissenschaft und die gefährdete Welt" (1964) von der autonomen Wissenschaft, insbesondere der Kernforschung und der Genetik her, die sozialen und soziologischen Entwicklungslinien auf, die zu diesem das Menschengefüge vollkommen verwandelnden „technischen Totalitarismus" führen.

Inhalt

DAS VORGESCHEHEN

I	LUDWIG BECK. DER CHEF DES DEUTSCHEN GENERALSTABS IM KAMPF GEGEN DEN KRIEG	13
II	BECKS VERBÜNDETE	34
III	ERSTE UMSTURZVERSUCHE 1938/1939	45
IV	CARL FRIEDRICH GOERDELER. MÄNNER DER RECHTEN	65
V	MÄNNER DER LINKEN	91
VI	DER KREISAUER KREIS	130
VII	EINZELPERSÖNLICHKEITEN	163
VIII	HENNING VON TRESCKOW. NEUE UMSTURZVERSUCHE IM HEER	191

DER ZWANZIGSTE JULI

IX	CLAUS UND BERTHOLD STAUFFENBERG	225
X	DER KREIS DER BETEILIGTEN	256
XI	PLÄNE UND VORBEREITUNGEN	302
XII	GESCHEITERTE VERSUCHE. KAMPF UM DIE ENTSCHEIDUNG	330
XIII	DER ZWANZIGSTE JULI: BERLIN – PARIS – HAUPTQUARTIER	378
	SPÄTERE KLÄRUNGEN	429
XIV	VERFOLGUNG UND GERICHT	450
	ABSCHLUSS	473

HINWEISE UND ERGÄNZUNGEN	491
SCHRIFTTUM	546
NAMENSVERZEICHNIS	551

DAS VORGESCHEHEN

I LUDWIG BECK
DER CHEF DES DEUTSCHEN GENERALSTABS IM KAMPF GEGEN DEN KRIEG

„Es stehen hier letzte Entscheidungen über den Stand der Nation auf dem Spiel. Die Geschichte wird diese Führer mit einer Blutschuld belasten, wenn sie nicht nach ihrem fachlichen und staatspolitischen Gewissen handeln. Ihr soldatischer Gehorsam hat dort eine Grenze, wo ihr Wissen, ihr Gewissen und ihre Verantwortung die Ausführung eines Befehls verbieten. Finden ihre Ratschläge und Warnungen in solcher Lage kein Gehör, dann haben sie das Recht und die Pflicht vor dem Volk und vor der Geschichte, von ihren Ämtern abzutreten. Wenn sie alle in einem geschlossenen Willen handeln, so ist die Durchführung einer kriegerischen Handlung unmöglich. Sie haben damit ihr Vaterland vor dem Schlimmsten, vor dem Untergang bewahrt. Es ist ein Mangel an Größe und Erkenntnis der Aufgabe, wenn ein Soldat in höchster Stellung in solchen Zeiten seine Pflichten nur in dem begrenzten Rahmen seiner militärischen Aufgaben sieht, ohne sich der höchsten Verantwortung vor dem gesamten Volk bewußt zu werden. Außergewöhnliche Zeiten verlangen außergewöhnliche Handlungen[1]."

Mit diesen Sätzen überschreitet LUDWIG BECK, 1933-1938 deutscher Generalstabschef, die Grenzen der Tradition, die für den hohen deutschen Offizier verpflichtend gewesen war, und ruft dem andern, an den sie gerichtet sind, eine höhere Verantwortung als die loyaler Pflichttreue vor Augen. Er ist bereit, jede Folgerung daraus auf sich zu nehmen. Sechs Jahre später gibt er dafür sein Leben.

Seine Vorfahren waren hessische Offiziere gewesen. Der Vater, ein besonderer Kenner des Eisens und der Eisenverhüttung, Gelehrter wie Unternehmer, war als Leiter eines Hüttenwerkes in Biebrich im Rheingau ansässig geworden. Hier wuchs Beck – er war 1880 geboren – mit seinen zwei Brüdern in einem schönen Besitztum unmittelbar am Rhein auf und besuchte das Gymnasium in Wiesbaden. Im Ersten Weltkrieg war er in Generalstabsstellungen tätig, vom Winter 1916/17 ab im Oberkommando der Heeresgruppe „Deutscher Kronprinz", wo er in ein nahes und später noch freundschaftliches Verhältnis zum Generalstabschef, dem von ihm verehrten Grafen von der Schulenburg, trat.

Im Hunderttausend-Mann-Heer stieg er bis zum Generalleutnant auf. Am 1. Oktober 1933 rückte er in die Stellung ein, für die ihn seine Gaben bestimmten. Als Erzieher des Nachwuchses im Generalstab trat er weniger als der Heereschef in Erscheinung, aber seine formende Kraft wirkte so stark wie die keines anderen hohen Offiziers in diesen Jahren. Seine „gedankenreiche und herzerwärmende Rede", die er im Oktober 1935 zum 125jährigen Bestehen der Kriegsakademie hielt, hat viele seiner Hörer noch lange bewegt, die in dem von ihm gezeichneten Bild Moltkes die Züge ihres eigenen Generalstabschefs erkennen lernten[2].

„Vornehm und gütig in der Sinnesart, bescheiden im äußeren Auftreten und in seiner Haltung", so schildert ihn ein ihm nahestehender Offizier, „von vollendeten weltmännischen Formen im Verkehr mit jedermann, wohl der klügste und bestgeschulte Kopf des Heeres, von ungeheurer Arbeitskraft, genau im einzelnen, großzügig im Großen, sorgsam im Wägen. Unvoreingenommen gegenüber Menschen und Dingen, schätzte er aufrechte Berater, erkannte abweichende und gegenteilige Auffassungen an und besaß die Klugheit des Zuhörens in der Vollendung. Große Selbstbeherrschung und ständige Selbstzucht bewahrten ihn vor übereilten Urteilen und Entschlüssen[3]."

In einer Denkschrift von den Pflichten des obersten Vorgesetzten aller Generalstabsoffiziere schreibt Beck die ihn bezeichnenden Sätze: „Er ist für die theoretische und praktische Ausbildung des Generalstabs, nicht zuletzt aber auch für seine Erziehung und Haltung nach Charakter und Persönlichkeit verantwortlich. Was er lehrt, danach muß er auch handeln. Ein Zwiespalt zwischen Worten und Handeln wäre für ihn tödlich und von verderblicher Wirkung auf den Generalstab. Sieht er sich daher vor eine Lage gestellt, die nach gewissenhaftester Prüfung subjektiv nur diesen Ausweg für ihn lassen würde – ganz einerlei, daß seine Auffassung objektiv falsch sein kann –, so muß er im Interesse des Generalstabs seinen Platz einem anderen räumen. Zweifel an seiner Geradlinigkeit sind ausgeschlossen[4]."

Beck gehörte zu den national gesinnten Deutschen, doch ohne die Enge des Begreifens und Wollens, mit der weite Kreise innerhalb der bürgerlichen Parteien, der Universitätsjugend und der nationalen Verbände einem festgehaltenen Wunschbild folgten. Sein Weg durch die 35 Jahre, die zwischen Versailles und seinem Tod liegen, zeigt seine Wandlungsfähigkeit und daß ihm das Schicksal Deutschlands mehr galt als ein liebgewordener nationaler Glaube. Obwohl Beck die Strategie des starken Ludendorff als nicht zu verantworten ansah und zu seinem Chef Schulenburg hielt, der längst, auch um den Preis der Ungnade, auf einen Verhandlungsfrieden gedrängt hatte, schien ihm, der im schwersten Kampf um die Rettung des Heeres stand, der Einbruch im November 1918 als Werk der Wühlarbeit und eines lang vorbereiteten Dolchstoßes in den Rücken, wie es sein Brief vom 28. November 1918 ausspricht[5]. Die Gründung einer deutschen Republik bedeutete für die überwiegende Zahl der Offiziere wohl nicht mehr als eine der zu tragenden Kriegsfolgen, die es, wenn schon nicht abzuschütteln (Kapp), so doch auszuwägen galt. Der Schritt, selbst an der Republik mitzubauen, die für Deutschland doch immerhin auch geschichtliche Wurzeln und Entwicklungsmöglichkeiten hatte, und etwa gerade die Reichswehr mit dem Geist eines neuen Volksstaates zu erfüllen, war für die noch in der Tradition des Kaiserreichs stehenden Offiziere nicht vollziehbar, solange sie sich und ihre Aufgabe von den Wortführern der neuen Republik nur als notwendiges Übel geduldet sahen. Diese Distanz der Reichswehr hätte sich vielleicht nur in längeren Jahren einer ruhigen und erfolgreichen Existenz dieses neuen Staates aufheben und verringern lassen. Aber die war der improvisierten, mit Versailles belasteten und immer wieder von inneren Krisen geschüttelten Demokratie nicht beschieden. Seeckt, der „steinerne Gast" an den Ministertischen der Republik, war gewiß nicht schlecht beraten, seine Reichswehr in den chaotischen Nachkriegsjahren aus der Tagespolitik herauszuhalten, und er hat der jungen Staatsgründung vom Militärischen her dadurch gewiß ihre Entwicklung ermöglicht. Seine bedenkliche These, es komme nur darauf an, daß der Soldat fest in der Hand seiner Führung sei, alles andere sei gleichgültig, hat aber später gezeigt, wie sehr dieses Heer – gleichsam auf Abruf – in einen leeren Raum gestellt war, in dem seine Begeisterungsfähigkeit nicht angesprochen wurde. Drei junge Offiziere seines damaligen Ulmer

Regiments, die aus dieser Lage auszubrechen versucht und sich schuldig gemacht hatten, hat Beck unter Gefahr für seine Karriere als Zeuge der Verteidigung vor dem Reichsgericht gedeckt. Sie hatten nationalsozialistische Zellen in der Reichswehr gebildet. „So wie ich denken zwei Drittel der jungen Offiziere in der Reichswehr", hatte einer von ihnen gesagt, „und was sollen wir sonst auch denken? Haben wir denn sonst eine Idee, haben wir einen Idealismus, haben wir sonst etwas für unsere nationale Gesinnung?" (Oktober 1930)[6]

Die Loyalität, mit der die Offiziere der Reichswehr dem ungeliebten und glanzlosen Weimarer Staat dienten, war zu wenig, denn sie war für sie im Grunde nur erträglich mit der Erwartung, als Hort echten Soldatentums die arme Zeit zu überdauern und dann einem kommenden Deutschland zu dienen, das sich von seiner Beschränkung durch Versailles frei mache und in eigener Souveränität wieder die Traditionen seines nationalen Daseins aufnehme.

Die 1929/30 beginnende Endkrise der Weimarer Republik konnte nicht zu freundlicheren Beziehungen zwischen Heer und Staat führen. Das Bild zunehmender Verwirrung, ja Auflösung, das die innenpolitische Bühne bot, bestärkte die von einer Regierung in erster Linie Autorität und Stabilität erwartenden Soldaten eher in ihrer Zurückhaltung. Um diese Zeit war der Reichskanzler Brüning, nachdem schon durch Stresemann die Stellung Deutschlands verbessert worden war, auf seinem Weg mühsamer Verhandlungen so weit gelangt, daß eine Streichung der deutschen Kriegsschulden zugesagt wurde, vor allem durch seinen Hinweis auf die wachsenden radikalen Strömungen in Deutschland, die für die ehemaligen Alliierten nicht gleichgültig sein konnten. Ein großer Teil der Kriegsschulden hatte sich freilich in nicht weniger drückende wirtschaftliche Verpflichtungen verwandelt. Mit dem Beschluß der Abrüstungskonferenz vom 11. Dezember 1932 wurde Deutschland im Grundsatz die Gleichberechtigung in Rüstungsfragen zugestanden, doch war es durch die Bindung von Versailles auch damit noch nicht in der Lage, sich wirksam zu verteidigen. Es konnte Verträge wirtschaftlicher Art schließen, war aber in Wahrheit nicht bündnisfähig. Die von beiden Ländern gewünschte Zollunion mit Österreich wurde den zwei deutschen Staaten verboten.

Die außenpolitischen Erfolge dieser Jahre kamen entweder zu spät oder sie waren für die Bedrückten nicht deutlich oder eindrucksvoll genug. Denn inzwischen war seit Ende 1929, ausgehend von einem Bankenkrach in USA, eine Weltwirtschaftskrise mit besonderer Wucht auf Deutschland hereingebrochen, die bis Ende 1932 etwa ein Drittel der deutschen Bevölkerung ins Elend gerissen hatte. In ihr erhob sich Anarchie. Stärkste Partei war nach dem Ergebnis der Reichstagswahl vom 6. November 1932 die Nationalsozialistische Deutsche Arbeiter-Partei mit rund 12 Millionen Stimmen. Die Kommunistische Partei, mit rund 6 Millionen an dritter Stelle, war gleichfalls angewachsen. Die Sozialdemokratische Partei, mit gut 7 Millionen den Kommunisten kaum noch überlegen, war offensichtlich nicht mehr imstande, die zum Handeln Drängenden in sich zu halten. Die bürgerlichen Parteien fielen zurück, das Rot der „Rechts- und Linksbolschewisten" beherrschte die Straßen und die Masse des Volkes und lähmte die Tätigkeit des Reichstages bis zur Arbeitsunfähigkeit, was wiederum die Krise unübersehbar werden und an ihrer Überwindung mit normalen Mitteln verzweifeln ließ. Versuche der Kanzler von Papen und von Schleicher, durch nationale Parolen und Maßnahmen den Nationalsozialisten den Wind aus den Segeln zu nehmen, scheiterten. Bankrotte und Versteigerungen von Bauernwirtschaften nahmen täglich zu. Ein Heer von fast 7 Millionen Arbeitslosen entzog den noch Arbeitenden weitere Mittel und gab der zum Umsturz drängenden Unruhe gefährliche Nahrung.

In dieser Lage, so schien es, gab es für die Eindämmung des Kommunismus nur mehr die Wahl zwischen einer Militärdiktatur und der Kanzlerschaft Hitlers. Die Reichswehr hätte eine Diktatur zur Rettung der Republik vor Hitler nur widerwillig gestützt. Gewiß hatte die Mehrzahl der Offiziere das Anwachsen der NSDAP mit Unbehagen verfolgt, zu fremd war ihnen die dort gepflegte Radikalität der Gesinnung und des auf Massenwirken gestellten Gebarens. Andererseits mußte ihnen Hitler als nationaler Politiker, der mit seiner Bewegung ungewöhnliche Kräfte aufzurufen verstand, verbündet erscheinen, da er wie sie selbst gegen Versailles, gegen die Rüstungsbeschränkungen und für ein starkes, unabhängiges und in sich einiges Deutschland kämpfte[7]. Als der deutschnationale Parteiführer Hugenberg mit Hjalmar Schacht zusammen im Oktober 1931 seine Partei in ein Bündnis mit Hitler führte, das als „Harzburger Front" erst nur taktisch – gegen Brüning – gemeint war, aber später folgenschwer bestimmend wurde, sprach sich auch im Offizierskorps das freilich nie vorbehaltfreie Wohlwollen für Hitler deutlicher aus, und man begann mit ihm als einer kommenden Kraft im Staat zu rechnen. Hätte er einen ungesetzlichen Versuch gewagt, sich des Staats zu bemächtigen, so wäre die Reichswehr wohl noch Ende 1932 auf Hindenburgs Befehl zur Gewalt gegen ihn bereit gewesen, anders, wenn es ihm gelang, durch Hindenburg legal zur Macht zu kommen.

Vor die schwere Entscheidung des Januar 1933 gestellt, entschloß sich der 86jährige Reichspräsident, obwohl selbst in nüchterner Distanz zu Hitler („der böhmische Gefreite"), ihn als Kanzler zur Bildung einer neuen Regierung zu berufen (30. Januar 1933). Der Chef der Heeresleitung, Frh. von Hammerstein, hatte drei Tage zuvor im persönlichen Vortrag sich gegen eine Betrauung Hitlers ausgesprochen und bei Hindenburg eine gleiche Ansicht gefunden. Danach aber hatten sich bei ihm die Einwirkungen des früheren Kanzlers von Papen und seines Sohnes Oskar von Hindenburg durchgesetzt. General von Schleicher, der eben abgelöste Kanzler, suchte nach gefallener Entscheidung den militärischen Ausnahmezustand noch durch Konspiration mit den Gewerkschaften zu erreichen[8]. Die Mehrzahl der Offiziere stand wohl auf der Seite Hindenburgs. Auch Beck hatte keine andere Lösung gesehen, als Hitler aus der Opposition in die Verantwortung zu rufen und sich an der Aufgabe bewähren zu lassen, die er zu lösen versprochen hatte: die Anarchie im Inneren zu bändigen und nach außen die Gleichberechtigung Deutschlands zu erkämpfen.

Die ersten fünf Jahre der neuen Herrschaft erlebte Beck als zweithöchster Offizier neben Generaloberst Freiherrn von Fritsch, dem Oberbefehlshaber des Heeres, Jahre erfüllter Hoffnungen und doch wachsender und tiefer Sorge. Es gelang der entschlossenen, brüskierenden, die Schwäche des Gegners skrupellos nutzenden Politik Hitlers, unter Hinnahme manches deckungsfreien Augenblickes größter Gefährdung, die noch bestehenden Bindungen des Versailler Vertrags, der für die Deutschen nie ein moralisch-verpflichtendes Recht gewesen ist, Zug um Zug zu entknüpfen und für Deutschland die außenpolitische Gleichberechtigung und Bewegungsfreiheit zurückzugewinnen.

Schon in seiner Rede vor dem Reichstag am 17. Mai 1933 hatte er es verstanden, gleichzeitig das Ausland über seine Absichten zu beruhigen und die Gleichberechtigung zu fordern. Am 14. Oktober 1933 hatte er den Austritt Deutschlands aus dem Völkerbund und der Abrüstungskonferenz erklärt, als eine Frist von weiteren acht Jahren für die tatsächliche Gleichberechtigung gestellt worden war. Hitler wies darauf hin, daß die Partner des Versailler Vertrags die sie bindende Verpflichtung der Abrüstung nicht eingehalten hätten, obwohl 15 Jahre verstrichen seien und Deutschland wirklich abgerüstet hätte. Mit dem Austritt Deutschlands hatte er sich, ohne noch den Boden rechtlich begründbarer Standpunkte zu verlassen, gleichzeitig die Voraussetzungen für seine Politik der nur zweiseitigen Pakte und Abreden und für die zunächst geheime deutsche Wiederaufrüstung geschaffen, mit der im Lauf des Jahres 1934 begonnen wurde.

Im Januar 1935 war die Saar durch ein überwältigendes Abstimmungsergebnis wieder zu Deutschland zurückgekommen, und Hitler hatte feierlich und gewiß auch zur Befriedigung der Deutschen erklärt, er habe nun keinerlei Gebietsansprüche mehr an Frankreich zu stellen. Als Frankreich aber die Wehrdienstpflicht verlängerte, antwortete er mit der Verkündigung der Allgemeinen Wehrpflicht in Deutschland und der Festsetzung der deutschen Heeresstärke auf 500000 Mann, gegliedert in 36 Divisionen (Versailles hatte 100000 Mann zugestanden). Wenig später, am 18. Juni 1935, erreichte Hitler ein Flottenabkommen mit der britischen Regierung, das Deutschland ein Drittel der englischen Flottenstärke zugestand. Nicht so sehr dieses Erfolges wegen hat Hitler den 18. Juni als seinen glücklichsten Tag bezeichnet: mit diesem Vertrag waren seine bisher geschehenen außenpolitischen Akte stillschweigend anerkannt, Deutschland war wieder gleichberechtigter Verhandlungspartner und die Bereitschaft bewiesen, gerechtfertigte deutsche Revisionsforderungen zu erfüllen[9]. Freilich hatte England hier nicht im Einklang mit Frankreich und Italien gehandelt. Als Frankreich sich durch eine Absprache mit Rußland nunmehr zu decken versuchte, nahm Hitler die Ratifizierung des französisch-russischen Paktes zum Anlaß, die durch Versailles entmilitarisierte Zone des Rheinlandes zu besetzen (7. März 1936) und den Locarno-Pakt, den er bisher eingehalten hatte, zu kündigen. In einer Note bot er gleichzeitig Frankreich und Belgien einen 25jährigen Beistandspakt an.

Gewiß ging der deutsche Staatschef bei all diesen Schritten aggressiv und rücksichtslos vor und nahm es nicht schwer, seine eigenen Versprechungen in neuer Lage neu auszulegen oder zu brechen. Aber stets sorgte er mit großem Aufwand für Rechtfertigungen seines Vorgehens und baute auf die Kriegsscheu der ehemaligen Verbündeten und das auch bei ihnen wachsende Gefühl der Behinderung durch die zu lang festgehaltenen Versailler Positionen. Ihnen wiederum war sein künftiger Weg noch nicht so erkennbar, um schon jetzt eine militärische Gegenwirkung herauszufordern, begleitete doch Hitler seine Revisionen ihnen gegenüber stets mit Worten und Gesten – etwa Paktangeboten –, die immer wieder den Eindruck erwecken sollten, daß er zwar bei der Aufhebung von Versailles sehr unbedenklich verfahre, im Grunde aber doch ein Mann des Friedens und der Vernunft sei (so etwa nach seiner Reichstagsrede vom 21. Mai 1935). Und hatte er nicht am 26. Januar 1934 einen Nichtangriffspakt mit Polen geschlossen, mit dem einzigen Staat also, zu dem gerade das Verhältnis der Weimarer Republik besonders schlecht und gespannt gewesen war? Daß er damit die nicht unbegründeten Forderungen Deutschlands an Polen offenbar zurückstellte, mußte als ein Akt staatsmännischer Mäßigung und Klugheit wirken – auch wenn er damit vor allem einen Schlag gegen das französische Bündnissystem und die Politik kollektiver Sicherheit führen wollte. Außerdem hatte er Mussolinis Abessinienabenteuer und die daraus folgende Ausschließung Italiens aus Europa geschickt zur Annäherung Deutschlands an Italien ausgenützt, die während des Oktobers 1936 in einem Geheimabkommen zur Begründung der „Achse Berlin–Rom" führte, und hatte damit Deutschlands außenpolitische Stellung so verbessern können, daß bloße Polizeiaktionen gegen das Reich von nun an nicht mehr möglich waren.

Am 4. Jahrestag seines Regierungsantritts (1937) hatte Hitler in einem großen Rechenschaftsbericht die Epoche der Überraschungen für beendet erklärt. Die Pläne, die er am 24. Juni 1937 dem Generalstab zur Ausarbeitung gab, konnten im Rahmen dessen gesehen werden, was jeder Staat zur Verteidigung bei möglichen Konflikten im Frieden der Erwägung seiner Fachleute anvertraut. Dem entgegen war, wie Beck von Beteiligten wußte, bei einer Besprechung in der Reichskanzlei am 5. November 1937, an der nur sieben Männer teilnahmen – neben Hitler und seinem militärischen Adjutanten die Oberbefehlshaber der drei Wehrmachtsteile, Reichskriegsminister und Reichsaußenminister –, von Hitler ein Gesamtplan künftiger Kriegführung vorgetragen und seine Absicht ausgesprochen worden, die Tschechoslowakei und Österreich spätestens 1943-1945, bei entsprechender außenpolitischer Lage schon vorher, anzugreifen. Unmißverständlich hatte Hitler seine Absicht nicht mit der Sicherung Deutschlands gegen einen Angriff begründet, sondern mit der wachsenden Volkszahl, die Deutschland zwinge, sich einen größeren Lebensraum zu erobern[10].

Als Hitler nun jüngst vom 12. bis 14. März 1938 deutsche Truppen in Österreich hatte einrücken lassen – General Beck war bis zum 10. März ohne Kenntnis des Vorhabens gewesen –, da konnte auch dieser Eingriff noch als Revision von Versailles erklärt und als Erfüllung berechtigter deutscher Forderungen begründet werden. Mit dem „Anschluß" war nur verwirklicht worden, was seit langem von der deutschen Nationalbewegung in beiden Ländern ersehnt, was aber 1918/1919 vom Machtspruch der Siegerstaaten verweigert worden war. Die Republik Österreich hatte auf diese Weigerung hin den Anschlußgedanken an die Spitze ihrer neuen Verfassungsurkunde gestellt: „Österreich ist ein integrierender Bestandteil des Deutschen Reiches." Gegenströmungen, die nach 1933 in Österreich hervortraten, hatten sich mehr gegen den Anschluß an ein nationalsozialistisches Deutschland als gegen den Anschluß selbst gerichtet. Aber nun stellte sich mit dem Einmarsch in Österreich für Beck wie für viele Deutsche die besorgte Frage, was nun die nächsten Ziele Hitlers seien und wie lange die Welt noch seine bedenkenlosen Methoden hinnehmen werde. Als schon kurze Zeit danach an die Führung des Heeres der geheime Befehl kam, einen Angriff auf die Tschechoslowakei vorzubereiten, waren die Meinungen im Offizierskorps gespalten. Man konnte darauf hinweisen, daß der Charakter der Tschechoslowakei als eines tschechischen Nationalstaates, wie ihn Versailles begründet habe, das Verhältnis zwischen dem tschechischen Staatsvolk und den einzelnen Nationalitäten, vor allem der sehr starken deutschen Minderheit, schwer belaste und so für das neue Deutschland nicht tragbar sei, ganz abgesehen von der strategischen Bedrohung. Für Beck aber und die, welche von der Novemberbesprechung wußten, war klar, daß es sich hier nicht mehr allein um Revisionspolitik handeln konnte, so sehr auch die Lage der Sudetendeutschen Abhilfe fordern mochte, sondern um einen gewollten Schritt zu den umrissenen Zielen, der ins Große gehende Folgen nach sich ziehen mußte. Hitlers Politik der Überraschungen über die Wochenenden während innerpolitischer Schwächen in Frankreich oder – wie im Falle Österreich – mittels wenig aufrichtiger Verträge und Betrugsmanöver mußte sein Vorgehen von nun an als das eines Wegelagerers erscheinen lassen, der unter Beteuerungen seiner Armut im unbewachten Augenblick jede gewollte Beute an sich reißt. „Nicht was wir tun, sondern *wie* wir es tun, ist so schlimm: Politik der Gewalt und des Treubruchs[11]", war Becks Wort. Wie lange noch konnten die andern den jedesmal sich anschließenden Versprechungen Glauben schenken: dies sei die letzte Überraschung, weitere Ansprüche würden nicht gestellt, Krieg sei in Europa sinnlos und nicht beabsichtigt, wenn Hitlers erpresserische Unaufrichtigkeit einmal durchschaut war? Der Zeitpunkt, in dem jegliches Vertrauen in ihn und Deutschland erlöschen und der Verlust politischen Ansehens bei ihren Verbündeten endlich Frankreich und England in eine übermächtige Konstellation zusammenzwingen mußte, konnte nicht mehr fern sein.

Im Inneren hatte sich Deutschland in den fünf Jahren seit jenem Krisenwinter 1932/33 noch stärker verwandelt. Hitler war es in kurzer Zeit gelungen, die beschränkte Vollmacht, die ihm als Kanzler gegeben war, in die unbeschränkte seines Führertums zu erweitern, zumal nach Hindenburgs Tod (2. August 1934). In einem auch vom Ausland bewunderten raschen Aufschwung wurde das materielle Leben wiederhergestellt, obwohl Deutschland durch seine Maßnahmen gegen die Juden die Besserung der Weltwirtschaft kaum für sich nutzen konnte. Es wurde zunächst durch umfangreiche Bauprogramme die Wirtschaft in Bewegung gebracht, die Industrie insbesondere für den Rüstungsbedarf ausgebaut, das Bauerntum, das wie überall von Verschuldung und Landflucht bedroht gewesen war, im Wert neu angesprochen, durch Gesetz der geschäftlichen Spekulation entzogen und in seiner Leistung gehoben. Ein System von sozialer Hilfe und Gesundheitsvorsorge wurde ausgebaut, die Pflege der natürlichen Lebensgrundlagen, auch in der Ernährung, wurde gefördert, gesunde Lebensführung für die junge Generation zum Gebot erhoben, deren Anteil an der Kriminalität sank. Um alte und neue Industrien entstanden Stadtteile, ja Städte für die Arbeitenden. Der Volkswagen „war im Kommen". Der alte Gedanke der Autobahnen wurde verwirklicht, die über den Zweck hinaus als Gestaltungsaufgabe deutscher Landschaft begriffen wurden.

Der Außenhandel in beiden Richtungen war zurückgegangen. Von einer liberalen Weltwirtschaft blieb dieses Deutschland durch starke

Schranken des Geldverkehrs getrennt. Auf weitgehende Autarkie gewiesen, mußte es manche Beschränkung im täglichen Warenangebot und in Auslandsreisen hinnehmen: von 1937/38 ab für eine öffentlich begründete Bevorzugung der Rüstung, die riesige Mengen Devisen verschlang.

Woher die öffentliche Hand die Milliarden nahm für ihre sichtbar großen Vorhaben der Straßen, der Staatsbauten und vor allem der immer wachsenden Rüstung – darüber wurde nicht Rechenschaft gelegt. Aber solang man Schacht am Werke sah, vertraute man dem „Wunder".

Von der zu Bürgerkriegsreife entbrannten Zwietracht des Winters 1932/33 war nichts mehr zu finden. Die äußere Besserstellung, aber auch die Rede von der Volksgemeinschaft, die Devise „Gemeinnutz geht vor Eigennutz", die Pflicht für jeden, an irgendeiner Stelle dieses Staats sein Mittun zu bekunden und am Rituell, insbesondere des Grußes, teilzunehmen, hatten vermocht, den Bürgern dieses Staats einen gleichen Zuschnitt zu geben, der freilich im Äußerlichen blieb und ein wachsendes Mißtrauen von Mensch zu Mensch nicht ausschloß. Man stöhnte über den vielen Zwang, der von der Partei ausging, über den Zwang zur Freiwilligkeit, über den Zwang, immer nur *eine* Meinung hören und sagen zu sollen, man war geärgert durch Auswüchse der großen und kleinen Mächtigen. Aber im ganzen, so mußte man erkennen, stand dieses Volk zu überwiegenden Teilen vertrauend zu Hitler, hatte Arbeit und war zufrieden, und ein Ausbruch war jetzt nicht mehr – oder noch nicht wieder – zu fürchten oder zu hoffen.

Nun aber gab es andere, sich 1937/38 erschreckend mehrende Erfahrungen, über die Wohlstand und Führerverehrung nicht hinwegtragen konnten: die Erfahrungen, die diesen Staat nach Becks Wort als „Vorstufe des Bolschewismus" erkennen ließen.

Die Kirchen hatten sich in den fünf Jahren unter steten Kämpfen und Opfern ihren Raum offengehalten. Versuche, sie mit Zwang stärker einzugliedern, waren aufgegeben oder doch zurückgestellt worden. Aber das Jahr 1937 hatte bedeutende Eingriffe gebracht: so die Priesterverfolgung nach der Enzyklika „Mit brennender Sorge" (14. März 1937), die Verhaftung des weitgehörten Dahlemer Pastors Niemöller als Kopf einer „bekennenden Kirche" (1. Juli 1937).

Die neue „Weltanschauung" (von der Freisler später sagte, nur in einer Hinsicht ähnle sie dem Christentum: sie fordere den ganzen Menschen) war intolerant. Was sie auch enthalten mochte, sie unterdrückte die geistige Auseinandersetzung und damit die geistige Freiheit und das geistige Leben. Und das viel Schlimmere noch: je mehr ihre Ideale aufgenommen wurden, desto mehr verrückten sie die Begriffe von Ethik und Ehre, indem sie jegliches Tun nur nach dem Nutzen für den Staat und für das zum höchsten Mythos erhobene Volk bewerteten. Am schmerzhaftesten und am sichtbarsten vollzog sich dies in der Justiz unter dem verhängnisvollen Leitsatz: „Recht ist, was dem Volke nützt."

Gefährlich wie der Geist oder Ungeist des neuen Wesens waren seine Werkzeuge: die Staatspropaganda eines Joseph Goebbels, die im Dienst der Politik die Meinung und Erregung des Volkes nach Bedarf des Augenblicks formte und erzwang, die Erfassung eines jeden im Volk durch eine der vielen Organisationen, wodurch ermöglicht wurde, jeden gelenkten Streich zu führen, und schließlich das große Netz von Geheimer Staatspolizei, Sicherheitsdienst und Straflagern (KZ), kaum sichtbar, doch allgegenwärtig wirksam.

Bei manchen unerfreulichen, ja abscheulichen Ereignissen der ersten Zeit konnte man annehmen, daß sie von verwilderten Revolutionären verschuldet seien, mußte man ja bei der Wucht des Umsturzes eher den Vergleich in Rußland als im Westen suchen. Die Vernichtung, ja Auslöschung des politischen Gegners, des Andersmeinenden, besonders aber des zum Allfeind gestempelten Juden war Grundsatz und enthüllte die fanatische und gemeine Roheit dieses Systems.

Das Heer und seine Führung hatten nach dem Willen Hindenburgs ein selbständiges Wächteramt im Staat zu erfüllen und die Waage zu halten gegen radikale Entwicklungen. Diese Stellung des Heeres war von Hitler zunächst geachtet, ja durch sein Eingreifen am 30. Juni 1934 verteidigt worden, als der Stabschef seiner SA (der nationalsozialistischen Sturmabteilungen) versucht hatte, in das Heer einzudringen oder vielmehr es zu übernehmen. Ehe Röhm zum Zuge kam, war er mit einem großen Teil der höheren SA-Führer durch einen von Hitler selbst geführten Schlag beseitigt worden. So notwendig die Ausschaltung des Gegners und seiner Absicht in den Augen der Reichswehr gewesen war, so furchtbar hatte die Rechtlosigkeit des Verfahrens gemahnt, bei dem auch politische Gegner der vorangehenden Jahre, so die Generale der Reichswehr von Bredow und von Schleicher, niedergeschossen wurden.

Vier Wochen später war es dann Hitler mit Hilfe des ihm ergebenen Reichskriegsministers von Blomberg gelungen, dem Heer bei einer Feier gewaltlos und fast unbemerkt seine Unabhängigkeit zu nehmen. Aus Anlaß der Trauerparade für Hindenburg und Hitlers Aufrücken in die oberste Stelle wurde dem deutschen Soldaten auferlegt, seinen Eid zu erneuern und so vorgesprochen:
„Ich schwöre bei Gott diesen heiligen Eid, daß ich dem Führer des Deutschen Reiches und Volkes Adolf Hitler, dem Oberbefehlshaber der Wehrmacht, unbedingten Gehorsam leisten und als tapferer Soldat bereit sein will, jederzeit für diesen Eid mein Leben einzusetzen."
Der Eid hatte bisher gelautet:
„Ich schwöre bei Gott diesen heiligen Eid, daß ich meinem Volk und Vaterland allzeit treu und redlich dienen und als tapferer Soldat bereit sein will, jederzeit für diesen Eid mein Leben einzusetzen."
Ludwig Beck, dem wie den anderen Generalen an jenem 2. August 1934 überraschend zugemutet worden war, den Eid in der neuen Form zu schwören, hat den Tag den schwärzesten seines Lebens genannt. Seit dieser Änderung war die Führung des Heeres, die sich bisher für das Schicksal Deutschlands verantwortlich fühlen durfte und fühlte, in den unmittelbaren Eidbann Hitlers gestellt.

Mit der Aufrüstung und Vergrößerung des Heeresbestandes auf das Drei- bis Fünffache, die jetzt als Aufgabe gegeben und trotz des Einspruches von Fritsch und Beck überstürzt vorangetrieben wurde, mußte das Heer unhemmbar mit dem Zustrom vieler reaktivierter und junger im Hitlerstaat beheimateter Offiziere und Unteroffiziere noch mehr an Unabhängigkeit und Einheit des Charakters verlieren, zumal eine eigene Luftwaffe Görings in Rivalität zum Heer die besondere Förderung des neuen Staates erfuhr und die SS unter Himmler von sich aus heeresgleiche Verbände, vom Heer durch Grußverweigerung getrennt (!), aufzubauen begann. Hatte Hitler auch dem Aufbegehren von Fritschs immer wieder beschwichtigende Versicherungen entgegengestellt, so war doch auf anderem Wege zu vernehmen, die SS-Truppe sei berufen, die Kader für das eigentliche nationalsozialistische Volksheer zu bilden und damit später das überfällige andere, das noch im Kastengeist befangen sei, abzulösen. Von Hitler selbst war zu diesen Plänen nichts verlautet – Auseinandersetzungen zwischen Fritsch und Himmler waren vorausgegangen, die er ohne Grundsatzurteil geschlichtet hatte. Die Besprechung des 5. November 1937 war bald darauf gefolgt. Sie ließ erkennen, daß Hitler des Heeres bedurfte und für jetzt nicht bereit sein konnte, es gegen die SS zurückzusetzen. Das Heer hatte durch die Entwicklung der letzten drei Jahre auch im äußeren Bild und in seiner Geltung im Volk einen starken Aufschwung genommen, seine Geschlossenheit und Handlungsfähigkeit im Staat aber waren, ohne daß es Fritsch und Beck hatten hindern können, geschwunden.

Für die Sicht Ludwig Becks war es bis in den Beginn des Jahres 1938 nicht entschieden, was in dem Widrigen und Niederziehenden, dem man sich gegenüber fand, Wucherung einer selbständigen Teilgewalt, was zentraler Wille war. Noch war er wie die meisten Deutschen zu diesem Zeitpunkt nicht bereit, den Mann, der mit seinem Wort so viele bewegt, der große und uneigennützige Kräfte in Deutschland ans Werk gerufen und viel mit ihnen erreicht hatte, diesen Mann auf die gleiche Stufe zu stellen mit den Elementen eines Nationalbolschewismus (Hitler hatte ihn schon Röhm vorgeworfen), die Terror und völkischen Neuheidenglauben verbreiteten.

Die unerwartete „Fritsch-Krise[12]" in den ersten Monaten des Jahres 1938 ließ Beck Umriß und Tiefe der Landschaft, wie von wenigen Blitzen erhellt, unverhüllt erkennen. Von der Besprechung in der Reichskanzlei am 5. November 1937 hatte er durch Fritsch und Neurath erfahren[13]. Blomberg, Fritsch, Neurath hatten den Darlegungen Hitlers widersprochen. Nach Beratung mit Beck hatte dann Neurath am 14. Januar 1938 Hitler noch einmal gewarnt und sein Amt zur Verfügung gestellt. (Kurz zuvor hatte der Reichswirtschaftsminister Schacht auf seiner Entlassung bestanden, weil er mit seinen währungspolitischen und wirtschaftlichen Bedenken nicht durchgedrungen war.) Am 4. Februar wurde der mit Gesundheitsgründen erklärte Abgang des Reichskriegsministers von Blomberg, der der erste Feldmarschall Hitlers war, des Oberbefehlshabers des Heeres Frh. von Fritsch und des Reichsaußenministers Frh. von Neurath ebenso wie die Zurruhesetzung 16 hoher Offiziere bekanntgegeben. Das Kriegsministerium wurde aufgehoben und ein Oberkommando der Wehrmacht unter dem willfährigen General Wilhelm Keitel geschaffen, das als unmittelbares Organ Hitlers über die drei Wehrmachtsteile gesetzt war. Hitler war damit „ohne Zwischeninstanz" Oberbefehlshaber der gesamten Wehrmacht geworden.

Die öffentliche Verlautbarung feierte diesen Tag als einen „Markstein in der nationalsozialistischen Staatsführung" und gab ihm den Gehalt „einer zielbewußten Stärkung aller nationalen Energien durch ihre kraftvollste Konzentration[14]". Vor den später zusammengerufenen höheren Offizieren hatten Hitlers Auslassungen, die wahr und falsch mischten, den Charakter einer Demütigung des „alten" Heeres, zur Inthronisation eines vollkommen führergläubigen neuen.

Blomberg war wegen einer eben eingegangenen Ehe, die, selbst nach nationalsozialistischen Maßstäben gemessen, für das Offizierskorps untragbar war, entlassen worden. Die erwünschte Handhabe gegen von Fritsch war in einer seit Jahren beiseite gelegten „Gerichtsakte" gefunden worden, in der sein Name mit der Beschuldigung gleichgeschlechtlichen Umgangs stand. Das Heer konnte ein kriegsgerichtliches Verfahren erreichen, das mühsam ein Gewebe dunkler Intrigen und böser Anstiftungen zu entwirren und den Beweis zu bringen vermochte, daß die Person des Generalobersten mit der Anschuldigung nicht das geringste zu tun hatte. Aus dem Verfahren ging auch hervor, daß die Geheime Staatspolizei, obgleich sie von der Namensverwechslung wußte, den Belastungszeugen, einen mehrfach vorbestraften Homosexuellen und Erpresser, unter Bedrohung gezwungen hatte, vor Gericht bei seiner falschen Aussage zu bleiben. Ein Inspektor wurde zur Rechenschaft gezogen, über die Verantwortlichen – Göring, Himmler, Heydrich – jedoch geschwiegen, der falsche Zeuge ohne Gerichtsurteil erschossen. Dem äußeren Ablauf nach war Hitler selbst als der Getäuschte erschienen, aber auch als die Intrige offen lag, hatte er nur eine Mindestpflicht der Ehrenerklärung für den Generalobersten erfüllt, es aber bei seiner Verabschiedung belassen. Die deutsche Öffentlichkeit las nur von Glückwünschen und einer Ehrung, die der Wiedergenesene empfing. „Der Führer verstand es von jeher, eine Gelegenheit im Flug zu ergreifen. Es war, wie manche sagten, ‚ein trockener 30. Juni'. Die Armee wird ohne dramatischen Auftritt gezähmt. Sie hat 1934 triumphiert. Die Partei rächt sich im Jahre 1938[15]."

Gewiß kam für Hitler der Skandal des Kriegsministers, dessen Trauzeuge er eben gewesen, unerwartet und peinlich, aber er hat ihn aufgegriffen, um daraus das zu machen, was längst auf seinem Weg lag: eine Heeresführung mit mehr willfährigen als selbständigen Männern, von der er erwarten konnte, daß sie mit ihm und seinen Plänen ging.

Beck war für etwa eine Woche, bevor der neue Befehlshaber ernannt wurde, in Vertretung von Fritsch an der obersten Stelle gestanden. Vor einer gerichtlichen Klärung hatte er sich zu keiner Gegenhandlung, die er als Meuterei ansah, berechtigt gefühlt. Bevor es aber dazu kam – Brauchitsch hatte inzwischen sein Amt übernommen –, wurde das neue Heer zu seiner ersten, noch blumenreichen Aufgabe nach Österreich berufen, und die Rückgliederung des deutschen Bruderlandes war für Hitlers Führung ein solcher Triumph, daß darin das Tiefbedenkliche, das jetzt mit der Verhandlung gegen Fritsch (10.–18. März) zum Vorschein kam, erst einmal untersank. Der General ging, litt und schwieg. Beck empfand es als unheilvoll, daß das Heer eine Niederlage hingenommen hatte, die es nie hätte hinnehmen dürfen, unheilvoll vor allem deshalb, weil es nun den drohenden Kriegsplänen nicht mehr mit der nötigen Unabhängigkeit und Selbstachtung begegnen konnte.

Bei August Winnig findet man über eine Begegnung mit Beck, die in diesem Frühjahr 1938 stattfand, folgendes aufgezeichnet: „Wir unterhielten uns während des ganzen Abends. Ungemein schroff urteilte er über Ludendorff, und zwar über den Ludendorff des Weltkrieges, den Protektor des Tannenbergbundes nahm er nicht ernst. Auf diesem Weg waren wir bald bei der Gegenwart angelangt, die Beck unumwunden die Vorstufe des Bolschewismus nannte. Ein Vergnügen war es, anzuhören, wie elegant er das Thema wechselte und von Trakehnen und Vollblutzucht, vom Elchrevier Ibenhorst oder anderen ostpreußischen Attraktionen sprach, sooft ein Dritter in unsere Nähe kam. Es wurde sehr spät. Wir versprachen, einander im Auge zu behalten ... Ich wußte nun, daß ein Mann mit Geist und Willen an einem der wichtigsten Posten stand, wachsam und bereit. Dessen wurde ich auf diesem Weg (durchs nächtliche Potsdam) froh[16]."

Rascher, als es vielleicht am Abend dieser Begegnung schien, hatte Beck ins Geschehen einzugreifen und sich selber, Leben und Stellung für die Entscheidung einzusetzen. Einmal überzeugt vom nahedrohenden Verhängnis der Hitlerschen Kriegspläne, hat er seine militärischen Grenzen bewußt überschritten und hat mit seiner hohen Denk- und Darstellungskraft versucht, auf die Entschlüsse im politischen Gebiet einzuwirken, wozu ihm Hitler die Berechtigung ausdrücklich aberkannt hatte. Er führte diesen Kampf auf sich allein gestellt, nicht als Inhaber der ersten verantwortlichen Stelle, sondern im Hintergrund stehend als Berater eines zuletzt doch unentschlossenen, wenn auch seinen Worten zumeist zustimmenden Mannes, des Generals von Brauchitsch.

Am 28. Mai 1938 erklärte sich Hitler bei einer Konferenz in der Reichskanzlei, an der diesmal auch Beck teilnahm, ähnlich wie im November über die Lage Deutschlands, proklamierte den baldigen Angriff auf die Tschechoslowakei und stellte einen später notwendigen Krieg im Westen in Aussicht. Am 30. Mai erhielten die drei Wehrmachtsteile seine Verfügung, die begann: „Es ist mein unabänderlicher Entschluß, die Tschechoslowakei in absehbarer Zeit durch eine militärische Aktion zu zerschlagen." Sie wurden angewiesen, die Vorbereitungen „unverzüglich zu treffen[17]".

Beck hielt die Stunde des höchsten Einsatzes für gekommen. Er war ohne Befehl über Truppen, nur Ratgeber und einer der fünf Gehilfen seines Oberbefehlshabers. Am 29. Mai trat er in Erwiderung der Hitlerschen Gedankengänge vom Vortag schriftlich und in persönlicher Aussprache an den neuen Oberbefehlshaber des Heeres heran mit den gleichen Gedanken, die er schon Anfang Mai in einer Denkschrift dargelegt hatte. Er wiederholte seine Argumente in noch dringlicherer Form am 3. Juni. Er sprach von einer „völligen Unzulänglichkeit der bisherigen obersten militärischen Hierarchie" und fuhr fort: „Ständige sachverständige Beratung des Oberbefehlshabers der Wehrmacht (also Hitlers) in Fragen der Kriegführung und vor allem des Waffenkriegs muß ebenso gefordert werden wie eine klare Abgrenzung und Beachtung der Verantwortlichkeit. Wird hier nicht bald der Hebel angesetzt, um zu einer Änderung der unerträglich gewordenen Verhältnisse zu kommen, und bleibt die jetzige Anarchie als Dauerzustand, so kann man das weitere Schicksal der Wehrmacht in Frieden und Krieg, damit aber auch das Schicksal Deutschlands in einem künftigen Krieg nur in den schwärzesten Farben sehen[18]."

Seine mündlichen und schriftlichen Darlegungen hatten, wie die bekanntgewordenen Niederschriften bezeugen, stets etwas Bezwingendes durch die abwägende und besonnene Art, wie er, das einzelne ordnend, zu einer Gesamtschau aufstieg, aus der sich dann wie von selbst eine Wegweisung für den Handelnden ergab. Diese Darlegungen, so schien es, waren nur im ganzen anzuerkennen oder im ganzen zu verwerfen. Hitler verwarf sie als die anmaßenden Bedenken eines mutlosen, in veralteten Anschauungen befangenen Mannes, Göring brachte die Bemerkung in Umlauf, solchen noch so Klugen fehle es an Herz. Indessen fühlte Beck wie kaum einer die Verantwortung eines Schlüsselwahrers, der über die Zerstörungsmacht eines modernen Krieges zu wachen hat, und blieb bei dem Glauben, daß auch im 20. Jahrhundert nur ein „bellum iustum" eines Volkes würdig sei.

Am 13. Juni versammelte Hitler noch einmal die Generale auf dem Flugplatz Barth bei Stralsund in Pommern. Er verkündete die Ehrung des Generalobersten Fritsch, dem ein Artillerieregiment verliehen wurde, ließ das Urteil und die Gründe, die zum Freispruch geführt hatten, ausgiebig verlesen und schilderte sein eigenes Verhalten. Er sprach wie in voller Aufrichtigkeit, äußerte sein tiefes Bedauern über die „tragische Entwicklung", in der er auch selbst getäuscht worden sei, nannte die Gründe, warum dem Generalobersten eine Wiedereinsetzung nicht mehr zugemutet werden könne, der im übrigen jede mögliche Genugtuung erhalte, hob die einzigartige Stellung der Wehrmacht hervor, gegen die es keinen bewußten Kampf anderer Kräfte geben dürfe. Nach dem Bericht eines Beteiligten endete er damit, die Befehlshaber zu beschwören, „die Fahne in dieser schweren Krise nicht im Stich zu lassen". Die Worte Hitlers verfehlten offenbar ihre Wirkung nicht. Brauchitsch selbst erklärte im Kreis der Generale, er sei entschlossen gewesen, auf Grund der Fritsch zuteil gewordenen Behandlung seinen Abschied zu nehmen. Jetzt habe ihm Hitler mitgeteilt, es käme unweigerlich schon in den nächsten Wochen zum Krieg. Unter diesen Umständen glaube er seinen Posten nicht verlassen zu können und bäte auch die andern, die die gleiche Absicht gehabt hätten, zu bleiben[19].

Beck machte einen neuen Vorstoß. Im Entwurf seiner Niederschrift hatte er sein Amt zur Verfügung gestellt, falls Hitler nicht umgestimmt werde. Die Reinschrift, die er jetzt am 16. Juli überreichte, enthielt davon nichts, statt dessen die Aufforderung, einen Schritt der Oberbefehlshaber und Kommandierenden Generale vorzubereiten, um Hitler zu einem Aufgeben seiner Kriegsvorbereitungen zu zwingen. Der mündliche Vortrag, von dem eine Aufzeichnung erhalten ist, brachte klar und scharf formuliert Einzelheiten über den geplanten Schritt der Generale, drohte mit einem schmachvollen „finis Germaniae" und gipfelte in den hier zu Anfang des Buches wiedergegebenen Sätzen mit dem Gewissensanruf an den Oberbefehlshaber, sich seiner Verantwortung vor dem ganzen Volk bewußt zu sein, die Grenzen seines solda-

tischen Gehorsams zu erkennen und den außergewöhnlichen Zeiten mit außergewöhnlichen Handlungen zu begegnen. Beck war, wie ein Gesprächszeuge dieser Tage berichtete, „von einer unbeirrbaren Entschlossenheit, die Dinge zum Schwur zu bringen[20]".
Drei Tage nachher war er wieder bei Brauchitsch und drängte ihn, durch den geplanten Schritt der Generale zugleich die unausbleibliche Auseinandersetzung mit der SS herbeizuführen. Anders sei eine Wiederherstellung geordneter Rechtsverhältnisse in Deutschland unmöglich. Bei einer neuen Unterredung am 29. Juli bot er ihm zu seinem Vorgehen die Formulierung an: „Der Oberbefehlshaber des Heeres mit seinen höchsten führenden Generalen bedauert, die Verantwortung für die Führung eines derartigen Krieges nicht übernehmen zu können, ohne sich vor dem Volk und der Geschichte mitschuldig zu machen. Sie treten daher von ihren Ämtern zurück für den Fall, daß der Führer auf der Durchführung des Krieges besteht." Beck setzte hinzu, die Form dieser Erklärung könne „nicht eindrucksvoll, hart und brutal genug abgefaßt sein", außer auf einen möglichen Krieg müsse man sich „auf eine innere Auseinandersetzung, die sich nur in Berlin abzuspielen braucht", vorbereiten im Zusammenwirken mit dem Kommandierenden General von Berlin von Witzleben und dem Polizeipräsidenten Graf Helldorf. Als Zeitpunkt komme voraussichtlich die zweite Hälfte des Septembers in Frage. Damit war von Beck zum erstenmal der Plan eines Staatsstreiches ausgesprochen[21].
Beck erreichte von Brauchitsch, daß er die Heeresgruppenbefehlshaber und Kommandierenden Generale in der ersten Augustwoche um sich versammelte, noch bevor Hitler, wie angekündigt, am 15. auf dem Truppenübungsfeld Jüterbog zu ihnen sprechen konnte. Beck bereitete die Rede wörtlich vor, die der Oberbefehlshaber halten sollte. Sie wurde später das militärische Testament Becks als des Generalstabschefs des deutschen Heeres genannt[22]. Es war darin nach einem Überblick über die Weltlage im Sinn der früheren Denkschriften dargetan, daß sich der Konflikt mit der Tschechoslowakei nicht werde beschränken lassen und daß Deutschland auf Grund seiner gegenwärtigen Lage (Rüstung, Bündnis, Finanz, Stimmung) einem mit Sicherheit zu erwartenden Weltkrieg nicht gewachsen sei. Brauchitsch sollte enden: „Ich beabsichtige, meine Stellungnahme zur gewaltsamen Lösung der tschechischen Frage und die sich daraus ergebenden Folgerungen für die politische

Leitung dem Führer in den nächsten Tagen vorzutragen. Ich muß von Ihnen, meine Herren, verlangen, daß Sie auf Gedeih und Verderb hinter mir stehen und mir bedingungslos auf dem Weg folgen, den ich zum Besten unseres deutschen Volkes gehen muß."

Becks Bemühungen wurden zunichte. Bei der Zusammenkunft ließ ihn Brauchitsch, der sich nicht an den Plan hielt, seine Juli-Denkschrift vortragen und forderte General Adam, den für den Westen vorgesehenen Befehlshaber, zur Äußerung auf. Adam sprach ganz im Sinne von Beck und schloß: „Ich male schwarz in schwarz, das ist die Wahrheit." Darauf Brauchitsch: „Ich teile Ihre Auffassung vollkommen. Wenn Sie dem Führer demnächst Vortrag zu halten haben, müssen Sie genau dasselbe sagen." Adam erwiderte: „Ich habe den Mut dazu." Beck eilte auf ihn zu und schüttelte ihm beide Hände mit den Worten: „Adam, ich gratuliere Ihnen!" Nach dem vorliegenden Bericht wurden dann „nur dürftige Äußerungen des Widerspruchs" (so von Reichenau und Busch) laut, auf die Beck „in einem scharfen Ton", wie von ihm nicht gewohnt, erwiderte. Eine gemeinsame Entschließung aber wurde nicht gefordert. Brauchitsch entließ die Versammelten mit der matten Feststellung, daß die höheren Führer des Heeres in ihren Ansichten über die Ablehnung eines Krieges einig seien[23].

Bei der Besichtigung in Jüterbog war Beck zugegen. Hitler erklärte, daß er fest entschlossen sei, die tschechische Frage noch in diesem Herbst zu lösen. Beck suchte gleich auf dem Gefechtsfeld eine Stellungnahme von Brauchitsch zu erzwingen, der sich indessen entzog. Nach Berlin zurückgekehrt, richtete Beck an den Oberbefehlshaber die Bitte, seine Enthebung von der Stelle des Generalstabschefs zu erwirken (18. August). Brauchitsch machte sich – offenbar dieser Lösung nicht unfroh – zum Fürsprecher.

Am 21. August traf die Genehmigung Hitlers ein, doch wurde gefordert, daß der Rücktritt aus außenpolitischen Gründen vorerst auf keine Weise bekanntgemacht werde.

Ein Hochbegabter aus Moltkescher und Schlieffenscher Zunft, trat Beck in dem Augenblick zurück, als sich die größten Aufgaben für ihn eröffneten, und nahm bewußt das Los auf sich, der kriegerischen Entscheidung fern zu sein, in der er sonst die Erfüllung seines Berufs- und Lebensstrebens hätte finden können.

Am 27. August übergab Beck seine Geschäfte an General Halder und versammelte noch einmal seine nächsten Mitarbeiter am Tirpitzufer. „Als wir das Zimmer betraten", so schildert ein Teilnehmer, „stand Beck hoch aufgerichtet, unbeweglich gegenüber dem Gruß jedes einzelnen, die Hände gefaltet, das feine durchgeistigte Antlitz übernächtig, fast überirdisch wirkend, den Blick der großen, schönen Augen in die Ferne gerichtet, neben seinem am Fenster stehenden Schreibtisch und hielt uns eine in Form und Aufbau klassische, im Inhalt weise Ansprache von etwa einviertelstündiger Dauer. Ihr Sinn war, den versammelten Offizieren nochmals das Ringen des Generalstabschefs um die unabhängige, freie, schöpferische Aufgabe des Generalstabschefs klarzumachen, die er erstrebt, aber unter den obwaltenden Verhältnissen nur unvollkommen erreicht hatte. Der Mahnruf zur Unabhängigkeit der Urteilsbildung und zur Charakterfestigkeit im Handeln war von größter Eindringlichkeit... Ich glaube, daß selbst der kleine Teil der Zuhörer, der Becks Abgang sachlich für notwendig gehalten hatte, sich der Würde, dem Ernst und dem stolzen Verantwortungsbewußtsein des Mannes nicht entziehen konnte, der nach Charakteranlage und Können der letzte wahre Generalstabschef Deutschlands sein sollte[24]."

Beck schied aus dem Amt, fühlte sich aber aus seiner Aufgabe nicht entlassen. Wohl konnte er nun erwarten, auf Schritt und Tritt und bei jedem Brief, den er schrieb und empfing, überwacht zu werden. Aber er verstand, seinem privaten Leben eine Form zu geben, die man gewähren ließ. In Wahrheit blieb er mit allen Vorgängen verbunden, sprach mit vielen Menschen, die er fast nur als Einzelbesucher bei sich empfing, selbst aufsuchte oder an drittem Orte traf[25], und er wirkte mittelbar, wo er nicht selbst zugegen sein konnte. Um ihn ist etwas wie eine denkende und verantwortende Mitte entstanden für alle Strebungen, die bis hin zum 20. Juli sich auf einen Umsturz richteten. „Der große Lenker im Hintergrund", wie ihn ein – vielleicht anfechtbarer – Bericht nennt, scheute sich nicht, sich selbst immer wieder aufs Spiel zu setzen. Nach der Entlassung des Freiherrn von Fritsch soll Hitler über ihn gesagt haben: „Der einzige Mann, den ich fürchte, ist Beck. Dieser Mann wäre in der Lage, etwas gegen mich zu unternehmen[26]."

II BECKS VERBÜNDETE

Aus dem Kreis der Männer, die mit Beck zusammenwirkten, ist zuerst Hans OSTER zu nennen, durch den das Zimmer des Generalstabschefs oft lange blockiert war, durch den Beck auch nach seinem Ausscheiden über die militärischen und politischen Vorgänge aufs genaueste unterrichtet blieb. Der damalige Oberst und spätere Generalmajor, sieben Jahre jünger als Beck, einem Pfarrhaus in Sachsen entstammend, war in der ganzen Haltung seiner schlanken Reiterfigur sichtbar bestimmt durch die Jahre, die er als junger Offizier noch in der kaiserlichen Armee gedient hatte. Dem nach Holland geflohenen Kaiser blieb er stets durch ein persönliches Treueverhältnis verbunden. Die späteren Reichswehrjahre, die auch durch zivile Tätigkeit unterbrochen waren, haben ihn nicht in gleichem Maß zu prägen vermocht. Vor 1933 findet man ihn in enger Verbindung zu den Generalen von Schleicher, von Bredow, von Hammerstein, den entschlossensten Hitler-Gegnern in der Wehrmacht. 1933 wird er unter General von Bredow (der beim Röhm-Putsch ermordet wurde), ab 1935 unter dem späteren Admiral Canaris in der Abwehrabteilung des deutschen Oberkommandos tätig. Er verneinte von Beginn an die neuen Regierenden in Deutschland und machte sich zum Späher und Dokumentar aller Greuel, die er geschehen oder drohen sah, um Kampfmittel zu sammeln, bis der Tag käme, Hitler zu stürzen. Unbemerkt richtete er sich ein weitverzweigtes Gangliensystem der Erkundung ein, das ihn über die inneren Vorgänge der Reichskanzlei und des Berghofs ebenso wie über die Pläne der SS unterrichtete, und machte sein Wissen und die Möglichkeiten, die ihm seine Stellung bot, einer Gegenbewegung dienstbar. Ihm gelang wie von Amts wegen die ihm Gleichgesinnten zu finden und zusammenzuführen, er wurde zum vieltätigen Mittler zwischen ihnen allen. Die

Räume der Abwehr erlaubten ein ungezwungenes Aus und Ein auch für Zivilisten. Man war gewohnt, daß in diesem Bienenkorb die seltsamsten Gestalten – unbeschadet der Kleiderordnung – sich drängten. Wer selber mitten in diesem Gesumm wirken will, wird viele Gesichter oder ein undurchdringliches haben müssen, seine Rechte wird nicht von der Linken wissen dürfen, sein Element ist das Spiel im Ernst und sein mehr als unterhaltendes Tagwerk: zu fangen, ohne fangbar zu sein. Oster, oftmals nahe am Absturz, wirkte jahrelang in diesem Element, bis ihn eine Handbewegung verriet, mit der er einen Zettel, um einen andern zu retten, beiseite schob.

Wer ihn in seinem Arbeitszimmer erlebte, wie er über die vier Geheimleitungen seines Tisches mit vier Gegenübern sprach, dem konnte bangen vor der Art eines solchen Simultanspieles, zumal wenn er ihn für zwei Lager tätig wußte und oftmals in Zonen, wo Hoch- und Landesverrat kaum noch entwirrbar waren. Oster aber hat, wie Männer versichern, die in sein schwer aufschließbares Innere schauten, bei all seinem Tun nie leichtfertig gehandelt, auch wenn er sich gern das Gehabe einer militärischen „Schnoddrigkeit" gab, die sich mit seinem sächsischen Spracheinschlag vertrug. Die mit ihm arbeiteten, kannten seine triebstarke Vaterlandsliebe und seine enge Bindung an Religion und Sittengebot seiner Aufwuchsjahre. Man hat Beispiele, um welche Entscheidungen es einem solchen Mann ging. Nach schweren Kämpfen zwischen Einsicht und Gewissen hat er es um eines daraus erhofften, reinigenden Gewitters willen auf sich genommen, zweien der unmittelbar vom deutschen Angriff bedrohten Länder (Holland, Norwegen) eine Vorwarnung zukommen zu lassen. Seine Vorstellung dabei war, ein von vornherein abgeschlagener oder vor allen Augen unmöglich gemachter Angriff werde sich als ein ernster Rückschlag für Hitler auswirken und werde Anstoß geben zu einer raschen Beendigung des Krieges und zu einem erlösenden Umschwung im Innern. Er war nach reiflicher militärischer Erwägung überzeugt, daß die möglichen Opfer, die man mit diesem Schritt den Eigenen zumute, in keinem Verhältnis stünden zu den Opfern von Hunderttausenden und unabsehbaren Zerstörungen, die der nach den vorhandenen Kräften nie zu gewinnende Krieg von Deutschland, aber auch seinen europäischen Mitvölkern fordern werde.

Admiral Canaris war oft beunruhigt von der ihm nicht recht überschaubaren Tätigkeit Osters, aber er anerkannte voll seine Hingabe und hat ihn, der in seinem verwegenen Ungestüm und in seinem maßlosen Abscheu oft unvorsichtig war, immer wieder mit eigener Gefahr gedeckt und aus bedenklichen Lagen gerettet. Im Frühjahr 1943 ist es ihm nicht mehr gelungen, und Oster mußte in ein streng überwachtes Privatleben ausscheiden. Nach dem Zwanzigsten Juli wurde er verhaftet, endlos verhört und weitergeschleppt. Er ist noch im letzten Monat des Krieges hingerichtet worden.

Seine Verbundenheit mit Pferden, seine Fähigkeit zum Genuß mit Freunden, seine immer ermutigende, mit den andern fühlende Art wiesen auf eine fest in sich gegründete, gläubige Natur hin, für die einer der Nahestehenden den Ausdruck finden konnte „ein Mann nach dem Herzen Gottes". Überliefert ist, wie Oster SS-Offiziere, die im Gefängnis mit Fragen auf ihn eindrangen, abwies: „Meine Herren, die Fronten sind klar, die Würfel sind gefallen[1]." Die Aufzeichnung, die er seinem Sohn schrieb, zeigt, was auch Mitgefangene bestätigten, daß ihn seine Ausgeglichenheit und sein Gottvertrauen bis zuletzt nicht verlassen haben: „Wir bleiben alle bis zum letzten Atemzug die anständigen Kerle, wie wir es in der Kinderstube und in der Soldatenzucht gelernt haben. Es komme, was da wolle! Furcht haben wir nur vor dem Zorn Gottes, wenn wir nicht sauber und anständig sind und unsere Pflicht nicht tun."

Man kann feststellen, daß viele der von Oster geschaffenen menschlichen Verbindungen und Übereinkünfte bis in den Zwanzigsten Juli hinein wirksam geblieben sind – seinem Namen begegnet man in den eigentlichen Vorbereitungen nicht mehr. Er lebte in einem Vorort Leipzigs wie ein Ausgestoßener, dessen Schritte beobachtet blieben. Am Folgetag des Zwanzigsten Juli lief in Dresden ein Telegramm ein, das der stellvertretende Kommandierende General des IV. Armeekorps von Sch. weitergab: es berief Oster zum Verbindungsoffizier für Sachsen[2]. Aber auch ohne dies wäre Oster seinem Schicksal nicht entgangen: ein Zossener Aktenfund, der einen Teil der von ihm gesammelten Dokumente mit Tagebuchaufzeichnungen von Canaris der Staatspolizei in die Hände gab, ließ bald danach seine langjährige und erbitterte Gegnerschaft offen erkennen.

Mit Oster befreundet, in nahem Zusammenwirken mit ihm, zumal seit der Fritschkrise, stand der Reichsgerichtsrat Hans von DOHNANYI, der sich trotz seiner Jugend als persönlicher Referent des Reichsjustizministers Gürtner rasch emporgearbeitet hatte und während des Krieges als Sonderführer in die Abwehr übernommen wurde. Er war eine ungewöhnlich gedankenklare, entschlossene, im Umgang eher zurückweisende und strenge Natur, wie Oster aus protestantischer Familie, und er wirkte wie das richterliche Gewissen, zugleich als der aufrüttelnde Inspirator für die in diesem Kreis gefaßten Entschlüsse. Während seiner Haft hat er vergeblich versucht, durch eingenommene Diphtheriebazillen die Entscheidung hinauszuschieben: man hat ihn gelähmt zum Tode getragen. Auch Justus DELBRÜCK, Sohn des bekannten Historikers Hans Delbrück, Verwandter und Mitarbeiter Dohnanyis, und Pastor Dietrich BONHOEFFER, der Schwager Dohnanyis, gehören in diesen Kreis, der früh entdeckt und spät vernichtet worden ist. Ein anderer, der in Berlin in nahem Zusammenwirken mit Oster gestanden hatte, konnte sich auf einer Außenstelle der Abwehr in Agram bis zum Zwanzigsten Juli gegen alle Verdachtsgründe halten, wurde dann aber ergriffen und kurz vor dem Fall Berlins zu Tode gebracht: Carl Ludwig Freiherr von GUTTENBERG, ein von vielen geliebter, ritterlicher Mann aus dem noch aus anderer Zeit stammenden katholischen Landadel, der bis in den Krieg hinein von Neustadt an der Saale aus die „Weißen Blätter" herausgab, im einstimmigen Tagesschrifttum bewußter Hüter eines Schutzgebiets[3].

Admiral Wilhelm CANARIS, im Ersten Weltkrieg nach seiner Flucht aus Chile ein Jahr lang für den deutschen Geheimdienst in Spanien tätig, 1918 U-Boot-Kommandant im Mittelmeer, bei Kriegsende im Kampf für die Regierung gegen die Revolutionäre, 1920 mit Ehrhardt und Kapp im Kampf gegen die Regierung für einen „vaterländischen Wiederaufbau", war im folgenden Jahrzehnt von Stufe zu Stufe aufgestiegen, wechselnd zwischen verwaltender Tätigkeit in der Marineleitung und Schiffskommandos, ein begeisterter Seeoffizier und nationaler Deutscher, Trotz bietend Versailles. Bei manchen Vorbehalten bejahte er doch Hitlers Kanzlerschaft und wurde 1934 in Nachfolge des Kapitäns zur See Patzig, der sich mit dem Kriegsminister und der SS verfeindet hatte, Chef der deutschen militärischen Abwehr. Er war, als er eintrat, 47jährig, von frischem Kolorit bei schon schlohweißem Haar. Mehr noch als der ihm fast gleichaltrige Oster stellte er den Typus des Geheimdienstoffiziers dar: wortgewandt und vielwendig, hellhörig auch im Mittelbaren und Ungefähren, einfallsreich in der Erkundung, bedächtig im eigenen Urteil, schwer zu fassen, immer einige Schritte hinter den Dingen, Freund des Abenteuers und spielend geschaffener Verwirrung. Dazu aber war der am Niederrhein Geborene eine stark vom Unbewußten her gelenkte und bedrängte Natur, die sich bei aller Güte und Fürsorge für andere Menschen doch nirgends ganz öffnete und anschloß – nur mit seinen Hunden schien er wirklich befreundet. Überschattungen aus der in ihm sehr lebendigen Welt der Stimmungen und inneren Bilder hielten ihn oft mehr nieder als das Zuvielwissen dessen, der die Bedingtheiten einer Sache von zu viel Seiten kennt. Abneigungen konnten ihm physisch übel machen. Er war klein, ging federnd, seine Bewegungen waren kurz und sicher. Es fiel auf, daß er auch im Sommer leicht fror und den Mantel nahm. In den Taschen trug er immer mancherlei Medizinen bei sich, von denen er öfters nahm und freigebig anbot. Die südlichen Länder, Spanien, Italien, Griechenland, zogen ihn an – einer seiner Ahnen war vom Comer See nach Bernkastel an der Mosel geraten. Er sprach das Spanische fließend – schon während des ersten Krieges hatte er hier seine Abenteuer gehabt, er liebte besonders die spanische „posada" mit den versammelten Männern, dem Herddunst und dem Geruch nach Wein. In solchen Stunden war er auch selbst bereit, die Schürze zu nehmen und bratend am Feuer zu stehen. Im Süden, zumal in Cervantes' Bezirken, so schien es seinen Begleitern, trat jene Eigenfarbe lebhafter an ihm hervor, die auch sonst für ihn bezeichnend war, vielleicht als ein Erbe von Vorfahren, „die Paarung von buntfarbiger Phantasie und einem an das Unwahrscheinliche grenzenden Realitätssinn, der hintergründige, manchmal ans Skurrile streifende Humor[4]".

Es war Canaris' besonderes Schicksal, dem er sich aus innerem Entschluß, auch als es noch möglich war, nicht entzog: Geheimdienstchef zu sein für einen Mann und seinen Anhang, mit dem er nach bitteren Erfahrungen nichts mehr gemein hatte und dessen Weg er für verhängnisvoll hielt, nachdem er ihm zuerst als dem Neuerbauer nationaler Hoheit und deutscher Zukunftshoffnung seine Dienste gewidmet hatte. Durch dieses Schicksal wurde das Bild von Canaris, auch wo er aus reinstem Antrieb handelte, verdunkelt. Wie man aus seinen eigenen Äußerungen schließen kann, hat er selbst empfunden, daß ein Amt wie das seinige kein Tragen auf zwei Schultern zulasse. Aber es jenen gefährlichen und gewissenlosen Eiferern zu übergeben, die seit Jahren darum kämpften und wühlten und die es freilich in ihrem Sinn eindeutig geführt hätten, dies schien ihm wie eine untragbare Kapitulation, wenn er sich nicht bis zum letzten Schuß gewehrt habe. Lieber noch nahm er für seinen Ruf das Zwielicht auf sich und die oft denkbar schwere Entscheidung, was er dem Vaterland und dem kämpfenden Heer schulde und was das Gewissen von ihm verlange, um eine Schmach einzugrenzen, ein Unrecht zu verhindern oder wiedergutzumachen, ein Unheil abzuwenden. Durch die Nürnberger Verhandlungen sind seine Bemühungen besonders bekanntgeworden, die Menschenausrottungen im Osten und die Tötung gefangener französischer Generale (Giraud und andere) zu verhindern. Er hat sich seinem Chef Keitel gegenüber nachdrücklich dagegen verwahrt, einem militärischen Abwehrdienst derartige Mordanschläge zuzumuten[5].

Seine Aufgabe war es vor allem, Nachrichten zu beschaffen und sie an die auswertenden Stellen bei Heer, Luftwaffe, Marine weiterzugeben. Sein Biograph Abshagen legt dar, wie er hierin genaue und vollständige Unterrichtung erstrebt habe. Anders in seinen mündlichen oder schriftlichen Äußerungen etwa für seinen Chef Keitel oder für Hitler selbst: hier habe er, während das vollständige Material bei den zuständigen Stellen lag, bewußt Tuschen angewendet, um einer gefürchteten Aktivität in einer bestimmten Richtung Hemmnisse entgegenzusetzen, z. B. beim Versuch, Spanien zum Eintritt in den Krieg zu bewegen. Dieses Streben, so redlich und sinnvoll im einzelnen, konnte – wer wagte es aus dem Augenblick zu beurteilen – schweres Unrecht werden, wenn es in einen großen, nicht überschauten Zusammenhang eingriff. Auf Canaris' Wirken lastete seit 1938 dieser Druck, und sein Verlangen war echt, aus dem Zwiespalt zu einer Lösung und Befreiung zu kommen[6].

Freiherr von Weizsäcker, der zu sehr wenigen wie zu Canaris ohne Rückhalt sprach, schreibt über ihn: „Man kann an dieser Erscheinung nicht vorübergehen. Sie ist eine der interessantesten der Epoche, wie eben Diktaturen sie zutage bringen und zur Vollkommenheit entwickeln, selbst in einem Land wie Deutschland, wo zu reiner Gesinnung höchst selten sich Verschlagenheit gesellt. Klug wie die Schlangen und ohne Falsch wie die Tauben – diese Verbindung ist bei uns rar. Canaris war als junger Seeoffizier voll Unternehmungsgeist und Abenteuerlust gewesen. Das hatte sich im Ersten Weltkrieg gezeigt. Sein U-Boot hatte er mit Auszeichnung geführt. Er war bewandert in fremden Sprachen, Freunde hatte er überall. Ob er griechisches Blut hatte, weiß ich nicht, er galt jedenfalls für einen listenreichen Odysseus. Soweit mochte ihn auch Hitler erkannt haben, sonst hätte er schwerlich den ganzen Militärnachrichtendienst einem Seemann überlassen. Ins Herz hatte er ihm nicht geschaut. Auch die Gestapo hat ihn jahrelang nicht erkannt. Canaris besaß die Gabe, die Menschen zum Reden zu bringen, ohne sich selbst zu erkennen zu geben. Seine wasserblauen Augen öffneten den Einblick nicht bis auf den Grund. Höchst selten und nur durch einen schmalen Spalt sah man seinen glockenklaren Charakter, das tief Ethische und Tragische seiner Persönlichkeit[7]."

Von allen unmittelbaren Umsturzplanungen hat sich Canaris mit einem „Macht ihr nur" abgerückt, wie man schließen kann, vor allem aus der Einsicht, daß er, der Bedächtige, in seinem Denken zu sehr an den Niedergang Gefesselte, der immer nur die hemmenden Bedenken sah und an kein Gelingen glauben konnte, nicht der Mann dazu sei. Aber er hat durch Jahre seine Hilfestellung gegeben, hat Verbindungen geschaffen, Nachrichten vermittelt, hat seine Hand mutig über Gefährdete gehalten und hat lange in kollegialer Konzilianz, in Wahrheit aber in zermürbendem Kraftverzehr den Umgang mit den Männern der SS (vor allem mit Heydrich, dann Kaltenbrunner, Müller, Schellenberg) gepflegt, um das Mögliche zu retten. Die Krise, die Oster aus der Bahn warf, ließ ihn noch einmal bestehen, ein Jahr darauf war auch er ausmanövriert und hatte abzutreten (Frühjahr 1944). Einer seiner Abteilungschefs, Oberst Hansen, wurde Amtschef und als solcher später dem Reichssicherheitshauptamt (RSH) unterstellt – auch er hat wie eine große Zahl anderer, die in der Abwehr arbeiteten, zu den Männern des Zwanzigsten Juli gehört und den Tod durch Hinrichtung gefunden.

Canaris wurde drei Tage nach dem Zwanzigsten Juli in seiner Berliner Wohnung von Schellenberg, seinem früheren Gesprächspartner und späteren Amtsnachfolger aus der SS, verhaftet und einem gleich erniedrigenden Gewahrsam ausgeliefert wie die vielen anderen. Teile seines Tagebuchs wurden mit der Dokumentensammlung Osters in einem Panzerschrank gefunden, Zeugnisse, die um das Ziel immer neuer Verhöre ihnen beiden das elende Leben verlängerten, fast bis zur

Hoffnung, doch noch gerettet zu werden. Eine Beteiligung an der Verschwörung des Zwanzigsten Juli konnte ihnen nicht nachgewiesen werden. Aber es stand über sie beschlossen, daß sie, die so vieles wußten, keinesfalls überleben durften. In der Morgendämmerung des 9. April 1945 wurde Canaris mit Oster, Bonhoeffer und fünf oder sechs anderen in Flossenbürg, der berüchtigt gewordenen Blutstätte im Oberpfälzer Wald, würdelos hingerichtet[8].

Bei der Umschau nach einem hohen Offizier, der über Truppen verfüge, hatte sich Oster dem Befehlshaber des Berliner Wehrkreises, dem damaligen General Erwin von WITZLEBEN, genähert und hatte in ihm den er als früheren Vorgesetzten kannte, rasch einen Gleichdenkenden gefunden, der den 30. Juni 1934 und den 4. Februar 1938 als Schmach des deutschen Offiziers empfand und sich den Tag wünschte, diese Schmach zu tilgen. Er war in Breslau aus einer preußischen Familie mit alter Offizierstradition geboren (1881). Das Aufkommen Hitlers hatte ihn nie tiefer berührt, die Dinge der Politik überließ er anderen. Er liebte über alles das Land, die Wälder, die Jagd und einen entschiedenen Sinn. In Schritt und Haltung hatte er die Autorität des befehlenden Soldaten, die durch unverleugnete Selbstzucht mit ihrer Strenge versöhnt. Er trug sich aufrecht, den Kopf gern in den Nacken genommen, die oberen Augenlider etwas gesenkt. Er sprach eher leise – man konnte ihn für einen General aus der Umgebung Kaiser Wilhelms des Ersten halten. 1942 wurde er seines Kommandos enthoben und nicht weiter verwendet. Durch seinen Adjutanten, den später zu nennenden Ulrich Wilhelm Graf Schwerin-Schwanenfeld, blieb er mit den Widerstands- und Umsturzplänen verbunden. „Ein gerader, aufrechter Offizier", so urteilt Schacht von Witzleben, „ein geborener und erzogener Edelmann, mehr Korpsführer als Generalstäbler[9]." Zu Beck stand er, der Generalfeldmarschall, bis zuletzt in achtungsvoller Ergebenheit. Er starb unter den ersten Verurteilten des Zwanzigsten Juli.

General der Panzertruppen Erich HOEPNER, Kommandeur der 1. leichten Division in Wuppertal, erklärte sich im September 1938 gleichfalls bereit, bei einer Gegentat mitzuwirken. Später hat er sich als Kommandeur der 6. Panzerdivision beim deutschen Vordringen nach Frankreich und Rußland einen großen Namen gemacht, wurde aber in den ersten Monaten des Jahres 1942 von Hitler entehrend aus der Wehrmacht gestoßen, weil er in der vorangegangenen schweren

Winterkrise vor Moskau selbständig Truppen zurückgenommen hatte. Er wurde zusammen mit Witzleben zur Hinrichtung geführt[9a].

Mit General Karl Heinrich von STÜLPNAGEL, einem seiner Oberquartiermeister, hatte Beck schon während seiner Amtszeit ein sehr nahes Einvernehmen. Er ist derselbe, den wir am Zwanzigsten Juli in wichtiger Stellung in Paris wiederfinden. Er war wenige Jahre jünger als Beck und galt in seiner immer gleichbleibenden ritterlichen, maßvollen und sicheren Haltung, besonders auch den Süddeutschen, als die Verkörperung „bester preußischer Art". Eine Gelehrtennatur von großem Wissen verband sich bei ihm mit dem unverkennbaren Auftreten des Soldaten alter Schule. Im Umgang mit den verschiedensten Menschen, selbst Vertretern einer gröblichen Art, bewies er oft eine überlegene Beweglichkeit und war feiner Abschattungen im Ton fähig. Im Jahre 1940 wurde er nach dem Vertrag von Compiègne Vorsitzender der deutschen Waffenstillstandskommission[10]. Später begegnet man ihm in Südrußland als Befehlshaber der 17. Armee, wo er Ende 1941 nach dem Verlust Rostows seines Postens enthoben wurde[11]. Am 1. März 1942 wurde er Militärbefehlshaber in Frankreich und baute vom Jahr 1943 ab seine Stellung in Paris planvoll so aus, daß er in ihr später für eine erhoffte gewaltsame Änderung wirken konnte. Zu jenem Vorwurf, den man ihm in dem gewiß verfänglichen Amt gemacht hat – von einer Seite, er sei zu zögernd, von der anderen, er sei zu hart gewesen –, wird man sich an die Feststellung eines Mitarbeiters halten müssen, „daß sein Handeln und sein Unterlassen ganz von der Idee beherrscht war, im letzten Kampf gegen Hitler die ihm bestimmte Aufgabe erfüllen zu können"[12].

Ein anderer der Oberquartiermeister Becks, der seinen Schritt im Sommer 1938 aus der Nähe miterlebt, an den Vorbereitungen des Putsches im September 1938 mitgewirkt und in den kommenden Jahren stets zu Beck gehalten hat, ist General Eduard WAGNER, der spätere Generalquartiermeister. Er ist bei der Vorbereitung des Zwanzigsten Juli besonders tätig gewesen und hat sich nach dem Scheitern selbst getötet.

General Franz HALDER, gleichfalls Oberquartiermeister unter Beck, hatte, von ihm selbst dazu ermutigt, die Nachfolge Becks als Generalstabschef angetreten. Der 30. Juni 1934 hatte ihn zutiefst aufgebracht, ohne ihn von Hitler selbst zu trennen. Aber bald schon war Hitler für ihn der Verderber des Vaterlandes und Vertreter des bösen Prinzips schlechthin. Im Herbst 1937 hatte er, wie ein Bericht sagt, beim Oberbefehlshaber des Heeres, Freiherrn von Fritsch, ein gewaltsames Vorgehen gegen Hitler zur Sprache gebracht, nach dessen „infamer Beseitigung" bei Beck „praktischer Opposition" das Wort geredet[13]. In seinen ersten Gesprächen mit Oberst Oster, auf den ihn Beck besonders hingewiesen hatte, bekannte er sich in gesteigerten Worten als Feind Hitlers und erbot sich, an einem Umsturz mitzuwirken, wenn Hitler wirklich in einen Krieg treibe. Am Staatsstreichplan im September 1938 hatte er gewichtigen Teil. Im Herbst 1939, nach beendetem Polenfeldzug, versuchte er einen erneuten Anlauf, während ihn als Generalstabschef der Aufmarsch zum Angriff im Westen beschäftigte. Während der deutschen Erfolgsjahre des Krieges führte er sein Amt, ohne von Hitler eine besondere Achtung zu erfahren. Nach mehrfachen schweren Zusammenstößen – von dem einen erzählt Halder, daß Hitler „mit Schaum in den Mundwinkeln und mit geballten Fäusten" auf ihn losgegangen sei[14] – wurde er am 14. September 1942 entlassen mit dem Hinweis, „bei den Aufgaben, die jetzt noch dem Heer bevorstünden, handele es sich nicht um Fragen fachlichen Könnens, sondern um die Glut nationalsozialistischen Bekennens, auch das Geheimnis der Erfolge Moltkes sei die Glut seiner monarchischen Überzeugung gewesen". Halder, von bayrischer Herkunft – für den ersten Anblick ein wenig Schulrat mit Zwicker und aufgebürsteten Haaren –, galt als hervorragend kenntnisreich und sorgfältig in Dingen seines Faches, genau und belehrend in seiner Dialektik, ehrlich in seinem Wollen. Seine Arbeitskraft war fast unbegrenzt dank einer zähen Körperlichkeit bei haushälterischer Selbstzucht. Seine Kraft zu handeln fand ihre Begrenzung in einer eher weichen, durch Erlebnisse stark erschütterbaren Natur. Nach dem Zwanzigsten Juli wurde er verhaftet und kam erst bei Kriegsende frei[15].

Aus dem Umkreis Becks bleibt hier noch ein Mann zu nennen, den er verehrte und dessen übereinstimmende Haltung er bestärkend empfand: Generaloberst Kurt Freiherr von HAMMERSTEIN-EQUORD. Hammerstein hatte früher als „roter General" gegolten, weil er sich mit den Gewerkschaften verstand und gewissen „deutschnationalen" Auffassungen des alten Offizierskorps feind war. Im Jahre 1933 war er bereit gewesen, die Reichswehr gegen den zur Macht drängenden Hitler einzusetzen, hatte aber dann dem Veto Hindenburgs weichen müssen[16]. Als Chef der deutschen Heeresleitung erbat und erhielt er im Januar 1934 seine Verabschiedung. Der 30. Juni 1934, der die verwandt denkenden Generale erreichte, ließ ihn unangetastet. Je länger, je mehr sah sich der zur Ruhe gesetzte, aber lebendig teilnehmende General, der eine unabhängige Art zu leben hatte, im Wesen getrennt von den führenden Militärs. Brüning, mit dem ihn manches verband, bezeichnete ihn im Frühjahr 1939 als den einzigen General, dem die Beseitigung Hitlers gelingen könne[17]. Er sei ein Mann ohne Nerven, der sich, wenn es soweit sei, eine Brasilzigarre anzünden, sich in einen Sessel setzen und den Befehl zum Feuern geben werde. Doch war Hammerstein ohne Kommando. Erst im September 1939 erhielt er, als der Polenkrieg begonnen hatte, den Oberbefehl über eine Armee im Westen. Man hat Bericht[18], daß der General, der auch gegen die Eigenen verschwiegen sein konnte, den Entschluß faßte, sein neues Kommando über Truppen zu einem Gewaltstreich zu nützen, Hitler bei einer Inspektion im Westen festzunehmen. Hitler sagte aber die an ihn ergangene Einladung nach einigen Tagen ab und versetzte den Generalobersten wieder in den Ruhestand. Er ist 1943 gestorben[19].

So wie Ludwig Beck Amt und Aufgabe sah, hat er als Generalstabschef das Gespräch gesucht mit verantwortlichen Männern außerhalb seines militärischen Fachs. Mit Freiherrn von Weizsäcker, der im April 1938 Staatssekretär im Auswärtigen Amt bei Ribbentrop geworden war, nahm er vertraulich Fühlung und bereitete später eine Annäherung zwischen Weizsäcker und Halder vor, die sich nun öfters über Canaris austauschten. Eine Zahl jüngerer Mitarbeiter Weizsäckers war mit einbezogen.

Andere Verbindungen gingen zu Carl Goerdeler, dem früheren Oberbürgermeister von Leipzig, zu Hjalmar Schacht, Präsident der Reichsbank, eben noch Reichswirtschaftsminister. Wichtige, sonst nicht erhältliche Nachrichten über interne Maßnahmen und geheime SS- und Parteivorgänge vermittelte der Oster nahestehende Regierungsrat Hans Bernd Gisevius; er hatte gute Verbindung zum Polizeipräsidenten von Berlin, Grafen Helldorff, und zum Direktor des Reichskriminalamts, SS-Standartenführer Nebe. Als Gleichdenkenden wußte man außerdem den Vize-Polizeipräsidenten von Berlin, Grafen Fritz von der Schulenburg.

III ERSTE UMSTURZVERSUCHE 1938/39

Am 1. September 1938 war Halder an die Stelle Becks getreten. Den Eingeweihten war klar, daß man noch vor Schluß des Monats mit Krieg zu rechnen habe. Zuvor mußte noch der Parteitag in Nürnberg ablaufen, von dem, wenn er nicht überstürzt abgesagt wurde, eine Zuspitzung zu erwarten war.

Halder traf mit Schacht zusammen, dessen Darlegungen ihn stark beeindruckten: bei einem deutschen Angriff auf die Tschechoslowakei sei ein militärisches Eingreifen der Westmächte mit völliger Sicherheit zu erwarten. In gleichem Sinn sprach Erich Kordt bei einem durch Oster vermittelten Besuch zu von Brauchitsch. Er endete, wie er in seinem Bericht schreibt: „In Ihrer Hand, Herr Generaloberst, liegt jetzt das Schicksal der deutschen Armee und damit des deutschen Volkes. Sie tragen jetzt die ganze Verantwortung[1]." Witzleben arbeitete indessen mit Generalmajor Graf Brockdorff-Ahlefeldt, dem ihm unterstehenden Kommandeur der Potsdamer (23.) Division, dem später bekannt gewordenen Verteidiger von Demjansk, generalstabsgemäß den Plan[2] aus zur Besetzung von Berlin und zur Machtgewinnung im Reich und zog noch andere benachbarte Truppenkommandeure ins Vertrauen. Zur Unterstützung war H. B. Gisevius in Witzlebens Amtsräumen, vorgeblich als Ahnenforscher, mittätig, vor allem für die nicht leichte Aufgabe, Lage und Stärke der Parteiämter und SS-Truppen in und um Berlin auszumachen und in Plänen festzulegen. Nach einem Vorschlag eines „legalen Anfangsstoßes gegen die kriminelle Gestapo", der offenbar auf ihn und Oster zurückging, wollte man Hitler in der Reichskanzlei unter Hinweis auf die unhaltbaren Zustände vor die Forderung stellen, Himmler und Heydrich sofort zu entlassen. Auf seine Weigerung hin war Hitler in raschem Handstreich aus der Reichskanzlei zu entführen und an unbekanntem Ort zu verwahren. Weiter waren mit den Kräften Witzlebens das Regierungsviertel, die Stützpunkte der SS, sämtliche Nachrichtenmittel in Berlin zu besetzen, die wichtigsten Parteihäupter und Regierungsmitglieder in Haft zu nehmen, mit entsprechenden Befehlen gleichzeitig die Wehrkreisbefehlshaber in Tätigkeit zu setzen. Eingehende Vorarbeit, vor allem Erkundung der zu erwartenden gegnerischen Kräfte und der Nachrichtenzentralen, Verstärkerämter und Sender wie auch der Sitten und Örtlichkeiten in der Reichskanzlei war dazu erforderlich, wozu besonders Erich Kordt, als Chef des Ministerbüros im Auswärtigen Amt, seine Beihilfe anbot. Witzleben war zuversichtlich und glaubte, als der genaue Plan vorlag, den Streich mit Erfolg führen zu können. Die Öffentlichkeit sollte in den ersten Stunden mit widersprechenden Gerüchten beschäftigt, selbständiges Eingreifen von etwaigen „Rettern" erschwert werden. Möglichst bald wollte man dann mit Verkündigungen hervortreten, die Hitler als planmäßigen Anstifter eines Weltkrieges entlarven und die Untaten des von ihm geführten Regimes darlegen sollten, vielleicht mit der Ankündigung, daß Hitler in Kürze vor ein öffentliches Gericht gestellt werde oder – eine auch erwogene Möglichkeit – daß er geisteskrank geworden sei. Die ersten zehn Stunden waren entscheidend: während dieser Zeit mußte es den Kommandierenden Generalen im Reich gelungen sein, sich der Alleingewalt zu versichern. Als eine wichtige, für Hitler wirkende Truppe wurde die SS-Leibstandarte in München angesehen. General Hoepner, der mit seiner Wuppertaler Panzerdivision für das Sudetenunternehmen im Thüringer Wald lag, war bereit, sie anzugreifen, wenn sie zur Rettung Hitlers nach Berlin befohlen werden sollte. Als ungefähres Datum war die Zeit vom 14. bis 16. September angenommen, am 11. war der Abschluß des Nürnberger Parteitages zu erwarten. Doch galt es höchste Wachsamkeit, um den Augenblick der Tat nicht zu versäumen: Hitler sollte den Befehl zum Angriff auf die Tschechoslowakei ausgesprochen haben, der Angriff durfte aber noch nicht rollen, weil es sonst nicht mehr gelingen konnte, ihn aufzuhalten. Nach Halders Versicherung sah der „Kalender" trotz aller Blitzabsichten eine 48stündige Frist vor zwischen erstem Befehl und Angriff, so daß der auf Stunden auslösbare Ablauf des vorbereiteten Innen-Krieges eingreifen konnte.

Der Plan des Umsturzes beruhte auf wenigen Männern. Ob der

Oberbefehlshaber des Heeres, von Brauchitsch, mitgehen werde, blieb bis zuletzt unsicher. Witzleben war im Weigerungsfall entschlossen, auch gegen ihn zu handeln. Die Deutschen insgesamt, durch den Anschluß Österreichs erhoben, hörten nur von täglichen, oft blutigen Übergriffen der Tschechen und der sich ohnmächtig wehrenden Minderheit der Sudetendeutschen – daß Zwischenfälle angeordnet, Wirkung und Gegenwirkung beliebig vertauscht und die Hitzegrade der täglichen Nachrichtengebung unabhängig von den Ereignissen nach vorbestimmtem Plan gelenkt werden konnten, war nur wenigen Eingeweihten jener Zeit eine Gewißheit. Nach dem Bild, das sich öffentlich darbot, mußte ein Vorgehen Deutschlands zuletzt als gerechtfertigt, ja jedes Ausweichen als unwürdig erscheinen, und es wurde gerne als Gewißheit übernommen, daß England und Frankreich, die man der Tschechei immerhin zum Beistand verpflichtet wußte, unter solchen Umständen nicht zu den Waffen greifen würden. Für einen Umsturz in Deutschland bedeutete es also viel, durch eine unerbittliche Erklärung vor allem Englands den „Kriegsleichtsinn der führenden Leute in Deutschland[3]" zu entlarven.

Schon Mitte August war mit Wissen des Abwehrchefs Canaris der konservative Politiker Ewald Heinrich von Kleist-Schmenzin nach London gereist und hatte mit Vansittart, Lord Lloyd und Churchill gesprochen. Anfang September war ihm, ohne von ihm zu wissen, von Halder, Oster und Beck entsandt, der Major a. D. Böhm-Tettelbach gefolgt[4]. Einige Tage später wurden durch den deutschen Geschäftsträger in London, Theo Kordt, Sir Horace Wilson und in einer nächtlichen Geheimaudienz (am 5. September) der britische Außenminister Halifax im gleichen Sinn angesprochen. Man suchte zur Festigkeit gegen Hitler und seine Gewaltpolitik aufzufordern. Nur so werde man vielleicht einen Krieg verhindern können, und eine solche diplomatische Niederlage werde das nationalsozialistische Regime nicht überleben. „Sollte Hitler gleichwohl auf seiner kriegerischen Politik bestehen, so bin ich in der Lage, Ihnen zu versichern, daß die politischen und militärischen Kreise, für die ich spreche, ‚sich wappnend gegen eine See von Plagen durch Widerstand sie enden'." Kordt beschloß, wie er selber mitgeteilt hat, seine Botschaft mit den Worten: „Die deutschen Patrioten sehen keinen anderen Ausweg aus dem Dilemma als enges Zusammenwirken mit der Britischen Regierung, um das größte Verbrechen eines Krieges zu verhüten[5]." In ähnlichem Sinne wurde im Diplomatenzug in Nürnberg mit dem als Gast anwesenden englischen Botschaftssekretär gesprochen[6].

Es ist später bekanntgeworden, daß zu der Stunde, als der deutsche Diplomat im Londoner Außenamt empfangen wurde und offen (und für ihn lebensgefährlich) die Lage in Deutschland darlegte, schon der Beschluß gefaßt war, den Premier zur Unterhandlung mit Hitler zu entsenden. Die englischen Partner fanden sich nicht in der Lage, die eine Offenheit mit der anderen zu vergelten[7]. Was von einem „anderen Deutschland" zu ihnen drang, hatte ihnen zu wenig Gewicht, erschien ihnen als Parteifehde, von Gekränkten, Ohnmächtigen am fremden Hof vorgetragen[8]. Chamberlain, durch welche anderen Motive auch noch bestimmt, lenkte um jeden Preis – wie er später erfuhr, um den Preis eines Weltkriegs – zum Frieden.

Den Mitlebenden ist erinnerlich, welche Spannung auf jenem Septembermonat 1938 lastete. Hitler sah die Stunde gekommen, die er sich lange gewünscht, den ersten ausholenden Schritt zu tun, um im Vertrauen auf seine Waffen Raum zu gewinnen für sein zu eng behaustes Volk. Die anderen beteten zum Himmel, daß er es ihnen gelingen lasse, den großen Verderber dieses Landes, den Vernichter von Recht und Sitte niederzuwerfen. Die denkwürdigen Wochen waren voll Sonne – man erwartete, sie reife einen guten Wein –, voll Anmut der Heimat in den ländlichen Bezirken, doch in den Städten voll aufbrechender Bewegung. Sonderzüge über Sonderzüge liefen nach Nürnberg, kleine Städte schienen eine Weile wahrhaft männerleer, dann gab es, als die Woge zurückkam, Einberufungen und neue Aufbrüche in Garnisonen und an die Grenzen. Es waren Wochen des sich jagenden Zeitungsgefechts mit spürbar wachsender Vehemenz der Hitlerschen Beharrung.

Der Parteitag hatte keine bestürzende Erklärung gebracht. Die Macht- und Massenschau dieser Tage hatte nirgends bisher Vergleichbares gehabt – vielleicht Aufzüge der sowjetischen Welt ausgenommen. Das Verhältnis des Einen zu seinen Abertausenden bekundete sich im machtvollen Pomp eines sich selbst überbietenden Schauspiels und schien doch wie zum Bersten gespannt. Quälte im betäubenden Trubel ein Wissen, daß vor den Augen eines solchen, der als einzelner ein ganzes Massenlos auszuwägen übernommen hat, Tausender Tod so leicht wiegt wie Tausender Glück? Er führte nicht mehr die Sprache der Überredung wie früher: er wetterte, höhnte, schalt, drohte den Eigenen wie denen draußen – keine gelassenere Kadenz gab seinem Atem Entspannung. Er schien wie ein zur Tat Getriebener, den Widerstände hemmen, wie einer, der mit Worten putscht, um die lastende Atmosphäre zu schaffen, die es ihm leichter macht, zu zünden. Vom wirklich Vorgehabten gab die mit Spannung erwartete Schlußrede wenig, nur war der Anruf an Benesch, den Präsidenten der tschechoslowakischen Republik, von schneidender Dringlichkeit: das Selbstbestimmungsrecht zu achten, nicht lange könne eine Macht wie das neuerstandene Reich solcher Unterdrückung von Menschen seines Blutes mehr zusehen... Drohender fast – und von Männern wie Beck gewiß verstanden – schien der Angriff gegen den inneren Feind, gegen die Intelligenz, die Oberschicht, die den Aufbruch der Nation nicht begreife und voll Feigheit sei. Mit dem Abend des „Lichterdoms", der von Scheinwerfern um „den Führer und sein Volk" aufgewölbten Lichtglocke, fand der letzte Parteitag seinen Abschluß. Überstürzte Aufbrüche folgten[9].

Am 13. September kam Hitler nach Berlin. Um Beck und Witzleben wachte man mit äußerster Spannung über jeden Schritt, den er tat. Da wurde am 14. bekannt, daß der englische Botschafter den von ihm angeregten Besuch des englischen Ministerpräsidenten Chamberlain für den 15. angekündigt habe. Hitler verließ noch am 14. Berlin, um seinen Gast am nächsten Tag in Berchtesgaden zu empfangen. Der erste unerwartete Rückschlag für die Verschworenen!

In der Wohnung Osters fand eine Besprechung mit Witzleben statt, wie man sich der Person Hitlers am raschesten bemächtige. Der frühere Stahlhelmführer und Mitglied der Freikorpsbrigade Ehrhardt, Oberstleutnant Friedrich Wilhelm Heinz, sowie Kapitänleutnant Liedig nahmen teil. Heinz übernahm den Auftrag, aus dem ehemaligen Jungstahlhelm und Stahlhelmstudentenring Langemarck einen Stoßtrupp zu bilden, der in die Reichskanzlei eindringen sollte. Nach etwa einer Woche war der Stoßtrupp zur Stelle und wurde, auf einige Wohnungen in Berlin verteilt, bereitgehalten. Halder war in Übereinstimmung mit Witzleben und Beck gegen ein Attentat, doch war die junge Angriffsgruppe offenbar zur radikalen Lösung entschlossen, da man überzeugt war, daß Hitler, solange er lebe, eine Macht bedeute, die stärker sei als die Verschworenen, stärker auch als Witzlebens Armeekorps[10].

Die Verhandlungen mit Chamberlain zogen sich hin. Vom 22. bis 24. September traf er sich noch zu einem zweiten, erneut ergebnislosen Gespräch mit Hitler in Godesberg: jetzt ging es nicht mehr um die Form der Volksabstimmung in den sudetendeutschen Gebieten, wie Chamberlain erwartet hatte, sondern, wie immer deutlicher wurde nach dem Bericht von E. Kordt, um einen völligen Abbau des tschechoslowakischen Staates unter Beteiligung von Polen und Ungarn[11]. Am 26. überbrachte ein englischer Sondergesandter einen letzten Vermittlungsvorschlag. Hitler stellte Prag ein Ultimatum, das nach Angabe des anwesenden Dolmetschers am 28. um 2 Uhr nachmittags ablief. Am Abend des 26. sprach Hitler in einer großen Kundgebung in Berlin. Er erklärte, seine Forderung nach Abtretung des sudetendeutschen Gebietes sei „seine letzte territoriale Forderung[12]". Am Abend des 27. verwarf er, obzwar verärgert durch eine beifallslose Truppenschau, die steigernd hätte wirken sollen, den englischen Vorschlag und entschloß sich zum Marschbefehl für den 30. Oster hatte die ablehnende Note schon in der Nacht zum 28. in Händen, in der Frühe war sie bei Beck – Witzleben – Halder. Der Augenblick war gekommen. Auch der Oberbefehlshaber des Heeres, durch die ablehnende Note besonders empört, war nunmehr entschlossen, mitzuwirken. Er fuhr zur Reichskanzlei, um eine letzte Sicherheit zu gewinnen, Witzleben zum Wehrkreis, um dort den Anruf zu erwarten und den auslösenden Befehl zu geben.

In der Reichskanzlei rechnete man mit Krieg. Als sich Brauchitsch meldete, kam eben durch Attolico, den italienischen Botschafter, eine Botschaft Mussolinis. Von England als Mittler gebeten – ihm selbst bangte vor seiner Bündnispflicht –, schlug er ein Zusammentreffen der vier Regierungschefs von Deutschland, England, Frankreich, Italien für den 29. September in München vor, man werde sich über die strittigen Punkte schnellstens einigen. Hitler, noch berührt vom Eindruck des gestrigen Tages, erklärte nach einigem Zögern gegen Ribbentrops Rat, aber von Neurath und Brauchitsch gedrängt, seine Zustimmung. Die Kriegsgefahr war gebannt. Witzleben wartete vergebens. 24 Stunden später begann das Gespräch der vier Staatsmänner in München. In einem Abkommen wurde die Form gefunden, Hitlers Ansprüchen voll zu genügen. Weitere 24 Stunden später besetzten deutsche Truppen die von Deutschen bewohnten Randgebiete der Tschechoslowakei, „das

Sudetenland", bis zur festgelegten Grenzlinie, und der Führer der Deutschen stand in solchem Erfolgsruhm vor seinem Volk, daß sich selbst bei seinen entschiedensten Gegnern ernste Bedenken meldeten, ob das vorgehabte Unternehmen, wenn auch von heilig Überzeugten durchgeführt, so hätte gelingen können.

Goerdeler schrieb in den Tagen nach München in einem Brief nach Amerika: „Das Münchener Abkommen war nichts anderes als eine glatte Kapitulation Frankreichs und Englands vor aufgeblasenen Gauklern ... Das Ende der Leidenszeit des deutschen Volkes unter brutaler Tyrannei und mittelalterlichen Methoden ist weit hinausgeschoben worden ... Indem Chamberlain vor dem Risiko zurückscheute, hat er einen Krieg unvermeidbar gemacht. Das englische wie das französische Volk werden nun ihre Freiheit mit den Waffen zu verteidigen haben." In einem späteren Epilog von ihm heißt es: „Einflußreiche Engländer und Amerikaner sind vor diesem Kriege darauf hingewiesen worden, daß Hitler ihn entfesseln und furchtbares Unglück über die Welt bringen wird ... Sie haben uns Deutsche, die wir warnten, für Männer ohne nationale Gesinnung gehalten. Sie haben übersehen, daß wir unser Vaterland von ganzem Herzen lieben und seine Größe und Ehre wollen, daß wir aber aus unseren Leiden wußten, welchen Weg der satanische und dämonische Hitler nehmen würde. Trotz unserer Warnung ist Chamberlain Hitler 1938 nachgelaufen. Damals war durch englische Festigkeit der Krieg vermeidbar und Hitler zu entlarven. Es liegt uns fern, die Verantwortung, die wir Deutsche zu tragen haben, vermindern zu wollen; aber es liegt ein nicht nur von uns Deutschen verschuldetes tragisches Geschehen vor, unter dem wir Deutsche nicht die geringsten Opfer für unsere Überzeugung gebracht haben. Wenn wir uns befreien, wird die Welt erfahren, was anständige Deutsche erlitten und gelitten haben, wie viele von ihnen qualvollen Todes gestorben sind für die deutsche Ehre und die Freiheit der Welt[13]."

Ähnlich wie Goerdeler urteilte Beck, als er das Münchener Ergebnis erfuhr. Er hielt das Einlenken Englands und Frankreichs für eine verhängnisvolle Schwäche und sah den Weltkonflikt, den er für jetzt erwartet hatte, nicht vermieden, sondern zu einem viel größeren Austrag verschoben. In gleichem Sinn hat sich Churchill geäußert[14].

Mit dem Sieg, den die anderen Mächte Hitler durch ihr Zurückweichen gewährt hatten, „dezimierten" sie die Front, die sich in

Deutschland gegen ihn erhoben hatte, und sie entzogen auch seinen entschiedenen Gegnern weithin den Boden für ein Handeln, denn wenn schon die europäischen Mächte dem fordernden Willen dieses Mannes unbeschreiblich nachgaben und „huldigten", wie sollte dann das ihm untertane Volk, das von dem ihm alltäglich eingehämmerten Wortlaut lebte, durch einige wenige zum Ausbruch verleitet werden? Hatte sich kurz das Gefühl eingestellt, es könne auf einen neuen Weltkrieg zugehen, so wurde München zum großen Erweis dieses Mannes erhöht, der in gefahrvoller Lage recht behalten und nun auch künftig unbedingte Nachfolge zu beanspruchen hatte. Seine Pläne und Ziele blieben verschwiegen, Eingriffe der Unmenschlichkeit wurden verleugnet oder als Volkszorn entlastet.

Beck war während der Sudetenkrise zum Oberbefehlshaber der im Westen stehenden Ersten Armee mit dem Sitz in Wiesbaden ernannt worden. Nachdem die Krise mit dem Münchener Paktabschluß für Deutschland erfolgreich beendet war, ließ Hitler Beck wissen, er erwarte nunmehr von ihm, daß er die Folgerungen aus seinem Schritt im Juli ziehe. Beck reichte sein Abschiedsgesuch ein und wurde auf 31. Oktober 1938 unter Beförderung zum Generalobersten aus dem Heer entlassen. Die deutsche Öffentlichkeit wurde erst jetzt mit einigen Zeilen über die Veränderung auf dem Posten des Generalstabschefs des Heeres unterrichtet.

Nach außen war das Jahr, das auf München folgte, erfüllt von immer neuen Erfolgen Hitlers, die sich – wie es schien, fast naturgesetzlich – aus den Ereignissen des Sommers 1938 entwickelten[15]. Die Abfolge sei hier kurz in Erinnerung gerufen: Am 3. Oktober verkündigte Chamberlain, der eben mit „peace in our time" heimgekehrt war, vor dem Unterhaus ein britisches Aufrüstungsprogramm[16]. Am 9. Oktober rückte Hitler in seiner Saarbrückener Rede offen vom Münchener Pakt ab und erhob neue Forderungen. Am Tage danach sprach er dem Staatssekretär seines Außenamtes gegenüber von der Notwendigkeit, das tschechische Problem binnen weniger Monate zu „liquidieren". Am 29. Oktober folgte der Wiener Schiedsspruch, in dem der deutsche und italienische Außenminister Teile der Tschechoslowakei Ungarn zuerkannten – Polen hatte sich durch ein Ultimatum zu Beginn des Monats schon einen anderen Teil der Tschechoslowakei, das Olsagebiet, „erpreßt". Am 7. November wurde der Attaché an der deutschen Botschaft in Paris, Ernst vom Rath, von einem jungen Juden polnischer Herkunft erschossen. Goebbels benützte den Anlaß, um gegen alles Jüdische in Deutschland – Mensch und Habe – in einem wilden, nach kaltem Plan entfachten Sturm vorzugehen, der nicht nur im Ausland, sondern auch unter den Deutschen, die bisher mitgegangen waren, weithin Entsetzen verbreitete. Ende Januar 1939 wurde ein Angebot der Prager Regierung, die sich dem Reich zu- und unterzuordnen anbot, zurückgewiesen, gleichzeitig die Abfall- und Selbständigkeitsbewegung in der Slowakei und in Ruthenien vorangetrieben. Als Prag die beiden autonomen Regierungen absetzte und den Ausnahmezustand verhängte, griff Hitler ein. Er forderte, daß die Slowakei ihre Selbständigkeit erklärte, und erpreßte von Hacha, Beneschs Staatspräsident, in der Nacht zum 15. März in Berlin die Abdankung einer freien Tschechoslowakei. Am Nachmittag des gleichen Tages fuhr Hitler – auf Rat des Begleitoffiziers Rommel im offenen Wagen – an den vorrückenden Truppen vorbei nach Prag und entwarf noch in der Nacht, vom Hradschin niederschauend, das neue Statut für Böhmen und Mähren, die zum „Reichsprotektorat" erklärt wurden. Am 18. März bekräftigte er der nun selbständig gewordenen Slowakei in Wien seinen Schutz. Dann wurde der litauische Außenminister nach Berlin gerufen; am 23. März kehrte das vor 16 Jahren entrissene Memelland wieder in den Reichsverband zurück. Die gleichzeitigen Versuche, Danzig und eine Fahrbahn durch den Korridor zu gewinnen, trafen auf die entschiedene Weigerung des polnischen Außenministers Beck (26. März), der fünf Tage danach in London eine sehr gewichtige Vorabrede für ein britisch-polnisches Bündnis erreichte und im Vertrauen darauf sich auch während der folgenden Monate gegen alle Ansinnen von Hitlers Seite zur Wehr setzte. Am 3. April gab Hitler dem deutschen Oberkommando Befehl, einen Angriff auf Polen vorzubereiten, und zwar so, daß er am 1. September beginnen könne[17]. Am 14. April wandte sich Roosevelt in einer warnenden Botschaft an Hitler und Mussolini. Am 27. April wurde in England der Entschluß zu außerordentlichen Einberufungen bekanntgegeben. Tags darauf kündigte Hitler in seiner Reichstagsrede[18] – zugleich als einzige Antwort an den amerikanischen Präsidenten – das deutsch-britische Flottenabkommen von 1935 und die deutsch-polnische Nichtangriffserklärung von 1934 und verlegte sich von nun an in beharrlicher Kleinarbeit darauf, das zerrissene Verhältnis zu Rußland wieder anzuspinnen[19]. Im August kam es in Danzig durch nicht zu verheimlichende Rüstungsvorgänge der Deutschen zu einem Zollstreit und zu gefährlicher Verschärfung mit Polen, während in Moskau die Abgesandten der Westmächte und Deutschlands, in der gleichen Straße wohnend, in einem Wettstreit noch ungewissen Ausgangs um ein russisches Bündnis warben. Am Abend des 24. – wohl der spiegelndste seiner Tage – landete Ribbentrop, über Königsberg kommend, in Tempelhof, das deutsch-russische Bündnis in Händen, zustande gekommen durch die Preisgabe der baltischen Staaten und Bessarabiens an Rußland und durch die vorbestimmte Teilung Polens. Am Nachmittag des 25. gab Hitler, nachdem er drei Tage zuvor in einem mehrstündigen Redeausbruch zu den Oberbefehlshabern gesprochen hatte, den Vormarschbefehl für den 26., widerrief ihn aber schon drei Stunden später, als aus London der bindende Abschluß eines Beistandspaktes mit Polen und eine Stunde danach ein Brief Mussolinis einging, worin er sich für zu wenig gerüstet erklärte, um an einem Krieg teilzunehmen. Nach sechs ereignisreichen Verhandlungstagen, die eine Geschichte für sich darstellen und durch schwere Krisen geführt haben, in denen Hitler wankend wurde, siegte zuletzt doch sein Entschluß zum Angriff über eine starke und zäh kämpfende Gegenfront, in der sich die Männer der „Beck-Gruppe" (wenn man sie so nennen will), vor allem Hassell, Weizsäcker, Goerdeler, Popitz, Canaris, Oster, Schacht, Planck, Jessen und der ihnen verbündete Wehrwirtschaftsgeneral Georg Thomas, besonders eingesetzt haben[20].

In der Frühe des 1. September begann, ohne Vorankündigung, der Krieg mit Polen. Am 3. September erklärten sich England und Frankreich im Kriegszustand mit Deutschland. Gleiche Erklärungen von Kanada, Australien, Neuseeland und der Südafrikanischen Union folgten. Am 18. Tag des Kampfes marschierten die Russen, wie sie bekanntmachten, zum Schutz bedrohter Minderheiten, in Ostpolen ein. Am 29. September ergab sich als letztes Bollwerk des rasch eroberten polnischen Landes Warschau. Danzig und die früher zu Deutschland gehörigen Gebiete wurden mit einem Teil seither polnischen Bodens als Gau Danzig und Wartheland dem Reich eingegliedert, Polen westlich des Bugs – entsprechend den vorangehenden deutschrussischen Abreden – zum Generalgouvernement unter deutscher Herrschaft erklärt.

Ostpolen, vor allem die weißruthenischen und galizischen Gebiete, fielen an Rußland. Ende September wurde damit begonnen, die Masse der deutschen Kampfverbände an die westliche Reichsgrenze zu verlegen. England und Frankreich standen abwartend, sie hatten in den deutschen Kampf mit Polen nicht eingegriffen.

Zu Beginn des Oktober erhielt Ludwig Beck die Gewißheit, daß Hitler nunmehr im Westen sich zum Angriff bereit mache und dabei dem Plan folge, unter Bruch der Neutralität über Holland und Belgien gegen Frankreich vorzugehen. Wie die Mehrzahl der höheren Führer im Heer war er überzeugt, daß ein solcher Angriff schon aus rein fachlicher Erwägung scheitern müsse und nicht verantwortet werden könne, daß darüber hinaus aber die Pläne Hitlers, die gemäß seinen Worten (Weisung Nr. 6 für die Kriegführung) auf eine „endgültige militärische Erledigung des Westens" ausgingen, in eine europäische Katastrophe führen mußten, zumal Rußland eben durch sein Vordringen an die Ostsee als neuer europäischer Partner auf den Plan trat. Zu allem hin kamen während der ersten Oktoberhälfte die ersten verläßlichen, freilich äußerst geheimen Nachrichten über ein Schreckensregiment der SS in Polen und die Aufdeckung eines von Hitler ausgehenden Ausrottungs- und Niederhaltungsplanes des polnischen Volkes. Von Brauchitsch war mit Halder darin einig, daß die Westoffensive Hitlers mit allen fachlichen Argumenten bekämpft werden müsse. Die drei im Westen eingeteilten Heeresgruppenkommandeure – von Leeb, von Rundstedt, von Bock – waren in Denkschriften gleichfalls gegen den Angriffsplan vorstellig geworden. Generaloberst Ritter von Leeb hatte sich darüber hinaus in tiefer begründetem Aufruhr Brauchitsch gegenüber zu „jeder gewünschten und notwendig werdenden Folgerung" bereit erklärt[21]. Halder ließ nach dem Vorgang des September 1938 einen den Verhältnissen angepaßten Generalstabsplan für einen Umsturz durch Oberstleutnant i. G. Grosscurth erarbeiten und hielt zwei Panzerdivisionen auf ihrem Weg vom Osten in den Westen an der Elbe zurück. Ende Oktober schickte er K. H. v. Stülpnagel auf eine Frontreise in den Westen, zu erkunden, auf welche Kommandeure bei einer Aktion Verlaß sei. Oster und von Stülpnagel vermittelten zu Beck, der nicht in Erscheinung treten konnte, jedoch mit leidenschaftlichem Antrieb hinter den Vorgängen stand und das militärische Unternehmen mit einem Gesamtplan staatlichen Handelns verband.

Goerdeler, von Weizsäcker, von Hassell wirkten als Politiker mit ihm zusammen.

Eine Denkschrift des Auswärtigen Amtes, Ende Oktober verfaßt von Hasso von Etzdorf und Erich Kordt – sie ist zu größeren Teilen erhalten[22] –, suchte „das drohende Unheil" zu umreißen, das mit einem Einfall nach Belgien zu gewärtigen sei: das Zusammenrücken einer immer größeren, noch durch die USA verstärkten Front, der Deutschland nicht gewachsen sei (von den USA heißt es: „Man wird nicht nur Material, sondern auch mit Kreuzzugsgeist erfüllte Menschen schicken"). Da Hitler zu keinem Vergleichsfrieden mehr kommen könne, bleibe ihm nur, hinter sich die Schiffe zu verbrennen, die Brücken abzubrechen und nach vorn durchzubrechen. Seine „Unfehlbarkeit" sei eine blasphemische Legende. „Seine Erfolge waren Scheinerfolge oder das Ergebnis einer natürlichen Entwicklung, wobei die durch seine Methoden hervorgerufenen Nachteile die Vorteile übertrafen." Nach Einzeldarstellungen dazu folgte der Satz: „Noch nie war Deutschland dem Chaos und dem Bolschewismus näher als jetzt nach sechs Jahren Hitler-Regimes, das es in den letzten Wochen fertigbrachte, 20 Millionen Menschen dem Bolschewismus zu überantworten." Gegen den Einwand, man werde jetzt „nach einem glänzenden militärischen Feldzuge" einen Staatsstreich nicht begreifen: „das débacle wird erst erkannt werden, wenn es da ist. Dann freilich wäre der Staatsstreich populär, aber er käme zu spät und würde das Unheil nicht mehr abwenden, in das wir alle, ob mit Hitler oder ohne ihn, und mitsamt unseren schönen polnischen Lorbeeren hineinstürzten. Denn die Kriegsfurie, einmal aus dem Kasten, ist mit Vernunft nicht wieder zurückzulocken: der Krieg folgt seinen eigenen unerbittlichen Gesetzen, und jede Heeresleitung will vor allem siegen, d. h. heutezutage vernichten. Die relative Unpopularität des Unternehmens muß daher mit dem nötigen Maß an Zivilcourage hingenommen werden." Zur Frage des Fahneneides heißt es in der zur Gewinnung der Militärs verfaßten Niederschrift, er habe seine Gültigkeit verloren, „da Hitler, seiner eigenen Pflichten vergessend, sich anschickt, Deutschland seinen besessenen Zielen zu opfern. Seines Fahneneides ist der deutsche Soldat also ledig. Es verbleibt ihm aber die höchste nationale Pflicht, dem deutschen Vaterland gegen dessen Verderber die Treue zu halten." In einem Abschnitt „ehrenhafter Friede" findet sich der Schluß, ein Eingreifen von staatserhaltender Seite verspreche nur so lange einen Erfolg, als eine militärische Niederlage oder ein 9. November vermieden werde. Damit kehrte die Aufzeichnung zur Dringlichkeit der Aufgabe zurück: denn die Empfänger, die sie in die Hand bekamen und die sie offenbar billigten – nicht anzuzeigen machte mitschuldig –, mußten sich sagen, daß bis zum Angriffstermin nur noch etwa zwei Wochen Frist blieben.

Am 1. November war der eine der Verfasser bei Oster und fand sich auf dessen Bitte zum Entschluß bereit, seine freie Beweglichkeit in der Reichskanzlei zu einem Sprengstoffanschlag zu nutzen: nur durch ein geglücktes Attentat, so sagte Oster, seien die Generale von ihren Skrupeln, von dem dem lebenden Hitler geschworenen Eid, zu befreien. Für den 11. stellte Oster den Sprengkörper in Aussicht[23].

Indessen schien schon am 4. November die Auslösung nahe, Beck, Goerdeler wurden verständigt. Am 5. November hatte Hitler den auf 12. November lautenden Angriffsbefehl endgültig zu bestätigen, um für die Aufmarschbewegung genügend Zeit zu geben. Brauchitsch fuhr mit Halder in die Reichskanzlei. Erst einer Aufzeichnung folgend, dann aus dem Augenblick heraus sprechend, brachte er noch einmal die Gründe gegen die Westoffensive vor, zu der Hitler für den 12. entschlossen war. Er wurde durch einen orkanartigen Ausbruch Hitlers niedergeworfen und brüsk aus der Unterredung entlassen. Hitler stieß die Drohung aus, er kenne den „Geist von Zossen" (Zossen als Sitz des Oberkommandos des Heeres) und werde ihn vernichten.

Auch aus anderen Zeichen glaubte man entnehmen zu müssen, daß der Putschplan verraten und ein 30. Juni für die Armeeführung zu erwarten sei[24]. Nach Rückkehr gab Halder Befehl zur schleunigen Vernichtung aller Unterlagen. Als nach 24 Stunden nichts geschah, begannen neue Überlegungen. Halder wurde gedrängt, zu handeln. Er sträubte sich gegen ein Attentat und fand auch bei Canaris keine Unterstützung. Brauchitsch war in eine Art inneren Niemandslandes verschlagen, man hörte ihn sagen: „Ich tue nichts, aber ich werde mich auch nicht dagegen wehren, wenn es ein anderer tut."

Am 7. November ließ Beck ihn wissen, falls Brauchitsch für seine Person den Staatsstreich ablehne, sei er bereit, um einer von oben einheitlich gelenkten Aktion willen das verantwortliche Kommando selbst zu übernehmen, unter der Voraussetzung, daß die drei Heeresgruppenkommandeure sich dem nicht widersetzten.

Am gleichen Mittag wurden die Heeresbewegungen im Westen erstmals angehalten. Am Abend boten die Monarchen von Belgien und Holland ihre Friedensvermittlung an.

Verwirrend und unerwartet war für die Planer des Staatsstreichs der Vorgang des 8. November: Wie alljährlich tritt Hitler um acht Uhr abends in den alten Kreis der Mitkämpfer im Bürgerbräu in München, beginnt eine, wie es scheint, länger angelegte Rede, beendet sie aber auffallend rasch und verläßt den Saal. Kurz darauf birst eine Pulverladung, die die Rednertribüne und den nahen Pfeiler in Stücke reißt und den Saal mit Trümmern übersät. Man zählt 6 Tote und 63 Verwundete. Selbst Canaris und Oster „sichern" und stehen vor einem Rätsel, ebenso aber – und das ist bis heute trotz manchen geäußerten Verdachts nicht widerlegt – Heydrich, Staatspolizei und Sicherheitsdienst. Hitler erzählte später im Kreis von Getreuen, es habe ihn plötzlich nach Beginn der Rede Unwohlsein befallen, und eine innere Ungeduld habe ihm gesagt: raus, raus! ... Entgegen allen Vermutungen einer Verschwörung der einen oder andern Seite, etwa gar unter Mitwissen Hitlers, muß heute, wenn nicht noch andere Enthüllungen folgen, das Unwahrscheinlichste als wahr gelten: daß der Attentäter Elser unwissend, während Generale konspirierten, als einzelner seine Mine gelegt und nur um rätselhafte Haaresbreite sein Ziel verfehlt hat[25].

Elsers Tat, so scheint es nach der einzigen Überlieferung, hat auch der geplanten anderen die Voraussetzung genommen. Bei der verschärften Kontrolle der Sprengstofflager, die sofort einsetzte, mußte Oster seine Bemühung um Sprengstoff aufgeben[26].

Gründe des Schlechtwetters, offenbar auch die ungern übernommenen Gründe unvollkommenen Ausbildungsstandes und mangelnder Bereitstellung, vielleicht auch die Absicht, den Angriffsplan vom Schwerpunkt des rechten Flügels auf einen Panzerstoßkeil gegen Sedan umzuarbeiten, bewirkten eine immer neue Verschiebung des Angriffstages. Am 23. November sprach Hitler in mehrstündiger Rede vor den Oberbefehlshabern und Generalstabsoffizieren vom bevorstehenden Eroberungskrieg, höhnte über die ängstlichen „Propheten", die bei allen Entschlüssen, die er gefaßt, nur Unheil vorausgesehen, wetterte gegen die reaktionären Generale, die „überfällige Oberschicht", die schon 1914 versagt habe, und auch diesmal wieder gegen den „Geist von Zossen", ohne jedoch Namen zu nennen. „Ich werde vor nichts zurückschrecken und jeden vernichten, der gegen mich ist. Wenn aber, wie 1914, Oberbefehlshaber schon Nervenzusammenbrüche haben, was soll man da vom einfachen Musketier verlangen? ... Ich werde in diesem Kampf stehen oder fallen. Ich werde die Niederlage meines Volkes nicht überleben. Nach außen keine Kapitulation, nach innen keine Revolution[27]."

Mit dieser „an Brutalität, Zynismus und Hemmungslosigkeit wohl unübertroffenen Rede" Hitlers muß man die Staatsstreichversuche dieser Wochen als überwunden ansehen. Schmähung und Drohung aus dem Mund Hitlers haben nicht gespornt, sondern gelähmt. „Der Vorwurf der Feigheit hat die Mutigen wieder feige gemacht", so drückte sich Oster aus[28].

Soviel bekannt, hat nur einer der Generäle, der nicht zu den Eingeweihten des Putschplanes gehörte, bei Hitler gegen die Verunglimpfung der führenden Offiziere, die immerhin für ihn den Polenkrieg gekämpft hatten, protestiert: Guderian. Von Brauchitsch, dem das an Verachtung grenzende Mißtrauen Hitlers vor allem galt, vermochte sich auf solcher Ebene nicht zu stellen, sein erbotener Rücktritt wurde abgelehnt. Goerdeler sagte in seinem Bericht an von Hassell, es scheine, daß Hitler mit dieser Rede „auf die harmlosen Soldaten Eindruck gemacht hat, während die klügeren den Eindruck eines tobsüchtigen Dschingis-Khan hatten[29]".

Gegen Ende Dezember schien sich noch einmal eine Zuspitzung zu ergeben[30]. Kunde vom Morden der SS in Polen erschütterte die, die davon erfuhren, aufs schwerste, der Überfall Rußlands auf Finnland belastete die deutsche Führung, vor allem in den Augen des verbündeten Italien. Der Angriffstermin im Westen blieb noch immer verschoben. Noch einmal sollte versucht werden, den Ausbruch zu erzwingen: Witzleben sollte den Umsturz in Berlin leiten, Beck den Oberbefehl übernehmen und sich mit Aufrufen an das deutsche Volk wenden. Oster und Goerdeler fuhren zu Witzleben. Popitz und Hassell bereiteten ein neues Staatsgrundgesetz und die Verordnungen des Übergangs vor. Beck suchte Anfang Januar das persönliche Gespräch mit Halder, um ihn zu gemeinsamem Handeln zu bewegen. Aber Halder hielt es jetzt für unmöglich, gegen Hitler als den Mann ungebrochenen Erfolges, der die junge Generation auch der Offiziere ganz auf seiner Seite hatte, anzutreten, und glaubte, daß erst Rückschläge den Weg wieder freigeben könnten. Zudem schien es schwer, jetzt noch Truppen heranzuschaffen. Beck wollte die äußere wie die politische Befreiung auch gegen eine Mehrheit erzwingen. Von der militärischen Seite vorerst machtlos, hat er dann versucht, politische Argumente zum Zuge zu bringen. Man bemühte sich, auf mehreren, meist privaten Wegen die abgerissenen Verbindungen zur englischen Politik wieder anzuknüpfen (Theo Kordt in Bern, Ulrich von Hassell in Arosa, Ex-Reichskanzler Wirth in Lausanne-Ouchy). Von der Gruppe Beck-Goerdeler-Oster bevollmächtigt, gewann Dr. Josef Müller, der deutschen Abwehr angegliedert, in Rom durch Vermittlung des Papstes eine Möglichkeit des Austausches mit dem britischen Botschafter am Vatikan, Osborne. Die englische Regierung (Chamberlain, Halifax) hatte ein Jahr nach München endlich eine andere Meinung gewonnen über Aussichten und Wert einer Gegenbewegung in Deutschland und hatte ihren Vertreter am Vatikan ausdrücklich mit dem Austausch betraut, der zwischen Oktober 1939 und Februar 1940 stattfand. In ihm sind, soviel man den noch nicht vollständig veröffentlichten Unterlagen entnehmen kann, einer nichtnationalsozialistischen Regierung in Deutschland erstaunliche Zugeständnisse gemacht worden, sicher die Grenzen von 1937, wahrscheinlich aber auch Österreich und Sudetenland eingeschlossen, dazu das Versprechen, die Innenkrise des Übergangs nicht zu einem militärischen Angriff von außen zu benutzen. Eine solche Zusicherung Englands hätte ein Jahr zuvor die zum Losschlagen bereite Erhebung ermutigen können, jetzt hatten Beck, Halder, Goerdeler, Thomas dies Anerbieten, niedergelegt und vielleicht redigiert im sogenannten Dokument X, in Händen, und es erwies sich bei gänzlich veränderten Bedingungen als machtlos. Brauchitsch, dem das Dokument Anfang April zu Gesicht kam, war geneigt, den Überbringer als Landesverräter verhaften zu lassen. Halder hatte etwa zur gleichen Zeit Goerdelers scharfem Drängen brieflich seine Absage erteilt, auch hier mit dem Hinweis, erst nach einem Rückschlag sei ein Ansatz möglich. Es sollte nicht gelingen, Hitler noch, bevor weltweite kriegerische Verstrickungen eine andere Lage schufen, zu stürzen und eine andere Führung zu begründen[31].

Am 9. April begann der überraschende Vorstoß der deutschen Marine gegen Norwegen, der dann durch sein erstaunliches Gelingen die Gedanken eines deutschen Umsturzes noch mehr zum Schweigen verwies. Auf Becks Drängen wurde zu Beginn des Mai dem Verhandlungspartner am Vatikan mitgeteilt: „Die Generale können sich nicht zum Handeln entschließen. Hitler wird angreifen. Der Angriff steht bevor[32]." Beck hielt nach dem Geschehenen im Blick auf alles Künftige eine solche Mitteilung für notwendig. Oster gab bald danach, am Abend des 9. Mai, auf eigene Verantwortung hin den Angriffstermin an die bedrohten Holländer, die die Meldung nach so häufigem Aufschub kaum noch ernst nahmen. Am 10. Mai wurde der „Krieg im Zwielicht" beendet durch den Krieg im vollen Licht: den deutschen Angriff auf Belgien, Holland und Frankreich.

Was durch fast zwei Jahre von Ludwig Beck und den gleich ihm Gesinnten zur Bändigung und zum Sturz Hitlers versucht worden war, versank, ohne daß er, der der Stärkere geblieben war, und die Zeitgenossen davon erfuhren. Erst durch den Zossener Aktenfund am 22. September 1944 – Beck war schon tot – erhielt die Staatspolizei und durch sie Hitler Kenntnis, von der aber die Öffentlichkeit ausgeschlossen blieb. Als nach dem Krieg zu der für sie öffentlichen auch die geheime Geschichte dieser Jahre den Deutschen bekannt wurde, erfuhren sie mit dem Unmaß des Furchtbaren, was mit ihrem Namen geschehen war, auch vom Handeln derer, die eine Rettung versucht hatten. Die meisten der Beteiligten waren nun nicht mehr am Leben.

Nach anfänglich anderen Plänen entschied sich Beck, Berlin auch nach seiner Zurruhesetzung nicht zu verlassen. Man wird annehmen dürfen, daß er dem Geschehen nahe bleiben wollte und sich noch nicht aus seiner Aufgabe entlassen fühlte. Während der folgenden Jahre ist er in den mannigfachen Wandlungen und Spaltungen, so ist heute zu sehen, ob in seinen Ansichten voll gebilligt oder nicht, die anerkannte Mitte geblieben, durch die die Gruppen der Gegenbewegung ihre Zuordnung fanden. Dem bestimmten und andere bestimmenden Wesen des denkenden Polemarchen verband sich die ritterliche Gebärde eines Menschen, der auch den Andersgearteten und den Schlichten zu ehren verstand. Wo er zugegen war, hatte rivalisierende Eigensucht kein Feld, seine Lauterkeit wirkte einigend auch unter gegensätzlichen Naturen. „Der liebe Gott" wurde er gelegentlich in der Umgangssprache der Vertrauten genannt, und alle Anliegen wurden zu ihm getragen. Er widerstrebte jeder zu leichten Rede vom Vaterland, aber mit ihm war etwas gegenwärtig, das an einen über dem Einzellos wirkenden Wert band und verpflichtete.

Wer zur Goethestraße ging und nach seiner Wohnung fragte, konnte finden, daß auch die einfachen Menschen den General Beck kannten und in einer achtungsvollen Art von ihm sprachen. Seine Tochter, die im Zweiten Weltkrieg Witwe wurde, führte ihm das Haus. Er bestellte den Garten[33] und widmete sich, von den Entwicklungen in der Gegenwart bewegt und zur Gegenwart sprechend, kriegswissenschaftlicher, vor allem kriegsgeschichtlicher Darstellung. Das Schicksal Deutschlands an den Fronten und in der Heimat beschäftigte ihn lebhaft, und kein Tag verging ohne Besucher, die ihm Nachrichten und Eindrücke vom Geschehen brachten und ihm ihre Sorgen vortrugen. Mehrfach findet man ausgesprochen, daß er in jeder Phase des Kriegs ein Gesamtbild innegehabt und in klaren Strichen zu zeichnen vermocht habe und daß Vorhersagen von ihm sich oft erstaunlich erfüllten. An den Zusammenkünften und Vorträgen der „Mittwochgesellschaft"[34], bei denen die verschiedenen Disziplinen sich in einem universaleren Sinn trafen und zu Wort kamen, nahm er regen Anteil und trug mehrfach selbst vor. Eines der Mitglieder hat die stark aus sich selbst heraus wirkende Gestalt Becks, die im Wort eher etwas Verschwiegenes hatte, in solchen Zügen festgehalten: „Der mittelgroße, schlanke Mann mit dem schmalen Kopf war ein Typus des höheren preußischen Offiziers, wie er vollendeter nicht gedacht werden konnte. Alles an ihm war geformt und bis ins letzte beherrscht, so daß es wieder vollkommene Natürlichkeit geworden war, die nur sich unterstand. Sein schmales, völlig ausgearbeitetes, wesentlich auf Profil gestelltes Gesicht war bis in die feinste Regung seinem bewußten Wesen unterstellt; Geist und Willen waren in einer Einheit aufgegangen, die schon den Zügen des Lebenden etwas von einer großartig durchseelten Plastik gab. Das Schönste an diesem Gesicht waren die Augen, kluge, sehr geistige Augen, die zuweilen mit dem Charme einer menschlichen Wärme aufleuchten konnten, wie sie im Bereich seines Berufs sonst nicht eben häufig war. Es ist schwer, ein Bild der Wirkung zu geben, die von diesem klaren Geist und mehr noch von seinem menschlichen Wesen ausging. Ich habe zweimal das Glück gehabt, ihn bei mir zu sehen... Wenn er in Lichtenrade im Garten stand – neben ihm saß

Ulrich Wilcken[35], horchte auf den Sang der Amseln, freute sich am Duft der Holunderblüten –, dann war es bezaubernd, zu sehen, mit welcher Höflichkeit des Herzens Beck den alten Herrn an seiner Seite vorsichtig ungestört ließ, ehe er ihn in eine jener Unterhaltungen zog, die bei aller Gewichtlosigkeit viel mehr als Unterhaltungen waren. Er vermied es, auf seine frühere Welt einzugehen – ich habe auch kaum jemals Negation oder Kritik der Generalität von ihm gehört. Eher gab er mit ein paar knappen Strichen Wesensbilder von einzelnen, zeichnete einen Umriß von Dietl, von Rommel, aus dem etwas von der wirklichen Persönlichkeit und den Fähigkeiten des Skizzierten sichtbar wurde. Man spürte zuweilen deutlich die bewußte Herrschaft des Schweigens, die er seinem Leben auferlegt hatte, und daß er das Eigentliche bei aller freundschaftlichen Offenheit, mit der er sich gab, den besonderen Stunden und der besonderen Nähe vorbehielt... Wenn aber dieser Mann für einen Augenblick sein unbeschreibliches Lächeln aufstrahlen und mit diesem Lächeln den Widerschein einer inneren Welt ahnen ließ, die niemand in ihm vermutet hätte, dann gab es wohl keinen, der sich ihm zu entziehen vermochte, und es war begreiflich, daß noch der Alternde junge Menschen zu Verehrung und heller Begeisterung hinriß, zu einem Beglücktsein allein darüber, daß in der Welt von 1940 ein Mann wie Ludwig Beck noch möglich war[36]."

An einer anderen Stelle seiner Erinnerungen erzählt Paul Fechter, wie er während des Krieges einmal mit Beck aus einer herbstlichen Gedenkstunde der Universität Berlin kam. „Wir wanderten die grauen Linden entlang. Wir sprachen wenig, auf einmal blieb Beck stehen und fragte: ‚Kannten Sie das Stück, das zuletzt gespielt wurde?' Ich bejahte und gab Auskunft (es war der Choral aus Bachs Kunst der Fuge). Er sah mich eine Weile nachdenklich an: ‚Das war das Jenseitigste, was ich je gehört habe', sagte er dann halb für sich. ‚Sehr merkwürdig.' Wir gingen weiter. Ich fühlte, wie ihn etwas beschäftigte, und schwieg, und auf einmal fuhr er fort, halb für sich und halb zu mir: ‚Das sollte man sich merken – für alle Fälle. Meinen Sie nicht[37]?'"

In den bitteren Jahren, in denen Beck auch durch schwere Krankheit alterte, legten sich die Schatten der Enttäuschung dichter um den sonst festen und großen Blick dieser Augen, die sich auf gefährdeten Wegen hinter dunklen Gläsern verleugneten. In den feinnervigen Händen wuchs ein Zittern der Ungeduld und Erregung. Das zermürbende Mißlingen minderte die Kraft zum Handeln. Aber daß Beck auch an jenem Julitag, dem letzten seines Lebens, entschlossen unter den Handelnden steht, zeigt, daß seine Bereitschaft trotz aller Trauer ums Verweigerte nie müde geworden ist und daß er, der 64jährige, sich bis zuletzt den Jüngeren verbunden gefühlt hat, so wie sie immer wieder ihr Tun an seinem Urteil gemessen haben.

IV CARL FRIEDRICH GOERDELER
MÄNNER DER RECHTEN

In der Denkschrift, mit der die beiden Verfasser aus dem Auswärtigen Amt im Oktober 1939 den führenden Offizieren Recht und Pflicht zu einem gewaltsamen Eingriff darzulegen versuchten, hatten sie, Schiller ernüchternd, an das Gesetz erinnert: „Die Kriegsfurie, einmal aus dem Kasten, ist mit Vernunft nicht mehr zurückzulocken..." Die so schrieben, konnten kaum ahnen, wie sie in einer doppelten Weise zum Schicksal ihres Volkes sprachen: Nicht nur war Hitler selbst außerstande, von der Bahn seiner Siege und Überpläne umzukehren und den ins Maßlose entwischten Krieg, wie Vernunft forderte, zurückzuholen, ehe die Katastrophe alles verschlang. Auch keine Vernunft einer Gegenbewegung hat vermocht, solang die Kette der Siege hielt, ihm entgegenzutreten oder im Niedergang des Kriegs ihn zu stürzen. Für sie war mit dem Angriff im Westen der freie Augenblick erst einmal vorbei – nicht, wie erwartet, durch einen raschen militärischen Zusammenbruch, sondern durch einen unerwarteten Aufstieg Deutschlands.
Hassell hat am 24. Juni 1940 nach dem Sieg in Frankreich aufgezeichnet: „Niemand kann die Größe des von Hitler erreichten Erfolges bestreiten. Aber das ändert nichts am inneren Charakter seiner Taten und an den grauenhaften Gefahren, denen nun alle höheren Werte ausgesetzt sind. Ein dämonischer Spartakus kann nur zerstörend wirken, wenn nicht noch rechtzeitig die Gegenwirkung eintritt. Man könnte verzweifeln unter der Last der Tragik, sich an den Erfolgen nicht freuen zu zu können[1]." Ein anderer bezeichnete den „tragischen Konflikt", unter dem jetzt im Krieg die Geweckten, die handeln wollten, standen, mit dem kurzen Wort: „Hitler ist zu vernichten und das deutsche Volk gleichzeitig vor dem Untergang zu retten. Wie sollten wir Wenigen mit dem Blick für die Wirklichkeit dieses zu vollbringen vermögen[2]?"

In der Tat, sieht man auch ab vom Äußeren, vom Machtverhältnis der Wenigen zu einem hochgerüsteten Staat, so stellte sich ihnen noch ganz anderes entgegen: Der Haß gegen Hitler entband in einem so entflammten Krieg nicht von Sorge und Dienst fürs Vaterland. In jedem der von Deutschland besetzten Länder, so viele es wurden, rief die Widerstandsbewegung gegen den fremden Eroberer und Landesfeind auf und gab dem tiefsten Enthusiasmus Ziele. Hier stand man gegen den Eroberer aus dem eigenen Volk, an dem dies Land während des Kriegs mit mehr als tausend Bezügen hing: wie konnte geschehen, ihn zu treffen, ohne das Ganze zu treffen?

Und noch in anderer Weise blieb man dem Krieg unterworfen. Brachte er Sieg und Hochgefühl, so hob er auch Hitler in seinem Volk und verdarb jeden Plan gegen ihn, der zur Unzeit kam, als „psychologischen Unsinn". Brachte er Not und Niederlage, so vermehrte ein versuchter Eingriff nur die Gefahr und brandmarkte die, die ihn wagten, jetzt und je als Verräter, die „den Dolchstoß" nicht gegen Hitler, sondern gegen ihr eigenes Volk geführt hatten.

Konnte der Versuch eines Umsturzes 1938 und noch 1939 vom Kreis einiger Weniger und mit vergleichsweise geringer politischer Vorbereitung geplant werden, so mußte man im Fortgang des Krieges erkennen, daß ein etwa geglücktes Attentat auf Hitler noch nichts bedeutete, wenn nicht im gleichen Augenblick die zur Lenkung notwendigen und fähigen Männer für die vielfältigen Aufgaben bereit waren mit einem durchüberlegten Planwerk, um einen Übergang ohne Chaos zu erreichen.

Diese Gründe im ganzen genommen lassen begreifen, warum auch entschieden gegnerisch denkende Deutsche jeden Versuch eines gewaltsamen Eingriffs ablehnten, und es reicht nicht leichthin die Erklärung, sie seien letztlich den großen Erfolgen Hitlers und dem durch seinen Aufstieg ergangenen „Gottesurteil" erlegen. Die aber mehr als das scheinbar Unausweichliche dulden, die handeln wollten, mußten sich mit Gleichgesinnten finden, und sie mußten von Gruppe zu Gruppe über das Trennende von Stand, Konfession, politischer Farbe hinweg zueinander kommen, nur aus einem *einigen* Wollen konnte auch ein Handeln entspringen. So trat das Militär anders als bei seinen ersten Versuchen aus seinen Grenzen und suchte das Zusammenwirken mit echten politischen Kräften. Es fanden sich Verbündete unter Angehörigen der ehemaligen Rechten wie der ehemaligen Linken, unter Männern der Kirchen, der Verwaltung und Industrie, des Auswärtigen Amtes, der Hochschulen, der Arbeiterbewegung wie des Adels. Nur unerkannt konnten sie dem, was sie verpflichtete, leben. Sie alle waren, welchen deutschen Stammes, Standes, Berufs auch immer, Glieder dieses Hitlerstaates und irgendwo als Einzelne mit ihrem Tun ins große Geschehen des Krieges hineingeflochten. Sie so auch in einer Geschichte des Zwanzigsten Juli als Einzelne zu schildern, wäre ihrer Lage oder der Zeit wohl am meisten gemäß. Reiht man sie, wie die Sitte einer Übersicht will, in Gruppen ein, so wird man gegenwärtig halten müssen, daß diese mehr äußere Zuordnung durch die lebendige Verzweigung oftmals durchbrochen und aufgehoben wird. Dieser Verzweigung nachzugehen, die Vielfalt der Gruppen und Kreise, ihre besonderen Dienste und Aufgaben, die Stadien der Gespräche und Programme, ihre Widerstreite und Aussöhnungen zu verfolgen, kann hier nicht angestrebt werden, wohl aber übersichtsweise die Kräfte zu zeigen, die sich während des Kriegs um einen Eingriff ins deutsche Schicksal bemüht und sich mit Claus Stauffenberg und seinem Erhebungsplan verbunden haben.

*

Wenn das Wort Nationalsozialismus in etwa das Programm enthielt, das nationale Wollen der Rechten und das soziale der Linken in einer neuen Einheit zu vertreten, so war von Beginn an klar, daß die Vertreter einer Rechten in die Bewegung hereingesogen, die der Linken durch Verfolgung ausgeschlossen wurden. Findet man so die Männer der ehemaligen Linken zumeist schon vom ersten Beginn an auf der Seite der Gegner, so die Männer der ehemaligen Rechten erst nach einigen Jahren, während der sie verantwortliche Ämter innehatten, bis sie sich trennten oder neben ihrem Amt ein gegnerisches Tun aufnahmen. Hatten sie dem neuen Staat mit etwa gleichen Vorbehalten, aber loyal gedient in der Vorstellung, über alles Bedenkliche hinaus zum Guten zu wirken, so mußte sich für sie früher oder später, wie die Entwicklung ging, die Frage stellen, ob und wie ein Mittun noch zu verantworten oder was als Gegenwirkung vom Einzelnen verlangt sei. Die Antworten waren so unterschieden wie die Menschen, und es ist unmöglich, wie es geschehen ist, eine Charakterskala danach aufzustellen, wann dem Einzelnen „die Augen aufgegangen" sind, und Wagemut und Selbstopfer als Norm zu verlangen. Einzelne gaben, wie Beck, als sie nicht mehr durchdrangen, ihr Amt auf. Andere vermieden diesen Schritt und versuchten, von innen den Weg zwischen Pflicht und Gewissen zu gehen. Andere entzogen sich und suchten im Ausland eine neue Existenz. Manche Namen, im damaligen Deutschland bald vergessen, sind erst durch die Geschichte des Zwanzigsten Juli wieder als die von Hauptbeteiligten eines Erhebungsversuchs bekanntgeworden.

Der meistgenannte dieser Namen ist Dr. Carl Friedrich GOERDELER. Mit ihm hat der aus preußischer Art kommende Gewissensaufruhr gegen den Usurpator seine stärkste Stimme und vielleicht seinen leidenschaftlichsten Beweger gefunden. Der Name Goerdeler konnte später als Aufschrift über einer Geschichte der deutschen Widerstandsbewegung stehen[3].

In den westpreußischen Kleinstädten Schneidemühl und Marienwerder als Sohn einer Richterfamilie im Geist altpreußisch-konservativen Beamtentums mit dem Blick auf die Monarchie erwachsen, in besonderer Weise durch die Probleme des Grenzlanddeutschtums politisch wach geworden, erfaßte er nach einem kurzen juristischen und historischen Studium sehr bald das ihm Gegebene: die Tätigkeit in Gemeindeverwaltung und Wirtschaft, am liebsten als Stadtoberhaupt eines großen Gemeinwesens. Aus den polar gedachten Lehrjahren im rheinischen Industriegebiet (Solingen) kam er im Ersten Weltkrieg wieder in den Osten. Im Frühjahr 1918 erhielt er die Aufgabe, die Finanzverwaltung von Weißrußland und Ruthenien wieder aufzubauen. Er tat es, ein Herrscher über Russen, sorgsam, gerecht und überlegen, und half dem im Krieg verwahrlosten Land wieder zu Gedeihen. So gab er ein großes Beispiel. Als er ging, schrieb er: „Was dem Lande in Zukunft beschieden sein wird, steht dahin. Die Deutschen, die nicht in feindlicher Absicht kamen und trotz aller von ihnen selbst hart empfundenen Kriegsnotwendigkeiten mit friedlicher Gesinnung hier geweilt haben, wünschen dem Lande Minsk Segen auf seine Arbeit[4]."

Bald darauf, im Juni 1919, plant Goerdeler mit der nationalen Freikorpsbewegung in Westpreußen während der Wochen vor dem Versailler Frieden eine „Niederwerfung" Polens: vor dem Vertrag sollten „vollendete Tatsachen" geschaffen werden, die die Preisgabe des Deutschtums im Osten verhindern. Einige Tage fieberhafter Wirren

und vergeblicher Versuche, gegen die eigene Regierung und das Veto der Heeresführung zum Zug zu kommen ... Goerdeler drang mit seinem Aufruhr nicht durch, der Friede, der den verhängnisvollen polnischen Korridor bewirkt, wurde geschlossen.
Ein Jahrzehnt des Bürgermeisteramts in Königsberg folgt, dann wird Goerdeler im Mai 1930 in einstimmiger Wahl der Stadtverordneten und des Senats kraft seines Rufes und seiner Persönlichkeit, nicht seiner Parteizugehörigkeit – sonst hätte er zur SPD gehören müssen –, Oberbürgermeister von Leipzig. Es gelingt ihm, die finanziellen Schwierigkeiten der Messestadt zu bewältigen und sie nach wenigen Jahren zu einer der bestverwalteten deutschen Städte zu machen. Sein Ruf dringt über die Grenzen des Reiches. Ende 1931 wird er durch Hindenburg mit allen Vollmachten, die er fordert, als Reichskommissar für Preisüberwachung in die Regierung Brüning berufen: während des Winters 1931/32 erreicht er, daß die im Steigen begriffenen Preise um ein Zehntel gesenkt werden. Hindenburg sucht weiterhin seine Beratung, ohne ihm zu folgen. Auch Brünings Vorschlag in der Unterredung jenes denkwürdigen 30. Mai 1932, Goerdeler als seinen Kanzlernachfolger zu berufen, verwirft Hindenburg auf Drängen von Schleichers, indem er das Präsidialkabinett von Papen vorzieht. Wirtschafts- und Arbeitsminister im „Kabinett der Barone" zu werden, hat Goerdeler, was er später wie eine persönliche Schuld ansah, abgelehnt, wie sehr er sich die Aufgabe angemessen und die Drohung der großen Wirtschaftskrise auf inneren Umsturz gerichtet fand. Von Hugenberg und den Männern der extremen Rechten, die in der Umgebung des alten Hindenburg die Macht innehatten, fühlte sich Goerdeler je länger je mehr getrennt. An ihren Umtrieben, die die wechselnden Kanzlerschaften bis hin zu Hitler bewirkten, hatte er keinen Teil.
Auf die neue nationale Bewegung und deren Kanzler Hitler, deren Roheit und verleumderische Propaganda ihm freilich zuwider war, setzte er Hoffnungen. In die Partei einzutreten, hatte er ausdrücklich abgelehnt. Im November 1934 wurde er zum zweiten Mal als Reichssparkommissar, diesmal durch Hitler, berufen. Im Januar 1935 zog man ihn außerdem zur Mitarbeit an der neuen deutschen Gemeindeordnung heran, für die er schon Jahre zuvor mit dem Königsberger Oberbürgermeister Lohmeyer im Vorstand des deutschen Gemeindetags gewirkt hatte. Seine Denkschrift „An den Reichskanzler Adolf Hitler"

vom Herbst 1934, die sich vor allem mit ökonomischen Fragen auseinandersetzte, war zugleich ein offen geführter und mutiger Vorstoß gegen die Parteiherrschaft im Dritten Reich, der Versuch, dem Führer ein Reformprogramm alten preußischen Stils aufzudrängen. Im August 1936 reichte Goerdeler eine von Göring erbetene Denkschrift zur Devisenfrage ein mit entschiedener Warnung vor weiterer Schuldenwirtschaft und Kreditausweitung, mit einer Kritik der Autarkiepläne und der überstürzten Aufrüstung. Einige Wochen danach wurde auf dem Nürnberger Parteitag der Göringsche Vierjahresplan der Wirtschaft von Hitler verkündet und eingeschärft. Es war die schroffste Absage an Goerdeler, der auch persönlich abfällige Kritik hinzunehmen hatte, während er in Leipzig auf zwölf weitere Jahre als Stadtoberhaupt wiedergewählt wurde. Aber die Angriffe der Partei mehrten sich, die das selbstverantwortliche Tun Goerdelers einzukreisen und zu verleumden unternahm. Es wurde gefordert, das Mendelssohn-Denkmal vor dem Gewandhaus in Leipzig, das Denkmal eines Juden, müsse entfernt werden. Goerdeler weigerte sich, es zu erwägen. Als er von einer Vortragsreise aus Finnland zurückkehrte, erfuhr er in Stockholm, daß Haake, einer seiner Bürgermeister, hinter dem der Kreisleiter stand, das Denkmal hatte entfernen lassen, um ihm, wie er sich verteidigte, „eine schwere Entscheidung abzunehmen". Nach seiner Heimkehr forderte Goerdeler unverzüglich, daß das Denkmal wieder aufgestellt werde. Als es abgelehnt wurde, übergab er sein Abschiedsgesuch. Am letzten Märztag 1937 verabschiedete sich der 52jährige von seinen Mitarbeitern in der Stadtverwaltung. In seinen Motiven klingt voraus, was Ludwig Beck ein Jahr später zum gleichen Schritt veranlaßt hat.

Nach seinem Ausscheiden in Leipzig suchte Goerdeler einen Wirkungskreis in der Industrie, zu der er schon vorher viele Beziehungen gewonnen hatte. Eine ihm schon länger angebotene Stellung als Finanzberater von Gustav Krupp wurde ihm jetzt auf dessen Anfrage hin von Hitler verweigert, ein gedeckteres Zusammenwirken mit Robert Bosch in Stuttgart wurde nicht beanstandet. Eine private Entschädigungssumme von 100 000 Mark, die Krupp aussetzen wollte, lehnte Goerdeler ab, stimmte aber zu, als ihm später die gleiche Summe für Auslandsreisen zur Verfügung gestellt wurde, die er – auch zum Nutzen von Krupp – nach eigenem Plan durchführen konnte. Diplomat ohne Auftrag, bereiste Goerdeler England, Frankreich, die USA, Kanada, aber auch viele der kleineren Länder und gewann vielseitige, zum Teil nahe und fast freundschaftliche Bindungen zu Politikern und Wirtschaftsleuten dieser Länder, wie sie mit den entsandten Amtsträgern des Dritten Reiches schwerlich zu gewinnen waren. Aus seinen Gesprächen mit englischen, französischen und amerikanischen Staatsmännern ist die wiederkehrende Beschwörung für ihn charakteristisch: sie möchten sich nicht Stück um Stück von Hitler aus dem Versailler Vertragswerk abpressen lassen, sondern offen eine Bereinigung aller Probleme selbst in die Hand nehmen. Seine Reiseberichte waren anfangs auch für Hitler und Göring gedacht und lassen dann die ihn drängende Absicht deutlich erkennen. Sie wollen noch überzeugen und Hitler eine Politik der Verständigung statt der der Isolierung und Gewaltdrohung aufdrängen. Seine Argumente sind deshalb oft von der Sehart Hitlers genommen. So erscheint Goerdeler nicht als Gegner, eher als ein gutmeinender, wenn auch sehr strenger Mahner. In einer Denkschrift vom Dezember 1937, die er in New York hinterlegte, spricht er sich freilich ohne Vorbehalt ganz anders aus: hier erhofft er eine Erhebung der Deutschen mit dem Ziel, sich aus der Rechtlosigkeit und moralischen Zersetzung zu befreien und den liberalen Rechtsstaat zu schaffen. Bald danach, Januar 1938, trifft er in Berlin mit Beck und Fritsch zusammen. Es ist kein Zweifel, daß er mit ihnen im Tone seiner New Yorker Niederschrift, verlebendigt durch seinen impulsiven Redefluß, gesprochen hat. Zur Zeit, als Beck zurücktritt, und während der Septemberkrise ist Goerdeler wieder im Ausland, auch in den Monaten vor Kriegsausbruch.

Mit einer Niederschrift unter dem Datum des 1. 7. 1940, die man als an einen Offizier gerichtet ansehen muß, wendet er bei allem Lob der Wehrmacht, die eben den unerwartet raschen Sieg über Frankreich erkämpft hat, den Überschwang in Bilder menschlicher Verantwortung um, und er sieht das Erreichte zuschanden werden: „Dieser Krieg dient nicht einem planmäßigen Aufbau, sondern phantastischen, zum letzten Mal in der Zeit Napoleons gehegten Plänen." Hitler, wie viele Eroberer, werde immer außerstande sein, einen solchen Raum so zu beherrschen, daß die Ehre und Freiheit der darin wohnenden Völker gewahrt bleiben – unentbehrliche Voraussetzung dafür, daß sie Höchstleistungen vollbringen. Verelendung der Massen, Zerstörung der Kulturwerte, Ausrottung der Intelligenz, besonders im Osten, Vernichtung aller nationalen Freiheit und Eigenständigkeit werden folgen, „Hinaufschwemmung brutaler Naturen, von Gesinnungslumpen, Unerfahrenen und Unwissenden in die Führung". An den Schluß gestellt ist die Aufforderung zum Widerstand gegen Napoleon, die der Freiherr vom Stein am 12. Oktober 1808 an Friedrich Wilhelm III. gerichtet hat: „Für den Redlichen ist kein Heil als in der Überzeugung, daß der Ruchlose zu allem Bösen fähig ist ... Zutrauen zu dem Mann zu haben, von dem man mit so vieler Wahrheit sagte, er habe die Hölle im Herzen, das Chaos im Kopf, ist mehr als Verblendung ... Ist also in jedem Fall nichts wie Unglück und Leiden zu erwarten, so ergreife man doch lieber einen Entschluß, der ehrenvoll und edel ist und eine Entschädigung und Trostgründe anbietet im Fall eines üblen Erfolges[5]."

Neben seiner Tätigkeit für die Industrie, die Goerdeler auch während des Krieges noch ein leidlich freies Reisen innerhalb Deutschlands und gelegentlich auch noch nach Schweden oder in die Schweiz erlaubte, hat er sich bis zum Zwanzigsten Juli mit einer unwahrscheinlichen körperlichen Leistungsfähigkeit für einen erhofften Umsturz eingesetzt. Seine Wirkung auf Menschen, der Zahl der Gewonnenen nach zu sprechen, war vielleicht die größte von allen gegen Hitler Tätigen: nicht umsonst wurde später eine Million für den Kopf des Flüchtigen ausgeworfen. Schonung seiner selbst kannte er nicht. So wie er sein Gegenüber zu packen wußte, so wagte er sich selbst ganz in ein notwendig scheinendes Handeln, und man wird ihm glauben, daß er bereit war, mit seinen Forderungen vor Hitler selbst hinzutreten. Er war vier Jahre jünger als Beck, sechs Jahre älter als Hitler. Als der Mann mit dem breitkrempigen Hut oder als unscheinbarer Zivilist – „Wanderprediger" oder „Landpfarrer" war ein Deckname für ihn – bereiste er auf unermüdlichem Kurs die Heimat und die östliche Front, machte sich zum Beruf, bei den Militärs, je höher desto besser, lästig zu werden, wagte Auftritte, aus denen er hundertmal fürchten mußte, abgeführt zu werden, und trieb, wo er konnte, zum Aufruhr. Seine sanguinische Art wollte reden, überzeugen, mit immer neu niedergeschriebenen Staatsplänen und Kanzlerreden die Zukunft bezwingen. Oft wurde er dabei von seinen eigenen Wünschen, was sein sollte, so mitgerissen, daß er, was wirklich war, utopisch ins Helle oder Schwarze überzeichnete und Schwierigkeiten zu einfach löste. Auch wer seinen

Darlegungen und Prognosen nicht folgte, war bewegt von der Unmittelbarkeit und Lauterkeit dieses ganz dem Vaterland dienenden Deutschen, der irgendwie noch an eine heile Welt oder doch zu heilende Welt glaubte und nie, solange er noch in Freiheit war, dem Gift, das auch Edle stürzen läßt, der Verzweiflung und der Selbstquälerei erlag. Von Freunden oder ihm einst Untergebenen findet man seine warmherzige und ritterliche, seine ebenso bestimmte wie auch den Widerspruch erwägende Art geschildert. Seine eher gedeckte Stimme wechselte, wenn tiefere Schichten des Urpreußen hervorbrachen, auch in Reden, die er hielt, zu eindrucksvoller Akzentuation, so als er 1943 oder 1944 einen Mittler bat, seinen Gesinnungsfreunden auszurichten: sollte er jetzt, wie es drohte, verhaftet werden, so möchten sie handeln. Sollten aber die übergeordneten Interessen des Vaterlandes das Handeln nicht möglich machen, dann erwarte er, daß man ihm in der Verhandlung vor dem Volksgerichtshof so ein Etwas (er machte die Bewegung einer explodierenden Bombe) zuspiele: „denn ich habe nicht die Absicht, so sang- und klanglos aus dieser schnöden Welt abzutreten[6]".
Der als Preis- und Sparkommissar seinem Volk Zügel anzulegen hatte und im Großen gegen jede leichtsinnige „Kreditschöpfung" (auch Schachts) anlief („Beseitigung der Arbeitslosigkeit kein Wunder, sondern mit 40 Milliarden Schulden ein Sextanerkunststück und eine Gewissenlosigkeit[7]"), hielt auch im persönlichen Bereich des Politikers und in seiner Lebensführung die Kraft der Selbstbeschränkung für eine Tugend und zahlte als Oberbürgermeister von Leipzig 1933 einen Empfang für tagende Juristen lieber aus seiner Tasche, als die Kosten der Stadt aufzuladen und damit ein Beispiel unsparsamer Verwendung öffentlicher Gelder zu geben. Noch im Gefängnis schreibt er mit Abscheu vom „schlichten" Hitler, „der in Millionen wühlt (Eher-Verlag, Reichskasse), einfach ißt und trinkt, aber sonst jedem Luxus fröhnt und alle besticht. Jedem Minister 50 000 Mark im Jahr extra, ebenso jedem Marschall! Den Marschällen im verlorenen Krieg je 250 000 oder Landgüter schenkt...[8]"
Zum Überreden der noch Zögernden, aber auch zur eigenen Klärung gehörte für Goerdeler die übersichtliche Reihung von überzeugenden Argumenten in einer Niederschrift. Mehr als Beck hat er Denkschriften, Entwürfe, Aufrufe verfaßt, die, wie Ritter sich ausdrückt, „in einer eigentümlichen altfränkischen, zuweilen etwas breiten, immer aber

stark lehrhaften Form gehalten sind, die manchmal geradezu an Sittenpredigten erinnern[9]". Goerdeler vertraut gegen jede andere böse Erfahrung auf die Macht der Vernunft auch im politischen Leben. Daher geraten seine Lösungen oft zu einfach, und „die Demokratie der zehn Gebote" rechnet nicht mit losgebundenen Dämonien. Er denkt immer an das Nächste, das Mögliche, das aus der Einsicht Entspringende, das ein entschlossener Staatsmann verwirklichen soll. Als solcher will er erregen, Verantwortung vor Gott und dem Vaterland aufrufen, Mut schaffen, die Gebundenen zur Tat befreien. So zeichnet er alles, was fördert, mit starken Strichen, sieht Zusammenbrüche nahe, die nicht oder viel später eintreffen, und Hoffnungen für den Handelnden, die schon nicht mehr erreichbar sind. Dadurch hat er manchmal bei den Generalen, die seinem Optimismus mißtrauten, Ablehnung gefunden und hat auch im Gespräch der Männer der Gegenbewegung mit seinem Wunschdenken und seinen zu arglosen Entwürfen Widerspruch, ja Entzweiung hervorgerufen. Aber kaum einer entzog sich dem Bann seines unmittelbaren Anrufs und seiner Unerschütterbarkeit, die über schwerste Krisen hinwegtrug.

In wiederholten Anläufen hat Goerdeler das Schicksal des neueren Deutschland, das Wilhelminische Reich, den Ersten Weltkrieg, die Republik, das Dritte Reich, den Zweiten Weltkrieg dargestellt und sich über Grundlinien für einen Neuaufbau Deutschlands und Europas besonnen. Der Kern seines vaterländischen Denkens blieb von den Tagen ab, als er gegen die Polen ziehen wollte, kräftig erhalten, aber seine Auffassung vom notwendigen Weg wandelte sich in den Jahren. Er spricht von der Unfähigkeit und Schuld der Deutschnationalen oder der noch extremeren alldeutschen Rechten und nimmt Gedanken auf, die die Sozialisten bringen. Vom Frühjahr 1941 gibt seine Schrift „Das Ziel" über seine Vorstellungen einer deutschen Verfassung Zeugnis. Als über ihn im September 1944 schon das Todesurteil gesprochen war, er aber für Ausarbeitungen noch am Leben erhalten worden war, hat er seine Pläne noch einmal ausführlich niedergeschrieben.

Wie bei allen Neubauplänen der Opposition darf man bei denen Goerdelers[10] nicht vergessen, daß sie vor allem aus dem Umsturz- und Notaugenblick herausführen sollen und nicht als endgültige Lösung gedacht sind, wenn auch gerade Goerdelers Pläne, bis ins einzelne ausgearbeitet, am meisten den Charakter der Stabilität betonen. Goerdeler dachte nicht an ein Wiederherstellen des Parteienstaates der Weimarer Verfassung, auch nicht an die Übernahme einer Staatsform nach westlichen Vorbildern, für die bei uns die Voraussetzungen fehlten. Man könne wiederum nicht hinter Hitler zurückgehen, der eine nationale „Volksgemeinschaft" gebracht habe, und müsse „die Arbeiter zu Mitträgern der Verantwortung für den Staat machen". Aber wo sollte man in Deutschland anknüpfen und die zu einer Führung fähigen Männer einer neuen Regierung finden? Goerdeler sah das einzige noch Gewährgebende im Aufstieg der Befähigten aus der überschaubaren „Zelle der Staatsbildung", der Gemeinde. Von ihr führt in seinem Plan der Weg über Gemeindeparlament, Kreistag, Gautag zum Reichstag und das neben ihn gestellte Reichsständehaus. Freilich ist dieser Weg nicht starr linienhaft, und nur die eine Hälfte der Gremien wird von Männern dieses Ursprungs besetzt, während für die andere die Stände, die Körperschaften, etwa auch die Parteien ihre Glieder entsenden und auch freie Berufungen stattfinden können. Das Auswahlprinzip der politischen Führung wird aber mit Nachdruck in der Bewährung in Gemeinde, Stadt oder Kreis gesehen: nur vom Kleinen darf organisch zum Größeren fortgeschritten werden, mit gleicher Berechtigung für alle Glieder des Volkes.

Das Werden einer neuen politischen Bewegung schloß Goerdeler nicht aus und dachte, daß eine Dreizahl von Parteien, nach reiner Mehrheitswahl gewählt, einem neuen liberalen Staat angemessen sei. Für eine erste Planung aber sollte auf das verläßliche Können und auf die Erfahrung in der Verwaltung gebaut werden. So begründet Goerdeler sein Staatsdenken vom Zutrauen zu sich selbst her. Es gehört zur Stärke seines Wirkens, daß er sich für fähig hielt, aus der Krise herauszuführen und als sorgsamer und gerechter pater patriae sein Volk zu gewinnen. Freilich setzen seine Pläne (und darin verloren sie im fortgehenden Krieg immer mehr an Boden) die Freiheit des Handelns und nicht eine Dauerbesetzung Deutschlands durch Siegermächte voraus.

Goerdeler wollte eine starke staatliche Autorität schaffen, dabei aber der Willkür und der Einparteienherrschaft wehren. Er wollte der Freiheit und dem rivalisierenden Spiel der Kräfte auch in der Wirtschaft jeden Raum geben, dabei aber die staatliche Gemeinschaft nicht durch die Eigensucht der Verbände gefährden lassen. Als Staatsoberhaupt war an einen Monarchen, Erbkaiser oder Wahlkaiser (mit einem Sproß des Hohenzollernhauses gingen Verhandlungen) oder an einen Reichsverweser (Beck) gedacht als einen Hüter der Verfassung. Im neuen Aufbau sollte die Selbstverwaltung auf Gemeindestufe mit Vorrang entwickelt, die Befugnis der Länder (Gaue) bewußt beschränkt, dagegen das Reich in seinen Organen mit starken Vollmachten versehen werden. Entsprechend sollten nur Gemeinden und das Reich Steuern fordern dürfen.

Auf der Stufe der Selbstverwaltung war als vordringlich eine neue Gewerkschaftsbewegung angesehen, etwa als „Deutsche Gewerkschaft", mit Beitrittszwang der Arbeiter und Angestellten. Sie sollte die Aufgabe der Lohnverhandlungen und Arbeitsvermittlung, auch die Aufgabe der Sozialversicherung und der Erziehung übernehmen, und es war außerdem an eigene Wirtschaftsbetriebe gedacht, die sie führen und die ohne Staatszuschüsse wirtschaftlich arbeiten sollten. Die Bewirtschaftung der Bodenschätze und die großen Verkehrs- und Versorgungsbetriebe sollten als Monopol des Staates in „Gemeinwirtschaft" betrieben werden, ohne dadurch den freien Wettbewerb zu gefährden.

Auch den Kirchen sollte wieder ihre freie Selbstverwaltung zurückgegeben werden, der Staat nur die Bestätigung der in die oberen Ränge Gewählten behalten, im übrigen der Kirche keine Zuschüsse geben. Die Kirche sollte – vielleicht nach Vorbildern aus den USA – viel stärker aus der freien Initiative ihrer Mitglieder leben und praktische Aufgaben der Erziehung und der Wohltätigkeit übernehmen. Nach Goerdelers Beobachtung hatten sich gerade die protestantischen Kirchen durch Beschränkung auf Gottesdienst und Sonntagspredigt stark zu „Pastorenkirchen" entwickelt.

Nach einem geglückten Umsturz sollten deutsche Gerichte über Verstöße gegen das Recht, Korruption, alle Unmenschlichkeiten urteilen, die in der zurückliegenden Zeit begangen worden waren. Parteizugehörigkeit allein, Mangel an Mut und politischer Einsicht sollten nicht als Grund zur Bestrafung oder Zurückstufung dienen. Am wichtigsten schien, daß eine Selbstreinigung gelinge, unbeeinflußt von Siegermächten. Nur so könne es eine Erneuerung geben.

Bei Goerdelers Überlegungen zur künftigen Gestalt Europas wird Deutschland die Aufgabe einer Grenzmark Europas gegen den Bolschewismus zugewiesen. Nach Aufhebung der Kriegsgesetze erhofft Goerdeler einen freien Zusammenschluß Englands, Frankreichs,

Deutschlands und der kleineren Staaten zu einer Wirtschaftsunion, mit gemeinsamen Wiederaufbauwerk, Polizeitruppe, Schiedsgerichten in europäischem Maß. Während der Kriegsjahre setzt das Zurückweichen der deutschen Fronten auch bei Goerdeler anfangs bestehende Gebietsansprüche zurück, die Deutschland zu vertreten hätte. Nach der Casablanca-Erklärung der bedingungslosen Kapitulation sieht Goerdeler die immer größere Gefahr einer einseitigen Kontinentalvormacht der Russen und ihres totalitären Systems, womit der Westen aller denkbaren Früchte seiner opferreichen Kriegführung zuletzt verlustig gehen müsse. Zugleich sieht er die kaum mindere Gefahr, daß die Siegermächte den Deutschen wiederum nur ein sinnloses Diktat der Rache auferlegen und so jede echte Erneuerung verhindern, die ihnen allein ihre Front gegen das bolschewistische Rußland zu sichern vermöge.

Am Ende eines für die englische Führung (Churchill) bestimmten Memorandums, das er Ende Mai 1943 über die ihm nahestehenden Brüder Jakob und Markus Wallenberg, Direktoren einer schwedischen Bank, übermitteln konnte, schreibt er die ihn bezeichnenden Sätze: „Dies ist der Plan. Die zu seiner Durchführung fähigen Menschen besitzt Deutschland zur Genüge. Aber gerade sie lehnen, die Selbständigkeit aller andern Völker achtend und wollend, die Einmischung anderer Völker in deutsche Fragen leidenschaftlich ab. Wenn man also hört, daß Polen Ostpreußen und Teile Schlesiens verlangt, daß man Einfluß auf das deutsche Erziehungswesen nehmen, daß man in Deutschland tun will, was Deutsche selbst tun müssen und auch allein mit Erfolg tun können, dann muß man schwarz in die Zukunft Europas und der weißen Völker sehen. Denn sie kann nur auf ihren freien Bund, auf Selbständigkeit und Achtung, nicht auf neue Entwürdigung gegründet werden. Wir werden Hitler und seine Mitverbrecher allein zur Rechenschaft ziehen, weil sie unseren guten Namen befleckt haben. Aber wir werden dahinter unsere Selbständigkeit verteidigen[11]."

Den Glauben an ein künftiges neues Deutschland und Europa hat Goerdeler bis in die Monate seiner Kerkerhaft festgehalten und hat immer neu die Vernunftgründe zu fassen gesucht, die die Staatsmänner des Westens bestimmen sollten. Solang er noch frei war, verging aber wohl kaum ein Tag, an dem er nicht an der eignen politischen Tat, an Umsturz und Neubau sann und mit Menschen davon sprach. So stark fühlte er Beruf und Berufung, für die „übergeordneten Interessen des Vaterlandes" mit seiner ganzen Person zu wirken. Sein Name bleibt mit der Geschichte dieser Jahre verbunden als der eines leidenschaftlichen Mahners, eines Anwalts des Rechts wider das Unrecht, eines Drängers und Ermutigers auch in den trübsten Augenblicken eines Weges, der von Enttäuschung zu Enttäuschung und ihn in den Tod geführt hat.

Hjalmar SCHACHT nimmt eine eigene, vielfach angefochtene Stellung ein. Es wird für den Außenstehenden immer schwer sein zu entscheiden, wieweit persönliches Vorwärts- und Geltungsstreben oder ein vom begabtesten Verstand unterstütztes, auf das Ganze gerichtetes Wollen die Handlungen und Worte dieses vielbeleumdeten wie gerühmten Mannes bestimmt haben. Sein Ministerkollege und zeitweise entschiedener Widersacher, der Reichsfinanzminister Graf Schwerin-Krosigk, der eines der besten und lesenswertesten Kapitel seines Buches über Schacht geschrieben hat, äußert sich: „Man war bei Schacht zwischen Bewunderung und instinktiver Abneigung hin und her gerissen. Sein Leben war von Gegensätzen bestimmt." Schwerin-Krosigk rühmt Schachts Gewandtheit im Gespräch, seine Schlagfertigkeit, seinen unerschöpflichen Reichtum an originellen Einfällen, seine Angriffslust, seinen schonungslosen Mut, meint aber auch, sein ichbezogenes Selbstbewußtsein habe Übermaße gehabt und habe ihn gehindert, Irrtümer einzugestehen. „Er streckte die Wahrheit, bis er als der einzige erschien, der in allem richtig gehandelt hatte, und glaubte schließlich selbst, daß die Ereignisse so abgelaufen wären, wie er sie darstellte[12]." Schacht selbst bringt in seiner „Abrechnung mit Hitler" etwa das Folgende vor: Nachdem er als Bankfachmann zu geldlicher Unabhängigkeit gekommen war, die er als Vorbedingung für die Übernahme eines öffentlichen Amtes forderte, wurde er 1923/24 Reichswährungskommissar, später Präsident der Reichsbank. 1930 trat er, der Schwäche der Staatsleitung grollend, zurück und reiste viel im Ausland. Durch Reden, die er besonders in Gläubigerländern Deutschlands hielt, suchte er von der Untragbarkeit der deutschen Reparationslasten und von dem daraus entspringenden Nachteil für alle zu überzeugen. Zahlungsaufschub durch das Hoover-Moratorium (1931) und das praktisch die Schuldverpflichtung Deutschlands aufhebende Abkommen von Lausanne (1932) sah er als Erfolg seiner Bemühungen. Angewidert von den parlamentarischen Zwisten, in denen sich die Arbeitslosenziffer auf fast sieben Millionen steigerte, beeindruckt von der wachsenden Gefahr einer Radikalisierung von rechts und links, setzte er sich dafür ein, den zum Führer der größten Partei gewordenen Hitler in die Verantwortung der Staatsleitung zu berufen (seine Unterschrift unter der bekannten Eingabe der Bank-, Wirtschafts- und Industrieleute an den Reichspräsidenten Hindenburg vom November 1932)[13]. An Hitler selbst hatte er in dieser Zeit einmal geschrieben: „Es unterliegt für mich gar keinem Zweifel, daß die Entwicklung der Dinge nur das eine Ende haben kann, und das ist Ihre Kanzlerschaft ... Ihre Bewegung ist innerlich von so starker Wahrheit und Notwendigkeit getragen, daß der Sieg in der einen oder anderen Form nicht ausbleiben kann ..."[14] Er erhoffte von der bewiesenen Tatkraft dieses Volksführers vor allem, daß er Arbeit schaffe und die nationale Souveränität Deutschlands wiederherstelle. Auf Hitlers Aufforderung hin übernahm er 1933 wieder die Reichsbank. An jenem 2. August 1934, dem Tag der Trauerparade für Hindenburg, wurde er Reichswirtschaftsminister. Nach der Verkündigung der Allgemeinen Wehrpflicht ernannte ihn Hitler im Mai 1935 durch ein Geheimgesetz zum Generalbevollmächtigten für die Wehrwirtschaft. Mit solcher Vollmacht seiner Person leistete er Außerordentliches für die deutsche Rüstung. Die Art, wie er in einem von Haus aus armen Volk mit seinen Mefowechseln Geld und Kredit schuf und es an die Arbeit setzte, weckte weithin Erstaunen wie der Zauber eines großen Könners, der das Verworrene entknüpft und lenkt: ausländische Wirtschaftler sollen damals gemeint haben, ihm gelinge es, mit 237 verschiedenen Markwährungen gleichzeitig zu arbeiten[15]. Bedenklichere hielten ihn freilich für einen Gaukler, dessen Gewissen man nicht fragen darf, was er zum Zuge bringt (Goerdeler: „mit 40 Milliarden Schulden ein Sextanerkunststück ..."). Jedenfalls sah Schacht sehr bald die Grenze, die ohne Staatsbankrott nicht zu überschreiten war, und beschwor Hitler, die Ausgaben der öffentlichen Hand zu beschränken. Aber jetzt, nachdem der Wagen in rasender Fahrt war, trat er erfolglos gegen den Mann auf, der seit September 1936 als der Verantwortliche des Vierjahresplans die neue Bindungslosigkeit im Geldgeschehen am meisten verkörperte: Göring[16]. Unbequem, wie er sein konnte, unerbittlich, wie er immer mehr wurde, setzte er sich in immer härteren Gegensatz zum neuen Stil der „Kreditschöpfung", die die Führung in einen Krieg treiben mußte, so wie er auch seine Zunge nicht von der Kritik der übers Format gehenden neuen Parteimächtigen zurückhielt. Als Goerdeler seinen Abschied von Leipzig vollzog, lag er noch im Kampf. Aber einige Monate danach entzog auch er sich durch längeren Urlaub und erreichte im Dezember 1937 seine Entlassung als Wirtschaftsminister – freilich mit der für die Öffentlichkeit bestimmten und von ihm gewährten Zugabe, als Minister ohne Portefeuille und als Präsident der Reichsbank zu bleiben. Das ihm angeheftete goldene Parteiabzeichen hat Schacht wohl wenig getragen, aber bitter glossiert.

Die Vorgänge des Jahres 1938 haben seine Prognosen und Urteile über das „System", dem er noch angehörte, tief ins Schwarze gewendet. Man hat von einem Abendessen bei einem Kollegen im Sommer des Jahres den Bericht: „Als Herr Dr. Schacht erschien, war deutlich erkennbar, daß in ihm etwas brodelte, und beim Abendessen platzte es plötzlich aus ihm heraus, indem er aus einer tiefen Erregung heraus meine Frau geradezu anschrie: ‚Gnädige Frau, wir sind Verbrechern in die Hände gefallen, wie hätte ich das ahnen können'[17]."

Bei der Weihnachtsansprache dieses Jahres vor den Angehörigen seiner Bank hat Schacht, wie er selbst berichtet, die kurz zuvor geschehenen Maßnahmen gegen die Juden offen als Schmach gebrandmarkt. Von Hitler zur Rede gestellt, habe er die Antwort gegeben: „Mein Führer, wenn ich gewußt hätte, daß Sie diese Vorgänge billigen, so hätte ich geschwiegen." Im Januar 1939 wurde er auch als Reichsbankpräsident enthoben, nachdem Hitler mehrfach mit ihm zusammengestoßen war und die oft bissige Unabhängigkeit seines Urteils hingenommen hatte.

Ein Brief, den Schacht im November des Jahres 1942 an Göring richtete, als die Einberufung der 15- und 16jährigen zur Rede stand, ließ an Schärfe des Angriffs nichts zu wünschen übrig: er wurde Anlaß, daß man von da ab Schacht unter die überwachten Gegner einreihte[18].

Er ist handelnd nicht mehr hervorgetreten. Wie er einmal sagte, war er sein eigener Widerstandskreis, und die anderen sahen sich nicht ermutigt, ihn zu sich heranzuziehen – auch weil sein Name im Ausland zu stark Hitlersche Farbe trug und die Gewerkschafter ihm zutiefst mißtrauten. Durch General Lindemann blieb er über die Vorbereitungen einer Erhebung im Jahr 1944 unterrichtet. Nach dem Zwanzigsten Juli wurde er verhaftet und der gleichen „Mühle der Vernehmungen" wie die anderen unterworfen. Nachdem Lindemann ihn nicht als Mitwisser der geplanten Erhebung belastet hatte, ging das Schlimmste an ihm vorüber. Er kam mit Kriegsende frei, und auch die Verhandlung gegen ihn vor dem Nürnberger Gericht endete mit Freispruch.

Im Jahr 1938 war Schacht, noch als Mitglied der Regierung, mit Beck, Goerdeler, Oster, Halder an den Gedanken eines Umsturzes beteiligt und hat sich dabei, soweit es seiner Natur gegeben war, auch mit seiner Person eingesetzt: so in der Fritschkrise, in der er mit Goerdeler zusammen die Generale zu einer aktiven Erwiderung zu bestimmen suchte, dann in dem von ihm lebhaft geförderten Plan des September. Für Beck, Oster und Canaris waren Schärfe und Umblick seines politischen Urteils offenbar besonders wichtig, und so hatte man ihn jedesmal dazu ausersehen, die Generale über die größeren Zusammenhänge innen und außen, die ihnen nicht ebenso zu Gebot standen, aufzuklären und ihnen den nötigen politischen Rückhalt für das geforderte Handeln zu geben. In solchem Sinn ist Schacht mit Halder, Witzleben, Brauchitsch, Raeder, Rundstedt u. a. zusammengetroffen und hat nach seinem eigenen Zeugnis sich für eine neue Regierung zur Verfügung gestellt. Seinen Argumenten, kühl und überlegen oder auch „enkaustisch" in das Gespräch gestellt, war von den Angesprochenen, wie man den Berichten abzulesen meint, wenig zu entgegnen. Inwieweit solche Gespräche fähig waren, Entschluß und Weg des Handelnden freizulegen, ist damit nicht beantwortet. Brauchitsch, inzwischen freilich anders festgelegt, hat sich im August 1939 solchen Besuch verbeten.

So verschiedener Wesensart Schacht und Goerdeler waren, so zeigt ihr Weg in diesen Jahren Vergleichbares. Sicher hat sich Schacht mit größerer Erwartung für Hitlers Aufstieg eingesetzt, doch haben beide ihrer Aufgabe im neuen nationalen und sozialen Staat mit besten Kräften gedient, bis sie an den Punkt geführt wurden, an dem sie die Korruption des mit Hoffnung Begonnenen und das Verhängnis einer Fehlentwicklung so überwiegen sahen, daß sie sich trennten und in eine Gegenfront stellten: der eine für eine Zeit, die Hoffnung auf einen Umbruch gab, der andere durch Jahre auch ohne Hoffnung bis in seinen letzten freien Tag. Es ist bewegend, zu lesen, was der eine über den andern geschrieben hat, ohne daß man freilich darin das Ganze sehen darf, was sie voneinander aufgefaßt haben. Schacht zeichnet in seinem Rückblick von 1948 über Goerdeler auf: „Goerdeler war ein Mann von einwandfreiem Charakter, großem Mut und unermüdlichem Betätigungsdrang, aber er war, nach Dr. Josef Müllers Ausdruck, ein Motor, der zu geräuschvoll lief. Auch wechselten Pläne und Stimmungen dauernd bei ihm. Sein Sinn für Realitäten war nicht stark entwickelt, obwohl er alle seine Prognosen und Darstellungen mit Zahlen und Tabellen spickte: Prognosen, die zeitlich niemals stimmten, und Darstellungen, die viele Möglichkeiten unberücksichtigt ließen. Dem ist wohl zuzuschreiben, daß es Goerdeler niemals gelang, einen der Feldmarschälle zum Handeln zu bewegen, obwohl er dies bei mehreren wiederholt opferwillig versuchte[19]."

Goerdeler hingegen schrieb in seinen letzten Aufzeichnungen im Gefängnis über Schacht: „Er trägt die Verantwortung für die nationalsozialistische Schuldenpolitik bis Anfang 1939. Aber das ändert nichts an der Tatsache, daß er das Geld-, Währungs- und Bankwesen vollkommen mit künstlerischer Virtuosität beherrscht, die Gesetze der Wirtschaft kennt, ein tapferer, charaktervoller Mann ist, einer der fähigsten Köpfe und besten Patrioten, über die Deutschland seit Bismarck verfügt hat. Gott gebe, daß er am Leben bleibt. Richtet dann nicht mit ihm über Ehrgeiz, über die falsche Wahl, die er getroffen hat, als er in Harzburg 1931 Brüning angriff und sich zu Hitler bekannte...[20]"

Der Name eines anderen Mannes, der als hoher Beamter des Reiches von den Beckschen Plänen des Sommers 1938 gewußt, sie von seinen Möglichkeiten her gefördert und der auch in den folgenden vier Jahren zu den Verbündeten gezählt hat, ist hier anzureihen: der des Staatssekretärs im Außenministerium Ernst von WEIZSÄCKER. Er war mit 18 Jahren zur Kriegsmarine gegangen und hatte den Ersten Weltkrieg auf Kriegsschiffen, später als Verbindungsoffizier der Marine im Großen Hauptquartier bei Hindenburg und Ludendorff mitgemacht. Von 1920 ab war er als Beamter des Auswärtigen Amtes in verschiedenen Ländern, so in der Schweiz, in Dänemark und Schweden. 1938 übernahm er das ihm angebotene Amt des Staatssekretärs beim neuernannten Reichsaußenminister Ribbentrop. Er entschied sich dafür aus dem Gefühl der Verantwortlichkeit, die es ihm, wie er es empfand, verwehrte, in der immer stärker sich verdichtenden Gefahr für das Reich aus Eigengründen auszuscheiden und vor dem neuen Machthaber im Amt seinen Rückzug zu nehmen. Der ihm aufgedrungene Prozedurenkrieg des Sommers 1938, der ihn zum tätigen Werkzeug getarnter Vergewaltigung machte, widerte ihn an und ließ ihn wie Beck und die andern ein unaufhaltsames Hineingleiten in einen Weltkrieg voraussehen, dem er Deutschland allein schon politisch nicht gewachsen glaubte. Er billigte darum den von Beck ausgehenden Versuch des Widerstandes und ließ Kräfte seines Amtes, vor allem in der Einwirkung auf die englische Haltung, tätig werden. Im August 1939 ging eine starke Bemühung von ihm aus, einen Kriegsausbruch zu verhindern[21]. Die Treue des Dienstes, mit der er sich an sein Amt und Vaterland gebunden fühlte, stellte ihn vor eine so kaum lösbare Aufgabe. Die mit Hitler gebrochen hatten und „draußen" waren, mußten sich durch die scheinbar nicht aus der Ruhe zu bringende Loyalität und stete Bedachtnahme des Staatssekretärs ebenso getäuscht fühlen, wie Ribbentrop und seinem außenpolitischen Stab das von Weizsäcker im „alten" Geist gelenkte Auswärtige Amt und sein fortwährendes Wasser-in-den-Wein-Schütten ärgerlich war. Glaubte man in einem solchen Amt noch Gutes tun zu können – vor Gericht wurde eine nicht geringe Summe davon offenbar[22] –, so nahm man das Werk der Penelope in Kauf: zu vielen Malen hat Weizsäcker durch seinen Wink an Männer seines Einverständnisses wieder auftrennen lassen, was er zu weben gehabt hatte, und er wurde darin auch von den aufruhrbereiten Jüngeren, die ihm folgten, verstanden. Was er durch Jahre als abenteuerhemmende und mäßigende Kraft bewirkt hat, ließ sich erkennen, als er im Jahre 1943 Berlin verließ, um als Botschafter an den Vatikan zu gehen[23]. Dort hat er das Kriegsende erlebt und ist mehrere Jahre nachher vom Internationalen Gerichtshof in Nürnberg festgehalten und als Hauptangeklagter im Verfahren gegen das Auswärtige Amt behandelt und verurteilt worden. Er ist bald nach seiner Rückkehr in die Freiheit gestorben[24].

Vom Bild seiner Wirkung ist untrennbar der Kreis junger Diplomaten, die er herangezogen und im abgestimmten Zusammenspiel mit ihm für eine Gegenbewegung hat tätig werden lassen. Man findet sie einig in Verehrung des Freiherrn wie in ihrer Ablehnung von Ungeist und Treubruch des Systems und seiner in den Bolschewismus führenden Machtpolitik. Mehrere von ihnen haben sich auch 1944, als Weizsäcker durch Wilhelm Keppler, Hitlers engen, aber bewährten Machinator, ersetzt war, für die Erhebung eingesetzt. Zu ihrem Kreis gehören die

Brüder Theo und Erich Kordt, Hasso von Etzdorf, Eduard Brücklmeier, Albrecht von Kessel, Hans-Bernd von Haeften, Adam von Trott zu Solz. Drei von ihnen sind hingerichtet worden[25].

Mit anderen noch amtierenden und entlassenen Beamten des Reichs, die wie er dachten und auf ihn aufmerksam geworden waren, kam Ludwig Beck im Winter 1938/39, zumeist durch die „Mittwochsgesellschaft", in Fühlung. Sie sind bis zum Zwanzigsten Juli hin beratend und planend neben ihm, so Hassell, Popitz, Jessen.

Ulrich von HASSELL, einem alten Hannöverschen Geschlecht angehörend (geb. 1881), war noch in der Monarchie 1911 in den diplomatischen Außendienst getreten. Eine während der Marneschlacht in sein Herz eindringende Kugel hatte ihn nicht töten können. Die Jahre seit dem ersten Krieg hatten ihn von Italien nach Spanien, Dänemark, Jugoslawien und wieder zurück in das von ihm besonders geliebte Italien geführt (1932). Als Botschafter am Quirinal hatte er gegen ein Militärbündnis mit Italien gearbeitet und war darüber aus dem Amt entlassen worden (Dezember 1937). Eine Rückkehr, die er im Frühjahr 1938 über Göring zu erreichen gesucht hatte, war versperrt geblieben. Der durch Hitlers Ungnade Gezeichnete fand, ähnlich wie Goerdeler, nur mit Hilfe der Industrie wieder in Stellungen, die ihm die Wege nach draußen und den Umblick im europäischen Raum offenhielten, der seiner Natur Bedürfnis war. Seine veröffentlichten Tagebücher – sie beginnen im September 1938 – zeigen ihn von Anfang an in schweren Bedenken, ja in anklagender Ablehnung des regierenden Systems und in vielen mit Verantwortlichen geführten Gesprächen auf der Suche nach Möglichkeiten einer Änderung. Besonders stark spricht aus ihnen das Entsetzen über den Niedergang menschlicher Sitte, den er in Einzelzügen gewahrt und aufzeichnet, und das auf keinem Blatt fehlende Gefühl, als Deutscher mitverantwortlich zu sein. Ihm hatte die Rede von der europäischen Völkerfamilie, wie es auch sein Verhältnis zu Dante bezeugte, noch einen aus kultivierter Tradition lebendigen Sinn, und er begründete darin seine Pläne, unter Achtung der Eigenkräfte über eine wirtschaftliche und kulturelle Näherung Europa zu einer neuen Gestalt zusammenzuschließen. Für Deutschland lag ihm wohl die monarchische Vorstellung am nächsten. Durch seine Gesprächsmöglichkeiten mit Göring und seine Freundschaft mit dem englischen Botschafter Henderson hat er die letzten Tage vor Kriegsausbruch in nächster Nähe und selbst handelnd miterlebt – das Mitwissen von den Vorgängen scheint nach dem Zwanzigsten Juli vor allem das Todesurteil für Hassell ausgelöst zu haben. Seine lebhafte Mitwirkung in den Vorbesprechungen einer neuen Regierung[26], bei denen sich seine Art besonders auch in der Vermittlung zwischen den Alten und Jungen bewährte, ist, wie es scheint, weniger belastend für ihn geworden. Freilich wurde offenbar, daß die Männer des Zwanzigsten Juli an ihn als möglichen Außenminister gedacht hatten. Ein „Cortegiano" gewählter und hochgemuter Sitte, ein unversieglicher Erzähler und klingenkundiger Meister des Gesprächs, so ist von Hassell vielen drinnen und draußen, die eine Weile mit ihm lebten, im Gedächtnis geblieben. Fügen wir dazu das Ungestüm, das selbstbewußte Wagen, ja die Unvorsicht des die Gefahr nicht achtenden Edelmanns, seit die Fronde begann, seine dem schnaubenden Richter überlegene kampffrohe Gelassenheit („Herr Präsident, ich bin nicht 62 Jahre alt geworden, um mir von Ihnen sagen zu lassen, daß ich ein Lügner sei"), seine letzten Briefworte hingeworfen, ehe der Henker ihn griff, die der Verehrten – einer Tochter des berühmten Tirpitz – Dank sagen für das Glück eines schönen Lebens und sie mahnen, auch künftig gütig zu sein und sich nicht zu verhärten ... so gewahrt man Züge eines Lebens, wie sie in der Adelswelt von eh begegnen, vielleicht im Sterben der schönen Stuarts oder bei jenem Kanzler, der noch auf dem Block den Scharfrichter seine Haarlocken beiseite legen ließ: *sie* hätten keinen Verrat begangen.

Professor Johannes POPITZ, vier Jahre jünger als Beck, hatte sich schon in der Zeit der Weimarer Republik als Kenner und Praktiker der Verwaltung, besonders der Finanzverwaltung, einen Namen gemacht und hatte an der Berliner Universität gelehrt. 1933 wurde er preußischer Finanzminister. Zwar ein Beamter der alten Schule, hatte er sich dem Hitlerschen Staat bejahend zugewandt, überzeugt, die guten Kräfte unter den Deutschen würden sich durchsetzen gegen Mißformen und Schäden der neuen Bewegung, unter denen er litt, und sie würden mithelfen, etwas Bleibendes daraus zu gestalten. Doch sah er dieses Ziel immer ferner rücken, und Hans Oster, mit dem er jahrelang in Verbindung war, trug ihm seine Beobachtungen zu. Die Vorgänge bei der Entlassung des Generaloberten von Fritsch und bei der Sudetenkrise brachten ihn, der zu Beck stand, in unaufhebbaren Widerspruch, auf die Judenverfolgungen im November 1938 hin, die er offen brandmarkte, forderte er die Entlassung. Da sie ihm nicht bewilligt wurde, sah er vom Tage ab die größere Verpflichtung, von innen her für eine Änderung zu wirken. Seine Vorstellung war, daß es gelingen müsse, das System in sich selbst aufzuspalten. Göring, zu dem er als Parteigenosse und Ministerkollege Zugang hatte, war eine Zeitlang unter seinem Einfluß. Als durch ihn nichts gelang – seine Eitelkeit und Schwäche lagen zu offen –, unternahm Popitz im August 1943 das Wagnis, mit Himmler selbst zu sprechen und ihn in vorsichtigem Herantasten zur Revolte zu bewegen – ein Unterfangen, das im Kreis der Gegenbewegung auf schwere Bedenken stieß und nach kurzen Wochen durch die Verhaftung des Mittelmannes ohne ein zweites Gespräch mit Himmler zu Ende lief. Auch nach dem Scheitern dieses Versuchs ist Popitz mit Einsatz seiner Person eigene Wege gegangen, weil er sich offenbar zu den Auffassungen von Goerdeler, aber auch zu denen der Sozialisten im Gegensatz fand. Bis in das Jahr 1943 war Popitz für das Amt des späteren Kultusministers, später des Finanzministers vorgesehen, im Jahre 1944 fehlt auf den erhaltenen Listen sein Name.

Ein „vorläufiges Staatsgrundgesetz", das Popitz als Frucht vieler Besprechungen mit Jessen, Hassell, Planck, Beck niederschrieb und mildernde „Richtlinien zur Handhabung des Gesetzes über den Belagerungszustand", das Langbehn zum Urheber gehabt haben soll, sind erhalten geblieben[27]. Für den chaotischen Übergang entworfen, begründen sie eine absolute zentrale Herrschform eines Reichsverwesers, der durch seine Statthalter seinen Willen in die neuzugliedernden, nur als Verwaltungsbezirke gedachten Länder überträgt. Erst für eine spätere Zeit sah Popitz die Bildung einer echten Volksvertretung möglich, die er sich, wie seine Tochter ausgeführt hat, eher im Sinn des rheinischen Liberalismus dachte: zu den Deutschnationalen habe er sich im ständigen Gegensatz gefühlt und habe auch über die Frage der Erneuerung der Monarchie nur nach Zweckmäßigkeitsgründen geurteilt[28].

Am Tag nach dem Zwanzigsten Juli wurde Popitz verhaftet. Freund-Feinde im Gefolge Himmlers haben durch Aufträge an den zum Tod Verurteilten sein Ende hinausgeschoben, vielleicht noch in der Erwartung, ihn vorm Strang zu retten. Auf 39 umfassende Fragen verlangten sie von ihm (wie auch von Goerdeler) Niederschriften über den Wiederaufbau Deutschlands nach dem Kriege, ebenso über seine Gedanken zur Reichs- und Verwaltungsreform und zur Neugliederung der Reichsgebiete und vieles mehr – den Späteren zum Erweis, wie hoch auch der Gegner das Staatswissen dieser Männer eingeschätzt hat. Die von höherer Stelle erwirkte Hinrichtung gemeinsam mit Goerdeler hat ihn am 2. Februar 1945 aus dem unbeendeten Antwortgespräch auf solche Fragen herausgerissen.

Die Popitz nahestanden, kannten seine Güte. Im Gespräch erschien oft mehr sein ungewöhnlich klarer und kritischer Verstand, „dessen Überlegenheit mancher – nicht selten zu Popitz' eigenem Schmerz – etwas zu hart oder zu bitter zu spüren bekam[29]". Sein Sarkasmus war so treffsicher, vielleicht nicht so gallig wie bei seinem Ministerkollegen von der Reichsbank. Seinen sachlichen Darlegungen und prüfenden Fragen gab ein tiefsorgender und ernster Zug des besonnenen Römerkopfes einen Nachdruck, dem sich zuletzt auch ein Mann wie Göring, wie es schien, gerne entzog. Die bestaunte gedankliche und praktische Fachkunde des Ministers war nur Teil einer reicher begabten Natur: die in sein Haus kamen, traten in eine Sphäre gehobenen Geschmacks und gebildeter Humanität. Er selbst schien wie im Bunde mit den Dingen, den Büchern, den Bildern, die er um sich liebte, ein Mensch geistiger Freiheit und Lauterkeit, noch genährt aus dem Umgang mit den klassischen Bildungsmächten.

Die geprägte Persönlichkeit von Popitz hatte ihre Ausstrahlung auf einen Kreis von bedeutenden Menschen, von denen in der Geschichte des Widerstandes nicht zu berichten ist (unter ihnen der Chirurg Sauerbruch, der Staatsrechtler Carl Schmitt). Einer von ihnen, der selber wieder einen regen Kreis für das Staatsgeschehen aufgeschlossener, vor allem jüngerer Kräfte um sich scharte, hat doch durch ihn vor allem die Verbindung zur Erhebungsbewegung gefunden: Albrecht HAUSHOFER (geb. 1903), der als Professor für Geopolitik an der Berliner Hochschule für Politik wirkte. Erst war seine Tätigkeit offensichtlich darauf gerichtet gewesen, den Einklang mit dem neuen Staat herzustellen und ihm zu dienen, wie es sich auch in seinem persönlichen Verhältnis zu Rudolf Heß erwies. Später ging er immer mehr eigene Wege und trat im Jahre 1941 auch von seiner Mitarbeit im Auswärtigen Amt zurück. Durch seine Fähigkeit zu weltweiten Perspektiven wie durch seine lebendig anregende und sprachkundige Geistigkeit zog Haushofer besonders junge Menschen an und wußte in ihnen ein vaterländisches und europäisches Gewissen zu wecken, das manchen durch die Schicksale des Kriegs leitete, nachdem das Vertrauen auf Hitler zerbrochen war. Haushofer, nach dem Zwanzigsten Juli untergetaucht, dann verhaftet, wurde in den letzten Kriegstagen beim Annahen der Feinde ohne Urteil formlos erschossen. Man besitzt von ihm Sonette, die er im Kerker gedichtet hat als geläutert Rückblickender nach vielfach verschlungenen Wegen. Er hieß in seinem Amt der Unheilrufer „Kassandro". Ein so bezeichnetes Sonett schließt:

> ...In letzter Not
> Versuchter Griff zum Steuer ist mißlungen.
> Jetzt warten wir, bis uns die See verschlungen.

Andere Männer aus dem Kreis um Popitz, die für die Gegenbewegung zu nennen sind: der Freund Haushofers, der tatbereite Dr. Carl LANGBEHN (geb. 1901), Rechtsanwalt und Notar, der seine Beziehungen zu höchsten SS-Stellen mutig für einen Staatsstreich einsetzte und den dafür – bezeichnend für die Gefährdung der Lage – selbst Goerdeler für verdächtig und bedenklich hielt[30], Dr. Erwin PLANCK, Persönlicher Sekretär Brünings, später in leitender Stellung im Eisengroßhandel, Sohn des bekannten Physikers – mit General von Schleicher befreundet, war er vom 30. Juni 1934 besonders getroffen –, und der für den Zwanzigsten Juli besonders tätige Jens JESSEN. Alle Genannten sind hingerichtet worden.

Professor Jens JESSEN, seit früheren Jahren mit Popitz befreundet, war durch ihn im Jahre 1935 an die Berliner Universität gekommen als Lehrer für Volks- und Finanzwirtschaft. Aus bäuerlichem Friesenstamm 1895 als fünftes von zehn Geschwistern im äußersten Nordsprengel des Reichs geboren, gehörte Jessen nicht so sehr alters- als erlebnismäßig schon einer anderen Generation an als Beck und Popitz: der jungen Frontkämpfergeneration der von der Schule kommenden Kriegsfreiwilligen, die, soweit sie überlebten, mit vielen Entbehrungen nach dem Krieg an den Universitäten studierten, für die „die blutbesiegelte Schicksalsgemeinschaft mit Tausenden von Volksgenossen ohne Unterschied des Standes" zur Wirklichkeit geworden war und die erst einmal wenig Sinn „für die Wiederaufnahme bürgerlicher Lebenslinien" (Jessen) hatten. Nach mehreren Auslandsjahren, die ihn im Bank- und Handelsfach von Dänemark und Argentinien aus mit größeren

Zusammenhängen bekannt machten, entschloß er sich 1927 zur akademischen Laufbahn in Deutschland und vertrat bald in einer Zeit, als darauf noch der Abscheu der „Gebildeten" lag, ohne Mitglied zu sein, die Bewegung Hitlers und seiner Gleichgesinnten mit dem ihm eigenen nordmärkischen Kampf- und Unabhängigkeitsgeist. Es bezeichnet ihn, daß er Freunden gegenüber freilich hinzusetzte: „Kommen sie ans Ruder, bin ich in der Opposition, das weiß ich schon." Er hielt diese Bewegung einzig für gleichwertig und wuchtig genug, um dem Europa drohenden Kommunismus Widerpart zu leisten, sah aber als Voraussetzung dafür, ob es gelinge, „eine Belastung mit Elementen zu vermeiden, die der Bewegung innerlich nicht angehören, ferner ob die drohende Gefahr der Erstarrung (‚Verbonzung') die Bewegung nicht von ihrem Weg ablenken oder sie lähmen[31]" werde. Seine Jahre nach 1933 spiegeln ein wiederkehrendes Schicksal: seine Stelle als Direktor des Instituts für Welthandel und Seeverkehr in Kiel, die ihm die neue Staatsmacht übertragen hatte, mußte er bald wieder verlassen, weil er einen offensiven Kampf gegen Mißstände begann, die von Parteiseite gedeckt wurden, und er sich nichts von den Geboten des Anstands und eines vaterländischen Sozialismus, wie er ihn sah, abdingen ließ. Leidenschaftlich suchte er „die Idee" der Bewegung zu retten und stand nicht an, seine Schüler in die SS zu entsenden, wo nach seiner Voraussicht die Entscheidungen fallen würden: Ohlendorf, „früher ein idealer Charakter", ist ein solcher Versuch, dessen Entfremdung und Fanatisierung später in Jessen eine tiefe Krise erzeugt hat[32]. Als 1937/38 die neue bedenkenlose „Kreditschöpfung" im Reich begann und die Universitäten, besonders aber die Wirtschaftswissenschaft, an einen kürzeren Zügel gültiger Doktrin gefaßt wurden, sah sich Jessen, der sich auch jetzt gern als „Kriegsfreiwilligen" bezeichnete, immer mehr zum Gegenwirken und zur Erfindung einer kühnen Doppelrede gedrängt, die mit eben noch zugelassenen Worten eine Umkehr aus der öffentlich eingeschlagenen Bahn des Staatssozialismus und, wie er sah, der rettungslosen Bolschewisierung forderte[33]. Mit Beck, Popitz und von Hassell zusammen bildete Jessen die eigentliche Aufrührergruppe in der „Mittwochsgesellschaft". Jessen war, wie es scheint, der schärfste Dränger unter ihnen, der am frühesten das Attentat als unumgänglich bezeichnet und entsprechend der gespannt tapferen und verschwiegenen Art, die ihm eigen war, Wege dazu ersonnen hat. Fechter schildert ihn groß und schlank, „mit Zügen des Dänischen und zugleich mit jener nicht mehr bürgerlichen Sachlichkeit dem Leben gegenüber, welche die Menschen auszeichnete, die gerade, wissend und aktiv die Jahre der Inflation miterlebt hatten. Er war kühl und temperamentvoll zugleich, scharf und klug und ein guter Hasser[34]." Zu Oster und Goerdeler hielt Jessen nahe Verbindung und er war mit von Tresckow befreundet. 1941 wurde er trotz zweier schwerer Verwundungen aus dem ersten Krieg eingezogen und bekam als Hauptmann die Abteilung beim Generalquartiermeister zu leiten, die den Verkehr zwischen Heimat und Front regelte. Er hat in dieser Stellung für die Gegenbewegung wichtige Dienste geleistet. In seinem Haus in Berlin gab es eine besonders offene Gastlichkeit. Wichtige Begegnungen haben bis zuletzt hier stattgefunden. Jessen wurde nicht wegen Hoch- oder Landesverrats, sondern wegen eines schweren Falles der Nichtanzeige hingerichtet.

V MÄNNER DER LINKEN

Einen eigenen Kreis von Menschen, die den Zwanzigsten Juli mitgetragen und mitbestimmt haben, findet man bezeichnet durch ihre frühere Teilnahme an der sozialistischen Bewegung. Sie sind unter sich sehr verschieden, mehrere von ausgeprägter Eigenart und starkem, auf eine Lebenserneuerung gerichteten Tatwillen. Gemeinsam ist ihnen, daß sie den Ersten Weltkrieg, den die meisten von ihnen als junge Freiwillige bis zum Ende erlebten, als einen entscheidenden menschlichen und politischen Einschnitt empfunden und mit lebhaften Hoffnungen die neue Staatslösung erwartet haben, die, wie sie meinten, mit so vielem schon Überlebten aufräumen sollte. Daß sich diese Hoffnungen nicht erfüllten und daß andere Kräfte, die sie überwunden wähnten, in der neuen Republik wieder zur Herrschaft drängten, trieb diese Männer zum Einsatz im politischen Kräftespiel.
Es konnte nicht ausbleiben, daß sie, die in den Jahren vor 1933 in erbitterter Abwehr des nationalsozialistischen Vordringens standen, als erste den Gegenschlag der neuen Gewalt zu spüren bekamen. Als „marxistische" Intelligenz, als Handlanger der „Novemberverbrecher", verfielen sie der Schmähung und Ächtung und sahen Jahre schwinden als Gefangene der ersten schonungslosen Konzentrationslager. Es ist leicht vorzustellen, daß sie als die Geschundenen die düsteren Bilder des herrschenden Staates täglich vor Augen hatten, mehr und anders als alle anderen Deutschen. Aber man weiß von einigen, daß sie sich über das eigene Schicksal zu erheben verstanden und sich nicht in Erbitterung und Unmut verloren. Als sie wieder entlassen, wenn schon nicht frei waren und im Handel oder der Industrie ihr Unterkommen fanden, war ihre Gegnerschaft ungebrochen, und sie wußten voneinander und denen, die zu ihnen standen. Ihr Hoffen war darauf gerichtet,

daß es gelinge, das Joch des „großen Zuchthauses[1]" (Leuschner am 20. August 1939) doch noch einmal abzuschütteln und den echteren Volksstaat zu begründen.

Aber auch ihnen ersparte der Anblick Hitler-Deutschlands nicht bitterste Gedankenerfahrungen. Man mußte sich sagen, daß dieser Mann wie kein deutscher Volksführer vor ihm eine „Volksgemeinschaft" gegründet habe, in der die Reste der Klassengegensätze verschwunden waren, daß viel für die soziale Wohlfahrt geschah, daß dem Arbeiter für Arbeit, gute Löhne und Freizeit gesorgt sei – drei Viertel aller Deutschen und vielleicht noch ein höherer Anteil der Arbeiter mußten als Gefolge Hitlers gesehen werden. Wie sollte man sie zum Ausbruch bringen, wie ihnen glaubhaft machen, daß dies alles nur Unterdrückung, Köder, Entmannung sei, damit sie auf keine anderen Gedanken kämen und für die Rüstung arbeiteten, indes Hitler auf seine machtpolitischen Ziele zustrebte, die nur mit Krieg zu verwirklichen waren? Wie sollte man ihnen von freier Menschenbildung und dem Recht der Person sprechen? War der Republik von Weimar, war der sozialdemokratischen Bewegung so wenig gelungen, daß dies alles kommen konnte – mußte? Erschien diesen Betrachtern, was in Deutschland geschah, als die Verhöhnung eines ihnen vorschwebenden Sozialismus, als totalitäres System eines Bolschewismus, so urteilten sie – oder gewiß einige von ihnen – auch sehr scharf über die Unfähigkeit der Partei, für die sie selber gewirkt hatten[2]. Parlamentarische Bürokratie, Postensucht, Zank um Doktrinen, falsche Vaterlandslosigkeit, so hört man ihre Vorwürfe, habe sich darin breitgemacht. Ein anderer revolutionärer Geist sei nötig, um in der Welt des Kapitalismus und des Kommunismus, die sich so feind wie innerst verwandt seien, eine neue europäische staatliche Lebensform zu finden, die von der Massenhaftigkeit loskomme und in der wieder „geistige Freiheit und das Recht der Persönlichkeit" leben und sich entfalten könne.

Wie aus Zeugnissen hervorgeht, fehlt im Kreis dieser Männer nicht die Einsicht, daß der zum Erschauern tiefe Zerfall menschlicher Lebensgemeinschaft, der überhaupt erst das soziale Problem aufgeworfen hatte, weder allein politisch zu erklären noch politisch zu heilen sei – sie waren selbst bei weiterschauenden Männern in die Lehre gegangen. Es konnte eher die Versuchung aufkommen, jeden Eingriff in die tausendfach in sich verknotete und verschränkte Gegenwartswelt für hoffnungslos zu erklären. Aber ihre zum Wirken geborenen Kräfte drängten unbeschadet von diesem Wissen voran, um das Bestmögliche zu tun und aus der gegenwärtigen Not einen Ausweg zu finden.

Ein Mann besonders einigender und organisatorischer Kraft, listenreich und geschickt in der Verhandlung, den alle in der erzwungenen Diaspora als den unstreitigen Führer ihrer Sache ansahen, war Wilhelm LEUSCHNER[3]. Er war altersgleich mit Hitler, von Beruf Holzschnitzer, jahrelang Darmstädter Stadtrat und Mitglied des hessischen Landtags, 1928–1933 hessischer Innenminister. Als Sohn eines Ofensetzers in Bayreuth geboren, hatte er sich durch einen bewußten Bildungsweg für seine weitreichende Aufgabe geschult, ohne dabei jemals Mindergefühlen zu unterliegen oder sein Maß zu überschreiten. Als „ruhig und in sich gesammelt, zuverlässig, genau, ungewöhnlich männlich" findet man ihn geschildert, zugleich mit dem „Zauber des Schillernden, nicht so leicht Faßbaren und Undurchsichtigen[4]". Seine unbedingte körperliche Widerstandskraft hatte sich noch gehärtet durch die Jahre der Haft – er verschmähte das weiche Bett und liebte den einfachen Stuhl. Als es im Lager ans Köpfekahlscheren ging, wagte er wie kein anderer von Hunderten, sich zu widersetzen, und erklärte, Feind jeder heroischen Geste, als er die Mitgefangenen nachher beschämt sah: Es hätte dem Bader um seine paar Strähnen nicht gelohnt ... Er liebte den eigenen Stil auch darin, wie er sich seine Wohnung ausstattete, und das Unkonventionelle des besonderen Einfalls, so wie er als junger Mensch einmal seiner zum Liegen verurteilten Mutter auf Leitern stehend kurzerhand ein Deckenbild übers Bett gemalt hatte.

Der Kern seiner Gewerkschaftsarbeit, in die er früh eintrat, war die Sorge für Bildung und ein menschenwürdiges Leben des Arbeitenden. Lernend und lehrend nahm er an der Erwachsenenbildung der Volkshochschule teil, schrieb, als er ein neuntes Schuljahr der Volksschule forderte: „Mit 14 Jahren schickt man ein Kind nicht ins Leben, man bildet es aus", und in seinen ersten Haftwochen 1933 beschäftigte ihn der „Wilhelm Meister". Volltätiges Mitglied des hessischen Landtags und dessen Vizepräsident, Innenminister in den Jahren zunehmender Fanatisierung, Urheber eines ersten Planes zur Reichsreform, die mit der Schaffung eines Reichslandes Groß-Hessen unter Verschmelzung hessischer und preußischer Teile begonnen werden sollte, Vorstandsmitglied und nach Leiparts Abgang designierter Vorsitzender des Allgemeinen Deutschen Gewerkschaftsbundes, der an die 4½ Millionen Mitglieder zählte, Arbeitnehmervertreter bei der Vorkonferenz des Internationalen Arbeitsamtes in Genf im Januar 1933 – in diesen Stellungen und Aufgaben hat Leuschner sich gewiß als einer der mannhaften Politiker der späteren Weimarer Jahre erwiesen, der über Genf auch – er sprach selbst Französisch und Englisch – Ansehen im Ausland gewann. Eben dieses Ansehen auch für den neuen Staat und für dessen breit auftretenden Arbeitsfrontführer Ley einzusetzen, hat Leuschner durch sein bedeutendes Schweigen bei der Tagung der internationalen Arbeitskonferenz in Genf im Juni 1933 allen sichtbar abgelehnt. Beim Wiederbetreten Deutschlands wurde er verhaftet und blieb zwei Jahre in Gewahrsam. Danach bot sich ihm Gelegenheit, ins Ausland zu gehen. Er entschloß sich, zu bleiben. Mit der Übernahme einer kleinen Fabrik in Berlin, in der fast nur Gewerkschaftsleute arbeiteten, verschaffte er sich eine neue Etikette, zugleich aber die Möglichkeit, gut bürgerlich – er stellte Bierzwischenhahnen her und entwickelte ein neues Härteverfahren für Aluminium – über Deutschland und das benachbarte Ausland hin seine Verbindungen zu pflegen. Im Kriege bekam er die Aufgabe, für die Kriegsmarine zu arbeiten, und blieb in Berlin mit der Vorbereitung eines Aufstands beschäftigt. Die Rückschläge und Erschütterungen, die jetzt unausbleiblich waren, ließen ihn den Tag erhoffen, an dem es gelänge, Hitler von den deutschen Arbeitern zu trennen. Leuschner, geübt in der Zellenbildung und in verdeckt-behutsamer Taktik – man nannte ihn im geheimen Umgang gern den „Onkel" –, verdichtete das Netz seiner Gesinnungsfreunde zu einem System von Stützpunkten über das Reich hin und reichte damit in manche Fabrikhalle, ohne daß die Walter und Warte der Arbeitsfront Verdächtiges wahrnahmen. Bewußt erstrebte er noch weiterreichende Einigungen, die man 1932/33 kurzsichtig versäumt hatte. Er verpflichtete sich die der politischen Mitte angehörigen Männer der ehemaligen christlichen Gewerkschaften, die in dem Franken Jakob KAISER eine Mitte hatten, schlug eine Brücke zu Ernst LEMMER, dem ehemaligen Generalsekretär der Hirsch-Dunckerschen Gewerkschaft, und fand ein Einverständnis mit den Männern der ehemaligen größten Angestelltengewerkschaft der Rechten, des Deutschnationalen Handlungsgehilfenverbandes, für die Max HABERMANN[5] sprach. Man empfand weithin in diesen Kreisen als Schuld, daß man sich um Nichtiges gegeneinander abgekämpft hatte, als nur ein einiges und starkes Handeln den Weg in die Gewaltherrschaft hätte hindern können. Wie schwer war es jetzt voranzukommen! Nicht Hallenreden und Mitgliederlisten, nicht aufständische Zusammenrottungen und klare Herausforderungen konnten die gewollte Volksbewegung entfachen helfen, kein geschriebenes und über die Ferne gesprochenes Wort durfte offen sein, nur die Verständigung von Mund zu Ohr blieb oder der Austausch in verabredeten Zeichen. Hatten sich irgendwo Gleichgesinnte verständigt und Aufgaben übernommen, so konnten sie morgen schon durch die Zwänge des Kriegs über Länderferne zerstreut sein ohne Brücke zu den andern. Daß Leuschner und seinen Männern trotzdem sehr viel an verborgenem Wabenbau gelang, hat zwar nie eine politische Wirklichkeit erwiesen, nachdem der Zwanzigste Juli gescheitert ist, läßt sich aber an der Vielzahl der Namen ablesen, die gerade die gewerkschaftliche und sozialistische Gemeinschaft als ihre Toten zu beklagen hat – dabei sind nachweislich noch viele Verzweigungen der Staatspolizei verborgen geblieben[6].

Am 20. August 1939 – kurz ehe das deutsch-russische Bündnis die Pforte des Kriegs aufstieß – hatte Leuschner an einen Freund im Ausland geschrieben: „Ich fürchte, daß es in diesem Herbst zum Krieg kommen wird, und daß dieser Jahre dauern wird... Wir sind gänzlich unfähig, die Katastrophe zu verhindern. Wir sind gefangen in einem großen Zuchthaus. Zu rebellieren wäre genauso Selbstmord, als wenn Gefangene sich gegen ihre schwerbewaffneten Aufseher erheben würden." Dennoch nahm sich Leuschner von der ersten Zeit des Krieges ab vor, dem alle ergreifenden Zwang nicht nachzugeben, wachsam zu sein, neue Brücken zu schlagen und Fühlung zum Militär zu suchen, von dem jetzt einzig noch eine Wendung zu erhoffen war. Von früher her stand Leuschner in naher Bekanntschaft zu General von Hammerstein. Im ersten Kriegsjahr schlugen Canaris und Oster die Brücke zu ihm, er trat mit Olbricht durch Mittelsleute in Verbindung, und Beck kam als unauffälliger Besucher in die Fabrik. Im Hospiz am Askanischen Platz fand das erste Treffen mit Goerdeler statt, der in den noch gemeinsamen Jahren trotz mancher sachlichen Gegensätze stets mit großer Wertschätzung Leuschner verbunden blieb. Mit Goerdeler und dem Kreis um Stauffenberg und Leber in enger Fühlung, hat Leuschner am Erhebungsplan des Zwanzigsten Juli wichtigen Anteil gehabt und war als Vizekanzler vorgesehen.

So wie Leuschner sich bei seiner Rückkehr aus Genf freiwillig der Polizei zu erkennen gab, als er sie an der Bahnsteigsperre versehentlich einen anderen statt seiner verhaften sah, so war ihm nach dem Zwanzigsten Juli der Gedanke unerträglich, seine Frau in den Händen der Staatspolizei zu wissen, die ihm in Berlin seine Flucht über eine geheime Hintertreppe gedeckt hatte. Er blieb und wagte, ein inzwischen steckbrieflich Verfolgter, ein Leben zwischen Eingeweihten und Nichtsahnenden, bis ihn eine einfache Frau verriet. Er verweigerte die Fesselung mit dem Versprechen, nicht zu fliehen. Vom Gerichtspräsidenten überschrien, der ihm „maßlosen Ehrgeiz" vorwirft, mit Goerdeler, Hassell und den anderen, die mit ihm vor Gericht stehen, zu „Aussätzigen unseres Volkes" erklärt, verzichtet er auf sein Schlußwort. Drei Wochen der Qual nach dem Todesurteil, in denen Mitgefangene ihn nicht anders als „aufrecht und ungebeugt", die Geistlichen beider Konfessionen ihn nur zu menschlichem Gespräch bereit sehen, als Letztes das kurze Wort an die Freunde: „Morgen werde ich gehängt. Schafft die Einheit!" und auf dem Weg zum Strang die gleiche stumme Mahnung durch ein Deuten seiner Hände.

Für Leuschner, der in den Jahren des Krieges selbst zum selbständigen Fabrikbesitzer geworden war, stellte sich der Weg eines heutigen Sozialismus so dar: Nach der revolutionären Generation der Arbeiterbewegung, die noch beim Klassenkampf des Kommunistischen Manifests begonnen habe, stehe vor der heutigen Generation die ganz andere Aufgabe, die arbeitenden Menschen, die ein gesellschaftliches Element geworden seien und Gleichberechtigung erlangt hätten, nun wirklich in den Staat hineinzuführen und ihnen die Rechte und Verantwortungen, die ihnen zustehen, wirklich zu geben, „nicht nur gesellschaftlich, sondern auch politisch, geistig und kulturell". „Mit der Umwälzung von 1918 hat Deutschland aufgehört, ein Obrigkeitsstaat zu sein ... Heute kämpfen die schaffenden Stände um den Staat, den sie früher nur als feindliche Macht empfunden haben[7]." Jedem Begabten die gleiche Aufstiegsmöglichkeit in der Schule: Leuschner war für die neunjährige, allen gleiche Grundschule, an die sich Handwerkslehre oder höhere Schule erst anschließen sollten, und er forderte vor allem guten Deutschunterricht. Der Arbeiter ist für ihn nicht mehr eine besondere Abart des Untertans: „Die Frage nach den wirtschaftlichen Grundlagen unseres Staats geht die Arbeiterschaft an ... Wir übernehmen dabei nicht nur eine Funktion für uns selbst, sondern eine nationale und europäische Funktion." „Zuerst haben wir miterlebt, wie der Individualist den Staat erschlug, jetzt erleben wir, wie der Staat den Menschen erschlägt. Es gibt aber noch ein Drittes ... das kein Kompromiß ist, sondern ein Höheres und Anderes: die Person." Gemäß einem so hoch angesprochenen Ziel sollte die neue Gewerkschaft ein Arbeitsethos entwickeln, das sich nicht mehr aus Gefühlen der Unterdrückung und Benachteiligung speise, sondern den Arbeiter sich seiner Mitverpflichtung nach fachlicher und menschlicher Qualität bewußt machen solle. Mit Goerdeler gab es über die Organisationsform dieser Gewerkschaft, die der Oberbürgermeister nachhaltig wünschte, bedeutende Kontroversen. Erst im Winter 1942/43 war über die Gestalt einer „Deutschen Gewerkschaft" Einigkeit erzielt, die zentral geleitet sich in 13 Industriegruppen gliederte mit einzelnen Betriebssekretariaten. Ihr als einer Organisation der Selbstverwaltung der Arbeiterschaft sollten laut Gesetz alle Arbeiter und Angestellten über 18 Jahre angehören. Ihre Aufgaben: „Sozialversicherung, Tarifverträge, Schlichtung von Streitigkeiten, Entsendung gewählter Vertreter in die Vorstände, Aufsichtsräte und Vertrauensräte aller großen Wirtschaftsunternehmen."

Um die gleiche Zeit befaßte sich Leuschner eingehend mit Gedanken über den Neubau eines deutschen Staates und mit Übergangslösungen im erwarteten Chaos. Auch für ihn waren die Grundgedanken des Freiherrn vom Stein über die Selbstverwaltung der Ausgangspunkt, nur setzte er bewußt eine Übergangszeit an, in der bei der noch nachwirkenden Benommenheit keine Wahl stattfinden und sich aus örtlicher Initiative die ersten Ordnungszellen wieder bilden sollten. Reichstag und Oberhaus (Senat) waren vorgesehen. Das Oberhaus sollte als verlangsamendes Element Stimmungswandlungen einer unbesonnenen Wählerschaft ausgleichen. Leuschner bestand gegenüber hartem Widerstand Goerdelers auf Abschaffung des Verhältniswahlrechtes. In jedem Wahlkreis sollte, evtl. in Stichwahl, nur *ein* Abgeordneter gewählt werden. Der in jeder Politik unvermeidliche Kompromiß sollte neben dem Vorrang der Persönlichkeit damit dem Wähler selbst immer wieder nahegebracht werden. „Der davon betroffene Wähler", schreibt Ludwig Bergsträsser in der damals für Leuschner verfaßten geheimen Denkschrift, „fühlt dabei am eigenen Leibe, daß man Politik nicht im luftleeren Raum nach reinen Vorstellungen machen kann, daß man sich bescheiden muß, daß oft das Bessere der Feind des Guten ist und daß es das menschliche Leben in allem, also auch in der Politik, mit sich bringt, daß man oft in die peinliche Lage versetzt wird, zwischen zwei Übeln zu wählen." „Es war ein Zeichen politischen Unverstandes, daß man solche Kompromisse wegwerfend als Kuhhandel bezeichnete (Goerdeler!), wo sie doch das Nötigste in der Politik sind. Man hat ja inzwischen mit kompromißloser Politik bittere Erfahrungen genug gemacht." Reichstag und Senat zusammen sollten das Staatsoberhaupt, den Präsidenten, wählen. An eine Wiederherstellung einer konstitutionellen Monarchie, die erwogen und von manchen Seiten der Erhebungskreise eifrig betrieben wurde, wollte Leuschner nur, wenn sonst jede Einigung scheitere, denken. Zuletzt war in der genannten Denkschrift noch einmal die Maxime Leuschners ausgesprochen, daß es nicht so sehr auf Organisationsformen als auf die verantwortungsvolle Mitarbeit des Staatsbürgers ankomme. Sie zu erwecken, helfe künftig vor allem nicht die vergötterte Disziplin, sondern Menschenbildung, staatsbürgerliche Erziehung[8].

Als Helfer Leuschners wirkte – in seiner Fabrik mit tätig – Hermann MAASS. Er kam aus der Jugendbewegung und war bis 1933 Geschäftsführer der deutschen Jugendverbände gewesen. Man findet ihn geschildert als einen „Mann fester und klarer Überzeugung und eines unbeugsamen Charakters[9]". „Ernst und schwer war sein Wort, immer nur das Ergebnis problematischer innerer Auseinandersetzungen. Wie der Wächter der Gesetzmäßigkeit, der Unverrückbarkeit eines einmal erkannten Rechts zwang er die Freunde zur Rechenschaft, zur Überprüfung der Wege, zu dem ‚so steht es geschrieben'. Sicher war ein Mann seines Verantwortungsgefühls und seiner geistigen Unbestechlichkeit in einer Zeit des Fieberns von unschätzbarem Wert[10]."

Eine starke, landsmannschaftliche Bindung hielt Leuschner ein schon seit der Jugend befreundetes Paar von Männern nahe: Theodor HAUBACH und Carlo MIERENDORFF. Beide waren kurz vor der Jahrhundertwende geboren (1896 und 1897), 1914 aus demselben Ludwig-Georgs-Gymnasium in Darmstadt entlassen, beide Kriegsfreiwillige, die es, mehrfach verwundet, zu hohen Auszeichnungen gebracht haben[11]. Sie studierten in den bewegten Jahren nach dem Krieg in

Heidelberg bei Alfred Weber, Gothein, Gundolf und machten 1922 ihren philologischen Doktor.

Haubach fand in Hamburg eine ihn ausfüllende Tätigkeit, erst am Weltwirtschaftlichen Archiv, dann als außenpolitischer Redakteur beim „Hamburger Echo[12]". „Getrieben von der Leidenschaft des Gewissens und der Verantwortung, stand er in der vordersten Front der Demokratie." Als ein „Offizier des Sozialismus" sprach er in vielen Versammlungen, gewann die Jugend, war Mitbegründer des Reichsbanners Schwarz-Rot-Gold, des Bundes der republikanischen Kriegsteilnehmer und nahm als ein Wortführer der Jungen am Hofgeismar-Kreis teil, der über atavistische Klassenkampfideen und wirtschaftliche Interessenstreite zu einer geistigen Erneuerung des Sozialismus vorzustoßen und ein „innerliches Ja zum großdeutschen Nationalstaat" zu formen sich berufen fand. 1928 wurde Haubach von Carl Severing, früher Preußischem, jetzt Reichsinnenminister, als Pressechef nach Berlin geholt und war bis 1930, als die SPD aus der Regierung ausschied, in diesem Amt. Der Umbruch des Jahres 1933 traf ihn als Pressechef des Berliner Polizeipräsidenten. Im September 1933 endete er eine Grabrede auf einen Parteifreund: „Heute aber ist unser Mund verschlossen und unsere Fahnen sind verhüllt, aber auch dann, wenn wir schweigen, grüßen dich, Nikolaus Osterroth, unsere Gedanken mit der unsterblichen Hoffnung und dem königlichen Gruß der Freiheit." 1934 wurde er verhaftet und hatte ohne Anklage oder Verhandlung zwei böse Jahre in den Mooreinöden des Emslandes zu arbeiten. Nach seiner Entlassung schlug er sich mühsam durch, bis er eine verantwortungsvolle Stellung in einem Industrieunternehmen fand, dessen Besitzer ihm zum Freund wurde. Er verblieb auch während des Kriegs in dieser Tätigkeit in Berlin und hätte dabei sein Auskommen haben können. Aber es kränkte ihn, was mit Deutschland geschah; und die in ihm veranlagten Kräfte trieben über das ihm schamlos erscheinende Gehenlassen hinaus zum größeren Wagnis.

Als der Krieg ausbrach, war Haubachs Wort: „Die Aufgabe, die uns zufällt, umschließt den tragischen Konflikt des klassischen Dramas. Hitler ist zu vernichten und das deutsche Volk gleichzeitig vorm Untergang zu retten. Wie sollten wir wenigen mit dem Blick für die Wirklichkeit dies zu vollbringen vermögen?" Die Briefe, die veröffentlicht sind, sagen, da sie mit fremdem Einblick rechnen mußten, kaum etwas oder nur in mittelbaren Bildern über die Zeit, aber sie geben Züge einer tiefen und freundschaftsoffenen Natur und lassen aus manchem Unterton die Schicksale ahnen, die einen so vom Vaterlandsgeschehen erregten Mann dazu geführt haben, Mitplaner eines Umsturzes mitten im Krieg zu werden. Seien hier einige Proben dargeboten[13].

In den Tagen des Juli 1938, in denen Beck seinen Kampf focht, schreibt Haubach aus Berlin: „Ich bin im bunten Durcheinander mit der Geschichte der Philosophie beschäftigt, lese gerade im Spinoza und Descartes und finde gerade heute bei letzterem die wahrhaft königliche Feststellung, die diesen Philosophen zu einem Fürsten unter seinesgleichen macht, daß die höchste menschliche Tugend – nicht etwa die Wahrheit oder die Güte oder Pflicht – sondern die admiratio, die Fähigkeit zur Bewunderung ist."

Als Haubach einmal vom Anstoß hörte, den Großstadtkinder aus Hamburg in einer bayerischen Stadt gaben, schreibt er: „Was man ihnen vorwarf, war ernst genug: Ehrfurchtlosigkeit vor fremder Lebensart und vor allem: vor fremdem Glauben. Die Kinder, durch den Freidenkerstumpfsinn verdorben, spotten über den katholischen Glauben, machen sich über Kirchgänger und Heiligenbilder lustig, benehmen sich überhaupt nicht wie Gäste, sondern wie eine forsche Einquartierung. Wie recht hatte der alte Goethe, als er die dreifache Ehrfurcht – vor dem, was über uns, um uns und unter uns ist – als Grundlage jeglichen sittlichen und geistigen Lebens entdeckte."

Als er auf einem Krankenlager eines der ihm liebsten Jugendbücher, den Schweizer Robinson, wieder liest, schreibt er: „Was hab' ich wieder vergnügte Stunden verbracht ... wenn ich die biedere Schweizer Familie in der fernen Südsee eine Kolonie Neuschweizerland einrichten sah. Ja, diese Welt von anno dunnemal hat es in sich. Ihre bescheidene Lebensfreude ist dahin, dies häusliche Basteln, Werkeln und Sinnieren, diese Naturseligkeit von warm angezogenen Spaziergängern! Sie wußten wohl, wo Gott wohnt, aber sie kannten ihn nicht, sie kannten nicht Macht und Gestalt des Satans (den sie putzigerweise nur als unanständigen Kerl gelten ließen) – das ist alles dahin, aber für ihre Fehler zahlen wir heute noch schwer ... Es ist doch seltsam, wenn man als Erwachsener sein Kinderbuch wieder liest und mit einemmal merkt, was die braven Bürger und Pfarrer, die beteten und im Garten Kaffee tranken, alles angestellt haben. Sie haben in freundlichster Absicht die Geheimnisse und Schrecknisse Gottes und seiner Schöpfung geleugnet, haben dem Menschen nur im Eros und Sexus wenn überhaupt die Kraft zugesprochen, sich wider Gott zu stellen und wider Gott zu handeln, und haben so Gott und Mensch um Würde und Dimension gebracht ... O kleiner Bürgertraum in der Geißblattlaube! Was Wunder, wenn diesen schwachen Händen die Welt zerbricht und reißend nach dem Chaos treibt."

In einem Brief über den Höllen-Brueghel, den Haubach besonders schätzt als „Winterbrueghel; als Entdecker der winterlichen Stille, der winterlich-weihnachtlichen Erwartung, der winterlichen Fernsicht, die mehr als nur drei Dimensionen umfaßt", spricht er über das „Wirr- und Mißgestaltete" in der Zeit: „Sieh dir diese Kreuzung von Ungeziefer und Menschenwesen an — fahre nur in der Straßenbahn, und du wirst sie alle wiedererkennen, die Verdammten, dem Abgrund Verfallenen! Ist es zuviel, wenn man behauptet: Brueghel hat im Beginn des Massenzeitalters seine Konsequenz und sein Ende mit der richterlichen Sicherheit des Propheten gesehen? Was er hier malt, die der Bindung und Zucht des Göttlichen entronnenen Massen, die auf sich gestellt, den Göttern entfremdet zu Fratzen, Larven und Gespenstern entarten, gilt das nicht alles heute wie damals? Wenn der Gott das Irdische nicht mehr heiligt und durchdringt, wird Volk zu Masse, Mensch zu Larve, das Leben zur Qual, der Tod zum Schrecken ohne Ende ... Merkwürdig, wie bei diesem Maler der Mensch zum boshaften, entarteten Fratzenwesen verzerrt wird. Kein Ebenbild Gottes mehr, unteilhaftig dem göttlichen Bereich, abgekehrt dem numinosen Bereich und in sich selbst verunstaltet. Das Göttliche erscheint nicht mehr im Menschen und eben darum — in der Abwesenheit des Göttlichen — das Satanisch-Vereinzelte. Sieh dir das alles an — sogar das Menschenwerk, Türme, Häuser sind vom Satanischen befallen, schlagen gespenstische Glotzaugen auf, schnauben durch gespenstische Nasen — und die Götter sind fern und haben keinen Teil mehr an dieser Welt! Welch ein Maler! Welch ein Prophet! Um ihn ganz zu verstehen, muß man wissen, daß er 1530 geboren wurde und 1569 starb. Die Gotteswelt des Mittelalters war zerbrochen, vom Götterglanz der Antike reicht in die Nebelwelt des Nordens kein Strahl mehr. Die Menge hat sich selbständig gemacht; der einzelne ist aufgefordert und traut es sich auch zu, allein dem Abgrund des Göttlichen zu begegnen und mit ihm fertig zu werden. Luther hat sich hiervon eine äußerste Steigerung der religiösen Kraft erhofft; das Gegenteil trat ein – die Masse resignierte. Waren dem antiken Menschen im Wein und in der Liebe die Götter gegenwärtig, der Mensch der Neuzeit kannte nur noch den Rausch und die Gier. Beachtlich, wie bei solcher Wendung das Göttliche nur noch einen Erscheinungsort hat: die Landschaft! Sieh dir diese wunderbaren, vom Schöpferhauch durchdrungenen und geadelten Landschaften an, die Brueghel gemalt hat. Die erwartungsvolle Stille der Winterlandschaft, die blühende Fülle der sommerlichen Welt, die lodernde oder schwermütige Pracht des Herbstes. Welch ein Maler! Welch ein Maler! In der Landschaft sind sogar noch die Wohnstätten der Menschen geadelt, sie sind aufgenommen in den bergenden Schoß der Natur, nehmen teil an der Feier des Tages und der Nacht – nur Galgen und Rad, die fast in keinem Bilde fehlen, zeugen davon, daß der Mensch entweder sich dem dumpf nährenden Vieh oder der reißenden Bestie anverwandelt hat. Welch ein Strafgericht! Die Götter sind in die Haine und Felder geflohen, Gott selbst webt nur noch im Licht des Tages oder in den Wettern der Dämmerung. Der Mensch ist ausgestoßen, die Dämonen plagen ihn, und der nächtliche Schreckenszug des Todes überwältigt ihn."

Eine ähnliche Vision hatte Haubach zu Anfang des Krieges von den einbrechenden „Luftgeistern" in einem Traum, der in seiner Schilderung trotz des manchmal burlesken Ausdrucks an Jean-Paulsche Träume erinnert, zumal mit dem immer wieder anklingenden Ruf: Man muß sich auf die Seite der Götter stellen[14].

Das Jahr 1941 hatte Haubach ganz zur eigenen Stärkung und zur Erlangung jener „fruchtbaren Gelassenheit" verwenden können, ohne die er auch für die andern Menschen nichts zu taugen glaubte[15]. Im Jahr 1942 wurde er für die Gedanken einer gewaltsamen Änderung tätig, bewußt den Ernst und die Verantwortung auf sich nehmend, den ein solcher Versuch einschloß. Mierendorff, ungestüm auf gleicher Bahn, als Revolutionär die Mitte des ganzen Kreises, war oftmals in Berlin. Haubach baute auf die Kraft des Freundes, wenn es wirklich zum erhofften Tag komme: sehr tief traf ihn im Dezember 1943 die Nachricht, daß Mierendorff beim Luftangriff umgekommen sei. Vom Nachleuchten dieses „fürstlichen Lebens", wie er sich ausdrückt, betroffen, schreibt Haubach in einem Brief[16]: „Licht vom Licht der Ewigkeit, ohne das wir nicht leben können, leben in des Wortes eigentlichem und erstem Sinn", und er müht sich um „die Kraft der Verwandlung", die dies Unheil ihm zum Heil machen könne. Später hielt er dem Freund die bewegende Totenrede, wie sie kaum ein Mann in dieser Zeit für den Freund erfand und die ihn selber so ehrt wie den andern.

Das Fehlen Mierendorffs war für Haubach sehr schmerzlich. Er verband sich aber selbst immer mehr dem zur Erfüllung drängenden Vorhaben, das dem einzelnen täglich neue Aufgaben stellte. Seine Briefe aus dem Frühjahr und Sommer 1944, die davon nichts enthalten, zeigen eine besondere Innigkeit, mit der gegenüber den furchtbaren Dingen, die geschahen, das siegreich Überdauernde in der Natur und in besonderen Menschen hervorgehoben wird – man findet eine Gelassenheit und ein Einssein mit dem Schicksal darin, wie es so nur aus täglich bestandener Gefahr und völliger innerer Bereitschaft hervorgehen kann. Ein tiefer und bewegender Brief vom 6. Juli 1944 zeigt ihn im Austausch mit Pfarrer May in Neu-Kaliss über zwei Bibelstellen, die die Menschen als „Götter" ansprechen. Er will sie mit der Genesis als Gottesebenbildlichkeit des Menschen gedeutet wissen und verweist auf die griechische Frühzeit mit Homer, der mehrere Beiworte der Göttliche, der Göttergleiche kennt. „Je mehr ich versuche, in die dunkle Weisheit der beiden Testamente einzudringen, desto mehr drängt sich mir der Gedanke auf, daß in den letzten Jahrhunderten ein wesentlicher Gedanke der göttlichen Botschaft verdunkelt worden ist. Es scheint mir ein großer Fehler der kirchlichen Praxis zu sein, daß sie immer wieder den Beter an seine Ärmlichkeit, Verworfenheit und Abgefallenheit erinnert und nicht zugleich das Gegenteil anspricht, die Fähigkeit, Gottesgeschöpf und Gottesebenbild zu sein . . ." Haubach fügt handschriftlich dazu: „Ich bitte Sie, hochverehrter Herr Pfarrer, um Ihren priesterlichen Segen. Und: wollen Sie einen in den Nöten der Zeit zagenden und hoffenden Menschen wie mich in Ihr Gebet einschließen?"

Zwei Wochen noch nach dem Zwanzigsten Juli ist Haubach auf freiem Fuß. Dann ist seine Teilnahme entdeckt. Man hat den Hinweis, daß er in Leuschners Plan das Amt für Volkserziehung und Propaganda hätte übernehmen sollen. Kurz vor seiner Verhaftung schreibt Haubach: „Wo immer Deutschland in Not stand, stand auch ich. Einen kleinmütigen und verzagten Angeklagten werden die Herren in mir nicht kennenlernen. Vielleicht werden sie sich sogar wundern. Voriges Jahr um diese Zeit stand ich auf so manchem brennenden Dach in Berlin. Heute soll ich mich darüber rechtfertigen, ob ich ein nationaler Mann bin[17]." Es gibt eine Nachricht, Haubach habe durch sein stolzes und seine Haltung begründendes Schlußwort den zornmütigen Gerichtspräsidenten dermaßen gereizt, daß er sofort die Verhandlungen neu aufnahm und sie statt mit der schon beantragten Freiheitsstrafe mit dem Todesurteil endete. Nach fünf Monaten Gefängnis wurde Haubach im Januar 1945 zur Hinrichtung geführt. Der Hölderlin-Band, der ihn in der Haft bis zum letzten Tag begleitete, kam später in die Hand zurück, von wo er ausgegangen war. Es fand sich neben dem Spätgedicht: „Ich bin nichts mehr, ich lebe nicht mehr gerne" die Haubachsche Bleistiftnotiz: „Und ich liebe diese Welt immer noch! Trotz allem! Dennoch! 13. Oktober 1944."

Bei Haubachs Tod hatte sich noch nicht der Tag gejährt, an dem er an Mierendorffs Grab so geendet hatte: „Wer aber weiß, daß alles in der Welt aufeinander bezogen ist, daß die Tages- und Traumwelten aufeinander zugeordnet sind und daß die unsichtbaren geistigen Ordnungen das Sichtbare begrenzen und bedingen, der weiß auch, daß die Verwandlung durch den Tod das Wesenhaft-Lebendige nicht berührt ... Diese strahlende Kraft, die einstmals unseren Freund und Gefährten trug und im schönen irdischen Licht sich entfalten ließ, diese Kraft zerrinnt nicht ins Grenzenlose, löst sich nicht auf, denn sie ist mit der zeugend-fortzeugenden Kraft der Liebe verbunden[18]."

MIERENDORFF war eine unruhige genialische Natur mit vielen Gaben, die in der merkwürdig erregten und kunstdurchwehten Darmstädter Luft früh gediehen und von den Wirren des Kriegs und Nachkriegs mit fortgerissen worden ist. Man weiß von Leseabenden der Schulfreunde, handgeschriebenen „Kunstschauen", umstürzenden Zirkeln, von mühsam erworbenen Lettern und Handpressen, die dann die Blätter der „Dachstube" abzuziehen erlaubten. Man kennt Mierendorffs Beiträge, die er aus dem Feld sandte, den eindrucksvollsten, seinen „Lothringer Herbst. Einer königlich preußischen Lazarettverwaltung in dankbarer Ergebenheit", vom Zwanzigjährigen geschrieben mit einer fast erschreckenden Souveränität des Lebensgenusses und pochender Taterwartung. Einige Sätze daraus mögen einen Eindruck geben[19]:

„Nach sieben Wochen solchen Sommers, daß wir Wolken nicht mehr kannten, lud mich der Brief des Grafen Knarakalla. Zu früh, schien es mir. Ich machte den Weg unter einem noch schmeichlerischen Himmel und ritt, Huf vor Huf, ein . . . Drei Tage waren wir hinter dem Fuchs her. Nie habe ich ungebärdigere Hunde gesehen. Pillon, Leo und Mione ließen die gesprenkelten Felle glitzern und stoben jauchzend auf. Wir fegten dampfend über das gewölbte Land durch die klingende Luft. Plötzlich parierte mein Freund und deutete in die Welt: ‚Wo die Hügel verlaufen und neue Berge jäh erhoben sind, das ist die Grenze. Man sieht sie von überall. Sie ist wie eine Erdspalte, schroffer trennend als ein Fluß mit gewöhnlich symmetrischen Ufern. Jenseits ist Frankreich. Liegt es nicht verheißend, hochgebaut, Jerusalem gleich? Es immer sehen, muß die Herzen verwirren. Die Menschen leben hier wie in einem Irrgarten. Sie lassen den Mist vor dem Haus. Die Ochsen stoßen an die Tür und rufen sie zur Arbeit. Sie sitzen in den Stuben und warten. Ihr Schopf bleicht – sie warten . . . Ich bin noch jung. Ich habe bloß einen eisernen Impuls: ich will. Indessen was? Was täglich hier spielt, ist zu gering, untauglich und nicht eine Muskelkrümmung wert . . . auch meine Zeit wird noch erfüllt. Vielleicht klimmt dann ein Reiter auf den Grat da drüben und schwingt ein blaues Tuch und hetzt mit wachsender Figur herab, dort von La Côte . . . Ich werde an diesem Tag nicht feig sein. Bis dahin sauge ich das wahre Leben aus der Kunst. Das letzte Stück hier (seine Hand schlug flach ein grünes Buch) dieses Dichters . . . ist vollkommenster Beweis, daß man nicht Worte oder Sätze bloß, nein, ganze Seiten tönend machen kann'... Wir verachteten die Wolkenbrüche wie Platzregen und schwebten Möwen gleich gegen den hexenhaften Wirbel der Orkane an . . . Wir fanden am Rand eines Wassers eine Eiche seitwärts auf den Spiegel gesenkt und balancierten auf den See hinaus. Wir kündeten mit Geschrei Gefahr des Absturzes und mit einem Triller Errettung, turnten durch das Verhau der Krone und schwangen den Leib mit ungeheurem Satz ohne Anlauf bloß aus den zusammengeballten Muskeln der Schenkel heraus ans höhere Ufer. Wir belauerten nachts den Tumult der Welt mit vorgeschobenem Gehör. Fernes Feuer stieß in den Himmel, fast ein Vesuv . . . Eines Morgens fiel der zinnerne Schall der Frühglocke auf die bereifte Wiese . . . Wir ließen die Fontäne aufknattern, in oberen Schichten nach der Sonne sondieren. Und siehe da, wir fanden sie in dreifachem Regenbogen der niederrauschenden Kaskade. Unser Tagewerk war voll Kraft und leuchtend. Nie verfielen wir in melancholische Betrachtung über die Tönung des Laubs oder die magernde Silhouette der Bäume oder die Schur der Grasnarben oder das dürftige Grau der ermatteten Weinstöcke ... So führt man das Leben hier vom Unauffälligen in das Große, Festliche hinein. Man macht das Willkomm alltäglich, aber jubelnd den letzten Tag..."

Vom Krieg heimgekehrt, veröffentlichte Mierendorff im November 1918 in der letzten Nummer der „Dachstube" einen Aufruf: „Die Zeit ist das Maß aller Werte geworden, und wehe der Kunst, die sie überspringt. Wir warten auf euch, Freunde, auf euer heißes Herz. Sucht Richtung, Wege und Ziele. Unhemmbarer Wille zur Zukunft reiße uns hoch, sei unsere gläubige Losung." Bei Zuckmayer, dem Freunde Mierendorffs, findet man die Zeit, die sie zusammen erlebt haben, so geschildert[20]: „Schmerzhaft und erbitternd waren die Ereignisse dieses ersten Winters nach dem Zusammenbruch, die Spartakuskämpfe, die schimpfliche Ermordung Liebknechts und Rosa Luxemburgs unter den Augen unserer demokratischen Regierung, das Aufkommen der Freikorps, die hilflos verworrene Räterebellion einzelner Städte und ihre grausame, alles Freie und Neue mitzerstampfende Niederwerfung. Schmerzhaft und enttäuschend war das Scheitern der Wilsonschen Mission, das Unverständnis der Siegermächte, die damals schon der deutschen Freiheit das Grab schaufelten und ihren erbittertsten Feinden zur Auferstehung halfen ... Das immer gleich erregte, niemals erlahmende Gespräch (mit Mierendorff) kreiste um die gleichen brennenden Fragen, die auch heute noch die Hauptstücke unseres Lebens sind. Wir waren damals entschlossen und überzeugt, sie alle samt und sonders zu lösen und klarzustellen, und zwar jedenfalls vor unserem dreißigsten Jahr. Carlo mit seiner gewaltigen Arbeitskraft hätte auch das Zeug dazu gehabt, das zu schaffen. Wann er eigentlich müde war, erinnere ich mich nicht, mit Ausnahme jener berühmten zwanzig Minuten, die er manchmal in plötzlichen Anfällen einer fast Bismarckschen Schwäche mitten während einer Gesellschaft im Nebenzimmer auf einem Sofa verschlief, um dann erholt wie von einer Ferienreise wieder aufzutauchen und genau da weiterzusprechen, wo er seinen letzten Satz unterbrochen hatte."

Aus klarer Erwägung schloß sich Mierendorff, obwohl er einem schrofferen Umsturz zuneigte, der sozialdemokratischen Partei an, weil er glaubte, allein von ihr aus, „das Unheil des Jahres 1918", die verlorene Revolution, für Deutschland noch retten zu können. Sein Parteiweg blieb freilich ein Leidensweg. Während seiner politischen Jahre wurde ihm jenes „mut- und phantasielose, wie Pech an seinem Posten klebende Parteibeamtentum... zum Gegenstand aufreibender nervenzerrüttender Verzweiflung[21]". Er kämpfte gegen die sich anbahnende Reichswehrpolitik der Regierung und für eine wirkliche europäische Allianz. Wo er in Volksversammlungen auftrat, bewies er eine ursprüngliche und starke Begabung. „Wenn er die Tribüne betrat, gingen ihm die Herzen zu, ob sie wollten oder nicht. Selbst wenn er wetterte, raste, tobte, selbst wenn er den Gegner beschämte und lächerlich machte, war noch immer ein Hauch von Gutheit in ihm, jener heimliche Glanz von Menschen, die guten Willens sind, nichts Niederträchtiges, nichts Listiges, nichts Ordinäres, keine Demagogie, keine Propaganda. Seine Kraft war unermüdlich, er brachte es einmal auf zwölf Massenversammlungen übers ganze Reich in einer Woche – er war immer in Form, er war immer bei Stimme und er sah aus... wie ein ganzer Mann...[22]."

Darmstadt wurde ein Jahrzehnt immer wieder der Ort seines Wirkens: kein Geschehnis, in das sich hier nicht seine Stimme mischte. 1930 übernahm er das Referat Presse im hessischen Innenministerium bei Leuschner. Im Frühjahr 1933 kehrte er aus der Schweiz nach Deutschland zurück: „Was sollen denn unsere Arbeiter denken, wenn wir sie da allein lassen? Sie können doch nicht alle an die Riviera ziehen!" Er wurde rasch ergriffen und „im Triumph wie ein ausgebrochenes Tier[23]" durch die Straßen Darmstadts geführt. Fast vier Jahre hielt man ihn in Haft, die längste Zeit bei schweren Arbeiten im Steinbruch. Während des Krieges arbeitete er in der Industrie. Sobald sich die Möglichkeit eines Umsturzes auftat, war er aufs neue zu dem Wagnis bereit, und er galt als die große Hoffnung für das Amt des redestarken Volksführers. Im Frühjahr 1943 entwarf er, als ihn ein Darmstädter Freund sprach, die erste Rede am Rundfunk – er hoffte den Tag ganz nahe – und einen Plan, wie man die Widerstandsnester in Bayern, vor allem um Berchtesgaden, niederhalte und aushebe. Man kennt von damals seinen Ausruf: „Von jetzt ab geht es nur noch aufwärts: zum Sieg oder an den Galgen[24]." Im Dezember des Jahres riß ihn, der von seiner eben zerstörten Wohnung in Berlin kam, eine englische Fliegerbombe in Leipzig aus dem Leben – „zum tiefsten Entsetzen der Freunde, unter denen mit seinem Tode eine unausfüllbare Lücke entstand[25]".

Einer, der mit ihm gearbeitet hat, äußerte sich über Mierendorff: „Die Politik war sein Dämon . . . In seinen Händen wurde jeder Gedanke eine Tat, der er voll Besessenheit nachhing. Mit unglaublicher Sicherheit traf er jeweils das Richtige, und er war ein Mann, der alle europäischen Kräfte übersah und richtig bewertete. Ein Zauber ging von ihm aus, wie ihn nur die Fülle des Lebens hervorbringt[26]."

Einen Helfer „vorsichtig Umschau haltender Obhut" findet man noch genannt, der für viele seiner Freunde in Berlin die äußere Treffmöglichkeit, aber auch die von innen her tragende und verläßliche Atmosphäre schuf, in der sie für ihre Gedanken leben konnten: Ludwig SCHWAMB (geboren 1890), früher Staatsrat in Leuschners Darmstädter Ministerium. Bei ihm trafen sich erstmals Leuschner, Mierendorff und Leber. Einen „Freund seltener Art in schlechten wie auch in guten Tagen" nennt ihn die Schilderung A. Lebers. „Seine Natur wehrte sich gegen das Gewaltsame, Waghalsige und allzu Leidenschaftliche. Sein Weg mußte klar sein, ungetrübt wie der Spiegel seiner Seele. Aber der Freund war stärker in ihm. Als Sinnbild der Freundestreue ging er in den Tod[27]." Er wurde mit Haubach zusammen hingerichtet.

Auch Adolf REICHWEIN, 1898 aus einer Bauern- und Lehrersfamilie in der damals preußischen Provinz Hessen-Nassau geboren, am Rhein und am Fuß des Taunus aufgewachsen, gehörte wie Haubach und Mierendorff zur jungen Frontkämpfergeneration. Als Stoßtruppführer ausgezeichnet, von einem schweren Lungenschuß und einem Bajonettstich im Arm genesen, erlebte er als 20jähriger den Zusammenbruch und kam zur Universität mit der durch die Jugendbewegung geweckten Offenheit des Fragens und Suchens, zugleich mit einem starken Gemeinschaftsgefühl, das ihn von allem, was nach Ästhetentum aussah, fernhielt. Er schrieb seine geschichtliche Doktorarbeit in Marburg bei Friedrich Wolters über den Einfluß Chinas auf das europäische 18. Jahrhundert. Goethe und Hölderlin blieben auch dem späteren Erzieher leitende Genien, die er nicht literarisch entkörpert sehen wollte. Er schrieb einmal aus einem glücklichen Wirken aufblickend: „Wir sind erst durch Goethe einer ungeheuren, dem Menschen eingeborenen Kraft voll innegeworden: die göttliche Wirklichkeit in der Erscheinung zu fassen."

Gemäß der in ihm angelegten Art wandte er sich, von der Universität kommend, zur Aufgabe der Volksbildung, war dafür von 1922 ab im Berliner Ministerium und in Arbeitslagern tätig, vor allem denen der schlesischen Jungmannschaft (Löwenberg, Boberhaus), die zum erstenmal den Versuch machte, junge Arbeiter, Bauern und Studenten zu einer tätig-verbundenen Lebensformung zusammenzuführen. In Jena leitete er die Heimvolkshochschule der Zeiss-Werke in gleichem Sinn: Lehre, Spiel und männliche Erprobung ineinander verflechtend. Als Ziel sah er: Erziehung des jungen Arbeiters in echtem Selbstbewußtsein zur Kenntnis der Grundzüge der gegenwärtigen Welt, zu praktischer Hilfeleistung. Themen seiner Arbeitsgemeinschaften 1923 waren: „Das neue Europa, politische Gliederungen und wirtschaftliche Möglichkeiten", „Ein Vergleich zwischen der Wirtschaftsgeschichte des Mittelalters und der Gegenwart", „Gewalt und Gewaltlosigkeit in Erziehung und Politik", „Der gegenwärtige Zustand der Industrie". Man findet über ihn gesagt, er sei nicht ein Sozialist im doktrinären Sinne, sondern eher ein moderner Mensch mit stark entwickeltem Willen zu sozialer Erziehung gewesen. Wenn ihm bei seinen Jungen des kämpferischen politischen Sozialismus zuviel wurde, konnte er ihnen sagen, Sozialismus sei eine Aufgabe, die einer persönlich tagtäglich im geringsten Verhalten erfüllen müsse. „Erstickt ihr nicht in Bitterkeit und gerechtem Haß die heilige Flamme des wahrhaft freien Menschentums, die ihr hüten sollt für kommende Geschlechter[28]?". Dann hörte man ihn sich äußern: Vor solchen Kriegen, wie man sie gesehen, könne man nur Abscheu haben, anders sollten sich Männer heute erproben, indem sie miteinander „an die Grenze gingen", wo die technische Sicherung heutigen Daseins aufhöre und der Kampf mit Mensch und Erde, Wind und Wetter Kräfte wie uranfangs fordere: „In der Entscheidung gibt es keine Umwege." Eine Fahrt in die Lappmarken mit seinen Jenenser Jungarbeitern forderte solche Bewährung. Um diese Zeit schreibt Reichwein seinen unpolitischen Freunden von der Universität: „Politik ist nicht nur da, daß wir in Zeiten der Not uns auf sie besinnen, um wieder zu einem glücklicheren Stadium zu gelangen und dann sie als nicht mehr erforderlich aus unserem Dienst zu entlassen. Sie ist nicht nur Mittel zum Zweck der Glückseligkeit, sondern sie hat an sich selbst Wert als Ausdruck schöpferischen Lebens." Und an anderer Stelle: „Der Gegensatz besteht nicht mehr zwischen Bürgern und Arbeitern, sondern zwischen einer Plutokratie weniger Großkapitalisten und der

Masse des Volkes, zu der wir alle gehören ... Heute stehen Wirtschaft und Politik gegen Kultur – denn das ‚politische' Geschehen ist in seinen letzten Gründen heute nur ein wirtschaftliches. Wie kann Politik von der Wirtschaft befreit und den Kulturaufgaben dienstbar gemacht werden[29]?"

Nach schweren Erlebnissen – sein Söhnchen war durch Unfall ertrunken, eine erste Jugendehe schicksalhaft daran zerbrochen – trat Reichwein im Spätherbst 1926, durch den ihm väterlichen Kultusminister Becker gefördert, einen einjährigen Forschungsurlaub an. Er durchreiste anders, als man es von einem Stipendiaten der „Notgemeinschaft deutscher Wissenschaft" erwartet hatte, die Welt, um die „Rohstoffwirtschaft der Erde" und viel mehr als dies zu studieren. Er steuerte auf einem alten Ford in eigenwilliger Trift durch Nordamerika, wurde abgestürzt im Felsengebirge gefunden, schrieb, zeichnete, kam zu den Pelzjägern und Holzfällern nach Alaska, diente als Matrose, aushilfsweise als Navigationsoffizier, kam nach Japan und China, dann zurück nach Kalifornien, durchquerte zu Pferd und im Boot Mexiko – das von dort mitgebrachte „bueno" sprach er auch später immer mit der unversieglichen Lebenszuversicht eines Stipendiaten besonderer Art, der in gottunmittelbaren Fakultäten doktoriert hat und der von sich sagte, daß er das Leben in allen seinen Formen liebe, weil diese Liebe allein Erkenntnis bringe. Den Heimgekehrten wählte der preußische Kultusminister Becker zu seinem persönlichen Referenten und übertrug ihm vor allem die Sorge um die neu zu gründenden pädagogischen Akademien. Sie waren nach Reichweins Wort „eine neue eigenartige Synthese wissenschaftlicher Theorie und erzieherischer Verwirklichung ... als Schulung, Vorbereitung, Vorerfahrung für den künftigen Beruf des Lehrers gemeint" und so „nur noch außerhalb der Universitäten möglich". Doch dachte man daran, die jungen Akademien zu vollgültigen Hochschulen auszubauen[30]. Ein Vorschlag bezeichnet besonders Reichweins Art: man solle nur im Winter zusammen sein und unterrichten, im Sommer aber jeden ausziehen lassen zu selbstgewählten Zielen, sei es im Handwerk, in der Kunst sich auszubilden oder zu reisen, die Wirkung davon werde eine Bereicherung des gemeinsamen Lebens im Winter und eine neue Zucht Pädagogen sein. 1930 ging Reichwein selbst als Professor für Politik und Gesellschaftswissenschaften an die Pädagogische Akademie nach Halle. Es trieb ihn, das, was er bisher als

Ministers Arm zu begründen gehabt, nun selbst in der tätigen Pflanzschule künftiger Lehrer zu erproben. In dieser Zeit der schon 5 Millionen Arbeitslosen schrieb Reichwein: „Wie wenige bringen heute noch die Ruhe auf, ungehetzt über die Zukunft von Sachen zu sprechen, die nicht unmittelbare ‚Wirtschaft' sind? Aber daran wird man die Staatsmänner erkennen, daß sie die groß und bedeutungsvoll angelegten Formationen unserer kulturellen Existenz ruhig und bestimmt zu verteidigen wissen." Und Reichwein sieht „die geistige Plastizität unseres Volkes, ohne die wir den sittlichen, seelischen und intellektuellen Beanspruchungen der nächsten Jahrzehnte nicht begegnen können", entscheidend „von dem Dasein eines strukturbildenden Lehrerstandes abhängen, der imstande ist, verständnisvoll zu führen, nicht nur in dem erzieherischen Schicksal des einzelnen (Kindes oder Erwachsenen), sondern auch in dem sozialen Schicksal der Gruppe, der Gemeinde, der Familie..."[31].

Die drei Jahre in Halle, in die Reichwein als noch nicht 32jähriger eintrat, waren eine Lebenshöhe für ihn und seine Auswirkung. Über wenige Lehrer dieser Zeit mögen solche Berichte geschrieben worden sein wie über ihn, den selbst die gegen ihn stehenden jungen Nationalsozialisten unter seinen Schülern auf ihre Seite wünschten. „Er wußte, was junge Menschen fesselt, erregt und in positivem Sinn zu eigenem gewagtem Tun anregen konnte. Die Lebensbejahung, die helle Freude am Handelnkönnen, an den schönen Seiten des Lebens bei völligem Bewußtsein der düsteren Seiten, die überwunden werden mußten, strahlten aus jedem Satz, den er sprach[32]." Denkwürdig erneuerte er in einem Aufsatz über den Dänen Grundtvig dessen Satz „Freiheit ist das Element des Geistes". Vielfältig war er unterwegs. Seine kleine „Klemm", seinen „Traum aus Birkenholz und Rohseide", liebte er besonders: sie gab ihm die Lust der beschwingten Schau und der Bewährung, wie sie Saint Exupéry schildert, sie trug ihn, wo Zeltlager, Freundestreffen, Tagungen waren, oft unerwartet auf der benachbarten Wiese nieder, und der Entsteigende mit windwirrem rotblondem Haar und zarten Lidern brachte seine helle Frische ins Streitgespräch und den Zauber geliebten und gelobten Lebens, wenn in der späteren Nacht nur er noch sprach und mit einer Stimme „eher herb und wie auf einem zerbrechlichen Instrument gespielt" den Lagernden bis in den Morgen von seinen „Erlebnissen mit Tieren und Menschen" erzählte. „Ein Nimbus, gewoben aus Abenteuer, Kraft zu helfen und Präsenz des Geistes umgab ihn in diesen Jahren[33]." Ende 1932 trat Reichwein in bewußter Herausforderung der Sozialdemokratischen Partei bei, an die sich zu binden er bisher vermieden hatte. Schon im Mai 1933 wurde er seines Amtes enthoben. Er verkaufte sein Flugzeug, „da man auch in der Luft kein freier Mann mehr sein kann", schlug einen Ruf auf einen Lehrstuhl in der Türkei aus und bat den neuen Minister um eine einklassige Dorfschule. Er kam nach Tiefensee im Kreis Niederbarnim bei Berlin und machte mit Hingebung Schule, wie er sie sich dachte: dinglich, werkhaft, naturverbunden, fröhlich und den kraftfrohen Wesen sachte anerziehend, auf den Nebenmann Rücksicht zu nehmen. Ein Freund fand Pestalozzis Ausdruck hier bewahrheitet: „Das große Fundament aller Bildung ist entwickeltes Kraftgefühl." Freunden von Reichwein, die von seinem damaligen Aufenthalt nichts wußten, geschah es, daß sie eines Sonntags bei einer Wanderung von Berlin aus durch eine abgelegene Landgegend kamen und unerwartet ein sehr schönes vielstimmiges Kindersingen aus alter Musik hörten. Sie kamen näher und erhielten zur Antwort auf ihre Frage: „Das lehrt uns alles unser Professor, der Reichwein."

Nicht seine Professur in Halle, sondern die Jahre in Tiefensee haben vermocht, daß Reichweins Name, als er selbst schon lange tot war, bei Lehrern seinen besonderen Klang behielt und einer Pädagogischen Hochschule verliehen wurde. Sein „Schaffendes Schulvolk", das von Tiefensee berichtet, ist als Fundort neu freigelegt, und es scheint am bewegendsten darin, wie es – mehr im Vollzug als im Wort – die Frage nach Freiheit und Autorität, die sich zwischen Eltern, Lehrer und Kinder stellt, auf eine vielleicht ins Künftige weisende Art löst.

1939 wurde Reichwein an das Volkskundemuseum nach Berlin berufen mit der Aufgabe, das museale Wesen der Sammlungen volkserzieherisch fruchtbar zu machen. Es war eine Aufgabe nach seinem Sinn. Er erkundete vergessene Webtechniken, grub Pflanzenfärberezepte aus, lernte von einem alten Kunstschmied und erweckte in sorgfältig vorbereiteten Ausstellungen für jedes Gebiet („Ton und Töpfer", „Weben und Wirken", „Holz im Deutschen Volkshandwerk", „Werkstoff Eisen") durch den einladend gezeigten Arbeitsvorgang die Lust, das alte Können zu erneuern. Dabei meinte er aber nicht ein Abschreiben, ein Nachahmen von alten schönen Dingen, vielmehr „daß wir

etwas von ihrem Wesen in unsere Empfindung aufnehmen wollen, von der echten, sauberen und sorgfältigen Art, mit Werkstoffen umzugehen und aus den Stoffen zu formen[34]" (Leitbuch zu der Holzausstellung). Er hielt in Stadt und Land Lehrgänge, warb bei Regierungen und Präsidien, bei Frauenwerk und Arbeitsdienst für Werklehrerausbildung und Werkunterricht und hatte Erfolge damit. Er sprach davon, der Mensch müsse wieder ein anderes Verhältnis zu den Dingen seines täglichen Gebrauchs, überhaupt wieder eine innere Verbindung zu den Stoffen finden. Die amerikanisierende Gepflogenheit, Dinge nach kurzem Gebrauch im Kehricht enden zu lassen, sei doch unanständig. Sparsamkeit sei mehr als eine ökonomische Tugend. Der fromme Sinn, mit dem unsere Väter das Brot geachtet hätten, müsse unser Schalten und Walten mit allen Dingen bestimmen . . .
Reichweins Tätigkeit in Tiefensee und Berlin war, nach den Worten eines Freundes, „gewiß wie ein klar und groß entworfenes, überall dichtes, farbechtes und haltbares Webstück, ein Muster für Kommende. Aber sie war zugleich die immer dünner werdende Decke über einem leidenschaftlicheren Tun".
Wie zuvor Tiefensee wurde während des Krieges das Prinzessinnenpalais Unter den Linden zum Treffpunkt von Männern, die die wachsende Sorge trieb, was aus Deutschland werden solle. Reichwein nahm die inzwischen gefährlich gewordenen Verbindungen wieder auf, die er von früher, vor allem aus der Jenenser Zeit, noch hatte und trat zum Grafen Moltke in nähere Beziehung, den er seit den schlesischen Arbeitslagern kannte. Mit ihm und Gerstenmaier zusammen hat er die Gespräche und Planungen der Kreisauer begründet: eine Besinnung darüber, was nach dem zu erwartenden Fall Hitlers in dem maßlos leidenden Land zu geschehen habe. Er hat Mierendorff und Haubach zu Moltke geführt. Der Tod Mierendorffs, den er als geborenen Volksführer besonders hoch schätzte, hat ihn tief getroffen. Hab und Gut haben ihm die Bomben in Berlin entrissen, von Frau und den vier Kindern, die fürs erste einmal in Kreisau beim Grafen Moltke aufgenommen sind, meint er, daß das Schicksal sie weiter „als Nomaden en marche halten wird". Ein Osterbrief von 1944 läßt heute (anders als damals den wohl nicht eingeweihten Empfänger) erkennen, daß Reichwein mit ganzer Kraft für die Erhebung lebt. „Manchmal beneide ich die, die sich auf ihre Bücher zurückziehen und es den andern überlassen,

um die Zukunft im Tageskampf zu stehen. Aber in der Entsagung stärkt mich die Überzeugung, daß Zeitalter erst erfüllt werden können, wenn die Schwelle erkämpft ist. Und je seltener die Kämpfer sind, um so mehr Verantwortung liegt auf den wenigen. Was der Mangel an Kampfgeist an Versäumnissen heraufbeschwört, habe ich in meinem Leben nachdrücklich erfahren: ein entsetzliches Feld Torso gebliebener Versuche liegt hinter uns. Was mich betrifft, so möchte ich nicht mit Schuld tragen an diesen Versäumnissen[35]."

Als es im Juni 1944, vor allem durch Leber, zum Entschluß kommt, zur Klärung für den Tag der Erhebung noch eine Rücksprache mit den Kommunisten des Untergrundes zu suchen, vermittelt Reichwein aus seinen früheren Verbindungen die Gesprächspartner und geht selbst mit zu den Begegnungen. Von der zweiten Begegnung am 4. Juli kehrt er nicht mehr zurück. Er ist der Staatspolizei ins Netz gegangen. Auch Geißelschläge haben nicht vermocht, daß er verriet, was im Werk war. Seiner offenen und kühnen, aber gegen das Gemeine und Rohe fast wehrlosen Natur bot sich vor dem Volksrichter kein Feld. Aus seiner Verhandlung spricht kein Wort mehr zu den Späteren, nur das aufbewahrte Bild jenes Augenblicks, als ihm der andere das Todesurteil verkündet: stolzes Ermannen eines Geistes, der alle schwer empfundene Qual der Niederung siegreich durchdrungen hat[36].

Ernst von HARNACK[37], in dem sich das Gelehrtenerbe der Familie Harnack – der Vater war der Berliner Theologe – mit dem Künstlererbe der aus der Familie Thiersch stammenden Mutter verband, ist nach dem Ersten Weltkrieg 30jährig der Sozialdemokratie beigetreten. Er ist im Dienst der preußischen Regierung zuletzt Regierungspräsident der Provinz Sachsen mit dem Sitz in Merseburg gewesen, bis er im Jahr 1932 durch Papen zur Disposition gestellt und 1933 durch Hitler mit einem strafweise verkürzten Ruhegeld entlassen wurde. Nachdem drei Jahre später das Buch seiner Erfahrungen „Die Praxis der öffentlichen Verwaltung" gedruckt, freilich sofort wieder vom Verkauf zurückgezogen war, versuchte er sich, um nicht untätig zu sein, als einfacher Arbeiter, dann gründete er, auch dabei entlassen, in der lauten Mitte Berlins ein Büro und handelte mit Tuchen. Hier traten unauffällig die Männer bei ihm ein, die sich sonst nicht begegnen durften, hier bot er Asyl für Verfolgte, für Freunde aus seiner Partei, für Pfarrer, Juden, Halbjuden, die in ihm einen teilnehmenden und mutigen Helfer, Ver-

mögensverwalter und selbst Anwalt vor der Polizei und den Behörden fanden. Was er dabei manches Mal auf sich nahm, spürt man, wenn man ihn bekennen hört: „Ich bin nämlich von Natur nicht tapfer; ich muß mir einen mächtigen Ruck geben, um die Furcht zu überwinden."
In den Jahren 1938/39 kam Harnack in nahe Fühlung mit Goerdeler, Beck und dem von ihm besonders geschätzten Julius Leber. Im Herbst und Winter 1939 nahm er an den Umsturzplänen teil. Nachdem der Krieg einmal begonnen hatte, schien ihm festzustehen, daß Hitler nie mehr Frieden schließen und das deutsche Volk sich auf gesetzlichem Wege nicht mehr von ihm befreien könne. Er sah nur den Weg offen, die alten Gewerkschaften mit leitenden Männern des Militärs zu gegenseitigem Vertrauen und gemeinsamem Handeln zusammenzuführen. So suchte er von sich aus möglichst viele solcher Brücken zu schlagen, im besonderen auch Einfluß auf die von Hitler enthobenen Generale zu gewinnen[38]. Man weiß von seinem Besuch bei Generaloberst Guderian zu einer Zeit, als der in Ungnade Gefallene selbst Privatmann war: er hat ihn mit Zurückhaltung empfangen. Durch die Hinrichtung seines Vetters Dr. Arvid Harnack und dessen Frau[39], die eingehend nach ihm befragt worden waren, rückte Ernst von Harnack 1942 ins gefährdete Vordertreffen. Er blieb mit hohem Ernst, doch um sich selbst wenig besorgt, beim gefährlichen Spiel. Nach dem Zwanzigsten Juli hat er sich eine Zeitlang verborgen gehalten, ist aber dann Ende September, als er die Gefahr schon bestanden wähnte, ergriffen worden.

Seine Unbekümmertheit ist nicht Leichtfertigkeit gewesen. Er vermochte es, ein Geächteter in der Heimat, nicht, sein Gesicht zu verlieren und sich untreu zu werden. Früh schon hatte er in Egmont ihm verwandtes Blut gefunden. Darstellung seiner selbst im höheren Sinn war ihm mehr als Leben oder Sterben. So sah er in seiner Verteidigungsschrift, die er im Gefängnis entwarf, eine „künstlerische" Aufgabe: ohne Rücksicht auf das Ratsame und ihm Nützliche ganz und durchgestaltet nur das zu sagen, was er sich und seiner Rolle schuldig zu sein glaubte. „Es ging um Großes, und ich bin nicht aus Leichtsinn in meine jetzige Lage geraten... Ich habe auch für meinen Vater Zeugnis abzulegen... Und dann steht auch die unerschrockene Haltung meines Vetters und seiner ebenso tapferen Frau, die den gleichen Weg zu gehen hatten, vor meinen Augen. Ich habe nicht das Recht, mich in meinem Entschluß durch Rücksichten auf meine zurückbleibenden Angehörigen beirren zu lassen⁴⁰." Von dem Aug-in-Aug mit dem Präsidenten des Volksgerichts, der ihm das Todesurteil sprach, kam Harnack, wie man einen Mann aus dem Gefängnis berichten hört⁴¹, eigenartig erhoben zurück: in froher Genugtuung über den Auftritt dieser Stunde, in der ihm gelungen war, unerschüttert als der zu stehen und zu sprechen, der er sein sollte und der er war. Scham über sich selber empfinden zu müssen hätte ihn tiefer getroffen als die Worte, die für ihn Tod enthielten. Es gehört zu ihm, daß er dem Gegner nachher das Lob „einer ausgezeichneten Aktenkenntnis seines Falles und ... einer in manchem Betracht weltmännischen Verhandlungsführung" nicht versagt hat. Fünf Wochen hat der zum Tod Verurteilte Tag und Nacht gefesselt verbringen und auch bei Fliegeralarm in seiner Zelle im dritten Stock des Gefängnisses Lehrter Straße aushalten müssen. Am 5. März 1945 ist er hingerichtet worden.

Den Abstand Harnacks von dem Staat, der ihn geächtet hat, bezeichnet sein Wort: „Ein System ohne Demut und Güte ist zum Scheitern verurteilt." Das Gewaltsame und Revolutionäre war ihm fremd – dazu war er ein zu ausgeprägter Beobachter auch der Bedingtheit jeder Maßnahme. Vielseitig begabt, in die geistige Überlieferung hineingeboren, sah er auch als hoher Verwaltender sein Amt nicht anders als ein dienendes „Walten": ein Fürsorgen, Hegen, Planen, ein unablässiges, nie zum Ziel kommendes Durchwirken heutiger Tat- und Lebensumstände mit Leitbildern, die in ihm lebendig waren. Die Widerstände auf solchem Weg, zumal im kommunistischen Merseburg, mußten als unendlich gelten. Harnack, so schien es, nahm aus der Kunst und ihrem hohen Spiel die Kraft sich zu erhalten. Wie waren ihm Gestalten der Dichtung im Gespräch lebendig, wie wußte er Feste zu gestalten, tagmüde Menschen zu verwandeln, Anreden im Vers zu erfinden, mit Geschenken des eigenen Pinsels zu erfreuen und immer wieder in fröhlicher Andacht mit den Eigenen und Freunden Hausmusik zu pflegen, er selber voran mit dem Klang seiner Flöte! Wie fern freilich war ihm all dies in den Wänden seiner letzten Zelle, die ihn im einen minderten, um ihn im andern zu stärken⁴².

Bewegend aber ist, daß er sich von dem befreundeten Zellennachbarn und seiner Geige, die jener hatte behalten dürfen, zuletzt durch die Wand die Lieder wünschen konnte, die ihm die liebsten waren, jenes kräftige „Jerusalem, du hochgebaute Stadt", das Bachsche „Wenn ich einmal soll scheiden" und den uralten, aus dem 7. Jahrhundert stam-

menden Heldengesang christlicher Männer „Vexilla regis prodeunt".
Mierendorff in seiner revolutionären Energie verwandt, ein Mann von Härte und Willen, unbedingt im Bejahen und Verwerfen, kühn und heftig in seinen Entwürfen, mit der angeborenen Gabe, sich Nachfolge zu schaffen, war Julius LEBER (geboren 1891). Er hat am stärksten aus dem sozialistischen Lager her in das Geschehen des Sommers 1944 hineingewirkt. Der haßvolle Richter, vor dem er wie die anderen Männer des Zwanzigsten Juli stand, hat ihn – in einem Vortrag vor einem kleinen Kreis – als die stärkste Erscheinung am politischen Firmament charakterisiert und ihn „den deutschen Lenin" genannt[43].
Leber war im damals deutschen Elsaß in einfachen Verhältnissen geboren. Der Vater arbeitete als Maurer, die Mutter trieb eine kleine Landwirtschaft um. Der Sohn war früh auf sich selbst gestellt und mußte sich seinen Lebensunterhalt verdienen. Aus einer kaufmännischen Lehre in einer Tapetenfabrik, die ihn nicht befriedigte, nahm er seinen Weg zurück in die Schule. Älter als seine Kameraden und von ihnen abgehoben durch die „klare und sichere Linie" eines unerbittlich der bürgerlichen Meinungswelt Entgegenstrebenden, machte er im Jahr 1912 die Reifeprüfung und studierte bis zum Kriege Volkswirtschaft und Geschichte. Am 3. August 1914 meldete er sich als Kriegsfreiwilliger, wurde rasch Offizier und blieb die ganze Kriegszeit über, außer bei einer Kampfgasvergiftung und einer Beinverwundung, an den Fronten. Im Jahr 1918 optierte Leber als Elsässer für Deutschland, zugleich aber nachdrücklich für eine deutsch-französische Aussöhnung, die ihm auch 20 Jahre nachher noch wichtiger schien als die Frage, ob Deutschland und Österreich in einem Staat vereinigt seien. Er entschloß sich, bei der Armee weiterzudienen, und übernahm mit seiner Truppe, die der vorläufigen Reichswehr eingegliedert wurde, Aufgaben im östlichen Grenzschutz. Beim Kapp-Putsch im Jahre 1920 setzte er seine Truppe zum Schutz der Republik gegen die Überzahl der zu Kapp haltenden Truppen ein, wurde überwältigt und entrann mit genauer Not dem Standgericht. Das Jahr schloß mit seiner Doktorpromotion, im neuen wandte er sich zur Politik. Lübeck wurde für ihn eine neue Heimat und Stadt seines Wirkens. Er gab den „Lübecker Volksboten" heraus, wurde Parteiführer der Sozialisten, Mitglied der Bürgerschaft – Stadtparlament und Landtag zugleich der damals Freien und Hansestadt – und von 1924 an Mitglied des Reichstags. Man liest, daß in

wenigen von den größeren Städten Deutschlands die Kommunisten so geringen Einfluß hatten wie in Lübeck und daß Hitler die Stadt gern gemieden hat – in beidem sieht man das Werk Lebers. „Die kräftige Gestalt mit dem wuchtigen Kopf", wenn auch im Dialekt von ihnen verschieden, gehörte zu den Arbeitern dieser Stadt. Leber liebte im Gesprochenen und Geschriebenen das Unmittelbare, das Bohrende, Geschärfte. „Lauheit und Gutmütigkeit sind politisch größere Verbrechen als offene Ungerechtigkeit. Machen sie einen doch zum Gespött der Gegner und zum Gelächter für alle Gleichgültigen", sagte er einmal, und er verstand sich auf das wirkungsvolle Wort im großen ebenso wie auf den behenden Augenblickskampf im Stegreif. „Seine Fähigkeit zur geistigen Konzentration", so schreibt einer, der Leber oftmals erlebt hat, „die Schnelle seines Denkens und Zustoßens auf den Kern einer Frage waren überraschend. Das zeigte sich bei den Debatten in der Lübecker Bürgerschaft, bei denen die Gegner ... keinen leichten Stand hatten. Er reagierte mit großem Humor und treffsicher wie kein anderer auf jeden Zwischenruf. Oft hatte er das Lachen des ganzen Hauses auf seiner Seite[44]." Es jammerte Leber der deutschen Parlamente: „Heute marschiert ein Fraktionsredner nach dem andern auf mit einem sorgfältig vorbereiteten dicken Manuskript, das er einige Tage vorher im Schweiße seines Angesichts zusammengesucht und sortiert hat und das er mit wohltemperierter Stimme vorliest. Was sein Vorredner sagte, kümmert ihn nicht, und was danach kommt, ist ihm ebenso Hekuba ... Man hat schon einmal als Radikalmittel vorgeschlagen, einfach das Rednerpult im Reichstag zu beseitigen und dadurch die Abgeordneten zu zwingen, nach englischem Vorbild frei zu stehen und auch im wesentlichen frei zu sprechen. Aber wieviel Abgeordnete können das in Deutschland? ... Geht in die Volksversammlungen und seht euch die Redner an. Sie lesen sogar ihre Witze ab. Selbst ein Redner wie Westarp hat sein Häufchen Papier vor sich liegen! ... Die Kunst des Redens ist die Kunst, eine Überzeugung in freier Rede vorzutragen und zu verteidigen. Der Sprecher muß in seinem Kopf nur seine Meinung, seine Idee, sein Wissen haben. Die Worte aber muß der Augenblick ihm auf die Zunge spielen ... Möchten unsere Schulen und unsere Hochschulen endlich von den englischen College Clubs lernen. Denn – wer frei reden kann, der lernt auch sehr schnell frei denken[45]!"

Zum Wesen dieses Mannes Leber gehört, daß er über sich, der die

Hast seines ungeduldigen Bluts kennt, auch schreiben kann: „Es gibt wohl nicht viel Leute meines Berufs, die sich auch nur ein paar Worte vor anderen Menschen so hart werden ließen. Wie habe ich mich oft stunden- und tagelang um eine einzige Formulierung bemüht! Diese Beruhigung ist in mir, daß ich meine wichtigste Aufgabe doch sehr ernst aufgefaßt habe, in ihr gegen mich selbst streng gewesen bin, sehr streng."

Was an Leitartikeln, Reden, Aufzeichnungen von Leber aus seinen Lübecker Jahren im Buch „Ein Mann geht seinen Weg" gesammelt ist, läßt ausschnittartig zwölf Jahre deutscher Geschichte erleben, wie sie ein Politiker, der wie er Leidenschaft und Augenmaß nach der Forderung von Max Weber vereinigte, gesehen und durch sein Urteil und Auftreten mit zu gestalten versucht hat. Er ist dabei dem ganzen Einsatz seiner Person nie ausgewichen und hat auch in den „Kampfjahren" nicht das Fürchten gelernt. Einmal hat er sich bei einer Versammlung, als seine Leute alle schon von einer Übermacht aus dem Saal geprügelt waren, allein auf dem Podium zu verteidigen gehabt. Er zerbrach einen Stuhl und schlug sich, ein Stuhlbein in jeder Hand gegen die Rasenden schwingend, fast heil ins Freie. Von 1929 überliefert man aus einer Rede von ihm: „Goebbels, der Clown des Reichstags, sagte, er wolle sich mit allen auseinandersetzen, nur nicht mit mir. Er macht es wie die Ringkämpfer auf den Volksfesten, die jedermann zum Kampf auffordern, die Anstrengung des Kampfes aber ablehnen, wenn einer gefährlich ausschaut[46]."

In der ersten Nacht, nachdem Hitler zum Reichskanzler ernannt worden war, wurde Leber überfallen. Eigene eilten ihm zu Hilfe, einer der Angreifer wurde getötet. Leber kam nach kurzem aus der Haft frei, schlug aber die ihm zweimal gebotene Möglichkeit zur Flucht aus. Obwohl gewarnt, ging er am 23. März in den Reichstag und wurde noch vor der Tür gefesselt und abgeführt. Zu dem Zusammenstoß am 30. Januar erkannte das Gericht auf Notwehr, doch wurde Leber vom Richter als „geistiger Urheber" einer Entwicklung, die solche Kampfesart ausgelöst habe, zu mehrjähriger Haft verurteilt. Er schrieb am Tag des Urteils, dem 31. August 1933, in einem für ihn bezeichnenden Brief:

„Die Endgültigkeit meiner langen Strafzeit, die mir der heutige Morgen brachte, ist in der Kurve meiner in diesen Jahren sich abzeichnenden Lebenskrise der tiefste Punkt. Jetzt kann es nicht mehr tiefer gehen. Denn die Strafe selbst schreckt mich nicht, das brauche ich Dir nicht zu sagen. Von jetzt an kann es nur noch aufwärtsgehen. Und Du wirst sehen, es geht wieder aufwärts. Die ungeheure Katastrophe, die über unsere Ideale und unsern Glauben hereingebrochen ist, mußte unter allen Umständen eine Katastrophe von gleicher innerer Konsequenz und Unerbittlichkeit sein... Und die Haltung des einzelnen in der Katastrophe? Es gab drei Wege für die erfaßten Menschen. Entweder das Ende, die Auslöschung, um mit diesem freiwilligen oder unfreiwilligen Lebensopfer den Abgrund zu überspringen, der das Gewesene vom Kommenden als seelische Möglichkeit trennt, um auf der andern Seite wenigstens das Licht der Opferfackel zu hinterlassen. Der zweite Weg führte durch den Abgrund des Schicksals in seiner tiefsten Tiefe hindurch, erst hinaus und tiefer hinab, um dann wenigstens den Pfad nach oben zu zeigen, der Bewährung verlangt, die Bewährung im Schicksal, in seinem bewußten Erleben. Der dritte Weg wäre das Ausweichen, die Flucht aus der Entscheidung, aus dem Schicksal, um ihm zu entgehen, um ihm so etwas wie ein Schnippchen zu schlagen, in der vagen Hoffnung auf einen kommenden Glückszufall, der alles wieder gutmachen soll... Entschlüsse sind weniger frei, als wir glauben. Sie sind aus dem Charakter geboren, in der Menschenbrust bestimmt, durch die Sterne, die dort leuchten oder auch nicht leuchten... Jedenfalls bin ich trotz tausend Überlegungen aller Art, schließlich bewußt oder unbewußt, den Weg gegangen, auf dem mir die Sterne in meinem Inneren voranleuchten. Ich mußte ihn zu Ende gehen, sonst wäre alles nicht gewesen, sonst hätte alles vor mir selbst nicht gezählt. Und es zieht jetzt, während ich dies schreibe, eine große innere Zufriedenheit, eine Ruhe und unerschütterliche Festigkeit durch mein Inneres. Ich weiß, daß es jetzt für mich nur eine große Aufgabe gibt: den Glauben an mich selbst nicht zu verlieren. Kein Schicksal ist ganz sinnlos. Es hat jedes seine Gesetze und Absichten. Und nur derjenige ist ganz verlassen und verloren, der die Sprache dieses Schicksals nicht versteht, weil er zu arm ist, um sie aufnehmen zu können, weil er nirgendwo in der Seele das Ohr hat, um hineinzuhören in das ferne Murmeln seiner tiefen Bedingtheiten und ihrer Quellen. Ich habe Dir schon einmal geschrieben, daß es doch nur eigentlich eine echte Rechtfertigung für das Leben gibt, nämlich das Erhelltsein dieses Lebens durch eine tiefe Leidenschaft, durch eine Gefühlskraft, die alle Gänge und Räume des inneren Wesens erhellt und dadurch erst Wirklichkeit werden läßt. Die Haltung zum Dasein wird ganz allein bestimmt durch eine solche Kraft. Wer sie nicht hat, der lebt nicht, oder er lebt doch nicht anders als der Wurm, der noch dasselbe Leben hat, wenn man ihn halbiert ... Ich gehe in mein Gefängnis mit erhobenem Haupt ohne seelische Depression. Ich habe in diesen Tagen eine Rechnung aufgemacht und die einzelnen Größen dieser Rechnung ohne Heuchelei, ohne Selbsttäuschung eingesetzt. Und das Resultat? Eine ganz große Aufgabe vor mir selbst, vor Dir und vor einem Ideal bleibt zu erfüllen. Ob ich mich in dieser Aufgabe bewähre? Die Tiefe des Schicksals, das ich jetzt zu durchleben habe, möge mich darauf vorbereiten[47]."

Die ausgesuchte Strenge der Haft, die spürbare Tücke, mit der man ihn zu brechen suchte, seine Einreihung in eine Strafkompanie, der man verschärfte Order gab, lassen erkennen, daß man in Leber einen besonders gefährlichen und gehaßten Widersacher sah. Ein Jahr lang wurde er nach den Berichten in Dunkelhaft gehalten: „In diesem Jahr hatte man ihm in seiner kahlen und luftlosen Zelle alles verweigert: Pritsche, Stuhl, Tisch, Beschäftigung, Ausgang und warmes Essen. Sogar bei 18 Grad Kälte lag er nachts ohne Decke, Stroh oder Mantel auf nacktem Boden[48]."

Ein so Geschundener schrieb souverän: „Die Geschichte spricht unerbittliche Urteile. Mögen sich darüber die Machthaber, die jetzt ihre Stunde gekommen sehen, nicht täuschen. Aber lassen wir sich alles entwickeln, und wenn es mir nicht vergönnt sein sollte, wieder festen Boden in meinem Sinne zu bekommen, so bleibt mir immer noch der stolze Spruch Nietzsches: Geh nur an ihm zugrunde ... ich weiß keinen besseren Lebenszweck, als am Großen und Unmöglichen, animae magnae prodigus, zugrunde zu gehen. Grüße meine Freunde und sage ihnen, daß meine Stimmung gut und mein Humor ungebrochen ist und daß ich mir eine Ehre daraus mache, in meiner Zelle zu sitzen, solange ich doch kein freier Mann sein kann[49]."

In anderen Briefen aus dem Gefängnis liest man: „Im Grunde genommen ist das Leben doch nur durch Spannungen schön. Ich wüßte aus meiner früheren ‚schönen Erinnerung' nur wenige und seltene Dinge, die mich mit so angespannter Freude erfüllten, wie jetzt das

Erwarten Deines Besuchs. Und wenn dann noch die Woche so schnell vorbeigeht wie mir die jetzige, dann ist das Leben beinahe vollkommen. Als gestern der Inspektor durch die Zelle ging und mich fragte, wie es so geht, da konnte ich ihm nur antworten, daß ich eine glückliche Zeit unter seiner Oberherrschaft verlebe. Er hielt mich für verrückt. Aber diese innere Sammlung und Konzentration durch die Enge der Zelle schaffen tatsächlich einen Zustand, der mehr inneres Glück in sich birgt als die zerrissene Hast des freien Lebens ... Hier wird das Herz gewogen ohne jede Zugabe. Hier kann man sich nichts vormachen, nichts, denn man ist immer allein zwischen vier kahlen Wänden, die wie ein Seelenspiegel blank werden in den langen Monaten[50]."

Bedeutungsvoll und vom eignen Leid unbewegt spricht Leber über das Unverständnis der Welt gegenüber dem, was wirklich vorgehe: „Wie wenig die äußere Welt die Vorgänge versteht, beweist ihr Reagieren auf die sogenannte Greuelpropaganda. Als ob das das Entscheidende wäre, daß Juden, Sozialdemokraten und Pfarrer mißhandelt werden, oder ob es viel zu sagen hätte, daß ich und Hunderte oder Tausende im Gefängnis sitzen. Das ist nicht sehr wichtig. Nicht einmal für uns, die Hauptleidenden selbst. Wir haben vier Jahre Krieg mit demselben Gleichmut ertragen, wie wir jetzt diesen Umschwung über uns ergehen lassen. Wesentlich ist einzig und allein das Schicksal des Volkes und seine Beziehung zur Freiheit und Menschlichkeit. Und nur das interessiert uns ..."

Wider Erwarten wurde Leber die Freiheit gegeben. Am 5. Mai 1937 durchschritt er geistig und körperlich ungebrochen das Lagertor von Sachsenhausen. Einer der Freunde besuchte ihn am zweiten Tag. Nach mehrstündigem Gespräch äußerte er: „Da bin ich nun gekommen, um dich über das politische deutsche Leben von heute zu orientieren. Ihr Lagerinsassen scheint aber mehr zu wissen als wir. Eure Verbindungen sind besser als die unseren[51]." Leber erzählte von seinen Schicksalen im Lager und fügte hinzu: „Solang ich noch Respekt vor mir selbst haben konnte, brauchte ich mich nicht verloren zu geben. Als man mich aber zwingen wollte, Unwürdiges zu tun, da wußte ich, eine solche Demütigung würde ich nicht überstehen. Was ich für die Weigerung erdulden mußte, habe ich fast wie eine Erleichterung auf mich genommen[52]."

Leber wurde Kohlenhändler in Berlin. „Das winzige Bürohäuschen" der Bruno Meyers Nachfolger in Schöneberg, deren Mitinhaber er war, wurde zum Treffort der Freunde und bis zum Zwanzigsten Juli ein Herd der Verschwörer mit feurigen Kohlen. Vom Jahr 1938 ab kam Leber, die gegen ihn angesetzte Überwachung sachkundig täuschend, wieder regelmäßig mit Leuschner und Mierendorff zusammen und reiste zu Beginn des Krieges zu General Falkenhausen, den man als entschiedenen Hitler-Gegner in der Generalität wußte, nach Dresden. Während Leuschner vor allem bemüht blieb, neue Brücken zu schlagen und Verbindungen aufzubauen, verdichtete Leber als eine Kraft, die es mit dem Widerpart aufnahm, den aufbegehrenden Gegenbann gegen Hitler mit einer Ausstrahlung, die etwas Elementares hatte.

Von dem in Leber veranlagten Sinnesorgan für das politische Wesen, von seinem ursprünglichen und leidenschaftlichen politischen Tatwillen, den danach verlangt, Stoff der Widerwelt zu ergreifen und zu formen, findet man Zeugnis selbst noch in den gedanklichen Erwägungen, die Leber insgeheim in den ersten Monaten seiner Haft im Jahre 1933 als „Gedanken zum Verbot der deutschen Sozialdemokratie" niederschrieb[53]. Mochten andere seiner Parteifreunde – Sozialisten, Soziologen – sich an klug gezeichneten Entwicklungsreihen durch die geschichtlichen Alter hin berauschen und die Zukunft schon in ihr Denknetz eingefangen wähnen – Leber verweist all dieses Denken in den zweiten Rang und rückt die großen, schaffenden Naturen in den ersten, die kommen, wo kein Kluger sie ahnt, und nach dem Höchsten greifen, „selbst auf die Gefahr hin, am Unmöglichen zugrunde zu gehen". Skizzenhaft mögen aus dieser Schrift, die trotz des zurückliegenden Themas ein auch heute wirksames politisches pro memoria ist, noch einige Merkmale folgen, die Lebers Verhältnis zum Staat anschaulich machen. Er verwirft die wirre Vorstellung von Massenherrschaft, über die die frühere Sozialdemokratie nicht hinausgekommen sei, und setzt aller Doktrin die einzelnen „kämpferischen Persönlichkeiten" gegenüber, durch die allein etwas Bauendes geschehe im Staat. Ihn beschäftigt vor allem der Gedanke der Auslese und der lebendigen inneren Fühlung zwischen Führenden und Geführten. Für die Führenden fordert er, daß sie, die vom Volk Berufenen, solange sie im Amt sind, auch regieren und die Gewalt nach ihrem eigenen Willen und Gewissen anwenden. Sie müssen die „Möglichkeiten und Vollmachten besitzen, ihre Visionen und Absichten wirklich zu gestalten". Es soll ihnen möglich sein, als Erzieher ihres Volkes unter Umständen auch gegen dessen Neigung etwas ins Werk zu setzen. Andererseits müssen sie aber auch gebunden bleiben. „Wenn die Vertrauensströme in der Bevölkerung eine andere Richtung einschlagen, dann haben die regierenden Männer daraus ihre Konsequenzen zu ziehen." Es gibt keine Volksherrschaft ohne Autorität, keine echte Freiheit ohne starke staatliche Ordnung. Die Parteien sieht Leber „wie Gewichtsteine auf der Lebenswaage der Regierung", die die Volksstimmung registrieren. Die Wahl der Volksvertretung darauf zu basieren, wie es die Listenwahl der Weimarer Verfassung wollte, ist vom größten Übel. „An die Stelle einiger hundert durch Volksvertrauen gewählter Männer tritt die Herrschaft der Organisationen und Sekretariate. Die eigentlichen Machthaber üben ihren Einfluß in verschlossenen Konferenzzimmern aus, anonym, ohne sichtbare Verantwortung. Das Volk kennt und sieht nicht genug von den Männern, denen es Vertrauen und Vollmacht geben soll. Eine solche Herrschaft der Parteibürokratien, sie möge kommen, woher sie wolle, fördert auf die Dauer nur das allgemeine Mittelmaß. Demokratie verlangt Verantwortungsbewußtsein und Selbstzucht von jedem Menschen, der seinen Platz haben will im Staatsgetriebe. Hemmungslosigkeit und Verantwortungslosigkeit in Haltung und Kritik vertragen sich nicht mit jener äußeren Ordnung, die jedem ein so großes Maß persönlicher Meinungsfreiheit gewährt. Eine starke Staatsautorität hat hier dem Volksbewußtsein Grenzen einzuprägen, allerdings in einer Form, die jedem Staatsbürger das Gefühl größter persönlicher Freiheit läßt."

Bei anderer Gelegenheit hat Leber einmal gesagt: „Man kann dem Volke Angst einjagen mit allen möglichen Mitteln. Liebe aber wächst nur durch Menschlichkeit und Gerechtigkeit, und ohne Liebe gibt es eben kein Vaterland. Manchmal zweifle ich, ob ich selbst jemals ein Vaterland der Gerechtigkeit sehen werde[54]."

Für seine und jede Partei 1928 und später: „Man muß entweder regieren oder in ausgesprochener Opposition stehen. Zu einem nicht die Verantwortungsfreudigkeit, zum anderen nicht den Mut zu haben, also eine Politik des Durchlavierens festen Entschlüssen vorzuziehen, das ist der größte Fehler, den eine politische Partei begehen kann."

1924 der Klageruf über die, die sich nicht unerbittlich genug einsetzen für den neuen Staat: „Wir hatten die Macht! Wir hatten diese

endlos vorbeiziehende Menschenmacht hinter uns, wir hatten hinter uns die Riesenkraft der Gewerkschaften, und doch, was ist aus der deutschen Republik geworden? Was ist uns davon noch geblieben? Weshalb ist alles so verflogen und verweht? Weshalb müssen wir uns heute so bemühen, das Letzte noch zu retten? Die Form der Republik und die Farben der Republik! Keine Rede mehr ist vom Geist der Republik ...
Denken wir an das Wort Dantons an seinen Scharfrichter: ‚Zeige meinen Kopf dem Volk und rufe: Es lebe die Republik!'
Und denken wir nochmals an die letzten Worte Dantons auf dem Schafott: ‚Wir haben uns eingesetzt, obwohl wir wußten, daß uns nur Blut und Tod bleibt. Deshalb haben wir es geschafft. Ferne Zeiten werden von Danton reden, obwohl er jetzt wie ein Verbrecher auf das Schafott geschleppt wird. Meine Kinder werden heute Waisen, aber sie werden stolz auf ihren Vater sein! Es lebe die Republik!'"
Aus seinen Reden für die Reichswehr, die ihm den Namen eines Rechtssozialisten und manche Anfeindungen in den eigenen Reihen eintrugen, eine Stelle, in der er die Gegenwart an der Zeit der Befreiungskriege mißt: „Stein, Gneisenau, Scharnhorst gingen von der Überzeugung aus, daß die Tradition der Monarchie zusammengebrochen sei und daß man statt dessen neue Impulse für den Staat suchen müsse in dem jungen dritten Stand, in dem Freiheitsbewußtsein des Staatsbürgers. Was war der Erfolg? ... Man hat sie als Clique von Rebellen bezeichnet, die man als elende Demagogen beschimpfte. Trotzdem gingen diese Männer ihren Weg. Einen Mann wie Scharnhorst hatte man als einen ‚erbärmlichen Bauernlümmel' beschimpft. Als Scharnhorst die Aufgabe hatte, einen zusammengebrochenen Staat neu zu organisieren, für den zusammengebrochenen feudalen Staat neue Grundlagen zu schaffen, da appellierte er an den jungen Stand, an den dritten Stand. Ist es nicht an der Zeit, daß sich die Reichswehr daran erinnert, daß wir ähnliche Zustände wie damals in unserem heutigen Staatsgefüge haben? Weshalb hat kein Scharnhorst den Gedanken gefunden, daß jetzt der neue Staat, die Staatsmacht, die Armee an den neuen, an den vierten Stand appellieren müsse, um neue Grundlagen für den Staat und für seine Macht zu schaffen?"
In einer Reichstagsrede im März 1931 wandte sich Leber gegen eine moralische Unterscheidung, mit der der französische Kriegsminister

eine deutsch-französische Verständigung hintertrieben hatte: „Herr Maginot hat klassische Bildung genug, um Tacitus zu kennen... Er sagt an einer Stelle: ‚Diese beiden großen Völker sind getrennt voneinander durch einen großen Strom, durch ein Gebirge und durch die gegenseitige Angst voreinander.' Wäre es nicht Zeit, daß man an die Stelle des gegenseitigen Mißtrauens zwischen beiden europäischen Kulturnationen eine Politik des Vertrauens, eine Politik des Ausgleichs setzen würde? Ein größerer Kenner der Kriegsgeschichte und -wissenschaft als Herr Maginot hat sich über diesen Punkt sehr eingehend ausgelassen in seinem politischen Testament. Es war Napoleon. Er schreibt: ‚Es wäre Zeit, daß die Könige in Europa verständig würden, denn es gibt in diesem Erdteil keinen Stoff mehr, um den Haß zwischen den Nationen aufrechtzuerhalten.'
Ich glaube, dieser Ausspruch Napoleons gilt auch für die republikanischen Könige. Der französische Parlamentsbericht verzeichnet bei der Rede des Herrn Maginot die kurze Bemerkung: ‚Beifall rechts.' ... Es ist höchste Zeit, daß die Staatsmänner beider Völker anfangen, so Politik zu machen und so zu reden, daß in den Parlamentsberichten nicht mehr steht: ‚Beifall rechts', sondern ‚Beifall bei den Verständigen und Vernünftigen'."
Wer in Lebers Reden liest, dem fällt manchmal der napoleonische Kurzton ein, und er mag sich an die Sätze von Theodor Heuss erinnern: „Im Elementaren war er, Feind des Kommiß, eine soldatische Natur, und er lachte wohl, ohne es abzulehnen, als ich einmal sagte, er, der Elsässer, sei aus dem Holz, aus dem Napoleon seine Marschälle geschnitzt habe. Der wuchtige, breitschultrige Körper mit einem Haupt von eindrucksvoller, kühner Plastik verführte wohl zu einem solchen Vergleich[55]."
Leber, gegenüber den Kapitalsmächten und ihren liberalen Staatsgebärdungen von gleicher Unerbittlichkeit wie die anderen Sozialisten, unterschied sich von den meisten Männern seiner Partei, soweit wir sehen, darin, daß er schon sehr früh den künftigen Weg und die Durchdringungskraft der sowjetischen Macht klar eingeschätzt und ihr von innen her als bewußt deutscher Arbeiterführer entschlossen entgegengewirkt hat. Er vertrat schon im Jahre 1924 die These, daß die Kommunistische Partei in Deutschland verboten werden müsse, sah dies Verbot allerdings nur als die noch geringste äußere Maßnahme an, der

eine ganz neue Anstrengung im Innern des Staates folgen müsse, um das sonst unvermeidliche Schicksal der Radikalisierung, d. h. der Verknechtung der deutschen Menschen, zu hindern. Er spürte früh schon, wohl mehr als die meisten bürgerlichen Politiker, die ausbruchsbereiten Massen und fühlte sich gedrungen, nach seiner Kraft dazu beizutragen, daß die Arbeiterbewegung aus ihrer verstockten Verranntheit in Klassenhader und aus ihrem verneinenden Mißvergnügen loskomme und sich zu einer kämpferischen Bewegung mache, nicht um eigene Vorteile, sondern um die neue Gestaltung des alle umfassenden Staates, mit einem Glauben, der die Herzen durchdringe. Leber hat es auf diesem Weg, wie man bezeugt findet, auch gegen manche Verkennung aus den Reihen der eigenen Partei, sehr weit gebracht und hat vom Kleinen ins Große mit einem Augenmaß, das ihn nie verließ, an den Fundamenten eines sozialen Staats gebaut. Hitler hat ihn überholt und ihn, den gefährlichen nahen Widersacher, durch Kerker lahmgelegt. Man kann sich vorstellen, wie ein solcher Mann, unabhängig vom Haß, der mit ihm wütete, die Schicksale dieses Staates verfolgte und wie er sich hinter dem Lagerzaun sein Bild und Gegenbild immer plastischer entworfen hat.

Der Krieg brachte mit der drohenden Katastrophe und den Entscheidungen um West und Ost eine neue Lage, in der Lebers Rat von den andern Männern des Widerstands besonders nachgesucht wurde. Leber vertrat stets die Forderung, daß die Front gegen den Osten gehalten werden müsse, und er billigte den Versuch, an die Regierungen des Westens heranzutreten, um ihnen die Augen aufzutun für die Gefahr, die das Hereindringen der russischen Vormacht in den deutschen Raum für alle bedeute. Er selber hat an den Botschaften, die der anderen Seite überbracht wurden, wichtigen Anteil gehabt und hat, solange er noch in Freiheit war, in der Mitte der Planenden und der Handelnden gestanden.

Es gibt eine Überlieferung, die seine Gestalt in der letzten Haftzeit hervortreten läßt[56]. Im engen Hof des Gefängnisses sind die Häftlinge bei ihrem stummen täglichen Rundgang in streng überwachtem Abstand, damit kein Wort möglich ist, mit Leber die Sozialisten Maaß, Haubach, Dahrendorf. Der Überlebende von ihnen schreibt: „Wir atmen tief die Luft ein. Jeder sucht den Blick des Freundes. Wir ahnen unser Schicksal – Wettlauf mit dem Tode, hatte Theo Haubach mir einmal zugerufen. Der Zuruf erregte mich. Das mag sich in Haltung und Antlitz geäußert haben. Julius Leber sieht mich durchdringend an, als wir mit Abstand einander passieren. Sein Körper strafft sich, sein Gesicht ist ein zugleich freundschaftlicher und trotziger Anruf: ‚Laß dich nicht gehen, bewahre Haltung.'" Derselbe schreibt weiter: „Oft sah ich ihn, ganz in sich gekehrt, ernst und sehr entschlossen, Inbegriff der Kraft, der Ungebrochenheit. Julius Leber wußte, was ihm bevorstand... Vier Nächte wurde er im August 1944 vernommen. Furchtbar waren die Mißhandlungen, mit denen man ihn zu Aussagen über die Vorbereitungen des Zwanzigsten Juli zwingen wollte. Julius Leber ertrug sie und schwieg. Dann teilte man ihm mit, die Gestapo habe seine Frau und seine beiden Kinder verhaftet, um so seinen Widerstand zu brechen. Nur wer Leber kannte, vermag zu ermessen, wie tief ihn diese Nachricht traf. Doch nichts verriet seine menschliche Erschütterung. In souveräner Haltung machte er nun seine Aussage, die sich in allem Wesentlichen auf ihn selbst bezog."

Leber wurde am 24. Oktober 1944 vom Volksgerichtshof unter Vorsitz des Präsidenten Freisler wegen Landesverrats, Feindbegünstigung und Hochverrats zum Tode verurteilt[57], doch wurde die Vollstreckung noch ausgesetzt. In den folgenden Monaten der Haft ist Leber sehr schmal geworden, er gewann eine „fast jugendlich anmutende" Beweglichkeit. Die roten Narben um die Handgelenke tat er, wenn er darauf angesprochen wurde, mit der Geste der Gleichgültigkeit ab. Gespannt lauschte er auf Nachrichten über den Fortgang des Kriegs und das Vorrücken der fremden Heere, doch blieb er bereit, jeden Tag zum Tode gerufen zu werden. „Die Einsamkeit der Zelle ist nicht etwa eine bedrückende Last", schrieb Leber in solchen Tagen. „Oft denke ich an die mittelalterlichen Mönche, die aus der Welt ausscheiden, um sich in vier engen Wänden ihren Gedanken hinzugeben. Viele von ihnen fanden darin höchstes Glück und tiefste Erfüllung... Ich habe mir viele Gedanken gemacht in den letzten Wochen und bin doch zu der Überzeugung gelangt, daß die Liebe, deren die menschliche Seele fähig ist und die stärker ist als alles im Menschen und in der Welt, beweist, daß diese Seele göttlichen Ursprungs sein muß. Göttlichen Ursprungs bedeutet auch unsterblich[58]."

Am 5. Januar 1945 wurde Julius Leber hingerichtet. Daß er mit ganzer Liebe an Deutschland als seinem Vaterland hing, bezeugen auch die, die sein Wirken für größere, über die nationalen Grenzen hinüberreichende Einigungen gerühmt haben. „Für eine so gute und gerechte Sache ist der Einsatz des eigenen Lebens der angemessene Preis. Wir haben getan, was in unserer Macht gestanden hat. Es ist nicht unser Verschulden, daß alles so und nicht anders ausgegangen ist[59]", diese Worte schickte Leber als letzten Gruß an die Freunde.

VI DER KREISAUER KREIS

Von Reichwein und Haubach, die schon früher nahe Verbindung gehalten hatten zu den „religiösen Sozialisten" um Paul Tillich, führt die Brücke in einen verzweigteren Kreis von Männern, der in der unverkennbar aufragenden Gestalt des jungen Grafen von Moltke seine Mitte gefunden hatte. In dieser während des Kriegs geheim auflebenden, lose und persönlich gefügten Arbeitsgemeinschaft, die später nach dem schlesischen Besitztum Moltkes der KREISAUER KREIS genannt worden ist, stellt sich am eindrucksvollsten die einigende Kraft einer Gegenbewegung gegen Hitler vor Augen. Junge Adlige, ursprünglich der konservativen Rechten entstammend, Verwalter geschlechteralten Grundbesitzes, zugleich als Anwälte oder als Staatsbeamte tätig, finden sich mit Vertretern der beiden christlichen Bekenntnisse und mit ehemaligen Arbeiterführern in offener Aussprache zusammen und bauen miteinander, ohne Zwiespälte zu verdecken, oft in strenger Fehde an einer Notgemeinschaft für die kommenden Tage. Es geht ihnen nicht so sehr darum, ein ideales Staatsgebilde an Stelle des bestehenden zu erdenken, als darum, daß sich eine ihrer Verantwortung bewußte Schar mit nüchternem Blick vorbereite und wappne für den Augenblick des deutschen Zusammenbruchs, den sie unvermeidbar kommen sehen, ja den sie nunmehr heranwünschen als die noch beste Chance im deutschen Schicksal. Gewichtige Stimmen unter ihnen lehnen noch bis in das Jahr 1944 jeden Gedanken an ein Attentat ab: die Herrschaft Hitlers könne nur im völlig zu Ende geduldeten Niedergang sich auflösen, und so nur könne die notwendige Reinigung und Umkehr geschehen[1]. Wenn man ihn töte, solang er noch mächtig sei, erwecke man unter den Deutschen die Legende seiner verratenen Größe, und er werde als Wiedergänger das schlimmere Verhängnis für die deutsche

Zukunft werden. Als sich die Agonie länger und noch furchtbarer zeigte, als man erwartet hatte, als die Opfer und Zerstörungen immer weiter griffen, glaubten auch Glieder dieses Kreises, ein Zuwarten nicht mehr verantworten zu können, und es kamen Abreden mit Männern des Stauffenberg-Kreises zustande. Die gerichtliche Verhandlung hat nur den Grafen Yorck, den Grafen Trott zu Solz und Pater Delp in diesem unmittelbaren Zusammenhang gesehen und verurteilt, den andern hat sie wegen staatsfeindlicher Gedanken und Gespräche oder wegen versäumter Anzeige staatsgegnerischer Umtriebe Todes- und Zuchthausstrafen verhängt.

Helmuth James von MOLTKE, Großneffe des Marschalls der Bismarckzeit, hatte eine Engländerin zur Mutter, die Tochter eines Obersten Richters beim Gerichtshof der Südafrikanischen Union in Transvaal. Moltke gehörte der Generation an, die im Jahrzehnt nach dem Ersten Weltkrieg ihre entscheidenden Aufwuchsjahre gehabt hat (geboren 1906). Während seiner Ausbildung zum Richter war ihm die Arbeitslosigkeit, die krisenhafte Entfremdung weiter Volksschichten aus dem staatlichen Leben, der drohende Ausbruch nicht mehr lenkbarer Kräfte zum bestimmenden Erlebnis geworden, das die Gegenwart einer mehr heiteren und unbekümmerten Natur zurücktreten ließ und ihm das Antlitz einer kühleren, zu jedem Ausweichen zu stolzen Gedanklichkeit und bei aller Güte gegen andere einen Zug von Schwermut und Ferne gab, der manchen aus seinem Umgang tief bewegt hat[2].

Vor 1933 hatte sich Moltke mit einigen Männern der früheren Jugendbewegung in den Löwenberger Arbeitslagern dafür eingesetzt, Jugend aller Stände zusammenzuführen, um sie bei gemeinsamem Tun und Feiern ihrer selbst und ihrer Verbundenheit in einem sozialen Staat innewerden zu lassen. Dem nach Versailles im deutschen Osten Ansässigen bot sich das Problem des Zusammenlebens von Völkern in besonderer Dringlichkeit dar. Hier waren von Breslau bis Königsberg Deutsche und Nicht-Deutsche so miteinander zu leben gezwungen, daß das Hervortreiben nationalstaatlicher Souveränität, wie es vom 19. Jahrhundert überkommen war, immer nur zu Unruhen, nie zur Befriedung führen konnte. So gab es Bestrebungen, das Nationale vom Politischen zu trennen und durch kulturelle Autonomie den Minderheiten ein Zusammenleben zu ermöglichen. Diese Gedanken führten wie von selbst – und zumal jemand wie den jungen Moltke – vom

Kleineren ins Größere und gaben auf, auch unter den europäischen Völkern eine Zurückdrängung des im Grunde veralteten Nationalitätsdenkens zu erreichen und das Bewußtsein einer ganz anderen Solidarität lebendig zu machen und zur Gestaltung zu rufen, waren doch Bedrohungen da, vor denen blutig ausgetragene Grenzstreite zwischen den europäischen Partnern irr und selbstzerstörerisch sein mußten. Moltke hatte schon vor dem Umbruch in Deutschland solchen Gedanken angehangen. Was sich dann unter Hitler auf dem Weg zu dem großen europäischen Krieg entwickelte, gab den gleichen Gedanken ein neues und fast verzehrendes Feuer. Als es Moltke gelungen war, den durch die Inflation verlorenen Besitz Kreisau – ein Erbe des Marschalls – zurückzuerwerben, teilte er einen großen Teil seines Landes in selbständige Bauernlose auf und blieb dabei trotz aller Angriffe aus Kreisen des Großbesitztums. Als Anwalt für internationales Recht in Berlin hat er nicht wenigen Verfolgten durch seine Verteidigung mit Leib und Habe über die deutschen Grenzen geholfen. Während des Krieges diente Moltke als Berater im Völkerrecht beim Oberkommando der Wehrmacht in Berlin mit naher Verbindung zur Abwehr. Er setzte sich ein gegen Mißhandlung der Kriegsgefangenen und der fremden Zivilbevölkerung, besonders im besetzten Rußland, rettete die Juden in Dänemark durch eine Vorwarnung vor einem ihnen zugedachten Schlag und erreichte durch seinen juristischen Einspruch, daß bei der deutschen Gegeninvasion von Tunis der Plan aufgegeben wurde, alle Franzosen, die man als Kämpfer auf alliierter Seite antraf, als Verräter zu erschießen[3]. Moltke schied im Januar 1944 aus der Freiheit, nach einem Kerkerjahr aus dem Leben. Erst war es nur die Warnung eines dann doch von der Geheimpolizei ereilten Freundes gewesen, die ihm zur Last fiel, dann fand sich sein Name nach dem Juli-Attentat in Papieren der Verschwörer, und die Kreisauer Verbindungen wurden, wenn auch entstellt und bruchstückhaft, Themen des fanatischen Volksrichters. „Graf Helmuth James von Moltke war die hervorragendste Persönlichkeit, der ich in jenen Jahren begegnet bin", so lautet ein Bericht[4]. „Er war ungewöhnlich hager, groß, brünett. Der Besitzer des Gutes Kreisau bei Schweidnitz in Schlesien entsprach nicht der Vorstellung, die man sich gewöhnlich von einem schlesischen Landjunker macht. Hochgebildet, geistig beweglich, besaß er die gesellschaftlichen Formen eines englischen Edelmanns. Übrigens war er auch als englischer Rechtsanwalt (barrister) in London zugelassen. Er wirkte zunächst kühl, unpersönlich, bestrebt, alles Persönliche dem Sachlichen unterzuordnen ... Das war die Moltkesche Art des Schweigens, ein Familienerbteil. Er schwieg nicht in der Weise, daß er wortkarg war, aber er schwieg über alle Dinge, die nicht unbedingt zur Sache gehörten..." Die Unberührbarkeit des Grafen in elender Erniedrigung, sein Lächeln – Ironie und Ritterlichkeit –, das die Mitgefangenen erheben, die wachenden „Beutegermanen" in verzweifelten Zorn bringen konnte, bezeugen die Berichte. Sie lassen uns etwas vom Weg innerer Schicksale ahnen, den Moltke in dieser Zeit durchlief und der ihn aus seiner gedankenschweren Todbesessenheit auf die freie Höhe dankbaren Bejahens hinausgeführt hat. Am Tag, nach dem der Staatsanwalt die Todesstrafe für ihn gefordert hatte, wurde Moltke mit den anderen zusammen noch einmal zum Gericht gebracht und empfing das Urteil. Es war nicht gelungen, ihm Beteiligung am Staatsstreich nachzuweisen, bestenfalls konnte man auf versäumte Anzeige abheben, aber seine Gedanken erforderten Todesstrafe: „Wir haben nur gedacht... Wir sind aus jeder praktischen Handlung raus, wir werden gehenkt, weil wir zusammen gedacht haben", schreibt Moltke im bewegenden Abschiedsbrief an seine Frau[5]. Von der Heimfahrt im grünen Gefangenenwagen bezeugt einer, der das Leben behalten hat, ein „wunderschönes Gespräch" mit ihm um den Monate zuvor schon hingerichteten, Moltke besonders nahen Peter Yorck und um die andern. Er setzt hinzu: „Moltke war glücklich und von bezwingender Wärme und Brüderlichkeit."

Mit der gleichfalls in Schlesien angestammten Familie des Grafen Peter YORCK VON WARTENBURG waren die Moltkes durch Befreundung und Verschwägerung vielfältig verbunden. Die Familie der Yorcks, die der Marschall Yorck von Wartenburg berühmt gemacht hat, galt später besonders durch die in ihr gepflegte philosophische und literarische Tradition. Der Großvater von Peter Yorck hatte mit Dilthey einen geistvollen Briefwechsel geführt und hatte aus lebendiger Liebe zu Büchern um sich eine große Bibliothek aufgebaut, in der vor allem Kostbarkeiten der romantischen und klassischen deutschen Literatur zu finden waren wie auch die Erstausgabe von Luthers Werken, die zu Vorlesungen, wie berichtet wird, immer wieder hervorgeholt wurde[6]. Peter Yorck, 1904 geboren, geschwisterreich in dem vom

Vater bestimmten Haus erwachsen, wandte sich wie der etwas jüngere Moltke dem Studium der Rechts- und Staatswissenschaften zu und war bis zum Krieg in Staatsstellungen – lange Zeit als persönlicher Referent des Preiskommissars und Gauleiters Joseph Wagner – tätig, zugleich verwaltete er seinen Landbesitz in Kauern in Schlesien, an dem er sehr hing. Den Polenfeldzug machte er als Panzeroffizier bei der Truppe mit, von Juli 1942 ab tat er bei der Ostabteilung des Wehrwirtschaftsamtes Dienst und gewann, da er die Jahre in Berlin verblieb und Gelegenheit zu Reisen hatte, viele wichtige Verbindungen. In seinem landwirtschaftlichen wie in seinem amtlichen Bereich, im Umgang mit Menschen und Büchern hatte Yorck eine ihm eigene Art behutsamen Bauens und Pflegens, die dem eher leise sprechenden und unaufdringlich wirkenden Erben eines großen Namens eine viele stärkere und weiter reichende Wirkung verlieh, als es der ihm flüchtig Begegnende vermutet hätte[7]. Noch in seinem letzten Brief kurz vor seinem Tode beschäftigte ihn die Anlage des heimatlichen Gartens. Der praktischen Landwirtschaft entnahm er viele Erfahrungen[8]. Was Moltke vielleicht mehr thesenhaft erörterte, umkleidete er mit Fleisch und Blut, indem er eigene Erfahrungen beitrug und vom gelebten Leben mit seinen Menschen und Möglichkeiten ausging. Dann taute der oft fast versonnene Mann zum streitbaren Gespräch auf, Herr und Freund in der gern bewirteten Runde. Vertrat Moltke aus seinem angelsächsischen Blut- und Lebensanteil her mehr die größeren Zusammenhänge, von denen er Deutschland freventlich abtrünnig sah, so empfand Yorck lebendig als Deutscher, und die Fremdherrschaft außen und innen, die den Deutschen ihr Bild und ihre Seele nahm, machte ihn, wie er sich zuletzt einmal mit leiser Wehmut scherzend nannte, zum „unglücklichen Rebellen für Freiheit, Menschenwürde und Recht". Auch so ergänzten sich die beiden Freunde: War Moltkes Art Offensive, Geist, Witz, Schärfe, so die Yorcks die temperierte Wärme, der freie Menschensinn, Zutrauen weckend, gewinnend im Urbanen.

Von Januar 1944 ab hat Stauffenberg mehrere Gespräche mit Yorck, seinem Vetter, gehabt[9], hat ihm vom Plan eines gewaltsamen Umsturzes gesprochen und das Jawort zu seiner Mitwirkung erhalten. Yorcks Name erscheint auf einer der überlieferten Listen in der Stelle eines Staatssekretärs beim Vizekanzler. Am 20. Juli hielt er sich in der Bendlerstraße bereit. Eine seiner Aufgaben war, die Offiziere einzuweisen, die in den obersten Reichsbehörden das Weiterlaufen der Verwaltung sicherstellen sollten. Die schriftlich entworfenen Aufträge dazu hat er noch vernichtet[10]. In seiner Vernehmung hat er bei den Gründen für seinen Bruch mit dem NS-Staat besonders die Entwertung des Rechts hervorgehoben, wie sie in den Ausrottungsmaßnahmen gegen das Judentum und in dem Vorgehen der Deutschen in den besetzten Gebieten bewiesen war. Er kam mit den ersten Angeklagten vors Volksgericht und wurde schon am 8. August 1944 durch Freislers Spruch hingerichtet, bevor noch die Zusammenhänge Kreisaus und Yorcks vielseitige Mittlerrolle erkannt waren.

Von seinem Tod, so spricht es sein letzter Brief aus, hofft er Sühne, Sühne auch „für das, was wir alle gemeinschaftlich tragen. Die Gottesferne unserer Zeit möge auch zu einem Quentchen durch ihn verringert werden." Er fährt fort: „Auch für meinen Teil sterbe ich den Tod fürs Vaterland. Wenn der Anschein auch sehr ruhmlos, ja schmachvoll ist, ich gehe aufrecht und ungebeugt diesen letzten Gang und ich hoffe, daß Du darin nicht Hochmut und Verblendung siehst, sondern ein bis zum Tode getreu! Des Lebens Fackel wollten wir entzünden, ein Flammenmeer umgibt uns, welch ein Feuer[11]!"

Ein Dritter, Moltke und Yorck Befreundeter, der häufig zu den Gesprächen in Moltkes Wohnung in der Derfflingerstraße kam, war Dr. Eugen GERSTENMAIER. Er hatte sich kurz zuvor als systematischer Theologe an der Berliner Universität habilitiert, war aber wegen „öffentlicher Kritik am Nationalsozialismus" seiner Dozentur enthoben worden. Als ein enger Mitarbeiter des württembergischen Bischofs Wurm kam er dann in das kirchliche Außenamt, wo er seit Kriegsbeginn die Beziehung der Deutschen Evangelischen Kirche zu den ausländischen Kirchen zu pflegen hatte. Während des Krieges war ihm als besondere Aufgabe übertragen, für die Fremdarbeiter zu sorgen, die teils freiwillig, teils unter Zwang zur Arbeit ins Reich gekommen waren, sich um die Anliegen einzelner zu kümmern und das Los aller inmitten eines erbarmungslos im Krieg liegenden Staates zu erleichtern. Es bedurfte dazu nicht so sehr eines nach innen gewandten Theologen als eines kampfbereiten und beweglichen Mannes, der es für sich als einen Auftrag seiner Kirche empfand, gegen Unrecht, Schmach und Unterdrückung einzugreifen. Wer mit dem jungen Konsistorialrat zu tun bekam, hatte nicht das Gefühl einer pfarrerlichen Begegnung, es war zu begreifen, daß er manchen seiner Mittheologen (nicht nur den durch ihn angestoßenen Quietisten) als „Außenseiter" erschien. Nach der mittleren Reife war er erst acht Jahre in der Industrie tätig gewesen, hatte dann die Prüfungen nachgeholt und sich in einem philosophisch-theologischen Studium vor allem um Kant und Hegel bemüht, bis ihn die ganz anderen Erfahrungen während des Krieges und der Umgang mit den Kreisauern und den Männern des Zwanzigsten Juli aus dem denkerischen Filigran zur tätigen Bewährung seiner Kräfte leiteten. Seine heftige Art und gelegentlich auch schwäbische Drastigkeit wirkte oftmals, wie berichtet, belebend bei den Streitgesprächen. Bei einer wichtigen Zusammenkunft (im Januar 1943)[12], die dem Ausgleich der Kreisauer mit Goerdeler dienen sollte und bei der auch Ulrich von Hassell zugegen war, machte Gerstenmaier, nachdem Goerdeler eher eine verbindliche Überbrückung versucht hatte, den wortscharfen und gedankenklaren Anwalt des Sozialprogramms der Jungen. Entsprechend seiner Natur trat er entschlossen auf Stauffenbergs Seite und wirkte von seiner Stelle her mit an den Vorbereitungen der Erhebung. Obwohl sein Umgang mit Goerdeler, seine Anwesenheit in der Bendlerstraße am Zwanzigsten Juli und sein nahes Verhältnis zu Moltke bekannt waren, hat er sich vor dem Volksgericht günstig verteidigen können. Die beantragte Todesstrafe wurde in sieben Jahre Zuchthaus umgewandelt. Als einer von den wenigen aus dem Moltkekreis hat Gerstenmaier die schwere Zeit überstanden. Er deutet selbst das Los so an: er habe Wahnsinnige neben sich gefesselt und Tote ausgeladen. Nach dem Krieg ist er als Leiter des Evangelischen Hilfswerks und wie Bischof Wurm als mutiger Mahner gegen das Unrecht, das nunmehr Deutschland geschah, hervorgetreten.

Ein Jahr nach Kriegsende schrieb er: „. . . der größte und opfervollste Versuch der deutschen Selbsthilfe . . . Das war das Thema des organisierten Widerstandes in allen Gruppen und Kreisen der deutschen Widerstandsbewegung, die nicht ihren einzigen, wohl aber ihren sichtbarsten Ausdruck am 20. Juli 1944 gefunden hat. Es hat sich dabei nie gehandelt um die Durchsetzung von einem Parteiprogramm gegen das andere, nie um Ehrgeiz oder Futterkrippe, sondern immer um die Rettung Deutschlands aus den Fängen eines Systems und einer Menschengruppe, die durch brutalsten und raffiniertesten Gebrauch der Macht nicht nur dem Verbrechen, sondern auch dem Größenwahnsinn verfallen waren. Ich sage das nicht, um den toten Löwen und Panthern noch einen Tritt zu versetzen, sondern deshalb, weil ich meine, daß niemand innerlich verpflichtet ist, Hitler und seinem System um Deutschlands willen so etwas wie die Treue zu halten. Was man auch sagen mag gegen die Verhältnisse, unter denen wir jetzt zu leben gezwungen sind, wir müssen gerechterweise anerkennen, daß sie zunächst die Folgen der Politik Hitlers sind. Geblendet von der Idee eines nationalen Sozialismus, angewidert vom Gezänk streitender Parteien und unbegreiflich verblendet für das, was hinter ihm steckte, alles in allem: töricht, aber fair hat das deutsche Volk Hitler eine Chance gegeben, und mißmutig vielleicht, aber widerstandslos haben sich die meisten darein ergeben. Das ist unsere Schuld. Unsere große Schuld. Daß es danach über die Kräfte eines einzelnen, ja über die Kräfte einer zu allem entschlossenen Gemeinschaft von Männern ging, die Fesseln zu sprengen, in die uns das totale Terrorsystem Hitlers zu schlagen wußte, das kann uns nur ein Außenseiter oder ein Dilettant zum Vorwurf machen, der sich niemals wirklich und mit aller Kraft selbst daran gewagt hat... Als wir, ein kleiner verlorener Haufen, am 20. Juli 1944 abends im Oberkommando des Heeres in der Bendlerstraße in Berlin auf den letzten Sturm der anrollenden SS-Formationen warteten, in dem klaren Bewußtsein, daß auch dieser letzte Versuch einer deutschen Selbsthilfe gescheitert sei, habe ich weder Stauffenberg noch irgendeinen anderen klagen hören. Wir hatten zu tun versucht, was wir Deutschland und der Welt vor Gott und unserem Gewissen uns zu tun schuldig hielten, wir hatten es getan mit den Mitteln, die wir in sorgsamer Planung und unendlichem Bemühen erlangen konnten – das andere war Gottes Sache. ‚Man kann nicht mehr tun schließlich, als dafür sterben‘, sagte Ulrich Wilhelm Graf Schwerin-Schwanenfeld, als wir überwältigt, aneinandergefesselt, abgeführt wurden[13]."

Aus einem Aufruf, den Gerstenmaier zum sechsten Jahrestag des Zwanzigsten Juli schrieb, ist das folgende gleichlautende Bekenntnis entnommen: „Der Staatsstreich vom Zwanzigsten Juli 1944 hat auf allen seinen Stufen, in jedem Abschnitt seiner Vorbereitungen und im Willen und Bewußtsein aller seiner Teilnehmer immer nur ein Thema gehabt. Dies Thema hieß: Rettung Deutschlands. Zweifellos gab und gibt es Leute, denen dieses Thema nicht sonderlich sympathisch war und ist. Damit mag es zusammenhängen, daß sich der Staatsstreich im Ausland nur langsam und sehr zurückhaltend zustimmende Beurteilung erwerben konnte. Soweit dies die ehemaligen Kriegsgegner Deutschlands betrifft, können wir diese Einstellung verstehen. Denn um der alliierten Kriegsziele willen wurde der Zwanzigste Juli weder geplant noch gewagt. Er wurde auch nicht gewagt um dieser oder jener staatspolitischen Doktrin willen. Er wurde geplant und gewagt einzig und allein zur Rettung Deutschlands, zur Rettung seines Blutes und seines Bodens, zur Rettung seiner Freiheit und zur Rettung seiner letzten Würde vor dem Urteil der Weltgeschichte. Der Versuch mochte scheitern – die Aussichten standen immer 1:2 gegen das Gelingen –, aber er mußte gewagt werden. Denn es war dieser Versuch die letzte Möglichkeit, das Herzblut Deutschlands an die Befreiung von ruchloser Tyrannei zu setzen, damit auch der Versuch, Millionen von Erniedrigten und Beleidigten aus vielen europäischen Völkern der schrecklichen Gewalt der Würger und Schänder von Buchenwald und Auschwitz zu entreißen, eben der Würger, die Deutschlands Namen mit Schande beladen hatten. Dieser Versuch mußte auf jedes Risiko hin gemacht werden. Es galt zugleich, das Reich vor dem Zusammenbruch zu bewahren, der Millionen um Heimat und Leben bringen würde[14]."

Als Präsident des deutschen Bundestags hat Gerstenmaier später einmal geschrieben: „Außerdem hatten die Kreisauer – es muß einmal gesagt werden – nicht nur die Hitlersche Diktatur, sondern auch die Weimarer Demokratie hinter sich gelassen. In ihren Konzepten hatten sie nicht vorgesehen, daß uns die alten Formen – seltsamerweise auf Betreiben der Russen – im Herbst 1945 von den Besatzungsmächten neu beschert würden ... Was sie über den munteren Betrieb in und zwischen unseren heutigen Parteien dächten, wage ich kaum anzudeuten. Man kann sich deshalb nicht ernstlich fragen, ob die Kreisauer etwa unter Moltke und Mierendorff heute populär wären, aber man kann keinen Augenblick im Zweifel sein, daß sie brennend notwendig wären. Sie sind es, denn ihr Problem ist die noch immer nicht voll gemeisterte europäische Demokratie."

Ein anderer mitwirkender Protestant war Pfarrer Harald PÖLCHAU, der geistliche Beistand im Gefängnis zu Tegel, durch das eine große Anzahl der politischen Gefangenen hindurchgegangen ist. Unter schwerer Gefahr für sich selbst hat er immer wieder Verbindungen der Häftlinge mit ihren Angehörigen erreicht. Es wurde sein Schicksal, seinen eigenen Freunden, mit denen er, als sie noch frei waren, dem Gedanken eines Neubaus gelebt hatte, in den Wochen oder Stunden bis zum gewaltsamen Tode zur Seite zu stehen. In gleichem Amt wie er und gleicher Hingabe wirkte der katholische Pfarrer BUCHHOLZ in Plötzensee, wo die meisten der wegen des Zwanzigsten Juli Verurteilten hingerichtet wurden.

Moltke empfand die Notwendigkeit, sich auch mit der katholischen Seite zu verständigen. Zu Beginn des Jahres 1942 wandte er sich, wie man weiß, an die Jesuiten in München und bat um einen Soziologen, mit dem er die Arbeiterfrage, die Planung einer christlichen Sozialordnung besprechen könnte. Mit Billigung und auf Wunsch des Provinzialoberen Pater ROESCH meldete sich bei ihm Pater Alfred DELP, der künftig in ein sehr lebendiges freundschaftliches Verhältnis zu ihm und Gerstenmaier trat und mit ihnen und Haubach zusammen die Umwelt Kreisaus geprägt hat.

Delp, ein Jahr jünger als Moltke, gleichaltrig mit Stauffenberg (geboren 1907), war während seiner Gymnasialjahre zur katholischen Kirche übergetreten und hatte sich neunzehnjährig dem Jesuitenorden angeschlossen. Später war er „einer der scharfsinnigsten und einfallsreichsten" Mitarbeiter an den „Stimmen der Zeit", dem Organ der Jesuiten, und erwarb sich in seiner Münchener St.-Georgs-Gemeinde durch seine mitreißende Rede, sein soziales Wirken und durch seine Schriften[15] einen großen Kreis von Freunden. Auffallend für diesen jungen Geistlichen aus dem Ignatiusgefolge ist, daß er nicht, wie viele seines Zeichens, den Glauben festhielt, daß die Kirche noch „zu den führenden Kräften und Mächten der Menschheit" gehöre[16], daß er es vielmehr als Werk der wenigen noch wahrhaft Gotterfüllten sah, mit der Kraft der Sendung die Welt aus ganz anderen Bahnen zurückzuerobern.

Die Kirchen selbst, so urteilt er, haben dazu beigetragen, den Massenmenschen, den Kollektivismus, die diktatorischen Herrschaftsformen entstehen zu lassen. „Ob die Kirchen den von den göttlichen Kräften erfüllten, schöpferischen Menschen noch einmal aus sich entlassen, das ist ihr Schicksal."

„Daß da ein Menschentyp geworden ist, vor dem selbst der Geist Gottes, man möchte sagen, ratlos steht und keinen Eingang findet, weil alles mit bürgerlichen Sicherheiten und Versicherungen verstellt ist, darf nicht nur als Erscheinung der Vergangenheit gewertet werden. Dieser Typ lebt noch. Dieser Typ hat die Geleise der Entwicklung, auf denen wir fahren, gelegt. Dieser Typ ist grundsätzlich nicht überwunden, weil alle Gegenbewegungen eigentlich nicht den Typ negieren, sondern nur den Ausschluß eines Teiles der Menschen von den Lebensmöglichkeiten des Typs. Die meisten modernen Bewegungen sind doch ausgezogen, um den jetzt noch Ausgeschlossenen zu ermöglichen, so gut bürgerlich als möglich zu leben ... Die Kirche hat ihren eigenen Beitrag geleistet zur Entstehung und zur Entartung des bürgerlichen Menschen. Und der bürgerliche Mensch hat nicht versäumt, sich in der Kirche breitzumachen und die Ideale der menschlichen Schwäche innerhalb des kirchlichen Raumes anzusiedeln ..."

„Der gegenwärtige Mensch ist weithin nicht nur gottlos, er ist in eine Verfassung des Lebens geraten, in der er Gottes unfähig ist ... Worin diese Gottesunfähigkeit besteht? Sie besteht in einer Verkümmerung bestimmter menschlicher Organe, die ihre normale Funktion nicht mehr leisten. Ebenso in einer Struktur und Verfassung des menschlichen Lebens, die den Menschen überbeanspruchen, ihm nicht mehr erlauben, er selbst zu sein ... Was ist zu tun? Drei Möglichkeiten: Die Ordnung Gottes verkünden und von ihrer Wiederanerkennung alles erwarten, den Menschen in Ordnung bringen und von seiner Gesundheit die Gesundung erwarten, den Lebensraum in Ordnung bringen und von da einen Erfolg des Menschen erwarten – man muß alle drei tun ... Die Revolution des 20. Jahrhunderts braucht endlich ihr Thema und die Möglichkeit der Schaffung erneuter beständiger Räume des Menschen."

Einen starken Eindruck gibt eine Niederschrift Delps in der Neujahrsnacht 1944/45, worin er aus seiner öden Zelle lebendige Umschau hält – sie läßt ermessen, auf welcher über Deutschland hinausgehenden Ebene die Gespräche der Kreisauer geführt wurden. Einige Stellen daraus:

„Es ist schwer, das Jahr, das heute zu Ende geht, in ein paar kurze Worte zu fassen. Es war sehr vielgestaltig. Und was seine eigentliche Pracht und Botschaft ist, weiß ich noch nicht.

Allgemein hat es die Entscheidung nicht gebracht. Die Not, die Härte, die Wucht der Ereignisse und Schicksale sind intensiver geworden, als es sich je ein Mensch einfallen ließ. Die Welt liegt voll Trümmer ... Jeder hält verzweiflungsvoll den Fetzen fest, den er noch in

Händen hat, weil er das Letzte ist, das der Mensch sein eigen nennt . . . Die Zusammenhänge zwischen dem Trümmer- und Leichenfeld, in dem wir leben, und dem zerfallenen und zerstörten geistigen Kosmos – ahnt kaum noch jemand. Und wenn, dann werden sie als Tatsache festgestellt, um registriert zu werden, nicht um darüber zu erschrecken oder die heilsamen Konsequenzen des neuen Aufbruchs zu ziehen. So weitgehend sind wir schon nihilisiert und bolschewisiert. Ein Glück, daß die vitalen Interessen den Gegensatz zu den Horden aus der Steppe noch halten. Dieses Bündnis mit dem Nihilismus würde das Abendland nicht mehr ertragen.

Von den alten Kulturträgern des Abendlandes schläft Portugal seinen Dornröschenschlaf. Es wird ein Ereignis fremder Entscheidungen sein. Spanien wird aufs neue in den Schmelztiegel geworfen, weil es die letzte Probe falsch bestand und die gestellte Frage betrügerisch löste. Es gibt heute keine feudalen Möglichkeiten, auch nicht in der Maskerade der Volkstribunen. Es gibt nur soziale Möglichkeiten, und die hat Spanien versäumt. Zu seinem bitteren Schmerz, zum bitteren Schmerz auch der mitschuldigen Kirche. Italien . . . der Balkan . . . Ungarn . . . Skandinavien . . . Rußland ist undurchsichtig. Besucht Rußland. Der Bolschewismus als Vorspann für einen russischen Imperialismus maßlosester Art? Wenn die Steppe einmal träumt, träumt sie großartig und maßlos. Oder braucht der Bolschewismus die natürlichen Schwergewichte und Interessen Rußlands? Die Slawen . . . können unsagbar viel zerstören und vernichten und verschleppen. Aber führen und bauen können sie noch nicht. Frankreich ist ratlos wie immer, wenn der abendländische Bogen gelockert oder gelöst ist. Es braucht den echten Dialog zu Deutschland, sonst wird es extrem und maßlos, fast wie Rußland. Nur von der Vernunft her und deshalb gefährlicher. Daß Englands Zeit zu Ende geht, glaube ich allmählich auch. Sie sind nicht mehr kühn genug und nicht mehr geistig. Die Philosophie des Nutzens hat ihnen das Mark infiziert und die Herzmuskel gelähmt. Sie haben die großen Erinnerungen noch, auch die großen Formen und Gebärden, aber die Menschen? . . . Deutschland ringt in allen Schichten seines Daseins um seine Existenz. Eines ist sicher: ein Europa ohne Deutschland, und zwar ohne mitführendes Deutschland, gibt es nicht. Und ein Deutschland, in dem die abendländischen Urströme Christentum, Germanentum (nicht Teutonentum) und Antike nicht mehr quellrein fließen, ist nicht Deutschland und ist kein Segen für das Abendland. Aber auch hier liegt, abgesehen von der brutalen Schicksalsfrage des Kriegsausgangs, vor allen tieferen Fragen die einer Brot- und Notordnung. Ernster genommen: auch hier die soziale Frage.

Der Anblick des Abendlandes an diesem Jahresabend ist bitter. Von zwei Seiten greifen raumfremde und ahnungslose Mächte in unser Leben hinein: Rußland und Amerika!

... Bleiben Vatikan und Kirche zu bedenken ... Gewiß wird man später einmal feststellen, daß der Papst seine Pflicht und mehr als das getan hat ... Hier zeigt sich die veränderte Stellung: unter den großen Partnern des blutigen Dialogs ist keiner, der grundsätzlich auf die Kirche hört. Wir haben die kirchenpolitische Apparatur überschätzt und sie noch laufen lassen zu einer Zeit, wo ihr schon der geistige Treibstoff fehlte ... Zunächst muß dieser Krieg, den keiner mehr gewinnen zu können scheint, zu einem leidigen Ende gebracht werden. Die Problematik der Staaten sowohl wie des Kontinents ist, grob gesagt, dreimal der Mensch: wie man ihn unterbringt und ernährt, wie man ihn beschäftigt, so daß er sich selbst ernährt: die wirtschaftliche und soziale Erneuerung: und wie man ihn zu sich selbst bringt: die geistige und religiöse Erweckung. Das sind Probleme des Kontinents, das sind die Probleme der einzelnen Staaten und Nationen, und das sind auch – und nicht irgendwelche Stilreformen – die Probleme der Kirche. Wenn diese drei ohne oder gegen uns gelöst werden, dann ist dieser Raum für die Kirche verloren, auch wenn in allen Kirchen die Altäre umgedreht werden und in allen Gemeinden gregorianischer Choral gesungen wird..."

Delp stand mit Moltke und Gerstenmaier und drei anderen ihrer Verbündeten vor dem Volksrichter. „Unsere Verhandlung war gestellt auf Moltkes und meine Vernichtung. Alles andere waren Kulissen und Statisten", schrieb Delp. Während das Gericht das Todesurteil gegen Moltke nur im Vergehen einer versäumten Anzeige begründete, nahm es bei Delp zugleich Hochverrat an: es war aufgedeckt worden, daß der junge Jesuitenpater seine Wohnung in München zu einer geheimen Aussprache hergegeben hatte, an der er selbst nur zu Beginn teilnahm, und daß er im Juni 1944 in Bamberg zu einem längeren Gespräch bei Graf Stauffenberg gewesen war[17]. Delp hat, wenn man den Eindrücken der anderen folgen darf, die Verurteilung wegen Hochverrats nicht ohne Befriedigung hingenommen, wenn ihm schon nicht vergönnt war, im Leben zu bleiben – so wie er sich bei der Bamberger Begegnung ohne Rückhalt zum Handeln und zu Stauffenberg bekannt hatte. Als sich die Spannung nach der Urteilsverkündung löste, kehrte Delp seine behende, redefrohe, geistreiche Art zurück, und er gewann auf der betrübten Rückfahrt die Freunde mit seinem Lachen. Moltke wurde knapp zwei Wochen nach dem Urteil mit dem inzwischen ebenfalls verurteilten Haubach zusammen am 23. Januar, Delp am 2. Februar hingerichtet. Der zum Tod Gehende hat lächelnd dem ihn grüßenden Gefängnispfarrer zugerufen: „In ein paar Minuten weiß ich mehr als Sie[18]." In seinen letzten Aufzeichnungen schrieb er: „Es ist Zeit der Aussaat, nicht der Ernte. Gott sät; einmal wird er auch wieder ernten. Um das eine will ich mich mühen: wenigstens als fruchtbares und gesundes Saatkorn in die Erde zu fallen. Es sollen einmal andere besser und glücklicher leben dürfen. Ich bitte die Freunde, nicht zu trauern, sondern für mich zu beten und mir zu helfen, solange ich der Hilfe bedarf. Und sich nachher darauf zu verlassen, daß ich geopfert wurde, nicht erschlagen. Ich hatte nicht daran gedacht, daß dies mein Weg sein könnte. Alle meine Segel wollten steif vor dem Wind stehen; mein Schiff wollte auf große Ausfahrt, die Fahnen und Wimpel sollten stolz und hoch in allen Stürmen gehißt bleiben. Aber vielleicht wären es die falschen Fahnen geworden oder die falsche Richtung oder für das Schiff die falsche Fracht und unechte Beute. Ich weiß es nicht. Ich will mich auch nicht trösten mit einer billigen Herabminderung des Irdischen und des Lebens. Ehrlich und gerade: ich würde gerne noch weiterleben und gern und jetzt erst recht weiterschaffen und viele neue Worte und Werte verkünden, die ich jetzt erst entdeckt habe. Es ist anders gekommen. Es bleibt mir, noch vielen Menschen für ihre Treue und Güte und Liebe zu danken. Dem Orden und den Mitbrüdern, die mir einen schönen und echten geistigen Lebensraum schenkten. Und den vielen echten Menschen, denen ich begegnen durfte. Wer gemeint ist, weiß es schon. Ach, Freunde, daß die Stunde nicht mehr schlug und der Tag nicht mehr aufging, da wir uns offen und frei gesellen durften zu dem Wort und Werk, dem wir innerlich entgegenwuchsen. Bleibt dem stillen Befehl treu, der uns immer wieder rief. Behaltet dieses Volk lieb, das in seiner Seele so verlassen und so verraten und so hilflos geworden ist. Und im Grunde so einsam und ratlos trotz all der marschierenden und deklamierenden Sicherheit. Wenn durch einen Menschen ein wenig mehr

Liebe und Güte, ein wenig mehr Licht und Wahrheit in der Welt war, hat sein Leben einen Sinn gehabt... So lebt denn wohl. Mein Verbrechen ist, daß ich an Deutschland glaubte auch über eine mögliche Not- und Nachtstunde hinaus. Daß ich an jene simple und anmaßende Dreieinigkeit des Stolzes und der Gewalt nicht glaubte (NSDAP = Drittes Reich = Deutsches Volk). Und daß ich dies tat als katholischer Christ und als Jesuit. Das sind die Werte, für die ich hier stehe am äußersten Rande und auf den warten muß, der mich hinunterstößt: Deutschland über das Heute hinaus als immer neu sich gestaltende Wirklichkeit – Christentum und Kirche als die geheime Sehnsucht und die stärkende und heilende Kraft dieses Landes und Volkes – der Orden als die Heimat geprägter Männer, die man haßt, weil man sie nicht versteht und kennt in ihrer freien Gebundenheit oder weil man sie fürchtet als Vorwurf und Frage in der eigenen anmaßenden, pathetischen Unfreiheit."

Das Einverständnis des Jesuitenprovinzials Pater ROESCH und sein Besuch in Kreisau sind der Staatspolizei nicht verborgen geblieben. Auch er, dessen menschliches Gleichmaß und dessen geistige Überlegenheit die Jüngeren führte und umgriff, ist als ein nicht nur duldender Gegner Hitlers vor Gericht geführt[19] und lange in Haft gehalten worden – er ist mit dem Leben davongekommen. Roesch hat auf der ersten Kreisauer Tagung, nachdem Steltzer über das Verhältnis von Kirche und Staat gesprochen hatte, über den „Katholischen Raum" vorgetragen und ist mit Steltzer zusammen in ein „Konklave" geschickt worden, um den Kirche und Kultur betreffenden Teil der Niederschrift zu entwerfen. Bei der zweiten Tagung war er gleichfalls zugegen. Bei der dritten hat ihn Delp vertreten.

Auch die beteiligten Juristen und Verwaltungsleute entnahmen ihrer Kirche Haltung und Antrieb, so Paulus VAN HUSEN, katholischer Westfale, ehemals Mitglied der Gemischten Kommission in Oberschlesien, später Oberverwaltungsgerichtsrat, kundig vor allem im internationalen Recht, ein sehr tätiger Helfer in den Moltkeschen Bestrebungen – der unter den Kreisauer Dokumenten erhaltene Entwurf über die Behandlung der Rechtsschänder ist vor allem sein Werk –, Hans LUKASCHEK, Schlesier, früher Mitglied des Zentrums, mit van Husen in der Gemischten Kommission, bis 1933 Oberpräsident seiner Heimatprovinz, Dr. Theodor STELTZER, aus einer preußischen Richterfamilie in

Holstein geboren. Steltzer hatte vor dem Ersten Weltkrieg die Staatswissenschaften studiert und – für einen Mann seines Herkommens ungewöhnlich – vor allem auch Verbindung zu den sozialistischen Kreisen gesucht. Im Krieg war er nach schwerer Verwundung als Generalstabsoffizier in der Obersten Heeresleitung im Stabe des Generals Gröner. Später kehrte er als Landrat in seine holsteinische Heimat zurück und widmete sich, bis er 1933 enthoben wurde, der erziehenden Arbeit im Kreis und in der Gemeinde, danach Aufgaben der ökumenischen Bewegung. Im Zweiten Weltkrieg war er als Transportoffizier in Norwegen, befreundet mit dem Kirchenhaupt und machtvollen Kämpfer gegen Hitler Bischof Berggrav, selber bemüht, das schwere Schicksal des anderen Volkes zu mildern und, was er als Völkerrechtsbruch des Stärkeren sah, nach Kräften zu verhindern. Als Teilnehmer der Kreisauer Tagungen hat er sich lebhaft an den Aussprachen wie an den Niederschriften beteiligt. Das Volksgericht sprach über ihn die Todesstrafe aus, doch ist die Vollstreckung durch Fürsprache eines Himmler Nahestehenden aufgeschoben worden, so daß er lebend entrann. Steltzer hat wohl am entschiedensten von allen in Kreisau Beteiligten Attentat und gewaltsamen Eingriff verworfen[20].

Andere Männer, die beratend an den Arbeiten des Kreisauer Kreises teilgenommen haben, seien hier noch genannt: der Professor für Staatsrecht an der Breslauer Universität Hans PETERS, der Jurist Dietrich von TROTHA, ein Vetter Moltkes, der Soziologe Horst von EINSIEDEL, der mit Moltke die Löwenberger Arbeitslager begründet hat. Er ist später in russischer Gefangenschaft gestorben.

Besonders zu nennen sind noch zwei junge Diplomaten, die, einander sehr befreundet, auch zu Yorck und Moltke in ein nahes Verhältnis traten und den Kreis mit dem immer neu herangetragenen Wissen von den Außenvorgängen bereicherten. Legationsrat Hans-Bernd von HAEFTEN, 1905 aus einer alten niederrheinischen Familie geboren[21], hatte eine von Brauchitsch zur Mutter, die, wie es heißt, entschlosseneren Geistes war als ihr Bruder, der Feldmarschall. Das Erbe protestantisch kirchlicher Frömmigkeit, das über den sonntäglichen Kirchgang hinaus auch die Schritte jedes Tages bestimmte, umgab den Aufwachsenden und blieb dem Erwachsenen verpflichtend. Am meisten von seinen Freunden, die den Geisterkampf alle viel zerspaltender in sich selbst empfanden, schien er noch aus solcher sicheren Bindung heraus zu leben. Vor 1933 war er Austauschstudent in Oxford gewesen, später arbeitete er unter Botschafter von Papen in Wien, danach mehrere Jahre als Kulturreferent in Bukarest. Es ist bezeichnend, daß er sich bei dieser Arbeit in Rumänien eng an die römische Kirche anschloß, den Vorwurf eines „Klerikalen" nicht scheuend: er suchte sich mit den echten bewahrenden Kräften zu verbinden, wo er sie fand. Während des Krieges war er im Auswärtigen Amt in Berlin und blieb oft bis an den Rand seiner körperlichen Kräfte seiner immer wachsenden Doppelaufgabe hingegeben, im Amt mit Anstand seinem Vaterland zu dienen und zugleich vom Kreis der Verbündeten her für eine Änderung zu wirken. In solchem Aufbegehren, in zuweilen leidenschaftlich aufflammender Ungeduld, im Wachsamsein bei allen betäubenden äußeren Verläufen, im eigenen Sichbereitfinden, wo man seiner bedurfte, hat Haeften sich so stark erwiesen, wie es kein Fremder vermutet hätte, dem die gütige und entgegenkommende Geste dieses Menschen zugekehrt war. Er war von großer und angenehmer Gestalt, ein nachsinnender Mensch des Wohltuns und Rechttuns, mit einem fast überzarten Gewissen gegen sich selbst und die Widrigkeiten der Welt. „Die Festigkeit seines Charakters und die klare Linie seiner Lebensführung bei einer Kopf und Herz verbindenden Klugheit[22]" gaben ihm seinen Rang unter den Freunden. In den Monaten vor dem Zwanzigsten Juli war Haeften in Berlin. Seine Teilnahme an den Plänen der Erhebung war nicht zu verwischen und führte rasch zu seiner Verhaftung.

Das Leben des Legationsrates Adam von TROTT ZU SOLZ, der im Jahre 1909 geboren ist, vereint eine erlebnisreiche und behütete Jugend in einem anmutigen Talwinkel Hessen-Kassels mit männlichem Reifen, mit Abenteuer und weitestem Umfassen heutiger Welt. Vom Vater, der als hoher Beamter in preußischen Diensten gestanden war, glaubte Trott, wie er noch in einem letzten Brief schrieb, seine tiefe Liebe zur deutschen Heimat entstammt, die ihn aus der Ferne einer ihn begünstigenden größeren Welt und allem Ansehen, das sie ihm bot, immer wieder zu sich rief[23]. Der ihm besonders nahen Mutter verdankte er den immer wachen unerbittlichen Antrieb des Fragens, die Unrast des Nicht-stehenbleiben-Wollens und das starke Ranggefühl einer eingeborenen Bestimmung. Die Tage und Nächte, die er als Knabe mit einem Freund zusammen im „Trottenwalde" verbracht hatte, ließen bis in seine späteren Jahre ihre Spur, und wenn er fern unter ganz anderen Menschen als einer der Ihrigen ging und in ihrer Sprache sprach, so behielt er seine Wurzeln in der heimatlichen Welt und versetzte sich mit den Gestalten Jean Pauls in ihre „noch unentweihten Täler und Wälder[24]". Als der von tiefer Sorge umgetriebene Diplomat aus Berlin eines Sonntags nach Imshausen sich zu erholen kam, fand man ihn am Wiesenrain sitzend, den grünen ländlichen Hut im Nacken, wie verwandelt: einen Hirten, der ins Tal schaut ... Und so seufzt er im Ungewissen über ein Wirken in dieser Zeit in einem Brief an eine englische Freundin: „Am liebsten wär ich ein Schäfer ...[25]." Trott war groß und fiel oftmals auf, wenn er über die Straßen ging. Seine englischen Freunde fanden „a sense of power in his manner", und sie hielten ihm im Scherz vor, keiner habe das Recht „to look so imposing", wie er es tue. Aber in Wahrheit bekannten sie, daß er bei soviel Macht, die ihm seine Erscheinung gab, so ganz ohne kränkenden Anspruch gewesen sei, und sie berichteten erstaunt, mit welcher Leichtigkeit und Unbekümmertheit Trott zu Menschen jeden Standes, in England wie in Deutschland, das Wort gefunden habe, und wie ihm Kinder mit dem ersten Begegnen voll Vertrauen anhingen. Schon am Knaben hatte man ein reges Nachsinnen über die Lage der anderen, das fördernde Ergreifen des Eigenen und jenes unbemühte gegenseitige Freundsein auch mit sonst abweisenden Menschen bemerkt. Ein späterer Freund schreibt dazu: „Die Liebe ist das einzige große und entwaffnende Zeichen, das den Theorien des Hasses alle die entgegensetzen können, die zu ihr befähigt, die mit ihr begnadet sind. Diese Liebe war in Adam Trott. Sein Wesen strahlte sie aus. Es war die Kraft, die es ihm möglich machte, jeden anderen, und die es anderen möglich machte, ihn anzuerkennen. Sie vermochte alle Gefühle der Schwäche und Unterlegenheit bei den Menschen zu mildern, mit denen er es zu tun hatte[26]."

Trott studierte die Rechte und Philosophie. Zwanzigjährig reichte er seine Dissertation ein: „Hegels Staatsphilosophie und das internationale Recht". Aus einem Merkbuch dieser Zeit sei entnommen: „Alle Einflüsse abweisen, die nicht zu schöpferischen Kräften verhelfen oder sie unterstützen"; „Erklärt sich die entsetzliche Hast der Gegenwart nicht vielleicht daraus, daß ihre ungeheuren geistigen Kräfte nicht genutzt und daher auch im Bewußtsein nicht zur Einheit gebunden werden?[27]"

Von seinem genialischen Jungmännerhaushalt berichtet ein Freund[28]: Da lagen, wenn man kam, die Haarbürste und der aufgeschlagene

Band Hölderlin und Karl Marx auf dem Tisch, und bald war man in Gesprächen über Aufruhr und Änderung im Vaterland. Von 1931 bis zum Oktober 1933 war Adam Trott als Cecil-Rhodes-Stipendiat in Oxford. Englische Berichte bekunden, daß es ihm wie wenigen jungen Deutschen gelungen sei, das Leben Oxfords wahrhaft mitzuerleben und doch, stets erkennbar und angesehen, durch und durch Deutscher zu bleiben. Weite Freundschaften knüpften sich, von denen manche sich über den Tod Trotts hinaus lebendig bezeigten[29]. In den Zwischenjahren, in denen Trott den geforderten Ausbildungsweg an deutschen Gerichten durchlief, fand er sich von steter Hemmung begleitet, da der neue Staat ihm „politische und charakterliche Nichteignung" jederzeit bescheinigte[30]. Gleichwohl eröffnete sich ihm noch einmal die Möglichkeit zu einem Studium außerhalb der deutschen Grenzen. Er ist in diese Zeit – sechs Monate in den Vereinigten Staaten, vierzehn Monate in China – mit dem Entschluß eingetreten, später trotz allen Widerratens nach Deutschland zurückzukehren und mit den erworbenen Erfahrungen zur Stelle zu sein, wenn es um die großen erwarteten Auseinandersetzungen gehe[31]. Im Dezember 1938 war er zurück – Freunde fanden die Frucht des Ostens an ihm in seiner gereifteren, so tief gelassenen, wie immer zur Tat gesammelten Art –, und er setzte sich nunmehr zum Ziel, in diesem Staat, den er nicht liebte, an eine entscheidende Stelle zu kommen. Die nächste Sorge aber, die er bei der Heimkehr antraf, war für ihn, auf jedem möglichen Weg zu versuchen, den drohenden Ausbruch des Krieges zu verhindern. Er war, ehe die Waffen die Hoffnung vernichteten, im Jahre 1939 dreimal in London und hat in dem schon bekannten Sinne im Gespräch mit bedeutenden Männern wie den Lords Lothian und Halifax versucht, ein unmißverständliches Bekenntnis Englands zu erreichen, das – so glaubte man – den Kriegswillen Hitlers gedämpft hätte[32]. Die Darlegungen Trotts erschienen bei einem Sprecher im britischen Parlament, der sie sich zu eigen machte – die Lenkenden der großen Politik gingen andere Wege. Den Bericht über seine englischen Gesprächseindrücke, den das Auswärtige Amt von ihm wünschte, hat Trott mit viel Selbstüberwindung im Ton Hitlers, aber absichtsvoll als Warnung vor der Entschlossenheit Englands, somit als Warnung vor einem Krieg verfaßt und hat sich damit Ribbentrops gründliche Feindschaft erworben. Er stand um diese Zeit schon in Verbindung mit Beck, Goerdeler, Schacht, Leuschner.

Als eben der Krieg in Polen abgeschlossen war (im Oktober 1939), folgte Trott mit Einwilligung des Auswärtigen Amtes einer telegraphisch wiederholten Einladung nach den Vereinigten Staaten zu einem Kongreß des Instituts für pazifische Fragen. Er erreichte das letzte von Genua abfahrende Schiff, dem es dank seines mutigen Kapitäns gelang, die englische Sperre bei Gibraltar zu durchbrechen. In New York trat er durch Empfehlungen seiner Oxforder Freunde, von Hjalmar Schacht und Dr. Brüning, mit dem er lange Gespräche führte, zu einem größeren Kreis in Verbindung. Er sprach zweimal den „Assistent secretary of State" Messersmith und drang mit einem Memorandum des Amerikadeutschen Paul Scheffer, das er erweitert hatte, bis zum Staatssekretär Cordell Hull, allem Anschein nach auch bis Roosevelt vor[33]. Als Ziel war darin nach F. Morley formuliert „dafür zu sorgen, daß nicht das Programm eines Vernichtungskriegs alle diejenigen zum Anschluß an den Nationalsozialismus zwingt, die begonnen haben, sich zum Sturz Hitlers zusammenzufinden". Dazu war ein Friedensprogramm gefordert, für das das von Hitler befreite Deutschland Opfer und Garantien zu bringen habe, für das aber auch die Alliierten bestimmte Forderungen nicht überschreiten dürften, z. B. Deutschland nichts vom Gebiet, das es 1933 inngehabt habe, zu nehmen. Trott warnte vor einem vorzeitigen Friedensschluß mit der gegenwärtigen Regierung in Deutschland: Nichts schien ihm verderblicher als ein zweites München. In den von ihm hinzugefügten Schlußabschnitten warb er um ein Bündnis mit den „konstruktiven Elementen auch in den Ländern, die jetzt Friedensstörer seien", und um das Übernehmen einer gemeinsamen Verantwortung für die westliche Welt, die ihre Ordnung in einer neuen sozialen Wirklichkeit finden und Kriege untereinander überwinden müsse. Es schien, daß Präsident Roosevelt beeindruckt war, so wie Trott, wo er auftrat, für seine Person das Mißtrauen überwand und für sich einnahm. Aber es hing ihm, auch durch die Art seiner Reise zu Ausbruch des Kriegs, der Verdacht an, er sei Naziagent. Dies griff auch der Richter des Supreme Court Felix Frankfurter, naher Berater Roosevelts, auf, hinter dem starke Industriekreise standen, der übrigens Trott schon von Oxford her kannte. So ist Trotts Mission gescheitert[33a]. Freunde wollten ihn bewegen, in USA zu bleiben, er erklärte: „Ich bin mir darüber klar geworden, daß, abgesehen von sicheren Anzeichen voraussichtlicher Liquidation, mein Platz während der kommenden Zeit zu Hause ist³⁴." Anfang 1940 kehrte er über Japan, Peking, Sibirien nach Deutschland zurück. Aus Peking kam ihm ein Brief bei seiner Mutter zuvor: „Es wird mir schwer, Ihnen zu sagen, wie schön dieses kurze Wiedersehen in so ernster Stunde war" – ein fast väterlicher Freund Trotts schrieb so aus Peking – „Adams Wesen erschien mir klar und zugleich verfeinert, kraftvoll und doch fern aller Gewaltsamkeit, gütig ohne Weichheit, zur Männlichkeit herangereift und geläutert in zwei Jahren tiefer, weltweiter Erfahrungen . . .³⁵" Eine schwere Gelbsucht, die Trott mit nach Hause brachte, empfand er selbst als eine Folge der inneren Last und Enttäuschung über das von keiner politischen Besinnung mehr aufzuhaltende Kriegsschicksal.

Jetzt erst gelang ihm der Eintritt ins Auswärtige Amt in Berlin. Er ist darin, mit vielfältigen Aufgaben der Kulturpolitischen Abteilung betraut, die vier Jahre bis zu seiner Verhaftung geblieben[36]. Trott hat während dieser Zeit, wie es der Krieg zuließ, mit immer neuer Gefährdung seiner selbst, sich dafür eingesetzt, den Kreisauer Freunden wie dem wachsenden Kreis der innerdeutschen Widerstandsbewegung die Verbindung in die neutralen und die besetzten Länder des Kontinents zu erhalten, von der Verfolgung gefährdete Männer in den besetzten Ländern zu decken und bei allen durch tätige Bewährung eines anderen aus Deutschland kommenden Geistes statt sich verschließenden Hasses das Bewußtsein einer gemeinsam-europäischen Not-Verbundenheit zu pflegen. Nachdrücklich die Grenze gegen den militärischen Verrat wahrend, hat er mehrfach selbst oder durch andere versucht, ein vernehmbares Wort an verantwortlich denkende Männer auf der Feindseite zu richten. Man kennt heute einige seiner Texte, die wie aus späterer Sicht geschrieben scheinen, so ein Memorandum, das Visser't Hooft, Generalsekretär des Ökumenischen Rates der Kirche, im April 1942 von Genf nach England zu Sir Stafford Cripps nahm[37], die Botschaft, die im Januar 1943 dem Amerikaner A. W. Dulles nach Bern überbracht wurde, die „Antwort zu den sechs Friedenspunkten der Amerikanischen Kirchen" vom November 1943[37a] und eine zweite Botschaft an Dulles vom April 1944. Seine Denkschrift von 1944, auf die er selbst noch nach dem 20. Juli einen fast testamentarischen Wert legte, „Deutschland zwischen West und Ost", ist bisher als verloren zu betrachten. Sie hat, wie anzunehmen ist, seinen Richtern noch vorgelegen. Trott hat von ihr nach dem 20. Juli zu einem ihm Vertrauten gesagt:

„Sie werden sehen, es kommt alles so, wie wir es vorausgesagt haben[38]."
In seinem Amt hatte er als seine nahen Freunde Hans von Haeften und Alexander Werth. Eine besonders fruchtbare Verbindung einte ihn mit Julius Leber. Eine neue starke Belebung, die bis ins Leibliche hinein spürbar wurde, „eine hohe menschliche Erfüllung", wie ein Bericht sagt, fand Trott, als er zu Anfang des Jahres 1944 auf die Bürgschaft des Dr. Leber hin mit dem Grafen Stauffenberg bekannt wurde und die beiden sich rasch auf eine einzigartige Weise befreundeten. Häufig kam Stauffenberg zu ihm in seine Wohnung „Am wilden Eber". Die Denkschrift „Deutschland zwischen West und Ost", die Trott für ihn ausarbeitete, nahm er beeindruckt auf und formte an ihr auch seine eigenen Vorstellungen. Adam Trott hat keinen Augenblick gezögert, den Weg, den er von der Tatnatur des anderen beschritten sah, aus tiefer eigener Überzeugung heraus mitzugehen: in ihm hat Stauffenberg einen kraftvollen und leidenschaftlichen Helfer gefunden, dem die Natur mit seiner Größe, mit seinem mächtigen Stirngewölbe, seinen buschigen dunklen Brauen über den aus der Tiefe schauenden klaren blauen Augen den Ernst, aber auch die Freude jugendhaften Lachens und die Kunst treffender „Breviloquenz", wie es Freunde nannten, gab. Als einer mahnte, daß er im Vorzimmer des Führerfreundes und Erztreuen konspiriere: man niste am sichersten in den Taschen der Vogelscheuche ... Wie der Staatssekretär Keppler sei?: „Skepsis der Bauernschläue, durchkreuzt von eudämonistischem Führerglauben." Wie er zum Krieg stehe?: „Bleich und gefaßt[39]."

Im Mai 1944 hatte Adam Trott noch einmal, als er in Verona stand, die Wahl, ob er sich in Rom, das eben fallen mußte, auf die andere Seite begeben sollte. Manches sprach dafür, weil er täglich seine Verhaftung erwartete. Eine dienstliche Möglichkeit öffnete ihm leicht den Weg, ohne daß sein Übergang auffiel. Doch er strebte zurück nach Berlin, wo er die Freunde in arger Bedrängnis wußte. Er wollte zur Hand sein, wenn Stauffenberg seiner bedürfe. „Diese Freundschaft", so schließt ein Bericht über Trott diese Zeit ab, „die die schöpferische Zukunftshoffnung in ihm – allen Widerständen und Aussichten zum Trotz – neu belebt haben muß, mag wie ein letztes Geschenk des Himmels gewesen sein, der diesem außerordentlichen und so früh abgebrochenen Leben auch diese irdische Erfüllung noch gewähren wollte[40]."
Wie dieser Mann in den letzten Monaten war, entnimmt man Erinne-

rungen von Freunden: Gedanken, Vorstellungen, Willenskräfte, deren treibende Vielfalt früher an ihm gezerrt hatte, schienen „wie durchleuchtet, geklärt und zur großen überzeugenden Kraft zusammengeballt" ... das Antlitz wies es aus, das frei von der Lebensangst jener Wochen und fast schöner schien, als könnte kein Streich mehr treffen, den nicht eine höhere Fügung sende.

Nach dem Zwanzigsten Juli konnte Trott seiner Verhaftung in Berlin mit Gewißheit entgegensehen. Die verschiedensten Menschen wetteiferten, ihm unter eigener Lebensgefahr zur Flucht zu verhelfen. Er blieb, – „ich fühle mich wie ein Baum ohne Äste" sagte er am 21. auf einem Gang durch den Grunewald zu einer Cousine, die von allem wußte. Am 25. wurde er verhaftet. Am 14. August stand er mit von Haeften vor dem Volksgericht. Haeften wurde schon tags darauf hingerichtet, Trott hielt man erhoffter Aussagen wegen noch zwölf Tage zurück. Kurz vor seinem Tod verabschiedete er sich auf einem kleinen Gefängnisformular von Frau und Mutter. Im Gedanken an die Töchter schreibt er: „Es ist heute ein klarer ‚Peking-Himmel', und die Bäume rauschen. Lehre unsere lieben, süßen Kleinen diese Zeichen und die noch tieferen unseres Gottes dankbar, aber auch tätig und kämpferisch verstehen[41]."

Andere Teilnehmer der Gespräche um Moltke und Yorck sind früher schon gezeichnet worden, man wird nicht erstaunen, sie in diesem Kreis tätig und befreundet zu finden: Adolf Reichwein, den Moltke schon aus den schlesischen Arbeitslagern kannte, Theo Haubach und Carlo Mierendorff, beide von Reichwein eingeführt, Hermann Maaß, den andern aus Zusammenhängen der früheren Jugendbewegung verbunden. Mierendorff vor allem, so scheint es, hat ihrem Kreis als politische Kraft die stärkste Prägung gegeben. Er hat sich wohl in den einzelnen Teilen des Reiches das Aufspüren und Verpflichten geeigneter Männer und das praktische Planen die größte Mühe kosten lassen. Sein Tod und die einige Wochen danach folgende Verhaftung Moltkes haben der gemeinsamen Arbeit der Kreisauer ein Ende gesetzt. Auch wenn manche Ungleichheit der Meinung nie überbrückt worden ist, so ist doch auffällig, wie weit die Männer der Kirche die Auffassung der Sozialisten als die ihrige annehmen konnten, und wie weit sich die Sozialisten wiederum gedrängt sahen, einem christlichen Grundbau des staatlichen Daseins das Wort zu reden. Julius Leber ist, soweit zu erkennen, erst im späteren Verlauf des Jahres 1943 in nähere Berührung mit Moltke getreten. Offenbar hielten ihn Mierendorff und die anderen von dem, was vorging, unterrichtet. Er war wohl im ganzen zustimmend, doch lag es ihm nicht, sich an die ausgearbeiteten politischen Grundsätze zu binden, die er gelegentlich für zu theoretisch erklärte.

Um das Bild der Gesprächsgemeinschaft der Kreisauer zu vervollständigen, wird man auch der Frauen gedenken, die ihnen nicht nur als Bewirtende oftmals schufen, was man im Süden das „ambiente" heißt, sondern – den Männern auch auf ihrer Ebene begegnend – eigene Gedanken und Erfahrungen beitrugen, so Freya Gräfin Moltke, Marion Gräfin Yorck.

Moltkes Plan war, die einzelnen Gebiete einer künftigen Staatsverwaltung jeweils besonders Befähigten zur Bearbeitung zu übergeben, ihre Ergebnisse im kleineren Kreis besprechen und dann vor dem Gesamt der Teilnehmer vortragen zu lassen. Aus diesen Erarbeitungen sollten Richtlinien hervorgehen, die dann den Kreisen um Beck und Goerdeler und anderen verantwortlichen Beteiligten vorgelegt werden sollten, um ein einheitliches Wollen zu erreichen. Als weiterer Schritt wurde für nötig befunden, für die einzelnen Länder, deren Neuabgrenzung nach dem Haushofer-Schulenburgschen Plan[42] angenommen wurde, die Männer zu finden und mit politischen Weisungen auszurüsten, die für die Zeit des Überganges ein leitendes Amt wie das eines Landesverwesers, eines Beauftragten der Gewerkschaften oder der Kirchen zu übernehmen hatten.

Die Sicherheit gebot, in kleinen Gruppen zu arbeiten und nur durch einen Wortführer die Verbindung zur Mitte herzustellen. Allein der Name Moltkes war allen irgendwie Teilnehmenden als Losung gemeinsam, München und Berlin waren die häufigsten Treffpunkte. Als die Pläne reifer geworden waren und sich eine Zusammenstimmung des getrennt Erprobten als notwendig erwies, lud Moltke zu drei für die Teilnehmer denkwürdigen Zusammenkünften übers Wochenende auf sein Besitztum bei Schweidnitz ein (Pfingsten 1942, Oktober 1942, Pfingsten 1943). Wohl die Hälfte der Teilnehmer dieser Synoden hat mit dem Leben bezahlt. Aus den Erzählungen der Überlebenden ist heute noch die Atmosphäre dieser Treffen zu spüren. An- und Abwege wurden bedacht, Unberufene ferngehalten. Manche, die sich im Schloß begegneten, sahen sich zum erstenmal, doch stand jeder wie durch die Bürgschaft des Hausherrn zu jedem in offenem Vertrauen und kam, ob Ost-, ob West-, ob Süddeutscher, ob Gutsherr oder Priester, Anwalt oder Arbeiterführer, Lehrer oder Diplomat, mit der Bereitschaft, auch die Meinung des Andersdenkenden zu erwägen und jede starrgläubige Eigensucht, das deutsche Hausübel, zu verbannen, um dem gemeinsamen Ziel zu dienen: Maßnahmen zu finden, mit denen man dem kommenden Zusammenbruch begegnen könne. Von Sieg und Niederlage wenig berührt, suchte man auf diesen Versammlungen den Zerfall von Menschentum und Menschengemeinschaft zu ergründen, der das Emporkommen Hitlers ermöglicht habe, und die rettenden Kräfte zu benennen, die in solcher Wirrnis noch standzuhalten vermöchten. Auf solcher Ebene bewegten sich die Gespräche: man vermied, so umdrängt jeder von täglichen neuen Schreckenserfahrungen war, bei Klage und Anklage zu verweilen. Man blieb bemüht, das Überhandnehmen leidenschaftsloser Gewalttat und kaltsinniger Vernichtung, die Menschen nach Hunderttausenden ergriff, nicht nur als Wirkung dieses einen Mannes und der ihm Ergebenen, sondern als tieferweisendes Menetekel zu erfassen – Zeichen einer Erkrankung, die aus ahnenalten Wurzeln hervorgegangen nun am deutschen Körper, die Nachbarn bestürzend, nach außen hervorgebrochen war. Moltke und seine Freunde empfanden stark, welche Schmach und Verantwortung nunmehr auf dem deutschen Namen laste[42a], sie trugen sie, ohne mit einem Blick nach außen („die andern sind nicht besser") sich wohltätige Erleichterung zu verschaffen. Wohl aber war für sie ohne Frage, daß der Schnitt in gleicher Weise durch die andern Völker gehe, und sie suchten in ihren Verbindungen zum Ausland bekennend, beschwörend, hilfsbereit eine Notgemeinschaft der Erweckten zu bilden, die über Völkerhaß und Tagesgroll hinaus vom gleichen Anruf der Not im eigenen Herzen bewegt würden. Sannen andere dem Ziel nach, Hitlers Regiment zu vernichten, so sahen die Kreisauer die eigentliche Aufgabe erst nach ihm beginnen im Geisterkampf, der Siegern und Besiegten bevorstehe. Das spätere Mahnwort „Hitler in uns selbst[43]" scheint wie in Kreisau gesprochen.

Die politischen Fragen erörterte man als Teil des großen geistigen Generationsproblems. Was die Sozialisten als die praktisch zu lösende Aufgabe sahen – neue Verwurzelung der bodenfern gewordenen Industriearbeitermassen, Überwindung eines versklavenden Technizismus,

Verstaatlichung der Grundindustrien, Entmachtung der am Krieg interessierten internationalen Wirtschafts- und Kapitalmächte, neue Eingliederung des einzelnen in den sozialen Staat, neue Verantwortlichkeit des einzelnen zwischen Zwang und Freiheit usf. –, solche Gedanken wurden im Kreisauer Gespräch, wohl vor allem unter der Einwirkung Moltkes und Delps, vor einen noch größeren geistigen Zusammenhang gestellt und, ungeachtet des zunächst zu Verwirklichenden, in weiter ausholenden Gesprächen erwogen.

Die politischen Fragen ordneten sich ein in das große geistige Generationsproblem. Man holte sich Rat bei Nietzsche und Burckhardt ebenso wie bei zeitgenössischen Denkern wie Ortega y Gasset, Bernanos. Wie kann der Mensch, so etwa fragte man, der durch das 19. Jahrhundert gegangen ist, der ungeahnte Möglichkeiten errungen hat um den Preis des Erkaltens, des Öde- und Gemeinwerdens seiner inneren Welt, sich zurückfinden und wieder die Kraft der Bändigung erlangen? Wie kann er sich von der Daseinslüge befreien, die ihn das Unvereinbarste sorglos vereinen und begierig das Gift vermehren heißt, das ihn tötet? Wie kann er noch einmal eine solche Bindung an die Lebensmächte in Volk, Staat und Natur, eine solche Bindung an Gott finden, wie sie etwa dem christlichen Alter eigen war und eine glücklich überwölbende Gemeinschaft möglich machte? Man sah beim Blick auf die Gegenwart ein allen gemeinsames Schicksal: ein geistgebautes, gebundenes Leben nirgendwo mehr als da und dort unterm Einzeldach, ob im schottischen Hochland, am südlichen See oder in den Felsgebirgen von Kalifornien. Im öffentlichen Umtrieb von West zu Ost, verhüllt oder nackt, Machtkampf im Namen des autonomen Staats, der autonomen Wirtschaft im Bund mit einer autonom gewordenen Forschung. Man empfand, daß diese entfesselte Welt immer größeren Abstürzen zueile und daß sie mit den zuletzt ausgespähten Geheimnissen in Kürze imstande sei, alles physische Leben zu sprengen oder tief im Keim zu schädigen und den Ball zu entvölkern.

Von solchen Überlegungen her gewann für die in Kreisau Versammelten Europa oder das Abendland eine neue hohe Bedeutung und Verpflichtung, vor der die nationalen Schicksale verblaßten. Von Europa sah man die Entbändigung der Naturwissenschaft und Technik, die Entbändigung im sozialen Gefüge ausgegangen, Europa sah man aus seinem Erbe heraus die große Aufgabe gestellt, Gedanken und

Kräfte der Umkehr zu entwickeln. Yorck sprach vor dem Volksrichter als das Trennende an: „Der Totalitätsanspruch des Staates gegenüber dem Bürger unter Ausschaltung seiner religiösen und sittlichen Verpflichtung vor Gott." In den Richtlinien der Kreisauer findet man so mit großem Nachdruck „die göttliche Ordnung" als Maßstab zwischen Menschen und Völkern zugrunde gelegt. Ein so begründeter Staat allein könne die unabdingbare Freiheit des Gewissens, die Würde des Menschen, Schutz der Familie und eine echte Entfaltung der Formen des menschlichen Zusammenlebens ermöglichen. Moltke legte Wert darauf, von sich aus festzustellen, daß Grundsätze reiner Sittlichkeit, wie er früher geglaubt, allein nicht mehr genügten, der Glaube an Gott allein gebe Kraft, alles zu wagen, alles zu opfern.

Der deutsche Wiederaufbau sollte als eine Form heute zu entwickelnder europäischer Demokratie auf die christlichen Kirchen, in denen man gleichfalls erneuernde Kräfte erhoffte, und auf die „freiheitlich gesonnene Arbeiterschaft" gestützt werden. Im beschränkten Kreis aber mußte man beginnen: das neue Durchdrungensein der von der Not Erweckten, derer, die bewußt durch den „Feuerofen" gegangen waren, ihr Sichbereitfinden zum bruderverbundenen Opfer schien Moltke und den Seinen die Schwelle zu allem Künftigen, und man hat von Moltke Beweis, daß er danach gelebt hat.

Moltke hat vor allem die Verbindung nach England gepflegt und mit seinen dortigen Freunden eine Denk- und Tatgemeinschaft in seinem Sinn herzustellen gesucht (s. vor allem den wichtigen Brief an Lionel Curtis vom Jahr 1942)[44]. Andere des Kreises standen gleichgesinnten Männern in andern Ländern näher, und es tauchte die Hoffnung auf, man könne eine gemeinsame „Widerstandsbewegung" auf eine solche Ebene heben, daß sie über die wesenlos gewordenen Grenzen hinweg zu einer Art Orden der Erweckten werden könne, die sich an ihrer Geste erkennen sollten.

Es konnte Schwierigkeiten begegnen, daß es gerade Deutsche waren, die zu einem solchen Zusammenschluß riefen. Moltke und mit ihm manche andere seines Kreises scheuten aber nicht vor der letzten Folgerung, die ihnen von Eigenen und Fremden schwer verübelt worden ist; er bekannte auch den auswärtigen Freunden gegenüber, daß er den Sieg der anderen wünsche und für sein Land Not und Niederlage hinnehme um einer notwendigen Wandlung willen. Zu Hitler stand Moltke von

Anfang an ablehnend. Er war überzeugt, daß die neue Macht für die Gegenwelt wirke, auch wenn sie sich selbst in ihren Verkündungen immer davon abhob und durch manche Maßnahmen den Anschein erwecken konnte, als ob sie wirklich eine erhoffte Bresche schlagen wolle. Einen Sieg Hitlers hielt er von Beginn des Krieges an für unausdenkbar, ein von ihm geschaffenes und gelenktes „Neues Europa" für so fremd und abstoßend wie etwa ein von Amerika oder Rußland überranntes Europa.

Bei den Gesprächen über eine künftige staatliche Gestaltung war man sich einig in der Ablehnung jedes Monopol- oder Staatskapitalismus, ob in autoritärer oder liberaler Gebärdung. Ebenso schien man einig, daß keine anderswo ausgebildete demokratische Form von Deutschland übernommen werden könnte. Man glaubte an nichts anderes mehr politisch anknüpfen zu können als an die Überschaubarkeit „der natürlichen Gliederungen" von Gemeinde und Kreis. Von hier aus sollte durch das Prinzip der „Selbstverwaltung" in dem eigentlich unpolitischen Land vorsichtig eine neue Beteiligung am Gemeinwesen, eine neue Staatsgesinnung erweckt werden, eine „Demokratie der Graswurzeln", wie man sie im englischen Bereich genannt findet.

Von den Kreisauer Niederschriften sind offenbar nur zwei Exemplare erhalten geblieben. Das vollständigere der beiden, das in Teilen unter einer Regentonne im Kreisauer Schloß die Zeit überdauert hat, liegt heute veröffentlicht vor[45]. Mit dem Datum des 9. August 1943 gezeichnet enthält es als Grundtexte, an denen im folgenden Jahr noch weiter geformt wurde: eine „Erste Weisung an die Landesverweser", „Grundsätze für die Neuordnung" sowohl im Reichsaufbau wie in Fragen der Kirche, des Bildungswesens und der Wirtschaft, eine Anweisung zur „Bestrafung von Rechtsschändern" mit einer besonderen „Instruktion für Verhandlungen über die Bestrafung von Rechtsschändern durch die Völkergemeinschaft", außerdem eine von Moltke gezeichnete Niederschrift über die Ergebnisse der ersten Besprechungen im Mai 1942, die sich noch vorwiegend mit Kirche, Schule und Hochschule befaßten. Die „Weisung an die Landesverweser" geht von der Lage aus, „daß einzelne Landesteile militärisch besetzt oder abgetrennt werden oder daß sogar eine Regierung des Deutschen Reiches nicht vorhanden ist oder jedenfalls nicht die Möglichkeit einer verbindlichen Befehlsgebung hat". Es heißt dann weiter: „Es ist eine zwingende Notwendigkeit, daß unter solchen Umständen in den einzelnen Ländern und Landesteilen verantwortlich führende Persönlichkeiten auch ohne die Möglichkeit gegenseitiger Abstimmung und Fühlungnahme einheitlich und in den Grundfragen übereinstimmend handeln und auf diese Weise die innere Zusammengehörigkeit der deutschen Länder als Kulturnation erhalten und erhärten."

Im Unterschied zu anderer Deutung meint Gerstenmaier, die Dokumente setzten „zu ihrem vollen Verständnis den geglückten Staatsstreich voraus", den die Kreisauer eigentlich immer im Auge gehabt hätten. Doch fügt er hinzu: „Immerhin zeigt schon diese Erwägung, daß die Kreisauer selber sich nahezu ausschließlich mit den politischen, kulturellen, wirtschaftlichen und rechtlichen Problemen befaßten, denen sich eine neue deutsche Regierung nach dem Abgang Hitlers gegenübersehen mußte. Das Militärische war nicht ihr Fach. Sie waren weder Heerführer noch besaßen sie sonst organisierte Macht. Ihr Feld war der Gedanke, ihre Aufgabe der Entwurf einer neuen rechtsstaatlichen Ordnung, ihr Wille die Ideologie des totalen Staates zu überwältigen, ihr Ziel Deutschland im Geist des Christentums und der sozialen Gerechtigkeit wiederaufzubauen und in ein vereintes Europa einzufügen[46]."

Aus den Kreisauer Empfehlungen, wie sie in den Dokumenten und mündlich überliefert sind, wäre in Kürze etwa dies zu erinnern:

Der Mensch steht über dem Staat, die Achtung vor dem Menschen als einem sich selbst und Gott verantwortlichen Eigenwesen muß alle Forderungen des Staates bestimmen und beschränken. Durch die christliche Frömmigkeit wird auch heute noch diese Achtung vor der Gewissensentscheidung und Würde des Mitmenschen in den Herzen begründet, Lüge und Haß überwunden und der Antrieb gegeben zur dienenden Zuordnung unter den Menschen, ohne den jede Gemeinschaft kahl, zwanghaft und erpresserisch wirken muß. Soll den Kirchen das Werk der Wandlung gelingen, so müssen sie auf ihr ursprüngliches gemeinsames Bekenntnis zurückfinden und sich von erstarrten Formen trennen. Sie haben das umfassendste Amt: die Menschen von innen her zur Achtung voreinander und zur Liebe zu führen und zu beschwingen. Das Wort christlich soll jedoch, um nicht erniedrigt zu werden, in keinem Regierungsplan erscheinen.

Das starre System der nach einer Mitte gesaugten Allgewalt ist heute ebenso von Übel wie ein Deutschland mit dem zur leiblichen und geistigen Beschränkung führenden Zerfall in kleinste unabhängige Gebilde. Die Länder sollen etwa drei bis fünf Millionen Einwohner umfassen. Ihre Abgrenzung läßt sich mit kleinen Verschiebungen nach den früheren Wehrkreisen des Reiches finden. Preußen geht in die neue Länderteilung auf. Bei den Ländern, die eine landschaftliche, wirtschaftliche und kulturelle Einheit sind oder werden sollen, liegt der Nachdruck des politischen Lebens. An ihrer Spitze ist ein Landesverweser, die Regierung führt der Landeshauptmann mit den Fachministern, denen beratend Landtag und Landesrat zur Seite stehen.

Die Länder bilden zusammen den Bundesstaat: das Reich. Es wird verkörpert vom Reichsverweser, Reichstag und Reichsrat. Über die Wahlvorgänge von der Gemeindevertretung bis zum Reichsverweser werden eigene Richtlinien vorgelegt. Das Reich pflegt die Beziehungen nach außen, wacht über Zoll und Wirtschaft, ordnet den Verkehr und sorgt für die Verteidigung der Grenzen. Die Schulen sollen „christliche" Schulen sein mit Religionsunterricht beider Konfessionen als Pflichtfach, möglichst durch Geistliche. Hochschulen (Fachschulen) sollen von Reichsuniversitäten getrennt werden. Letztere sind Stätten universal gerichteter Forschung und Lehre, die das Zeugnis eines humanistischen Gymnasiums und eines abgeschlossenen Hochschulstudiums voraussetzen, selbst den Grad des Magisters verleihen und im gemeinsamen Lebensraum – nach College-Art – die in ihr Befaßten, Lehrende und Lernende, zusammenführen. Die alten Schulbücher sollten sofort eingezogen und bis zur Beschaffung neuer solle lieber eine Zeitlang ohne Bücher unterrichtet werden. Es sollte als Gefahr erkannt werden, zu „modern", zu „lebensnah" unterrichten zu wollen, weil damit die Abrichtung des Menschen auf die technisch bestimmte Tageswelt den Vorrang bekomme. Im Innern soll der Schritt in einen nicht nur gleisnerischen, sondern wahren Sozialismus gewagt werden. Man ist sich darüber klar, daß das Gelingen davon abhängt, inwieweit das Vorbild freiwilliger Beschränkung unter den Mehrbesitzenden wirksam wird („große Güter geben mehr Verantwortlichkeit als Privileg"). Die Formen sind entsprechend den Vorschlägen der Sozialisten, denen auch die Männer der Kirchen fast ohne Zusatz ihre Billigung geben: Übernahme der Grundindustrien durch den Staat, also des Bergbaus, der eisen- und metallschaffenden Industrie, der Grundchemie und Energiewirtschaft, möglichst auch des Versicherungswesens. Wirksame Mitverantwortung des einzelnen am Betrieb, Wiederherstellung der Gewerkschaften als überschaubaren „Betriebsgewerkschaften", Förderung der Betriebs- und Bodenverbundenheit durch Siedlungsbau usf.

Die Rechtsprechung erhält ihre unbeugbare Kraft zurück. Unabhängige, unabsetzbare Richter, denen durch besondere Auslese und Besoldung ein gehobener Rang wie etwa den englischen zukommen soll. Alle Akte der Polizei unterliegen geordneter Verwaltungsgerichtsbarkeit. Männer des Hitlerschen Anhangs haben die führenden Stellungen zu räumen. Jemanden zu verfolgen, weil er Mitglied der Hitlerschen Partei war, ist unzulässig. Wer aber Verbrechen oder Rechtsschändungen drinnen oder draußen begangen hat, soll vor deutschen Gerichten oder, wenn dies nicht erreichbar, vor einem internationalen Gerichtshof abgeurteilt werden, dem drei Richter der Siegerstaaten, zwei aus neutralen Ländern und ein deutscher Richter angehören sollen.

In gleicher Weise, wie das Land das Reich, so braucht das Reich künftig vor den großen Aufgaben und Bedrohungen die überstaatliche Völkergemeinschaft. Sie darf kein Schlagwort bleiben: sobald die freie Zustimmung aller beteiligten Völker gesichert ist, „muß den Trägern dieser Ordnung das Recht zustehen, auch von jedem einzelnen Gehorsam, Ehrfurcht, notfalls auch den Einsatz von Leben und Eigentum für die höchste politische Autorität der Völkergemeinschaft zu fordern".

Beim gemeinsamen Denken gegen den Verderb, wie einseitig man es ihnen vorwarf, blieben „die Kreisauer" nicht stehen. Sie gingen nach allen Seiten aus, vor allem im Kreis der Kirche und der Arbeiterbewegung, um Menschen ihres Sinnes zu finden und größere Einigungen herzustellen, so besonders Moltke, Mierendorff, Delp.

Delp, so weiß man, hat vom Herbst 1942 ab in unausgesetzter Arbeit Verbindungen geschaffen zur katholischen Vereinsbewegung, insbesondere der Arbeitervereine (durch Schriftleiter Nikolaus GROSS, Präses MÜLLER, Bernhard LETTERHAUS, die alle drei durch den Zwanzigsten Juli den Tod gefunden haben[47]), und hat Moltke und Mierendorff den Zugang geschaffen zum Gespräch mit den katholischen Bischöfen. In Bayern hat Delp Eintritt gefunden in einen Kreis von Männern, der sich schon seit dem ersten russischen Katastrophenwinter Sorgen für eine Notlösung gemacht hatte[48] und den er jetzt mit den Kreisauer Bestrebungen zusammenführte. In dessen Mitte standen der frühere bayerische Gesandte bei der Reichsregierung, Oberst a. D. Franz SPERR, und Dr. Eduard HAMM, erst Reichswirtschaftsminister, dann bis 1933 Präsident des Deutschen Industrie- und Handelstags, Namen, die schon in den früheren Jahren im vertrauten Umgang mit Ulrich von Hassel begegnen. Weiter gehörte dazu Rechtsanwalt Dr. Franz REISERT, der in Augsburg in einer sehr tätigen Gruppe stand, Fürst FUGGER-GLÖTT, Oberstleutnant a. D. Rudolf GIEHRL, Otto GESSLER, von 1920–1928 Reichswehrminister. Auch Generaloberst Franz HALDER gehörte zu den Mitwissern. Ende des Jahres 1942 trug Moltke seine Gedanken vor und gewann Zustimmung, nachdem zugesichert war, daß Bayern bei der künftigen Lösung nicht aufgeteilt werde und den gleichen Grad der Unabhängigkeit erhalte wie im Bismarckreich. Als bayerischer Landesverweser war der Kronprinz Ruprecht genannt worden, Fürst Fugger oder auch Halder. Die Befehle des Zwanzigsten Juli beriefen Gessler als politischen Beauftragten.

Sperr wurde nach dem Zwanzigsten Juli, da seine wie Delps unmittelbare Beziehung zu Stauffenberg bekanntgeworden war, hingerichtet. Hamm kam dem ihm drohenden gleichen Los zuvor. Er tötete sich im Gefängnis durch einen Sprung in die Tiefe[49].

Mit Goerdeler und seinem Kreis hat Moltke keine nähere Bindung gefunden, als sie durch den gemeinsamen Gegner gegeben war. Ihm widerstrebte seine Art der politischen Rührigkeit („hasardspielartige Verschwörung"), die er für zu tagesgebunden-parlamentarisch hielt und die ihm, besonders im Sozialen, eher von Zugeständnissen als von einem umstürzenden Trieb zur Erneuerung getragen schien[50]. Mit Popitz, der für die Art des Moltkeschen Sozialismus offen war, verband ein öfterer Austausch. Zum militärischen Kern des Widerstandes in Berlin bestanden mehrere enge Beziehungen, so über die Grafen Yorck, Schulenburg, Trott und Schwerin.

Mit Moltkes Verhaftung im Januar 1944 hörte, wie Steltzer angibt, die politische Bemühung des Moltkekreises auf. Wie weit und wie befriedigend man im einzelnen mit dem Bau der erstrebten „Führungskreise" in den Ländern vorangekommen war, ist heute nicht mehr zu erkennen, nur ist deutlich, daß die Kenntnis aller etwa zur Mitwirkung bereiten Männer auch Stauffenberg weitergegeben, daß die Mehrzahl von ihnen mit ihm bekannt wurde und sich ihm zur Verfügung gestellt hat.

Ob man, gemessen an der Nachkriegslage, manche gedanklichen

Trugschlüsse in den Kreisauer Plänen wahrzunehmen meint oder bedauert, daß so wenig davon erfüllt worden ist, es wird kein Zweifel sein, daß in ihnen die Gefahr des „Dolchstoßes" kaum überschätzt worden ist. Es gehört in die Geschichte des Zwanzigsten Juli, daß man auch von diesem Menschenkreis her, in dem die Männer der Kirche eine gewichtige Rolle spielten, die Bedenken gegen ein Attentat aufgab, ja, es forderte im Ausblick auf eine so nur zu heilende Gewissensnot Tausender von Menschen. An den Kreisauern wird vor allem deutlich, unter welch besonderen Bedingungen eine deutsche Widerstandsbewegung gegenüber jeder Befreiungsbewegung in einem andern Land sich zu verantworten hatte – was es hieß, sein Vaterland zu lieben und seine Niederlage zu wünschen! Jedenfalls sind von Moltke und den Seinen die später aufgebrochenen Europasorgen mit glühender Anteilnahme lange vorausbesprochen und vorausgelitten worden. „Für uns", schreibt Moltke im Jahr 1942 an einen Freund in England, „ist das Nachkriegseuropa weniger ein Problem von Grenzen und Soldaten, von überladenen Organisationen und großen Plänen als die Frage, wie das Bild des Menschen in den Herzen unserer Mitbürger wieder aufgerichtet werden kann[51]."

Dies Nachkriegseuropa ist jedenfalls von den Kreisauern weiterschauend und ehrlicher durchdacht und umsorgt worden als von manchen regierenden Politikern der siegenden Völker, die ihre pflichtgemäßen Gedanken nicht weiter als bis zu einer bedingungslosen Kapitulation Deutschlands in die Zukunft trieben. Ob man die Darlegungen Trotts zu Solz zur Politik zwischen Ost und West, seine Einwände gegen das „Friedensprogramm der amerikanischen Kirchen", ob man die Steltzersche Denkschrift vom Juli 1944 zur Hand nimmt[52], die bei den Alliierten nicht gewürdigt worden ist, ob man – noch beeindruckt von der langen Reihe fragwürdiger Richtprozesse – die vorausschauenden Kreisauer Richtlinien über die Aburteilung von Rechtsschändern liest –, man wird immer empfinden, wie machtlos zuletzt alles schmerzvoll erworbene Wissen der einen für das Handeln der anderen geblieben und wie nicht nur den Deutschen, auch ihren Überwindern auf diesem Wege nichts geschenkt worden ist.

VII EINZELPERSÖNLICHKEITEN

Wenn man in der Geschichte des Zwanzigsten Juli von Gruppen und Kreisen, ja, von Parteien spricht und die einzelnen Beteiligten einordnet, so muß man sich gegenwärtig halten, daß eine solche Unterteilung eine spätere Zutat ist. Damals gab es nur den einen in allen seinen Machtpositionen ausgebauten und alleinherrschenden Staat, der nach seinen täglichen Verkündungen nur Gutes wollte, Gutes tat und scheinbar die Vorsehung bei seinen Fahnen hatte. Es gab keine Sozialisten und keinen eingetragenen „Kreisauer Kreis". Es gab nur unter den vielen Menschen dieses Staats, die alle irgendwie „mitmachten" und ihre nützliche Mitteilnahme am „totalen Krieg" jeden Tag beweisen mußten, eine gewisse Zahl einzelner, die voneinander wußten, daß sie hinter einer verbergenden Stirn über den ganzen Hergang eine andere Meinung hatten, als die man gemeinhin äußern durfte. Der eine mochte, wie man wußte, einen Bruch mit Hitler erlebt haben, dem er erst anhing, der andere mochte früher vor sieben oder zehn Jahren, als es noch Parteien gab, beim Stahlhelm oder in der sozialdemokratischen Reichstagsfraktion, bei Gregor Straßer oder katholischer Herausgeber gewesen sein – man konnte jetzt daraus nur in etwa auf seine Einstellung schließen. Jeder, der nicht nur verstockt am Alten hing, hatte in den Jahren gelernt, vielleicht umgelernt. Die früheren Zugehörigkeiten besagten nichts mehr, neue bildeten sich aus den äußeren Zusammenfügungen eines Lebenskreises, aus der Kraft einer Begegnung. Die Kreise verflochten sich, darum können nachträglich gebrauchte Einteilungen nur sehr näherungsweise gelten, und es ist bei manchen der Beteiligten unmöglich, sie nur in einem Zusammenhang zu sehen. Vier solcher Männer – andere wären anzureihen, die sich einer Einordnung entziehen – seien hier als einzelne geschildert.

Als einen geborenen Frondeur von mitreißender Eindringlichkeit, der wie ein Ferment in vielen Kreisen zugleich gegenwärtig war, kennen wir den Grafen Fritz-Dietlof von der SCHULENBURG. Er war 1902 als Sohn des nachmaligen Generals geboren, der sich als Heerführer im Ersten Weltkrieg einen Namen gemacht hat: als Stabschef der Heeresgruppe Kronprinz war er einer der ganz wenigen ausgesprochenen Gegner Ludendorffs und seiner totalen Kriegführung und hat die Oberste Heeresleitung schon im Jahre 1915/16 zu einem Kompromiß-Frieden zu bewegen versucht – Fritz von der Schulenburg hat viel von diesem Vater in sich aufgenommen. Während seine Brüder offenbar mehr den gebundenen Offizierstyp einer alten preußischen Familie verkörperten, verband sich bei ihm das Edelmanns-Element mit einem ruhelosen Drängen und Forschen nach dem Los der anderen Menschen, das ihn – nach einer im Sturm durchlebten Korpszeit in Göttingen und Marburg – immer mehr mit sozialen Fragen zusammenführte und ihm während seiner Referendar- und Assessorjahre gelegentlich den Titel eines „roten Grafen" eintrug. Im Jahr 1932 verließ er eine vierjährige Tätigkeit in Recklinghausen (er könne nicht auf deutsche Arbeiter schießen lassen, hatte er bei einer drohenden Krise seinem vorgesetzten Landrat gesagt) und ging in das Oberpräsidium nach Ostpreußen. Die Lage schien ihm wie zum Platzen unerträglich. Er hatte mit seinen Freunden das Gefühl, daß „in dem ganz verzopften und verkalkten bürokratischen Wirtschafts- und Verwaltungsapparat gründlich Luft und Licht" gemacht werden müsse. 1932 trat er in die Partei ein. Schien ihm auch die Person Hitlers bedenklich, so versprach doch die von ihm geführte Bewegung mit ihrer Triebkraft und ihrem revolutionären Willen, der die Jugend weithin begeisterte, endlich aus den ausgetretenen und hoffnungslosen Pfaden herauszuführen. In Königberg fand sich Schulenburg mit einem ähnlich denkenden Kreis junger Männer zusammen, „die solides Können in ihrem Fach mit glühender Aufnahmebereitschaft für neue Ideen verbanden" und mit Gregor Straßer in Austausch traten. Dieser Kreis hat, umweht von der erweckenden Grenzlandluft des Ortes, in kühnen Vorwegnahmen Staat und Wirtschaft neu gebaut, voll der Hoffnung, in Kürze zur Tat, zu einem erhofften Umbruch im ganzen Vaterland zu kommen. Der Umbruch kam, Schulenburg wurde politischer Dezernent des Oberpräsidenten und Personalamtsleiter des Gauleiters Koch, eines Mannes, der damals noch als betonter Preuße die Schlichtheit oder doch den Anschein davon liebte und einen Ausgleich der protestantischen Kirche mit dem neuen Staat suchte[1]. Aber die hohen Erwartungen Schulenburgs und seiner Freunde wurden schnell und gründlich ernüchtert. Korruptionen beim Gaugewaltigen wurden offenbar. Schulenburg trat dagegen auf. Er verlor den Zweikampf und wurde von Koch, der schon dem Fall nahe war, als Landrat an die Samlandküste abgeschoben, nach eineinhalb Jahren, im Sommer 1937, auch dort zum Ausscheiden gezwungen. Der Landrat von Fischhausen, der mehr regierte als verwaltete, war oft drakonisch, wie es hieß, aber er fing bei sich selber an und brachte es nach einem Jahr so weit, daß das Samland entschuldet war und ihm auch später in einem respektvollen und dankbaren Gedenken verbunden blieb. Im Jahr 1937 nahm er die ihm angebotene Stelle des stellvertretenden Polizeipräsidenten von Berlin an: „Ich hatte mich zu entscheiden, ob ich meinen Dienst quittieren oder der Fouché Hitlers werden sollte, und habe das zweite gewählt[2]." Zum Polizeipräsidenten Graf Helldorf, durch Jahre SA-Führer von Berlin, gewann Schulenburg ein gutes Verhältnis, das es wohl später neben der Einwirkung Olbrichts vermocht hat, ihn und seine Polizei zur Mitwirkung am 20. Juli bereit zu haben. Da der Präsident vor allem auf Repräsentation und Verbindungspflege Wert legte und ein reges Privatleben führte, blieb für Schulenburg die Arbeit, aber sie gab ihm, wie er gehofft hatte, Einblicke, wie er sie sonst nie gehabt hätte, und ließ ihn Gleichgesinnte finden und sammeln, woran er von nun ab entschlossen arbeitete. Die Geschehnisse um Blomberg und Fritsch erlebte er aus dienstlicher Nähe und war für den Beckschen Aufstandsplan im Sommer 1938 tätig. Im Winter 1938/39 sann er, erschüttert durch die Judenverfolgung und den heraufziehenden Krieg, zusammen mit dem ihm befreundeten Grafen Nikolaus Uexküll mit neuer Heftigkeit auf Umsturz. Sie trugen ihre Gedanken Claus Stauffenberg vor, der damals als Rittmeister in Garnison am Rhein stand. Mit den Grafen Yorck und Berthold Stauffenberg und dem Referenten im Innenministerium Otto Ehrensberger erarbeitete er einen Entwurf für eine neue deutsche Verfassung[3].

Von August 1939 bis in den Sommer 1940 war Schulenburg stellvertretender, in Wahrheit amtierender Oberpräsident von Ober- und Niederschlesien mit zusammen sieben Millionen Menschen. Der eigentliche

Oberpräsident, Gauleiter Joseph Wagner, war durch andere Ämter so in Anspruch genommen, daß er die Regierung seinem Stellvertreter überließ, mit dem ihn eine sich vertiefende Übereinstimmung verband. Schulenburg lebte mit Hingabe seiner Landesherrschaft. „Schlesien muß ausstrahlen", war seine Devise unter Vertrauten, er meinte damit, daß sich hier eine deutsche Provinz durch Rechtssicherheit und gesetzgebundene Verwaltung so hervortun müsse, daß sie anziehend auf alle aufbauwilligen, der Gewaltherrschaft feindlichen Kräfte des Reiches wirken müsse. Schulenburg trat ohne Furcht auch höheren Würdenträgern gegenüber. So sagte er vor versammelten Gauleitern in Stuttgart, daß die Beamten seines Bezirks, die Angriffe der Partei mit geeigneten Mitteln abwehrten, seines besonderen Schutzes gewiß seien, und er handelte danach[4]. Als ihm Himmler persönlich nahelegte, einen höheren Dienstgrad in der SS anzunehmen, lehnte Schulenburg es ab mit dem Bemerken, er könne diesen Schritt mit seinem im Christentum wurzelnden Gewissen nicht vereinbaren. Von Schulenburg bestärkt, schreckte Wagner[5], als sich nach der Niederwerfung Polens in den neu zu Schlesien gekommenen Gebieten die Übergriffe mehrten, nicht davor zurück, die Verantwortlichen zu maßregeln. Im Frühjahr 1940 wurde Schulenburg als „politisch untragbar" aus der Partei ausgestoßen und hatte sein Amt abzugeben. Er lehnte das Angebot, unter dem neuen Oberpräsidenten zu bleiben, dem Staatssekretär mit der Begründung ab, er könne nicht unter einem Manne arbeiten, dessen Sinn für Sauberkeit so gering ausgebildet sei, und verließ Schlesien. Er meldete sich zum Heer, war kurz in Frankreich, dann vom Herbst 1940 ab in Polen, wo er in Abgründe, die ihn empörten, sah, und machte als Zugführer in einer oft schwer fechtenden Infanteriekompanie den Einbruch in Rußland mit. Im Winter erreichte er, daß er für einige Zeit ins Wirtschaftsministerium nach Berlin abkommandiert wurde. Er hatte zu Vertrauten geäußert: „Die Entscheidung fällt innen." Im folgenden Sommer findet man ihn – immer Oberleutnant – im Mittelabschnitt der Ostfront, dann als Gast im Stab der Heeresgruppe Süd, wo er – die Leistung des Strategen Manstein bewundernd – die Eroberung Sewastopols miterlebt, im Herbst im Ernährungsministerium in Berlin. Im Sommer 1943 versteht er es, in den Stab des Generals Unruh zu kommen, der die europäische Etappe „durchkämmen" soll – ein Amt, das er nutzen will, um der Verschwörung zu dienen. Vom Winter ab ist er in Berlin, wo sich endlich der Staatsstreich vorbereitet und seine Gegenwart fordert. Es ist eine Zeit größter Steigerung für ihn in Erwartung der befreienden Tat oder des unausweichlichen Endes. Manchmal schien es kaum mehr möglich, sein Verbleiben beim Ersatzbataillon zu begründen, und es mußte fast unverständlich sein, wenn er dem Ruf auf sehr große Verwaltungsposten – Norwegen oder Generalgouvernement Ukraine – auswich. Im Juli 1944 mußte er zugeben, zum Militärverwaltungschef in Lyon ernannt zu werden – aber er zögerte die Abfahrt hinaus und schützte Krankheit vor, um am Erhebungstag noch in Berlin zu sein. Am Abend des Zwanzigsten Juli wurde er mit den Freunden in der Bendlerstraße verhaftet und am 10. August zur Verhandlung geführt. Man hat seine stolze Äußerung vor dem Richter: „Wir haben diese Tat auf uns genommen, um Deutschland vor einem namenlosen Elend zu bewahren. Ich bin mir klar, daß ich daraufhin gehängt werde, bereue meine Tat aber nicht und hoffe, daß sie ein anderer in einem glücklicheren Augenblick, um uns vor dem Chaos zu bewahren, durchführen wird[6]." In einem persönlichen Abschiedsbrief dieses Tages klingt es nach: „Was wir getan, war unzulänglich, aber am Ende wird die Geschichte richten und uns freisprechen. Du weißt, daß mich die Liebe zum Vaterland trieb." Schulenburg wurde noch am selben Tag mit Berthold von Stauffenberg und dessen Freund Kranzfelder hingerichtet, er 42, die anderen beiden 39 und 36 Jahre alt.

Schulenburg war unter den Männern des Zwanzigsten Juli vielleicht der am meisten zum Verschwörer Geborene: durchdrungen von seiner Sache und voll Tatkraft, ein spektakulärer Täuscher aller Partei- und Machtprotze, unerkennbar hinter einem wenig hervorstechenden Äußeren, kühn bei lässigster Gebärde, faszinierend für Jugend und selbst noch voll gärender Jugend. Ein Staatssekretär war einmal entsetzt, daß „dieser schlechtgebürstete und nahezu nachlässig gekleidete junge Mann mit keineswegs militärischen Manieren der gerühmte Graf sein sollte[7]". Aber dieser Graf war mehr „Wesen" als so unzählige andere, die elegant und in besten Formen, um ihre Person besorgt, über die Erde liefen. Er war Preuße und hatte in seinem Streben nach gerechter Verwaltung, spartanischer Beschränkung, sauberer Beamtenehre preußische Grundsätze, vor allem aber den, mit jeder Forderung bei sich selbst anzufangen. „Das Vaterland galt ihm über alles, und seine Not bedrängte ihn wie eigener Schmerz[8]." Zur preußischen Offiziersregel war er unbegabt und machte sich nichts daraus, wiewohl er dem Regiment mit der Potsdamer Gardetradition angehörte und darin viele und große Freunde fand[9]. Aber er drängte in den Krieg und genoß die Steigerung und das Einssein mit seinen Männern in der Gefahr. Man liest davon in einem menschlich bewegenden Gedenkblatt, das er für einen jungen Freund, seinen gefallenen Kompanieführer, schrieb[10]. Wie er selbst zu seinen Männern stand, sagt die Szene seines Abschieds, als er aus den Kämpfen heraus in die Heimat gerufen wurde: er reitet zu den Angehörigen seines Zuges hinüber, die sich in einem Russenhaus eingerichtet haben. Während die andern im dunkeln Hintergrund des Raumes liegen – die Russen auf dem Ofen –, läßt er immer einen der Männer zu sich an den Tisch kommen, redet, wie es sich gibt, scherzend und im Ernst mit ihm, läßt ihn vom Branntwein trinken und verabschiedet sich von jedem einzelnen. Die Truppe hing an ihm. Wenn er sich bei Angriffsbeginn die Zigarre anzündete, wußte jeder, daß die gesammelte Ruhe von innen da war, sie recht zu führen. Schulenburg selbst hat von diesen Augenblicken des Kämpfers, wenn er sich Gott befiehlt und eins wird mit seinem Schicksal, in schönen Worten geschrieben, und es ist viel Bezeichnendes für diesen von innen her Tapferen in dem Wort „ruhen", das eine Briefstelle bringt: „Ich möchte so in Gott und in dem, was er mir zumißt, ruhen, daß ich seine Entscheidung, ohne mit der Wimper zu zucken, hinnehme." Dies „ruhen" verband sich bei ihm mit einem merkwürdigen Spüren- und Lauschen-Können. Man hat den Bericht, wie er in einem feinddurchhausten Waldgebiet nachts als Zugführer des Beispiels wegen selbst auf Spähtrupp geht, kurzsichtig wie er ist und fast nachtblind, immer wieder den mitgehenden Burschen fragend: „Du bist mein Auge, sag, was du siehst!", und aus des Getreuen Antworten die Lage sicher ertastend[11].

Zu einem solchen Bild gehört, daß er, obwohl haushälterisch mit jeder Minute, doch nie von einer äußeren Hast bestimmt schien. Bei allem, was er tat, war er ganz und mit einer Kraft von innen her, ob er arbeitete, mit Menschen, die ihn angingen, ein Gespräch führte, mit den Kindern spielte oder sich schlafen legte. Seine Freunde wunderten sich oft, wie wenig er von dem, was ihn umgab, abhängig war: er konnte in jeder Lage schlafen oder sich in Bücher versenken. Auf dem Trittbrett fahrend, kommentierte er seinen Freiherrn vom Stein, im Getümmel lernte er aus dem Zweiten Faust auswendig.

Schulenburg hatte nicht die Körperlänge, die man bei einigen Gliedern des Mecklenburger Geschlechts kannte. Er war mittelgroß und eher grazil gebaut, aber körperlich gewandt, ein Läufer, Reiter, Schwimmer. Seinem Gesicht gaben einige Narben von Säbelwunden und eine blöckisch anmutende Hakennase, die von einer Sportverletzung und einem Säbelhieb so zugerichtet war, den Charakter des Verwegenen und Eckigen, zu dem auch die Sitte des zumeist eingeklemmten Monokels beitrug. Die Augen, fast wasserhell, traten nur im Zorn oder bei großer Freude farbig leuchtend hervor, desto lebendiger war im Gespräch der kräftige, auch der Hohnrede fähige Mund, auffallend war das große, sehr fühlsam durchgebildete Ohr. Schulenburg fiel es nicht schwer, den hochfahrenden Junker zu spielen und mit einem fast zur Maske gerissenen Gesicht und einer unverschämt ledernen Stirn Niedrigkeiten oder lästigen Ansinnen zu begegnen oder hurtige Gesinnungsstrategen zu lähmen. Ein anderer Schulenburg verbarg sich dahinter: lebensvoll, jugendlich, schwärmerisch großen Zielen offen, ein Mensch Eichendorffscher Naturlust, Feind der verschlingenden Städte, um jedes Bruders Wohl besorgt und gern mit ihm teilend.

Man wird nicht erstaunen, in dieses Mannes fahrender Habe Gedichtbände[12] zu finden. Man weiß auch, daß er das Gedicht von Stefan George „Der Gehenkte" besonders geliebt hat, und man hat eine Überlieferung, daß er im August 1942, von der Krim kommend, vor Freunden in Bukarest das große Kriegsgedicht Georges las. Ehe er zu Ende kam, ging er aus dem Raum, und man fand ihn weinend.

Schulenburgs Art zu reden hatte, wie mehrfach bezeugt wird, etwas sehr Eigenes: er sprach leise und eher langsam, fast monoton und ohne Pathos, manchmal schienen sich ihm die Gedanken erst beim Sprechen zu fügen, aber seine auf jeden Schmuck verzichtende Rede, die einzig von der geschlossen aufgehobenen Hand begleitet sein konnte, muß etwas unerklärlich Eindringliches, ja oft Bannendes gehabt haben („Sie werden das nicht tun, Herr Backe..."). Wo immer Schulenburg gewirkt hat, überall fand er – besonders unter den Jüngeren – Freunde, die, von ihm erweckt, von nun ab zu ihm hielten und auf die er auch später hat bauen können. Manche von ihnen dachte er nach geglücktem Staatsstreich ebenso wie eine große Zahl fachlich tüchtiger, menschlich verläßlicher, parteiungebundener Männer, die er sich auf geheim hinterlegten Listen vorgemerkt hatte, in Ämter zu rufen. Da er vor dem

Richter trotz dessen kränkender Angriffe über Namen geschwiegen hat, die sein planvolles und weitreichendes Wirken bewiesen hätten, sind viele von ihnen nie belangt worden.

Sobald einmal sein Entschluß feststand, hat Schulenburg seine äußere Bahn folgerichtig und mit überlegener Verstellung so eingerichtet, wie er daraus am meisten Wirksamkeit für die Erhebung gewärtigen konnte, und manches mühselig unternommene Geschäft hatte nur den Sinn für ihn, einen ganz bestimmten Menschen, auf den er zielte, zu gewinnen. Es waren ihm dabei oft nicht Argumente entscheidend, für die er sich zu wenig verstandeshell fand[13], als vielmehr eine Art Witterung, die manchmal sehr stark, fast wünschelrutenhaft, ihn zu bestimmten Menschen und Kreisen wies. Es ist erstaunlich, welche Männer alle durch ihn zueinander geführt worden sind. Es gibt kaum einen Brückenschlag innerhalb der Widerstandsgruppen, kein zusammenwachsendes Komplott, bei dem nicht „Fritzi" Schulenburg mit am Werk ist. Er ist dabei, als Beck, Popitz, Jessen, Planck das Staatsgrundgesetz entwerfen, er schließt Goerdeler Beziehungen auf, der ihn seinerseits mit Nachrichten versorgt, wirkt für Tresckow, „gewinnt" Stauffenberg, wird dessen Mittler zu Leber und den Sozialisten, Mittler zwischen Kreisau und den Offizieren, er pflegt die Verbindung nach Paris über den ihm befreundeten Hofacker. Dabei sorgt er sich um keine „Anciennität" im Verschwörerstaat und ist, wie es sein Verhältnis zu Stauffenberg bewies, stets bereit, auch dem Jüngeren, in dem er die stärkeren Kräfte gewahrt, als Helfer und Paladin zu dienen.

Schulenburg mißtraute den Plänen eines revolutionären Staatsneubaus. Er sagte einmal, zu einer einwandfreien Staatsführung genüge, daß die Glocke von Potsdam in jedermanns Herz schlage. Er urteilte von dem Erlebten her. Die Erfahrungen, die er schon in jungen Jahren in hohen Verwaltungsstellen hatte machen können, gaben ihm viele Vorstellungen an die Hand, wie man durch ganz bestimmte Maßnahmen die Despotie aus dem Feld schlagen und bessere Gleichgewichtsverhältnisse zwischen Stadt und Land, Gemeinden und Staat, Ländern und Reich herstellen könne. Seine Denkschrift, die er zu Beginn des Jahres 1944 mit bis ins einzelne gehenden Vorschlägen zu Vereinfachung und Neuaufbau der Verwaltung ausgearbeitet hat, ist nicht mehr aufgetaucht. Etwa 58 Reichsbehörden sollten aufgelöst, ihre Aufgaben neun verantwortlichen Ministerien übergeben werden[14].

Stark beschäftigten ihn die in Hitlers Reich nur noch verschärfte Not der Landflucht als ein Symptom des Masse-Werdens der Menschen, die Wucherung der Industrie, die Gesichtslosigkeit der großen Städte wie aller überzentralisierten Verwaltungen. Er überlegte sich, wie ein kommender Wiederaufbau der Städte zu lenken sei, wie überhaupt entgegen der Strömung der Zeit wieder kernhafte, begrenzte, überschaubare, von klarer Verantwortlichkeit getragene Gebilde im sozialen, kommunalen, politischen Gebiet zu erreichen seien, ohne daß man in eine unerträgliche Zwickelstaatlichkeit zurückfalle. Er sorgte sich für Handwerk und Kunsthandwerk und eiferte gegen die Entpersönlichung durch die Massenware. Es ist echt Schulenburg, daß er aus seinen Überlegungen auch zur praktischen Anweisung an sich selber kam, in der Großstadt, wo er wohnte, immer die gleichen Straßen zu gehen, beim selben Krämer, selben Zeitungsmann zu kaufen, um auch im Maßlosen das Gefühl des durchwohnten Bezirks und der menschlichen Beziehung herzustellen.

Das Vorgehen Schulenburgs ist in einem Falle besonders belegt: in seinen Bemühungen um eine Neugliederung des Reiches[15]. Das Staatsgrundgesetz, das bei Beck und Popitz lag, an dessen Ausarbeitung Schulenburg selbst teilgenommen hat, enthielt als eine Forderung nach dem Umsturz: „Die Ungleichheit der bisherigen Länder nach Umfang, Wirtschafts- und Finanzkraft sowie die Unvereinbarkeit des verwaltungsmäßigen Aufbaus in den verschiedenen Reichsgebieten macht eine Neugliederung des Reiches unerläßlich. Preußen vollendet seine reichsbildende Mission, indem es auf den staatlichen Zusammenhang seiner Provinzen verzichtet." Um eine solche Aufgabe fachmännisch zu lösen, schien es Schulenburg nötig, das bei den obersten Reichsbehörden liegende statistische und Erfahrungsgut zu nutzen. Nun aber hatte Hitler nach einer Hochflut von Planungen verboten, sich weiter mit dem Problem der Reichsreform zu befassen. Schulenburg, damals am Reichsernährungsministerium, gewann trotzdem Eingang in die Reichsstelle für Raumordnung, und zwei der dort beschäftigten Beamten, die Oberregierungsräte Isenberg und Muthman, arbeiteten unter den Augen ihrer Vorgesetzten längere Zeit in nächster Verbindung zu Schulenburg wie auch im Austausch mit Dr. Albrecht Haushofer an Richtlinien für die Reichs- und Verwaltungsreform unter dem Decknamen „Neuordnung der landwirtschaftlichen Marktverbände". Man zählte 27 Arten von Verwaltungsgrenzen in Deutschland, die einander alle überschnitten: politische Grenzen (Länder, Provinzen, Regierungsbezirke usw.), Grenzen der Wehrbezirke, der Reichsbahn- und Reichspostdirektionen, Handelskammern, Landesarbeitsämter, Landesbauernschaften, Grenzen der NS-Gaue u. a. m. Es wurden nunmehr, um eine einfachere und überschaubarere Reichs- und Länderführung zu erreichen, nach genauer Erwägung über die bisherigen Gaugrenzen hinausgehende Gebiete zu Verwaltungseinheiten, späteren Reichsgauen, zusammengefaßt, die als innerlich ausgewogen gelten konnten, sowohl was die Bevölkerungsverteilung und -dichte, als was die wirtschaftlichen, verkehrsmäßigen und soweit möglich die natürlichen Grenzen und die Bodenbeschaffenheit betraf. Auf einer „Schwerpunktskarte" wurde das Reich in 13 Gebiete mit 13 Städteschwerpunkten eingeteilt. Aus dieser Karte entstand eine neue mit zehn künftigen Reichsgauen, die die Städte Königsberg, Berlin, Breslau, Hamburg, Hannover, Leipzig, Köln, Frankfurt, Stuttgart und München zu Mittelpunkten hatten (einzelne Alternativlösungen waren dabei offengelassen). Wo es anging, wurde ein schiffbarer Strom nicht als Grenze, sondern als Hauptader eines Raumes angesehen. Es war, um einige Beispiele zu nennen, ein Südweststaat aus Württemberg und Baden ohne deren bisherige Nordanteile gegründet worden; Emsland und Friesland waren einem nordniedersächsischen Raum zugedacht, während das südliche Niedersachsen den Ausgleich in der Altmark mit dem Magdeburger Raum bis an die südlicheren Gebiete der Provinz Sachsen fand. Schwierigkeiten machte z. B. die Frage, wem das Minden-Ravensberger Land zuzusprechen, wo die Grenze zwischen dem nordrhein-westfälischen und ausgesprochen rheinischen Raum zu finden wäre. Schulenburg nützte die stille Bundesgenossenschaft der raumplanenden Reichsstelle zu immer neuen Aufträgen, um z. B. die Grundlagen zu schaffen für den Wiederaufbau der Städte, die Verlagerungen von Industrien vom Standpunkt einer sinnvollen Zuordnung von Stadt und Land, für Siedlung und die ihm sehr angelegene Bodenreform.

Die Pläne sind, soweit nicht vernichtet, nach dem Zwanzigsten Juli in die Hände der Staatspolizei gefallen. Himmler soll dazu geäußert haben, die bei Schulenburg gefundenen Gesetzesvorschläge und -ausarbeitungen seien derartig gewesen, daß ihre Durchführung in kürzester Zeit möglich gewesen wäre, sie hätten ohne Schwierigkeiten zu einer

Ablösung der nationalsozialistischen Regierungsform führen können. Der damalige Staatssekretär im Innenministerium, Stuckardt, der nicht zu den Mitwissern des Zwanzigsten Juli gehörte, an dessen Stelle Schulenburg nach einem Umsturz treten sollte, ging noch weiter mit seiner mehrfachen Äußerung: die von Schulenburg geplante Verwaltungsreform sei die einzig mögliche, um in kürzester Zeit die Ordnung im Reich wiederherzustellen[16].

Denkwürdig ist, wie für Schulenburg die damalige Tätigkeit in Berlin abschloß, die mit äußerster Gefährdung und Beargwöhnung verbunden gewesen war. Es wurde ihm ein Abschiedsabend gegeben, von dem er nachher nicht mehr wußte, wie er ausgegangen war – im Trunk war er sonst niemals gestrandet. Jedenfalls fand er sich in der Frühe des Morgens, quer über den Schienen der S-Bahn liegend, wie sich herausstellte, in einem Außenbezirk Berlins, den er sonst nicht betrat. Eisenbahner mühten sich um ihn, wenige Meter vor ihm stand der Zug. Am nächsten Morgen kam er mit einigen Schrammen im Gesicht und zerrissenem Ärmel lachend zurück – es habe diesmal nicht sein sollen...

In den Vernehmungsakten des Gerichts von Ende Juli findet man als seine Aussage, aus der Kluft des 4. Februar 1938 sei die Bewegung erwachsen, die zum 20. Juli geführt habe. Als seine Gründe zur Teilnahme habe er angegeben: Der Machttrieb sei zum Maßstab alles Handelns in diesem Staat geworden, die Führenden hätten sich von den zuvor gepredigten Grundsätzen der Einfachheit und Schlichtheit abgekehrt, der Kampf der Partei gegen den Staat habe dem Beamtentum das Rückgrat gebrochen, der Staat habe die Grundlagen des Rechts aufgegeben und sei zu einem Polizeistaat mit Eingriffen in alle Lebensbereiche geworden, er huldige einem schädlichen Zentralismus, atomisiere das Volk zur Masse, die mit Gewalt und Propaganda beherrscht werde, der Staat habe die religiöse Basis verlassen und habe eine Außenpolitik betrieben, die die ganze Welt gegen Deutschland aufgebracht habe. In den besetzten Gebieten sei eine kurzsichtige Politik der Unterwerfung und Ausbeutung durchgeführt worden, anstatt die beherrschten Völker zu gewinnen[17].

Schulenburg hat sich selbst, wie er einmal schlicht bekannt hat, als Täter zur Verfügung gestellt, aber es gab keine Möglichkeit für ihn. Ostern 1944 verbrachte er mit Stauffenberg auf seinem ländlichen Gut

Trebbow, die Wochen danach war er ihm mit Rat und Tat zur Seite. Am 15. Juli sehen wir ihn bei einer Befreundeten eintreten „anders als sonst, äußerlich beherrscht, aber darunter von vulkanischer Unruhe, daran zu merken, daß sein Lächeln noch schneller als gewöhnlich aus dem angespannten Gesicht verschwand, das dann in seiner kühnen Häßlichkeit wie gemeißelt erschien". Er bittet sie als Botin zu Frau Leber, um ihr, die überwacht in einem Krankenhaus liegt, die Nachricht zu bringen, daß die Spur ihres verhafteten Mannes gefunden sei ... tags darauf kommt er wieder und ist zufrieden mit günstigem Bericht. „Während er sprach, ging er mit kleinen, hastigen Schritten in meinem winzigen Zimmerchen auf und ab. Ich hatte plötzlich die Vision einer Zelle. Dann holte er aus seiner nie vorschriftsmäßig zugeknöpften Uniformtasche einen zerknüllten Zwanzigmarkschein heraus: ,Kaufen Sie ihr dafür Rosen. Denn Sie müssen heute noch einmal hin, eine neue Nachricht bringen. Sagen Sie ihr, ich führe in vier Tagen nach Frankreich, und sagen Sie ihr außerdem noch, wir täten unsere Pflicht. Weiter nichts. Und seien Sie vorsichtig. Sie wissen nicht, in welche Gefahr Sie sich bringen können, und ich möchte nicht schuld daran sein[18]." Am Abend des 18. Juli fuhr Schulenburg zur Familie nach Trebbow. Von Schwerin aus rief er seine Frau an, er komme auf der Straße zu Fuß und möchte an diesem Abend ihren Geburtstag, der am 20. war, vorfeiern, die Kinder möchten noch einmal aus den Betten geholt werden. — So nahm er Abschied, ohne sich zu bekennen. Als er in der Frühe wieder wegfuhr und schon auf dem Kutschbock saß, nahm er, der Oberleutnant, seine Mütze wie ein Bürger grüßend vom Kopf, verbeugte sich ernst und tief und rollte davon unterm Lachen der winkenden Kinder. In Berlin traf ihn die Nachricht, daß sein Bruder in der Normandie gefallen sei. Am folgenden Tag war der Versuch der Erhebung.

Freunde hatten ihm schon früh prophezeit, er werde als Minister oder auf dem Schafott enden[19]. Das zweite ist ihm geworden, der sich als „Minister", als Diener seines Volkes immer gemüht hatte.

*

Wollte einer die homerische Nekyia dieser Zeit dichten, so würde er gewiß dem ins Totenreich Steigenden jenes hochgetragene, blonde

Friesenhaupt begegnen lassen, das auch unter den Schatten seine Eigenheit bewiese: Nikolaus von HALEM. Er war vielfältig mit anderen Männern des Widerstandes verbunden, hat aber als Ermutiger einer eigenen Runde seine Wege beschritten und hat auf ihnen auch seinen Tod gefunden. Mit dem Zwanzigsten Juli hat er keinen unmittelbaren Zusammenhang. Für mehrere seiner Freunde aber, die die Entschlüsse des Zwanzigsten Juli vorantrieben, war die Teilnahme an seinem erst noch ungewissen Geschick, dann in den letzten Wochen die Nachricht von seinem Todesurteil, ein äußerer und noch stärkerer innerer Beweggrund zum Handeln. Man wird darum hier nicht auf sein Bild verzichten.

Halem galt schon unter den Mitzöglingen der ehemaligen Ritterakademie Roßleben als eine eigene, im Wortgefecht begabte, in sich selbst ruhende Natur, die sich mit Leichtigkeit der Wissensdinge bemächtigte, immer viel zu jung aussah und doch etwas von der Unerschütterlichkeit eines Bremenser Weltbetrachters an sich hatte. Um die Zeit der ersten Hitler-Auftritte findet man ihn im Kreis um Karl von Jordans, den Politiker katholischer Herkunft, der versucht hat, über Franz von Papen einen ändernden Einfluß auf die neue Herrschaft in Deutschland auszuüben (ähnlich wie Edgar Jung). Der 30. Juni 1934, dem Jung zum Opfer fiel und Jordans nur durch einen Glücksfall entging, ließ Halem das Scheitern des bisherigen, fast noch „parlamentarischen" Kampfes erkennen und mahnte ihn zu eigenem Handeln. Für ihn bedeutete Hitler den aus den Unterkräften aufstehenden Vernichter der Sitte und Auflöser aller noch gültigen inneren und vaterländischen Werte. Den „Postboten des Chaos" hat er ihn im Gespräch einmal genannt. Im Februar 1938 versuchte er mit reichsdeutschen und österreichischen Freunden die militärische Führung in Wien zur Gewaltanwendung gegen Hitlers drohenden Eingriff zu gewinnen und, wenn er wirklich vorstoße, ein Attentat gegen ihn vorzubereiten[20]. Der Versuch mißlang, die Pläne wurden ruchbar, Wilhelm von Ketteler, Halems Vertrauter, verschwand und wurde nach Tagen unterhalb Wiens aus der Donau gezogen, wie sicher zu vermuten, war er ertränkt worden. Roman Hädelmayer, ein Österreicher, der mit im Bunde war, hatte Folterung und schlimmste Haftjahre in Dachau und Buchenwald zu erdulden, bis er nach fünf Jahren wider Erwarten freikam. Durch das Schweigen der beiden war Halem unangetastet geblieben. Es hätte nicht viel bedurft, um ihn zu Tode zu bringen, da er schon auf der schwarzen Liste stand: er hatte zwei Jahre zuvor einem jüdischen Bekannten bei der Flucht in die Tschechoslowakei geholfen. In der Nähe der Grenze verlor der Flüchtende, bei dem Halem im Wagen fuhr, die Beherrschung, durchriß blitzschnell den deutschen, rammte den tschechischen Schlagbaum, blieb heil und war gerettet. Halem hatte das Nachsehen. Er meldete sich bei den deutschen Grenzern, kam in Haft und überstand mit seiner unerschütterlich festgehaltenen Schutzbehauptung den Prozeß.

In den ersten Jahren des Krieges war er in der Reichsstelle für Industrie in Berlin tätig und bildete durch seine Rede- und Überzeugungskunst und seine immer erstaunlich gute Unterrichtung die Mitte eines gleichgesinnten, von ihm erregten Kreises, in dem mit allem Realismus Hoffnungen und Pläne eines Umsturzes erwogen wurden.

Einwänden der Frauen, daß sie alle Leben und Glück ihrer Familien aufs Spiel setzten, begegnete Halem, der sehr an den Seinigen hing, mit Begütigung, in Wahrheit damit, daß er von den gefährlichen Dingen schwieg. „Bedenken Sie", sagte er zu einem der Freunde, „es gibt immer nur wenige Menschen, die über ihr persönliches Schicksal hinaus den Mut finden zu handeln ... es gibt Gründe, die unsereinen verpflichten, nicht an sich und seine Familie zu denken, sondern allein der Gerechtigkeit, dem Anstand und der Ehre zur Geltung zu verhelfen ... ich rate Ihnen, erzählen Sie von unserer Tätigkeit nichts, auch nicht in Andeutungen, Ihrer Frau. Frauen haben es immer leichter, wenn sie nichts wissen[21]."

Halem trat, wie Schulenburg, in nahen Umgang mit Joseph Wagner, dem Gauleiter von Westfalen-Süd und Schlesien, der vielleicht durch ihn am meisten „umgedreht" wurde, und er blieb durch Fabian von Schlabrendorff mit Gegenkräften in der Armee in Verbindung. Mehrfach ging er mit einem Auftrag eines oberschlesischen Konzerns (Hüttenwerk) ins Ausland, nach Italien, Frankreich, Schweden, und suchte mit Männern von Einfluß ins Gespräch zu kommen, die bereit wären, mit den Deutschen zusammen den Kampf gegen die Gewaltherrschaft in Deutschland aufzunehmen.

Im Januar 1941 trug Halem in einer Besprechung in Berlin als seine Auffassung der Lage vor, es sei falsch, auf einen mäßigenden Einfluß überlegener Offiziers- und Wirtschaftskräfte zu hoffen, die den Krieg beschränken und schließlich das Herrschsystem ändern könnten. Ein Mann wie Hitler bleibe bis zu seinem letzten Atemzug ein Schicksal in diesem Land. Es gebe für jeden klarblickenden Entschlossenen nur eine Lösung: daß Hitler getötet werde. Danach sei die Staatsform in Deutschland zu ändern, Verhandlung mit den Alliierten zu suchen und die Front auf die Grenzen von 1939 zurückzunehmen. Österreich und die Tschechoslowakei müßten wiederhergestellt werden[22]. Schlabrendorff, der an dieser Besprechung teilgenommen hatte, wurde bald darauf zur Heeresgruppe Mitte nach Posen versetzt zum Oberstleutnant Henning von Tresckow. Mit ihm stand eine besonders tätige Natur auf, die im Sinne Halems die Entschlüsse vorantrieb, auch als er selbst schon in Haft lag.

Halem glaubte in einem aktiven Offizier des Ersten Weltkriegs, späterem Führer des Freikorps Oberland, den Mann gefunden zu haben, dem der Anschlag auf Hitler zuzutrauen sei: eine wohl anfechtbare, etwas turbulente Schlagritternatur, mit Hitler seit den ersten Bürgerbräureden bekannt, eine Zeitlang wohl Parteigänger, dann als Feind entbrannt, Mitglied der Kommunistischen Partei, von den neuen Machthabern in Lagern übel traktiert, dann wieder freigelassen, Gründer von „Aktionsgruppen" mit ehemaligen Kommunisten in verschiedenen Gauen (Sachse, Uhrig), mit eignen und vielen fremden Augen lauernd über alle Wege Hitlers in Berlin. Halem gelang es, diesem Mann „Beppo" Römer für einige Zeit eine Anstellung in Berlin zu verschaffen und ihm so, auch geldlich, bei den verzweigten Vorbereitungen zu helfen. Aber es kam zu nichts, die Geldzahlung auf einem Scheinposten mußte aufhören, Römer wurde verraten, die Polizei griff ihn und mit ihm einen weiten Kreis, dem man – wie es scheint, vor allem durch Folterung Römers – auf die Spur kam. 120 Menschen wurden hingerichtet[23]. Halem wurde drei Wochen nach Römer am 25. Februar 1942 verhaftet, gleichzeitig mit ihm Herbert MUMM VON SCHWARZENSTEIN, der seine Diplomatenlaufbahn in der Hitlerzeit hatte aufgeben müssen und sich mit Halem der Vorbereitung eines Umsturzes gewidmet hatte. Nach mehr als zweijähriger Haft wurden Halem und Mumm am 16. Juni 1944 vom Volksgerichtshof zum Tode verurteilt. „Sehen Sie, was Sie angerichtet haben – das ist Ihr Untergang", hatte Freisler Halem zugerufen, und Halem hatte mit einer großen und überlegenen Gebärde erwidert: „Ein Schiff kann unter-

gehen, aber es braucht seine Flagge nicht zu streichen." Vier Monate später wurde Halem zugleich mit den Männern des Zwanzigsten Juli hingerichtet, über deren Ende er selbst schrieb: „... traurig und ohne Glanz, aber auch ohne Schuld und nicht schmählich[24]."
Halem selbst wurde, wie ein Bericht erkennen läßt, mindestens zweimal schwer gefoltert. Er hat offenbar die Kraft gehabt, das Geheimnis seiner Freunde zu bewahren und über die drei ihm besonders vorgelegten Namen Schlabrendorff, Guttenberg, Dohnanyi nur „Gutes" zu sagen, ebenso wie Mumm keinen der Freunde verraten hat. „Ein Diplomat der großen Schule, ein Realist mit sarkastischem Humor", in seiner genialischen jugendlichen Art vielleicht Trott zu Solz verwandt, gleich ihm ein bewegender Typus im außerdeutschen Gespräch, hatte Halem die besondere Gabe, durch das Ins-Licht-Rücken des Wesentlichen Menschen in Kürze zu überreden und „schnell und schlagkräftig zu formulieren". Groß, kräftig, blond und blauäugig, vereinte Halem in sich, wie ein anderer der Freunde sagt, Schlauheit und Mut, Draufgängertum und Überlegenheit, Offenheit und Geschicklichkeit, ein großes Wissen und wirkliche Klugheit[25]. Man wird ihm ganz begegnen in den von ihm bewahrten Briefen aus dem Gefängnis, die zu den eindrucksvollsten Zeugnissen gehören, die man in den Annalen dieser Tage findet.
An den ihm befreundeten Carl Ludwig Freiherrn von Guttenberg schreibt er nach dem Zwanzigsten Juli, während er jeden Tag den Tod zu erwarten hat[26]:
„Sorgt dafür, daß der Vater nicht im Leben und Denken meiner Söhne ein dunkler Punkt und eine Wunde bleibe, von der je weniger desto besser gesprochen wird. Erspart ihnen wenigstens diese fortwuchernde Folge meines Unglücks, an dessen Entstehung sie in keiner Weise teilhaben. Eure Freundschaft allein kann H. und die Kinder vor dem grauen Mittelmaß bewahren, das Witwen und Waisen so oft verschlingt ... Es ist eine in alle Tiefen dringende Erfahrung, wenn dieser Vordergrund, das Ich, so schattenhaft zu werden beginnt. Wie verändert es den Rückblick, wenn plötzlich geraten erscheint, in ihm den einzigen Aspekt zu suchen! Über wie vieles kann man nicht mit einemmal ganz fröhlich und sanftmütig lachen, denn ich habe – Gott sei Dank – das Lachen noch nicht verlernt, sondern höchstens in mehreren Lebenslagen die Kraft und Lust dazu neu gewonnen. Dennoch zeigt mir der Rück-

blick mehr Schatten als Licht. Ich sehe jetzt erst, wie sehr ich mein Leben nur als Reaktion auf Triebe, Nöte, Anwandlungen gelebt habe und wie wenig ich dabei von der Stelle gekommen, im Sinne höherer Wirklichkeit in Bewegung geraten bin. So geht das Düstere immer wieder von mir selbst, das Helle von anderen Menschen aus. Auch von Dir! Und wenn ich im Bewußtsein des mir angetanen schmählichen Unrechts und des eigenen Rechts mit gespannter Aufmerksamkeit und ungeminderter Kraft auf jede Gelegenheit spähe, um diese widerliche würgende Schlinge von meinem Halse abzustreifen, so vor allem aus dem brennenden Wunsch, Ungetanes zu tun, Unerfülltes zu vollenden, auszusprechen, was mir zu diesem Zweck als Gedanke gegeben wurde, und in eine höhere Schicht des Lebens zu wachsen ... Grüße mir die Freunde und gib meine Bitte weiter an sie. Übernimm Du es, sie ein wenig darin anzuhalten. Ich denke an Euch alle mit der größten Herzlichkeit. Jedes fröhliche Lachen klingt mir noch im Ohr, jedes ernste Wort geht mir durch den Kopf, jeder gute Rat, jeder Blick, alle Freundlichkeit sind mir gegenwärtig und deutlich, sie umgeben mich wie ein Panzer gegen tausend kleine Widrigkeiten ... Wer weiß, mein Lieber, vielleicht sitzen wir eines Tages wieder bei einem guten Glase zusammen und denken mit Lachen und Wehmut der alten Zeiten. Wenn aber nicht, so will ich Dir heute für das Geschenk Deiner Freundschaft und die vielen guten Stunden danken, die wir miteinander verlebt haben: aus ihnen erwuchs, wie nicht aus vielen anderen Dingen, zu ihrem Teil der Reichtum meines Lebens."

Wenige Minuten vor der Hinrichtung schrieb Nikolaus von Halem mit gefesselten Händen (am 9. Oktober 1944)[27]:

„Liebe Mutter!

Jetzt habe ich auch die letzte kleine Unruhe überwunden, die den Baumwipfel faßt, ehe er stürzt; und damit habe ich das Ziel der Menschheit erreicht. Denn wir können und sollen wissend erdulden, was der Pflanze unwissentlich widerfährt.

Adieu, ich werde geholt. Tausend Küsse   Dein Sohn."

*

Gleich Nikolaus von Halem hat Dietrich BONHOEFFER am Zwanzigsten Juli keinen unmittelbaren Anteil gehabt: er ist am 5. April 1943 verhaftet worden und hat die Freiheit nicht wiedergesehen. Aber bis zu seinem Ausscheiden hat er zum Kreis derer gehört, die es für unrecht fanden, nur duldend einem als unheilvoll erkannten Geschehen zuzuschauen, und die in eigener Verantwortung versuchten, eine Änderung herbeizuführen. Wie sehr Bonhoeffer an den inneren Fragen und Entscheidungen, die vor dem Entschluß zur Erhebung lagen, mitgewirkt hat, wird man heute aus einer Aufzeichnung von ihm erkennen, die er für sich selber und die Freunde als Versuch einer Rechenschaft um die Jahreswende 1942/43 niedergeschrieben hat. Diese Aufzeichnung, die jede ausdrückliche Nennung von Zeitereignissen vermeidet, ist ein einzigartiges Dokument in dieser Zeit, das nachdenkliches Lesen lohnt. Es ist unter dem Titel „Nach zehn Jahren" dem Band persönlicher Zeugnisse vorangestellt, die Eberhard Bethge, ein Freund Bonhoeffers, aus seiner Haftzeit veröffentlicht hat. Einige Stellen daraus mögen einen Eindruck seiner Gedanken und seiner Haltung und dem Weiterblickenden zugleich den Beweis geben, wie wenig es sich für diese Männer um einen nur deutschen Sonderfall gehandelt hat:

„Wenn wir nicht den Mut haben, wieder ein echtes Gefühl für menschliche Distanzen aufzubringen und darum persönlich zu kämpfen, dann kommen wir in einer Anarchie menschlicher Werte um. Die Frechheit, die ihr Wesen in der Mißachtung aller menschlichen Distanzen hat, ist ebensosehr das Charakteristikum des Pöbels wie die innere Unsicherheit, das Feilschen und Buhlen um die Gunst des Frechen, das Sichgemeinmachen mit dem Pöbel der Weg zur eigenen Verpöbelung. Wenn man nicht mehr weiß, was man sich und anderen schuldig ist, wo das Gefühl für menschliche Qualität und die Kraft, Distanz zu halten, erlischt, dort ist das Chaos vor der Tür. Wo man um materieller Bequemlichkeit willen duldet, daß die Frechheit einem zu nahe tritt, dort hat man sich bereits selbst aufgegeben, dort hat man die Flut des Chaos an der Stelle des Dammes, an die man gestellt war, durchbrechen lassen und sich schuldig gemacht am Ganzen. In anderen Zeiten mag es die Sache des Christentums gewesen sein, von der Gleichheit der Menschen Zeugnis zu geben; heute wird gerade das Christentum für die Achtung menschlicher Distanzen und menschlicher Qualität leidenschaftlich einzutreten haben . . . Wir stehen mitten im Prozeß der Verpöbelung in allen Gesellschaftsschichten und zugleich in der Geburtsstunde einer neuen adeligen Haltung, die einen Kreis von Menschen aus allen bisherigen Gesellschaftsschichten verbindet. Adel entsteht und besteht durch Opfer, durch Mut und durch ein klares Wissen um das, was man sich selbst und was man anderen schuldig ist, durch die selbstverständliche Forderung der Achtung, die einem zukommt, wie durch ein ebenso selbstverständliches Wahren der Achtung nach oben und unten..."

„Die große Maskerade des Bösen hat alle ethischen Begriffe durcheinandergewirbelt. Daß das Böse in der Gestalt des Lichts, der Wohltat, des geschichtlich Notwendigen, des sozial Gerechten erscheint, ist für den aus unserer tradierten ethischen Begriffswelt Kommenden schlechthin verwirrend... Offenkundig ist das Versagen der ‚Vernünftigen', die in bester Absicht und naiver Verkennung der Wirklichkeit das aus den Fugen gegangene Gebälk mit etwas Vernunft wieder zusammenbiegen zu können meinen... Erschütternder ist das Scheitern alles ethischen Fanatismus. Mit der Reinheit des Prinzips meint der Fanatiker der Macht des Bösen entgegentreten zu können. Aber wie der Stier stößt er auf das rote Tuch, statt auf dessen Träger, ermüdet und unterliegt... Einsam erwehrt sich der Mann des Gewissens der Übermacht der entscheidungfordernden Zwangslagen. Aber das Ausmaß der Konflikte, in denen er zu wählen hat – durch nichts beraten und getragen als durch sein eigenstes Gewissen –, zerreißt ihn. Die unzähligen ehrbaren und verführerischen Verkleidungen, in denen das Böse sich ihm nähert, machen sein Gewissen ängstlich und unsicher, bis er sich schließlich damit begnügt, statt eines guten ein salviertes Gewissen zu haben, bis er also sein Gewissen belügt, um nicht zu verzweifeln... Aus der verwirrenden Fülle der möglichen Entscheidungen scheint der sichere Weg der Pflicht herauszuführen. Hier wird das Befohlene als das Gewisseste ergriffen, die Verantwortung für den Befehl trägt der Befehlsgeber, nicht der Ausführende. In der Beschränkung auf das Pflichtgemäße aber kommt es niemals zu dem Wagnis der auf eigenste Verantwortung hin geschehenden Tat, die allein das Böse im Zentrum zu treffen und zu überwinden vermag."

„Wer wollte dem Deutschen bestreiten, daß er im Gehorsam, im Auftrag, im Beruf immer wieder das Äußerste an Tapferkeit und Lebenseinsatz vollbracht hat? Seine Freiheit aber wahrte der Deutsche darin – und wo ist in der Welt leidenschaftlicher von der Freiheit gesprochen worden als in Deutschland von Luther bis zur Philosophie des Idealismus? –, daß er sich vom Eigenwillen zu befreien suchte im Dienst am Ganzen. Beruf und Freiheit galten ihm als zwei Seiten derselben Sache. Aber er hatte damit die Welt verkannt; er hatte nicht damit gerechnet, daß seine Bereitschaft zur Unterordnung zum Lebenseinsatz für den Auftrag mißbraucht werden könnte zum Bösen... Es mußte sich herausstellen, daß eine entscheidende Grunderkenntnis dem Deutschen noch fehlte: die von der Notwendigkeit der freien, verantwortlichen Tat auch gegen Beruf und Auftrag..."

„Es ist eben doch so, daß der geschichtliche Erfolg den Boden schafft, auf dem weiterhin allein gelebt werden kann, und es bleibt sehr fraglich, ob es ethisch verantwortlicher ist, als ein Don Quijote gegen eine neue Zeit zu Felde zu ziehen oder im Eingeständnis der eigenen Niederlage und schließlich in freier Einwilligung in sie einer neuen Zeit zu dienen... Solange das Gute Erfolg hat, können wir uns den Luxus leisten, den Erfolg für ethisch irrelevant zu halten, wenn aber einmal böse Mittel zum Erfolg führen, dann entsteht das Problem. Angesichts solcher Lage erfahren wir, daß weder theoretisch zuschauendes Kritisieren und Rechthabenwollen, also die Weigerung, sich auf den Boden der Tatsachen zu stellen, noch Opportunismus, also die Selbstpreisgabe und Kapitulation angesichts des Erfolges, unserer Aufgabe gerecht wird. Weder beleidigte Kritiker noch Opportunisten wollen und dürfen wir sein, sondern an der geschichtlichen Gestaltung – von Fall zu Fall und in jedem Augenblick – als Sieger oder als Unterlegene Mitverantwortliche... Die Rede vom heroischen Untergang angesichts einer unausweichlichen Niederlage ist im Grunde sehr unheroisch, weil sie nämlich den Blick in die Zukunft nicht wagt. Die letzte verantwortliche Frage ist..., wie eine kommende Generation weiterleben soll."

„Dummheit ist ein gefährlicher Feind des Guten als Bosheit. Gegen das Böse läßt sich protestieren, es läßt sich bloßstellen, es läßt sich notfalls mit Gewalt verhindern... Gegen die Dummheit sind wir wehrlos... Daher ist dem Dummen gegenüber mehr Vorsicht geboten als gegenüber dem Bösen... Bei genauerem Zusehen zeigt sich, daß jede starke äußere Machtentfaltung, sei sie politischer oder religiöser Art, einen großen Teil der Menschen mit Dummheit schlägt... Daß der Dumme oft bockig ist, darf nicht darüber hinwegtäuschen, daß er nicht selbständig ist..., er ist in einem Banne, er ist verblendet, er ist in seinem eigenen Wesen mißbraucht, mißhandelt. So zum willenlosen

Instrument geworden, wird der Dumme auch zu allem Bösen fähig sein und zugleich unfähig sein, dies als Böses zu erkennen. Hier liegt die Gefahr eines diabolischen Mißbrauchs... Aber es ist gerade hier auch ganz deutlich, daß nicht ein Akt der Belehrung, sondern allein ein Akt der Befreiung die Dummheit überwinden könnte. Dabei wird man sich abfinden müssen, daß eine echte innere Befreiung in den allermeisten Fällen erst möglich wird, nachdem die äußere Befreiung vorangegangen ist. Bis dahin werden wir auf alle Versuche, den Dummen zu überzeugen, verzichten müssen. In dieser Sachlage wird es übrigens auch begründet sein, daß wir uns unter solchen Umständen vergeblich darum bemühen, zu wissen, was ‚das Volk' eigentlich denkt, und warum diese Frage für den verantwortlich Denkenden und Handelnden zugleich so überflüssig ist – immer nur unter den gegebenen Umständen."

„Ich glaube, daß auch unsere Fehler und Irrtümer nicht vergeblich sind und daß es Gott nicht schwerer ist, mit ihnen fertig zu werden, als mit unseren vermeintlichen Guttaten. Ich glaube, daß Gott kein zeitloses Fatum ist, sondern daß er auf aufrichtige Gebete und verantwortliche Taten wartet und antwortet."

„Optimismus ist in seinem Wesen keine Ansicht über die gegenwärtige Situation, sondern er ist eine Lebenskraft, eine Kraft der Hoffnung, wo andere resignieren, eine Kraft, den Kopf hochzuhalten, wenn alles fehlzuschlagen scheint, eine Kraft, Rückschläge zu ertragen, eine Kraft, die die Zukunft niemals dem Gegner überläßt, sondern sie für sich in Anspruch nimmt. Es gibt gewiß auch einen feigen, dummen Optimismus, der verpönt werden muß. Aber den Optimismus als Willen zur Zukunft soll niemand verächtlich machen, auch wenn er hundertmal irrt; er ist die Gesundheit des Lebens, die der Kranke nicht anstecken soll... Mag sein, daß der Jüngste Tag morgen anbricht, dann wollen wir gern die Arbeit für eine bessere Zukunft aus der Hand legen, vorher aber nicht."

„Uns bleibt nur der schmale und manchmal kaum noch zu findende Weg, jeden Tag zu nehmen, als wäre er der letzte, und doch in Glauben und Verantwortung so zu leben, als gäbe es noch eine große Zukunft. ‚Noch soll man Häuser, Äcker und Weinberge kaufen in diesem Lande', muß Jeremia – im paradoxen Widerspruch zu seinen Unheilsweissagungen unmittelbar vor der Zerstörung der Heiligen

Stadt – verkündigen, angesichts der völligen Zukunftslosigkeit ein göttliches Zeichen und Unterpfand einer neuen großen Zukunft. Denken und Handeln im Blick auf die kommende Generation, dabei ohne Furcht und Sorge jeden Tag bereit sein, zu gehen – das ist die Haltung, die uns praktisch aufgezwungen ist und die tapfer durchzuhalten nicht leicht, aber notwendig ist[28]."

Im Jahr 1906 in Breslau aus einem Gelehrtenhaus geboren – der Vater war der bekannte Psychiater Professor Karl Bonhoeffer –, wuchs Dietrich Bonhoeffer während der Zeit des Ersten Weltkrieges in Berlin heran, Harz und Weserberge gaben die später als Nahrung gern erinnerten Unterbrechungen. Der Altersunterschied der acht Geschwister, das Aus- und Eingehen vieler und mannigfaltiger Menschen in dem gastfreien Haus und eine wohl absichtsvoll herbe Art der Erziehung lehrten den Aufwachsenden beizeiten, sich innerlich frei und streitbar zu machen und auch an Widerständen zu wachsen, führten ihn aber auch dazu, offen und aufnehmend der großen Welt zu begegnen, sich für seine Aufgabe verpflichtet zu wissen und für die anderen dazusein. Er lebte in der Musik und fand bei Schütz, Bach, Händel die Klänge, die seiner selbst- und weltfrohen Art der Frömmigkeit entsprachen und ihn noch in den stummen Wänden seines Verlieses umgaben. Der Pfarrerberuf hatte für ihn von den Ahnen her Tradition, doch bestimmte ihn als stärkerer Antrieb der nicht zu entkräftigende, ihn quälende Vorwurf, daß es der Kirche nicht mehr gelinge, den ganzen und starken Menschen zu ergreifen, und daß sie sich immer weiter in alleinige Fürsorge für das geminderte Leben und private Seelennot oder in blutarme Gedanklichkeit abdrängen lasse. Ihm schwebte als Aufgabe vor, Verkündung und Amt dieser Kirche wieder so zu fassen, daß sie auch den „mündig gewordenen" Menschen dieser Welt ergreife. Nach beendetem Studium strebte Bonhoeffer über die deutschen Grenzen, um zu den ihn bewegenden Fragen eine größere Anschauung zu gewinnen. Nach Auslandsjahren in Spanien, den Vereinigten Staaten und England und nach einer Tätigkeit als Studentenpfarrer in Berlin wurde er 1935 nach Finkenwalde zur Leitung des Predigerseminars der „Bekennenden Kirche" berufen, die sich inzwischen gegen die Eingriffe des neuen Staates konstituiert hatte. Seine Privatdozentur an der Berliner Universität wurde ihm kurze Zeit danach schon entzogen. Während des Krieges führten Bonhoeffer Aufträge seiner Kirche nach Genf und Stockholm, wo er mit Kirchenführern neutraler und auch feindlicher Länder zusammentraf, deren einige ihm schon von früher her bekannt waren und nahestanden. Er ließ ihnen gegenüber keinen Zweifel, wo er und mit ihm ein ganzer Kreis entschlossener Menschen in Deutschland stünde, und suchte sie zur Einwirkung auf die Politiker ihrer Länder zu bestimmen, daß sie den Kampf der Gegenkräfte in Deutschland nicht erstickten, sondern ermutigten und ihr eigenes Wirken als gegen Hitler und nicht gegen Deutschland gerichtet erkennbar machten.

Bonhoeffer hat bei diesen Zusammenkünften, wie auch ein englischer Bericht bestätigt, sich innerlich zu Deutschland gestellt und hat Beweis gegeben, „daß man auch mit reinen Händen mit der außerdeutschen Welt in Beziehung treten konnte, ohne sein Vaterland zu verraten[29]".

Als Pfarrer hatte Bonhoeffer, wie einer meint, der ihn in vielen Lagen sah, darin etwas Einmaliges, daß er mit dem einfachen Menschen schlicht und sicher und ohne Herablassung gesprochen und als der gleiche auf jedem weltmännischen Parkett sich leicht bewegt und unbedingtes Ansehen erworben habe. Er habe weder das Vorurteil der Kirche für die Schwachen und Geistig-Armen noch dasjenige der Welt für Stand, Würden und Geld geteilt, und es sei von seinem offenen und frischen Zutrauen eine spürbare Kraft ausgegangen.

Während der ersten eineinhalb Jahre seiner Haft ergab sich keine schwerere Belastung gegen Bonhoeffer, die seine Verurteilung erlaubt hätte. Erst als im Oktober 1944 in Zossen Papiere aufgefunden wurden, die die jahrelangen Umsturzbemühungen Osters erkennen ließen, war auch Bonhoeffers Mitwirkung erwiesen, und sein Los blieb von da ab an das Los von Oster und Canaris gebunden. Er wurde mit ihnen am gleichen 9. April 1945 beim Annahen der Feinde erwürgt. Schlabrendorff, längere Zeit Mithäftling und Zellennachbar, schildert[30] die erstaunlich gleichbleibende Frohgemutheit des ihm zum Freund Gewordenen. Er macht Bonhoeffer mit der Erzählung gegenwärtig, wie er nach einem Luftangriff mit einem katzenartigen Sprung in die offene Zellentür des gelähmten Dohnanyi springt, um kurz mit ihm zu sprechen, und wieder unerkannt hinter dem Rücken der Wächter entkommt, mit einer Kraft, List und Behendigkeit, die man bei Bonhoeffers fast behäbigem Bau nie erwartet hätte. Aber er selbst hat einmal aus seiner Zelle einem Täufling, der seinen Namen bekam, die kräftigen Waden des Paten gewünscht, dazu sein Unbekanntsein mit Kopfschmerzen und seinen guten Gaumen – andere Vorzüge müsse er anderswo holen ...

Kurze Tage nach Dietrich Bonhoeffer wurde in Sachsenhausen der Mann seiner Schwester Christine, Hans von Dohnanyi, hingerichtet. Nach kurzem folgte in Berlin, als schon die Russen die Stadt berannten, sein Bruder Klaus, Rechtsanwalt und Syndikus bei der Lufthansa: er wurde mit anderen Häftlingen zusammen bei einem Weg über die Straße von den Wächtern mit befohlenen Nackenschüssen überfallen und getötet. Schon vorangegangen waren Rüdiger Schleicher, Ministerialrat in Berlin, der die älteste der Bonhoeffertöchter zur Frau hatte[31], und Generalleutnant Paul von Hase, der Onkel von Dietrich und Klaus Bonhoeffer, der mit den ersten Angeklagten des Zwanzigsten Juli verurteilt und hingerichtet worden war. Einzig Justus Delbrück, der durch Verschwägerung zur Familie gehörte – seine Schwester war die Frau von Klaus Bonhoeffer –, erlebte Anfang Mai noch die Befreiung, aber er wurde im gleichen Monat wieder von den Russen verhaftet und ist ein halbes Jahr später in deren Haft gestorben.

Vor allen diesen Schicksalen, die diese eine Familie betroffen haben, hat Dietrich Bonhoeffer an die Eltern geschrieben[32]:

„Ein Leben, das sich im Beruflichen und Persönlichen voll entfalten kann und so zu einem ausgeglichenen und erfüllten Ganzen wird, wie es in Euerer Generation noch möglich war, gehört wohl nicht mehr zu den Ansprüchen, die unsere Generation stellen darf. Darin liegt wohl der größere Verzicht, der uns Jüngeren, die wir Euer Leben noch vor Augen haben, auferlegt ist und abgenötigt wird. Das Unvollendete, Fragmentarische unseres Lebens empfinden wir darum wohl besonders stark. Aber gerade das Fragment kann ja auch wieder auf eine menschlich nicht mehr zu leistende höhere Vollendung hinweisen. Daran muß ich besonders beim Tode so vieler meiner besten ehemaligen Schüler denken.

Wenn auch die Gewalt der äußeren Ereignisse unser Leben in Bruchstücke schlägt wie die Bomben unsere Häuser, so soll doch möglichst noch sichtbar bleiben, wie das Ganze geplant und gedacht war, und mindestens wird immer noch zu erkennen sein, aus welchem Material hier gebaut wurde oder gebaut werden sollte ..." (20. Februar 1944).

*

Dr. jur. Dr. phil. Wilhelm AHLMANN, mit Jens Jessen befreundet, mit dem er das Geburtsjahr (1895) und die Herkunft aus Schleswig-Holstein gemeinsam hat, ist durch das Schicksal geprägt worden, daß er mit noch nicht 21 Jahren die Sehkraft beider Augen verlor. Das Familienerbe, das durch Vorgeschlechter von Schiffskapitänen, Bürgermeistern, Landvögten in Norder-Dithmarschen bezeichnet ist, hatte in ihm ebensosehr eine Tatnatur wie einen Denker veranlagt. Nach innen verwiesen, durchdrang der Blinde in planvollen Studien weite Gebiete des Rechts, der Staats- und Gesellschaftswissenschaft, der Geschichte und Kirchengeschichte, der Seelenkunde, der Philosophie und maß sich immer neu an Menschen, die ihm die lebendige Brücke zur Welt bedeuteten. So bewahrte er sich vor jedem leidenden Verzicht und wuchs in seinem vierten und fünften Jahrzehnt zu einer inneren Mächtigkeit der Lebensnähe, daß kein Gedanke des Mitleids, nur Verehrung, Freundschaft, Huldigung ihren Ort um ihn hatten. Die Wohlhabenheit seines Hauses erlaubte ihm ein unabhängiges Bestehen. Während des Krieges wechselte er seine Aufenthalte zwischen Kiel und Berlin. Hausdame und Diener sorgten für den Raum dieses Lebens, dem auch in den schlimmen Jahren Ruhe, Gelassenheit und vornehme Güte das Gepräge gaben, sorgten nach einer spürbaren Ordnung für Empfang und Bewirtung der Besucher, die der Hausherr am liebsten allein oder sonst nur in einer sinnvollen Gruppe neben sich haben wollte – ein Grund mehr, warum von seinen Gesprächen mit Stauffenberg keine Nachricht übriggeblieben ist. Was aber andere überliefern, zeigt, wie sehr dieser Herausgehobene von allem Ereignis der Zeit wußte, und wie zwingend er auch vermocht hat, den in die Zeit hineingerissenen Freunden allein durch sein Dasein, durch seine Entrückung Mentor zu sein. Was er gab, war nicht Lehre, aber Aufschwung, Kraft, das Rechte zu tun, und das sich fast leiblich einsenkende Vertrauen, daß einem vorbildhaften Wirken im Geist der Freiheit nicht Not und Tod eine Grenze setzen kann. Einer geraden Rechtschaffenheit konnte er wie hinter einer Maske erscheinen, weil er keine Bekenntnisse vortrug und, wie es schien, immer nur mit einem Teil seiner selbst ins Treffen ging, indes um den andern ein Geheimnis blieb. Er wußte wie wohl wenige Menschen tätig zuzuhören und in blickloser Hinwendung den Sprechenden in sich und in seinen Gedanken zu steigern oder vielleicht auch zu richten. Er forderte gerne heraus, widersprach, legte und löste Fußeisen, er stöhnte und äußerte seine Freude vernehmlich. In die gelassene Gegenwart des Gesprächs konnten Schauer der Ferne fallen, wenn er vom Verhalten in der Gefahr oder von der Überwindung des Todes sprach.

Menschen der verschiedensten geistigen Berufe suchten ihn und hielten später die Stunden, die sie an seiner Seite verbracht hatten, für denkwürdig. Den Gesprächen mit ihm, so scheint es, muß es gemeinsam gewesen sein, daß sie – wenn noch so sehr ins Fachlich-Einzelne und Gedankliche gehend – immer wieder die wahre männliche „virtú" schaubar machten und aussprachen, die das einzelne Leben wie das Leben der Gemeinschaft zu bauen vermag. Immer strebten sie zu einem Ganzen, ob sie von einer neu zu begründenden Rechtsprechung, von Stoa und Christentum, von der Zukunft des Bauerntums in der industriellen Gesellschaft, von britischen Standesproblemen, von Pascal oder der modernen Musik handelten. Es gehört in die gleiche Reihe, wenn einmal eine Unterhaltung über die Kriegslage damit zusammengefaßt wurde: „Unser gefährlichster Feind sind wir selbst", in dem Sinn, daß man nicht bei der Kritik des Nationalsozialismus stehenbleibe, der nur eine Erscheinungsform sei, sondern im Verlust des menschlichen Niveaus, in der Aushöhlung des Menschen das Verhängnis fassen und überwinden müsse.

Wohl von Jessen eingeführt, war Claus Stauffenberg an manchen Abenden bei Wilh. Ahlmann. Sein Fahrer berichtete davon, ohne daß er damals den Namen des vom Geheimnis umgebenen Blinden erfahren hätte. Aber ihm fiel auf, daß Graf Stauffenberg, den er zu so vielen Besuchen und Besprechungen zu fahren hatte, spürbar in einem besonderen Verhältnis zu diesem Mann stand, und er nahm daran selbst insofern teil, als ihm manchmal beim Warten auf der nächtlichen Straße Eß-, Trink- und Rauchbares mit einem freundlichen Gruß des Hausherrn in den Wagen gereicht wurde. Daß Stauffenberg, der in diesen Monaten nach allen Seiten Erkundungen zu einer staatlichen Übergangslösung einzog, bei Wilhelm Ahlmann ein reiches Feld vorfand und den aufs Vollziehbare gerichteten Tatverstand dieses Mannes sich zur Hilfe warb, ist nach dem heute Bekannten gewiß. Sollte es wörtlich zu nehmen sein, was in einem Bericht steht, daß Wilhelm Ahlmann Stauffenbergs Plänen „aus politischen und ethischen Gründen" widersprochen habe, so wird mit gleicher Gewißheit feststehen, daß Stauffenberg durch die Berührung mit diesem besonderen, ganz in sich ruhenden, starken Menschen, dieser „vita sibi concors" (Seneca), in dem Entschluß bestärkt worden ist, der aus seiner gleichfalls im Einklang starken Natur hervorgegangen ist.

Wilhelm Ahlmann ist im Gefolge des Zwanzigsten Juli gestorben. Er sah sich am 7. Dezember 1944 gezwungen, zur Waffe gegen sich selbst zu greifen „um, ein spätgeborener Stoiker, die eigene Freiheit zu retten und um die Verschwiegenheit für seine Freunde zu wahren".

In einem Gedenkbuch haben 21 Verfasser ihre Beiträge vereinigt, um den Toten zu ehren[33]. Die weit auseinanderliegenden Themen und die Art ihrer Durchdringung bekunden, wieviel der von ihnen Gefeierte in diesen Männern erregt hat. Ihr Schreiben erscheint ihnen wie ein fortgesetztes Gespräch mit ihm.

„Laß uns, lieber Freund, das Gespräch fortsetzen", heißt es einmal, „das wir vor zwanzig Jahren begonnen haben: die Frage nach der Zukunft des Bauerntums in der industriellen Gesellschaft. Jahrelang sind wir immer wieder zum Umkreis dieser Fragen zurückgekehrt. Sie haben seither nicht an Dringlichkeit verloren, sondern gewonnen. Doch sind sie um vieles schwieriger geworden. Die Lösung in der Lebenswirklichkeit steht aus. Laß uns darum fortfahren, so, als weiltest Du noch unter uns; laß uns das Gespräch wieder aufnehmen in der Gesinnung, die uns verband: im Glauben an die öffentliche Verantwortung des Denkens; in der Absicht, die wesentlichen Werte unserer Herkunft zu wahren; in dem Entschluß, aus dem Gegenwärtigen die Zukunft zu entwickeln, nicht aus Gedachtem; und in dem Willen, erkannte Aufgaben zu lösen, nicht zu versagen vor Gefahr und Beschwerde. So weiß ich Dich als Partner dieses Selbstgesprächs, bereit zu Folge und Einspruch..."

Ein anderer stattet seinen Dank mit einer Darstellung über „Mächtigkeit, Rang und Stufe des Menschen" ab, in der spürbar das Dasein dieses Mannes Kraft und Anregung gegeben hat zu urbildlicherer Deutung.

Ein anderer, der über das Ethos der Stoa handelt, schreibt: „Das Seneca-Schicksal wird wieder Gegenwart und Wirklichkeit, welches zu Anbeginn um Erziehung und Ermahnung der wirren und labyrinthischen Kräfte ringt, in Enttäuschung auf verlorenem Posten ausharrt als ein Soldat im Geiste, um, ein vorbestimmtes Opfer der

Despotie, durch den selbstgewählten Schritt in die ewige Freiheit sein Ethos im Letzten zu bewähren.

Unser unvernarbter Schmerz und unsere ungeschmälerte Liebe bedürfen in diesem seinem Andenken gewidmeten Buch nicht des Hinweises auf den Mann, dem das gelebte Leben mit dem eigenen moralischen Charakter ohne Rest und Teilung zusammenfiel."

VIII HENNING VON TRESCKOW
NEUE UMSTURZVERSUCHE IM HEER

Im Heer findet man in den Kriegsjahren 1942/43 vor allem zwei Schwerpunkte, an denen die Gedanken eines Umsturzes lebendig sind: den einen im Oberkommando des Heeres in Berlin um General der Infanterie Friedrich Olbricht, den andern im Stab der Heeresgruppe Mitte im Osten um den damaligen Obersten i. G. Henning von Tresckow.

Friedrich OLBRICHT, 1888 als einziger Sohn eines aus dem Erzgebirge stammenden Mathematikprofessors geboren, war gleichaltrig mit Oster, mit dem er seit den Jahren nach dem Ersten Weltkrieg bekannt und auch später befreundet war. Fünf Jahre war er im Reichswehrministerium in der Abteilung Fremde Heere tätig gewesen, dann sieben Jahre in Dresden, erst als Kommandeur des Jägerbataillons, dann als Generalstabschef der 4. Division. In diesen Jahren hatte sich sein nahes Verhältnis zu Ludwig Beck begründet, das bis zu beider Tod gedauert hat. Im Polenfeldzug als Divisionskommandeur mit dem Ritterkreuz ausgezeichnet, war er wegen seiner Organisations- und Verhandlungsgabe im Mai 1940 zum Chef des Allgemeinen Heeresamtes im Oberkommando des Heeres in der Bendlerstraße ernannt worden. Dieses Amt verband ihn mit allen Heeresteilen an den Fronten und in der Heimat, und er mochte zu den am weitesten bekannten unter seinen Mitoffizieren gehören. Auch außerhalb des Dienstes kamen viele Besucher, immer wieder auch Urlauber von der Front, zu Wein und Gespräch in sein Haus. Mit Beck hatte er häufigere Begegnungen, er war mit Stülpnagel und Falkenhausen, den beiden Militärbefehlshabern in Belgien und Frankreich, und mit Witzleben gut bekannt, reichte aber auch in den zivilen Kreis der Gegenbewegung, vor allem durch seinen Umgang mit Goerdeler, mit dem er schon in seinen Jahren als Stabschef des IV. A.K. in Dresden und Leipzig (1933–1939) immer wieder zusammengekommen war. Er traf Popitz, und Hassell suchte ihn auf, wenn er in Berlin war.

Olbricht war stattlich, doch nicht beleibt, mittelgroß und körperlich behend: Gleich seinem Vater, der schon im Jahr 1912 im Wilden Kaiser abgestürzt war, liebte er die freie Frische und das Bergsteigen. Trotz der Brille, die er trug, galt er beim einfachen Mann als „schöner" General, und man schätzte es, daß er bei aller dienstlichen Strenge immer etwas Leutseliges und Zugängliches hatte. Gelegentlich merkte man seiner Art zu reden und seiner Ironie den sächsischen Tonfall an, zumeist aber überwog die Berlinische Lebensart in seiner schlagfertigen Frische und seinem großzügigen, höflichen und umgangskundigen Wesen. Er hat sich für eine Erhebung ohne persönlichen Ehrgeiz, einzig aus vaterländischem Sinn, eingesetzt und hat ihr als „technischer Organisator in ebenso mühsamer wie gefährlicher Einzelarbeit[1]" wertvoll gedient. Um seinen Rang unbesorgt, hat er sich mit einer zweiten Rolle begnügt, wenn er die Jüngeren für tüchtiger, sich selbst aber für zu weich und die Schwere der Last oft kaum mehr zu tragen fand. Ihm hatte dieser Krieg, gegen dessen Bedenklichkeit und Widersinn er sich aufbäumte, seinen Sohn genommen, an dem er hing. Im Buch der Vernehmungsberichte ist sein Wort wiedergegeben, dessen sich sein Adjutant aus der Nacht des Zwanzigsten Juli entsann: „Mit mir und meinem Vorhaben ist es aus. Stauffenberg, das Spitzenpferd, und ich werden nun zur Verantwortung gezogen, und ich kann mich ihr nicht entziehen. Sagen Sie meiner Frau, so wie der Soldat in der Schlacht fällt, handle ich hier nach meiner Überzeugung[2]."

Von Anfang an hatte Olbricht offen zu diesem Adjutanten, dem er auch menschlich zugetan war, gesprochen: Oberstleutnant Fritz von der LANCKEN, vor dem Krieg Leiter eines Landerziehungsheimes. Er hat in seiner Wohnung in Potsdam den Sprengstoff verwahrt, der im Juli 1944 verwendet worden ist. Er ist hingerichtet worden.

In naher Zusammenarbeit mit Olbricht, die auch dienstliche Anlässe der Begegnung bot, stand bis zu seiner Entlassung Ende 1942 General Georg THOMAS, seit 1934 Chef des Wehrwirtschafts- und Rüstungsamtes mit offenbar umfassenden Kenntnissen auf dem Rüstungs- und Kriegswirtschaftsgebiet. Beeindruckt von der potentiellen Kraft Rußlands, hatte er nach einer Studienreise 1933 einen friedlichen Ausgleich mit der Sowjetunion gefordert und war 1935 mit Hitler wegen seiner Japan-Politik zusammengestoßen, nachdem er selbst kurz zuvor für Hitler den Wirtschaftsvertrag mit Tschiang Kai-schek abgeschlossen hatte. Im Jahre 1937 trat er in ein Zusammenwirken mit Schacht gegen die nicht mehr übersehbare Ausweitung der Rüstungsvorhaben und -kredite. Im August 1939 forderte er mit Denkschriften und Statistiken ein Abgehen von den Kriegsplänen, da sie wirtschaftlich unverantwortlich seien. Keitel ließ am 28. August wissen, Hitler teile die Bedenken nicht, da er die Sowjetmacht auf seiner Seite habe. Thomas wurde nach dem Zwanzigsten Juli verhaftet und kam nach Kriegsende frei.

Mit Henning von TRESCKOW tritt die jüngere gegen Hitler sich empörende Offiziersgeneration, damals auf der Stufe der Oberstleutnante und Obersten, in Erscheinung. In ihm und den ihm Verbündeten ist das Bewußtsein leitend, daß gegen eine Kraft wie die Hitlers kein Mahnen und Erinnern aus vornehmerer Tradition und kein überlegenes Sich-besser-Dünken und Klug-Reden wirken kann, nur ein Handeln aus gleicher klarer Entschlossenheit und aus der Bereitschaft, das herausgeforderte Schicksal zu tragen. Sie kennen die Einwände, die ihnen von hoher Seite immer wieder begegnen. Sie erwägen mit klarer Generalstabsvernunft Vorbedingungen und Folgen. Eine Kraft des Herzens heißt sie handeln. Ihnen ist der Zwiespalt um den Soldateneid im Fegfeuer innerer Kämpfe so gelöst: wozu anders kann er verpflichten als zum Entschluß, den selbst Eidbrüchigen, nur noch als Vernichter Wirkenden zu stürzen um eines unverletzbar vaterländischen Lebens willen?

Henning von Tresckow[3] war im Januar 1901 aus einem preußischen Offiziersgeschlecht geboren, das seine Herkunft bis ins 14. Jahrhundert verfolgen konnte. Ein Ahn hatte als Verteidiger von Neiße unter Friedrich dem Großen sich einen Namen gemacht, der König hatte ihn als einen seiner guten Generale bezeichnet, an denen er nicht Überfluß habe ... Der junge Tresckow erwuchs auf dem väterlichen Gut Wartenberg in der Neumark zu einer großen körperlichen Gewandtheit. Auch als er in Goslar das Realgymnasium bezog und das Erlebnis des Krieges sich vordrängte, blieb Wartenberg die Heimat, wo er sich mit dem Boden verbunden fühlte. Im Jahre 1918 stand er noch als Zugführer an der Westfront mit dem älteren Bruder Gerd zusammen, der ihn höher als sich selbst achtete und ihm in Liebe verbunden blieb. Gerd von Tresckow hat sich nach dem Zwanzigsten Juli selbst gestellt. Er wurde gefangengesetzt und nahm sich im Gefängnis das Leben.

Nach kurzer Teilnahme an den Revolutionskämpfen findet man Tresckow in einer Banklehre. Er wird Börsenmakler mit einem Talent des Umgangs in solcher Sphäre, das erstaunen läßt. 1924 ist er auf einer Weltreise und verweilt ein halbes Jahr in Südamerika. Nach seiner Rückkehr löst er sich aus den für den jungen Mann sehr einkömmlichen Verhältnissen und erreicht, durch vermittelnde Fürsprache Hindenburgs, seinen Eintritt in die Reichswehr. Er beginnt als Leutnant im Infanterie-Regiment 9 in Potsdam, das inzwischen die Tradition des ersten preußischen Garderegiments zu Fuß, seiner früheren Truppe, übernommen hat. 1932 kommt er als Hauptmann auf die Kriegsakademie und ist unter den Jahrgangsbesten. Drei Jahre vor dem neuen Krieg arbeitet er im Generalstab bei dem (späteren) Generalleutnant Heusinger in der Operationsabteilung unter der bestimmenden Prägung des Generalobersten Beck. Den Polenfeldzug macht er, inzwischen Major, als erster Generalstabsoffizier einer Division mit. Nachher ist er in gleicher Funktion in Heeresgruppenstäben, erst unter dem (späteren) Generalfeldmarschall von Rundstedt im Westen, dann unter den Feldmarschällen von Bock und Kluge im Osten. (Heeresgruppe Mitte von Sommer 1941 bis Sommer 1943.) Am 1. Oktober 1943 übernimmt er für kurze Zeit ein Regiment und wird dann Chef des Generalstabs der Zweiten Armee (unter Generaloberst Weiß). Am 30. Januar 1944 macht ihn Hitler in seinem 43. Lebensjahr zum General.

Vielen Zeugnissen nach hat es Henning von Tresckow in seinem Fach, der Truppenführung, zu einem außerordentlichen Können gebracht, so daß man in den Berichten über ihn immer wieder Urteile wie „ein Soldat ganz großen Formats" oder „ein Mann, der weit über den Durchschnitt herausragte", findet. Man weiß auch von Kluge, wie hoch er die Fähigkeit seines Ia geschätzt hat, der ihm mit einer fast unerschöpflichen Arbeitskraft, einem raschen und wachen Verstand und mit der immer schlagbereiten Art seiner Thesen und praktischen Aushilfen unentbehrlich geworden ist. Tresckow hatte in der Heeresgruppe außer dem Marschall, dessen „operative Gabe" er hoch schätzte, noch den Chef des Stabes über sich – er ist ihnen wie allen Ranghöheren mit der Gebärde weltmännischen Takts ohne Selbsterniedrigung begegnet. Für die anderen war spürbar Tresckow der Mann, der durch seine Menschlichkeit bestimmend war in diesem hohen Stabslager im Felde. Den unter ihm Arbeitenden hat er oft Ungewöhnliches zugemutet, aber er umfaßte und trug sie zugleich mit seiner Gegenwart, die nie ausließ. Auch bei den Armeestäben, ja bis zu einzelnen Truppenoffizieren, hatte Tresckow das Vertrauen, das auch in manchen schwierigen Proben standhielt. Man wußte, daß er Befehle von oben, die vielleicht sinnlose Verluste forderten, nicht einfach weitergab, sondern es sich schwerste Mühe kosten ließ, sie, wenn irgend möglich, zu vermeiden, zu ändern oder abzuschwächen.

Tresckow erschien gelegentlich als geborener Grandseigneur, der Ehre gibt und nimmt, aber er hatte nichts von Überheblichkeit an sich. Er schien selbst nur dem Dienst an einer Aufgabe zu leben, zu dem er die andern mit einer ihm eigenen Ausstrahlung von sachlichem Ernst und mitfühlender Milde bezwang. Man berichtet aus seiner Umgebung, daß er, der unendlich vorsichtig und schweigsam in seinen geheimen Dingen war, wie kaum einer „sein Herz immer offen entgegengehalten habe" und daß jeder die Überzeugung haben konnte, ganz besonders sein Freund zu sein. So tat jeder unmerklich immer das Beste für ihn, und auch die widerstrebenden Kräfte mäßigten sich unter seinem Zaum. Trug er sich einmal mit einem schweren Auftrag für einen der Vertrauten, so war weniger sein Wort bindend als die mitreißende Gewißheit, daß er jede Stunde bereit sei zu tun, was er dem anderen aufbürdete.

Tresckow haßte den Drill und vermied, wenn er konnte, die Uniform. Er hielt es für eine Aufgabe, die jungen Offiziere, für die er zu sorgen hatte, nicht zu „Spezialisten" werden zu lassen. Er lud sie zu Abenden, an denen über nichtmilitärische Dinge, über Gestalten aus der Geschichte, Fragen der Völkerkunde oder geistiger Betrachtung vorgetragen und gesprochen wurde. Tresckow selbst hatte eine auffallende Beredsamkeit. In ihr trat das Unbedingte seiner Natur und sein ursprünglicher Vaterlandssinn oft mit einer eifernden Schärfe hervor, wenn es ihm galt, ehrenhaft und niedrig zu scheiden. Auch sein Verhältnis zu Hitler war so: verstandesklare Erwägung macht ihn zum Gegner, mehr aber noch, wie einer sagte, „der Widerwille gegen alles, was der Wurzel der Gemeinheit entsprang". Was 1938 und 1939 geschah, empörte ihn, und er ging mit dem Vorsatz in den Krieg, dahin mitzuwirken, daß jener Mann bei der ersten sich bietenden Gelegenheit gestürzt und das durch ihn unter den Deutschen begonnene Wesen ausgerottet werde. Er fühlte sich mitbetroffen von jeder Untat, die im Namen der Deutschen geschah. „Auch Sie und ich werden zu den Mitschuldigen gehören", sagte er bei einer solchen Gelegenheit zu einem seiner Offiziere, und es traf ihn wie ein Unglück am eigenen Leib, wenn wieder eine Stadt der Heimat in Trümmer fiel, wieder eine Division sinnlos zerrieben war und keiner die Hand aufhob...

Der Einbruch nach Frankreich verlief anders, als Tresckow gleich Beck und vielen andern angenommen hatte. Er erkannte die Leistung Hitlers an, war aber als unmittelbar Beteiligter auch bestürzt davon, wie Hitler durch seinen Anhaltebefehl an die Panzer vor Dünkirchen ein Entweichen der Engländer möglich gemacht hatte. Einen Krieg mit Rußland, an dessen Vorbereitungen er beim Gruppenkommando in Posen teilnahm, sah er als Vermessenheit eines großen Dilettanten, solange England völlig unbesiegt stand, und er machte sich Gedanken, wie man aus dem ersten raschen Fehlschlag heraus zum Sturz Hitlers kommen könne. Aber das Geschehen war stärker und riß Tresckow in seinen Bann: Siege, unerhörte Gefangenenzahlen, ein Fortstürmen seiner Heeresgruppe 800 km tief ins nie betretene Land bis vor Moskau, dann, weil es zu spät geworden war, die Lähmung durch die Rasputitza, die Schlammperiode, und hinter ihr die Eiseskälte und jener 6. Dezember als Wende, an dem sich den Erschöpften wie aus dem Nichts eine des Winters spottende Macht von 100 Divisionen entgegenwarf. Alle Sorge galt nun dem Kampf und dem Leben der Soldaten. Feldmarschall von Bock ging, statt seiner kam Feldmarschall von Kluge. Mit ihm zusammen hatte Tresckow als Ia der Heeresgruppe, verbissen gegen Hitler, dessen Wahn und Starrsinn er schuld gab, den Winterkampf um die Rettung der hart und tapfer sich wehrenden Armeen zu bestehen. Für mehr als eineinhalb Jahre ist Tresckow dann neben Kluge geblieben, erst nur als militärischer Gehilfe, dann als Mahner des Marschalls, der mit immer größerer Offenheit versucht hat, ihn zum Entschluß einer selbständigen Tat gegen Hitler zu führen.

Im Laufe des Jahres 1942 wurde ein Kreis Gleichgesinnter gewonnen. Dabei hat Tresckows offene und doch verschwiegene Natur und seine Gabe im Umgang mit Männern Erstaunliches bewirkt. Viele sind in den Jahren, die sie neben ihm arbeiteten, nicht gewahr geworden, mit was für Gedanken er umging. Andere begegneten bei einer Erschütterung, die der Tag brachte, seinem „strahlenden, klugen, dabei gütigen Auge[4]" oder faßten ein auf sie gezieltes Wort des in leiser Ironie verzogenen Mundes und wußten plötzlich, wo er stand und sie mit ihm. Oft genügte ihm, des inneren Einverständnisses gewiß zu sein, und er scheute sich, auch ihm sehr zugetane, opferbereite Offiziere mit mehr Mitwissen zu belasten, als ihm nötig schien. Auf die Gewonnenen baute er freilich unbedingt und ist nie enttäuscht worden. Ein junger Rittmeister erzählt, daß er, als persönlicher Adjutant Kluges neu berufen, sich beim Obersten Tresckow gemeldet und dieser ihm beim ersten Gespräch ebenso unbekümmert wie unausweichlich dargelegt habe, seine, des Rittmeisters, Hauptaufgabe sei, auf den Marschall dauernd im rechten politischen Sinn einzuwirken und jede Gelegenheit wahrzunehmen, ihn wenigstens „bei der Stange zu halten". Tresckow freilich wußte, daß der Rittmeister der Freund eines seiner Freunde sei[5].

Immer wieder ist es Tresckow gelungen, Versetzungen und Berufungen zu erreichen, die er für seine Absichten brauchte. Mehrfach ist ihm das Heerespersonalamt (Schmundt) zu Diensten gewesen, ohne seine Beweggründe zu ahnen. Seine Verbindungen reichten ins Führerhauptquartier, zur Heeresgruppe Süd und nach Berlin zur Mitte um Generaloberst Beck. Sein glühender Wunsch, einen der Marschälle zur Erhebung gegen Hitler aufzurufen und dessen erster Helfer zu sein, ist ihm nie erfüllt worden. Feldmarschall von Bock hat sich seinem Drängen, ohne ihn zu verraten, entzogen, doch blieb einer der Tresckowschen Vertrauten, auch als Bock außer Dienst war, bei ihm Adjutant (Hardenberg). Kluge, mit dem Tresckow in fast täglichem Begegnen – man darf wohl sagen – rang, hat er immer wieder für seine Pläne gewonnen, aber Kluge sah für sich ein Handeln nur möglich, wenn Hitler tot sei. Ähnlich erklärte sich Feldmarschall von Manstein, der gegen Umsturzpläne immer wieder die Verantwortlichkeit für die kämpfende Truppe betonte und der einer sich anbahnenden Möglichkeit, Tresckow zum Chef des Stabes seiner Heeresgruppe zu machen, darum wohl auch auswich. Tresckow wagte später auch Generaloberst Guderian aufzusuchen, der nach seiner strafweisen Entlassung als Privatmann in Berlin lebte, in der Hoffnung, ihn mit Kluge auszusöhnen und zum gemeinsamen Vorgehen zu gewinnen[6]. Er nannte es selbst „in die Höhle des Löwen" gehen – Guderian galt trotz der Verabschiedung vor Moskau immerhin nicht als Hitlergegner, man schätzte seine Tatkraft und seine militärische Fähigkeit hoch ein. Guderian wünschte Bedenkzeit – für Tresckow einige nicht geheure Tage – und sagte ab[7].

Denkwürdig bleibt die Männerrunde, die sich wie eine Gruppe von Pairs um Henning von Tresckow in dem östlichen Feldlager während der Jahre 1941/43 bildete, ohne daß die anderen überhaupt wußten, was diese Männer eigentlich gebunden hat. Sie waren verschieden an Art und Jahren, aber sie liebten alle den Ia, dessen Urteil oft wie ein furchender Bug die Wogen einer entscheidungsschweren Zeit nach rechts und links auseinanderteilte und dessen Dasein voller Tapferkeit war. Einer ganzen Zahl von ihnen ist man nach dem Zwanzigsten Juli auf die Spur gekommen, und sie haben sterben müssen. Zwei sind noch gefallen. Mehrere sind heil geblieben, und man verdankt ihnen vieles zum Bild Tresckows.

Wohl den ersten Rang unter ihnen nahm Oberst Berndt von KLEIST ein. Er war wie Tresckow aus dem Garderegiment hervorgegangen und hatte im Ersten Weltkrieg durch Verwundung ein Bein verloren. Hinkenden und nicht unbeschwerlichen Ganges war er auch jetzt wieder dabei und wirkte wie ein unangreifbarer Censor in diesem Kreise, zuchtvoll, besonnen, ernst: man konnte ihn auch in der Schmähung des Gegners nie die Grenze überschreiten sehen. „Ein hervorragender militärischer Blick", so schildert Schlabrendorff, „befähigte ihn, Ereignisse vorauszusehen, von denen andere kaum eine Ahnung hatten. Sein unermüdlicher Fleiß trug dazu bei, ihn auf seinem Posten unentbehrlich zu machen. In unserem Kreise übte er den größten Einfluß aus, war er doch ein Ritter sonder Furcht und Tadel. Als ich ihn gelegentlich danach fragte, wie er die Aussichten des Rußlandfeldzuges beurteile, gab er mir zur Antwort: ,Das deutsche Heer wird gegen Rußland kämpfen wie ein Elefant, der einen Ameisenzug angreift. Der Elefant wird tausend und aber Tausend, ja Millionen Ameisen töten, aber er wird durch die Vielzahl der Ameisen schließlich überwunden und bis auf die Knochen aufgefressen werden[8]."

Oberst Georg SCHULTZE-BUETTGER war mehrere Jahre lang Adjutant bei Generaloberst Beck gewesen und hatte, wie es schien, von dort die Gelassenheit eines geistig urteilenden Menschen, der sich von allem, was im Wirbel des Geschehens Sensation hieß, nicht beeindrucken ließ und auf das Wesentliche strebte. Seine Gabe, zu erzählen und Erlebtes zu erinnern, trat oft im Zusammensein mit ihm besonders hervor, und er wußte immer etwas vom Kern der Dinge zu geben. Tresckow erreichte es, ihn als Ersten Generalstabsoffizier in die Heeresgruppe Süd zu bringen, um einen der Seinigen neben dem Feldmarschall von Manstein zu haben.

Oberst, später General Freiherr von GERSDORFF, hell und wach von Verstand, fesselnd im Gespräch, witzig und redefroh, mutig und unbekümmert, wo es einen Auftrag der Freunde galt, elegant und leicht, war aus der Kavallerie hervorgegangen. Als Abwehrbeauftragter der Heeresgruppe war er für Tresckow im besonderen wertvoll.

Oberstleutnant Alexander von Voss, der Nachfolger Schultze-Buettgers, vorher Generalstabsoffizier bei Witzleben[9] in Paris, war eine tiefe und regbare Natur, ein Offizier, zu dem Tresckow schon von früher her in einem nahen Verhältnis stand. Er konnte, wie man liest, „eine niedrige Gesinnung ebensowenig ertragen, wie eine große Freude ihn nicht schweigen ließ". Zu Karl Heinrich von Stülpnagel, aus dessen Verwandtschaft seine Frau stammte, stand er in einem nahen Verhältnis. Nach dem Zwanzigsten Juli hat er mit der Pistole den Tod gesucht.

Fabian von SCHLABRENDORFF, aus dem brandenburgischen Zweig seiner Familie 1907 geboren und von Beruf Rechtsanwalt, war von Tresckow zu Beginn des Jahres 1941 als Ordonnanzoffizier zur Heeresgruppe geholt worden. Tresckow war ihm kurz vor Kriegsausbruch, als er eben von einer Englandreise zurückgekehrt war, zum erstenmal begegnet und hatte in ihm einen politisch sehr regen, ungewöhnlich entschlossenen, in einer größeren Menschenrunde wurzelnden Gegner Hitlers kennengelernt, der ihm Aufschlüsse über Vorgänge in der inneren Verwaltung gab, die er sonst nicht hatte erhalten können. Ursprünglich der „jungkonservativen Gruppe" und ihren vaterländischen Strebungen zugehörig, hatte Schlabrendorff auch zu Hitler-Gegnern der Linken, wie etwa zu Ernst Niekisch, Zugang gefunden. Er war mit Halem befreundet und trat 1938 in den Kreis um Oster. Im August 1939 war er in England und teilte durch Lord Lloyd dem Außenminister Lord Halifax wie in mündlicher Unterredung Churchill mit, daß der Abschluß eines Vertrages zwischen Hitler und Stalin zu erwarten sei, daß der Ausbruch des Krieges unmittelbar bevorstehe und mit einem Angriff auf Polen eingeleitet werde, was auch immer für Vermittlungsvorschläge gemacht würden. Die deutsche Opposition sei mit ihren Kräften bemüht, eine weitere Entwicklung in diesem verhängnisvollen Sinne zu verhindern. Am 3. September 1939 übernahm Schlabrendorff, wie er berichtet, die Aufgabe, über einen ihm bekannten Beamten der Berliner britischen Botschaft die Engländer von dem Hammersteinschen Plan zu unterrichten. Man hoffte, nach den ersten Zusagen so weit zu sein, daß England einem Umsturz in Deutschland trotz des erklärten Kriegszustandes nicht in den Rücken fallen werde. Tresckow hat Schlabrendorff im Scherz seinen „Kornak" genannt, der ihn in politicis leiten müsse. Das enge Zusammenwirken der beiden Männer hat bis zu Tresckows Tod gedauert.

Andere mit Tresckow sehr vertraute Offiziere, die für ihn oftmals als Boten ins Reich wirkten, waren die Grafen Carl Hans von HARDENBERG und Heinrich von LEHNDORFF. Hardenberg, in der Mittelmark ansässig, ein leibstarker, in sich beruhender Charakter mit zuversichtlichem Rat in allen Lebenslagen, wie er dem praktischen Sinn dessen entspringt, der gewohnt ist, als Gutsherr unabhängig in seinem Kreise zu schalten — Lehndorff noch jugendlicher Herr und Heger eines uralten, aus der Deutschordenszeit stammenden Familienbesitzes in Ostpreußen, als Jäger in Bruch, Feld, Wald zu Hause, offen, hilfsbereit, von den Freunden gern gesucht. Er hatte beim Vormarsch in Rußland bei Borissow, wo er im Stab des Feldmarschalls von Bock Dienst tat, einen Auftritt dämonischer Unmenschlichkeit erlebt, ohne gegen die SS eingreifen zu können. Von diesem Tage an brannte ihn die Schmach, und er sah keinen andern Weg, als sich mit seinen Kräften für die Befreiung einzusetzen. Da Teile des Hauptquartiers auf seinem eigenen Grund lagen und er unauffällig zu vielen Stäben Zugang hatte, war seine Vermittlung oftmals von hohem Wert. Auf seinem Schloß fanden wichtige Besprechungen statt, um deretwillen Lehndorff später hingerichtet worden ist. In einem letzten Brief, der aus dem Gefängnis zu den Seinen kam, heißt es: „Du wirst immer davon überzeugt sein, daß ich nicht leichtfertig Eure Zukunft zerstört habe, sondern einer Idee diente, von der ich glaubte, daß sie Rücksicht auf Familie und Privates nicht rechtfertigt. Mein Einsegnungsvers: ‚Wachet, steht im Glauben, seid männlich und seid stark!' soll mich bis zuletzt leiten."

Andere aus Tresckows Umkreis mögen hier nur dem Namen nach genannt sein: Major Ulrich von OERTZEN, von dem später noch zu sprechen ist, Hauptmann EGGERT, Oberleutnant Hans Albrecht von BODDIEN, Rittmeister Eberhard von BREITENBUCH, die beiden Brüder Freiherren von BOESELAGER, mit deren einem, Georg von Boeselager, Tresckow eine besonders schöne und nahe Freundschaft verband.

Über den 26jährigen Rittmeister und Schwadronschef Boeselager stand in einer dienstlichen Meldung: „Ein schwungvoller Reiteroffizier, der denkt, kühn und sicher im Entschluß, dabei bescheiden und anspruchslos, der Abgott seiner Leute . . .[10]" 29jährig ist er als Oberst, mit Ritterkreuz, Eichenlaub und Schwertern ausgezeichnet, bei einem Angriff der Kavalleriebrigade, die er anführte, an der Invasionsfront in Frankreich gefallen. Er wurde in seine Heimat an den Rhein zurückgebracht. Als man dabei war, ihn zu bestatten, kam das Verbot, ihm militärische Ehren zu erweisen, da es sich herausgestellt habe, daß er der „Oberleutnant Freiherr von Boeselager" von der Heeresgruppe Mitte sei, den man wegen Mittäterschaft am Putsch des Zwanzigsten Juli dort bisher vergeblich gesucht habe (seine um ihn befragten Kameraden hatten stets erwidert: „Einen Oberleutnant F. v. B. haben wir nicht.").

Boeselager entstammt einem alten westfälischen Geschlecht, das in der Napoleonzeit bei Bonn am Rhein ansässig geworden war. In seiner Großelterngeneration findet man die Verbindung zu den Grafen von Stolberg, zu der Schweizer Freiherrnfamilie von Salis-Soglio und zu ungarischem Adel. Der Vater, Münsteraner Kürassier im Ersten Weltkrieg, beliebter Landedelmann ohne Aufwand, Jäger aus Passion – die Mutter eine schöngeistige und kirchenfromme Frau, die zehn Kindern das Leben gab, für alle sorgend, streng bis zu Schlägen –, die freie Wildbahn in Feld und Wald, die der Aufwachsende reitend, jagend, abenteuernd, immer als Anführer einer Rotte, wiewohl der kleinste und feinnervigste seiner Brüder, unermüdlich genoß – das Jesuitengymnasium (Aloisiuskolleg) in Bad Godesberg, das er nach Familienbrauch durchlief, an Haltung mehr noch aufnehmend als an gelerntem Wissen: solche Elemente in ihm führten ihn 1934 zur Wahl, ob er Offizier oder Geistlicher werden solle. Er wurde das eine, doch hielt er in sich selbst, wie es scheint, den Weg zum anderen offen. Ein Bericht aus seiner Division läßt ihn als einen „geborenen Offizier" erkennen, unter dessen Schutz und Befehl auch in der übermächtigen Gefahr keine Mienen bangten, dessen ganz unmittelbarem „frischfröhlichem" Urteil auch Ältere viel höheren Ranges immer wieder vertrauten. Man sagte ihm ein „Gespür" für die Landschaft nach: er brauche sie nur mit einem Blick anzusehen, um zu wissen, wie er darin zum Spähritt, Flankenstoß oder zur Täuschung des Gegners vorzugehen habe. Zu Beginn des Rußlandkrieges kam Boeselager mit Tresckow in Berührung und wuchs mit ihm in oft nächtelangen Gesprächen und in immer wieder qualvoll erneuerter Frage an sich selbst, was er Gott und sich selbst schulde, zu einer Tatgemeinschaft zusammen. Wieviel leichter schien für ihn, dem Ruhme zu leben und ganz der tapfere, um nichts anderes bekümmerte Frontoffizier zu sein, als den ihn so viele, die er selbst liebte, liebten und feierten. Wie unentrinnbar war es, nachher vielleicht dem enttäuschten Bedauern, ja der Verachtung derer zu begegnen, die als seine Männer bisher ganz an ihm hingen und von den Vorgängen nichts ahnten, der Freunde, die dann „Verräter" schalten und nach entschuldigenden Erklärungen rangen. Aber die männliche Freundschaft Tresckows bestärkte ihn, zu stehen, wo er zu stehen habe, und Boeselager hat von seinen Möglichkeiten her alles getan, um für eine Befreiung des Vaterlandes zu wirken.

Tresckow ist als erster den anderen einen freiwilligen Tod vorangegangen. Als um Mitternacht des Zwanzigsten Juli das Scheitern des Tages offenbar wurde, war er entschlossen, sich zu töten, ehe man ihn ergreife. Um der Familie und vielleicht den Mitwissern unter seinen Offizieren Nachteile zu vermeiden, wählte er einen besonderen Weg. Einer der ihm Nahestehenden schildert den Morgen. Tresckow fragte ihn, ob er ihn begleiten wolle. Der andere sagte zu, erhielt aber kurz darauf doch einen Auftrag des Feldmarschalls, der ihn benötigte: „Vor der Kaserne in Ostrow, in der das Armeeoberkommando war, stand im Morgensonnenschein eines herrlichen beginnenden Sommertages der große offene Ia-Wagen, sein Fahrer wartete mit mir, der ich mich zur Durchführung von Models Auftrag, wie das üblich war, abmelden wollte. Da kam Tresckow, ruhig und gelassen wie immer. Als ich ihm sagte, daß ich doch noch einen Auftrag bekommen hätte, bedauerte das Tresckow sehr. Er nahm mich etwas beiseite und sagte: ‚Ich hätte Sie so gerne als Zeugen bei meinem Tod gehabt.' Ich erschrak und fragte Tresckow, was er denn vorhätte, worauf er mir antwortete, er wolle unsern Gegnern nicht die Genugtuung lassen, seiner habhaft zu werden. Er wolle zur 28. Jägerdivision und dort allein im Gelände nach vorne gehen. Dort wolle er dann mit Gewehr und Handgranaten und einer Maschinenpistole ein Gefecht vortäuschen und sich das Leben nehmen. Es solle der Eindruck entstehen, daß er mit Partisanen zusammengestoßen sei. Tresckow sagte mir völlig ruhig Lebewohl und schloß: ‚Auf Wiedersehen in einer besseren Welt.' Bewundernswert, wie jemand zwei Stunden vor seinem Tod so ruhig und zuversichtlich sein kann[11]." Bei der Division nahm Tresckow Major Kuhn, der seit langem an den geheimen Plänen teilgenommen hatte, mit sich und fuhr nach vorn. Der Fahrer gab Bericht, die beiden Offiziere seien ausgestiegen, um zur Erkundung zu Fuß weiter vorzugehen. Major Kuhn habe sich, als sie schon einige hundert Meter weit entfernt waren, wieder gegen den Wagen gewandt und nach der Karte des Generals gerufen. Der Fahrer sei ihm damit entgegengelaufen. In diesem Augenblick habe man aus dem Waldstück in der Richtung, wo der General war, eine Schießerei und Krachen von Handgranaten gehört. Sie seien ihm zur Hilfe geeilt, hätten ihn aber schon tot gefunden. Es wurde angenommen, er sei von Partisanen überfallen worden. Major Kuhn ist einige Tage danach in die russischen Linien übergegangen.

Schlabrendorff, der in der letzten Nacht Tresckow in langen Gesprächen vergeblich verlockt hat, im Leben zu bleiben, hat einiges von den abschließenden Worten Tresckows aufbewahrt. „Jetzt wird die ganze Welt über uns herfallen und uns beschimpfen. Aber ich bin nach wie vor der felsenfesten Überzeugung, daß wir recht gehandelt haben. Ich halte Hitler nicht nur für den Erzfeind Deutschlands, sondern auch für den Erzfeind der Welt. Wenn ich in wenigen Stunden vor den Richterstuhl Gottes treten werde, um Rechenschaft abzulegen über mein Tun und Unterlassen, so glaube ich mit gutem Gewissen das vertreten zu können, was ich im Kampf gegen Hitler getan habe. Wenn einst Gott Abraham verheißen hat, er werde Sodom nicht verderben, wenn auch nur zehn Gerechte darin seien, so hoffe ich, daß Gott auch Deutschland um unseretwillen nicht verderben wird. Niemand von uns kann über seinen Tod Klage führen. Wer in unseren Kreis getreten ist, hat damit das Nessushemd angezogen. Der sittliche Wert eines Menschen beginnt erst dort, wo er bereit ist, für seine Überzeugung sein Leben hinzugeben[12]."

*

Zu den Beweggründen gegen Hitler, die Offiziere wie Olbricht und Tresckow schon 1938/39 gleichwie Beck empfunden hatten, waren im Krieg neue Erfahrungen gekommen, die ihnen den Imperativ eingruben, es nicht weiter treiben zu lassen. Dabei ging es nicht zuerst um die Kritik der militärischen Fachleute an Hitler, die grundlegende Entschlüsse seiner Kriegführung in Rußland oder im Mittelmeer für falsch und seine Fehleinschätzung der eigenen Kräfte für verhängnisvoll hielten – General Halder war aus solcher Gegnerschaft heraus im September 1942 entlassen worden, sein Nachfolger Zeitzler im Frühsommer 1944 zusammengebrochen.

In eine tiefere Schicht des Aufruhrs reichte schon die durch einige Jahre, vor allem nach Stalingrad geführte Auseinandersetzung um eine neue „Kriegsspitzengliederung[13]", der Versuch also, die von Hitler geschaffenen Befehlsverhältnisse zu ändern, die auf einer Trennung der Verantwortlichkeit für Oberkommando des Heeres (Rußland) und Oberkommando der Wehrmacht (übrige Schauplätze) beruhten und Hitler eine unmittelbare Befehlsgewalt bis zum Divisions-, ja Kompaniebereich einräumten. Man sah als unumgänglich an, einen Großen Generalstab und aus dem Generalstab des Heeres heraus ein Oberkommando Ost zu begründen, um die Einheit des Kommandos wiederherzustellen, die Führung zu vereinfachen und Können und verantwortliche Befehlsgewalt zum Zuge zu bringen. Solche dienstlichen Vorschläge und Gespräche, die aus genug unheilvollen Erfahrungen sich speisten, wurden von Hitler zuletzt wie eine Pest im Hauptquartier verfolgt: so gefährlich nahe waren sie Umsturzgedanken. Freilich enthielten sie die unausgesprochene Forderung, den Schritt jenes 4. Februar 1938 und jenes anderen im Dezember 1941, mit dem Hitler sich zum Oberbefehlshaber des Heeres erklärt hatte, zurückzugehen. Der Volksrichter ist nach dem Zwanzigsten Juli immer wieder auf solche Anklagen gegen Hitler gestoßen, und unter den ersten Papieren, die ihm von den Verschwörern vorlagen, war ein Entwurf zu einem Erlaß über eine vorläufige Kriegsspitzengliederung.

In die tiefste Schicht, aus der der Entschluß zum Aufruhr hervorbrach, weisen endlich Erfahrungen, die diese Männer nicht mehr nur als Offiziere, sondern als Menschen gemacht haben, als sie sich zu Zeugen, ja Werkzeugen einer kampflosen, tausendweisen Vernichtung menschlicher Wesen werden sahen. Wenn der Krieg zu töten, zu obsiegen auflud, so beugten sie sich als Soldaten vor solchem Gesetz, unter dem auch der Gegner stand. Ein Schlachten und Wüten aus völkischem Überwahn brach den Boden ein, auf dem man stand, rief die Nemesis herbei und konnte, wenn geduldet, noch das Leben von Kind und Kindeskind vergiften – so sah es Tresckow, dessen Worte wir kennen, und sahen es viele, deren Schauer bezeugt ist. Auch nur als Mitwissende solcher im deutschen Namen verübten Greuel konnten diese Offiziere keine Ruhe finden und stellten sich zu den Handelnden: „Wer in unseren Kreis getreten ist, hat das Nessushemd angezogen."

Schon nach dem Polenfeldzug waren im Oberkommando des Heeres, besonders durch Canaris und Wagner, aber auch durch Truppenoffiziere vermittelt, Maßnahmen der SS und des SD in Polen bekanntgeworden, die außerhalb jedes Kriegsrechts waren. Empörung und Abscheu darüber hatten bei Männern wie Halder den Entschluß zu einem Staatsstreich mit bestimmt. Generaloberst von Blaskowitz, so drang auch bis zur Truppe durch, war wegen eines Protestes bei Hitler des Befehls enthoben worden. Er hatte, wie man um Oster wußte, kriegsgerichtliche Bestrafung der seinem Befehl unterstehenden SS- und SD-Führer verlangt[14]. Im Frühjahr 1940 waren nach diesen Erfahrungen mit Zustimmung des Heeres die SS-Polizeiformationen aus der Gerichtsbarkeit des Heeres gelöst, die vollziehende Gewalt in den besetzten Ostgebieten vom Heer den SS-Polizeiführern übergeben worden: das Heer sollte frei bleiben von politisch für notwendig erachteten Maßnahmen der Polizei und Verwaltung.

Anfang April 1941 lagen bei Oster und Beck Befehle vor, die bewiesen, daß in dem für Juni geplanten Krieg gegen Rußland Grundsätze der Humanität und des Kriegsrechts außer Kraft gesetzt wurden[15]. Im Mai, einige Wochen vor dem erwarteten Angriffstermin, erlebte Tresckow in Posen das Eintreffen zweier ihn tief erregender Befehle: der „Kommissarbefehl" machte dem Heer die Hinrichtung aller zivilen und militärischen Kommissare zur Pflicht, die in seine Hand fielen, der Befehl zur Kriegsgerichtsbarkeit enthob beim Eindringen nach Rußland bei Vergehen und Verbrechen der Landesbewohner gegen das Heer jedes gerichtlichen Aktes, auch des Standgerichts, und setzte Vergehen oder Verbrechen deutscher Soldaten an Landesbewohnern so gut wie außer Strafe. Gersdorff hat die spontanen Worte Tresckows aufgezeichnet: „Denken Sie an diese Stunde. Wenn es uns nicht gelingt, den Feldmarschall dazu zu bewegen, alles, auch seine Person einzusetzen, daß diese Befehle zurückgenommen werden, dann hat Deutschland endgültig seine Ehre verloren, und das wird sich in Hunderten von Jahren noch auswirken. Man wird nicht Hitler allein die Schuld geben, sondern Ihnen und mir, Ihrer Frau und meiner Frau, Ihren Kindern und meinen Kindern[16]."

Trotz vielen und flammenden Protestes von vielen Seiten hat Brauchitsch nicht vermocht, die Rücknahme der Befehle von Hitler zu erreichen. Nur hat er durch einen von ihm beigefügten Befehl zur Wahrung der Manneszucht versucht, den Kommandeuren ein Mittel in die Hand zu geben, die anderen Befehle zu umgehen. Sie sind denn auch, wie Befragungen bei allen drei Heeresgruppen wahrscheinlich machen, von der Mehrzahl der Kommandeure nicht durchgeführt, von einigen gar nicht weitergegeben worden. Aber Tresckow hat mit aller Heftigkeit seiner Bemühungen nicht erreicht, was er als weitertragenden Anstoß erhofft hatte: daß die drei Heeresgruppenkommandeure, die Marschälle Bock, Rundstedt, Leeb, geschlossen von Hitler die Rücknahme der Befehle gefordert und bei Weigerung ihre Ämter verlassen hätten. Bei Hassell ist zu erfahren, wie folgenschwer man im Kreis von Beck, Goerdeler, Oster, Popitz angesehen hat, daß die Befehle vom Heer aufgenommen worden sind: „Brauchitsch und Halder haben sich bereits auf das Hitlersche Manöver eingelassen, das Odium der Mordbrennerei der bisher allein belasteten SS auf das Heer zu übertragen. Sie haben die Verantwortung übernommen und durch einige ... Zusätze ... sich selbst und andere getäuscht. Hoffnungslose Feldwebel[17]!" Beck wollte versuchen, Brauchitsch durch einen Brief doch noch aufzustacheln. Der losbrechende Angriff des 22. Juni hat es verhindert.

Waren für Tresckow durch seinen Geheimoffizier Gersdorff und durch die von Oster vermittelte Verbindung zum Leiter der Einsatzgruppe SS-Gruppenführer Nebe sehr bald beim Vordringen in Rußland die neuen, von einem Vernichtungsplan der SS geforderten Massaker unter der russischen Bevölkerung, vor allem den Juden, bekanntgeworden, so war auch sein eigener Gruppenstab damit in Berührung gekommen, als ganz in der Nähe des Stabslagers Borissow einige tausend Juden erschossen wurden in Abwesenheit Nebes, der sonst ohne Vollzug nur durch Vollzugsmeldung mit seinem mörderischen Auftrag fertig zu werden versuchte (Gersdorff). Zu den Erfahrungen der Menschenvernichtung der SS im Rücken der kämpfenden Truppe kam etwas später die Erfahrung eines grausamen großangelegten Menschenfangs der zur Arbeit Fähigen und ihrer Zwangsverfrachtung ins Reich, die die gleichen Schienenwege benutzte wie das Heer.

Beim Eindringen in Rußland hatte die Truppe, wie für Tresckow alle Berichte seiner Heresgruppe ergaben, eine große Geneigtheit bei der Bevölkerung gefunden, die eindringenden Deutschen als Befreier vom sowjetischen Joch zu sehen. Sie durch ein entsprechendes Verhalten und menschliches Maß zur Mitarbeit zu gewinnen, hieß, so sah es Tresckow, nicht nur den stärkeren Kampf gegen den Bolschewismus führen, sondern auch deutsche Blutopfer sparen. Aber wohin sah man sich jetzt durch unverständlichen Machtwahn absinken? Mußte der Soldat nun erleben, daß das, was er erkämpfte, in Haß und Rache verloringing? Trieb man die Russen nicht selber dahin, daß sie den Krieg gegen Deutschland nunmehr als vaterländischen Krieg führten[18]? Aber Deutschland und ganz Europa war, wie ein Offizier der gleichen Heeresgruppe, der Ia der 4. Armee, am 5. November 1941 in sein Tagebuch geschrieben hatte, „dem verbrecherischen Willen und krankhaften Ehrgeiz eines Wahnsinnigen ausgeliefert[19]", und nicht wenigen, die in den Stäben dem gleichen Grauen der Wahnsinnstaten begegneten, half nur die Schwere ihres Dienstes, oder sich an die kämpfende Front zu melden, vor dem Ausweglosen der Verzweiflung.

In seinen ihn nie mehr freigebenden Gedanken, wie noch ein rettender Eingriff möglich sei, wurde für Tresckow zur Gewißheit, daß einzig, wenn Hitler falle, die Eidbindung der Soldaten gelöst und der Weg zum Handeln frei werde. Leidenschaftlich und getrieben von seinem Gewissen, hat er vor den anderen, denen die Verantwortung zu groß schien, von 1942 ab die furchtbare, aber unausweichliche Pflicht eines Tyrannenmordes vertreten und jeden Einwand aus vorgeblich preußisch-deutscher Offizierssehre oder vorgeblich christlichem Sittengebot abgewiesen. Die höhere und heiligere Sitte, wie er sie in seiner Brust fand, so des noch echten preußischen Offiziers wie des noch für seinen Gott wehrhaften Frommen, ließ nur einen Weg ... Eid sei wechselseitige Verpflichtung, Hitler habe ihn tausendfach gebrochen und habe sein Volk so oft belogen und getäuscht, daß ein ihm geleisteter Eid keine Gültigkeit mehr habe. Um mit dem Eidproblem fertig zu werden, so sagte Tresckow zu seinen Offizieren, möchten sie einmal von der eigenen Person absehen und an ihre Verpflichtung dem ganzen Volk gegenüber denken. (Es war die Zeit, in der die Stalingrad-Armee in ihrem letzten Kampf stand.) Hitler, „der Urheber allen Übels", müsse fallen. Auf einem Spaziergang einmal plötzlich innehaltend, sagte Tresckow zu einem der Vertrauten: „Ist es nicht ungeheuerlich, daß sich hier zwei Obersten im Generalstab der deutschen Armee darüber unterhalten, wie sie am besten das Staatsoberhaupt umbringen können! Und doch ist es die einzige Lösung, um das Reich und das deutsche Volk vor der größten Katastrophe in ihrer Geschichte zu retten[20]." Diese Rettung sah er aber vor allem als einen inneren Vorgang: so sehr er auf eine Erneuerung durch einen geglückten Umsturz hoffte, so schien ihm doch wichtiger, auch in den kaum mehr abwendbaren Untergang hinein, daß sich überhaupt Männer aus deutschem Blut erhoben, selbst wenn ein Scheitern fast schon gewiß war.

Nach den ersten großen Grenzschlachten in Rußland hatte Tresckow durch eine Frontreise des Staatssekretärs Planck und des Generals Thomas wieder Verbindung zur Gruppe in Berlin bekommen und hatte Schlabrendorff ausgangs September 1941 nach Berlin geschickt. Er sollte sich umsehen, wo es in der Heimat „brauchbare Kristallisationspunkte gebe", und sich auch über die außenpolitische Lage unterrichten. Hassel wies im Gespräch auf „das alte Dilemma: Wartet man, bis das Ausbleiben des Siegs aller Welt klar ist, so hat man die Chance auf einen passablen Frieden verloren. Aber man darf nicht warten. Die Erbschaft ist auf alle Fälle übel[21]." Hoffnungen auf Brauchitsch, die im Spätherbst 1941 aufgelebt waren, mußten mit seiner Entlassung am 19. Dezember wieder begraben werden, ebenso ein Versuch, den Beck und Goerdeler in dieser Enttäuschung unternahmen, durch Witzleben, der Oberbefehlshaber West in Paris war, und Falkenhausen in Brüssel zu einer Aktion zu kommen. Beide Generale lehnten einen Sonderschritt des Westheeres als Utopie ab[22]. Vom Frühjahr 1942 ab, als das Schlimmste der Winterkrise in Rußland überstanden war, verstärkten sich wieder die Verbindungen der Berliner Gruppe um Beck, Oster, Hassel, Canaris, Dohnanyi zum Kreis um Tresckow, zumal als die Erwartung sich verstärkte, Kluge werde zu einem Schritt zu gewinnen sein. Im Herbst 1942 kam Goerdeler zum Besuch nach Smolensk, und seine Argumente, so lautete ein Bericht, „brachen bei Kluge das Eis". Goerdeler hatte, wie er nachher in Berlin sagte, auch beim

Oberbefehlshaber der Heeresgruppe Nord, Feldmarschall von Küchler, „volles Verständnis" gefunden[23]. Im Dezember kam es zu einem Treffen zwischen Goerdeler, Olbricht und Tresckow in Berlin, und man trennte sich mit der Abrede: Tresckow werde von der Heeresgruppe aus den ersten Schlag vorbereiten und führen, Olbricht bis in etwa acht Wochen in Berlin, ebenso in Köln, München, Wien die Bedingungen schaffen, die es dem Heer erlaubten, nach gelungenem Attentat die Macht in die Hand zu nehmen[24].

Über die Vorbereitungen Olbrichts, die den Januar und Februar 1943 ausfüllten, ist nichts Einzelnes bekanntgeworden. H. B. Gisevius, diesmal bei Olbricht wie 1938 bei Witzleben in Klausur, hat geschildert, wie schwierig, ja wie unmöglich es – selbst für Nebe – war, an die nötigen Unterlagen, so über die SS-Stützpunkte im Reich und die Lager für Zwangsarbeiter, die zugleich Stützpunkte für die Totenkopfverbände waren, heranzukommen. „Wir mußten also unsere Vorbereitungen völlig unabhängig treffen und diese mit den von Olbricht unter dem Stichwort ‚Walküre' vorbereiteten militärischen Maßnahmen ‚gegen innere Unruhen' koordinieren[25]."

In dieser Zeit (Januar 1943) hat in Berlin im Haus des Grafen Peter Yorck eine besonders durch Schulenburg geforderte, schon durch Wochen vorbereitete Zusammenkunft stattgefunden, die der politischen Aussprache und Einigung dienen sollte. Beck, Goerdeler, Popitz, Jessen, Hassel, Yorck, Schulenburg, Trott, Gerstenmaier und vielleicht noch ein oder zwei andere waren anwesend. Mierendorff und Haubach fehlten „aus polizeilichen Gründen". Bei dieser Aussprache, so scheint es, ging es um eine Begegnung des Kreisauer Kreises mit Goerdeler insbesondere in den Fragen einer Wirtschafts- und Sozialpolitik, die bisher sehr gegensätzlich beantwortet waren. Trott sprach zur Außenpolitik mit dem Nachdruck auf der erstrebten europäischen Einigung, Yorck zur Verwaltungs- und Reichsreform, Moltke zur Zusammenarbeit der kirchlichen und gewerkschaftlichen Kräfte, Gerstenmaier zum Verhältnis von Kirche und Staat und zu sozialpolitischen Anliegen. Auf dem sozialen Gebiet waren die „Jungen" nicht bereit, eine von Goerdeler versuchte Überbrückung hinzunehmen, weil sie ihnen doch immer vom Gedanken eines Wiederaufbaus und nicht eines geforderten Neubeginns und Neuaufbaus herzukommen schien. Hassel hatte vermittelnd gewirkt. „Einig war man aber in der Notwendigkeit", so schließt der Bericht Gerstenmaiers, „möglichst schnell den Staatsstreich herbeizuführen, worauf Beck abschließend nur kurz darlegte, daß er erst sehen müsse, wie stark die tatsächlich vorhandenen Kräfte seien[26]."

Tresckow machte sich, nachdem die Entscheidung gefallen war, unverzüglich ans Werk. Er war sich klar und sprach es gelegentlich aus, daß er die schwerste und „schmutzigste" Arbeit selbst leisten mußte, die für ihn eine dauernde Selbstüberwindung und Kraftanspannung um eines widrigen Zwecks willen bedeutete. Es hätte seiner Art mehr entsprochen, wenn er sich schon zu dem äußersten Schritt bestimmt glaubte, dem anderen offen mit der Waffe entgegenzutreten. Nun aber sagte ihm jede nüchterne Überlegung, daß auf diesem seit alters zwar „anständigsten Weg" hier eine Aussicht auf Erfolg denkbar gering sei. Aussichtsreicher schien eine geheim betätigte Bombe. Wenn man sich aber dazu entschloß, mußte man in völliger Beherrschung des Mittels handeln, um sich keiner Halbheit schuldig zu machen. Tresckow, Ia einer in schwerem Winterkampf stehenden Heeresgruppe – es war der Winter 1942/43 –, nahm die mühsame Erprobung und Vorbereitung selbst auf sich. Die mittäglichen Gänge über die Dnjeprwiesen bei Smolensk, zu denen er sich allein oder in Begleitung auch bei stärkster Arbeitslast Zeit nahm, gaben Gelegenheit dazu. Gersdorff beschaffte von einer ihm unterstellten Sabotageabteilung unter oft kaum mehr erdenkbaren Tarnungen immer wieder neues Gerät: englischen plastischen Sprengstoff von bekannt hoher Sprengwirkung, der sich in jede beliebige Form kneten ließ, dazu englische chemische Zeitzünder, die geräuschlos liefen, leicht und unauffällig zu handhaben waren und eine große Sicherheit der Wirkung boten. Man war zumeist durch Abwurf aus Flugzeugen der Engländer in ihren Besitz gekommen. Bei den Versuchen erwies sich als besondere Aufgabe, über die Brenndauer der Zünder eine genaue Kenntnis zu erlangen, um auf die Minute genau mit ihnen arbeiten zu können. Die vom Hersteller angegebene Brenndauer bezog sich, wie sich herausstellte, auf mittlere Zimmertemperatur, in der Kälte fand man längere Zeitwerte. Tresckow stellte eigenhändig die erste Bombe her und zündete sie selbst. Es zeigten sich Mängel. Neue Versuche wurden notwendig. Tresckow blieb mit der gleichen Zähigkeit dabei, und nur wenige mochten ermessen, was es einen Mann wie ihn täglich an innerster Kraft kostete, sich zum Attentäter zu schulen. Die letzten Erprobungen bestätigten die Zuverlässigkeit und Sprengkraft der erreichten Zusammenstellung, deren Zünddauer sich nunmehr auch genau voraussagen ließ.

Der Kampf im winterlichen Stalingrad neigte zum Ende. Die Erbitterung unter den mit den Vorgängen vertrauten Offizieren war groß. Hier war nicht nur ein Schicksal, wie es der Umschwung des Kriegsglücks immer aufladen konnte. Hier sah man ein Strafgericht für Frivolität, Leichtfertigkeit, Größenwahn einer Führung, die Maß und Boden verloren hatte[27]. Noch hatte man an Stalingrad die Hoffnung geknüpft, daß von den dort Eingeschlossenen, vor allem Generaloberst Paulus, Hitler offen der Befehl aufgekündigt, der anfangs noch für möglich geglaubte, von Hitler mit falschen Versprechungen verbotene Ausbruch gewagt und so ein Handeln der Umkehr in Gang gebracht werden könnte – Beck, Olbricht waren offenbar an solchen Plänen beteiligt[28]. Aber Paulus ist, von Hitler noch zum Marschall befördert, am 3. Februar 1943 mit den hingeschwundenen Resten seiner ehemals 300 000 Mann in russische Gefangenschaft gegangen[29].

Ende Februar gab Olbricht an Tresckow Nachricht, die Vorbereitungen seien abgeschlossen. Anfang März kam Canaris mit Dohnanyi und General Lahousen nach Smolensk. Einzelheiten wurden besprochen. Nach einem mehrfachen Hin und Her erreichte Tresckow über General Schmundt, den Chefadjutanten, daß Hitler für den 13. März 1943 der Heeresgruppe Mitte seinen Besuch ansagte[30]. Einige Zeit zuvor hatte man auf Betreiben Tresckows aus den Aufklärungsabteilungen der Divisionen ein „Kavallerieregiment Mitte" unter Oberstleutnant Georg von Boeselager gebildet. Er hatte es in Kürze fest in der Hand, seine Offiziere waren ihm so ergeben, daß sie ihm auch in ein ungewöhnliches Unternehmen folgten. Boeselager war bereit, Hitler bei seinem nächsten Besuch mit seinem Regiment auszuheben. Kluge, dem Tresckow den Vorschlag machte, verweigerte das Unternehmen, das auf seinen Befehl angelegt war und ihn vom Augenblick an offen zu handeln zwang. Er glaubte, sich gegen den Angriff hitlertreuer Truppenführer, so vor allem des nahestehenden Model, nicht durchsetzen zu können, die sofort den Versuch machen mußten, um jeden Preis Hitler zu befreien.

Die Vorbereitungen Tresckows waren aber auch auf andere Weise getroffen. Hitler kam, und der Besuch verlief plangemäß. Im Dienstzimmer Kluges fand die Besprechung statt, an der Tresckow mit den Armeeführern teilnahm. Eine Sprengung wär hier gut möglich gewesen, aber damit wären die Häupter der ganzen Heeresgruppe zugrunde gegangen, auf die man im Gefahrenaugenblick des Umsturzes nicht verzichten konnte. Dasselbe galt vom gemeinsamen Mittagessen. Hitler aß, was ihm sein mitgebrachter Koch bereitete und sein mitgebrachter Leibarzt vorkostete. Während des Essens sprach Tresckow einen der Begleiter Hitlers, Oberst Brandt, und fragte ihn beiläufig, ob er bereit sei, ein kleines, aus zwei Kognakflaschen bestehendes Paket für Oberst Stieff ins Oberkommando mitzunehmen. Brandt bejahte. Inzwischen war an einen Mitarbeiter Osters, Hauptmann Gehre, nach Berlin das Stichwort gegeben worden, das die baldige Auslösung ankündigte. Von Gehre lief der Weg der Vorwarnung über Dohnanyi zu Oster, von ihm zu Olbricht. Nach dem Mittagessen fuhr Hitler, von Kluge und Tresckow begleitet, zum Flugplatz zurück. Dort wartete Schlabrendorff mit dem vorbereiteten Paket in der Mappe. Als Hitler die Offiziere der Heeresgruppe verabschiedet hatte und sich zum Flugzeug wandte, betätigte er die Zündung und gab das Paket auf einen Wink Tresckows an Oberst Brandt, der es zu sich nahm und hinter Hitler in das Flugzeug stieg — es ist derselbe, der am Zwanzigsten Juli durch Stauffenbergs Bombe getötet worden ist. Kurz darauf erhob sich das Flugzeug Hitlers, und hinter ihm das andere mit seiner weiteren Begleitung, gefolgt von einigen Jägern, zum Flug nach Ostpreußen. Tresckow fuhr zurück im Gespräch mit Kluge, der vom Vorgang nichts wußte, Schlabrendorff gab ein neues Stichwort an Gehre nach Berlin ... Seine Schilderung läßt die ungeheure Spannung jener Augenblicke nachempfinden. Man weiß im Flugzeug jenes unscheinbare Gebinde und darin lautlos die Säure am Draht nagen, der bald brechen und den Schlagbolzen entsenden muß. In dreißig Minuten nach dem Abflug muß das gepanzerte Gehäuse in der Luft zerschellen, und man wird vielleicht nie mehr etwas vom „Führer" finden. Man wird von einem Unglück sprechen, Kluge wird freie Hand haben, in der Erschütterung wird sich der vorgeplante Wandel vollziehen. Die halbe Stunde vergeht — keine besondere Flugnachricht. Nach zwei Stunden endlich meldet das Hauptquartier den „Führer" als gelandet, der sich an seine Geschäfte begibt.

Schlabrendorff widerrief in Berlin. Schien es schlimm genug, daß der Anschlag mißglückt war, so bedeutete seine Entdeckung den Tod nicht nur für Tresckow und Schlabrendorff, sondern für einen weiteren Kreis wichtigster Mitwisser – der Empfänger des Pakets, Oberst Stieff, war zu jener Zeit noch nicht eingeweiht. Nach schwerer Überlegung entschloß sich Tresckow, Oberst Brandt anzurufen und ihn zu bitten, das Paket nicht auszuhändigen, da eine Verwechslung unterlaufen sei, am nächsten Tag werde es gegen ein anderes getauscht. Aus der Antwort war zu ersehen, daß noch nichts damit geschehen war. Schlabrendorff nahm es auf sich, am nächsten Tag unter irgendeinem militärischen Vorwand im üblichen Kurierflugzeug zum Hauptquartier zu fliegen. Er ging zu Oberst Brandt und wechselte das Paket gegen ein anderes aus, das nun wirklich zwei Kognakflaschen enthielt ... „Noch heute spüre ich die Besorgnis in mir", schreibt Schlabrendorff, „als mir der Begleiter Hitlers, nicht ahnend, was er in der Hand hatte, lachend die Bombe überreichte und dabei das Paket so heftig bewegte, daß man hätte fürchten müssen, die Bombe werde noch nachträglich explodieren, da die Zündung ja in Gang gesetzt war." Im Schlafwagenzug nach Berlin schloß er sich ein und öffnete mit einer Rasierklinge das Paket: die Säure war ausgetreten, der Draht zernagt, der Schlagbolzen nach vorne geschlagen, aber das Zündhütchen hatte sich aus einem unerfindlichen Grund nicht entzündet, die beiden Ladungen waren unversehrt.

Einige Tage danach fand im Berliner Zeughaus die Eröffnung einer Ausstellung von Beutewaffen und sonstigen Beutestücken der Heeresgruppe Mitte statt. General Schmundt teilte Tresckow mit, Hitler werde am Heldengedenktag, dem 21. März, nach der Feier die Ausstellung eine halbe Stunde besuchen. Göring, Himmler, Keitel waren in seinem Gefolge zu erwarten. Tresckow sprach mit Rudolf von Gersdorff. Er sollte als Abwehroffizier der Heeresgruppe Hitler durch die Ausstellung führen. Gersdorff fand in sich den Entschluß, mehr zu tun und sein Leben an die Aufgabe zu setzen. Er fuhr nach Berlin. Von Schlabrendorff, der den noch fest Schlafenden in der Frühe im Hotel weckt, empfängt er den Sprengstoff und geht, in jeder Manteltasche eine Bombe, zum Zeughaus. Vor Beginn des Rundgangs, noch ehe Gersdorff die Zündung in seinen Taschen betätigt hat, tritt Schmundt zu ihm: es stünden nicht, wie vorgesehen, 30, sondern nur 8 bis 10 Minuten zur Verfügung ... Tresckow erlebt die Feierlichkeit mit der Uhr in der Hand am Rundfunk in Smolensk. Als der Sprecher schon 10 Minuten, nachdem er den „Führer" als in die Ausstellung tretend gemeldet hatte, sein Wiedererscheinen am Ehrenmal verkündet, ist ihm als Kenner klar, daß Gersdorff nicht hat handeln können – der Zünder kürzester Brenndauer, der zur Verfügung stand und Gersdorff übergeben war, brauchte 15 Minuten in kalten Räumen zur Wirkung[31].

Als neue Möglichkeit wurde ein Attentat im Hauptquartier erwogen. Tresckow selbst oder einer der Seinen wurde gelegentlich zu einer Lagebesprechung von Feldmarschall von Kluge mitgenommen. Wie aber den Marschall unter irgendeinem Vorwand entfernen? Denn es galt als notwendig, ihn für den Umsturz zu haben als repräsentable Firstfigur des neuen Geschehens. Als man auf keinem Weg weiterkam, gewann der Plan Gestalt, auf Hitler bei einem neuen Besuch der Heeresgruppe ein gemeinsames Pistolenattentat zu machen. Die Erfahrung hatte gezeigt, daß es für einen einzelnen keine Aussicht gab, unter den Augen einer wachsamen Begleitung zum Schuß und gar zum gezielten Schuß zu kommen. Für den gemeinsamen Überfall erklärten sich sieben Offiziere bereit. Hitler ist aber einem weiteren Besuch bei der Heeresgruppe ausgewichen, wie er überhaupt immer seltener seit dem Jahre 1943 den mehrfach streng gesicherten Innenbezirk seines Hauptquartiers verlassen hat. Es wurde immer schwieriger, ein Attentat zu planen.

Tresckow trug schwer an diesem fortgesetzten Mißlingen. Im Sommer 1943 entschloß er sich, um einen zweimonatigen Krankheitsurlaub zu bitten, den er in Elmau zu verbringen hoffte. Ehe er loskam, wurde die Heeresgruppe durch die eigene Offensive („Zitadelle" bei Kursk ab 5. Juli), dann durch den Großangriff des Gegners (Orel ab 15. Juli) in schwerste Kämpfe verwickelt, Mussolini wurde verhaftet (25. Juli), und es drohte der Abfall Italiens. Als Tresckow am 30. oder 31. Juli in Potsdam eintraf, stand sein Entschluß fest, in Berlin zu bleiben und nur ein Ziel, den baldigen Umsturz, zu verfolgen. Es war starken Bedenken begegnet, ob bei gelungenem Attentat nach dem, was vorbereitet war, der Griff zur Macht hätte gelingen können. Tresckow sah es als unumgänglich an, den Tag X generalstabsgemäß bis in Einzelheiten der Befehlsgebung und der Verordnungen vorzubereiten und dazu „Walküre", d. h. den Alarmplan der Heeresführung bei inneren Unruhen, nach den neuesten Ergebnissen durchzuprüfen und zu ergänzen. Nur so war zu hoffen, daß einer der großen Kommandierenden der Front den Entschluß finden konnte, voranzugehen.

Vor seiner Abreise aus Smolensk hatte Tresckow noch einen Durchbruch bei Kluge erreicht, der ihm auch nach bedenklichen Erfahrungen einige Hoffnung gab. Beim Spaziergang – Gersdorff war auf der anderen Seite von Kluge – bekannte er ihm die Versuche, die sie unternommen hatten, von denen bisher Kluge nichts ahnte. „Wir stehen auf dem Standpunkt, Herr Feldmarschall, daß das die einzige Lösung ist, um das deutsche Reich und das deutsche Volk vor dem völligen Untergang zu retten", erklärte sich Gersdorff, den der Feldmarschall beim Arm gegriffen hatte. Kluge, einen Augenblick sprachlos: „Kinder, Ihr habt mich[32]." – Goerdeler hat berichtet, Tresckow habe ihn im August aufgesucht und ihm versichert, Kluge, Manstein und Küchler, also alle drei Heeresgruppenführer des Ostens, wären sich klar darüber, daß jetzt „gehandelt" werden müsse, und selbst die der Gruppe Mitte unterstellten SS-Generäle Hausser und Sepp Dietrich „würden mitgehen[33]".

Im Haus eines Verwandten in Neubabelsberg, das er für sich bewohnen konnte, schlug Tresckow sein geheimes „Stabsquartier" auf, worin er während der Augustwochen in mühevoller Arbeit, allein und mit wenigen Helfern, in Verbindung zu Olbricht und den Miteingeweihten, die militärischen Pläne für jenen Tag X ausarbeitete[34]. Zugleich suchte er die Verbindung zu den politischen Kräften der gegen Hitler wirkenden Bewegung. Es waren schwere Hemmnisse eingetreten. Oster hatte, erheblich belastet, in ein bewachtes Privatleben ausscheiden müssen. Dohnanyi, Dietrich Bonhoeffer, Josef Müller, die wie Oster zur Abwehr gehörten, waren verhaftet, Canaris kaum mehr in der Lage sich auszusetzen. Beck fehlte durch schwere Erkrankung, die noch keine Aussicht auf Rückkehr gab. Weizsäcker, der bisher im Auswärtigen Amt einen wichtigen Rückhalt gebildet hatte, war aus dem Nahgefecht ausgeschieden und Botschafter im Vatikan geworden[35]. Nur Goerdeler wirkte nach allen Seiten und versuchte, der These vom „psychologisch ungünstigen Moment" und dem von allen empfundenen Rückfall der Hoffnungen durch verstärkten Eifer entgegenzutreten. Durch eine große Denkschrift (vom 26. März 1943) hatte er sich an einen neuen Personenkreis unter den Offizieren gewandt und hatte, da alles zu erlahmen schien, nach der Kapitulation von Tunis (12. März 1943) Olbricht mit einem heftigen Brief gedrängt. „Stalingrad und Tunis sind so schwere Niederlagen, wie sie in der deutschen Geschichte seit Jena und Auerstädt nicht zu verzeichnen sind." Er meint der Sache zu dienen, wenn er sich Olbricht zu einem Auftritt vor Hitler selbst erbietet. „Ich würde ihm sagen, was zu sagen ist. Überraschungen sind möglich, nicht wahrscheinlich. Aber das Risiko muß gewagt werden. Nur ist es wohl nicht unbescheiden, wenn ich Sicherheit verlange, daß dann unmittelbar gehandelt wird[36]." Zu gleicher Zeit hatte Goerdeler in Stockholm dem Schweden Wallenberg eine Niederschrift zur Beförderung an Churchill übergeben, die die Zusagen einer neuen Regierung und Vorschläge für eine Beschränkung von Luftangriffen, besonders während der Zeit des Umsturzes, enthielt[37].

Die Folge der Niederlagen und Rückzüge, unter deren Zeichen das Jahr 1943 stand, erweckte auch in manchem bisher unbedenklich Hitlergläubigen Zweifel. Aber die Alliierten selbst hatten durch die Forderung bedingungsloser Kapitulation den Ausbruch der Deutschen aus dem Gefolge Hitlers aufs neue erschwert: indem man ringsum die wahllose Drohung von Ungnade aufrichtete, trieb man auch die Hitlergegner dazu, ihn und das Vaterland als eines zu sehen und für ihn zu wirken[38]. Wie dicht die Umstrickung der Sinne noch war, hatte einige Wochen nach Casablanca der immer denkwürdige Auftritt in München gezeigt: der leidenschaftliche Anruf an die mitstudierende Jugend, von den Geschwistern SCHOLL[39] und ihren Befreundeten erhoben, verklang im Tumult des Geschehens, und die Wirkung ihres Todesgangs wurde untergraben durch Schmähung und eisiges Schweigen, so wie das Sterben jener ganzen Armee am Steppenstrom, das diese Münder geöffnet hatte, den wenigsten Menschen in der Heimat in seiner Furchtbarkeit ins Bewußtsein getreten ist. Aber wenn auch der Brand im großen nicht zündete, wie diese um die Weiße Rose gescharten jungen Deutschen gehofft hatten, knüpfte sich doch das Band derer, die nur noch für den Gedanken einer Umkehr lebten, dichter. Die einzelnen Männer und Gruppen traten in näheren Austausch, und man sorgte sich und sann, wie man einen Weg aus Ohnmacht und Verzweiflung finden könne. Einig war man über das Ziel, Hitler zu stürzen und so rasch wie möglich ein Ende des Krieges zu suchen. Geteilter Meinung war man über die Mittel dazu und das neue Regiment, das man an die Stelle des bisherigen setzen wollte. Ein alle bezwingender Wille war bisher nicht hervorgetreten. So konnte es gelegentlich scheinen, als entzweie man sich auch auf der Schattenebene in einem ernsthaften Kampf um

Teilnahme an der künftigen Regierung. Auch über die Frage eines Attentats dachte man verschieden. Von gewichtigen Seiten, so auch von Goerdeler, wurde gewarnt, den Kampf gegen die Rechtsbrecher mit einem formalen Rechtsbruch zu eröffnen. Es gab überdies Bedenken wegen des zu wählenden Zeitpunkts. Einige der Sozialisten sprachen dafür, keinen Umsturz zu wagen, bevor die Alliierten nicht in Mittel- oder Westeuropa gelandet und zu raschem Vormarsch auf Berlin und die östliche Reichsgrenze bereit seien. Nachdem aber schon Glieder der Verschwörung von der Geheimpolizei erfaßt, andere immer mehr bedroht waren, schien es kaum mehr möglich, lange zu zögern. Man mußte handeln und war ohnmächtig, man mußte warten und hatte keine Zeit zu verlieren.

Die Lage an den Fronten verschlechterte sich für Deutschland bis zum Herbst 1943 unaufhaltsam. Der Zweifrontenkrieg wurde durch die Beteiligung der USA mit seinem vollen Gewicht spürbar. In Rußland war die am 5. Juli begonnene Sommeroffensive am Kursker Frontbogen nach wenig mehr als zwei Wochen schon zusammengebrochen und hatte das Vortragen eines russischen Großangriffs nicht verhindern können, der im August Orel und Charkow, Ende September Smolensk den Deutschen entriß, sie auf den südlichen Dnjepr zurückwarf und ihre Landverbindung zur Krim unterbrach. Die Front verlief im September 1943 in einer Gesamtlänge von etwa 2200 km von Leningrad über den Ilmensee in die Gegend von Newel, von hier zwischen Wjasma und Smolensk über Briansk zum Dnjepr (Tscherkassy Nikopol) und erreichte bei Odessa das Schwarze Meer. Starker russischer Druck wirkte im Mittelabschnitt vor allem bei Newel, im Süden in Richtung Kiew. Süditalien war in der Hand der Alliierten. In den besetzten Ländern von Skandinavien bis zum Balkan war bisher, von der wachsenden Aufständischenbewegung abgesehen, noch keine neue Front entstanden, mit einem Einbruchsversuch des Gegners in Frankreich wurde immer mehr gerechnet. Der zuvor erfolgreiche U-Boot-Krieg war durch die bisher überlegene Radarerfindung des Gegners nach großen Verlusten gescheitert. Die Fliegerangriffe – tags zumeist durch amerikanische, nachts durch englische Geschwader – legten während dieses Sommers immer mehr Städte und Industrien in Schutt und waren durch keine ausreichende Abwehr mehr zu beschränken. Über sieben Millionen eigene Truppen (10 rumänische, 6 ungarische

Divisionen mitgerechnet) standen an den Fronten und in den besetzten Gebieten unter Waffen, davon etwa vier Millionen in Rußland. Die neuen Waffen, von denen geheimnisvoll die Rede ging, waren bisher noch nirgends entscheidend zum Zuge gekommen. Die Rückwärtsbewegung hatten sie nicht aufhalten können. Nicht dies Zurückweichen selbst verursachte die größte Beunruhigung, sondern die starre Einfallslosigkeit der obersten Führung, die sich Tag um Tag stärker verriet. Die Kräfte waren der zu weit gespannten Aufgabe nicht mehr gewachsen. Hitler aber war für keinen Rat einer Ökonomie zugänglich, und eine politische Lösung war für ihn weder im Westen (Churchill, Roosevelt) noch im Osten (Stalin) erreichbar. Wie lange sich Deutschland durch die Tapferkeit der Kämpfenden und durch die Disziplinierung seiner Kriegswirtschaft noch werde halten können, war nicht abzusehen. Jedenfalls schienen die größten Opfer an Menschen und Substanz erst bevorzustehen.

Doch Hitler sprach auch in diesem Sommer noch wie in seiner Rede vom 5. November 1938 vom Lebensraum und von der deutschen Sendung, Hegemoniemacht Europas zu werden. Aus einer Rede, die er kurz vor der Sommeroffensive an die Heeresgruppenbefehlshaber hielt, sind seine Worte aufbewahrt: „Ohne diesen Lebensraum kann das Deutsche Reich und die deutsche Nation nicht bestehen. Sie muß die Hegemoniemacht Europas werden... Am Ende lebt der Mensch von der Erde, und die Erde ist der Wanderpokal, den die Vorsehung an die Völker gibt, die dafür kämpfen. Ich möchte nicht fünf Jahre Krieg führen und in den letzten fünf Minuten diesen Wanderpokal durch irgendeine vage Hoffnung aus der Hand lassen[40]..." Hitler hatte in dieser Ansprache wieder seinen Verzicht auf jede Politik mit den Bevölkerungen der eroberten Ostgebiete mit aller Schärfe erklärt: am Sklavenlos der Mindervölker sollte keine Politik rütteln.

Vom Niedergang stark betroffen, aber sich selbst in den Wahnglauben an eine Wunschwirklichkeit steigernd sprachen auch die Gefolgsleute, die, wenn jemals, so in diesen Wochen als nüchterne Berater Hitlers hätten wirken müssen.

*

Am 14. Oktober 1943 gab Heinrich Himmler auf einer Befehlshabertagung in Bad Schachen ein Bild der inneren Lage Deutschlands, gesehen vom Blickwinkel der Sicherheitspolizei, zugleich ein Bild der Härte des Kampfes und der Ziele, um die er seiner Auffassung nach geführt wurde[41]. Man findet in einer Niederschrift dieser vor einem streng gewählten Kreis gehaltenen Rede die Sätze:

„Eine andere Frage ist die des Defätismus, gerade in den gebildeten und wohlhabenden Schichten. Ich erinnere hier an die Zeit, wo zweifellos eine große Welle des Defätismus durch Deutschland ging. Das war die Zeit, als die Nachricht kam: der Duce ist abgesetzt, der Faschismus ist erledigt, Italien ist ausgefallen. Sie werden in der Zeitung gelesen haben, daß der Herr Regierungsrat[42] Soundso, der Kellner X oder der Fabrikbesitzer Y, die defätistische Äußerungen getan haben, vom Volksgerichtshof zum Tode verurteilt wurden und daß das Urteil bereits vollstreckt sei ... Was für eine Wirkung hat es, wenn ein Herr Regierungsrat so spricht: Wir müssen Frieden machen, den Krieg können wir gar nicht gewinnen, außerdem hat der Führer dies falsch gemacht und jenes falsch gemacht... Wenn ein Mann in Stellung, in Amt und Würden und in einem gesetzten Lebensalter so handelt, dann fällt er gnadenlos dem Gesetz des Krieges zum Opfer, dann verliert er seinen Kopf. Und das wird bekanntgegeben, denn nur dadurch wird aus einem verfehlten Leben noch ein Nutzen für die Nation erstehen, daß tausend andere dumme Schwätzer belehrt werden. Deswegen bin ich immer dafür, daß wir hart und unbarmherzig strafen, wo es notwendig ist ...

Eines müssen wir wissen: Nur wenn wir dem Eide, den wir unserm obersten Kriegsherrn abgegeben haben, treu bleiben, wenn wir treu, gläubig und vereint sind, können und werden wir den Sieg erringen, der uns eines Tages bestimmt ist. Es kann schwere Krisen geben; wir werden noch manche erleben. Niemals dürfen wir den Glauben verlieren, immer wieder müssen wir zurückschlagen, und eines Tages ist dann der Krieg zu Ende. Der Alte Fritz hat bis zur Bestätigung Preußens als europäische Macht zehn Jahre gebraucht. Für uns bedeutet das Ende dieses Krieges den freien Weg nach dem Osten, die Schaffung des germanischen Reiches und auf diese oder jene Art das Hereinholen von 30 Millionen Menschen unseres Blutes, so daß wir noch zu unsern Lebzeiten ein Volk von 120 Millionen Germanen werden ... Das bedeutet, daß wir dann an den Frieden herangehen können, in dem wir für die ersten 20 Jahre willens sind, unsere Dörfer und Städte wieder aufzubauen und aufzulockern, und die deutschen Volkstumsgrenzen um 500 km nach Osten hinausschieben. Und das bedeutet, meine Herren, daß wir dann eine östliche Wehrgrenze haben wollen, ewig beweglich, die uns immer jung erhält, von der wir dann allmählich vorwachsen können in den militärischen Sicherungsraum für unsere Enkel und Urenkel, den man in einem kommenden modernen Krieg haben muß, damit man nicht unter den Bomben der Gegner kaputtgeschlagen wird.

Das, meine Herren, bedeutet der Friede, diese wunderbare Zukunft, an die wir denken wollen. In dem Augenblick, in dem wir so in die Zukunft blicken, sind die Nöte und Gefahren des Tages, die überstanden werden müssen, geringer, weil sie klein sind im Verhältnis zur Größe unserer Zeit, in der wir – das kann nicht oft genug in unserm Herzen begriffen werden – das Glück haben, einmal nach zweitausend Jahren als germanisches Volk einen Führer gefunden zu haben, unsern Führer Adolf Hitler. Zeigen wir uns seiner würdig und haben wir die Größe, seine treuen und gehorsamen Gefolgsleute zu sein."

Am 7. November 1943 sprach der Chef des Wehrmachtsführungsstabes, Hitlers unmittelbarster operativer Berater, General Jodl, in München vor den Reichs- und Gauleitern über die strategische Lage zu Beginn des fünften Kriegsjahres[43]. Jodl legte in seiner Rede, die bis in einzelne Ausdrücke hinein die Redeweise Hitlers erkennen läßt, den Versammelten dar, daß Deutschland nach den Winterkämpfen 1942/43 nach Verlust von vier verbündeten Armeen in die Defensive zurückgefallen sei, während die Gegner mit der von ihnen errungenen Luftherrschaft auch zu Lande die Initiative gewonnen hätten, wie es sich in ihrem gemeinsamen Sommerangriff auf Sizilien und im Osten (beides seit Juli 1943) bewiesen habe. Der „Verrat Italiens" habe mitten in dieser Krise noch tiefergehend zum Schlimmen gewirkt, als öffentlich bekanntgeworden sei. Die Gesamtlage sei nun „schwierig", mit weiteren schweren Krisen sei zu rechnen. Zu hoffen aber sei vor allem auf neue technische Kriegsmittel, die die feindliche Luftüberlegenheit ausgleichen könnten und erlaubten, den U-Boot-Krieg wieder erfolgreich aufzunehmen. Zu bauen aber sei vor allem auf die ethische und moralische Grundlage des Kampfes, die der Gesamteinstellung des deutschen Volkes das Gepräge gäbe und die Wehrmacht zu einem unbedingt zuverlässigen Instrument in der Hand ihrer Führung mache.

„Die Kraft der revolutionären Idee", so sprach Jodl aus, „hat nicht nur eine Reihe unvergleichlicher Erfolge ermöglicht, sondern läßt unsere tapferen Truppen auch in der Abwehr wie im planmäßigen Rückzug Leistungen vollbringen, wie sie höchstens noch der Russe, aber sonst kein anderes Volk zuwege brächte, und die jede Hoffnung unserer Gegner auf einen militärischen Zusammenbruch in das Gebiet der Utopie verweisen...

Meine tiefste Zuversicht gründet sich aber darauf, daß an der Spitze Deutschlands ein Mann steht, der nach seiner ganzen Entwicklung, seinem Wollen und Streben vom Schicksal nur dazu ausersehen sein kann, unser Volk in eine hellere Zukunft zu führen. Allen gegenteiligen Meinungen zum Trotz muß ich hier zum Ausdruck bringen, daß er die Seele nicht nur der politischen, sondern auch der militärischen Kriegführung ist, und daß die Kraft seines Willens wie der schöpferische Reichtum seiner Gedanken in strategischer, organisatorischer und rüstungstechnischer Beziehung die ganze deutsche Wehrmacht durchpulst und zusammenhält.

An uns allen ist es nun, jeden Kleinmut in uns niederzuringen und damit in uns selbst die Grundlage des Vertrauens zu schaffen, aus der allein der Sieg erwachsen kann... ein Krieg ist nur dann verloren, wenn man ihn selbst verloren gibt...

Ich möchte in dieser Stunde nicht mit dem Munde, sondern aus tiefstem Herzen bekennen, daß unser Vertrauen und unser Glaube an den Führer ein grenzenloser ist, daß es für uns kein höheres Gesetz gibt und keine heiligere Pflicht, als bis zum letzten Atemzuge für die Freiheit unseres Volkes zu kämpfen, daß wir alles Weiche und Pflichtvergessene abstoßen wollen, daß uns alle Drohungen unserer Gegner nur noch härter und entschlossener machen werden, daß wir uns keiner feigen Hoffnung hingeben, als könnten uns andere vor dem Bolschewismus retten, der alles hinwegfegen wird, wenn Deutschland fällt, daß wir selbst die Trümmer unserer Heimat bis zur letzten Patrone verteidigen würden, weil es in ihnen tausendmal besser zu leben ist als in der Knechtschaft, daß wir siegen werden, weil wir siegen müssen, denn sonst hätte die Weltgeschichte ihren Sinn verloren."

DER ZWANZIGSTE JULI

IX CLAUS UND BERTHOLD STAUFFENBERG

Nach Stalingrad und Tunis hatte der September die dritte Kapitulation des Jahres 1943 gebracht, die bei kühnerem Oberbefehl auf der Gegenseite, wie man später wußte, rasch in eine Gesamtkatastrophe Deutschlands hätte führen können: die Kapitulation Italiens, die am 8. September bekanntgegeben, am 9. von der Landung der Alliierten auf dem süditalienischen Festland gefolgt war.

Am 10. September sprach Hitler über den Rundfunk zum deutschen Volk und versicherte, daß alle, die auch auf einen Umsturz in Deutschland hofften (Mussolini war am 25. Juli festgesetzt worden), in einem „grundlegenden Irrtum" befangen seien, sowohl über seine persönliche Stellung in diesem deutschen Volk als auch über die Haltung seiner politischen Mitkämpfer, seiner Feldmarschälle, Admirale und Generale[1].

Am gleichen Tag trat in Berlin der „besonders befähigte Generalstabsoffizier" in seine Aufgabe ein, dessen Namen mit dem Zwanzigsten Juli verbunden bleibt, auf den, einen „Schwerkriegsversehrten", Goerdeler einige Wochen zuvor im Kreis seiner Vertrauten als auf eine Hoffnung der Umsturzbewegung zum erstenmal hingewiesen hatte (KB 178). Sein Name war vorher in solchem Zusammenhang nicht genannt worden: Oberstleutnant Graf von Stauffenberg.

*

Claus Graf SCHENK VON STAUFFENBERG war am 15. November 1907 geboren. Die Stauffenberge, deren Linie er entstammte, hatten in einem Albtal Schwabens unweit der verschwundenen Stammburg ihren ländlichen Sitz, wo sie in einer kleinen Gemeinde die Ortsherrschaft und zugleich die Patronatsherrschaft der Kirche – nach der Sitte mit eigenem Kirchenstuhl auf der Empore – innehatten. Die Beifügung Schenk im Namen ging zurück auf einen Schenken der Hohenstaufen. Einer der reichsritterlichen Ahnen hatte, wie man las, im Übermut den nachbarlichen Hohenzollern beleidigt (er sei nicht wert, ihm die Säue zu hüten) und war darum drei Jahre vom Turnier ausgeschlossen worden. Ein anderer war Fürstbischof von Konstanz, ein anderer Fürstbischof von Bamberg gewesen. Die Mutter war eine geborene Gräfin Üxküll[2]. Durch sie hatte Claus Stauffenberg Gneisenau zum Ahnen und war er dem Geschlecht der Yorck verwandt.

Der Vater Oberhofmarschall Graf Stauffenberg bekam im Dienst des württembergischen Königshauses Wohnung im alten Renaissanceschloß der Residenz, die drei Söhne besuchten von hier aus das Eberhard-Ludwigs-Gymnasium. Eine nahe und zwischen Brüdern seltene Freundschaft verband Claus Stauffenberg mit dem um zwei Jahre älteren Bruder Berthold. Die Aufwachsenden fanden im Umgang mit dem Dichter Stefan George die Formung und den menschlichen Umkreis, die für sie bestimmend geblieben sind[2a]. Sie hatten als Knaben ihre eigene Welt; auf einem der Jurafelsen bei Lautlingen hüteten sie ihre Bergburg, die sie auch die Eigenen nicht betreten ließen. In der Schule bildeten die Brüder mit ihren Freunden eine Gruppe, die sich besonders der Dichtung, der Kunstbetrachtung und der Musik widmete[2b]. Auch fremderen Menschen fielen sie auf, wenn sie sich allmorgendlich an bestimmten Punkten trafen und gemeinsam den Weg zur Schule zogen.

Bei Festen und Aufführungen der Schule traten die Brüder mehrfach hervor und wirkten bis in die Klassen der Jüngeren. Es gibt unter Mitschülern besondere Erinnerungen an eine Darstellung des Wilhelm Tell[3]. Ein andermal spielte man im Stauffenbergschen Haus in Abwesenheit der Eltern Szenen aus Julius Cäsar: denkwürdig blieb der Knabe Lucius – der fünfzehnjährige Claus Stauffenberg –, der vor Brutus – dem Bruder Berthold – am Abend vor der Schlacht schlaftrunken sein Lied spielt. Claus liebte damals über alles sein Cello, Mitschüler nahmen an, er werde sich später ganz zur Musik wenden. Der Heranwachsende ging andere Wege.

Seine gleichstarke Neigung zur Architektur überwindend, trat Stauffenberg achtzehnjährig in die Reichswehr ein. Beim Bamberger Reiterregiment, dem schon andere seiner Sippe angehört hatten, machte er seine Ausbildung[4] und wurde als Prüfungsbester der Kavallerie zweiundzwanzigjährig Offizier. Für das Reiten und den Umgang mit Pferden hatte er eine echte Passion und etwas von dem Geschick, das sich nicht lernen läßt. Eine junge Stute, „eine reizende Persönlichkeit", wie er sagte, die er gelegentlich im Quartier bei einem Bauern unter den Zugpferden entdeckte und sich erwarb, steigerte er bis zu Passage und Levade und errang mit ihr einen Preis in der schweren Dressurprüfung. Auf der Kavallerieschule in Hannover ritt er mit den späteren Olympiadesiegern zusammen, die sich damals eben für das Turnier vorbereiteten. Mit einem Bereiterlehrgang machte er im Jahr 1934 eine Fahrt nach Süddeutschland. Es gibt die Überlieferung, daß er dabei im Kreis seiner Kameraden ein weltweites Bild des Staufischen Reiches entwarf, „als in dessen Mitte stehend" – sie standen auf dem Hohentwiel – „sie sich hier betrachten sollten."

Von 1936 bis 1938 folgte die Zeit auf der Kriegsakademie in Berlin. Aus Fachgesprächen des „Hörsaals" – es waren zwanzig Offiziere – entsprang eine Studie Stauffenbergs über „Abwehr von feindlichen Fallschirmtruppen im Heimatgebiet", die ihm unerwartet einen ersten Preis eintrug und noch während des Kriegs im Fachministerium als das „grundlegende Werk" galt. Eine andere Arbeit, die er mit Sorgfalt betrieb, machte kein Glück bei ihren Beurteilern. Er hatte darin nach einem Überblick über frühere Kampfformen „das unveränderliche Wesen" der Kavallerie „gerade in einer Zeit überraschenden Formenwechsels" zu klären und ihre Aufgabe in einem modernen Bewegungs- und Panzerkrieg neu zu entwerfen versucht. Eine Reise nach England, die ihm nach der Dolmetscherprüfung zufiel, bedeutete ihm eine wichtige Erfahrung im Blick nach innen und außen. Seine Aufzeichnungen darüber, die von Hand zu Hand gingen, sind verloren. Bei der Abschlußfahrt, die an Rhein und Mosel führte und dem Studium größerer operativer Zusammenhänge gewidmet war, regte Stauffenberg einen gemeinsamen Besuch der rheinischen Kaiserdome an, bei dem er führte. Am Ende der Reise hielt er auf einer Burg nahe bei Bingen eine Rheinrede, rief die Jahrhundertschicksale dieser Landschaft vor Augen und zeigte für die Zeit nach dem Absinken der Nationalstaaten den Rhein als Herzstrom Europas in einer neuen künftigen Bedeutung. Vom Vergangenen sprach er nicht als geistiger Betrachter, sondern, so schien es, als Mithandelnder: wie wenn er selbst dabeigewesen wäre und zur

Stunde wieder die Entschlüsse zu fassen hätte. So wurde seine Darstellung zum greifbaren Beispiel für die Gegenwart. Mehrere, die sich solcher Reden entsinnen, nennen es erstaunlich, wie sich darin eine große und leidenschaftliche Ansicht der Dinge mit einer gewinnenden Leichtigkeit des Vortrags verbunden habe – Klarheit ohne Verarmung, Tiefe ohne Trübsinn. Ob und zu welchen Anlässen Ludwig Beck unter dem Nachwuchs erschien – kurze Zeit nahm er am Taktikunterricht teil –, ist bisher nicht berichtet worden. Stauffenberg sprach mit großer Achtung von ihm und wußte, aus der Nähe beobachtend, auch im Jahr 1938 von seinen Schritten.

Mit dem Lehrgang-Ältesten und den Freunden Finckh und Mertz zusammen, die später wieder neben ihm begegnen, bildete Stauffenberg die Kerngruppe im „Hörsaal", der sich nach dem Wort des Überlebenden dadurch auszeichnete, „daß keiner sich besser dünkte als die andern": Von ausgeprägter und natürlicher Bescheidenheit, zugleich wohl der Hörsaal-Jüngste, habe sich Stauffenberg noch mehr durch das, was er durch seine Persönlichkeit war, als durch das, was er wußte, hervorgehoben. Andere Urteile legen den Nachdruck auf Befähigung, Können und Wissen. So findet man in den Vernehmungsberichten von eben jenem Finckh die Worte über Stauffenberg: „Er übertraf mit seinen geistigen Fähigkeiten sämtliche Teilnehmer und riß dadurch wie durch sein Temperament und seine Redegewandtheit den ganzen Kursus fort[5]." Ein anderer sagte von ihm, man habe ihm die Kraft zugetraut, die einseitig militärische Denkweise zu überwinden. Er hieß im Scherz auch der neue Schlieffen, ähnlich wie ihn ein General der alten Schule „den einzig genialen deutschen Generalstabsoffizier" genannt hat, „der ein würdiger Nachfolger der Feldmarschälle Moltke und Schlieffen zu werden versprach". Ein anderer, der den Dreißigjährigen zum erstenmal sah, schrieb: „Man kann nicht wissen, wie er in der Zeit einmal noch eingreifen wird, aber daß noch eine Aktion in diesem Mann steckt, darin trügen mich nicht meine beiden Augen."

Durch Rudolf Fahrner weiß man von der geistigen und künstlerischen Tätigkeit, an der Claus Stauffenberg neben seiner Generalstabsausbildung in den Berliner Jahren teilnahm, und von den immer wieder aufgenommenen Gesprächen über staatliche Neuordnung, die ihn bewegten. Frank Mehnert hat um diese Zeit der Plastik eines jungen Pioniers[6], die an einer Elbebrücke in Magdeburg aufgestellt wurde,

Züge Stauffenbergs gegeben: eine klare, kräftige und gelassene Leiblichkeit und ein Kopf, in dem Sinnliches und Geistiges in einer diesem Zeitalter sonst nicht bekannten Einheit entgegentraten. Jahre zuvor hatte er einen Porträtkopf des 22jährigen modelliert. Ludwig Thormaehlen, selbst Bildhauer, gibt aus häufigen Begegnungen mit Stauffenberg diese Schilderung: „Claus von Stauffenberg, zwei und ein halbes Jahr jünger als seine Brüder, zu der Zeit – Ende 1924 – siebzehnjährig, war wieder völlig anderer Natur. Schon in so frühem Alter ging von ihm bei seiner alloffen den Dingen rundum zugewandten tatfrohen Heiterkeit der Eindruck unbedingter Verläßlichkeit aus. Sein Geist zeigte sich in der Art des Eingreifens – in loyal vorgetragenen Vorstößen, heiterem Tadel, wie in energischem Beipflichten und Verteidigen begründeter Ansprüche anderer. Eine wache Schlichtheit, mit abwartender Zurückhaltung, zugleich einer Bereitschaft zu kräftigem Zupacken gepaart, dazu das Herzhafte seines Wesens nahm sogleich für ihn ein. Er war der geborene Soldat und in eben dem Maße der vorbestimmte Sachwalter. Er erweckte von Beginn an hohe Erwartungen als künftiger mutiger Betreuer, ja Hersteller sinnvoller Ordnung und als Schirmer und Förderer jeder echten Berechtigung.

Das auch an diesem Stauffenberg Auffallende waren die Augen, sie gaben seine Heiterkeit und Großsinnigkeit, seine Gescheitheit und Wohlmeinendheit sogleich zu erkennen. Sie waren von metallisch dunklem Blau. Das Antlitz hatte eine wohlausgewogene Breite, ohne daß es voll gewirkt hätte. Das machten die festen Kuppen der kraftanzeigenden Jochbeine, das energische, an der Spitze leicht gekerbte Kinn und die feste, tatentschlossene Stirn mit den über den Brauen ein wenig vorwölbenden Buckeln, Zeugnis von Aufmerksamkeit, Schärfe der Beobachtung, des Willens und der Beharrlichkeit. Hinzu kam die kühn gebogene Nase und ein wohlgeformter, in Bögen gezogener Mund. Nur die Wangen konnten empfindsam erscheinen. Sie trugen später die Zeichen soldatischer Anstrengung. Das Haar war dunkel, glänzend und leicht gewellt, er trug es anliegend.

Als Knabe und Heranwachsender von lebhafter, schalkhafter Jungenhaftigkeit, entwickelte er sich schnell – sein Haupt zeigte es – zu früher Männlichkeit. Er war hochgewachsen und gelenkig mit kräftigen, wohlgeschulten Gliedern. Später war an der leicht vorgeneigten Haltung und der Art des Schreitens der – übrigens vorzügliche – Reiter zu erkennen. – Allen drei Brüdern eignete in gleichem Maße etwas, das selten geworden ist: Herz ... Wer Bildnisse kennt, wurde in den Zügen des Claus mit zunehmenden Jahren an seinen Ahn Neithardt von Gneisenau erinnert, dem er je länger desto mehr glich."

„An Außergewöhnlichem hatten seine Brüder vielleicht mehr miterhalten, aber eine herrliche Einheitlichkeit des Wesens war ihm zuteil geworden, die Vollkommenheit einer mutvollen, geweckten, lebendigen Männlichkeit, eines Reichtums ohne lastende oder unbewältigte Gaben. Man hatte ihn nicht nur gern – er erregte Enthusiasmus und Entzücken sofort und überall, wo er auftrat. Seine Lebensfroheit, sein Jasagen zu sich selbst und zu jedem Wert, wo er ihn traf, war so ansteckend, daß es jeden mitriß, ja Dasein und Zukunft leicht und voller Erwartung erscheinen ließ. Lebenssorge, Skepsis, Skrupel – wenn sie irgendwo vorhanden gewesen wären – zerfielen in seiner Gegenwart in nichts.

Auch er war wie sein Bruder Berthold in einer selbstverständlichen Weise ‚Herr': der Freie und Gehobene, der über sich nichts Höheres, nichts zu einer Unterwerfung, zu einer Devotion Veranlassendes kannte, außer wo er ein an Geist und Rang über ihm Stehendes freiwillig anerkannte."

Als Knabe war Stauffenberg zart und oftmals anfällig gewesen. Noch bei der Meldung zur Reichswehr hatte er fürchten müssen, wegen mangelnder Kräfte zurückgewiesen zu werden. Später machte er seinen Körper allen Mühen und Anstrengungen gewachsen, litt nicht unter Entbehrungen, genoß, wann es zu genießen gab, und erschien immer frisch, behend und beweglich. Man weiß von einem Ritt, der ihn nach Manöverende von der Schwäbischen Alb in drei Tagen ins geliebte Bamberg trug. Auch in den angespanntesten Zeiten im Hauptquartier verzichtete er ungern auf seine Frühstunde zu Pferd, mochte auch ein sechzehn- oder achtzehnstündiger Arbeitstag voraufgegangen sein und ein gleicher wieder folgen. Einer, der ihn damals öfter sah, spricht von seinem Arbeitstempo, seiner Konzentration, seiner Frische in Nächten wie am Morgen. „Seine Nerven und seine Gesundheit, die er gewiß nicht schonte, waren beneidenswert[8]."

Mit Gneisenau war er nicht nur durch Abstammung und gleiches Metier verbunden: Wesen und leibliche Erscheinung machten ihn zum wirklichen „Gneisenauenkel". Er hatte ein starkes Selbstgefühl und wußte von seiner Kraft über Menschen. Eitelkeit hat keiner an ihm gefunden. Er neidete niemandem etwas und war für sich zum Erstaunen unbesorgt um Position und Ansehen. Ihn selbst bezeichnen die Wendung „von einem Volk, das in freiem Stolze die niederen Triebe des Neides und der Mißgunst überwindet" und der Satz, den er gleichfalls in den späteren Eid aufnimmt: „Wir beugen uns vor den naturgegebenen Rängen[9]."

Trotz seiner Könnerschaft im Fach wirkte er nicht als Fachmann. Man findet in mehreren Berichten über ihn als den stärksten Eindruck genannt, daß er immer ein Ganzes umfaßt und aus solcher Sicherheit her auch im einzelnen geurteilt habe. Nahe Freundschaften verbanden ihn mit Menschen, die in anderen Berufen standen. Mit ihnen vereinigte er sich in einem großen menschlich-künstlerischen Streben, aus dem er sich auch in der notwendigen Einseitigkeit der letzten Monate vor dem Zwanzigsten Juli nicht ausschloß. An der Reihe von Arbeiten geschichtlicher oder dichterischer Art, die aus seinem Freundeskreis hervorgingen, hat er mitwirkend Anteil genommen. Vom Tode des ihm sehr nahen Bildhauers Frank Mehnert, der am Ilmensee gefallen war, erfuhr er, als er selbst in Afrika im Kampf lag. Ein anderer jüngerer Freund, der dichterisch begabt war und über den Prinzen Eugen gearbeitet hatte, war ein halbes Jahr früher vor Sewastopol geblieben[10].

Auch beim täglichen Zusammensein unter Offizieren sprach Stauffenberg häufig über geschichtliche, politische, soziale, künstlerische Dinge, ebenso wie ihn die immer neu sich vordrängenden Überlegungen beschäftigten, wie man das Lebendige gegen die Wucherung der technischen Zivilisation rette. Er wurde ungeduldig bei bloßen Darlegungen des Übels und stimmte wenig mit ein in die Klagen, die bei geistigen Menschen sonst fast unvermeidbar scheinen, wenn sie sich mit einer ihnen von Grund aus widrigen Umwelt begegnen. Ihn reizten vor allem die Vorstellungen, wie man es anders mache. Er schaute dabei sehr nüchtern auf das Ziel, das man verwirklichen, und auf die Menschen hin, mit denen man es erreichen könne. Bezeichnend schon für den jungen, etwa sechzehnjährigen Stauffenberg ist die Geschichte, daß einmal eine Abordnung von etwas Älteren zu ihm kam: er möchte die Führung übernehmen und sich für die „Idee des Jugendrings an der Schule" einsetzen, und er erwiderte, er kenne keine Idee, er kenne nur Menschen ... Ein Gegensatz der Generationen, wie er gerade in dieser Zeit nach dem Ersten Weltkrieg stark hervortrat, ein Gegensatz der Ideologien, wie er ein Jahrzehnt später trennendes Weltgespräch wurde, war für ihn so nie bestimmend.

Mit dem Kraftvollen und Unbedingten seiner Art versöhnten seine Anmut und Ungezwungenheit, mit dem durchgreifenden Wollen seine heitere Nüchternheit, die nichts Pathetisches aufkommen ließ. Sein „prachtvolles" Lachen galt als einzig: einer, der ihn jahrelang nicht gesehen hatte, erkannte ihn daran im Nachtschnellzug durch die geschlossene Tür des Schlafabteils. Viele, die später sich einer Begegnung mit ihm entsannen, meinten wie jener Oberleutnant vor dem Volksgericht: er lächelte immer, wenn er sprach. Nie stand er allein. Wo er auch war, hatte er bald „seinen verschworenen Haufen". Viele Freunde und Kameraden aus den Reiterjahren und aus der Akademiezeit findet man später wieder an seiner Seite.

Im Sommer 1938 kam der Rittmeister Stauffenberg nach Wuppertal zur 1. Leichten Division, die bis November General Hoepner befehligte und die nach Kriegsbeginn zur 6. Panzerdivision wurde. Als Zweiter Generalstabsoffizier dieser Division erlebte er die Monate der Sudetenkrise und zog mit in die Bereitstellung im Thüringer Wald. Nach dem Einmarsch der deutschen Truppen ins Sudetenland fand eine Quartiermeisterfahrt statt, an der er teilnahm. Beim Abschluß dieser Besichtigungsreise führte Stauffenberg mit zwei Kameraden vor den leitenden Offizieren ein Scherzspiel auf. In geistvoller Verhöhnung trieben sie darin mit aller Fachkunde und ungemein großzügig, ohne sich um rechts und links zu kümmern, einen Panzerkeil vor bis in den Ural. Stauffenberg tat als Versorgungsoffizier Münchhausensche Wunder an Improvisation, phantasievoll eine Strategie überpochend, die empfahl, sich am eigenen Zopf aus dem Sumpf zu ziehen. Als dem Keil etwa in der Ukraine das Benzin ausging, eroberte man Baku, legte schnell eine Überlandröhre und führte das Fehlende herbei. Das Ganze unter dem immer wiederkehrenden Zauberwort: Das Auge des Herrn macht die Kühe fett.

Der Spätherbst brachte die Synagogenbrände in Deutschland. Stauffenbergs Gedanken waren in diesem Herbst und Winter bei Gneisenau und seinen Plänen einer Erhebung. Im Januar 1939 fand im Kreis von ihm geladener Offiziere ein Vortrag über Gneisenau statt. Er selbst leitete ihn mit Worten ein, die verdeckt, aber unüberhörbar von den eigenen Tagen sprachen. Am Ende des fast zweistündigen

Vortrags, der sehr lebendige Aufnahme fand, sagte er in seiner Art lachend: „Ja, sehen Sie, das haben wir nun gelernt: so hat es Der gemacht[11]."

In der ersten Zeit des Krieges ist Stauffenberg mit der 6. Panzerdivision (Panzergruppe Kleist) in Polen und Frankreich. Nach der Erzählung eines Mitoffiziers war er in der Division so bekannt wie der General. Er war mit Leib und Seele dabei, arbeitete viel und hatte doch für jedermann Zeit. Ein anderer Bericht zeigt ihn in einer von ihm geleiteten Besprechung[12]:

„Stauffenberg, groß, schlank und beweglich, ein Mann von ausgesprochenem persönlichem Charme, empfing uns mit echter, strahlender Liebenswürdigkeit, sorgte, daß jeder ein Glas zu trinken bekam, eine Zigarre, eine Pfeife Tabak. Er informierte, fragte, forschte nach scheinbar nebensächlichen Dingen, gab die neuesten Anekdoten zum besten, die aus dem Raum zwischen Aufklärungsabteilung und Feldbäckereikolonne der Division zu berichten waren, sprang von einem Thema zum andern, unterbrach jedes Gespräch, um zunächst einmal den zuletzt ins Zimmer Getretenen anzuhören und auszuforschen. So verging Viertelstunde um Viertelstunde, und noch immer war keine unserer Fragen entschieden, bis dann, ganz und gar unkommissig und durchaus zwanglos, die Worte fielen: Ja also, ich denke, wir machen das jetzt so ..., und nun gab Stauffenberg, die Linke in der Hosentasche, die Rechte am Weinglas, gedankenvoll durchs Zimmer gehend, bald hier, bald da stehenbleibend, dann wieder zur Karte greifend, den Quartiermeisterbefehl in allen Einzelheiten ..."

Beim gleichen Berichter aus der Panzerdivision lesen wir die fast panegyrischen Sätze:

„Unvergleichliche Erinnerungen waren jene abendlichen Gespräche zu dritt oder viert in den Quartieren bei St. Omer. Immer wieder war bewundernswert, über welche Fülle von Einsichten, über welch gereiftes Urteil der damals Zweiunddreißigjährige verfügte, wieviel er dank einer genialen Begabung wußte. Diskussionen von einem ähnlich hohen Niveau habe ich weder vorher noch nachher je erlebt. Verehrt und bewundert von Kameraden, Mitarbeitern und Untergebenen, geschätzt von allen Vorgesetzten, denen er, seines Wertes und seiner persönlichen Würde voll bewußt, mit schönem Freimut und ohne jede Spur von Servilismus gegenübertrat, stets und in jeder Lage befähigt, den rechten Ton zu treffen, die passende Form zu finden: so war er, strahlend und schön wie Alkibiades, ‚angenehm vor den Menschen' und wahrhaft, wie es später einmal einer aus dem Kameradenkreis sagte, ‚ein Liebling der Götter'."

Ein anderer Stauffenberg Befreundeter aus der Panzerdivision erinnert sich aus dieser Zeit an sein Wort: „Nichts Schöneres als einen siegreichen Feldzug mit dem Freunde." Um diesen Mann, den so ganz die Dinge des technisch modernen Krieges beschäftigten, habe der Krieg dennoch etwas Zeitenthobenes gehabt ohne jede Romantik. Er konnte sich mit Freunden ganz dem Reiz des Landes und eines schönen Biwaks hingeben und sich am Siege freuen. Dies Erhobensein vom Glück der Waffen hatte aber nichts von jenem Taumel, dem damals zuerst die Sinne mancher Mitoffiziere anheimfielen, dem Taumel, durch die deutschen Machtschläge ringsum eine Welt in Scherben zu legen. Stauffenberg äußerte, als sich das unerwartete Erliegen Frankreichs abzeichnete: dies sei ohne Sinn, wenn es jetzt nicht gelinge, Frankreich und Deutschland sich nahezubringen. Jetzt müsse man in einem großen Sinn handeln, müsse aus der alten Feindschaft endlich etwas Neues machen, und er fügte übermütig hinzu: wenn man ihm freie Hand gäbe, er würde es machen.

In den Tagen, in denen der Panzervormarsch auf Dünkirchen durch Hitler angehalten wurde und den Engländern sich einzuschiffen gelang, wurde Stauffenberg in den Generalstab des Heeres abberufen. Er hatte auf dessen Organisationsabteilung das Referat „Friedensheer" zu übernehmen mit der Aufgabe, Gliederung und Ausrüstung des Heeres im Einklang zu halten mit den fortgehenden Änderungen der Waffen und den sich ändernden Kampfnotwendigkeiten. Die Arbeit bedingte eine nahe Zusammenarbeit mit den Kommandeuren an der Front, deren Erfahrungen auszuwerten, deren Vorschläge durchzudenken und zu erproben waren. Stauffenberg hatte gelegentlich auch fremde Offiziersmissionen, die etwas und nicht zu viel vom deutschen Heer sehen sollten, zu führen und zu unterrichten.

Über zweieinhalb Jahre des Krieges, Jahre entscheidender Entwicklungen, hat Stauffenberg vom Hauptquartier aus erlebt: 1940 den Waffenstillstand mit Frankreich, den Versuch, England aus der Luft zu zermürben, 1941 den deutschen Vorstoß auf den Balkan, die Landung auf Kreta, das breite deutsche Vordringen nach Rußland, die deutsche

Kriegserklärung an die Vereinigten Staaten, 1942 die schwere Winterkatastrophe in Rußland, den deutschen Angriff bis gegen Ägypten, den Vorstoß zum Kaukasus und zur Wolga, die Landung der Gegner in Tunis und Marokko, die Opferung der Sechsten Armee in Stalingrad ... Stauffenberg hat in diesen Jahren mit seiner Abteilung die Ortswechsel des Hauptquartiers mitgemacht: von Godesberg nach Belgien, nach Fontainebleau, in die märkische Heide bei Zossen, nach Ostpreußen, nach Winniza in der Ukraine und wieder nach Ostpreußen. Häufige Reisen führten ihn von seinem Dienstsitz aus nach allen Richtungen zu den höheren Stäben der Front und der besetzten Länder, zu leitenden militärischen Stellen in Berlin. Bei den verschiedensten Befehlshabern machte er Besuch: in Borissow an der Beresina ebenso wie auf der Krim, in Finnland, in Belgrad, Paris, Athen.

An zwei Stationen dieses Weges begegnet man ihm in persönlichen Überlieferungen. „Im Frühjahr 1941, nach der Besetzung von Griechenland", so schreibt Rudolf Fahrner[13], „kam Claus auf einer aus seiner Tätigkeit im Hauptquartier sich ergebenden Reise nach Athen. Wir hatten mehrere Zusammenkünfte und eingehende Gespräche über die Lage – die schönste Begegnung auf einer gemeinsamen Fahrt nach dem alten Koronis an der Nordostküste Attikas. In einer der beiden Meerbuchten, die der frühere Stadtrücken trennt, trafen wir deutsche Truppen, die hier ihre Zelte hatten. Die einen waren beim Bad, andere braungebrannt beim Ballspiel. Stauffenberg hatte seine Freude beim Anblick, begrüßte den Oberleutnant, der das Lager befehligte, und lobte ihm seine Leute: es war eine aktive Gebirgsjägertruppe, die den Feldzug in Norwegen mitgemacht und von Bulgarien aus den Eingang nach Griechenland erkämpft hatte, lauter junge ‚Gebirgler' von schlankem Wuchs in kräftiger Verfassung. Wir schauten zusammen eine ganze Weile den Spielenden zu, die sich offenbar ein Vergnügen daraus machten, dem unvermittelt erschienenen Zuschauer mit den Generalsstreifen einen muntern Kampf zu liefern. Stauffenberg verabschiedete sich dann durch Winken und Zuruf – das einzig gebrauchte ‚Heil' und die begleitende Armbewegung waren bei ihm ein eigener und echter Gruß. Die andere von herrlichen Felsen umstandene Bucht, in die wir zum Bad hinübergingen, war ganz unbetreten. Wir schwammen sehr weit hinaus, Claus erst mir zur Seite, dann links vor mir, sich oft zu Zurufen zurückwendend. Dieses schöne Menschenhaupt über den hochgehenden blauen Wogen gab etwa das, was Goethe durch Karl Philipp Moritz über ein solches Gegenüber andeuten läßt: das Äußerste an Gestaltung über der ewig wogenden, gestaltenträchtigen Ungestalt."

Der andere Bericht erzählt von einer Reise durch die Ukraine, wo Stauffenberg die Aserbeidschaner und andere russische Freiwilligenverbände besichtigt. Es lag ihm viel daran, diesen Verbänden, die seiner Fürsorge unterstanden, die geeigneten Führer zu finden und sie nicht zu gedungenen und mißbrauchten Hilfsvölkern, sondern zu freiheitlichen Kampfgruppen zu machen mit gewahrten Bräuchen und Stammeseigenheiten. Der Begleiter Stauffenbergs erzählt vom oft prachtvollen Menschenwuchs, den sie antrafen, von Männertänzen und Gesängen, die dem Gast zu Ehren stattfanden, und er meint, es sei auffallend gewesen, wie diese Menschen einer ganz anderen Welt diesem Besucher zufielen, der unter ihnen wie ein bodenständiger Herr wirkte[14].

War auch das Hauptquartier hundertfach gefeldert und unterteilt und schon räumlich nicht überschaubar, so hatte Stauffenberg durch Freunde und Bekannte, die in der Operationsabteilung, in „Fremde Heere West und Ost", in der Abwehr, im Nachrichtenwesen und bei den Waffengenerälen saßen, genug Möglichkeiten, sich zu unterrichten. Er hatte den starken Trieb, sich immer vom Ganzen Rechenschaft zu geben, und nahm zu dem, was das Hauptquartier bot, seine eigenen Eindrücke hinzu, die er auf seinen Reisen sammelte, die Berichte, die er mündlich und brieflich empfing, und was ihm der Bruder aus der Seekriegsleitung zutrug. Gerade für die aus dem Kampf Kommenden erübrigte er, so bedrängt er war, immer genug Zeit zum Fragen und Erzählen und bewirtete sie gerne. Er hörte sich an, mit welchen Nöten sie draußen kämpften, erkundigte sich nach allen, die er kannte, nahm Anteil an den Erfolgen und Mißerfolgen und durchdachte sie in ihren Einzelzügen. Wer mit einem Anliegen ins Hauptquartier kam, den beriet er, half, wenn er konnte, oder suchte wenigstens zu erreichen, daß ein echter Bericht der Lage – was oft nicht leicht war – bis zur verantwortlichen Leitung durchdringe. Man weiß von einer zuvor mehrfach gescheiterten Eingabe wegen der russischen Zivilarbeiter, die Stauffenberg trotz aller Widerstände an die eigentlich Verantwortlichen heranbrachte, nachdem er sie noch durch die Beischrift geschärft hatte, die Behandlung der russischen Zivilarbeiter sei „eine unverantwortliche Herausforderung des Ostens".

Ein älterer Regimentskamerad von Stauffenberg, der als Reserveoffizier im Hauptquartier Dienst tat, schildert, wie er öfter am Ende eines langen Arbeitstages um ein oder zwei Uhr nach Mitternacht zu Stauffenberg hinüberging, um noch ein Wort auszutauschen oder eine Erfrischung zu nehmen. Er schreibt: „Ich habe die Tür von Claus nie geöffnet, ohne ihn am Fernsprecher anzutreffen. Vor ihm Stöße von Papier, die Linke am Hörer, die Rechte mit dem Bleistift bewaffnet, die Akten ordnend. Er sprach mit lebhafter Miene, je nach dem Gesprächspartner lachend (ohne das ging's eigentlich nie) oder schimpfend (das fehlte auch selten) oder befehlend oder dozierend, gleichzeitig aber schreibend, entweder nur die großen, raumgreifenden Buchstaben der Unterschrift oder die kurzen, auffallend präzisen Aktenvermerke. Neben ihm meist der Schreiber, der während der Wartepausen in fliegender Eile Aktenvermerke, Briefe, Notizen aufnahm, ohne daß Claus vergessen hätte, das so peinlich eingehaltene Beiwerk eines hohen Stabes (Briefkopf, Betreff, Bezug) pedantisch genau zu diktieren. Claus gehörte zu den Menschen, die gleichzeitig mit aller Konzentration mehrere Arbeiten erledigen. In erstaunlichem Maße hatte er die Fähigkeit, Akten zu bearbeiten, d. h. Wesentliches vom Unwesentlichen mit einem Blick zu trennen. Er drückte sich klar aus, und seine blitzartigen, den Nagel auf den Kopf treffenden Zwischenbemerkungen brachten seinen Partner nicht selten in Verwirrung. Die angeborene gesellschaftliche Gewandtheit, die unvergleichliche Grazie militärischen Taktes des Jüngeren dem Älteren gegenüber, die Freiheit und Ungehemmtheit des Verkehrs zwischen Gleichwertigen war das Äußere von Claus' großer Persönlichkeit, die sich Achtung und Vertrauen ohne Zwang erwarb. Für das, was bei anderen zum Äußeren gehört, Kleidung, hatte er in dem ungeheuren Geschehen, das ihn bis ins Innerste bewegte, kein Verständnis[15]."

Zu Beginn des Jahres 1943 wurde Stauffenberg zur Truppe versetzt. Mitte Februar traf er in Afrika ein und übernahm die Stelle des Ersten Generalstabsoffiziers bei der 10. Panzerdivision, die damals eben den Rückzug des Afrikakorps auf den Brückenkopf von Tunis zu decken hatte gegen einen an Zahl und Rüstung überlegenen, stark vorandrängenden Gegner. Monatelang hatte sich die Division dieses zähen englischen Gegenübers zu erwehren. Ihr Rückzugskampf ist als vorbildlich hervorgehoben worden.

Nach siebenwöchigem Dienst bei der Division wird Stauffenberg, der einen Artilleriestreifschuß am Knie unbeachtet ausgeheilt hat, unterwegs von einer feindlichen Tieffliegergarbe überschüttet und schwer verwundet zurückgebracht (7. April). Gesicht, Hände, Knie sind zerschossen, er sieht nichts mehr. Erst als man nach einigen Tagen im Lazarett in Karthago den Kopfverband löst, hat er die Gewißheit, daß das eine Auge doch sehend geblieben ist. Er wird in die Heimat gebracht und kommt in ein Münchener Lazarett. Für Wochen liegt er mit hohen Wundfiebern. Es scheint ungewiß, ob es gelinge, ihn durchzubringen. Kopf, Arme, Beine liegen in Verbänden. Er lehnte, so liest man in den Kaltenbrunner-Berichten (S. 305), „als er im Lazarett lag, trotz seiner schweren Verwundung jedes Schmerzlinderungs- und Schlafmittel ab und überwand die Folgen seiner Verwundung schnell und mit Energie[16]". Nicht so sehr die Verwundung schien ihn niederzuwerfen als das Gefühl, aus seiner Bahn gerissen zu sein und nichts von dem getan zu haben, was er von sich erwartet hatte.

Bald aber ist ein unerklärlicher Umschwung zu bemerken. Freunde, die den Grafen zwei Wochen zuvor als einen von Todesnähe Berührten gesehen hatten, spüren jetzt zurückkehrend mit Staunen eine ganz neue innere Bestimmtheit, eine Energie, drängender als je. Von seinem Ergehen zu reden, ist ihm kaum mehr lohnend. In den letzten Apriltagen hat er einen Brief an General Olbricht diktiert, er hoffe, in einem Vierteljahr wieder zur Verfügung zu stehen – offenbar knüpft er dabei an ein zwischen ihnen schon bestehendes Verhältnis an. Einem Freund bekennt er in diesen Tagen, als sie allein sind, die Stelle des Stabschefs bei General Olbricht im OKH sei ihm inzwischen angeboten worden, die Möglichkeiten zu entscheidendem Eingreifen erwarten lasse. Bald darauf empfängt der gleiche einen maschinengeschriebenen Brief von ihm, unter den Stauffenberg – wie er bemerkt, zum erstenmal – mit der verstümmelten Linken seinen Namen Claus setzt. Einen alten General, der ihn Anfang Mai besucht, beeindruckt, wie lebendig und sicher der noch Fiebernde das Gespräch führt und einige Finger der linken Hand aus dem Verband frei macht, um zu schreiben. Im Lazarett wundert man sich über die zahlreichen Besucher auch hohen Ranges, die bei dem Oberstleutnant aus und ein gehen. Aus dem Reich, aus der Ukraine, aus Frankreich, Italien, Griechenland kommen Gaben für ihn. Es ist wie eine eigene Welle von Freundschaft, Zuneigung,

Erwartung, die ihn umgibt. Wie viele von denen, die zu ihm kommen, haben Kenntnis davon, was in ihm umgeht? „Weißt du, ich habe das Gefühl, daß ich jetzt etwas tun muß, um das Reich zu retten", äußert er einmal wie beiläufig in fast leichtem Ton zur Gräfin Nina, der Mutter seiner damals vier Kinder, „wir sind als Generalstäbler alle mitverantwortlich."

*

„Wenn Sie mich nach Stauffenbergs politischer Einstellung fragen, so muß ich Ihnen erwidern: Man geht fehl, wenn man versucht, sie einordnend zu bezeichnen. Er hatte – um dies vorauszusagen – eine auffallende Fähigkeit, sich mit einer gegebenen Lage (dazu gehören auch Menschen mit ihren Anschauungen) zu verbinden, um in ihr zu handeln. Er wurde nicht von Meinungen, Absichten, ‚Programmen' bestimmt, sondern von Kräften, die zur Auswirkung drängten, Kräften, die jedoch über das hinausreichten, was man als Bezirk heutiger politischer Thesen und Antithesen kennt. Man kann solche Naturen nicht einordnen nach rechts oder links oder unter Gegner und Anhänger schon vorhandener Erscheinungen, und gerade das macht sie ‚zukunftsträchtig', macht es möglich, daß durch sie etwas Neues geschieht[17]."

Diese im Jahr 1950 niedergeschriebene Auskunft Rudolf Fahrners wird ergänzt und erweitert durch die ausführliche Schilderung seiner Zusammenarbeit mit den Brüdern Claus und Berthold Stauffenberg, die er neuerdings gegeben hat und die ihn als wichtigsten überlebenden Zeugen für die Absichten und die Haltung der Brüder Stauffenberg erkennen läßt. Die von ihm gegebenen Hinweise können dazu dienen, Claus Stauffenbergs Verhältnis zu Hitler und den Ereignissen der Zeit deutlich zu machen[18].

Zweierlei geht aus ihnen hervor: Sowenig man Stauffenberg erfaßt, wenn man ihn als den „glänzend begabten" Offizier einordnet, der neben seinem Beruf geistigen Interessen und auch politischen Gedanken nachhing, so abwegig ist es, ihn als zu Anfang begeisterten Nationalsozialisten zu schildern, der sich dann durch eine mutmaßliche Bekehrung von Hitler abgewandt und den Weg zur Widerstandsbewegung gefunden, oder auch ihn zum Gesinnungs-Kommunisten zu erklären, als der er sich mit seiner Neigung zu Ostkontakten und Sozialplänen erwiesen habe[19].

Claus Stauffenberg zeigt sich von seiner ganzen Anlage her, seit er seiner selbst bewußt wurde, als mit ursprünglichen Impulsen auf ein staatliches Handeln gerichtet, wie es schon jene Schilderung des Jugendlichen ausspricht: „Er erweckte von Beginn an hohe Erwartungen als künftiger, mutvoller Betreuer, ja Wiederhersteller sinnvoller Ordnung." Der Entschluß, Offizier zu werden, entsprang diesem Trieb künftigen Wirkens. Viele Gespräche, an denen Stauffenberg im Umkreis Georges teilnahm und die er als junger Offizier mit seinen Freunden führte, betrafen die Frage, was geschehen könne, einen neuen staatlichen Organismus unter Deutschen wachsen zu lassen. Von den Stauffenberg dabei bewegenden Gedanken gibt mittelbar der Bericht Fahrners Kenntnis, den er über die gemeinsamen Gespräche niedergeschrieben hat. In ihm ist freilich eine Trennung der Autorschaft für die eine oder die andere Äußerung aus Gewissenhaftigkeit vermieden, aber nach dem Zeugnis Fahrners herrschte Übereinstimmung in allen wichtigen Punkten, so daß diese Darstellung für Stauffenberg bedeutenden, sonst durch kein Zeugnis erreichten Quellenwert hat, zumal sie bisher einzeln überlieferte Nachrichten in einen größeren Zusammenhang einordnen läßt.

„Seit etwa Herbst 1936" – so heißt es bei Fahrner – „hatten alle unsere Zusammenkünfte mit Claus, so sehr wir mit geistigen Arbeiten beschäftigt waren und so sehr er daran teilnahm, das gleiche Thema: wann, wie und wo könnte ein Durchbruch geschehen."

Stauffenberg, so stellt es Fahrner dar, beobachtete und beurteilte als ein selbst zum Handeln Begabter und Getriebener Hitlers Emporkommen und Wirkung mit großem, sachlichem Interesse. Er sah in ihm den Typus eines modernen Massenbewegers mit einer erstaunlichen Potenz seines „Trommelns", der zwar vielfach nur Gedanken, die ihm die Zeit bot, nach seinem Bedürfnis übernahm, der aber fähig war, sie zu vereinfachen und politisch wirkungskräftig zu machen und damit eine große Gefolgschaft auch gegen ihren eigenen Vorteil zu Hingabe und Opfer zu begeistern. Stauffenberg bewegte das Kraftfeld, das dieser Mann zu erzeugen vermochte, seine Vehemenz, die Unmöglichscheinendes in einer festgeschobenen Welt plötzlich als möglich erscheinen ließ: man konnte die Vorstellung gewinnen, daß es gelungen sei, die Kruste bürgerstaatlicher Gewohnheit, die vom 19. ins 20. Jahrhundert hinübergewachsen war, zu durchbrechen, und daß es – wenn auch gegen

Hitler – zu neuen Gestaltungen kommen könne. War es doch nicht zu verkennen, daß von Hitler bei aller Niedrigkeit seiner Natur, die in ihm sichtbar war, auch ursprüngliche und echte Anliegen einer Erneuerung angesprochen und dadurch auch Menschen von idealem Denken und hohen Zielen indirekt von ihm angezogen wurden.

Aus der Beobachtung des Hitlerschen Aufstiegs waren für Stauffenberg, wie aus der Gesprächsaufzeichnung zu entnehmen, etwa folgende Punkte bedeutsam gewesen:

Hitler war offenbar von Beginn darauf ausgegangen, mit demokratisch scheinenden Mitteln die Demokratie aufzuheben. Einem solchen Vorgehen war der gesamte Apparat der Staatsverwaltung und des Parteienwesens in Deutschland unterlegen.

Hitlers Emporkommen war von den Gegnern Deutschlands durch ihr Verfahren mit hervorgerufen, ja erst ermöglicht worden. Die Art, wie sie in Versailles geglaubt hatten, „Frieden" begründen zu können, hatte Hitler die stärksten Argumente gegeben und ihm für Jahre den Anschein verliehen, daß er für gerechte Belange aller Völker eintrete. Bemerkenswert war die Art, wie er nicht nur Revisionen betrieb, sondern auch Verzichte aussprach: es deutete sich eine Möglichkeit an, auch unter europäischen Völkern sich anders zu verständigen als mit verbrauchten konventionellen diplomatischen Methoden.

Hitlers große Wirkung war von seinen sozialen Maßnahmen mitbestimmt. Hier leistete er mehr als manche anderen Massenlenker und als „bloße" Militärs in der Staatsführung, die „bei Machterfolgen immer die sozialen Lösungen nicht leisten können und darüber stürzen und die oft gar nicht bemerken, daß sie nur die Reste überkommener Sozialordnungen vernutzen und davon leben". Dadurch hatte er eine von innen wirksame Gegenposition gegen den Kommunismus begründet.

Es galt im Auge zu behalten, „daß Menschenlenkung und auch Mengenlenkung ein ebenso unentrinnbares wie wichtiges politisches Geschäft ist und bleibt, das man nicht ohne Schaden beliebigen Leuten überlassen kann, und daß dabei keineswegs eo ipso ein Betrugsverfahren angewendet werden muß".

Betrug: Hitlers Fähigkeit, „Gedanken in primitive, aber auch echte einfache Werbeformeln umzusetzen", betätigte sich, so hatte man den Eindruck, oftmals ohne die Kontrolle des Bewußtseins primitiv-instinktiv — „daher sein verhältnismäßig gutgläubiges und verhältnismäßig ungestört selbstgläubiges Schwindlertum". Damit verband sich freilich für ihn die Handhabung des bewußten grob- oder feinfädigen Betrugs als politischer Raison nach innen und außen, aber selbst dabei schien nicht ausgeschlossen, daß der Täuscher seine eigenen, oft wiederholten Argumente der Täuschung in überzeugtem Glauben als der nun selbst Getäuschte selbst übernahm.

Fahrner schließt die Wiedergabe der Gespräche, die er in jener Zeit mit Stauffenberg geführt hat, mit diesen Sätzen: „Besonders fiel mir auf, daß jede bloß abschätzende Bemerkung über Hitler — bei großem Interesse für seine ‚sachliche' Beurteilung — von Claus Stauffenberg sehr zurückhaltend und skeptisch aufgenommen wurde als einer bloß emotionellen Herkunft und politischer Unsachlichkeit verdächtig. Seine Warnungen vor vorschnellen Hoffnungen, seine Kühle gegen jede Emphase, die Beobachtung, daß er mit dem älter befreundeten Frank Mehnert noch mehreres über diese Dinge besprach, was er vor mir nicht vorbrachte, das alles konnte in mir nur den Eindruck von seiner politisch zuständigen Begabung verstärken."

Vom ersten unverhüllten Hervortreten des Willens zum Handeln bei Stauffenberg erzählt Fahrner aus dem Winter 1938/39. Als er zu seinem Vortrag über Gneisenau nach Wuppertal kam, habe er Stauffenberg aus der Erbitterung über das Erlebte heraus bei einem Gang durch den Winterwald gefragt, ob sich denn die ganze Wehrmacht ein Vorgehen bieten lasse, wie es im Namen der Deutschen bei den mit der „Kristallnacht" zusammenhängenden Ereignissen betätigt worden war. Damals habe Stauffenberg zum erstenmal offen von Umsturzplänen und -möglichkeiten gesprochen. Von Hoepner habe er geäußert, daß man auf ihn rechnen könne, auf Beck, wie schon früher immer, sehr zurückhaltend, aber um so beeindruckender gewiesen als auf die zentrale Figur der Opposition gegen Hitler in der Wehrmacht. Vor einem Zutrauen zu weiteren Kreisen höherer Offiziere oder gar zu dem inzwischen ins Massenhafte aufgeblähten Heer habe er eindringlich gewarnt, und es seien dabei die Worte gefallen: von Leuten, die sich schon ein- oder zweimal die Wirbelsäule gebrochen hätten, könne man nicht erwarten, daß sie bei einer neuen Entscheidung geradestünden.

Im Frühjahr 1939 hatte Fahrner nach mehreren Monaten wieder

eine Begegnung mit Stauffenberg. Dieser berichtete „lachend-ernst" über eine Panzerübung, von der er eben kam, bei der er den ganzen Tag in einem Panzer kleinsten Typs mitgefahren war, um die Lage und die Leistung der Panzerleute kennenzulernen. Wie obenhin, aber sehr ernst und nachdrücklich habe er dabei die Worte hingeworfen: „Der Narr macht Krieg." Der Gedanke habe ihn immer wieder beschäftigt, daß der Erste Weltkrieg schon beste Blutskräfte unter den Deutschen vernichtet habe, und was einem Volk drohe, das in der gleichen Generation ein zweitesmal bestes Blut verliere.

Nach seiner Rückkehr aus dem Feldzug gegen Polen empfing Stauffenberg den Besuch seines Onkels, des Grafen Nikolaus von Üxküll[20], den er sehr verehrte, und des ihm seit früher vertrauten Grafen Fritz von der Schulenburg. Seiner Umgebung fiel damals auf, wie sehr er von den Gesprächen mit ihnen bewegt, ja betroffen war. Erst später wurde bekannt, daß die beiden ihm neue Einzelheiten über die bedrohliche Entwicklung der Dinge im Reich gebracht und ihn zu bewegen versucht hatten, einzugreifen oder so rasch wie möglich eine Stellung anzustreben, von der er eingreifen könne – sie sollen davon gesprochen haben, er müsse Adjutant des Oberbefehlshabers des Heeres werden. Stauffenberg hatte abgelehnt, da er noch nicht so weit sei.

Nachdem der Krieg einmal ausgebrochen war, sah er ihn nicht zuerst als Unternehmen Hitlers, sondern als vaterländisches Anliegen, und es war für ihn nie eine Überlegung, ob man sich ihm, auch nur innerlich, entziehen könne. Er war bis zum letzten Tag in dem, was Amt und Auftrag von ihm forderten, mit Hingabe tätig. Als in der ersten Zeit Hitler die Siege zufielen, die alles Erwartete weit übertrafen, hat Stauffenberg den Hitlerschen Anteil daran, wie er ihn sah, sachlich anerkannt und manchen Kritikern gegenüber nachdrücklich hervorgehoben. In eine Apotheose des „größten Feldherrn aller Zeiten" hat man ihn nie einstimmen hören. Für untrennbar vom Ruhm eines Sieges und eines Siegers hielt er, daß es gelinge, aus der neuen Lage „etwas zu machen": er empfand das von Hitler nie bewältigte Verhältnis zu Frankreich als eine Hauptursache des späteren Niedergangs. Eine dafür bezeichnende Szene, für die es in anderen persönlichen Erinnerungen Entsprechendes gibt, berichtet Generaloberst Halder von Ende Juni 1940, als Hitler in Paris eine große Siegesparade am Arc de Triomphe und in den Tuilerien vorbereiten ließ (die nachher doch unterdrückt worden ist). Halder erinnert sich an ein Gespräch mit einigen „seiner" jüngeren Generalstabsoffiziere, Stauffenberg und der ihm von der Akademie her befreundete Mertz von Quirnheim waren vor allem die Sprecher. Sie entwarfen ein beängstigendes Bild eines Siegers ohne Gefühl und Augenmaß, der zum Verhängnis werde, und äußerten, daß es bald an der Zeit sei, ihm entgegenzutreten und notfalls ihn zu fällen[21].

Aus einem Gespräch, das wiederum um die Möglichkeiten eines Umsturzes ging und zwischen Balkanfeldzug und Beginn des Rußlandkriegs im Frühjahr 1941 stattfand, ist Stauffenbergs Wort erhalten: „Noch siegt er zu sehr." Stauffenberg hielt es im weiteren Verlauf für entscheidende strategische Fehler Hitlers, daß er die Pläne einer Invasion Englands aufgab (die er für aussichtsreich ansah) und daß er – aus Neid gegen Rommels Popularität? – die Mittel verweigerte, mit denen der Einbruch in Ägypten und die Eroberung des Suezkanals hätten gelingen können. Den Rußlandfeldzug bezeichnete er als ein fatales Verlegenheitsunternehmen, „weil ihm gar nichts mehr einfiel".

Ein Gespräch, das ein früherer Offizier des Hauptquartiers[22] aus dem Winter 1941/42 berichtet – es war die Zeit der ersten Winterkatastrophe in Rußland –, zeigt die gleiche innere Lage noch gesteigerter. Der Eintretende findet in Stauffenbergs Arbeitszimmer hinter dem Schreibtisch ein Hitlerbild aufgehängt. Stauffenberg bemerkt seine Verwunderung und sagt: „Ich habe dieses Bild ausgewählt und aufgehängt, damit alle, die zu mir kommen, darin den Ausdruck der Proportionslosigkeit und des Wahnsinns erkennen." Am Ende des Gesprächs, das um die bedenklich scheinende Kriegslage, das verhängnisvolle Versagen der obersten Führung, das Hereindrohen des Ostens, die Maßlosigkeit Hitlers geht, sagt Stauffenberg auf des anderen Frage nach einer Lösung nur das eine Wort: „Töten." Die beiden sind einig, wie ungeheuer die Schwierigkeiten, zumal im Kriege, sind: so handeln dürfe nur einer, der es sich zutrauen könne, nach dem Ausfall Hitlers die Macht in die Hand zu nehmen und Staat und Heer über den Notaugenblick zu führen.

Als Gruppenleiter in der Organisationsabteilung des Hauptquartiers war Stauffenberg in unablässiger Auseinandersetzung mit den Befehlsverhältnissen, die Hitler in Heer und Wehrmacht geschaffen hatte. Sie beruhten auf einem aus der Politik übernommenen System der Gewaltenteilung, das ihm selbst vollkommene und unwidersprechliche Befugnis gab, die ihm untergebenen hohen Befehlsstellen aber durch Gleichordnung mit vielen anderen in dauernde Spannungszustände versetzte und entscheidend in ihrer Machtausübung schwächte[23]. Die drei Wehrmachtteile fielen immer mehr auseinander, es gab Kriegsschauplätze des Oberkommandos der Wehrmacht (Wehrmachtführungsstab Jodl) und des Oberkommandos des Heeres (Generalstabschef Zeitzler), die miteinander rivalisierten[24], die SS errang immer mehr Sonderrechte, andere führerunmittelbare Verbände und Dienststellen vermehrten täglich die Anarchie im Führungsgeschehen. Durch diese Art der „Spitzengliederung" war die militärische Allgewalt Hitlers gesichert und jeder Einspruch gegen ihn, da er bestenfalls nur vom Kopf einer Teilgewalt herkam, unwirksam. Stauffenberg bemühte sich mit anderen Männern des Hauptquartiers in zähem Kampf um eine Änderung: wenigstens sollte es gelingen, die Stelle eines Oberkommandierenden der Ostfront mit eigener Verantwortlichkeit und Entschlußfreiheit zu schaffen. Auch als Hitler solchen Überlegungen ausdrücklich den Mund verbot, hat Stauffenberg mit Nachdruck im gleichen Sinn weitergewirkt. Er ist, wie man aus Schilderungen weiß, bei mehreren der höheren Führer vorstellig geworden und hat versucht, ihre Tatkraft zu einem mindestens demonstrativen Handeln in Bewegung zu setzen. Die Angesprochenen schienen mehrfach völlig mit ihm einig und hielten es für die letzte Stunde, die Selbständigkeit der militärischen Führung wiederherzustellen und damit dem Schlimmsten vorzubeugen. Aber sie glaubten es sich selber nicht zutrauen zu können, da sie sich in ihrer schweren und weitreichenden täglichen Aufgabe an der Front gebunden fühlten: sollte er die Bewegung in Gang setzen! Sie wollten „für den Fall eines gelungenen Staatsstreiches voll zur Verfügung stehen" (nach einem Ausdruck des Freiherrn von Gersdorff, der im Sommer 1943 im Auftrag von Kluge Manstein zu besuchen hatte[25]).

Bei solchen Erfahrungen hörte man Stauffenberg zornig von Heeresgruppenführern sprechen, die sich als Äußerstes zu dem Entschluß aufraffen konnten, nach gelungenem Staatsstreich der neuen Staatsführung wieder Gehorsam zu geloben[26]. Görlitz spricht in diesem Zusammenhang von den Eindrücken der Ratlosigkeit und Entschlußscheu der Generalfeldmarschälle, die Stauffenberg damals empfing und die ihn mitbestimmt haben, selbst zu handeln. Im übrigen verargte es

Stauffenberg keinem, der auf den unteren Sprossen der Rangleiter stand, wenn er auf sein Blickfeld beschränkt blieb, treu zum Geforderten stand und Mensch sein wollte, den seine Freuden und Leiden erfüllten. Er sprach oft von den notwendigen Ordnungen und haßte alles bodenlose Revolutionieren, das auf Leichtfertigkeit oder Blindheit beruhe. Man gebe vor, dienende Kräfte zur freien Entscheidung und Tat aufzurufen, in Wahrheit reiße man sie nur weg aus dem Raum, in den sie gehörten und wo sie einzig gedeihen könnten. In solchem Sinn hatte Stauffenberg bei seiner Teilnahme an Fahrners Gneisenauarbeit vorgeschlagen, die Darstellung der radikalen und aufs Äußerste gehenden Organisation des Volksaufstandes gegen Napoleon auszuscheiden. „Er wies zur Begründung auf die mögliche Benützung solcher Gedanken und Praktiken durch etwaige künftige Gegner Deutschlands und durch alle Vertreter anarchischer Bestrebungen im In- und Ausland. Solche Kräfte dürfe man nur entfesseln, wenn (wie damals bei Gneisenau) genug starke sittliche Gegenhalte im Staats- und Menschengefüge vorhanden wären, was in der Gegenwart nicht mehr der Fall sei. (Er bewertete jeglichen Partisanenkrieg als Untergrabung der letzten ritterlich-menschlichen Kampfesregelung und sagte später, bei Churchills Partisanenorganisationen und Unterstützungen auf dem Balkan und insbesondere in Griechenland, den Rückschlag auf den Urheber voraus, wie er dann auch eintrat[27].)"

In zwei Berichten aus dem Oktober 1942 begegnet man Claus Stauffenberg im Hauptquartier in Winniza. In dem einen[28] findet man dargestellt, wie vor etwa 40 Generalstabsoffizieren unter dem Vorsitz des Obersten Schmidt von Altenstadt zwei Vorträge stattfanden über die deutsche Agrarpolitik in den besetzten Ostgebieten und über die europäische Ernährungswirtschaft. Nach dem Schluß des einen Referats meldete sich der Major Stauffenberg zum Wort und sprach etwa eine halbe Stunde, wobei er, wie der eine der Vortragenden später berichtete, in glänzender Rhetorik seine für ihn damals sehr überraschende Stellungnahme zur deutschen Ostpolitik zum Ausdruck brachte. Stauffenberg führte dabei, wie der Bericht sagt, etwa folgendes aus: „Er, der sich für den Truppenersatz im Osten verantwortlich fühle, sehe mit Schrecken, welchen verhängnisvollen Kurs die deutsche Ostpolitik steuere. Wir säten einen Haß, der sich einstmals an unseren Kindern rächen würde. Wenn man die Lage des Truppenersatzes betrachte, so sei es vollständig klar, daß der Krieg im Osten nur gewonnen werden könne, wenn es uns gelänge, die dortigen Menschen für uns zu gewinnen. Er sei daher besonders interessiert an meinen Ausführungen, aus denen er entnehme, daß man wenigstens auf dem Gebiet der Agrarpolitik in dieser Richtung einiges tue. Im übrigen sei unsere Ostpolitik nur dazu angetan, uns die Menschenmassen im Osten zu Feinden zu machen. Es sei ein Skandal, daß zu einer Zeit, in der Millionen von Soldaten täglich ihr Leben in die Schanze schlügen, sich unter den führenden Männern niemand finde, der den Mut habe, sich den Helm aufzusetzen und dem Führer diese Dinge ganz offen zu sagen, auch auf die Gefahr hin, daß er das mit seinem Leben bezahlen müsse." Der Berichtende setzt hinzu: „Ich habe mir diese Begebenheit deswegen so gut gemerkt, weil mich diese Ausführungen Stauffenbergs in dieser Zeit, wo niemand ein offenes Wort im größeren Kreise wagte, sehr stark beeindruckten, zumal sie mit einer solchen Überzeugungskraft vorgetragen wurden, daß man gewiß war, Stauffenberg selbst würde den Mut aufbringen, den er von den führenden Männern forderte. Ich war völlig überrascht, daß es in einem Kreise von Generalstabsoffizieren möglich war, so offen zu sprechen, und noch mehr überrascht, daß der Leiter dieser Veranstaltung diese kritischen Äußerungen Stauffenbergs nicht zurückwies, sondern erklärte, so wie er dächte sie alle."

Der zweite Bericht[29] schildert einen persönlichen Besuch bei Stauffenberg um diese Zeit. Ein Barackenraum, in dem er wohnt, Tisch, Bett, Kommode, darauf das Bild der Frau und der Kinder, ein Buch und einige abgerissene Blätter. Herzlicher Empfang. Bald ist das Gespräch bei dem Bewegendsten. Stauffenberg gibt mit nüchterner Klarheit einen Abriß der Lage (kurz zuvor ist Halder als Chef des Generalstabs entlassen worden). Er hält die Entschlüsse, die in diesen Wochen gefaßt oder nicht gefaßt werden, für entscheidend im ganzen Krieg und bemißt die Aussichten: sie sind schlecht, da Hitler nicht mehr von sich selber los kann und die militärische Führung sich jedem seiner Gebote fügt. Am Abend ist der Besucher mit in einem größeren Kreis jüngerer Offiziere. Aus mancherlei Gesprächen wächst unbeabsichtigt – der Graf sitzt leicht gelehnt auf der Tischkante – eine jener Stauffenbergschen Einzelreden hervor, die ohne Plan und augenblicksgeboren, oft sich überstürzend, doch immer wie ein mächtiger Anruf wirkten, desto packender, weil er in reiner Hingabe und ohne jede persönliche Ehrsucht sprach. Man hatte Unmut und Überdruß an der Arbeit im Hauptquartier geäußert und sich an die Front gewünscht, um von alldem nichts mehr zu wissen. Stauffenberg ließ eine solche Haltung nicht gelten. Was sie sich als zur Führung berufene Offiziere dächten! Was sei das für ein falscher Heroismus für sie, „in treuer Pflichterfüllung" wie hunderttausend sich am Feind totschießen zu lassen – es sei nur feiges Ausweichen und nicht besser, als wenn sich Marschälle mit Gehorsamspflicht und „Nur-Soldat-Sein" entschuldigten. Ganz anderes sei nötig. Wen Amt und Ehre in einen führenden Rang rücke, der komme an einen Punkt, wo Mann und Aufgabe zusammenfallen und keine anderen Rücksichten mehr gälten: er habe für den Sinn des Ganzen zu stehen. Wie wenige verhielten sich so oder empfänden auch nur die Notwendigkeit: Bürger, Pfründner, Teppichleger im Generalsrang. Man beziehe sein Einkommen, tue seine „Pflicht", vertraue auf den Führer und freue sich auf den Urlaub – auf wen sollte das Vaterland denn noch bauen? Wie der Berichtende sich erinnert, sagte Stauffenberg in diesem Gespräch die Verse von der Toten Zurückkunft, beginnend:

„Wenn einst dies Geschlecht sich gereinigt von Schande,
Vom Nacken geschleudert die Fessel des Fröners..."

Das Jahr 1942 endete für Stauffenberg, wie aus zwei Berichten hervorgeht, mit tiefer Verzweiflung. Seine ganzen Versuche während des Sommers und Herbstes, ein gemeinsames Eingreifen verantwortlicher Heerführer gegen Hitler zu erreichen, waren ohne Erfolg geblieben, und auch die letzte Hoffnung, aus der freventlich heraufbeschworenen Notlage der Sechsten Armee in Stalingrad einen gemeinsamen Schritt der Generale und die Weigerung zu erreichen, weitere Befehle von Hitler entgegenzunehmen, war gescheitert. Wie es in dem einen Bericht heißt, war Stauffenberg „nun völlig von der nicht mehr zu vermeidenden Katastrophe überzeugt und tief niedergeschlagen".

Als im Januar 1943 die turnusgemäße Versetzung an die Front die Zeit im Hauptquartier beendete, hörte man ihn sich äußern: „Es wird Zeit, daß ich hier verschwinde" – er hatte sich in diesen Monaten mit seiner offenen Sprache so weit vorgewagt, daß es nötig schien, eine Zeitlang aus der Schußlinie zu kommen. Er sagte die Entwicklung in Afrika so voraus, wie sie eintrat[30]. Aus Tunis sandte er dem Chef des deutschen Generalstabes Zeitzler, dem er sein mutiges Verhalten gegen Hitler in der Stalingradkrise hoch anrechnete, einen unverblümten und, wie er zu Freunden sagte, „vernichtenden" Bericht. In seiner Umgebung ließ er keinen Zweifel, daß er das Verhängnis nicht in den Umständen oder in der Stärke des Gegners, sondern allein in der Person Hitlers sehe. Die bald erfolgende Verwundung brachte ihn dem Tod nahe, die Aufgabe, für die er sich verantwortlich fühlte, ließ ihn unerwartet genesen. Sie führte ihn mit seinem Bruder Berthold nahe zusammen.

*

Berthold Graf SCHENK VON STAUFFENBERG tat als Marineoberstabsrichter in der Seekriegsleitung in Berlin seinen Dienst.

Nach den gemeinsamen Jugendjahren in Lautlingen und Stuttgart hatte er sich auf der Universität neben vielen anderen Dingen, die ihn beschäftigten, dem Studium der Rechts- und Staatswissenschaften zugewandt mit dem Vorhaben, sich später dem diplomatischen Dienst zu widmen. Die Arbeit schien bei ihm, wie zwei ehemalige Mitstudierende meinen, durch eine angeborene Leichtigkeit in der Aneignung von Sprachen und Paragraphen nie mühevoll; beide berichten im gleichen Sinn, wie man ihn fast mit Neid, den er selber nicht kannte, mit seinen gelassenen, leicht in den Schultern wiegenden Schritten schlank und frisch vom Reiten daherkommen sah, wenn sich die anderen beim Repetitor geplagt hatten.

Über den Eindruck, den der 19jährige bei einer ersten Begegnung hinterließ, sagt die schon genannte Schilderung von Ludwig Thormaehlen: „In leichter Welle lag es (sein tiefschwarzes Haar) über der freigewölbten, auch noch die Biegung der Schläfen formenden Stirn. Diese war offen und klar und erweckte den Eindruck müheloser Festigkeit des Wesens. Die Wangen erschienen archaisch: ohne Furchung, ohne empfindsame Linien. Das Untergesicht wies das lebenskräftig vordrängende ‚Gehege der Zähne'." Später heißt es: „Eine so dichte, sichtbare Vereinigung von Hoheit und Herz, von Intelligenz und Geist, Gelöstheit und Forderung war mir noch nicht begegnet" und Thormaehlen sagt über das Verhältnis zu George: „Berthold Stauffenberg kann kaum als Schüler oder Jünger Georges bezeichnet werden. An ihm war schon vom Augenblick seines Auftretens an nichts mehr zu bilden, nichts zu erziehen. Sollte von dem etwas nötig gewesen sein, so war es vorher durch die Wirkung von Dichtung, durch die Werke Georges geschehen. Seinsart und Wesenheit von der Bestimmtheit und naturhaften Echtheit, wie sie sich in Berthold von Stauffenberg kundtat, empfand der Dichter als sui generis, als gleichen Ranges ... Berthold war es, der dem jüngeren Bruder Rückhalt und Bestätigung bot[31]."

Nach seinem Referendarexamen und der geforderten praktischen Ausbildung am Amtsgericht und in der Verwaltung ging Berthold von Stauffenberg nach Berlin ans Institut für Völkerrecht (Kaiser-Wilhelm-Institut) zu Viktor Bruns und schrieb etwas später eine auch im Ausland beachtete Dissertation über die Rechtsstellung der russischen Handelsvertretungen. 1931 kam er mit 26 Jahren, durch den Greffier der Cour, den Bruder des Dag Hammarskjöld, berufen, als redigierender Sekretär an den Internationalen Gerichtshof im Haag. Er hat dort den umfangreichen Kommentar zu den Satzungen des Gerichtshofs verfaßt: „Ein fundamentales Werk, das auch nach der Gründung des Internationalen Gerichtshofs der Vereinten Nationen seine Bedeutung nicht eingebüßt hat, da die Satzung dieses Gerichtshofs mit nur ganz wenigen Abweichungen die Satzungen der alten Cour Permanente wiedergibt" (Makarow). 1934 kehrte er an das Institut in Berlin zurück, dessen Mitglied er bis zuletzt geblieben ist und an dessen Veröffentlichungen, den „Fontes iuris gentium", er einen gewichtigen Anteil gehabt hat. Auf häufigen Reisen sah er das außerdeutsche Europa. Er gab selbst Veröffentlichungen in französischer und englischer Sprache heraus, die er geläufig sprach, und er war des Italienischen und Russischen so weit kundig, um die Rechtsquellen in beiden Sprachen zu lesen. Sein besonderes Gebiet wurde das Kriegsrecht. Eingehend haben ihn das Seekriegsrecht, eine deutsche Prisenordnung und Thesen über die Luftkriegführung beschäftigt. Bei Beginn des Krieges wurde er als Berater in Fragen des Völkerrechts zur Seekriegsleitung eingezogen. Seine dienstliche Aufgabe führte ihn regelmäßig mit den Männern des Auswärtigen Amtes, öfters auch mit Vertretern neutraler Mächte zu Verhandlungen zusammen. Diese Mittelstellung zwischen Seekriegführung und Politik erlaubte ihm einen Umblick in der Gesamtlage, wie er in rein militärischen Diensten nicht leicht zu erlangen war. Bei seinen Beurteilungen sprach er nüchtern als ein Mann, der weiß, daß auch beim Gegner ebenso Vernunft wie Wahn am Werke sind und daß auch er das Beste für sein Land erreichen will. Er wirkte in der Seekriegsleitung, ob geschätzt oder umgangen, wie ein unbestechlicher Maßhalter, der bei der täglichen Lagebesprechung selten das Wort nahm, dann aber kurz und klar eine feste eigene Stellung vertrat und, ohne daß er sich ereiferte, jedes Schwanken in einer Rechtsentscheidung aufhob. Die Aufgabe war nicht leicht, in der Härte eines schweren Krieges den Einbruch einer roheren Sitte auf den Meeren hintanzuhalten. Selten werden die von Stauffenberg Begünstigten von dem Urheber erfahren haben, wie etwa die hungernden Griechen, denen nur durch seine mühevolle Fürsorge die aus Amerika entsandten Kornschiffe des Roten Kreuzes zugeleitet werden konnten. Seinen Kameraden fiel auf, daß er sich nie am „Schimpftisch" beteiligt und daß man von ihm nie ein gehässiges Wort gegen Hitler gehört habe[32].

Berthold von Stauffenberg hatte nichts Werbendes in seiner Gebärde, das auf den anderen einging und mit ihm etwas wollte. Aber er hätte auch nie zu befehlen brauchen, so sagt einer, der viel mit ihm umging: man habe schon vorher das getan, was er gewollt habe. Mancher hätte aus dem Fachwissen, das er besaß, mehr gemacht als er – aber er bedurfte dessen nicht, um ganz der zu sein, der er war und bei dessen Zuhören allein sich schon für manchen entschied, was eine Sache wog und wert war. Man wußte in seiner Umgebung, daß er noch in einer anderen Welt stand und daß ihm die Kenntnis des Metiers nicht das Höchste bedeutete. Er sprach von der geistigen Welt, in der er lebte[33], kaum, aber man fand sie in ihn eingegangen und wirksam in seiner ganzen Art, sich zu geben und sich zu äußern.

Man vernimmt etwas davon im Bericht eines seiner Mitoffiziere[34]: „Ich habe Berthold von Stauffenberg nur kurz gekannt, außerhalb seiner und meiner Sphäre. Wir trafen aufeinander in der fremden Welt des Krieges. In den großen Führungsstäben vereinsamte und verstummte man vor lauter Kameraden. Um so offener war man einer wirklichen Begegnung, um so freudiger bereit zur Freundschaft." Er schildert ihr fortstürmendes Ausschreiten in den Freistunden, bei dem sie oft nur lange zusammen schwiegen und aufs Wild lauschten, ihre Bäder im Waldsee, ihre Gespräche und des anderen Erscheinung. Er sagt von ihm, daß er die Würde und Verpflichtung eines alten Namens empfunden habe, dabei aber völlig frei von feudaler Romantik gewesen sei. „Seine Natur war exklusiv, aber nicht im gesellschaftlichen Sinne. So war sein Auftreten: er kannte die Spielregeln, aber er wirkte nicht eigentlich gewandt. Noch war an ihm etwas von einem großen Jüngling, schlicht, eckig, gutmütig, abwartend ... Mancher hatte es aufgegeben, ihm näherzukommen, weil er sich so gar nicht mit um die Unterhaltung bemühte. Wenn er etwas sagte, hatte es seine einfache, runde Form, und es war immer etwas Eigenes. Nur was aus ihm selbst kam, war ihm sagenswert. Sein Sinn für Eigenart ertrug eher das Kauzige als das Konventionelle. Gesammelte Ruhe war ihm das Wesentliche, hier entstand für ihn das Schöpferische und Große ebenso wie das Behagen und das Genießen." Der andere findet an ihm bezeichnend, daß er „weder als Süddeutscher noch in seinem Beruf, noch als Graf, noch als Katholik Partei war", und fährt fort: „In dieser Freiheit war er nicht nur ein geistiger, er war auch ein musischer Mensch. Für ihn war die Kunst eine Wirklichkeit. Er hatte Auge und Urteil für die bildende Kunst, er liebte die große alte Musik, aber er lebte aus der Dichtung. Hier war der Boden, in dem er wurzelte, hier standen für ihn die großen Bilder und Normen. Mochte er manchem unentschlossen, untätig, ungesellig, unzugänglich, ungespannt, unbiegsam erscheinen, hier war die Begründung und Notwendigkeit seiner Gelassenheit und Ruhe, seiner Schlichtheit und Zurückhaltung, seiner Geradheit und Hartnäckigkeit. Aus allen Reichtümern und Lasten seines Erbes, aus den Kräften und Schwächen seines Wesens, aus dem Glanz und Schicksal seiner Erscheinung erwuchs diese innere Freiheit, die sich nur an das Höchste bindet, dieser Sinn für das Große und Vornehme, dies geheime feierliche Pathos, das über bloße Betrachtung hinaus sich verpflichtet zum Völligen und Letzten."

Ein anderer, der Berthold Stauffenberg in dieser letzten Zeit erlebt hat, gibt auf Befragen diese Schilderung[35]: „Ich zögerte lange, ehe ich Ihnen Antwort gebe auf Ihre Frage, was mir von den Begegnungen mit Berthold Stauffenberg in der Erinnerung haftengeblieben ist. Ich versuchte, ein Bild von ihm zu entwerfen, und bemerkte bald, wie wenig ein noch so genaues Abschildern seiner Erscheinung und seiner Gesten sein Wesen trifft, das mir so lebhaft vor der Seele steht. Wie wenig gibt von ihm, wenn ich von seiner schlanken, schönen, hohen Gestalt berichte, von seiner Haltung, die so gar nichts Gewolltes, Posenhaftes, eher etwas Sprödes, manchmal fast Ungewandtes hatte – ich wüßte niemand, der sich so der Beschreibung entzöge bei starker Ausprägung und Einzigkeit seines Typs. War das Wesen seines Bruders Claus reiche, drängende Kraft, die nach außen strahlen mußte, so schien das seine ganz nach innen gerichtet. Und hier spürte man seinen lebendigen Reichtum, keinen angesammelten, sondern von Geburt und Wachstum her vorhandenen Reichtum, vielleicht durch das günstige Geschick großer menschlicher Begegnungen zu solcher Fülle gediehen. Aus diesem Wesen, diesem Blut schien er auch die Fragen, die an ihn drangen, mit der unerbittlichen Sicherheit, einem Prüfstein gleich, fast wie ohne Überlegung zu beantworten, ja, er vermochte, allein durch sein Dasein die Antwort zu geben."

*

Während des Sommers ist Claus Stauffenberg mehrfach von seinem Bruder in München besucht worden. Im August kann er das Lazarett verlassen. Das linke Auge fehlt, ebenso die ganze rechte Hand, an der linken sind Mittelfinger, Zeigefinger und Daumen erhalten. Die Wunden an den Beinen sind ohne Versteifung geheilt. Mit den verbliebenen Fingern hatte er inzwischen leidlich schreiben gelernt, er kleidete sich selbst, indem er sich mit den Zähnen half, jeder freundlich beispringenden Hand unter Lachen mit einer Tatze wehrend. Seine kühner ausgreifenden und werfenden Bewegungen, mit denen er wie selbstverständlich die Behinderung überwand, schienen seiner Natur anverwandt. Trotz aller schweren Einbußen war er heil und ganz, kein Bruch war geblieben. Wuchs und Ausdruck waren wie mit einer neuen Stofflichkeit gesättigt, die lastend und fast bedrohlich wirken konnte. Aber die Gelassenheit und sprühende Frische von früher trat mitreißend hervor, sobald Stauffenberg zu reden anfing – er war frei von der Bitterkeit des fanatischen Versehrten[36].

Um den 10. August ist Stauffenberg zu einem geheimgehaltenen Aufenthalt in Berlin, wo er Olbricht und Tresckow begegnet. Es wird verabredet, daß er nach seiner Wiederherstellung am 1. Oktober bei Olbricht eintritt. In der zweiten Augusthälfte und zu Anfang September sind die beiden Brüder in Lautlingen zusammen. Man weiß von ihren täglichen, oft mehrstündigen Gängen durch die heimatliche Landschaft, auf denen sie ohne Zeugen sprechen konnten. In der letzten

Woche ihres Aufenthalts ist Rudolf Fahrner hinzugeladen. Er hat berichtet, daß die Gespräche zu zweien und dreien sich um viele prinzipielle Fragen einer neuen Staatsordnung, politische, religiöse, wirtschaftliche, soziale, bewegt haben, und führt als Beispiele für solche besprochenen Fragen an:

„Wie menschliche Existenz auch im Staat ohne Bindung an Göttliches nicht gedeihen könne, und daß man niemand, der diese Bindung noch in den christlichen Kirchen fände, stören oder beeinträchtigen dürfe,

wie man gewachsene Lebensformen und Lebenssitten nicht durch auf Vorteile berechnete Konstruktionen ersetzen könne, weil bestimmte Dinge des Wachstums bedürfen,

wie es möglich sei, unter Menschen eines Volkes ein freies Verhältnis zu den mit Notwendigkeit sich immer wieder ergebenden Unterschieden an Stellung, Besitz und Ansehen zu begründen,

inwiefern Einigungen unter den Völkern schon in den Völkern vorgegeben seien und vielleicht gerade spruchreifer als je, wenn sie von den jeweils Regierenden nicht hintertrieben, sondern gefördert würden, daß sich zum Beispiel die Gegensätze zwischen den europäischen Völkern in der Weise von Stammesgegensätzen austragen und fruchtbar machen ließen,

wie man geeignete Kräfte aus allen Schichten zu Regierenden gewinnen könne: ob und wie es möglich sei, eine Volksvertretung in Deutschland vielleicht auf ganz andere Weise als durch politische Parteien bisheriger Art zu begründen, etwa aus den politischen Realitäten von Gemeinden, Berufsgruppen und Interessengemeinschaften, die dann im Parlament öffentlich für sich selbst einstünden und nicht durch Behandlung von Parteien mit Eigeninteressen oder durch Handel mit solchen Parteien ihre Ziele umwegig verfolgten,

daß das Verhältnis von Unternehmern und Ausführenden in ihrer gemeinsamen Arbeit, in ihrer gemeinsamen Verantwortung gegenüber dem Ganzen und gegenüber der Menschlichkeit des Menschen zu begründen sei,

über das Verhältnis von Technik, Industrie und Wirtschaft zum Staat: daß sie bei aller ihrer Bedeutung eine dienende Rolle spielen müssen, nicht eine wissentlich und systematisch Bedürfnisse erweckende und damit Menschen beherrschende,

über die Kraft, die von freiwilligen Verzichten ausgeht: wie eine freiwillige Teilung des Großgrundbesitzes, die von den Besitzenden ausginge (dazu zeigten sich Ansätze), ein wirkungsreiches Beispiel geben und zu neuen sozialen Wirtschaftsformen führen könne,

daß die führend Tätigen bei ihrem Erwägen und Handeln der Teilnahme von nicht Amtsgebundenen, von unabhängigen Geistern bedürften, wie frühere einsichtige Regierende sie auf mancherlei Art um sich versammelt haben,

wie vorsichtig man mit Fixierungen und Dogmatisierungen sein müsse, da es immer darum ginge, in gegebenen Verhältnissen und mit gegebenen Menschen Möglichkeiten der Entfaltung zu eröffnen und offenzuhalten."

Der Bericht schließt mit den Sätzen: „Die zu erwartende Lage nach dem Sturz Hitlers und nach der vorauszusehenden Niederlage im Kriege schien uns lange nicht dagewesene Möglichkeiten zu großen, nicht nur selbstsüchtigen Entschlüssen auch der Vielen, zur Verwirklichung neuer Ideen und zur Durchführung von Wandlungen vieler Art zu versprechen. Es galt sie zu benützen[37]."

Am 10. September soll die von den Ärzten schon um vier Wochen verschobene Sauerbruch-Operation stattfinden, die die Möglichkeit gibt, Stauffenberg eine Kunsthand an den Stumpf seines rechten Armes anzugliedern. Am 8. September wird die Kapitulation Italiens bekannt. Am 9. September – es ist der Tag, an dem die alliierten Kräfte bei Salerno Fuß fassen – sagt Stauffenberg zum Erstaunen auch seiner nächsten Angehörigen die Operation plötzlich ab, schiebt alle gedachten Schonungen und Besserungen, ohne sich zu erklären, beiseite und fährt nach Berlin. Er läßt aussprengen, durch eine neue Splittereiterung sei der Eingriff wieder verschoben worden und ihm sei die Geduld gerissen.

Der wahre Grund für den raschen Aufbruch scheint neben der vorandrängenden politischen Entwicklung die Nachricht gewesen zu sein, daß Tresckow unerwartet noch einmal für einige Wochen in Berlin sein konnte. Stauffenberg nimmt Wohnung bei seinem Bruder Berthold in der Tristanstraße in Wannsee. Er verbringt die drei Septemberwochen offiziell im Genesungsurlaub. Hinter diesem Urlaub aber verbirgt sich eine Zeit stärkster Anspannung: Plan- und Vorbereitungsarbeit für die Erhebung.

X DER KREIS DER BETEILIGTEN

Anfang Oktober 1943 trat Oberstleutnant Graf Stauffenberg seinen Dienst an als Chef des Stabes im Allgemeinen Heeresamt in Berlin. Es wurde verabredet, daß sein Vorgänger zu seiner Einarbeitung noch einen Monat bleiben und er das Amt vom 1. November ab selbständig übernehmen sollte. Vielleicht hat zu dieser Abrede mitgewirkt, daß schon für den Oktober neue Entwicklungen erwartet wurden, die Stauffenberg voll beanspruchten.

Das Allgemeine Heeresamt unterstand als größte von drei Abteilungen dem Befehlshaber des Ersatzheeres und Chef der Heeresrüstung Generaloberst Fromm und war auch räumlich mit seiner Dienststelle vereinigt im früheren Kriegsministerium in der Bendlerstraße. Die Aufgabe des Olbrichtschen Amtes war, den Ersatz an Menschen und Material bereitzustellen, den das kämpfende Heer brauchte, sei es aus vorhandenen, sei es aus neuzuschaffenden Beständen[1]. Die Schwierigkeiten dieser Aufgabe waren mit jedem Jahr gewachsen, nicht nur weil die Zahl der Neuauszuhebenden immer kleiner wurde und die Rüstungsherstellung hinter dem Geforderten zurückblieb, sondern vor allem weil in der wachsenden Gewaltenteilung immer mehr Ämter, Minister, Beauftragte des Führers sich sperrend vor den Zugriff des Heeresamtes stellten und einen harten und oft fruchtlosen Kampf herausforderten[2].

Für Stauffenberg brachte dieses Amt das Bekanntwerden mit einem großen Menschen- und Ämterkreis und die tägliche Begegnung mit den kaum mehr zu lösenden Ersatzschwierigkeiten des kämpfenden Heeres zu Beginn des fünften Kriegsjahrs. Offenbar bewährten sich dabei seine unabhängige Sachkunde und seine Fähigkeit, das Wesentliche zu fassen und auch bei einer strikten Forderung noch gewinnend zu sein: Mitarbeiter bekamen bald den Eindruck, daß er trotz seiner körperlichen Behinderung noch zu einem umfassenderen Posten aufsteige, und es blieb nicht aus, daß sich einzelne schon jetzt bei ihm empfohlen halten wollten. Auch wenn die Wogen hoch gingen und die Alarme und Zerstörungen in der Stadt die Menschen hinnahmen, fanden Besucher bei ihm nichts Gehetztes. Bei Angriffen war er nur ungern bereit, in den Keller zu gehen, meist stieg er, ein schlechtes Vorbild den andern, als letzter hinunter, wenn schon Bomben fielen. Auch der fremd zu ihm Kommende spürte rasch das Eigene der Atmosphäre, das von ihm ausging und die anderen einbegriff. Er war sich immer gleich, ob er einen Leutnant oder einen General empfing oder ob er vor versammelten Mitarbeitern redete. Sein Tag schien oft bis in die Nachtstunden hinein ausgefüllt von den Aufgaben des Amtes. Es war nachher manchem, der mit ihm dienstlich zu tun gehabt hatte, kaum faßbar, daß es der gleiche Stauffenberg war, der nebenher noch die Last einer anderen, viel größeren und gefahrvollen Verantwortung getragen hatte.

Einer, der Stauffenberg in dieser Zeit erlebte, schreibt: „Für jeden, der ihm je begegnete, ist Claus von Stauffenberg eine unvergeßliche Erscheinung. Ein Oberst, der wie ein Dichter aussah mit seinem bleichen Gesicht unter seinem gelockten Haar, jung, aber von gespanntem Ernst, schwer zusammengeschossen, dennoch seiner selbst vollkommen mächtig und mehr als das: wenn er in seiner leisen, scharfen Art zu sprechen begann, schwieg alles. Er versah seinen vielseitigen und schwierigen Dienst, gleichzeitig aber betrieb er das ungeheure Unternehmen, das er sich vorgesetzt hatte, er tastete überall vor zu den anderen Gruppen, er bereitete die militärischen Planungen vor, er schwebte in den Gefahren und Spannungen dieses Doppellebens – und mußte doch seelisch, gedanklich, praktisch alles immer wieder von neuem durchkämpfen. Und inmitten all dieser übermenschlichen Beanspruchungen sprach er knapp und völlig gesammelt mit jedem über seine Sache, endgültig, in wenigen Minuten klar und fertig...[3]"

Auch unter den unmittelbaren Mitarbeitern Stauffenbergs im Allgemeinen Heeresamt waren es nur einzelne, die von den Plänen und Vorgängen wußten. Den andern war wohl deutlich, daß er kein unbedingter Anhänger Hitlers sei – eine der Sekretärinnen hält seine Worte aus der Zeit der Krim-Katastrophe fest: „Es ist wohl einmalig in der Geschichte eines Volkes, daß sein Führer immer die Anordnungen erteilt, die sein Volk ständig dem Untergang näher bringen[4]." Zwischen nüchtern geäußerten Bedenken oder dem erbitterten Ausruf eines Augenblicks und einer Tat lag ein weiter Schritt. Für Stauffenberg war seit seinem Eintritt in Berlin sein fester Wille zu handeln so bezeichnend wie die Strenge der Auswahl und Geheimhaltung, die er von sich und den Verbündeten forderte. In die dienstlichen Hergänge des Amtes wurde der Taglauf der gemeinsamen Vorbereitungen in kunstvoller Verdeckung mit eingesponnen. Notwendige Begegnungen und Aussprachen geschahen unter dienstlichen Begründungen oder, wo dies nicht gelang, unterm Mantel der Berliner Nacht.

Fliegerangriffe, die seit Herbst 1943 zeitweise allnächtlich das verdunkelte Berlin heimsuchten, Brände, Ausfall der Verkehrsmittel, mühsame Heimwege und Umfahrten wegen brennender oder von Trümmern zugeschütteter Straßen gaben den nächtlichen Treffen oftmals ihr unvergeßliches Gepräge, und nicht selten waren noch die wenigen Stunden der Ruhe von neuen Alarmen geschreckt. Stauffenberg hatte auch in den schlimmsten Zeiten noch die Gabe des Schlafs und einer bewundernswerten körperlichen Unerschütterlichkeit. Auf dem Feldzug war die unmittelbare Nachbarschaft seines Stabsquartiers, wo eine Flakbatterie stand, das Ziel eines schweren feindlichen Luftangriffs gewesen, der Opfer gefordert hatte – er selbst hatte die ganze Nacht geschlafen, obgleich über ihm die Sirene ging, und es war der Verdacht entstanden, er habe absichtlich nicht in den Keller gehen wollen, um unter den Seinen jede Kopflosigkeit zu vermeiden. Aus seiner Wohnung in Wannsee hat man den Bericht, daß er beim leisen Ticken des Fernsprechers, der ihm die Vorwarnung eines Angriffs vor dem Alarm durchgab, erwachte und die anderen weckte, selber aber wieder schlief, bis der Alarm kam: dann ging er, von den anderen geweckt, in den Keller und schlief dort weiter; fielen in der Nähe Bomben, so suchte er mit unter den Arm geklemmten Stiefeln den Splittergraben auf und schlief dort stehend oder auf einem Hocker sitzend fort[4a].

Über die Art, wie der Stabschef Olbrichts das Geheimunternehmen aufgebaut und wie er die einzelnen in verschiedenem Maß beteiligt hat, haben die Vernehmenden später von Schulenburg Aufschlüsse erhalten und haben von einem „raffinierten System" gesprochen[5]. In gewisse

Dinge, z. B. Sprengstofffrage, seien nur ganz wenige, in den Attentatsplan einige mehr, aber immer noch eine sehr kleine Zahl, eingeweiht worden. Ein etwas weiterer Kreis habe vom Plan eines gewaltsamen Unternehmens – eines Staatsstreichs – erfahren, wobei von einer Ausschaltung Hitlers nicht gesprochen worden sei. Mit dem größten Kreis der Beteiligten sei nur vom Ernst der Lage, möglicher Verschärfung und dann nötigem militärischem Ausnahmezustand gesprochen worden. Nur der sei unterrichtet worden, der mit einer Sache unmittelbar zu tun gehabt habe, und auch der nur, soweit es für seinen Auftrag erforderlich gewesen sei. In gleicher Weise verhielt sich Beck, dem Geheimhaltung selbst gegenüber nächsten Vertrauten, wie es in dem Bericht heißt, zur zweiten Natur geworden war. Die mehr fragten, erfuhren, jeder sei durch Beck persönlich verpflichtet, nur das zu sagen, was der andere unbedingt wissen müsse, und, wo nicht unbedingt nötig, keine Namen zu nennen. Den Offizieren war ein solches Gebot durch den Befehl Hitlers vom 11. Dezember 1941 nahegebracht, wonach kein Offizier mehr und eher über eine geheimzuhaltende Sache etwas erfahren durfte, als es zu deren Ausführung notwendig war. Vor dem Richter haben sich nichteingeweihte Beteiligte, einige mit Erfolg, darauf berufen. Bei Nicht-Offizieren stieß dies Verhalten Becks und Stauffenbergs mehrfach auf Mißtrauen, ja Auflehnung, zumal Stauffenberg selbst verlangte, „auch über die politischen Maßnahmen und vorgesehenen Persönlichkeiten völlig ins Bild gesetzt zu werden" (nach einer von Goerdeler wiedergegebenen Aussage). Begegnungen und Streitgespräche mancher Nacht, so hat man den Eindruck, mußten ihm dazu dienen, solcher Auflehnung durch seine Person zu begegnen und Autorität und Einheit des Unternehmens, wie er sie sah, herzustellen.

Stauffenberg war schroff gegen jede Unvorsicht, die das Werk gefährdete, gab Warnungen aus, wo er von Gefährdung durch die Staatspolizei erfuhr, so für den Betroffenen wie für die anderen, die er von ihm abriegelte, und benützte selbst ein abgestimmtes und wechselndes Mittlersystem für belastende Begegnungen. Von seinen jüngeren Gehilfen wünschte er in den gemeinsamen Dingen die gleiche Zucht, die er sich selber auferlegte – im übrigen sorgte er ihnen für Urlaub und Freude, wie er vermochte. Zu Hause öffnete er, auch wenn Frauen zugegen waren, den Ankommenden selbst die Glastür, verpönte Vorstellungen und „private" Unterhaltungen, sorgte für Bewirtung aus dem knappen oder reichlichen Eigenen, gab den herzhaften Ton des Gesprächs, in dem immer Freimut herrschte, kümmerte sich um Decken und Lager, wenn es für die andern zu spät war, in die Stadt zurückzukehren, oder wenn man sich nur zwei oder drei Stunden Ruhe nahm, um bald wieder tätig zu sein und – wie es mehrfach geschah – über den Plänen und Karten auf dem Boden zu liegen. Am liebsten hätte Stauffenberg, wie er bei der Ankunft in Berlin äußerte, ein eigenes Haus etwa als „Heim für ausgebombte Offiziere" gegründet – gewiß um seinen kleinen Staat so am dichtesten aufzubauen.

Für sich selbst nahm er sich keine Zeit, half sich, so gut er konnte, mit den verbliebenen Fingern und überließ sonst die Dinge der äußeren Pflege seinem Schwaben aus der Alb, der als Fahrer und Bursche in seinen Dienst trat. Der half ihm beim An- und Auskleiden – es durfte nicht viel Zeit in Anspruch nehmen –, sorgte für das Essen und Trinken und war ihm im Amt oder unterwegs zur Hand. Das Zusammenspiel der beiden – vertraut ohne Vertraulichkeit – galt als so besonders, daß noch der Nachfolger Stauffenbergs sich nachdrücklich um den gleichen Burschen bewarb (freilich endete es rasch mit Enttäuschung).

Berthold Stauffenberg arbeitete bis ausgangs November 1943 im Gebäude des Marineoberkommandos am Tirpitzufer in unmittelbarer Nähe des Frommschen und Olbrichtschen Amtes. Von schweren Luftangriffen betroffen, wich die Seekriegsleitung in ein abgelegenes Barackenlager vor Berlin („Koralle" genannt) aus, doch kam Berthold Stauffenberg zu Besprechungen häufig in die Stadt und traf sich mit dem Bruder und den anderen Mitwissern dort oder an den Abenden in Wannsee.

Während Claus Stauffenberg mit den anderen Verbündeten vor allem auf Zweck- und Tatfragen gerichtete Gespräche führte, sprach er mit dem Bruder ohne Rückhalt. Im Austausch mit ihm ordnete sich das Erlebte des Tages, wurden Sinn und Bedingtheit des eingeschlagenen Weges nach Maßstäben, die sonst nicht zur Rede standen, erwogen. Ihrem Gespräch aber war wenig abzulauschen: Eigennamen zu vermeiden oder durch „homerische Epitheta" zu umschreiben, war dabei Sitte, so daß die eigenen Frauen, die gelegentlich im Zimmer anwesend waren, kaum Zusammenhänge aus dem Geredeten entnehmen konnten. Die später die Untersuchung gegen Stauffenberg führten, mußten sich überzeugen, daß er nicht einmal seinen Burschen und Fahrer, der täglich um ihn war, mit dem Mitwissen der Vorgänge belastet hatte, an denen jener doch ständig teilnahm. Der spontane Ausruf des einen Untersuchers ist bekannt: „Echt Stauffenberg!"

*

Über Beweggründe und Ziele, Umfang und Aufbau des Staatsstreichs gibt es weder von Claus Stauffenberg noch von seinem Bruder oder von Tresckow eine Aufzeichnung[6]. Claus Stauffenberg und Tresckow sind durch ihren raschen Tod jeder Befragung entgangen. Das gleiche gilt für den kleinen Kreis derer, die als Volleingeweihte des militärischen Plans angesehen werden müssen. Sie alle waren am 21. Juli ohne Verhör schon tot: Beck, Olbricht, Mertz von Quirnheim, Oertzen. Der Generalquartiermeister tötete sich am 23. Juli, ehe er ergriffen wurde. Berthold Stauffenberg ist wohl ausführlich vernommen worden. Was als seine Aussage erhalten ist, erläutert Beweggründe und Ziele, enthält aber nichts über Umfang und Aufbau des Unternehmens. Es ist wahrscheinlich, daß er sich, um keine Namen nennen zu müssen, als unzuständig für die militärische Planung seines Bruders erklärt hat. Alle anderen militärischen Mitträger in Berlin und im Hauptquartier, die die ihrer Aufgabe zukommenden größeren oder beschränkteren Teilbezirke überschauten, verloren durch Gewalt ihr Leben.

Was in den Vernehmungsberichten aus ihren Verhören aufgezeichnet vorliegt, ist als Geschichtsquelle, soweit es sich nicht um mehrfach belegte Daten und Fakten handelt, wenig ergiebig, da sie, um ihr Leben kämpfend, in ihren Aussagen das für sie selbst Günstigste zu erreichen und möglichst nur Tote zu belasten versuchen mußten. Mittelbar lassen manche dieser Aussagen einen Blick auf Stauffenberg tun, wenn sie auf die Frage Antwort geben, wie Stauffenberg die einzelnen zum Mittun gewonnen hat.

Gleiches gilt von den nichtmilitärischen Beteiligten, die in ihrer Zugehörigkeit zum engsten Kreis um Stauffenberg erkannt und hingerichtet worden sind. Bei aller Bedingtheit ihrer Aussagen findet man bei einzelnen aber auch unbedingte Urteile, die wie Aussagen Berthold Stauffenbergs zwar nicht auf den militärischen Gesamtplan, aber auf Sinn und Begründung ihres Handelns wichtige Hinweise geben (so etwa bei Yorck, Schulenburg).

Unter den kaum mehr als zehn überlebenden Mitbeteiligten aus der Bendlerstraße ist keiner, der zu den Volleingeweihten des militärischen Plans gehört hat. Sie standen alle für eine spezielle Aufgabe bereit (so etwa Gerstenmaier, Gisevius, Otto John) oder erfüllten vorgesehene militärische Aufträge (so etwa Kleist, Hammerstein, Cords, Fritzsche, Oppen, Georgi).

In ähnlicher Zuordnung waren die drei oder vier überlebenden Mitwisser in der Seekriegsleitung bei Berthold Stauffenberg (so Traber, Jessen, Bauch, vielleicht auch Kupfer).

Tresckow selbst hatte keinen Grund, die Einzelheiten des in Berlin erarbeiteten Planes seinen zu ihm stehenden Mitwissern in der Heeresgruppe Mitte, von der er durch seine Versetzung nun auch räumlich getrennt war, weiterzugeben, da sie an der von Berlin aus durchzuführenden Aktion keinen unmittelbaren Anteil hatten. Mit Schlabrendorff hat ihn bis zu seinem Tode ein enges Verhältnis verbunden. Schlabrendorff, dem es trotz stärkster Gefährdung bestimmt war, zu entrinnen, hat über Einzelheiten des militärischen Plans, die ihm durch Tresckow bekannt geworden sind, berichtet. Das Hauptgewicht authentischen Mitwissens liegt bei ihm auf den früheren Vorgängen, an denen er selbsthandelnd beteiligt war.

Eine Sonderstellung nimmt Rudolf Fahrner ein, der – soweit bisher bekannt – der den Brüdern Stauffenberg nächststehende Beteiligte ist, der, Nicht-Offizier, der Verfolgung entgangen ist. Seit etwa 1936 mit ihnen in häufigem Umgang, Mitberater ihres Staatsplans seit Herbst 1943, Mitentwerfer der Aufrufe, Gast in Wannsee und „Koralle" noch im Juli 1944, bekam er auch an den laufenden Beratungen einzelner militärischer oder politischer Fragen Anteil. Doch hatte auch er vom Gesamt der militärischen Vorbereitungen nur vom Rande her Kenntnis.

*

Da weder der Gesamtentwurf (Generalstabsplan) des militärischen Ablaufs gefunden wurde noch jemals einer der volleingeweihten Beteiligten darüber vernommen werden konnte, kann nur aus dem Verlauf des Zwanzigsten Juli auf den zugrunde gelegten Plan zurückgeschlossen werden. Daß dieser Schluß nur mit Vorbehalt möglich ist, begründet sich in den besonderen, so nicht vorhersehbaren Scheiterungen, die den Ablauf des Zwanzigsten Juli bestimmt haben. Doch ist eine Grundlage des Urteils geschaffen durch die schriftlich festgelegten Befehle, die am Zwanzigsten Juli von der Zentrale in Berlin gegeben wurden und die im Wortlaut erhalten sind. Einzelne dieser Befehle sind durch die Empfänger bekannt geworden, die sie beiseite gebracht und nach dem Krieg veröffentlicht haben. Sie sind dann mit den Vernehmungsberichten des Kaltenbrunnerschen Amtes, wie man annehmen muß, in der Vollständigkeit, wie sie gefunden wurden, abgedruckt worden. Es ist bemerkenswert, daß es sich dabei ausschließlich um Befehle handelt, die schon in Aktion getreten, d. h. zur Durchgabe auf dem Nachrichtendienstweg überbracht worden waren. In keinem Fall findet man Befehle wiedergegeben, die noch im Schrank ruhten und etwa für eine spätere X-Zeit gedacht waren. Die den Befehlen beigeschriebenen Uhrzeitangaben helfen, den geplanten oder unplanmäßig verzögerten Ablauf des Unternehmens wiederherzustellen.

Quellenwert haben weiterhin einige mit den Vernehmungsberichten abgedruckte Denkschriften und Entwürfe, die im Zusammenhang mit der „Verschwörung" gefunden worden sind. Bei näherem Zusehen erweist sich allerdings, daß die größte Zahl der so wiedergegebenen oder referierten Ausarbeitungen auch sonst bekannte Arbeiten Goerdelers sind, so die Denkschrift „Das Ziel", die als grundlegend öfters zitiert, als deren Verfasser irrtümlich Hermann Kaiser angegeben wird (KB 130, 138, 170). Die Pläne zur Verwaltungsvereinfachung und Gaueinteilung (KB 207) entstammen Gedankengängen Goerdelers und Schulenburgs. „Gedanken über Reformen des Erziehungs- und Bildungswesens (KB 342) dürften, wie angegeben, von Hermann Kaiser stammen. Mit seinen Äußerungen zur Kriegsspitzengliederung und Kriegführung (KB 291) hat Meichßner sicher auch in Übereinstimmung mit Stauffenberg die vielberedeten Forderungen der verantwortlich denkenden Offiziere dargelegt. Die für die außenpolitischen Auffassungen des Stauffenberg-Kreises bedeutende Denkschrift „Europa zwischen West und Ost" (KB 34, 173) von Trott zu Solz, die sonst nicht erhalten ist, wird leider auch hier nur auszugsweise wiedergegeben. Von einer sechsseitigen Schrift, die als ein Memorandum aus Stauffenbergs nächster Umgebung anzusehen ist – es ist auf sie zurückzukommen –, wird ohne Verfasserangabe abkürzend berichtet (KB 33).

Eine nicht unwichtige Quelle für das Verständnis der gewollten

Erhebung sind die für den Umsturzaugenblick vorbereiteten Aufrufe an das deutsche Volk und die deutsche Wehrmacht. Mit den Vernehmungsberichten sind die Aufrufe abgedruckt worden, die in die Hand der Staatspolizei gefallen sind. Leider hat sich die Hoffnung nicht erfüllt, daß damit der für Stauffenberg gültige und letztgültige Wortlaut der Aufrufe zum Vorschein komme: es sind die schon früher bekannten, von verschiedenen Verfassern stammenden Entwürfe, die mit Goerdelers Papieren im Askanischen Hof (nicht in der Bendlerstraße!) gefunden worden sind[7]. Für einen Teil der Aufrufe wurde vom Gerichtspräsidenten Stauffenberg als Verfasser angegeben, der damit nichts zu tun hatte. Der für Stauffenberg letztgültige Wortlaut war in den ersten Julitagen 1944 auf seinen ausdrücklichen Wunsch nur in zwei Exemplaren hergestellt, das eine davon in „Koralle" außerhalb Berlins hinterlegt, das andere ihm zur persönlichen Verwahrung übergeben worden. Nach dem Zwanzigsten wurde das Exemplar in „Koralle" von der Sekretärin, die es geschrieben und verwahrt hatte, nach ihrer eigenen Auskunft vernichtet. Das Schicksal des anderen haben auch die neueren Veröffentlichungen nicht aufhellen können. Es gehörte offenbar zu den Papieren, die in der Nacht des Zwanzigsten in der Bendlerstraße vernichtet worden sind. Der Mitverfasser dieser Aufrufe, Rudolf Fahrner, hat aus dem Gedächtnis eine Inhaltsangabe aufgezeichnet.

Überblickt man im ganzen die Überlieferung, auf der sich eine Darstellung des Erhebungsversuchs aufbauen läßt, so wird man feststellen, daß das Geschehen, soweit es sich an die Widerstandsbewegung und vor allem an den schriftlich sich reich bezeugenden Goerdeler anschließt, gut faßbar ist, soweit es sich auf den handelnden Kern, insbesondere auf die eigene Prägung durch Stauffenberg bezieht, aus der schriftlichen Überlieferung wenigstens in deutlichen Umrissen erkannt werden kann.

*

Über das „drohende Verhängnis" und die Notwendigkeit, es durch gewaltsamen Eingriff abzuwenden, äußert sich die schon genannte, namenlose Niederschrift, die nach Angabe in den Vernehmungsberichten Stauffenberg „bei seinem Fluchtversuch" in der Bendlerstraße in der Nacht des Zwanzigsten Juli aus seiner Tasche verloren haben soll.

Der Inhalt dieser sechsseitigen Ausarbeitung, die auch sonst bezeugte Argumente Stauffenbergs wiedergibt, wird so zusammengefaßt:

„Bei Fortsetzung des gegenwärtigen Kurses sei eine Niederlage und Vernichtung der materiellen und blutsmäßigen Substanz unausbleiblich. Das drohende Verhängnis könne nur durch Beseitigung der jetzigen Führung abgewendet werden. Die vom Nationalsozialismus zunächst vertretenen Ideen seien großenteils richtig gewesen, nach der Machtergreifung jedoch ins Gegenteil verkehrt worden. Die neue Führerschicht stelle in der Voranstellung eigensüchtiger Interessen, im Aufkommen von Korruption und Bonzentum eine Herrschaft der Minderwertigen dar.

Ein wesentliches Moment für die schlechte Gesamtlage stelle die Behandlung der besetzten Länder dar. Den Anfang vom Ende der gesamten militärischen Entwicklung bilde der russische Feldzug, der mit dem Befehl zur Tötung aller Kommissare begonnen habe und mit dem Verhungernlassen der Kriegsgefangenen und der Durchführung von Menschenjagden zwecks Gewinnung von Zivilarbeitern fortgesetzt worden sei.

Die Führung sei nicht in der Lage gewesen, den Zweifrontenkrieg zu vermeiden. Das derzeitige Regime habe kein Recht, das ganze deutsche Volk mit in seinen Untergang hineinzuziehen. Nach einem Regimewechsel sei es das wichtigste Ziel, daß Deutschland noch einen im Spiel der Kräfte einsetzbaren Machtfaktor darstelle und daß insbesondere die Wehrmacht in der Hand ihrer Führer ein verwendbares Instrument bleibe.

In Ausnutzung der Gegensätze im feindlichen Lager bestünden verschiedene politische Möglichkeiten. Diese würden jedoch mit jeder weiteren militärischen Schwächung, insbesondere mit dem Wirksamwerden der Invasion geringer werden. Daher sei rasches Handeln erforderlich."

Die sonst nicht bekannte Aufzeichnung könnte aus der Umgebung Stauffenbergs stammen. Dafür spricht außer dem Inhalt auch der Stil ihrer Sachlichkeit ohne Klage und Anklage, der sehr wohl einer Äußerungsart Stauffenbergs entspricht und nur in der Armut seiner Umsetzungsworte (stelle dar, stelle dar . . .) vom Berichterstatter herzukommen scheint. Die Aufzeichnung könnte im Herbst 1943, aber auch noch im Mai 1944 durch Stauffenberg oder einen ihm Nahestehenden entstanden sein. In ihr ist, wie bei einer militärischen Aufgabe, die Ausgangslage bezeichnet: Deutschland ist durch verantwortungslose und korrumpierte Machthaber zum Mituntergang mit ihnen und zur Hingabe unersetzlicher menschlicher Substanz gezwungen..., und das Ziel in doppelter Forderung angesprochen: Hitler und seine Herrschaft muß ausgeschaltet werden, Deutschland aber staatlich und militärisch noch handlungsfähig bleiben.

Für Beck, Tresckow, Stauffenberg war die eine Forderung nicht ohne die andere zu denken. Erstrebte man nur den Sturz oder Tod Hitlers, ohne eine neue Staatsführung zu begründen, so war der Krieg vielleicht rasch zu beenden, aber man überließ acht Millionen Soldaten, die dann preisgegeben standen, und die Heimat einem Chaos im Zusammenprall eindringender Feindmächte und des im Innenkrieg ausbrechenden Hasses. Entschloß man sich aber zu einem Handeln gemäß beiden Forderungen: welche Aufgaben mußten geplant und übernommen werden! Konnte eine „totalitäre" Herrschaft in der letzten Entfaltung ihrer Machtmittel während eines Krieges angegriffen, gestürzt, abgelöst werden? Konnte das in reiner Absicht Begonnene das zu bannende Unheil nicht noch vervielfachen? In der Erwägung standen sich große Gegensätze gegenüber. Abmahnend war die unter den Deutschen, vor allem im Frontheer noch übermächtige Bannkraft Hitlers, abmahnend die nie geleugnete Tatsache, daß die deutsche Kriegskraft in seiner Person auch ihr tatsächliches Fundament hatte und von ihr untrennbar schien, abmahnend die nicht gering anzuschlagende Gefahr eines neuen Dolchstoß-Denkens und die durch Casablanca dokumentierte Haltung der äußeren Gegner, die sich auf die gleiche starre Eingleisigkeit wie Hitler festgelegt und einem „andern" Deutschland ihre Absage erteilt hatten.

Als zwingend gefordert aber mußte die Tat erkannt werden, um diesem Volk die maßlosen Blutopfer zu ersparen, die auf dem nunmehr sicher vorauszusehenden Weg in die Niederlage bei solcher Führung noch zu erwarten waren, weiter um für die Beendigung des Krieges eine durch verantwortliche Tat ausgewiesene Regierung zu schaffen, die von den Alliierten nicht beiseite geschoben werden konnte, endlich um dem deutschen Volk aus eigener Kraft, nicht fremdem Zwang die Möglichkeit einer Umkehr und Sühnung zu geben. Nur aus einer solchen Selbstsühnung heraus konnte ein fruchtbarer Friede und ein neues staatliches Leben gefunden werden. So nur gewannen die Deutschen ihre innere Freiheit, ihr eigenes Bild zurück und, um es mit dem altrömischen Wort zu sagen, die Übereinstimmung mit ihren Göttern und Genien, die sie durch ihr Tun geschändet hatten.

So ernsthaft und nachdrücklich sich Stauffenberg um die Aufrufe wie um die Lenkung der meinenden Menge seines Volkes als einer echten Pflicht gesorgt hat, sowenig bedeutete für seinen Entschluß der Einwand, daß er in diesem noch ganz Hitler hingegebenen Volk mit seiner Bewegung allein stehe. Der „verantwortlich Denkende und Handelnde" hatte nicht nach Beifall, sondern nach Notwendigkeit zu fragen, wie es Dietrich Bonhoeffer, ohne von Stauffenberg zu wissen, einige Zeit zuvor ausgeführt hatte. Nicht ein Akt der Belehrung, nur ein Akt der Befreiung konnte „Dummheit" überwinden: „Dabei wird man sich abfinden müssen, daß eine echte innere Befreiung in den allermeisten Fällen erst möglich wird, nachdem die äußere Befreiung vorangegangen ist", und Bonhoeffer hatte dazugesetzt, daß man sich unter solchen Umständen vergeblich darum bemühe, zu wissen, was das Volk eigentlich denkt und daß „diese Frage für den verantwortlich Denkenden und Handelnden zugleich so überflüssig ist – immer nur unter den gegebenen Umständen[8]".

Es gab entschiedene Gegner, ja Hasser Hitlers und seines Regimes mit starkem Wunsch nach einer Lösung, denen die Gegengründe so schwer wogen, daß sie von keinem Eingriff wissen wollten. Für Claus Stauffenberg war, in Einigkeit mit Berthold Stauffenberg, zu handeln Geschick und Beruf.

Die Aufzeichnungen von Rudolf Fahrner lassen erneut erkennen, daß Claus Stauffenberg sich von Beginn an nicht auf eine fachmilitärische Beurteilung beschränkt und schon Jahre vor dem Krieg sich unausgesetzt mit politischen Entwürfen, mit dem Gedanken eines Umbruchs in Deutschland befaßt hat. Es ist bezeichnend, daß in seinem Sprachgebrauch das Wort Widerstand und Widerstandsbewegung nicht erscheint, wohl aber das Wort von einer deutschen Erhebung, das sich ihm aus seiner Beschäftigung mit Gneisenau, Napoleon, dem Freiherrn vom Stein bot. Sowenig damit historisch Wiederholbares gemeint ist, so vergleichbar ist die Ausgangslage: wie es für Gneisenau oder den Reichsfreiherrn wichtigstes Ziel war, Napoleon zu besiegen, aber zugleich allerwichtigstes Ziel, ein stärkeres und sozial erneutes Deutschland sich erheben zu lassen, so meinte das Wort Erhebung bei Stauffenberg den Sturz Hitlers, auf den militärisch hingearbeitet werden mußte, aber als den Beginn einer staatlichen Erneuerung.

Stauffenberg hatte von langeher – schon vor der „Machtergreifung" – Hitlers Wirkungskraft aufmerksam und unter Verweis jeder ihm zu leicht scheinenden Kritik beobachtet und hatte sie nie unterschätzt wie offenbar viele Hitlergegner, er war aber zugleich vom Zwang dieses Mannes frei geblieben, anders als viele, die ihm gerade als Gegner anheimfielen. Folgt man den Schilderungen, vor allem Fahrners, so war Stauffenberg eine politische Kraft eigenen Wesens, die eine Erscheinung wie Hitler sachlich beobachten und sich zum Handeln ihm gegenüber von sich aus entschließen konnte[9]. Die persönliche Begegnung mit Hitler, die, wie man weiß, so manche gegen ihn entschlossene Männer, ja zum gezielten Schuß bereite Attentäter, so vielen guten Willen, soviel Wut und Ideologie zergehen ließ, hat Stauffenbergs Eigenkraft bestätigt. Dies „außerhalb" weist auf einen von der Zeit unabhängigen Bezirk, der ihm – „einer leidenschaftlichen Hüterfigur" seines Volkes, wie man ihn bei Thormaehlen genannt findet – eigen war. So nur ist zu erklären, daß er so viele nur durch ein paar Worte – die KB-Berichte sagen es – zum Mittun gewonnen hat.

*

Der Personenkreis, der mit Stauffenberg für die Erhebung tätig geworden ist, ist bis auf ganz wenige Ausnahmen (zumeist Mitwisser, nicht Hauptbeteiligte) durch die Aufkärungsarbeit der Staatspolizei erkannt und, soweit nicht selbstgewählter Tod es hinderte, dem Gericht und dem Henker übergeben worden. Er deckt sich nicht mit „der" Widerstandsbewegung, innerhalb und gegenüber der er sich durch seine besondere Funktion und eine von den andern oft als übertrieben empfundene Geheimhaltung abschloß. Die Vernehmungsberichte des Kaltenbrunnerschen Amtes weisen die Namen auf und geben einzelne wohl richtig erkannte Zusammenhänge – was sie zur Charakteristik der Beteiligten beibringen, zeigt die Disproportionen des Zerrspiegels und ist für ein geschichtliches Bild kaum brauchbar.

Erst- und Nächstbeteiligter auf allen Stufen – menschlich, politisch, militärisch – blieb für Claus Stauffenberg sein Bruder Berthold, der während der ganzen Zeit, seit er selbst bei Olbricht begann, bis zum 20. Juli durch seine Verwendung im Oberkommando der Marine in Berlin an seiner Seite war. Ohne ihn, so urteilt Fahrner, hätte Claus Stauffenberg den Schritt zu einer Erhebung im Jahr 1943/44 nicht auf sich genommen.

Rudolf FAHRNER war mit beiden Brüdern verbunden. Er kam aus dem nahen Umgang mit Friedrich Wolters und hatte persönlichen Zugang zu Stefan George gehabt. Der Bildhauer Frank Mehnert, früher durch Jahre der Begleiter Stefan Georges, war bis zu seinem Tod am Ilmensee im Februar 1943 die verbindende Mitte unter den Freunden gewesen. Von ihm war eine starke Triebkraft zu einem auf geistiger Verantwortung begründeten politischen Handeln ausgegangen. Seit 1936 hatten die Gespräche bei ihren Zusammenkünften außer den geistigen Interessen immer wieder diesen Fragen gegolten. Fahrner hatte 1935 wegen wachsender Schwierigkeiten mit der politischen Führung die Universität Heidelberg verlassen, wo er als junger Professor – er war Österreicher, 1903 geboren – Deutsche Sprache und Literatur vertrat. In den späteren Jahren lehrte er an Universitäten in Spanien, Griechenland und in der Türkei. Als ihn Stauffenberg kennenlernte, hatte Fahrner eben ein kritisches Buch über E. M. Arndt beendet, das im geschichtlichen Gegenstand zugleich ein Thema der eigenen Zeit behandelte: die damals neu aufgeworfene Frage der Beziehung von Geist und Staat. Claus Stauffenberg nahm besonderen Anteil an einer neuen Arbeit Fahrners über Gneisenau, die Frank Mehnert angeregt hatte. Nach Mehnerts Tod blieb die Verbindung aufrecht. Claus Stauffenberg hat mit Fahrner vielfach politische Fragen besprochen und hat ihn, wenn auch wegen der Gefährdung zögernd, im Oktober 1943 und im Juni/Juli 1944 in die Umsturzplanung unmittelbar einbezogen, weil er seine Mitwirkung bei der Abfassung der Aufrufe und jenes von ihm gewünschten Eides für wichtig hielt.

Von den Offizieren, mit denen sich Stauffenberg für die Erhebung zusammengeschlossen hat, ist als erster und mit Vorrang zu nennen Henning von Tresckow, den Stauffenberg, wie man angegeben findet (KB 368), „gelegentlich als seinen Lehrmeister bezeichnet" haben soll. Mit ihm hatte er bei seinem Augustbesuch in Berlin entscheidende Tage und Gespräche, die für sie, keiner Gewissensbegründung mehr bedürftig, das notwendige Handeln umrissen. Als Stauffenberg, vier

Wochen später, nach Berlin zurückkam, hatte Tresckow mit Erkundungen und Befehlsentwürfen eine umfassende Vorarbeit geleistet und sich um erste Absprachen für ein Attentat bemüht.

Über das Verhältnis Tresckows und Stauffenbergs in den früheren Jahren ist nichts bekannt, ebensowenig ist überliefert, wann Stauffenberg von Tresckows Attentatsversuchen des März 1943 erfahren hat – er war zur gleichen Zeit in den Rückzugskämpfen in Tunis. Eine neuere Angabe von Generaloberst Halder nennt auch Tresckow als Teilnehmer jenes Gesprächs Ende Juni 1940 in Paris, bei dem Stauffenberg als vielleicht einzig mögliche Konsequenz Gewaltanwendung gegen Hitler gefordert hatte[10]. Trifft dies zu, so ist ein Einverständnis der beiden auch für die Zwischenjahre anzunehmen, während der Stauffenberg die Heeresgruppe Mitte mehrfach aufgesucht hat. In den gemeinsamen Septemberwochen 1943 führten die beiden in einer Hochspannung, die sie, wenn sie unter Menschen waren, so findet man bezeugt, wie aus ihren Poren sprühten, den Plan bis in alle von Generalstabsvernunft geforderten Einzelheiten durch[11] und besprachen sich – welches Wagnis allein, mit so belasteter Mappe in Berlin unterwegs zu sein – im Kreis der Verbündeten. Als die Lage Ende Juni 1944 Stauffenberg zum letzten Mal vor die Entscheidung stellte, ob gehandelt werden sollte und konnte, vergewisserte er sich durch einen raschen Botenwechsel der Beistimmung Tresckows, der im hinteren Polen stand. Sein überzeugt geäußertes Ja hat es, wie man annehmen darf, Stauffenberg erleichtert, sich in Berlin durchzusetzen und „den Rubicon" zu überschreiten.

Durch Tresckow kam der ihm vertraute Ulrich von OERTZEN zu Stauffenberg, als er selbst in der ersten Oktoberwoche 1943, kurz ehe zum ersten Mal der Schlag fallen sollte, als Regimentskommandeur an die Ostfront zurückkehren mußte. Der aus der Neumark stammende, noch jugendliche Major – er war 1915 geboren –, ein lauterer Paladin der beiden, der manches Herz gerührt hat, hat sich mit Sachkunde und Hingabe dem gefahrvollen Werk verschrieben, ein eigenes Glück opfernd, das sich ihm eben in einem kurzen Urlaub bot. Er hat sich am Tag nach dem Zwanzigsten Juli durch die Gunst des ihn bewachenden Offiziers selbst töten können[12].

In General OLBRICHT[13] fand Stauffenberg den für ihn offenen, zum Wagnis bereiten Vorgesetzten, der ihm die gedeckte Wirksamkeit möglich machte, wie er sie brauchte, und ihm die Fülle seiner Menschenerfahrungen und Beziehungen auftat, die er in Berlin, im Hauptquartier und in den Truppenstäben gewonnen hatte. Olbricht war, ohne ängstliche Sorge um Rangwahrung, jederzeit bereit, dem Jüngeren die Hilfestellung zu geben, die er als Amtschef etwa durch personelle Eingriffe oder als General im Umgang mit Generälen und Marschällen geben konnte. Nach gemeinsamer Abrede unternahmen sie öfter auch die Gewinnung neuer Beteiligter, und es ist überliefert, wie geschickt abgestimmt ihr Zusammenwirken war, wenn es etwa galt, nach Beendigung einer größeren Dienstbesprechung bestimmte Teilnehmer noch besonders aufs Korn zu nehmen. Wie sie miteinander waren, läßt eine Szene erkennen, die von einer Einladung berichtet wird: Olbricht spielt Stauffenberg und fragt ihn in nachgeahmten Wendungen Stauffenbergscher Courtoisie nach seinen Befehlen.

Während des Kampfes um Stalingrad und kurz danach hatte Olbricht mit vermehrter Heftigkeit auf seinen Vorgesetzten, Generaloberst FROMM, eingewirkt, um ihn für den Plan eines Umsturzes zu gewinnen, und hatte ihm manche Besucher vermittelt, die in gleichem Sinn sprachen. Ohne einen vom Befehlshaber des Ersatzheeres ausgehenden Befehl hielt er sich selbst für außerstande, den Schritt zum Umsturz beim Ersatzheer mit Erfolg zu tun.

Fritz Fromm, 1888 in Pommern geboren, einst Haushaltsreferent des Reichswehrministeriums, dann langjähriger Amtschef in der Heeresleitung, war von Hitler im Jahr 1939 zum Chef der Heeresrüstung und Befehlshaber des Ersatzheeres ernannt worden. Er war in mehrfacher Hinsicht ein starker Mann, wie ihn sich Hitler als Amtschef wünschen mußte, und hatte sich bei Truppenneuaufstellungen und in vielen Organisationsfragen hervorragend bewährt und durchgesetzt. Im Jahr 1943 muß das Mißtrauen Hitlers gegen ihn gewachsen sein: dafür spricht die ihm von Keitel kränkend abgeforderte Rechtfertigung, wie sie Kaiser bezeugt[14]. Er vermied danach jede Äußerung, die ihm zur Last gelegt werden konnte, obwohl man aus privaten Gesprächen genau wußte, wie er dachte. Nach aller Urteil spielten bei Fromm, dessen sehr betontes Herrentum nichts Altgegründetes hatte, aber in einer umfänglich starken, übrigens 2,04 Meter großen Leiblichkeit verankert war, Ehrgeiz und Geltungsstreben für seine Person die erste Rolle. Im Amt aber überließ er, nach einer Aufzeichnung Kaisers, die

Arbeit auch gern andern, liebte Trunk und Tafel, fuhr oder flog auf die Jagd und konnte nicht hindern, daß er in dem, was ihm zukam, von anderen Kräften im Staat immer mehr an die Wand gedrängt wurde.

Gegen Olbrichts wiederholte Vorstöße blieb er ablehnend, ließ jedoch erkennen, daß er es in seiner Stellung mit den neuen Männern halten werde, wenn der Wechsel gelungen sei. Während im Sommer 1943 der Druck, der auf Olbricht vor allem von der nichtmilitärischen Seite der Verbündeten, so besonders von Goerdeler her, wirkte, fast bis zum Unerträglichen zunahm, wurde sein Verhältnis zu Fromm immer gespannter. Dies wirkte sich nach Stauffenbergs Eintritt in einer Rivalität um dessen Person aus. Fromm bestand 1944 darauf, „das Spielzeug" selbst zu haben, wie Stauffenberg sich ausdrückte, und ihn als Chef des Stabes in sein Amt zu holen. Vor Antritt dieser Stelle hat Stauffenberg sich zu Fromm klar ausgesprochen und ihm zu erkennen gegeben, mit welchen Gedanken er sich trug. Fromm hat keine Einwände erhoben, sich nur vergewissert, daß auch sein besonderer Freund Wilhelm Keitel bei der Auskehr nicht vergessen werde. Zu mehr Mitwirkung hat auch Stauffenberg ihn nicht bewegen können.

Olbricht sorgte für Stauffenbergs Verbindung zu Generaloberst Beck, der das ganze Jahr über durch seine schwere Erkrankung ferngerückt und erst im September wieder in den tätigen Kreis zurückgekehrt war. Körperlich war ihm noch die Schwere des Durchgemachten anzumerken, er war über seine 63 Jahre gealtert und schien mehr Geist als Leib. Aber sein drängender Wille war ungebrochen, und ohne es zu fordern, übernahm er wieder die Koordinations- und Mittefunktion.

Ob Stauffenberg Beck während der vergangenen Jahre gesehen hatte, ist nicht bekannt. Seine neue Begegnung bestätigte das bestehende Verhältnis und ließ die Zuordnung erkennen, die beide aufeinander hinwies. Bestimmtheit und Adel der Erscheinung, die Kraft der Verantwortung, die Becks Leben formte, hoben ihn für Stauffenberg über jedes Bedenken, das die Jüngeren in die Entschlußkraft des „alten Herrn" setzten. Stauffenberg hatte mehrfach die äußeren Treffmöglichkeiten von Beck und Olbricht zu schaffen. Er kam anfangs als Begleiter Olbrichts, später oft allein und in anderen Gruppen mit Beck zusammen. Trotz mancher abweichender Auffassungen des Älteren, der an

Männern seiner Generation festhielt, erwarb sich Stauffenberg sein volles Vertrauen, wie es Beck anderen gegenüber bezeugt hat, und handelte zuletzt auch durch sein Wort an ihn gebunden, dem er vieles verdankt hat[15].

Im Amt von Olbricht und Fromm fand Stauffenberg eine Zahl von Eingeweihten des Staatsstreichsplanes, bereit zur eigenen Mitwirkung. Der Österreicher Oberstleutnant i. G. Robert BERNARDIS (1908 in Innsbruck geboren) hatte am Polen- und Frankreichfeldzug und im ersten Jahr am Rußlandkrieg teilgenommen. Er war dabei, selbst von Herzen Soldat, zur Überzeugung gekommen, für eine verbrecherische und einer verantwortlichen Herrschaft gar nicht fähige Regierung zu kämpfen. 1942 war er infolge Krankheit ins Allgemeine Heeresamt versetzt worden, wo er erst als Referent, dann als Gruppenleiter, zuständig für „Personalbewirtschaftung und Ersatzzuführung im Feldheer", eine wichtige, ihn ausfüllende Aufgabe hatte. Für die Erhebung hat er in eigener Zuständigkeit und mit einer durch die Vernehmungen erkennbaren, leidenschaftlichen Überzeugungskraft gewirkt. Stauffenberg schätzte er hoch und übernahm für ihn im besonderen die Aufgabe, die Beziehung zu österreichischen Offizieren im Wehrkreis XVII (Wien) herzustellen (so zu den ihm befreundeten Oberst Kodré und Hauptmann d. R. Szokoll). Am 20. Juli gehörte er zu denen, die sich rückhaltlos und offen einsetzten. Er starb unter den ersten zum Tod Verurteilten am 8. August. Ein Mitarbeiter von Bernardis, Major i. G. Egbert HAYESSEN (geb. 1913), hat am 20. Juli die wichtige Aufgabe des Befehlsübermittlers zur Berliner Kommandantur und eines Gehilfen des Stadtkommandanten übernommen. Auch ein anderer aus der Abteilung, Oberstleutnant i. G. Joachim SADROZINSKI (1907 in Tilsit geboren), ist im Einvernehmen mit Stauffenberg handelnd erkannt worden.

Eine wirkungsvolle Kraft für die Erhebung war Hauptmann d. R. Hermann KAISER. 1885 in Remscheid aus einer Pädagogenfamilie geboren, im Ersten Weltkrieg als Leutnant mehrfach ausgezeichnet, wurde Kaiser zwischen den beiden Kriegen Lehrer für Geschichte, Mathematik, Physik und Kunstbetrachtung am Oraniengymnasium in Wiesbaden. Es gibt eine Äußerung eines früheren Schülers über ihn, dem sein Geschichtsunterricht, seine in der Wohnung gehaltenen kunstgeschichtlichen Arbeitsgemeinschaften und die Exkursionen nach

Worms, Speyer, zur Einhartsbasilika in Michelstadt Besitz für ein langes Leben geblieben sind, das er in Tokio lebte. Er sagt, daß ihm in späteren Jahren die Erinnerung an Hermann Kaiser das Verständnis gegeben habe „für die tiefe, man könnte fast sagen mystische Verbindung, die in Ostasien zwischen Lehrer und Schüler besteht". Er fährt fort: „Verehrung des ‚Meisters' ist etwas Ewiges. Hermann Kaiser war ein deutscher Idealist, ein Soldat und kein Militarist, ein Erzieher der Jugend, ein Meister, ein Mensch, den seine Schüler bis an ihr eigenes Ende nicht vergessen werden." Kaiser verließ in Darmstadt einmal während einer Hitlerrede, die ihn verletzte, vor Kommandeur und Offizieren ostentativ den Saal. Zu Kameraden, die ihm etwa mit dem Hitlergruß entgegenkamen, konnte er sagen: „Lassen Sie das! Sie kommen mir vor wie Männer, die etwas segnen wollen, wo nichts zu segnen ist[16]." Auf Drängen von Beck, Olbricht, Stauffenberg, Goerdeler wechselte Kaiser von Olbricht zu Fromm und übernahm den ihm dort angebotenen Posten eines Kriegstagebuchführers. Von hier aus hat er als wichtiger Mittler gewirkt. Er machte für Stauffenberg, der viel mit ihm arbeitete und ein besonderes Vertrauen zu ihm hatte, die von ihm gewünschten Aufzeichnungen und Ausarbeitungen, von denen heute einige bei den Vernehmungsprotokollen zu finden sind, und besorgte für ihn Botschaften und Verabredungen, insbesondere auch im Austausch mit Goerdeler. Bruchstücke seines privaten Tagebuchs, die veröffentlicht worden sind, geben eindrucksvolle Zeugnisse über die Vorgänge in der Bendlerstraße während des Jahres 1943 und über die Hoffnungslosigkeit im Lager der gegen Hitler Verbündeten, wie sie Stauffenberg bei seinem Eintritt dort vorgefunden hat. Den Stil seiner oft hintergründigen Kurzfassungen im Tagebuch gibt die Notiz vom 27. 6. 1944, die die KB (S. 365) festhalten: „18 Uhr bei Beck. Lob Diocletians und der Erholung aus dem eigenen Garten, als ihm die Übernahme der Regierung angetragen wurde." In den Untersuchungsberichten wird Kaiser als „einer der wesentlichen geistigen Hintermänner des Anschlags" bezeichnet. Er war nach geglücktem Umbruch als Verbindungsoffizier zum Wehrkreiskommando XII (Wiesbaden) vorgesehen.

Major Hans-Jürgen Graf von BLUMENTHAL, altersgleich mit Stauffenberg 1907 geboren, nach schwerer Verwundung von 1941 an im Allgemeinen Heeresamt, zuletzt als Leiter der Chefgruppe Ersatzwesen und Allgemeine Truppenangelegenheiten (KB 333), ist in den Wochen vor dem 20. Juli, wie man weiß, abends sehr häufig zu Stauffenberg geholt worden. Dessen Fahrer erwartete ihn – er ging im Trainingsanzug – an einer bestimmten Stelle in der Nähe des Lagers Düppel, wohin sein Amt (General Weidemann) aus der Bendlerstraße hatte umziehen müssen. Blumenthal kam aus der Potsdamer Tradition – der Vater war Prinzenerzieher im Hause Hohenzollern, die Mutter eine von Schulenburg –, doch hatte er, in seinem Denken bestimmt von F. W. Heinz, dem früheren Schriftleiter des „Stahlhelm", den Friedensschluß der Deutschnationalen mit Hitler von Anfang an als ein Unglück angesehen und war durch die späteren Jahre in seiner Meinung, die er unabhängig und aufruhrbereit vertrat, noch mehr bestärkt worden. Zu Dohnanyi und Oster stand er in nahem Verhältnis, mit Mertz von Quirnheim war er seit der Jugend befreundet. Man weiß von Zeugen, wie er bei der Vernehmung sich nicht herbeiließ, etwa Namen von Mitwissern zu nennen. Er war als Verbindungsoffizier für den Wehrkreis II (Stettin) aufgestellt worden.

Oberstleutnant Fritz von der LANCKEN, geb. 1890, Adjutant Olbrichts, in dessen Landhaus in Potsdam manche Zusammenkünfte abgehalten und auch zeitweise Sprengstoffe gelagert wurden, ist schon früher genannt worden.

Oberst Siegfried WAGNER, ein Offizier der älteren Generation, früherer Stahlhelmführer, im Amt von Fromm tätig, stand schon seit Jahren den Gedanken Goerdelers nahe und hielt es für eine Aufgabe des Militärs, trotz des Krieges den Weg zum Umsturz aufzubrechen. Den Grafen Blumenthal hatte er zum Mitgesinnten. Sein Name ist später weniger als mancher andere genannt worden, doch gibt es Urteile solcher, die ihn gekannt, die ihn als einen der am klarsten blickenden Planer bezeichnet haben. Man weiß als Einzelheit von ihm, daß er für Goerdeler einen mit militärischer Sorgfalt angelegten Fluchtweg vorbereitet hatte – warum ihn Goerdeler nicht benutzt hat, bleibt offen. Oberst Wagner ist nach dem 20. Juli der Verhaftung und Verurteilung durch selbstgewählten Tod zuvorgekommen.

Ministerialdirektor und Generalstabsrichter Karl SACK, geb. 1896, wie Oster aus einem Pfarrhaus stammend, im Ersten Weltkrieg fünfmal schwer verwundet, war seit 1934 im Heeresjustizdienst, seit 1942 als dessen Chef tätig. Seit der „Fritsch-Krise", deren Hintergründe ihm in Zusammenarbeit mit dem Grafen von der Goltz aufzuhellen gelang, ließ er nicht mehr ab, den verdeckten Kampf gegen die Geheime Staatspolizei zu führen. Ihm hatte die Gegenbewegung viel an Schutz zu verdanken, für die er sich auch in gefährlichen Lagen mit kühnem Entschluß und mit der von ihm ausgehenden Bestimmtheit immer wieder einsetzte. Er war mit Oster befreundet und arbeitete in nahem Einvernehmen mit Dohnanyi, ihn vor dem Prozeß und dem dann sicheren Tod zu schützen, hat er sich vergeblich bemüht. Seine Zusammenarbeit mit Olbricht und dessen Kreis dauerte bis zum 20. Juli. Auch die Verbindung zu Canaris und zu den Männern der Bekennenden Kirche war durch ihn gegeben. Er wurde mit Dietrich Bonhoeffer und Canaris zusammen im letzten Kriegsmonat von der SS umgebracht[16a].

Mit dem Fromm-Olbrichtschen Amt nicht räumlich verbunden (er amtierte in Zossen), aber sowohl dienstlich wie in den Staatsstreichplänen in täglichem Zusammenwirken war der Generalquartiermeister im Oberkommando des Heeres General der Artillerie Eduard WAGNER (geb. 1894). Er war unter Ludwig Beck bis zu dessen Ausscheiden Oberquartiermeister gewesen, hatte sich an Becks Versuchen 1938 und 1939 beteiligt und war ihm auch später verbunden geblieben. 1941/42 hatte er mit neuen Versuchen begonnen, zu einem Umsturz zu kommen. Sein Bemühen ging vor allem darauf, durch einen gemeinsamen Schritt der Heeresgruppen- und Armeeführer Hitler zur Abgabe des Oberbefehls zu zwingen, nachdem er in seiner Eigenschaft als Generalquartiermeister mehrfach nachdrücklich an entscheidenden Punkten, aber stets vergeblich, Hitler vor zu weit gespannten und untragbaren Offensivplänen gewarnt und ebenso vergeblich auf die Gefahr der VI. Armee in Stalingrad hingewiesen hatte. Durch seine Stellung, seine freie Beweglichkeit zwischen Heimat- und Frontstäben wie durch seine häufige Gegenwart im Führerhauptquartier konnte er der Gegenbewegung wichtige Dienste leisten und auch bei Beförderungen verläßliche Männer zum Zuge und in Befehlshaberstellen bringen. Mit Stauffenberg war er von dessen früherer Tätigkeit her gut bekannt und hatte, als er ihn auf dem Krankenlager besuchte, einmal die Absicht geäußert (nicht sehr zur Freude des Betroffenen), ihn nach seiner Wiederherstellung zu sich ins Generalquartiermeisteramt zu holen. Mit Wagner zusammen hat Stauffenberg besonders die Maßnahmen der Zusammenordnung an den verschiedenen Brennpunkten und die Schritte im Hauptquartier besprochen.

Im Amt des Generalquartiermeisters als Reserveoffizier tätig war der früher genannte Professor Jens JESSEN, der sich mit seiner Denk- und Tatkraft und durch die nicht ungefährliche Gewährung eines Asyls für die gemeinsame Sache einsetzte und ihr mit den Möglichkeiten der von ihm geleiteten Passierscheinstelle (Qu 6) wichtige Wege öffnen konnte. Mittätig im Amt des Generalquartiermeisters und wie Jessen später mit dem Tod bestraft war Oberstleutnant i. G. Günther SMEND, geboren 1912, eine Zeitlang Adjutant beim Generalstabschef Zeitzler. Ein amtlicher Bericht hebt seine männliche Haltung vor Gericht hervor. Ein wichtiger Mitarbeiter wurde für Stauffenberg – in den KB (S. 295) heißt es: „Er war fast täglich bei Stauffenberg" – der spätere Waffengeneral der Artillerie im OKH Fritz LINDEMANN. Er übernahm vor allem die Anbahnung zu den stellvertretenden Generalkommandos, wo in der Person der kommandierenden Generale oder ihrer Chefs des Stabes zumeist frühere Reichswehrkameraden von ihm saßen. Im Berliner Wehrkreiskommando hatte er besonders zwei Vertraute, die sich für einen Umsturz bereit hielten und nunmehr auch Stauffenberg unterstützten: der dortige Chef des Stabes, Generalmajor Hansgünther von ROST[17], und der dort tätige Wehrwirtschaftsoffizier Oberst der Luftwaffe Hans GRONAU. General Lindemann ist wie der Generalquartiermeister durch seine Bewegungsfreiheit zwischen Berlin, dem Führerhauptquartier, den Heeresgruppenstäben für die Koordination besonders tätig gewesen. Er hat sich nach dem 20. Juli verborgen gehalten, hat auch, nachdem eine Fahndung mit einer halben Million Reichsmark um ihn ausgeschrieben war, Menschen gefunden, die ihn versteckten, wurde aber in Berlin im September verraten und in einem Haus umstellt. Beim Versuch, aus dem dritten Stock durch ein Fenster zu springen, wurde er durch drei Schüsse schwer verletzt. Man hat ihn in einem Gefängniskrankenhaus operiert. Ein Bericht sagt, er habe noch versucht, durch Abreißen der Verbände den Tod zu finden. Es ist ihm nicht gelungen, dem Werk des Henkers zuvorzukommen. Die drei Menschen, die ihn in ihrer Berliner Wohnung aufgenommen hatten, der Architekt Gloeden und seine Frau und deren Mutter, wurden gleichfalls hingerichtet.

Befreundet mit Lindemann war Oberst, nach dem 30. Januar 1944

Generalmajor Helmuth STIEFF, 1901 im gleichen Jahr wie Tresckow (und wie er als Offizierssohn) in Ostpreußen geboren. Er nahm im innersten Kreis teil an den Umsturzvorbereitungen. Vom 21. September 1941 ab war er erster Generalstabsoffizier der gegen Moskau vorstoßenden deutschen IV. Armee gewesen und hatte mit ihr – nach Ausfall des Generals und des Stabschefs wochenlang auf sich selbst gestellt – das schwere Schicksal des Katastrophenwinters zu bestehen gehabt. Im Oktober 1942 war er Chef der Organisationsabteilung im Oberkommando des Heeres geworden. Besondere fachliche Begabung, seine Lebhaftigkeit, mit der er Aufgaben an sich zog, sein Talent zu Hilfen und Aushilfen und zur Organisation hatten ihm diesen Aufstieg gebracht. Am 30. Januar 1944 war er der jüngste der beförderten Generale und war, wie man gern bemerkte, der körperlich kleinste General des Heeres, leicht, behend, voll Umtrieb und ein passionierter Reiter. Man arbeitete viel auf seiner Abteilung, aber Stieff ließ leben und hatte die Gabe, immer verbindlich, liebenswürdig und bei guter Laune zu sein. Doch war er kein leichtlebiger Mensch: war es einem Offizier seines Formats im besonderen aufgegeben, sich immer wieder zu beweisen und „nach vorne" zu bringen, so empfand Stieff zugleich eine starke und lebhafte Verantwortung als Deutscher und als Offizier.

Die veröffentlichten Briefe aus den Jahren 1932–1934[18] zeigen ihn in einer Beck verwandten Haltung gegenüber der „nationalen Revolution" Hitlers. Was er im November 1939 bei einer Reise durch Polen sieht und hört und durch Generaloberst Blaskowitz bestätigt findet, reißt ihn zur Empörung hin: „Ich schäme mich, ein Deutscher zu sein! Diese Minderheit, die durch Morden, Plündern und Sengen den deutschen Namen besudelt, wird das Unglück des ganzen deutschen Volkes werden, wenn wir ihnen nicht bald das Handwerk legen. Denn solche Dinge, wie sie mir von kompetentester Seite an Ort und Stelle geschildert und bewiesen wurden, müssen die rächende Nemesis wachrufen. Oder dies Gesindel geht gegen uns Anständige eines Tages ebenso vor und terrorisiert mit seinen pathologischen Leidenschaften auch das eigene Volk[19]." In einem Brief vom 23. 8. 1941 ist die innere Abkehr auch von Hitler schneidend vollzogen: „Es vergeht ja jetzt hier (im Führerhauptquartier) kein Tag, an dem man nicht in der Ablehnung dieses größenwahnsinnigen Proleten bestärkt wird. Gerade gestern erst wieder haben wir eine schriftliche Kostprobe davon bekommen, die *so* unerhört in ihrem Ton vorbeigegriffen war, daß man nur sagen kann, wer sich das gefallen läßt, der verdient es nicht anders. Und die andere Seite *muß* ja davon mit der Zeit überzeugt werden, daß sie sich alles erlauben kann, wenn alle alles widerspruchslos einstecken. Meine Achtung vor bestimmten Leuten ist jedenfalls tief gesunken ... – es ist einfach ekelhaft und unwürdig!!" Die Erfahrungen, die er – wohl auch im Austausch mit Tresckow – bei der Fronttruppe im Osten macht, bestärken ihn im Aufruhr gegen Hitler, den „blutigen Dilettanten", der sinnlos unverantwortbare Opfer verlangt, den Bringer und Dulder eines Systems, das mit Greuel und Untat befleckt. In einem Brief vom 19. November 1941 nennt er Judendeportationen aus dem Reich nach Minsk, die er erlebt, „eines angeblichen Kulturvolks unwürdig". „Es *muß* sich ja dies alles einmal an uns rächen – und mit Recht! Es ist schamlos, daß um einiger Halunken willen ein so braves Volk ins Unglück gestürzt wird. Es ist alles noch viel schlimmer geworden als vor zwei Jahren in Polen." Am 10. Januar 1942 aus grauenvoller Notlage seiner Armee heraus: „Wir alle haben so viele Schuld auf uns geladen – denn wir sind ja *mit* verantwortlich, daß ich in diesem einbrechenden Strafgericht nur eine gerechte Sühne für alle die Schandtaten sehe, die wir Deutschen in den letzten Jahren begangen bzw. geduldet haben. Im Grunde genommen befriedigt es mich zu sehen, daß es doch noch eine ausgleichende Gerechtigkeit auf der Welt gibt! Und wenn ich ihr selbst zum Opfer fallen sollte. Ich bin dieses Schreckens ohne Ende müde." Ein Brief vom 6. August 1943 aus Berlin läßt erraten, daß er dort mit Olbricht und wohl auch Tresckow zusammengekommen ist und sich zu aktiver Beteiligung zum Sturz Hitlers entschlossen hat. Er will „sich keiner Verantwortung, die einem das Schicksal abfordert, entziehen". Er übernimmt mit einem Brief Olbrichts die Vermittlung zu Kluge, den er in Kürze aufsuchen will. Dann fällt ihm die Aufgabe zu, den nötigen Sprengstoff heranzubringen, zu lagern und das Attentat vorzubereiten. Am 8. September macht ihn, wie die Empfängerin der Briefe mitteilt, Tresckow bei einem neuen Aufenthalt in Berlin mit den Einzelheiten der von ihm versuchten Attentate bekannt.

Mit Stieff im Einverständnis handelten die Offiziere seiner Abteilung: Oberstleutnant i. G. Bernhard KLAMROTH (geb. 1910 in Berlin)[20], Major i. G. Joachim KUHN und Oberleutnant d. R. Albrecht von HAGEN (geb. 1904), im Zivilberuf Banksyndikus. Stauffenberg war vier Monate Chef des Stabes bei Stieff, Klamroth erst sein Mitarbeiter, dann sein Nachfolger gewesen, Kuhn war mit Stauffenberg befreundet, Hagen war mit ihm in der 10. Panzerdivision in Afrika gewesen.

Beim Chef der Operationsabteilung des Hauptquartiers, dem aus Niedersachsen stammenden Generalleutnant Adolf HEUSINGER, war man der Übereinstimmung in Gesinnung und Lageurteil gewiß. Es war bekannt, daß er zusammen mit seinem Gehilfen, Oberst i. G. Heinz Brandt, einen immer mehr zermürbenden Kampf in der täglichen Lagebesprechung mit Hitler führte und eine Änderung der Befehlsverhältnisse für dringlich ansah, wenn man einer Katastrophe noch entkommen wollte. So hat er an der „Konspiration" für eine neue Kriegsspitzengliederung wichtigen Anteil genommen und hat manche der hohen Truppenkommandeure, die er ins Gespräch zog, gleichen Sinnes gefunden. Im Frühjahr 1944 mußte er krankheitshalber für mehrere Wochen ausscheiden. Tresckow bemühte sich bei ihm darum, als sein Stellvertreter ins Hauptquartier und in die unmittelbare Nähe Hitlers zu kommen. Er hat es nicht erreicht. Nach Schlabrendorffs Bericht waren es nicht fachliche Gründe, die dagegen sprachen, sondern die besondere Aktivität Tresckows, die Heusinger wohl durchschaute und die seiner nach außen stark zurückhaltenden Art nicht entsprach[21].

Ein anderer hoher Offizier des Hauptquartiers, der für den Plan einer Erhebung tätig wurde, war General Erich FELLGIEBEL. Aus schlesischem Stamm 1886 geboren, auf dem väterlichen Gut in der Provinz Posen erwachsen, von den Jahren auf dem Johannis-Gymnasium in Breslau entscheidend geformt, verband er eine starke Begabung für exakte Naturwissenschaft mit humanistischer Bildung und einer aufs Gesamtmenschliche gehenden Lebensansicht, die ihre Nahrung fand aus so verschiedener Begegnung wie der mit Kant und mit den frühgriechischen Philosophen. Er war körperlich zäh und gewandt, in Wald und Feld zu Hause, ein vorzüglicher und oft ausgezeichneter Reiter – ihm gelang, im engsten Umkreis Hitlers trotz dessen Verbotes lang noch ein Reitpferd als „Heupferd" zu halten. Schon im ersten Krieg war er als Mann des Nachrichtenwesens in Generalstabsstellungen tätig, nach 1934 erhielt er den Auftrag, das Nachrichtenwesen neu aufzubauen. Mit Beck, Freiherrn von Fritsch, Karl-Heinrich von Stülpnagel stand er in nahem Einvernehmen, zu Keitel schon vor dem Februar 1938 in offenem Gegensatz. Er hielt mit seiner Kritik nicht zurück und wußte, daß seine Telefongespräche schon lange vor dem Krieg überwacht wurden. Die Leistung Hitlers, die zu den ersten Siegen führte, hat er gegen alle Versuche der Verkleinerung hervorgehoben, widersetzte sich aber seit dem Spätsommer 1940 in den Besprechungen mit hartnäckigen Argumenten dessen Plan eines Krieges gegen Rußland. Obwohl er mit seinem bebrillten Gesicht, seiner klugen beobachtenden, unabhängigen Art[22], seiner Pferdeleidenschaft den Generalstyp darstellte, der Hitler zuwider war, behielt er, weil kaum ersetzbar, seine Stellung an der Spitze des gesamten Nachrichtenwesens der Wehrmacht, die zu den zehn wichtigsten Ämtern des Kriegsaufbaus gehörte und Fellgiebel zugleich immer in der unmittelbaren Umgebung Hitlers festgehalten hat. Stauffenberg war dem General schon bei seinem Aufenthalt im Hauptquartier nahegekommen und stand in einem vertrauten und offenen Verhältnis zu ihm. Seiner Mithilfe und jedes mutigen Einsatzes, der etwa gefordert war, konnte man sicher sein. Nur sein oft heftiges Hervorbrechen und seine zu sehr vertrauende, wenig schlangenkluge Art konnte Bedenken eingeben bei der Vorbereitung eines solchen Unternehmens.

Von den Mitarbeitern Fellgiebels sind aus der Nachrichtentruppe Mitwisser und Mitwirkende der Erhebung geworden Oberst Kurt HAHN (geb. 1901), der rangnächste Nachrichtenoffizier im Führerhauptquartier hinter Fellgiebel, dann Hauptmann Max Ulrich Graf von DRECHSEL (geb. 1911), zuletzt vorgesehen als Verbindungsoffizier für Wehrkreis VII. Er war 1933 vom Stahlhelm in die SA übergeführt worden und hatte 1934 freiwillig sich zur Wehrmacht gemeldet. Er gehörte in Bamberg, wie der ihm befreundete Major Leonrod, dem Reiterregiment Stauffenbergs an (KB 296). Generalleutnant Fritz THIELE, geb. 1894 in Berlin, der höchste Nachrichtenoffizier im OKH in der Bendlerstraße[23], war von Fellgiebel eingeweiht worden. Mit ihm arbeitete Oberst HASSELL als Chef der Nachrichteninspektion VII.

Von der Abwehr war Oberst i. G. Georg HANSEN (geb. 1904), erst Abteilungschef, dann Nachfolger von Canaris, für die Erhebung tätig. Er hat im Juni/Juli 1944 an Besprechungen in der Wohnung Stauffenbergs in Wannsee teilgenommen. Als weitere Beteiligte aus den verschiedenen Zweigen der Abwehr begegnen: Hauptmann d. R. Theodor

STRÜNCK, Versicherungsdirektor, dessen Haus in Berlin häufiger Treffort gewesen ist, Hauptmann d. R. Bernhard LETTERHAUS (geb. 1894), Verlagsabteilungsleiter, früher Zentrumsabgeordneter im Preußischen Landtag, später Verbindungsmann zwischen dem katholischen Widerstandskreis um das Ketteler-Haus in Köln und dem Militär, Regierungsrat Hans Bernd GISEVIUS, Dr. Otto JOHN, Rechtssyndikus der Lufthansa, im Zusammenwirken mit seinem Bruder Dr. Hans JOHN, Hauptmann Dr. Ludwig GEHRE, vom Herbst 1943 ab nach den Vernehmungsprotokollen in enger Zusammenarbeit mit Stauffenberg, einige Monate vor dem 20. Juli flüchtig, da von der Staatspolizei verfolgt, Oberst Wessel FREYTAG VON LORINGHOVEN (geb. 1899), Oberstleutnant Werner SCHRADER.

Als Vertreter des Heeres beim OKW tat Oberstleutnant i. G. Joachim MEICHSSNER Dienst. Er war 1906 in Deutsch-Eylau geboren, auf der Kriegsakademie Jahrgangskamerad Stauffenbergs, ihm und aus tiefer Überzeugung dem Erhebungsplan zugetan. Die Vernehmungsberichte bringen eine Stelle aus einem Brief des Vaters, „eines fanatischen Bekenntnispfarrers", an den Sohn: „Die Maßnahmen, die jetzt gegen die Kirche getroffen werden, sind geradezu ein Dolchstoß von hinten", und geben Meichssners Kritik an der militärischen Führung unter dem Thema Kriegsspitzengliederung wieder (KB 437, 291). Außerdem vermuten die Berichte in ihm den für die Durchführung des Attentats ausersehenen Offizier, der „von seinem Vorhaben zurückgetreten ist, weil er die lange Wartezeit nervenmäßig nicht ausgehalten habe". (KB 178) Als ranghöchster Offizier des Wehrmachtführungsstabes für Berlin hatte er nach dem 20. Juli die ganzen Auskünfte an den Wehrmachtführungsstab im Führerhauptquartier zu übermitteln, über die Vorgänge selbst und die als Mittäter Entlarvten, bis sich um ihn selbst das Netz so zusammenzog, daß er nicht mehr entrann.

Ein anderer Jahrgangskamerad Stauffenbergs, ihm seit der gemeinsamen Zeit nahe befreundet, jetzt mittätig an den geheimen Plänen, war der Leiter der Abteilung „Fremde Heere West" im OKH Oberst i. G. Alexis Freiherr von ROENNE, von baltischer Herkunft und von Jugend her verwurzelt im baltischen Protestantismus. Seine spätere Niederschrift aus der Haft „Das Ziel war, Deutschland zu retten" gibt eine erstaunliche Beurteilung der Lage und daraus eine klare Begründung des Handelns der nunmehr Verfemten (1. Oktober 1944)[24]. Michael Graf von MATUSCHKA, geb. 1888, Regierungsdirektor, in den Monaten vor dem 20. Juli Mitarbeiter von Roenne, war gleichfalls im Einverständnis und zur Mitwirkung bereit (KB 259).

Zwei jüngere Offiziere, die Roenne sehr nahestanden, zugleich Schulenburg befreundet waren, setzten sich am Zwanzigsten im unmittelbaren Dienst Stauffenbergs ein: Hauptmann Friedrich-Karl KLAUSING, im Osten ausgezeichnet und schwer verwundet, 23jährig 1943 zum Hauptmann befördert, von April 1944 an im Allgemeinen Heeresamt, Hauptmann Hans FRITZSCHE, etwas älter als Klausing, erst im Frontdienst, damals als nicht mehr kriegsverwendungsfähig beim Ersatztruppenteil des Infanterieregiments 9 in Potsdam. Er war 1935 in dieses Regiment eingetreten, um Offizier zu werden, nachdem er durch Auflehnung gegen eine Maßnahme des Sicherheitsdienstes von der Universität Heidelberg hatte fliehen müssen. Major Ludwig Freiherr von LEONROD, mit Stauffenberg durch die gleiche Regimentsheimat verbunden, war als Verbindungsoffizier für den Wehrkreis VII (München) vorgesehen. Er war am 20. Juli zu Festnahme- und Bewachungsaufgaben in der Bendlerstraße eingesetzt, nachdem Graf Drechsel an seine Stelle für München eingewiesen war. Sein Beichtvater Kaplan Wehrle, mit dem er die Frage des Tyrannenmordes besprochen und der ihn, wie er bei der Vernehmung angab, bestärkt hatte, wurde später ihm in der Verhandlung gegenübergestellt und wie er selbst hingerichtet (KB 262, 288, 304, 321, 435).

Zwei andere seit der Akademiezeit mit Stauffenberg Befreundete traten Ende Juni 1944 als Handelnde in den Erhebungsplan ein: Oberst i. G. Eberhard FINCKH, geb. 1899, der sich zuvor vor Stalingrad als Oberquartiermeister der Heeresgruppe Süd hervorragend bewährt und den sein Fachvorgesetzter, der Generalquartiermeister, im Juni 1944 mit der aufs äußerste erschwerten Versorgung der von der Invasionsarmee angegriffenen Truppen in Frankreich betraut und in den Stab des Oberbefehlshabers West versetzt hatte[25]. Seiner breiten, Zutrauen erweckenden Erscheinung gab das Nebeneinander von weißen Haaren und frischen, fast jugendlichen Farben des Gesichts ihr Gepräge. Finckh hat dem Vernehmenden eine eindrucksvolle Schilderung Stauffenbergs gegeben, wie er ihn bei einem Besuch bei der Durchfahrt in Berlin am 23. Juni 1944 erlebt hat. Er sei ohne Umschweife auf sein Ziel losgegangen, habe erklärt, daß die Lage im Osten unhaltbar und auch der Durchbruch im Westen nur noch eine Frage der Zeit sei: „Wir haben ja keine richtigen Marschälle mehr. Alle haben die Hosen voll und widersprechen nicht dem Führer, wenn er etwas befiehlt. Sie bringen ihre Ansichten über den Ernst der Lage nicht genügend zur Geltung." Finckh setzte hinzu, wenn Stauffenberg einen seiner temperamentvollen Ausbrüche gehabt habe, so habe das so faszinierend gewirkt, „daß man kaum zum Denken, geschweige denn zu einer überlegten Antwort kam". (KB 305, 306, 313) Der andere der beiden, der am 23. Juni an den Verabredungen mit Finckh teilnahm, war Oberst i. G. Albrecht Ritter MERTZ von QUIRNHEIM (geb. 1905), Sohn des früheren Präsidenten des Reichskriegsarchivs. Er war auf Vorschlag Stauffenbergs als sein Nachfolger zu Olbricht geholt worden als dessen Chef des Stabes und als verläßliche Kraft für den Tag der Erhebung. Er hatte eine frische, herzhafte, unsentimentale Art gegen die Welt und bei einer ursprünglich vornehmen und liebenswerten Gebärde die Kraft, sich durchzusetzen. Der Hitlerschen Bewegung hat er sich erst mit Überzeugung zugewandt, dann hatten ihn die Vorgänge in Deutschland immer tiefer empört und er hätte am liebsten von Stauffenberg schon in Frankreich die Zusage zum künftigen Komplott und Umsturz erwirkt.

Oberleutnant d. R. Werner von HAEFTEN, geb. 1909, Bruder des hier schon genannten Hans Bernd von Haeften, bis zum Krieg Syndikus in Berlin, als Infanteriezugführer im Osten ausgezeichnet und durch Beckenschuß schwer verwundet, kam im November 1943 ins Olbrichtsche Amt. In ihm, seinem Ordonnanzoffizier, gewann Claus Stauffenberg einen ihm leidenschaftlich zugetanen Helfer im Planen der Erhebung. Haeften, damals 35jährig, sah um vieles jünger aus. Er hatte unter seinen hellblonden Locken eine mitreißende, frische und ausstrahlende Wohlgelauntheit, die sich rasch und herzhaft befreundete. Er nahm am unmittelbarsten Stauffenbergs Lebensart auf und schuf mit an der Atmosphäre, die ihn umgab und in die sich die Jüngeren, die ins Amt kamen, rasch aufgenommen fühlten. Gespräche mit Haeften zeigten, wie sehr ihn die Dinge der Zeit gepackt hielten und zum Handeln aufriefen, aber er hatte zugleich eine eigene Art heilsamen Scherzes und befreienden Gleichmutes, die in Trümmern und Not des damaligen Lebens von denen, die ihm begegneten, als eine besondere Gabe erlebt worden ist. Einer der Jüngeren, der in den letzten Wochen mit ihm zusammen war, gibt diese Züge zu seinem Bild: „Man glaubte zunächst gar nicht, welche Gedanken in seinem Kopf durchgearbeitet waren und wie weit er in so Verantwortungsvolles und Gefährliches hineingegangen war. Sein innerliches Freudigsein überwog und überstrahlte alles andere. Wie am ersten Abend fand ich ihn auch später nie gedrückt oder niedergeschlagen, wenn er auch ernst sein konnte . . . Er sagte nicht ein einziges Mal, wie weit er mit den Männern des späteren Zwanzigsten Juli liiert, wie weit er selbst einer dieser Männer war . . . Er hatte eine große Liebe zu seinen Freunden und tat für sie alles, was in seiner Macht stand . . . Selten sprach Werner darüber, daß er neben seinem offiziellen Dienst im Amt noch ganz anderes arbeitete. Ab und zu sagte er nur, daß es am Vorabend wieder einmal so spät geworden war, 12 Uhr, 2 Uhr, 3 Uhr. Nicht daß darüber auch nur einen Augenblick ein Ungehaltensein durchklang oder daß er vielleicht geklagt hätte, daß es ihm zuviel wäre. Jeden Morgen fuhr er pünktlich zum Amt – meist fuhr er selbst den kleinen Mercedes –, neben ihm Oberst Graf Stauffenberg, und wenn er mich auf dem Weg von der U-Bahnstation zur Bendlerstraße überholte, hielt er an, wenn noch Platz im Wagen war, oder er winkte mir wenigstens vergnügt zu." Der gleiche Bericht vergegenwärtigt ihn am späten Abend des Zwanzigsten: „Ich sah ihn zuletzt nach der Offiziersbesprechung. Er war nicht verzweifelt, sondern hoffte immer noch auf das Gelingen, wenn sich auch schon in allzu deutlicher Form der Ausgang des Unternehmens abzeichnete. Vielleicht möchte ich sagen, einen Ausdruck der Trauer bei ihm durchblicken gesehen zu haben, einer Trauer, die aber nicht ihn selbst, sein Schicksal und das seiner Freunde meinte, sondern vielmehr einer Trauer über die Unabwendbarkeit der weiterhin auf Deutschland lastenden Not und über die kommende Vernichtung. Danach habe ich Werner nicht mehr gesehen[26]."

Der dies aufzeichnete, Hauptmann Helmuth CORDS, ist am Zwanzigsten Juli selbst mittätig geworden – er wurde mit der Überprüfung der Sicherheitsmaßnahmen in der Bendlerstraße beauftragt. Andere junge Beteiligte, die um und mit Haeften und mit Stauffenberg zu nennen sind: Leutnant Ludwig Freiherr von HAMMERSTEIN, der Sohn des Generalobersten, Leutnant von OPPEN, auf dessen Familiengut in Altfriedland Stauffenberg noch im Juli 1944 Besuch gemacht hat, Oberleutnant Ewald Heinrich von KLEIST-SCHMENZIN, Hauptmann Axel Freiherr von dem BUSSCHE, Oberleutnant Urban THIERSCH.

Major Roland von HÖSSLIN aus München, geb. 1915, stand Stauffenberg seit Jahren nahe. Er trug mit Stolz durch alle Wechsel seiner Kriegsverwendung hindurch die Siebzehn der Bamberger Reiter auf seinen Schultern. Im Afrikakrieg war er bei El Alamein als Führer einer Aufklärungsabteilung mit dem Ritterkreuz ausgezeichnet, freilich auch so folgenschwer verwundet worden, daß er, wiewohl mit Leib und Leben Frontoffizier, künftig nur noch als Lehrender in der Heimat verwendet werden konnte. So wurde er auf die Panzertruppenschule II nach Krampnitz bei Potsdam berufen und ist von dort aus im Winter 1943/44 häufig mit Stauffenberg zusammengekommen. Einer, der ihn später erst wieder im Bild[27] erkannte, erinnerte sich, ihm bei einem Besuch bei Stauffenberg in Wannsee begegnet zu sein, ohne daß ihm der Name genannt wurde: ihm sei der Anblick der beiden, die fast etwas Verwandtes in ihrem Typ gehabt hätten, und ihr herzhafter und zugleich zarter Umgang miteinander im Berlin jener Tage als besonderer Eindruck haften geblieben. Stauffenberg hatte den Schwerverwundeten im Februar 1943, ehe er selbst nach Afrika ging, in der Charité besucht. Den Vernehmungsberichten nach ist Hößlin, dessen Beteiligung offenbar besonders beeindruckte, eingehend befragt worden und hat Argumente Stauffenbergs wiedergegeben, mit denen er überzeugt worden sei, daß ein letzter Versuch der Rettung gewagt werden müsse. Als seine eigene Äußerung findet man niedergeschrieben: „Zur augenblicklichen Situation des Krieges will ich noch bemerken, daß ich es für Wahnsinn hielt, nach Erschöpfung der Kampfkraft des Feldheeres in Deutschland einen Partisanenkrieg nach zwei Fronten gegen hochgerüstete moderne Heere zu führen. Einen Kampf der letzten Goten am Vesuv gibt es m. E. für ein 80-Millionen-Volk nicht." Hößlin hat dem Gericht bestätigt, daß man von Stauffenberg als dem „kommenden Mann im Generalstab" sprach (KB 373, 478). Es ist anzunehmen, daß mit Hößlin Abreden getroffen wurden über die Aufgaben, die der Panzertruppenschule am Tag der Erhebung zufallen sollten. Jedoch wurde Hößlin im Frühjahr 1944 Kommandeur der Panzeraufklärungsschule Insterburg und nunmehr mit der Durchführung des Ausnahmezustandes in Königsberg im Zusammenwirken mit dem gleichfalls eingeweihten Oberstleutnant Hans Otto ERDMANN (geb. 1896), dem Ia beim Generalkommando, beauftragt, der ihm das Stichwort „Möwe II" durchzugeben hatte (Möwe I rief Alarmtruppen auf für den Kommandanten des Hauptquartiers des OKH). (KB 372) Zwei Wochen vor dem Zwanzigsten Juli ist die Schule in Insterburg wegen Gefährdung durch den vordringenden Gegner ins Innere des Reiches nach Meiningen verlegt worden. Dort wurde Hößlin am 23. August 1944 verhaftet. Im Oktober wurde er, 29jährig, mit Blumenthal zusammen in den Tod geführt.

Oberleutnant Heinrich Graf von LEHNDORFF-STEINORT, geb. 1909, ist schon im Umkreis von Tresckow genannt worden. Sein Besitz Steinort lag im Gebiet des Hauptquartiers in Ostpreußen („Mauerwald"), sein Schloß war zum Quartier des Außenministers gemacht worden. Lehndorff ist ein wichtiger Vermittler zwischen Stauffenberg und dem Hauptquartier und zwischen Stauffenberg und Tresckow geworden. Er wurde als Verbindungsoffizier für Ostpreußen von Stauffenberg aufgestellt, wo sein Onkel, Graf Dohna-Tolksdorf, politischer Beauftragter werden sollte. Ihm ist es nach seiner Verhaftung in Königsberg gelungen, noch einmal zu entfliehen, er wurde wieder ergriffen und hat bei der Vernehmung seine Teilnahme mit klaren, gegen den nationalsozialistischen Staat und gegen Hitler gerichteten Argumenten begründet und geäußert, es sei besser, selbst mit erheblichem Risiko etwas zu tun, statt die Entwicklung dem bolschewistischen Chaos zutreiben zu lassen (KB 257/58).

Oberst Fritz JÄGER, aus einer württembergischen Familie 1895 geboren, war seit 1942 mit Stauffenberg, seit März 1943 über Gehre und Kaiser mit Olbricht bekannt. Ihn, Kommandeur einer Panzertruppenschule und mit Ritterkreuz ausgezeichneten Panzerführer, hatte Stauffenberg als entschlossene Kraft und Befehlsautorität neben sich für alle Aufgaben, die ein Zugreifen erforderten. Am Zwanzigsten Juli hat er SS-Führer und Generale verhaftet und wurde entsandt, den Angriff auf die Prinz-Albrecht-Straße (Gestapo, SS-Sicherheitshauptamt) und auf das Propagandaministerium zu führen.

Die Verbindung zum Polizeipräsidenten von Berlin, Wolf-Heinrich Graf von HELLDORF (geb. 1896), hat Stauffenberg selbst gepflegt. Er hat sich mit ihm bei sich in der Bendlerstraße und im Haus des gleichfalls an den Plänen beteiligten Regierungspräsidenten von Potsdam, Gottfried Graf von BISMARCK-SCHÖNHAUSEN, besprochen. Helldorf, in der „Kampfzeit" bekannter Schläger, SA-Gruppenführer, schon 1938 mit dem Umsturzplan im Einverständnis, von 1941 ab, wie er selbst ausführte (nach KB 104), aus Sorge um Deutschland in Feindschaft gegen Hitler, war bereit, die Berliner Polizei für Stauffenbergs Umsturzplan einzusetzen. „Gewisse Eigenarten in seinem persönlichen Leben" (Schulenburg), wie seine SA-Vergangenheit, ließen ratsam erscheinen, nach einer Übergangszeit nicht ihn, sondern Tresckow als Chef der deutschen Polizei zu betrauen. Mit Helldorf und Gisevius im Zusammenwirken stand der – schon 1938 – zur Konspiration bereite Chef des Reichskriminalamtes, SS-Gruppenführer Arthur NEBE (geboren 1894).

In der Stadtkommandantur in Berlin, die für den Umsturztag besondere Bedeutung hatte, war Generalleutnant Paul von HASE (1885 in Hannover geboren) durch Olbricht und Stauffenberg eingeweiht und zur Mittat gewonnen worden. Mitwisser mit ihm waren zwei seiner Offiziere, Oberstleutnant i. G. Hermann SCHÖNE und Major Adolf Friedrich Graf von SCHACK.

Beim Berliner stellv. Generalkommando III war dem zur Mitwirkung bereiten Generalmajor Rost der aus Stuttgart stammende Generalmajor Otto HERFURTH, geb. 1893, als Chef des Stabes gefolgt, auf dessen Bereitschaft zu zählen war, während man an den Kommandierenden General nicht herankam. Stauffenberg hatte, ihn zu ersetzen, Generalleutnant Karl Freiherr von THÜNGEN eingeweiht und gewonnen, mit dessen in Franken beheimateter Familie er seit seiner Bamberger Zeit Verbindung hatte.

Bei den wichtigsten Einheiten der zum Umsturz benötigten Truppen war es für Stauffenberg durch häufigen Wechsel erschwert, sichere Verbündete aufzustellen. Zu nennen sind für die Schule in Krampnitz die ihm aus seiner Reiterzeit vertrauten Obersten Harald MOMM und Martin STEIN, von der Schule in Döberitz General HITZFELD, der sich überzeugt zur Erhebung bekannte, und Oberst Wolfgang MÜLLER, der seit langem Beziehungen zur Gegenbewegung gegen Hitler hatte.

Als Verbindungsoffiziere der Wehrkreise hatte Stauffenberg neben den schon Genannten persönlich zu sich gerufen, gewonnen und mit ihren Aufgaben vertraut gemacht: Rittmeister d. R. Friedrich SCHOLZ-BABISCH, in Schlesien beheimatet und im Landbau tätig, Oberstleutnant von SELL aus Berlin, Adjutant des alten Generalfeldmarschalls von Mackensen, Oberst Rudolf Graf MAROGNA-REDWITZ, Leiter der Abwehrstelle in Wien, Oberstleutnant i. G. Hasso von BÖHMER, geboren 1904, mit Tresckow befreundet, Major Georg-Konrad KISSLING (geb. 1892), Landwirt in Schlesien, zugleich als Kenner in Landwirtschaftsfragen hinzugerufen.

In das Oberkommando der Marine reichte Stauffenberg durch einen tatbereiten Verbündeten, den Freund seines Bruders, Korvettenkapitän Alfred KRANZFELDER, der als Verbindungsoffizier der Seekriegsleitung zum Auswärtigen Amt in Berlin Dienst tat. Er war – gleichaltrig mit Claus Stauffenberg – 1907 aus einer bayrischen Juristenfamilie geboren. Erst ganz ein Kind seiner Berge und Wälder, das früh schon die Sterne kannte und gern ihren Bahnen nachsann, wählte er den Beruf des Seeoffiziers, um sich etwas von der Weite der Welt zu erobern, und sah auf großer Fahrt besonders beeindruckt die östliche Welt: des Brahmanen „große Ruhe in sich selbst", die Kraft, von innen her das Leben zu bändigen und sich über Glück und Unglück zu erheben, schwebte dem feinnervig Veranlagten und später durch den Kampf mit der Krankheit Gestählten immer wieder vor als etwas, das es zu erringen lohne. Auf der Kriegsschule war er 1927 Jahrgangsbester gewesen. Als einen „denkenden durchgebildeten Offizier, der noch weiter als sein Metier reichte, innerlich sicher und unabhängig", so schildert ihn ein Mitoffizier, „voll klarer kühner Absichten und Pläne, mit natürlichem Sinn für das Politische"[28]. Ein anderer der Mitoffiziere, der von Berthold Stauffenberg und Kranzfelder ins Vertrauen gezogen wurde und später unerkannt blieb, meint von ihnen, daß sie „zu den sehr wenigen Mitgliedern des OKM gehörten, die in dem Teufelssabbat ihre Seele und ihre menschliche Würde behalten hatten". Sobald Claus Stauffenberg in Berlin erschien, gehörte Kranzfelder ihm und seinen Dingen. Wie er sich täglich gefährdet wissen mußte, sagt die Schilderung des gleichen Offiziers. Er erzählt von einem langen nächtlichen Weg zu dreien, den sie im November 1943 durch die Forste von Eberswalde machten: Kranzfelder hört dauernd Schritte und glaubt, daß sie begleitet und belauscht würden, bis man feststellt, daß es das Klappen seines eigenen ledernen Mantels ist, das ihn beunruhigt. In der gleichen Zeit findet man ihn während eines schweren Bombenangriffs im Keller bei einer befreundeten Familie in Berlin, wie er den Versammelten, aus dem Augenblick entrückend, von einem

Orgelkonzert Bachscher und Mozartscher Musik erzählt, dem er vor ein paar Tagen in einem kleinen Kreis von Menschen in Paris beigewohnt hat.

Kranzfelder hat mit einer verzehrenden Heftigkeit des Denkens und Fühlens nur dem einen gelebt: wie die erhoffte Erhebung gelingen könne. Er hat sich auch durch ein Verlöbnis, dem bald die Heirat folgen sollte, vom gefährlichen Weg nicht abbringen lassen. Als seine künftige Frau die Absicht äußerte, bei einem Nichtgelingen des Attentats und den dann unabsehbaren Folgen selbst Hand an sich zu legen, um mit den Geopferten zu sterben, wies er sie zurück: auch wenn er sterbe, müsse sie leben, sich einen andern wählen und Kinder haben, damit sie ihnen „die guten Eigenschaften unseres Volkes in die Seele legen könne".

Kranzfelders Mitwisserschaft wurde, wie es bisher scheint, durch ein belangloses Ferngespräch verraten, das vom „Forschungsamt" Görings routinemäßig mitgeschrieben und erst nach dem Zwanzigsten Juli in seinem wahren Zusammenhang verstanden worden ist. Nach den Vernehmungsberichten hat Kranzfelder auf den Vorhalt, warum er die hochverräterischen Umtriebe nicht gemeldet habe, geantwortet: „Die Tatsache, daß die beiden Stauffenbergs die Hände im Spiel hatten, hat mich wesentlich gehindert, Anzeige zu erstatten" (KB 297). Aus den Berichten geht außerdem hervor, daß Kranzfelder als Beauftragter bei der Marineleitung in „Koralle" nach der Durchführung des Anschlags darüber zu wachen hatte, wie Großadmiral Dönitz und Admiral Meisel die eintreffenden Befehle aufnähmen, insbesondere ob Dönitz der Aufforderung, zu Generalfeldmarschall Witzleben zu kommen, Folge leiste. Als Stichwort für das geglückte Attentat sollte Berthold Stauffenberg telefonisch seine Krankmeldung durchgeben (KB 55. 116).

Kranzfelder ist, wie berichtet, mit Berthold Stauffenberg und Schulenburg zusammen zur Hinrichtung geführt worden. Als man im Oberkommando der Marine nur noch von den Schuften redete, die sich gegen den „Führer" vergangen hätten, wagte einer der Kameraden zu einem jungen Admiral das Wort, vielleicht werde er es noch begrüßen, wenn sein Sohn einmal auf dem Schulschiff „Alfred Kranzfelder" Dienst tun könne.

Als Mitwisser Berthold Stauffenbergs und Kranzfelders bei der

Marine, bereit zu eigenem Einsatz, sind aufzuführen die Fregattenkapitäne Sydney JESSEN und Werner TRABER, mit Berthold Stauffenberg im nahen Umgang Korvettenkapitän Kurt BAUCH, im Zivilberuf Professor für Kunstgeschichte[29].
Im Oberkommando der Luftwaffe war Mitwisser Major i. G. Friedrich GEORGI, geboren 1917, Schwiegersohn von General Olbricht. Unter dem Stichwort „Perikles" wurde, wie er berichtet hat, ein Plan entworfen, wie auch die Luftwaffe in das gemeinsame Handeln einbezogen werden sollte. Georgi ist am Zwanzigsten Juli mit Olbricht zusammen verhaftet worden[30].
Ein wichtiges Glied im Umsturzplan außerhalb von Berlin – am zweiten Brennpunkt des Geschehens – war General der Infanterie Karl Heinrich von STÜLPNAGEL, Militärbefehlshaber in Paris, über den schon beim Plan des September 1938 gesprochen worden ist.
Zwei andere hohe Offiziere, die damals gleichfalls beteiligt, nun aber – Herbst 1943 – strafweise oder mit Ungnade außer Dienst waren, hatten zugestimmt, am Tag des Umsturzes herbeigeholt und mit führenden Aufgaben betraut zu werden: Generalfeldmarschall Erwin von WITZLEBEN und Generaloberst Erich HOEPNER. Witzleben hatte nach Stalingrad erneut die Verbindung zu Beck aufgenommen und war im Herbst 1943 von Beck und Olbricht in die neuen Pläne eingeweiht worden. Durch seinen früheren Ordonnanzoffizier Major d. R. Wilhelm-Friedrich Graf zu LYNAR, in dessen Haus manche Begegnungen stattfanden, und Hauptmann Graf SCHWERIN (KB 43) blieb seine Verbindung zur Bendlerstraße erhalten. Nach den Vernehmungsberichten wurde Witzleben erst im Mai/Juni im Büro des Generals Olbricht mit Stauffenberg bekannt. Stauffenbergs Verhältnis zu Hoepner war seit seiner Dienstzeit in Wuppertal (1938/39), dann dem Polen- und Frankreichfeldzug (1939/40) gegeben. Generalmajor Hans OSTER war vorbereitet, als Verbindungsoffizier für den Dresdner Wehrkreis einzutreten.

*

Zu den Offizieren, die den militärischen Ablauf bei der Erhebung anzuführen und zu verantworten hatten, kam der Kreis der für die politischen Aufgaben erforderlichen Männer. Stauffenberg hat sich – was ihm verübelt worden ist – um die politische Vorbereitung mit der gleichen Intensität gesorgt wie um die militärische Planung und hat dabei, wie zu erkennen ist, den Nachdruck auf die Menschen – Charakter und Wirkungskraft – gelegt und nicht auf die von ihnen vertretenen Programme. Es wurde festgestellt, daß er sich nicht nur von politischen Gesprächen und Vorbereitungen immer wieder berichten ließ (KB 523), daß er selbst vielmehr häufig Begegnungen und Aussprachen angeregt und besucht hat, daß er außerdem bemüht war, „sich möglichst umfassende Informationsquellen über die Vorgänge im Ausland und über die Einstellung beim Feind zu verschaffen" (KB 173).

Als erster ist hier zu nennen Fritz Graf von der SCHULENBURG, der von Beginn seiner Berliner Zeit an Stauffenberg zur Seite war und selber ganz dem Vorsatz lebte, die Erhebung vorzubereiten. Seine echte Hingabe an die vaterländische Aufgabe wirkte als Siegel, das ihn auswies, seine Kraft, auch Rückschläge zu tragen, machte ihn unersetzbar, sein auf Freundschaft gegründetes Wirken für Stauffenberg wurde auch von den anderen empfunden. Er vor allem hat die Mittlerrolle übernommen, Stauffenberg mit den Männern der politischen Gegenbewegung gegen Hitler zusammenzuführen, mit denen er selbst vielfältig, ob in Zu- oder Abwendung, Verbindung erhielt. Durch ihn hat Stauffenberg in kurzer Zeit den Überblick gewonnen über die Kräfte, auf die er sich stützen und mit denen er weiterbauen konnte, in ihm hatte er, wo vorbereitendes und mittelbares Wirken nötig war, den unermüdlichen Sprecher und Bahnbrecher. Schulenburg selbst hat sich eingehend mit den Fragen der neuen Staatsverwaltung und der Berufung der dafür nötigen verläßlichen Beamten befaßt[31].

Im September 1943 kam Stauffenberg zum erstenmal, wie es scheint, mit GOERDELER zusammen und ist bis in die Tage des Zwanzigsten Juli in Zusammenarbeit mit ihm geblieben. Er hat seiner Sachkunde, seinem Mut, seiner Rührigkeit, seinen menschlichen Verbindungen vieles verdankt, und er konnte sich auf die politischen Beauftragten stützen, die ihm Goerdeler vorgeschlagen hat. In den politischen Gesprächen, in der Beurteilung der Lage und der einzuschlagenden Wege gab es Krisen und harte Auseinandersetzungen zwischen ihnen, die keiner persönlichen Fehde entsprangen. Am 18. Juli 1944 haben sich die beiden zum letztenmal gesehen.

Goerdeler nahestehend, aber ebenso in Verbindung zu Männern des katholischen und sozialistischen Widerstands, von starker Aktivität erfüllt war der Berliner Rechtsanwalt Joseph WIRMER (geboren 1901), der, früher Mitglied der Zentrumspartei, aus dem NS-Rechtswahrerbund ausgeschlossen worden war wegen seiner staatsgegnerischen Art und seiner Anwaltstätigkeit für verfolgte Juden. Sein Haus wurde eine wichtige Mittelstelle für Gespräche der Vertreter der verschiedenen Richtungen, an denen sich auch Stauffenberg beteiligte.

Aus den Tagebüchern Hassells geht hervor, daß Stauffenberg erstmals im November 1943 mit HASSELL zusammengetroffen ist (mit Popitz zusammen im Hause Jessen), aus den Vernehmungsberichten, daß er in den Monaten vor dem Zwanzigsten Juli eine sehr rege Fühlung gehabt hat mit den gewerkschaftlichen Kreisen und den Sozialisten, so mit Leuschner, Maaß, Jakob Kaiser und mit Angehörigen des „Kreisauer" Kreises, so mit Haubach, Gerstenmaier, Delp, Reichwein. Als Trefforte sind bekannt das Haus Maaß in Potsdam, das Haus Yorck, das Prinzessinnenpalais Unter den Linden.

Aus Stauffenbergs eigenem Umkreis sind als Ratgeber und politische Verbündete, die sich zu Aufgaben bereit hielten, zu nennen: sein Vetter Peter Graf von YORCK, damals als Oberregierungsrat beim Reichspreiskommissar in Berlin, und Adam TROTT zu SOLZ, Legationsrat im Auswärtigen Amt, die beide im Zusammenhang des Kreisauer Kreises schon genannt worden sind (Moltke war seit Januar 1944 in Haft), Yorck vor allem mit innerpolitischen, sozialen und kirchlichen, Trott mit außenpolitischen Überlegungen und Vorbereitungen beschäftigt, zu Hans Bernd von HAEFTEN in naher Verbindung, Carl Hans Graf von HARDENBERG, der schon bei Tresckow genannt wurde, Nachkomme des Staatskanzlers, Mitberater in Dingen des künftigen Staatsplans und gern gesuchter Freund – auf seinem Landsitz Neuhardenberg bei Küstrin fanden wichtige Wochenendgespräche statt –, Kurt Freiherr von PLETTENBERG, Generalbevollmächtigter („Kammerpräsident") des früheren preußischen Königshauses, offen für ein neues Staatsdenken, um seiner schlichten Edelmannsart willen ebenso geschätzt wie um seiner Verläßlichkeit.

Besonders zu nennen ist wegen seiner ganzen Hingabe und seiner sich nie vordrängenden, aber um so wirkungsvolleren Mitsprache bei den politischen Plänen Ulrich Wilhelm Graf von SCHWERIN-SCHWANENFELD. Er war 1902 in Stockholm fast zur gleichen Zeit wie Schulenburg in London geboren. Seit Oktober 1943 erscheint er in nahem und häufigem Umgang mit Stauffenberg. Obwohl sie sich zuvor nicht kannten, gaben sie sich von Anfang an für die Umgebung als alte Freunde, die sich vertraut mit du anredeten – so konnten die häufigen Besuche des dem Amt Fremden im Allgemeinen Heeresamt keinen Argwohn erregen. In den folgenden Monaten haben sich die beiden freilich nahe befreundet, und Schwerin, der seit 1938 als vielfacher Mittler zwischen Beck, Goerdeler, Hassell, Oster, Popitz, Wagner, Jessen, Yorck gewirkt hatte, widmete sich nun ganz Stauffenberg und lebte mit in den erregenden Plänen.

Als Sohn eines Diplomaten in fremden Großstädten aufgewachsen, mit dem politischen Leben durch einen Kreis verwandter und befreundeter Menschen wie durch eine ursprüngliche vaterländische Leidenschaft rege verbunden, so wandte Schwerin sich einer neuen unerwarteten Lebensaufgabe zu: der Pflege eines großen landwirtschaftlichen Erbbesitzes in Westpreußen nahe Danzig und in Mecklenburg. Seine Herkunft aus den größeren Zusammenhängen hinderte ihn – seine überschlanke, biegsame Gestalt bot auch wenig Stoff dazu –, in die Rolle des sich selbst am nächsten stehenden Großgrundbesitzers einzugehen. Mit Stauffenberg hat er immer wieder Gespräche über die künftige Boden- und Landreform geführt und Pläne gutgeheißen, die für ihn selbst einen weitgehenden freiwilligen Verzicht zugunsten eines neuen Staatsgefüges bedeuteten. Er hielt darauf, daß der Mehrbesitzende freiwillig vorangehen müsse, um eine „Revolution von oben", wie sie der Freiherr vom Stein gefordert, zu verwirklichen.

Nach verschiedenen Front- und Heimatverwendungen war er vom Herbst 1943 ab als Hauptmann im Amt des Generalquartiermeisters in Zusammenarbeit mit dem dort tätigen Jens Jessen. Die Freunde schätzten an ihm besonders seine klare und kluge Entschiedenheit, seine unabhängige, neidlose Art zu leben und sein auch dem Freund Ehre erbietendes Wesen. Er hat sich im November 1943, von Beck aufgefordert, „als Mitarbeiter im zivilen Bereich zur Verfügung gestellt". Schwerin ist mit Schulenburg, Yorck, Berthold Stauffenberg zusammen verhaftet und als der letzte von ihnen im September hingerichtet worden. „Daß ich ungebeugt in den Tod gehe in dem festen Bewußtsein, nichts für mich und alles für unser Vaterland gewollt zu haben", so schrieb Schwerin zuletzt, „das muß Dir immer Gewißheit bleiben und das mußt Du den Söhnen immer wieder sagen[32]."

Aus Stauffenbergs eigener Familie sind außer dem Bruder Berthold noch zwei Männer zu nennen, die mit ihrer ganzen Person an seinem Planen und Tun Anteil hatten: sein Onkel, Bruder der Mutter, Nikolaus Graf von ÜXKÜLL, und sein Vetter Cäsar von HOFACKER[32a].
Üxküll, Oberst a. D., 1877 in Ungarn geboren, ein von vielen geliebter Edelmann alten österreichischen Schlages, gebildet, deutsch gesinnt, ist bei seinen Vernehmungen der Linie gefolgt, daß der Nationalsozialismus von seinen Führern und Vertretern im Grunde verraten wurde und als „deutscher Sozialismus" mit Sauberkeit und Rechtlichkeit erst eingeführt werden müsse (KB 448 ff.). Als beauftragter Verbindungsoffizier für Böhmen-Mähren ist er schon wenige Tage nach dem Zwanzigsten Juli verhaftet worden. Die Möglichkeit der Rettung, die man ihm bot, hat er abgelehnt: er hielt es für gebührend, vor Gericht zu sagen, daß er aus tiefster Überzeugung und mit ganzem Herzen an der Erhebung teilgenommen habe. Er wurde mit den Grafen zu Dohna-Tolksdorf und Matuschka und dem Kaplan Wehrle zusammen am 14. September hingerichtet.
Caesar von HOFACKER, Sohn des im Ersten Weltkrieg bekannt gewordenen württembergischen Generals, selbst in den Jahren 1914 bis 1918 mit Auszeichnungen an der Front, später führend in den Vereinigten Deutschen Stahlwerken tätig, seit 1937 der Partei angehörig, war eine immer auf Entscheidung drängende, großzügige, männliche Natur, weite Zusammenhänge überblickend, aber ebenso dem Angestammten verbunden, selbstbewußt, doch von offener Herzlichkeit zu seinen nicht wenigen Freunden und einem unnachahmlichen Wesen zu seinen Kindern. Er hatte etwas Bezwingendes in der Autorität seiner ungestümen und ritterlichen Erscheinung und besaß wie kaum einer die Gabe der Überredung. Als Geschwaderchef der Luftwaffe war er 1940 noch selbst gegen den Feind geflogen, später wurde der Oberstleutnant der Reserve in der Wirtschaftsabteilung der Militärverwaltung in Paris tätig, nachdem er mit Frankreich schon zwischen den Kriegen bekannt geworden war und manche persönlichen Verbindungen geknüpft hatte. Er hielt jetzt vor Freunden und Mitarbeitern im Amte seine Meinung nicht zurück, daß er das politische Verhalten der deutschen Führung Frankreich gegenüber für kurzsichtig, unklug und in jedem höheren Betracht für verhängnisvoll und verwerflich halte. Ein schlußkräftiges Memorandum, das er an den Staatssekretär Frei-

herrn von Weizsäcker richtete, wurde mit uneingeschränkter Bejahung, aber zugleich mit dem lebhaften Bedauern aufgenommen, daß auch er, der Staatssekretär, in keiner Weise das Ohr Hitlers habe. Unvergessen ist einem Freund, der Caesar Hofacker im Sommer 1943 in Paris besuchte, wie er die Schilderung der aus trostlosem Unverständnis erwachsenen Lage zwischen Frankreich und Deutschland mit seiner rednerischen Leidenschaft zu einem lebendigen Traumbild steigerte: auf dem Douaumont müsse man sich begegnen und die Hände geben, und die Farben des Reiches und die Trikolore müßten gemeinsam über den alten und den frischen Gräbern und über einem neuen gemeinsamen Weg der beiden einander schicksalhaft zugewandten Völker wehen... Durch den ihm befreundeten Schulenburg erhielt er Kenntnis von den sich verdichtenden Bemühungen, einen Wandel zu erzwingen. Stauffenberg sah er nach seiner Genesung und traf mit ihm zu einem entscheidenden Gespräch in der zweiten Oktoberhälfte in Berlin zusammen. Um diese Zeit erreichte er, daß er – man wußte eigentlich nicht, mit welcher Aufgabe – in die unmittelbare Nähe von Karl Heinrich von Stülpnagel, dem Militärbefehlshaber in Frankreich, versetzt wurde. Mit ihm zusammen hat er in Paris die Voraussetzungen für den Tag einer Erhebung geschaffen. Er wurde als künftiger Mittler zur französischen Regierung (bisher Vichy-Regierung) vorgesehen.

Nach dem Zwanzigsten Juli hat er, sichtlich von der Vorstellung umgetrieben, doch noch zu einem Umsturz vom Westen her zu kommen, die ihm von deutschen und französischen Freunden eröffnete Möglichkeit zur Flucht nicht ausgenützt. Beim Verhör trat er ohne Furcht und angriffsbereit auf und schreckte die andern mit der Behauptung, er habe am 20. Juli mit dem gleichen Recht gehandelt wie Hitler am 9. November 1923. Sich selbst nannte er den Alleinverantwortlichen für Paris und drückte nur sein Bedauern aus, daß er nicht selbst für das Attentat ausersehen worden sei – es hätte dann gewiß kein Versagen gegeben. Er hatte sich Stauffenberg mehrfach dazu angeboten. Auf den Einwand des Verhörenden, wie er das hätte tun können, er habe doch eine Frau und vier oder fünf Kinder, soll er ihm scharf ins Wort gefallen sein: „Was schert mich Weib, was schert mich Kind, wenn es um Deutschland geht!" Seine Rede muß, wie aus der zögernden Äußerung eines Beteiligten hervorging, von solcher Schärfe und vernichtenden Schmähung Hitlers gewesen sein, daß sich die Vernehmenden, die Derartiges noch nicht gehört hatten, nur mühsam losrangen und nachher diesen Mann als den gefährlichsten inneren Gegner bezeichneten, der ihnen in Paris begegnet sei. „Ein gefährlicher Staatsfeind, aber ein ganzer Kerl", so urteilte über ihn Oberg, sein Feind aus der SS[33].

Den stärksten Rückhalt für sein politisches Planen und Handeln in den neun Monaten in Berlin fand Stauffenberg, wie die Überlieferung Beteiligter und auch die Vernehmungsberichte nahelegen, in Julius LEBER. Schon bei der ersten Begegnung, die durch Schulenburg vermittelt wurde, war er von dessen Person, der Kraft seines Urteils und seines Tatwillens angezogen, so wie Leber etwas anderes in dem jungen Oberstleutnant fand, als er, gegen das Militär mißtrauisch, obwohl selbst soldatisch gesonnen – er war „Offizier und Graudenzer Fußartillerist" gewesen (KB 199) – von ihm erwartet hatte: es zeigte sich, daß zwei gleich unbedingte Naturen zueinander kamen und sich verbündeten. Man weiß aus ihren Gesprächen den Ausdruck, daß sie „keine Revolution der Greise" machen wollten und daß es ihnen nicht so sehr auf festgelegte Programme und die ersten Ministerlisten ankomme, sondern darauf, im „freien Augenblick", der dem Tod Hitlers folge, selbst mit den besten Kräften zur Stelle zu sein. „Um zum Umsturz zu kommen, würde ich mit dem Teufel paktieren", sagte Leber mehrfach, „was danach kommt, regelt sich von selbst, wenn von uns der Wille zur Verantwortung, zur Gestaltung als zwingende Lebensbedingung empfunden wird."

Über das, „was danach kommt", hatten Leber und Stauffenberg gleichwohl eingehende Gespräche. Ausgangspunkt war immer wieder, daß „Demokratie" unter den Deutschen nicht durch eine Regierungserklärung gemacht, sondern nur schrittweise in sehr durchdachter und lebendiger Lenkung verwirklicht werden könne. Leber beschäftigten darum immer wieder die Vorstellungen, daß man trotz allen revolutionären Willens Sicherungen und Formen des „totalitären" Staates nur in behutsamer Folge aufheben und durch neue ersetzen könne.

Annedore Leber berichtet von einem der Gesprächsabende zwischen Leber und Stauffenberg aus der Zeit der Bombenangriffe. Bei Alarm war es Sitte, daß die Besucher rasch das Lebersche Haus verließen: man wollte die Gefahr vermeiden, daß vielleicht nach einem Einschlag offenbar werden könne, wer in diesem Haus zusammengewesen sei.

Stauffenberg war gegangen, als Frau Leber unter dem Eindruck des Besprochenen an Julius Leber die Frage richtete: „Glaubt ihr, daß ihr in euren Absichten erfolgreich sein könnt?" Er antwortete: „Ich weiß es nicht. Ich habe nur einen Kopf, und den kann ich für keine bessere Sache einsetzen als diese[34]."

Es bleibt zuletzt übrig, den Namen Wilhelm AHLMANN dem von Julius Leber folgen zu lassen. Gespräche um Autorität und Freiheit, um künftige Staatsgestaltung, um wirtschaftliche und soziale Fragen, die Stauffenberg immer wieder und von immer neuen Aspekten geführt hat – Fahrner berichtete aus dem August/September 1943 davon –, sind von seinen Begegnungen mit Leber bezeugt und sind aus den wenigen Angaben über seine immer wieder gesuchten Begegnungen mit Ahlmann zu erschließen. Es ist deutlich, daß es sich dabei nicht so sehr um den „ewigen Staat" und um gedankliche Buntwirkerei gehandelt hat als um das jetzt verantwortlich Vollziehbare, das der Blinde mit seinem Realitätensinn, aber zugleich aus seinem geistigen Hütertum heraus angesprochen hat. Es ist nirgends berichtet, ob Leber mit Ahlmann bekannt geworden ist. Daß Ahlmann in seiner Abgeschiedenheit viereinhalb Monate nach dem 20. Juli doch noch vom Verdacht erreicht wurde und sich an den Punkt geführt sah, von seinen Getreuen die Waffe zu verlangen, daß er Stauffenberg in freiem Tod gefolgt ist, hat eigene Zeugniskraft in der Geschichte der Erhebung. Jens Jessen, der Stauffenberg zu Ahlmann gebracht hatte, ist eine Woche vor ihm, am 30. November, durch den Henker gestorben. Julius Leber wurde am 5. Januar 1945 hingerichtet.

*

Den über hundert hier Genannten, die nach den Zeugnissen Überlebender und nach den Vernehmungsberichten gemeinsam mit Stauffenberg für eine Erhebung tätig geworden sind – nicht zwanzig von ihnen haben ihr Leben behalten –, sind weitere Beteiligte in vielleicht gleicher Zahl anzureihen: Offiziere in Stäben oder Dienststellen außerhalb Berlins, die Einzelaufgaben übernommen hatten, Offiziere, die durch Versetzung oder Abkommandierung vor dem Juli 1944 aus dem Kreis der Mittätigen ausgeschieden waren, nicht der Wehrmacht angehörige, für die politische Gestaltung herangezogene Männer, die etwa über

Goerdeler oder Leuschner ihre Verbindung hatten und von denen eine ganze Zahl erkannt und abgeurteilt wurde. Man wird auch veranschlagen müssen, daß es Verzweigungen gegeben hat, die, vom Gericht nicht aufgedeckt, durch den Willen der Beteiligten auch später nicht bekannt geworden sind.

Innerhalb der Genannten die Anteile der einzelnen und ihre Verhältnisse zueinander genau bestimmen zu wollen, ist eine unlösbare Aufgabe bei der in Stufen gehandhabten Einweihung und der Verschiedenartigkeit der Funktionen. Zu erkennen aber ist, daß Stauffenberg zu jedem von ihnen einen eigenen persönlichen Kontakt gehabt hat, ja daß der ganze Kreis der für eine Erhebung Tätigen nicht durch allseitige, wenn auch verdeckte Werbung, etwa nach Art einer illegalen Partei, sondern (was auch die Untersucher immer wieder bemerkt haben) durch sehr bewußte und sich beschränkende Wahl nach den Graden von Regiments- oder Kriegskameradschaft, Freundschaft, Verwandtschaft sich gefunden und zusammengeschlossen hat. Es war schon um der Geheimhaltung willen nie daran gedacht, eine möglichst große Zahl zu gewinnen. Stauffenberg stand von Mal zu Mal vor der Notwendigkeit, daß er für eine ganz bestimmte Aufgabe oder an einem Schlüsselpunkt einen Verläßlichen und Fähigen brauchte und ihn in dem Menschenkreis, den er als erprobt kannte, oder unter den ihm Empfohlenen zu finden hatte, soweit sie im Bereich der Heimat und des Ersatzheeres für ihn erreichbar waren. Abberufungen von der Front, übrigens auch für ihn nur schwer und auf Umwegen vollziehbar, hat er, den Vernehmungsberichten nach zu urteilen, kaum je wie in dem Fall des Hauptmanns von dem Bussche zu Hilfe genommen. Häufig begegnet man aber dem Bericht, daß ein Telegramm aus der Bendlerstraße einen Offizier von seinem Ersatztruppenteil ohne jedes Wissen nach Berlin berufen habe und daß der sich Meldende, zuvor bekannt oder im stillen „geprüft", von Stauffenberg zuvorkommend und fast wie befreundet aufgenommen, von seiner Rede gewonnen und mit seiner Funktion bekannt gemacht worden sei. Man findet dabei „die Atmosphäre des Hauses", öfter unter Beifügung des Namens Haeften genannt, die zum spontanen, ja begeisterten Jawort beigetragen habe (vgl. KB 306). Nie ist Stauffenberg, wie auch der anders vorgehende Goerdeler, von einem so Angesprochenen verraten worden. In dem einzigen Fall, in dem die Vernehmungsberichte von einer Ablehnung schreiben, fügen sie hinzu, daß der Angesprochene, der sich zu seinem Auftrage nicht in der Lage fühlte, sich um einen andern an seiner Statt – gleichfalls vergebens – bemüht und daß keiner von beiden trotz der ihnen bewußten Gefahr an eine Preisgabe Stauffenbergs gedacht habe (KB 313). – Das Vorgehen Stauffenbergs bei der Wahl von Mittätigen bestätigt auch Rudolf Fahrner, der in seinem Bericht schreibt, Claus und Berthold Stauffenberg hätten, da schon so viele sich gefährden mußten, wo sie konnten, vermieden, ohne faktische Notwendigkeit Menschen als Mitwisser in Gefahr zu bringen, auch wenn man ihres verbundenen Sinnes sicher war und wußte, daß sie, eingeweiht, „mit Freuden teilgenommen und alle Gefahren auf sich genommen hätten".

Auch innerhalb des Kreises der Mitverschworenen gab es verantwortungsvolle und schwierige Entscheidungen. Sieht man ab von unausbleiblichen Rangstreitigkeiten, Wünschen des Ehrgeizes oder der Eitelkeit, persönlichen Zwisten der unter sich sehr verschiedenen Teilnehmer, so blieb für die Leiter des Unternehmens eine oft schwer zu lösende Frage, wieviel an Verantwortung dem einzelnen aufzuladen sei. Denn dies Maß hing nicht allein davon ab, ob der einzelne bereit sei, sich voll einzusetzen, und ob er menschlich zuverlässig, ehrenhaft, begabt, fachkundig sei. Man war sich klar, daß die entscheidenden Stunden vor allem Standhaftigkeit, Nervenstärke und die physische Kraft des Mutes und der Kaltblütigkeit fordern mußten und daß manche tatbereite Natur, schon durch Monate aufreibender Vorbereitung und durch die Ruhelosigkeit in einer bombenzerpflügten Stadt zermürbt, zuletzt nicht die Kraft habe, zu bestehen. Schon bei der Frage der Mitwirkung des Generalobersten Beck, dessen reine Hingabe außerhalb allen Zweifels stand, war diese Sorge aufgekommen, auch Feldmarschall Witzleben hatte seit seiner Erkrankung vor eineinhalb Jahren nicht mehr die volle Spannkraft, in vielen anderen Fällen stand man vor ähnlicher Entscheidung, so bei Generalleutnant von Hase, einem charaktervollen, sehr fähigen und zur Hingabe bereiten Offizier der Beckschen Generation, Stadtkommandant von Berlin, dem man Aufgaben zumutete, die ein jüngeres, rauheres Draufgängertum leichter hätte lösen können. In mehreren Fällen hoffte man, durch beigegebene jüngere Offiziere die Umsicht und Erfahrung des einen durch die Tatkraft des andern zu ergänzen, in anderen Fällen mußte man es dem überlegenen Wort Becks überlassen, zu Höhergestellten zu reden und sie etwa zugunsten einer jüngeren und handlungsstärkeren Kraft zu Verzicht oder Unterordnung zu bewegen.

Im Umgang mit den am politischen Plan Beteiligten mußte das Bestreben sein, den zur Auswirkung bereiten Kräften und neuen Ideen, auch wo sie antithetisch schienen, Raum zu geben, zugleich aber den von den bestimmt veranlagten Einzelnen her drohenden „Fixierungen und Dogmatisierungen" entgegenzutreten, die nicht mit dem Gegebenen rechneten und ins Unfruchtbare führten. Mit den vorhandenen Menschen, ihren Qualitäten und Schranken mußten die mit dem Umsturz anfallenden Aufgaben gelöst werden. Es mußte manchem Eigenwillen und Prestigegedanken nachgegeben, aber doch darüber gewacht werden, daß sich ohne Rücksicht auf vergangene Formen und Forderungen einer Partei der Erneuerungswille durchsetze.

XI PLÄNE UND VORBEREITUNGEN

Der Plan der Erhebung gliederte sich in drei Aufgaben: das Attentat, die Aktion der ersten Stunden (der militärische Ausnahmezustand), die neue politische und militärische Auswirkung.

Die Notwendigkeit des Attentats war nach einer Aussage Schulenburgs (KB 89) in Besprechungen zwischen Beck, Olbricht, Tresckow ausdrücklich bejaht worden, da ohne gewaltsame Beseitigung Hitlers das Unternehmen „ein zu großes Risiko in sich tragen würde". Tresckow, der sich schon in den Monaten vorher mit Stieff über die Notwendigkeit einer Änderung besprochen hatte, wandte sich Anfang August 1943 (am 6.?) offen an ihn mit der Äußerung, daß er die Beseitigung des Führers im Weg eines Attentats nunmehr für erforderlich halte. Er wies „auf das seiner Auffassung nach drückende Kriegspotential der Gegenseite hin und bezeichnete es als einen Akt militärischer Einsicht, den Krieg als verloren zu betrachten. Es sei geradezu eine historische Pflicht der Generalstabsoffiziere, den durch die jetzige Führung mit Sicherheit zu erwartenden Verlust des Zweiten Weltkriegs im Interesse des Volkes zu verhindern" (Aussage Stieffs KB 88). Tresckow habe, so sagt Stieff weiter aus, zu ihm bemerkt: er habe sich „bei den Besprechungen, zu denen er als Ia der Heeresgruppe Mitte mit seinem Oberbefehlshaber befohlen war, davon überzeugt, daß ein Anschlag auf den Führer bei der Lageerörterung durchaus möglich ist". Es ist anzunehmen, daß Stieff sich bei diesem Gespräch[1] oder bei nun folgenden mit Beck und Olbricht bereit erklärt hat, mit seiner Gruppe das Attentat zu planen und in einer der täglichen Lagebesprechungen mit Hitler, an denen er teilzunehmen hatte, durchzuführen. Nach einer anderen Nachricht ist man im September (Schulenburg nach KB 89) außerdem an Oberst Meichßner herangetreten, hat ihn in die Vorbereitungen einbezogen und hat von ihm die Zusage erhalten, daß er sich bereit mache, das Attentat zu übernehmen. Zum Heeresstab im OKW gehörig, hatte er mit seinem Chef Keitel von Fall zu Fall in der „Mittagslage" zu erscheinen.

Auf demselben Weg, auf dem Tresckow früher schon sich seinen Sprengstoff beschafft hatte – über die Abwehr durch Oberst i. G. von Freytag-Loringhoven –, erhielt er im September wieder den nötigen Sprengstoff englischer Herkunft und übergab ihn im Oktober, als er wieder zur Front mußte, an Stauffenberg. Von Stauffenberg gelangte er an Stieff.

Da von vornherein keine nennenswerte militärische Macht zur Verfügung stand und sich der Gedanke der Erregung eines offenen Volksaufstandes ausschloß, hatte schon Olbricht seinen Plänen für einen Umsturz die getarnte Usurpation auf dem Befehlsweg zugrunde gelegt und dafür die „Walküre"-Maßnahmen ausgebaut. Von Canaris unterstützt, hatte er im Spätwinter 1941/42 Pläne für einen Alarmfall vorgelegt, die bei inneren Unruhen eine schlagartige Mobilisierung genügender Kräfte im Heimatkriegsgebiet ermöglichen sollten. Hitler hat diesem Plan zugestimmt, nachdem die Zahl der in Deutschland arbeitenden Kriegsgefangenen und Fremdarbeiter 1942 schon die vier Millionen überschritten hatte[2] (für 1944 wurde mehr als das Doppelte angenommen). Der Befehl zur Auslösung von „Walküre" war vom Befehlshaber des Ersatzheeres, also Generaloberst Fromm, an die stellvertretenden Generalkommandos in den Wehrkreisen und an die Oberbefehlshaber der Heeresgruppen zu geben, nur im Fall besonderer Notlage konnte auch der stellvertretende Komm. General eines Wehrkreises für sein Gebiet „Walküre" anordnen, hatte aber sofort den Befehlshaber des Ersatzheeres zu verständigen.

Ein erster umfassender Alarmplan „Walküre" trug das Datum vom 26. Mai 1942. Abänderungen, die den Plan an die veränderten Verhältnisse anpaßten und eine Verstärkung der Schlagkraft bezweckten, waren am 13. Oktober 1942 und 31. Juli 1943 unter Geheimschutz an die stellvertretenden Generalkommandos ausgegeben worden. Die Änderung vom 31. Juli 1943, die von Olbricht, wie sicher anzunehmen, im Hinblick auf den Umsturz durchgesetzt worden ist, befiehlt die Vorbereitung von „einsatzfähigen Kampfgruppen", deren Einheiten innerhalb von 6 Stunden einsatzbereit (Stufe I) und durch einen weiteren Befehl (Stufe II) schnellstens zu Kampfgruppen zusammengestellt werden sollen (vgl. KB 160).

Eine spätere „geheime Kommandosache" vom 11. Februar 1944, die die Unterschrift Stauffenbergs trägt (KB 165), spricht von der Notwendigkeit, „Walküre-Kampfgruppen kurzfristig zu kampfkräftigen Verbänden für den Fronteinsatz" zusammenzustellen, und ordnet für jeden Wehrkreis die Zusammenfassung der bisherigen Walküre-Kampfgruppen in ein verstärktes Grenadierregiment an, übrigens mit dem bezeichnenden Zusatz: „Zurückhalten des für Feldersatz vorgesehenen Personals hat durch die W.K. nicht zu erfolgen". Auch diese Änderung wird nicht ohne Zusammenhang mit den Absichten eines Umsturzes zu sehen sein.

Tresckow und Stauffenberg haben „Walküre" als Alarmverfahren in den Plan übernommen, haben der Aktion aber zwei Grundbefehle vorangestellt, die die Befehlsverhältnisse zu klären und den Ablauf von Walküre zu sichern hatten.

Im ersten Grundbefehl, der hinausgegeben werden sollte, war unter I wie üblich zuerst die Lage kurz angesprochen: „Der Führer Adolf Hitler ist tot. Eine gewissenlose Clique frontfremder Parteiführer hat es unter Ausnutzung dieser Lage versucht, der schwerringenden Front in den Rücken zu fallen und die Macht zu eigennützigen Zwecken an sich zu reißen." Dann wurde unter II mitgeteilt, die Reichsregierung habe den militärischen Ausnahmezustand verhängt und dem unterzeichneten Feldmarschall mit dem Oberbefehl über die Wehrmacht zugleich die vollziehende Gewalt übertragen. In solcher Eigenschaft erklärte unter III der nunmehrige Oberbefehlshaber, daß er die vollziehende Gewalt delegiere für das Heimatkriegsgebiet an den Befehlshaber des Ersatzheeres, für die besetzten Gebiete an die Oberbefehlshaber West, Südwest, Südost, der Heeresgruppe Südukraine, Nordukraine, Mitte, Nord und an den Wehrmachtbefehlshaber Ostland und den Wehrmachtbefehlshaber in Dänemark und Norwegen. Den so ernannten Inhabern der vollziehenden Gewalt würden in ihren Befehlsbereichen unterstellt sämtliche Einheiten und Dienststellen der Wehrmacht, der Waffen-SS, des Reichsarbeitsdienstes, der Organisation Todt, alle öffentlichen Behörden, die gesamte Ordnungs-, Sicherheits- und Verwaltungspolizei, die gesamte NSDAP, die Verkehrs- und Versorgungsbetriebe. Die Waffen-SS sei mit sofortiger Wirkung ins Heer einzugliedern. Als Aufgabe der Inhaber der vollziehenden Gewalt wurde genannt: Aufrechterhaltung von Ordnung und öffentlicher Sicherheit, Sicherung der Nachrichtenanlagen, Ausschaltung des SD. Rücksichtslose Waffenanwendung bei Widerstand wurde zur Pflicht gemacht. Im Schlußabschnitt stand: „In dieser Stunde höchster Gefahr für das Vaterland ist Geschlossenheit der Wehrmacht und Aufrechterhaltung voller Disziplin oberstes Gesetz. Ich mache deshalb allen Befehlshabern des Heeres, der Kriegsmarine und der Luftwaffe zur Pflicht, die Inhaber der vollziehenden Gewalt bei der Durchführung ihrer schwierigen Aufgabe mit allen zu Gebote stehenden Mitteln zu unterstützen und die Befolgung ihrer Weisungen durch die untergeordneten Dienststellen sicherzustellen. Der deutsche Soldat steht vor einer geschichtlichen Aufgabe. Von seiner Tatkraft und Haltung wird es abhängen, ob Deutschland gerettet wird."

Generalfeldmarschall von Witzleben hatte sich einem Vernehmungsbericht zufolge (KB 41) Beck gegenüber schon kurz nach Stalingrad (Februar 1943) auf dessen Frage als Oberbefehlshaber des Heeres zur Verfügung gestellt, „wenn es soweit wäre". Im September 1943 war er bereit, den ihm vorgelegten Grundbefehl I mit seinem Namen zu unterzeichnen.

Im zweiten Grundbefehl meldete sich auf Grund seiner Ermächtigung durch den neuen Oberbefehlshaber der Wehrmacht der Befehlshaber des Ersatzheeres als Oberbefehlshaber des Heimatkriegsgebiets zu Wort. Er übertrug die vollziehende Gewalt in den Wehrkreisen den stellvertretenden kommandierenden Generalen und Wehrkreisbefehlshabern, die damit auch die Befugnisse der von Hitler eingesetzten, aus der Partei kommenden Reichsverteidigungskommissare übernahmen. Er forderte von ihnen als Sofortmaßnahmen

a) planmäßige militärische Sicherung und Besetzung der Gebäude und Anlagen des Post-Wehrmacht-Nachrichtennetzes (einschließlich Funkanlagen),

b) sofortige Amtsenthebung und Verhaftung sämtlicher Gauleiter, Reichsstatthalter, Minister, Oberpräsidenten, Polizeipräsidenten, höherer SS- und Polizeiführer, Gestapoleiter und Leiter der SS-Dienststellen, Leiter der Propagandaämter und Kreisleiter,

c) Besetzung der Konzentrationslager, Verhaftung ihrer Kommandanten, Entwaffnung und Kasernierung der Wachmannschaften,

d) Verhaftung der sich widersetzenden oder ungeeigneten Führer der Waffen-SS, Entwaffnung der Verbände, die Widerstand leisteten: „Energisches Zugreifen mit überlegenen Kräften, damit stärkeres Blutvergießen vermieden wird",

e) Besetzung der SD- und Gestapo-Dienststellen, Heranziehung der Ordnungspolizei zur Mithilfe,

f) Verbindung zur Marine und Luftwaffe: „Gemeinsames Handeln ist sicherzustellen".

Im weiteren wurde angekündigt, daß zur Bearbeitung der entstehenden politischen Fragen, zugleich als vorläufiger Verwaltungschef und Berater des Befehlshabers, für jeden Wehrkreis ein politischer Beauftragter bestellt und daß zur wechselseitigen Unterrichtung zwischen Oberbefehlshaber des Heimatkriegsgebiets und den Wehrkreisbefehlshabern von ersterem Verbindungsoffiziere zu jedem Wehrkreis entsandt würden. Der zweite Grundbefehl endete mit dem Satz: „Bei Ausübung der vollziehenden Gewalt dürfen keine Willkür- und Racheakte geduldet werden. Die Bevölkerung muß sich des Abstandes zu den willkürlichen Methoden der bisherigen Machthaber bewußt werden."

Der Befehl war von Fromm zu unterschreiben. Da er sich bis zum Herbst 1943 ablehnend verhalten hatte, war ihm der Befehl nicht vorzulegen gewesen. Für den Fall, daß Fromm auch nach dem Tod Hitlers ablehnend blieb (was nach seinen Äußerungen kaum angenommen wurde), war durch einen von Witzleben gezeichneten Befehl ein anderer Befehlshaber des Ersatzheeres zu ernennen: Hoepner – gleichfalls Generaloberst, zwei Jahre älter als Fromm – war bereit, an seine Stelle zu treten. Dem zweiten Grundbefehl konnte unmittelbar der Walküre-II-Befehl folgen, wenn man sich nicht etwa entschließen wollte, ihn mit der ausdrücklichen Überschrift Walküre-„Übung" einige Stunden oder einen Tag vorauszugeben.

Der Schwerpunkt für Walküre lag in Berlin. Hier war ein Gesamtplan auszuarbeiten mit Einzelbefehlen für die die Besetzung vollziehenden Kommandeure und Truppen, so für den Wehrmachtsstandortkommandanten, dem neben dem Wachbataillon die Einheiten des Standorts Berlin, die in Spandau stationierten Truppen, die Feuerwerker- und Waffenmeisterschulen unterstanden, ferner für die Panzertruppenschulen Krampnitz und Groß-Glienicke, die Infanterieschule

Döberitz, die Fahnenjunkerschule Potsdam, die Unteroffiziersschule Potsdam. Die im Abstand von 30 bis 80 km liegenden Truppen in Wünsdorf (Panzertruppenschule) und Jüterbog (Artillerieschule) waren unter Umständen in einer zweiten Welle heranzuziehen. Die Mehrzahl der Befehle waren doppelt zu fassen: als Vorbefehl, der zur X-Zeit durch Fernsprecher gegeben wurde mit der kurzen einleitenden Begründung: „Innere Unruhen, Ausnahmezustand, Vollzugsgewalt beim Heer", und als schriftlicher Befehl, der dem betreffenden Kommandeur bei dessen Meldung in der Bendlerstraße übergeben und mit ihm besprochen wurde. Erhalten sind beide Befehle für den Standortkommandanten und für den Kommandanten der Panzertruppenschule Krampnitz (KB 38–40).

Der Kommandant von Berlin bekommt die Aufgabe, mit dem Wachbataillon das in Straßengrenzen genau bezeichnete Regierungsviertel abzusperren und jedes Überschreiten, auch für Minister, notfalls mit der Waffe zu verhindern, Goebbels festzunehmen und besonders zu wachen über Propagandaministerium und SS-Hauptamt. Das Wachbataillon erhält Verstärkung durch zwei Bataillone der Panzertruppenschule und durch die Walküre-Alarmeinheiten. Weitere Aufgabe für den Kommandanten von Berlin, genau bezeichnete Objekte, oberste Reichsbehörden, Nachrichtenanlagen, Einrichtungen der Presse und Zeitungen zu besetzen, dritte Aufgabe des Kommandanten, mit Stoßtrupps die Reichsbehörden zu besetzen und die wichtigsten Persönlichkeiten festzunehmen, einen von einem General geführten Stoßtrupp zum SS-Standortkommandanten zu entsenden, das Regiment Hermann Göring alarmbereit in seinen Unterkünften bis auf weitere Befehle festzuhalten.

Als Unterlage für den Befehl an das Wachbataillon diente eine Aufstellung über die wichtigsten Behörden von SS, Staat und Partei, in der in zwei Gruppen aufgeführt waren

29 vordringlich zu besetzende Objekte in der Reihenfolge der Dringlichkeit (die zehn ersten vorwiegend SS-Objekte, dann etwa zehn von Regierungsstellen und neun von der Partei),
32 im weiteren Verlauf zu besetzende Objekte, ersichtlich nach Nummern auf beigegebenem Plan, bei dem auf mögliche Abweichung durch Evakuierung und Veränderung hingewiesen war (KB 28).

Der Kommandant der Panzertruppenschule erhält fernmündlich Befehl, mit seinen eigenen drei Walküre-Bataillonen und je einem Bataillon der Fahnenjunkerschule Potsdam und der Unteroffiziersschule Potsdam in den Raum Tiergarten – Bendlerstraße vorzurücken, außerdem durch eine kampfkräftige motorisierte Einheit sofort die Sender Königswusterhausen und Zeesen handstreichartig zu besetzen. In Zeesen ist unter Umständen mit Waffengewalt gegen eine Kompanie Waffen-SS vorzugehen. Bei seinem Eintreffen in der Bendlerstraße erhält er die genaue Anweisung, mit zwei Bataillonen das Wachbataillon zu verstärken, mit der Masse seiner Einheiten den Schutz des Bendlerblocks zu übernehmen und sich zum beweglichen Einsatz bereitzuhalten, außerdem nach Süden auf die Kasernen der Waffen-SS in Lichterfelde und Lankwitz aufzuklären und einen Stoßtrupp mit schweren Waffen zur vielleicht nötig werdenden Entsendung zum SS-Standortkommandanten bereitzuhalten.

Für das Verhalten gegenüber der Waffen-SS wurde eine besondere Anweisung ausgearbeitet, auf die viel Wert gelegt wurde. Es war darin die Art des Angriffs auf die SS-Unterkünfte im einzelnen dargelegt: Abriegelung der Zugangsstraßen, schwere Waffen, Stoßtrupps für schlagartiges Eingreifen, Übergabeaufforderung an den dienstältesten SS-Offizier durch zwei Offiziere mit Meldern, die Sichtverbindung halten, Text dafür in direkter Rede in der Anweisung enthalten, endend mit: „Ich muß Sie bitten, Ihre erforderlichen Befehle von hier aus in meiner Anwesenheit zu geben." Es heißt dann: „Bei Weigerung oder Widerstand ist der SS-Führer zu erschießen, die Wachen zu entwaffnen und die Entwaffnung der gesamten Truppe zu erzwingen." Ebenso wird rücksichtsloser Waffengebrauch zur Pflicht gemacht „bei dem geringsten Zeichen von Widerstand" bei den SS-Verbänden.

Der militärische Ausnahmezustand für das gesamte Reichsgebiet wurde durch „Standrechtsverordnungen" hergestellt, deren fünf erhalten sind (KB 70). Sie befehlen unter Androhung des Standrechts:

Als waffentragend anerkannt sind Wehrmacht, Polizei und beauftragte Wachformationen. Alle anderen Personen müssen Waffenbesitz sofort anzeigen.

Aufmärsche, Kundgebungen, Versammlungen in geschlossenen Räumen, Flugblattherstellung werden verboten.

Wirtschaft, Verkehr müssen weitergehen, Reichsnährstand und die gewerblichen Organisationen, Organisation Todt, Reichsarbeitsdienst, NS-Kraftfahrkorps arbeiten unter neuer Aufsicht weiter, ebenso NS-Volkswohlfahrt, die unter die Leitung der Gemeinden, Kreise, Länder tritt, an die ihre Aufgaben zurückfallen. Die Arbeitsfront besteht fort unter neuer kommissarischer Leitung.

Die Arbeit der Beamten, Arbeiter, Angestellten geht weiter, Urlaube sind gesperrt, jeder muß auch außerhalb der Dienstzeit für seinen Vorgesetzten erreichbar sein.

Den Amtsträgern der Partei usw. wird jede ihnen durch die Partei befohlene Tätigkeit verboten. Sie haben nur den ihnen auf Grund des Ausnahmezustands erteilten Befehlen zu folgen.

Das Vermögen der Partei und ihrer Verbände (außer Arbeitsdienst und Organisation Todt) wird vorläufig beschlagnahmt. Etwas davon wegzunehmen, zu ändern, Urkunden, Register, Akten beiseite zu bringen, zu fälschen usw. macht Standrecht fällig.

Zu Gefängnis nicht unter drei, Zuchthaus bis 15 Jahren oder lebenslänglich, mit Vermögensverlust oder Tod bestraft wird, wer den erlassenen Anordnungen zuwiderhandelt, zu Gewalttat oder Sachbeschädigung aufreizt, ebenso wer plündert.

Standgerichte mit je drei Mitgliedern werden errichtet. „Die Standgerichte bestimmen das Verfahren nach eigenem Ermessen in Anlehnung an die Grundsätze der Reichsstrafprozeßordnung. Sie laden den Beschuldigten vor oder lassen ihn vorführen, geben ihm rechtliches Gehör, vernehmen gegebenenfalls Zeugen und fällen sofort das Urteil ... Die Urteile der Standgerichte sind endgültig und ohne Aufschub zu vollziehen."

Eine eigene Standrechtsverordnung verfügt die Beschlagnahme des direkten und indirekten Vermögens, bestehend auch in Beteiligungen, Rechten usw. der Führenden in der NSDAP bis herab zum Kreisleiter. Sie erstreckt außerdem die Zuständigkeit der Standgerichte auf Verbrechen und Vergehen des Mordes und der Freiheitsberaubung, der Erpressung und Bestechung, „die durch Macht- und Amtsmißbrauch gegen Wehrlose oder aus Bereicherungssucht begangen wurden und die eine rasche Sühne fordern, weil sie in besonderem Maße die berechtigte Volksempörung hervorgerufen haben".

Ein besonderer Befehl fordert sofortige Schließung und Verwahrung der Dienststellen und Räume der Partei und ihrer Gliederungen, soweit sie nicht unter kommissarischer Leitung weiterarbeiten. Für die Deutsche Arbeitsfront sollen Sachverständige aus den Arbeitsämtern herangezogen werden.

Personen der Partei und ihrer Gliederungen, die nicht unbedingt zur Weiterarbeit gebraucht werden, sind „in kürzester Frist unter Aufhebung von UK-Stellungen einzuziehen oder dienstzuverpflichten".

Durch eine andere Anordnung (KB 75) wird der private Reiseverkehr für drei Tage verboten, der gesamte Fernsprechverkehr, ausgenommen Ortsgespräche und Gespräche von und zu Staats- und Wehrmachtstellen, die namentlich anzufordern sind, vorläufig gesperrt, desgleichen der private Telegrammverkehr.

Außer den Grundbefehlen, Zusatzbefehlen, Standrechtsbefehlen und zusätzlichen Verordnungen, die sich durch die Aktion des Zwanzigsten Juli – am ausführlichsten in den KB – erhalten haben, muß es „eine bis in Einzelheiten handschriftlich (vermutlich durch Oberleutnant Haeften) festgelegte Planung", einen „Kalender" gegeben haben, in dem zwischen vorbereitenden Maßnahmen, Vorausmaßnahmen und X-Fall unterschieden, völlige Tarnung und für das Ereignis rasche, aber klare und erschöpfende Befehlsübermittlung gefordert war (KB 35).

Eingehende Besprechungen und Vorarbeiten galten dem Nachrichtengebiet. Das Ziel mußte sein, die Nachrichtenmittel am Tag der Erhebung so in die Hand zu bekommen, daß die eigenen Anordnungen und Benachrichtigungen durchgingen, die der Gegenseite verhindert oder abgeschaltet werden konnten. Das Handeln von Berlin aus, das auf schlagartigem Befehlszugriff beruhte, mußte gegen das Führerhauptquartier und die mit ihm verbundene SS- und Parteiführung abgeschirmt werden; es mußte Zeit zu seiner Entfaltung gewinnen. So mußte versucht werden, die Gegenseite möglichst lange im Unklaren darüber zu halten, was sich an das vollzogene Attentat anschloß, um ihre Abwehr aufzuhalten. Es handelte sich dabei um Fernsprech- und Fernschreibverbindungen, Funk und Rundfunk.

Die Schwierigkeit eines solchen Eingriffs lag vor Augen. Es gab keinen zentralen Knotenpunkt, der handstreichartig zu besetzen und etwa in die Luft zu sprengen war. Heer, Luftwaffe, SS, Polizei, das

Auswärtige Amt hatten neben dem öffentlichen Postnetz eigene, wenn auch ineinander verschlungene Nachrichtenwege, für die eine ganze Zahl Verstärkerämter und Durchgangsvermittlungen arbeitete. Im Hauptquartier in Ostpreußen waren diese Einrichtungen in mehreren, voneinander entfernten, bunkerartigen Gebäuden untergebracht und die einzelnen Stellen waren, wenn auch in beschränktem Umfang, zu wechselseitiger Vertretung befähigt. Eine Sperrung für „Wolfsschanze", das eigentliche Führerhauptquartier, war noch am leichtesten durchführbar, schwieriger eine Sperrung für das nahe davon gelegene großräumige Hauptquartier, an dem auch Himmler, Göring und das Auswärtige Amt beteiligt waren. Hier waren neben der großen Durchgangsvermittlung „Anna" mindestens drei Verstärkerämter – Lötzen, Insterburg, Rastenburg – mit in die Sperre einzubeziehen. Eine ähnliche Vielseitigkeit galt, wenn Hitler sich mit dem Hauptquartier in Berchtesgaden aufhielt. Hier war für die Blockierung der Verstärkerämter Salzburg und München Vorsorge zu treffen.

In Berlin hatte man mit einer noch größeren Vielfalt der Nachrichtenmittel zu rechnen. Nach einer Angabe in den KB (S. 376), die auf Aussage von Oberst Hassell zurückgeht, hat Olbricht „bereits 1943 nach Stalingrad" durch ihn eine Aufstellung machen lassen über „die Fernsprechämter der Reichspost, die Fernsprechvermittlungen des Auswärtigen Amtes, des Propagandaministeriums, des Reichssicherheits-Hauptamtes, des Polizeipräsidiums usw." und hat diese Aufstellung im April/Mai 1944 auf den neuesten Stand bringen lassen. Zwanzig Nachrichtenoffiziere wurden vorgesehen, die einzelnen Objekte im Alarmfall zu besetzen. Die Nachrichtenverbindungen der Wehrmacht liefen in Berlin über zwei überschaubare Zentren: die große Durchgangsvermittlung „Zeppelin" in Zossen (40 km südlich von Berlin) und den mehrstöckigen Nachrichtenbunker in der Bendlerstraße, die vielgliedrige Zentralstelle des deutschen Kriegsnachrichtenwesens, in der neben den Nachrichtentruppen etwa 200 zivile Kräfte Dienst taten.

Auch wenn die Sprengungen aller zentralen Nachrichtenwege technisch möglich gewesen wäre, sie wäre doch – so ist aus den Zeugnissen anzunehmen – niemals erwogen worden, da sie eine schwere augenblickliche Gefährdung des Feldheeres bedeutet und einer neuen Führung die ihr doppelt nötige Nähe zur kämpfenden Front genommen hätte. Es konnte sich einzig um eine Blockierung auf Zeit handeln.

Einige Stellen in den Kaltenbrunner-Berichten lassen erkennen, daß man eingehend die Frage erwog, ob vorbereitende Eingriffe schon vor der Aktion möglich seien. Es wurde aber dann eine „Einigung darüber erzielt, daß umfangreiche Abschirmmaßnahmen erst n a c h geglücktem Attentat erfolgen könnten" (KB 330). Freilich mußten dann an den wenigen Schlüsselstellen verantwortlich Befehlende bereit stehen, und es mußte zielsicher, klar und rasch gehandelt werden.

In General Fellgiebel hatten Olbricht und Stauffenberg den höchsten Nachrichtenoffizier als Verbündeten auf ihrer Seite: er war Chef des Nachrichtenwesens im Oberkommando des Heeres (mit Oberst Hahn als Stabschef) und Chef der Wehrmachtnachrichtenverbindungen im Oberkommando der Wehrmacht (mit General Thiele als Stabschef). So war er auf dem Gebiet aller Nachrichtenmittel Vorgesetzter der Nachrichtenführung aller drei Wehrmachtteile mit Weisungsrecht auch im Nachrichtenapparat der Deutschen Reichspost.

Seine Mitwirkung war ohne Vorbehalt. Er war mit Beck schon im Jahr 1938 im Einverständnis und war 1943/44 nach Feststellungen der Vernehmenden (KB 258, 296) „einer der stärksten Verfechter der Attentatsidee", „einer der aktivsten Männer im Verschwörerkreis". Fellgiebel hat seine beiden Stabschefs mit den geheimen Plänen, soweit sie dessen bedurften, bekanntgemacht. Sie waren bereit, nach geglücktem Attentat die nötigen Maßnahmen durchzuführen, Hahn vom Hauptquartier aus, Thiele in Berlin. Der Plan ihres verbundenen Vorgehens ist nirgends dargelegt worden und ist nach dem Tod der drei Beteiligten auch kaum wiederherstellbar. Man ist auf Schlüsse aus dem Verlauf des Zwanzigsten Juli und auf Einzelbemerkungen anderer Beteiligter angewiesen. Offenbar sah der Plan vor, daß Fellgiebel, der jederzeit Zugang hatte und den Vorgang aus der Nähe beobachten konnte, das erfolgte Attentat, wohl mit einem Tarnwort, Hahn durchgeben sollte. Hahn hatte Stieff zu benachrichtigen und die Abschirmmaßnahmen für seinen Bezirk zu befehlen, „wobei alle Verbindungen unter die Kontrolle von ‚Anna' gebracht werden sollten" (wie es dann für Juli 1944 in KB 330 heißt). Von Stieff oder Hahn mußte Thiele und der Generalquartiermeister Wagner ins Bild gesetzt, von Thiele Olbricht benachrichtigt werden. Thiele hatte außerdem die Sperrmaßnahmen für „Zeppelin" durchzuführen und mit dem gleichfalls eingeweihten Oberst Hassell zusammen für die Besetzung der verschiedenen

Nachrichtenzentren in Berlin und für ungestörten Ablauf des Nachrichtenbetriebs in der Bendlerstraße zu sorgen, der, wie anzunehmen, auch bei Sperrung von „Zeppelin" für die neue Führung offengehalten werden konnte. Man hatte Sorge getragen, ein möglichst rasches, aber keiner Überwachung auffallendes Durchlaufen der Attentatsmeldung von Fellgiebel zu Olbricht zu erreichen und hinter der Meldung her die Abschirmmaßnahmen in Gang zu setzen.

Außer den zwanzig Offizieren, die zur Besetzung von Nachrichtenobjekten in Berlin, z. B. ins Auswärtige Amt, Propagandaministerium, Reichssicherheits-Hauptamt, Rundfunk zu entsenden waren (KB 376), wird an einer anderen Stelle von fünfzehn Nachrichtenoffizieren gesprochen, die sich zur Besetzung von Verstärkerämtern bereitzuhalten hatten (KB 330).

Als besondere Aufgabe wurde die Übernahme der Rundfunksender erkannt und mit einzelnen Kommandeuren besprochen. Es handelte sich um den Deutschlandsender in Königswusterhausen, den nahebei gelegenen Sender Zeesen, beide im Süden der Stadt, den Sender Tegel im Norden, Funkturm und Funkhaus in der Masurenallee. Nach einem aufgefundenen Befehl früherer Fassung (KB 40) wurde der Handstreich auf die Sender im Süden einer motorisierten, kampfkräftigen Einheit, der Panzertruppenschule Krampnitz, bestehend aus einer schweren Panzerwagenkompanie und einer Grenadierkompanie übertragen. Am Zwanzigsten Juli ist der gleiche Befehl offenbar an die Infanterieschule Döberitz ergangen[3]. Der Grund zur Umbesetzung ist nicht bekannt. Die Funkeinrichtungen sollten heil übernommen, Sabotagen vermieden werden. Schon nach den ersten Stunden, die dem Tod Hitlers folgten, sollte der Rundfunk die ersten Aufrufe und Verkündigungen bringen.

Bei den Befehlshabern der Wehrkreise, den stellvertretenden Kommandierenden Generalen, lag innerhalb des Reiches die Verantwortung des Handelns zur Herstellung des militärischen Ausnahmezustandes. Gestützt auf die Möglichkeiten, die ihnen „Walküre" bot, mußten sie sich gegen die Reichsstatthalter (die Reichsverteidigungskommissare), die Gauleiter und ihre Stäbe, gegen die SS, ihre Gliederungen und Junkerschulen, gegen „führertreue" Truppenkommandeure, besonders auch der Luftwaffe, durchsetzen und gleichzeitig jede aus anderer Quelle kommende Aufruhrbewegung unterdrücken. Nur wo ihre eigenen Kräfte nicht ausreichten, wo sich ernstere Kämpfe ergaben oder ein Befehlshaber sich verweigerte, sollte von Berlin aus eingegriffen werden. Es war nicht möglich, sich vorher der Bereitschaft der Befehlshaber zu versichern. Man mußte sich in der Planung damit begnügen, wo erreichbar, neben ihnen Eingeweihte zu haben, die den Ablauf beeinflussen und Gefährdungen sofort melden konnten. Unabhängig davon sollte von der Zentrale zu jedem Wehrkreisbefehlshaber ein Verbindungsoffizier entsandt werden. Stauffenberg hat die vorbereitenden Gespräche geführt und die geeigneten, zur Mitwirkung bereiten Offiziere mit Plan und Aufgabe vertraut gemacht. Da sie sogleich zu Beginn der Aktion zu berufen waren, sind ihre Namen am Zwanzigsten Juli durch die schon hinausgegebenen Telegramme der Staatspolizei bekannt geworden. Von dreizehn der Genannten sind nur zwei durch besondere Umstände am Leben geblieben. In den Kaltenbrunner-Berichten werden folgende Namen genannt:

Wehrkreis	I (Königsberg)	Oberlt. Heinrich Graf von Lehndorff
Wehrkreis	II (Stettin)	Major i. G. H. J. Graf von Blumenthal
Wehrkreis	III (Berlin)	nicht genannt
Wehrkreis	IV (Leipzig)	Generalmajor Hans Oster
Wehrkreis	V (Stuttgart)	nicht genannt
Wehrkreis	VI (Münster)	nicht genannt
Wehrkreis	VII (München)	Major L. Freiherr v. Leonrod
Wehrkreis	VIII (Breslau)	Rittmeister d. R. Fr. Scholz-Babisch
Wehrkreis	IX (Kassel)	Oberstlt. von Sell
Wehrkreis	X (Hamburg)	nicht genannt
Wehrkreis	XI (Hannover)	Oberst Siegfried Wagner
Wehrkreis	XII (Wiesbaden)	Hauptmann d. R. Hermann Kaiser
Wehrkreis	XIII (Nürnberg)	nicht genannt
Wehrkreis XVII (Wien)		Oberst Rud. Graf v. Marogna-Redwitz
Wehrkreis XVIII (Salzburg)		Oberst Armster
Wehrkreis	XX (Danzig)	Oberstlt. i. G. Hasso v. Boehmer
Wehrkreis	XXI (Posen)	Major d. R. Georg Conrad Kissling
Böhmen-Mähren		Oberstlt. Nikolaus Graf v. Üxküll

Plangemäß mußten sich nach dem Attentat die ersten Maßnahmen zur Errichtung des militärischen Ausnahmezustandes ohne Öffentlichkeit schlagartig innerhalb des militärischen Befehlsbereichs vollziehen. Die gewahrte Überraschung bei möglichster Nachrichtensperre und Funkstille mußte das Vorgehen gegen die Mächtigen des Staates und der Partei unterstützen. Aber schon nach wenigen Stunden verlangte die nun wichtigste Aufgabe: sich an die Deutschen zu wenden, Aufklärung zu geben, Gefolgschaft zu finden und eine Übergangsregierung zu begründen.

Während über die militärischen Pläne von Stauffenberg, Tresckow, Olbricht durch den Verlauf des Zwanzigsten Juli und die späteren Untersuchungen Aufschluß gegeben worden ist, stößt man mit der Frage nach dem, was an politischen Eingriffen geplant wurde, auf eine befremdende Unklarheit und Vieldeutigkeit, wenn man den Aussagen und Darstellungen der Kaltenbrunner-Berichte folgt. Der Verlauf des Zwanzigsten Juli selbst gibt keine Hinweise, da es an ihm gar nicht zur politischen Äußerung und Auswirkung gekommen ist und die an der politischen Aufgabe Beteiligten Zeit gehabt haben, Papiere zu vernichten. Es ist kein Dokument bekannt geworden – und es hat wohl nie eines gegeben –, das als das von vielen gesuchte repräsentative Regierungsprogramm der Erhebung angesehen werden kann. Was dem Gericht vorlag, sind einzelne Ausarbeitungen Carl Friedrich Goerdelers, die – in mehr oder weniger zufälliger Zusammenordnung – in die Hand der Staatspolizei gefallen sind: so seine Denkschrift von 1941 „Das Ziel", aus der am häufigsten zur politischen Zielsetzung „der Verschwörer" zitiert wird (z. B. KB 130, 138, 170, 206), seine „Regierungserklärung Nr. 2 (3. Fassung)" (KB 147), der Entwurf einer Rundfunkrede (KB 213), zwei in ihrem Zweck nicht bezeichnete Niederschriften „Wir gehen davon aus, daß ..." (KB 249) und „Material für ..." (KB 265). Zwei andere Niederschriften, die in den gleichen Zusammenhang gehören, die aber dem Volksgerichtshof nicht vorgelegen haben, sind später veröffentlicht worden: ein Aufruf Goerdelers wohl von Ende 1943 und ein programmatischer Text aus dem Frühjahr 1944, der von Ritter als „das Regierungsprogramm des Zwanzigsten Juli 1944" überschrieben worden ist[4].

Gegen Goerdeler machten sich die Forderungen der Sozialisten und der Gewerkschaftsvertreter geltend, die wie er die Restauration von Recht, Anstand, Freiheit im Staat, die Achtung der Persönlichkeit wollten, aber auf sozialem und wirtschaftspolitischem Gebiet seiner liberalen Haltung, seiner Förderung der Wettbewerb- und Ständegesellschaft, seinem Appell an die Vernunft im wirtschaftlichen Geschehen mißtrauten. Sie hatten ihre eigenen Vorstellungen gleichfalls in programmatische Punkte gefaßt, die noch in Besprechungen im Mai 1944 eine Rolle spielten. Mit dem genannten Programm des Frühsommers 1944, das nach heftigen Auseinandersetzungen zustande kam, hat Goerdeler offenbar versucht, durch ihm zuvor nicht vertretbare Kompromisse eine Einigung zu finden. Sie scheint ihm insoweit gelungen zu sein, als man ihm zugestanden hat, die ersten politischen Handlungen nach der Erhebung als Kanzler zu bestimmen.

Als Vorschlag und Möglichkeit des politischen Handelns im Übergang lag außerdem vor, was durch die Kreisauer erarbeitet worden war, für die Wirtschaftspolitik ein von Paul Lejeune-Jung formuliertes „Grundgesetz über wirtschaftliche Reichsgerechtsame", das im Sinn einer weitgehenden Sozialisierung die Grundrechte des Staates auf Bodenschätze, Wasserrechte usw. festlegte und politisch einen tiefgehenden Eingriff bedeutete[5].

Für den Übergang lagen weiterhin vor ein ins einzelne gehender Plan des Staats- und Verwaltungsaufbaus und ein Plan zur Neugliederung der militärischen Führung, über die Schulenburg, Goerdeler, Schwerin, Meichßner ausgesagt haben und die zu Teilen in den Standrechtsverordnungen und in einem Erlaßentwurf zur vorläufigen Kriegsspitzengliederung wiederkehren[6].

Es gab außerdem das „vorläufige Staatsgrundgesetz" für die Übergangszeit, „bis unter Mitwirkung aller Schichten des Volkes dem Deutschen Reich eine endgültige Verfassung gegeben werden kann", ausgearbeitet von Popitz in Verbindung mit Jessen, Hassell, Planck und Beck, ferner ein Gesetz über den Ausnahmezustand von Langbehn und Jessen, das verlorengegangen ist, mit Richtlinien zu seiner Handhabung von Popitz, die erhalten sind. In ihnen wird die Stellung von „Politischen Beauftragten" festgelegt, die in jeden Wehrkreis als Berater des Befehlshabers zu entsenden sind. Da Jessen bis zum Zwanzigsten Juli in nahem Zusammenwirken mit Beck, Olbricht, Stauffenberg war, ist anzunehmen, daß die bei ihm lagernden Gesetzesentwürfe, den Umständen angepaßt, angewendet worden wären, zumal die „Politischen Beauftragten" wirklich berufen worden sind.

Die dafür geeigneten Persönlichkeiten zu finden, worauf Stauffenberg von Herbst 1943 an drängte (KB 357), hat für Goerdeler, Jakob Kaiser, Leuschner, die sich dafür einzusetzen hatten, eine schwere Aufgabe bedeutet. Mit jedem mußte einzeln und eingehend gesprochen werden. Wieweit dabei die Einweihung ging, ist nicht bekannt. Jedenfalls hat die größere Zahl der Beteiligten sich später so verteidigen können, daß sie dem Todesurteil, wenn auch nicht Haftstrafen entgingen. Acht der siebenundzwanzig in der Liste der Genannten sind erhängt worden. Die Namen haben in einigen Fällen gewechselt. So wie die Liste am Abend des Zwanzigsten Juli in der Fernschreibstelle der Bendlerstraße vorlag und in die Hände der Staatspolizei fiel, weist sie folgende Namen auf:

Wehrkreis	I (Königsberg)	Heinrich Graf zu Dohna-Tolksdorf
Wehrkreis	II (Stettin)	Oberlandforstmeister v. Willisen
		Ewald Heinrich v. Kleist-Schmenzin
Wehrkreis	III (Berlin)	nicht genannt
Wehrkreis	IV (Leipzig)	Kaufm. Direktor Walter Cramer
Wehrkreis	V (Stuttgart)	Baurat a. D. Albrecht Fischer
Wehrkreis	VI (Münster)	Hauptmann d. R. Bernhard Letterhaus
		Landrat Sümmermann (als sein Nachfolger)
Wehrkreis	VII (München)	Otto Gessler, ehem. Reichswehrminister
Wehrkreis	VIII (Breslau)	Polizeipräs. i. R. Fritz Voigt (für Niederschlesien)
		Rechtsanwalt Kaschny (für Oberschlesien)
		evt. Rechtsanwalt Lukaschek
Wehrkreis	IX (Kassel)	Oberpräs. a. D. Gustav Noske
		Staatsmin. a. D. August Fröhlich (Thüringen)
Wehrkreis	X (Hamburg)	Gustav Dahrendorf
		Min.-Präsident a. D. Tantzen
Wehrkreis	XI (Hannover)	Oberbürgermeister Dr. Arthur Menge
		Hermann Lüdemann
Wehrkreis	XII (Wiesbaden)	Staatsrat a. D. Rechtsanwalt Ludwig Schwamb
		Rechtsanwalt Bartholomäus Kossmann
		Staatsminister a. D. der Saarregierung

Wehrkreis XIII (Nürnberg)	Gerhard Böhme
Wehrkreis XVII (Wien)	Karl Seitz, vorm. Bürgermeister von Wien
	Josef Reither, österr. Bauernführer
Wehrkreis XVIII (Salzburg)	Franz Rehrl, vorm. Landeshauptmann von Salzburg
	Anton Mörl-Pfalzen, vorm. Sicherheitsdirektor von Tirol
Wehrkreis XX (Danzig)	Hermann Freih. v. Lüninck, Oberpräsident von Westfalen a. D.
Wehrkreis XXI (Posen)	Min.-Direktor in Prag Oberst Vollert

Auf Wunsch von Beck wurde etwa zur gleichen Zeit, als die politischen Beauftragten gewonnen wurden, die Personenliste einer Übergangsregierung besprochen und in oft mühevollen Auswägungen gesichert. Es galt hier mehr einzusetzen als ein Ringen um die Proporz der (Schatten-)Parteien, mehr als politischen Ehrgeiz alten parlamentarischen Stils: es ging für jeden, der sich bereit fand, um eine sehr außergewöhnliche Entscheidung, zu der nicht wenig Mut und echte Überzeugung gehörte. „In einer solchen Situation", so schreibt Rothfels, ohne die bestehenden Gegensätze zu verleugnen, „kommen andere Auswahlprinzipien zur Wirkung als unter normalen Bedingungen politischen Lebens, und die Vermutung spricht demgemäß für die Herauskristallisierung einer wirklichen Führerschicht[7]."

Goerdeler hatte sich schon früher mit der Feststellung einer solchen zu einer neuen Regierung fähigen Gruppe bemüht[8]. Er war es auch jetzt, der von Beck den Auftrag dazu bekam (vgl. KB 532). Die etwa im Dezember 1943 gefundenen Besetzungen sind bis zum Juli 1944 kaum mehr geändert, Alternativen – je nach Ereignis – bis zuletzt offen gelassen worden. Von den dreiunddreißig in der Liste Genannten sind nur fünf am Leben geblieben. Die Verteilung der Aufgaben wurde so vorgesehen:

Vorläufiges Staatsoberhaupt: Ludwig Beck als „Generalstatthalter" oder „Reichsverweser". U. U. sollte Leuschner später als Reichspräsident kandidieren, wenn die republikanische Form beibehalten würde. Als Staatssekretär: Ulrich Graf von Schwerin-Schwanenfeld.
Reichskanzler: Carl Friedrich Goerdeler. Als Pressereferent des Reichskanz-

lers genannt zuerst Carlo Mierendorff, nach seinem Tod (Dez. 1943) Otto Kiep und später, falls Kiep nicht mehr von der Vollstreckung des Todesurteils zu retten, Theo Haubach. Es war erwogen, auf Goerdeler Leber als Kanzler folgen zu lassen. Für den Übergang selbst und die dabei nötige Vertretung Deutschlands gegenüber den Alliierten war Goerdeler vorgezogen.

Vizekanzler: Wilhelm Leuschner. In zweiter Linie genannt (wenn Leuschner Reichspräsident werde?) Jakob Kaiser. Als Staatssekretär Peter Graf Yorck.

Innenminister (mit der Kontrolle über die Polizei): Julius Leber. Als Staatssekretär genannt Fritz Graf Schulenburg.

Außenminister: Ulrich von Hassell oder Werner Graf von der Schulenburg.

Finanzminister: Ewald Loeser, Direktor bei Krupp, früher Stadtkämmerer von Leipzig.

Wirtschaftsminister: Paul Lejeune-Jung.

Kultusminister: Staatspräsident a. D. Eugen Bolz. Genannt auch Kurt Edler von Schuschnigg, vorm. österreichischer Bundeskanzler, und Adolf Reichwein, als Staatssekretär Hermann Kaiser.

Justizminister: Rechtsanwalt Joseph Wirmer.

Landwirtschaftsminister: Minister a. D. Andreas Hermes, in anderer Liste genannt Freiherr von Lüninck und Hans Schlange-Schöningen, unter Brüning Reichskommissar für Osthilfe 1931/32.

Kriegsminister: Generaloberst Erich Hoepner oder General Friedrich Olbricht. Als Unterstaatssekretär genannt Claus Graf Stauffenberg oder Friedrich Olbricht.

Wiederaufbauminister (wenn dies Amt geschaffen): Bernhard Letterhaus.

Verkehrsminister: Stadtbaurat a. D. Wilhelm zur Nieden, Mitarbeiter Goerdelers in Leipzig, oder Matthäus Herrmann, Gewerkschaftler.

Postminister (falls dies Amt abgetrennt): General Fellgiebel, als Unterstaatssekretär genannt Generalleutnant Thiele.

Die Polizei sollte übergangsweise Wolf Graf von Helldorff, dann Generalmajor Tresckow unterstehen.

Ein Österreicher sollte außerdem als „Sprechminister" berufen werden.

Ob es einer so begründeten Übergangsregierung über das Negative hinaus, das sie einigte, die geforderte Abrechnung mit Hitler, gelungen wäre, etwas Eigenes, Neues sichtbar zu machen und das Volk, das zum größeren Teil noch an Hitler hing, hinter sich zu bringen, ist hier nicht zu beantworten. Berichte gerade der sozialistischen Seite sprechen von einer weiteren Verzweigung der Aufruhrbereitschaft und der dafür tätigen Organisationen im deutschen Volk, als in Erscheinung treten konnte.

Eine entscheidende Frage war für den Übergang, welches Verhältnis sich zu den mit Deutschland Krieg führenden Mächten finden lasse, und wie man zum Frieden komme. Für eine künftige Gestaltung im Innern waren durch Jahre Vorstellungen gewonnen worden, die Entscheidungen in der äußeren Politik waren offen und nahmen jetzt, als man sich im August, September, Oktober 1943 auf die naherhoffte Erhebung vorzubereiten hatte, großen Raum in den Beratungen ein. An ihnen waren neben Ulrich von Hassell Goerdeler und besonders Adam von Trott zu Solz beteiligt, außerdem Graf Werner von der Schulenburg, der bis Juni 1941 als Botschafter in Moskau gewesen war.

Von keiner Seite der Alliierten her war bisher eine Zusage ergangen, auf die man hätte bauen können. Hatten die Verbindungen nach England im Februar 1940 – vor dem deutschen Angriff in Norwegen und Frankreich – die englische Regierung noch zum Entgegenkommen bereit gezeigt gegenüber einer neuen deutschen Regierung, so stießen alle späteren Versuche auf Ablehnung – so im Sommer 1941 ein „Friedensplan" Goerdelers, der über den Sozialpädagogen Siegmund-Schultze und den Erzbischof Temple von Canterbury zu Churchill und Eden gelangt ist[9], und eine mit Einzelangaben einer deutschen Umsturzbewegung bekräftigte Anfrage, die die beiden Pfarrer Hans Schönfeld und Dietrich Bonhoeffer im Mai 1942 in Stockholm dem Bischof Bell von Chichester übermittelt haben und die durch ihn Eden erreicht hat[10].

Eine gleiche Ablehnung war zweimal vom amerikanischen Präsidenten ergangen: die erste auf den Vorstoß von Trott im November/Dezember 1939, die zweite auf eine Mission, die der amerikanische Journalist Louis Lochner im November 1941 (gleichfalls vor Kriegseintritt der USA) in Berlin im Haus Wirmer übernommen hatte, aber erst nach sechs Monaten Krieg und eigener Internierung im Juni 1942 an Roosevelt heranzubringen versuchen konnte (sie wurde vor Empfang abgelehnt, da sie „größere Verlegenheit" verursachen mußte)[11].

Das Jahr 1943 hatte nach dem Sieg von Stalingrad die Macht Sowjetrußlands wachsend zur Geltung gebracht. Zwar hatte Stalin seit dem 22. Mai 1942 einen Allianzvertrag mit England, aber sein Land war auf Drängen der Amerikaner (Cordell Hull) ohne jede Gebietszusicherung für den Fall eines Sieges geblieben und hatte doch die Hauptlast des Krieges zu tragen. Stalin setzte nunmehr seine ganze Zähigkeit ein, so gegen seine Verbündeten Politik zu machen, wie er mit den Deutschen Krieg führte, und hatte seinen Erfolg. Die Casablanca-Erklärung von Roosevelt und Churchill, den Krieg vereint weiterzuführen bis zur bedingungslosen Kapitulation Deutschlands (24. Januar 1943) war ohne Stalin, aber, wie vermutet wird, für ihn zustande gekommen. Sie konnte ihm nicht genug sein. Durch eine in Moskau gegründete „Union polnischer Patrioten" nahm er der polnischen Exilregierung in London den Wind aus dem Segel und erhielt von England Ostpolen (bis zur Curzonlinie) zugesprochen, wofür Polen durch deutsches Gebiet entschädigt werden sollte. Im Mai wurde die Komintern (der für die Europapolitik hindernde Fremdzuschnitt) aufgehoben, im Juni die Geheimverhandlung wegen eines Sonderfriedens mit Deutschland wieder aufgenommen, die ein halbes Jahr zuvor in Stockholm auf russisches Betreiben begonnen worden war. Im Juli wurde unter den Stalingradgefangenen das „Nationalkomitee freies Deutschland" gegründet und in dessen Aufrufen die Möglichkeit eines Sonderfriedens mit einem sich gegen Hitler erhebenden nationalen Deutschland propagiert. Ein Angebot der Japaner, einen Sonderfrieden zwischen Rußland und Deutschland zu vermitteln, wurde abgelehnt und davon im September nach Washington berichtet. Dort war inzwischen bei einem Treffen Roosevelts mit Churchill (Quebec, Aug. 1943) – offenbar durch ein Gutachten einer „hohen militärischen Autorität" – die Stimmung gänzlich zugunsten Rußlands umgeschlagen als der kommenden Macht, deren man auch zur Bezwingung Japans bedurfte, deren Ausbruch auf Sonderwege mit Deutschland zu befürchten stand. Noch im Oktober erschien Cordell Hull, der Unterstaatssekretär des amerikanischen Außenamtes – der gleiche, der 1942 zur Härte gegen Rußland gewirkt hatte – mit unerwartet großen Zugaben zur Außenministerkonferenz mit Eden und Molotow in Moskau, und Anfang Dezember trafen sich Roosevelt und Churchill mit Stalin in Teheran. Daß hier schon die Zerstückelung und Opferung Deutschlands vorausvollzogen wurde, ist erst später ans Licht gekommen. Nur Peter Kleist, der für Ribbentrop in Stockholm mit dem Mittelsmann der russischen

Diplomatie verhandelt hatte, konnte bald nach Teheran als abschließende Worte seines Partners, der sich nunmehr zurückzog, berichten: die amerikanischen Angebote seien so großzügig gewesen, daß Deutschland nicht mehr mitbieten könne. „Das trojanische Pferd, mit dem Stalin die amerikanische Festung gestürmt habe, sei die Drohung mit dem ‚Nationalkomitee freies Deutschland' gewesen[12]." Es ist später vermutet worden, daß Stalin Ergebnisse aus den Verhandlungen in Stockholm nur zur Erpressung seiner Verbündeten haben wollte.

Aus der geschilderten politischen Entwicklung dieses Jahres 1943 heben sich die Versuche der deutschen Gegenbewegung, bei den angelsächsischen Mächten doch noch eine Umstimmung auf dem als verhängnisvoll erkannten Weg zu erreichen, als erfolglos heraus. Im Januar hatte Trott zu Solz dem Amerikaner Allen Welsh Dulles, der seit kurzem als Sonderbeauftragter und Europabeobachter Roosevelts an die Berner Botschaft gekommen war, eine Denkschrift übergeben, die durch ihn später in Teilen im Wortlaut veröffentlicht worden ist[13]. Er sagt darin, aus der immer gleichen Antwort, daß Deutschland eine militärische Niederlage erleiden müsse, schlössen die Männer des Widerstands in Deutschland, daß weitere Unterhaltungen sinnlos seien. Man wolle nicht wahr haben, daß die Deutschen selbst ein unterdrücktes Volk seien, das in einem besetzten Gebiet lebe, und daß für eine Opposition zu arbeiten nur unter größten Gefahren möglich sei. So sähen die Männer des Widerstands in den angelsächsischen Ländern nur „bürgerliche Vorurteile und pharisäische Theorien" am Werk und seien versucht, sich dem Osten zuzuwenden aus dem Glauben, daß das deutsche und das russische Volk in eine nahe Verbindung treten könnten, wenn auch nicht unter ihren jetzigen Regierungen. Die Schrift fährt fort: „Beide Völker haben mit der bürgerlichen Denkweise gebrochen, beide haben tief gelitten, beide wünschen eine radikale Lösung der sozialen Fragen, die über nationale Grenzen hinausgeht, beide sind auf dem Wege der Rückkehr zu den religiösen, wenn auch nicht den kirchlichen Überlieferungen des Christentums. Der deutsche Soldat hat Achtung, nicht Haß, für den Russen. Die Opposition glaubt, daß die entscheidende Entwicklung in Europa auf sozialem, nicht auf militärischem Gebiet stattfinden wird. Wenn der Feldzug in Rußland nach der Zurückwerfung der deutschen Armeen zu einem gewissen Stillstand kommt, kann sich eine revolutionäre Lage auf beiden Seiten ergeben.

Eine Verbrüderung zwischen deutschen und den eingeführten fremden Arbeitern ist gleichfalls ein wichtiger Faktor. Hitler ist gezwungen gewesen, sich um die Arbeiterklasse zu bemühen, und hat ihr zu einer starken Stellung verholfen; das Bürgertum, die Intellektuellen und die Generale verlieren mehr und mehr an Bedeutung. Hitler wird fallen, und die Bruderschaft der Unterdrückten ist die Grundlage, auf der ein völlig neues Europa aufgebaut werden wird."

Es ist anzunehmen, daß das Schreiben außer dem mahnenden, ja zurechtweisenden auch einen mehr praktischen Teil enthalten hat, der in der Wiedergabe fehlt. Das Erhaltene zeigt von Sowjetfreundlichkeit keine Spur: Hitler und Stalin und ihre Systeme bewirken gleichermaßen die Unterdrückung, gegen die eine neue menschenwürdige Existenz zu begründen Europa nach schwersten Prüfungen auf dem Weg ist, nach der erkennenden Hilfe von USA rufend.

Goerdeler hat bei einem Aufenthalt in Stockholm (19.–21. Mai) ein Memorandum über eine neue Regierung in Deutschland, ihren Aufbau, ihre Vorschläge und Forderungen entworfen, dessen Inhalt durch die Brüder Wallenberg nach London übermittelt worden ist. Er entwickelte den Gedanken einer künftigen Europagemeinschaft, erwachsend aus einer europäischen Wirtschaftsvereinigung und gemeinsamem europäischem Wiederaufbauwerk, in sich abgerüstet, gerüstet nach Umständen nur gegen Sowjetrußland und den Fernen Osten. Er betont, die Zukunft Europas und der weißen Völker könne nur auf ihren freien Bund, nicht auf neue Entwürdigungen gegründet werden, und endet mit den schon einmal wiedergegebenen Sätzen: „Wir werden Hitler und seine Mitverbrecher allein zur Rechenschaft ziehen, weil sie unseren guten Namen befleckt haben. Aber wir werden dahinter unsere Selbständigkeit verteidigen[14]."

Im August überbrachte Wallenberg nach Berlin die umwegig erlangte Antwort Churchills: Goerdelers Mitteilungen seien als Informationsmaterial weiterhin erwünscht ... und Goerdeler ließ die Ankündigung des für September oder Anfang Oktober erwarteten Umsturzes zurückgehen mit der Bitte, die dafür wichtigsten Städte Berlin, Leipzig, Stuttgart bis zum 15. Oktober vom Bombardement auszunehmen. Er legte Wert auf nochmaligen ausdrücklichen Hinweis auf die Europa drohende Gefahr, wenn man Rußland zum Sieg verhelfe. Es wurde zugleich angekündigt, die neue Regierung werde sofort nach dem Umsturz (den Churchill nicht unbekannten) Fabian von Schlabrendorff nach Stockholm senden, um von dort über den Waffenstillstand zu verhandeln[15].

Ob eine Verständigungsbereitschaft bei England anzunehmen sei, fragte man sich vergeblich. Goerdeler war geneigt sie zu bejahen (zumal die Bombenangriffe in der erbetenen Art nachzulassen schienen), Trott sie zu verneinen, als er zur Erkundung selbst noch einmal Stockholm besucht hatte (KB 505). Es legte sich die Frage nahe, ob man nicht, zumal bei den offenbar von dort ausgehenden Bemühungen, durch Verhandlungen mit dem Osten zum gesteckten Ziel kommen könne.

Der Ausdruck „Ostlösung", der schon im Vernehmungsbericht des 21. November 1944 gebraucht wird (KB 493), hat in der Darstellung des deutschen Erhebungsversuchs schlimmen Irrtümern Vorschub geleistet. Besagt er, daß ihr Anhänger kommunistischer Gesinnung war und Deutschland in den sowjetischen Staats- oder Satellitenverband eingefügt wünschte, so hat es *nicht einen* Befürworter einer „Ostlösung" gegeben. Auch Reichwein hat nicht zu ihnen gehört, dessen Aussage wiedergegeben wird, Rußland sei das große und mächtige Land der Zukunft, dem bedeutende Rohstoffe und Menschenreserven zur Verfügung stünden. Ohne oder gegen Rußland sei eine künftige europäische Politik nicht möglich (KB 492). Wenn in diesem Kreis von „Ostlösung" gesprochen wird, so mit dem Sinn einer von der politischen Konstellation gebotenen Verständigung, eines Zusammengehens mit Rußland ohne, notfalls auch gegen den Westen. Damit können sich bei einzelnen, wie etwa Reichwein, Langbehn, wohl auch Trott, besondere Wertvorstellungen verbinden von der im russischen Volk steckenden Substanz, seinen den deutschen verwandten sozialen Möglichkeiten, seiner Bedeutung gegenüber einem überzivilisierten Westen und dergleichen – eine zu erwägende „Ostlösung" als taktischer Schritt ist davon nicht abhängig.

Es scheint, daß bei den Beratungen des Herbst 1943 eine „Ostlösung" wohl ernsthaft bedacht wurde neben der bisher festgehaltenen „Westlösung", die entscheidenden Stimmen jetzt jedoch für eine „vermittelnde Lösung" gesprochen haben, wie sie Hassell und Trott vorschlugen. Hassell trat dafür ein, in der jetzigen Lage alle Chancen auszunützen. Er schreibt in seinem Tagebuch unterm 15. August 1943: „Es gibt eigentlich nur noch diesen einen Kunstgriff: Entweder Rußland oder den Angloamerikanern begreiflich zu machen, daß ein erhalten bleibendes Deutschland in ihrem Interesse liegt. Tatsächlich liegt eine gesunde europäische Mitte im Interesse sowohl des Ostens wie des Westens. Ich ziehe bei diesem Mühlespiel das westliche Ziel vor, nehme aber zur Not auch die Verständigung mit Rußland in Kauf. Salzmann (gemeint ist Trott) ganz mit mir einig, die andern aus theoretischmoralischen Gesichtspunkten, die ich an sich verstehe, bedenklich, aber langsam sich überzeugend." Er ergänzt am 5. Dezember: „(Werner Schulenburg) schwört, meines Erachtens mit übertriebenem Optimismus, auf die Verständigungsmöglichkeit mit Stalin. Ich sehe natürlich auch im Mühlespiel die einzige Chance eines neuen Systems, aber nicht in der Form eines *Doppelspiels,* sondern die sichtbare der *Fairneß* bei England ist das Entscheidende; Möglichkeit des Hinüberwechselns zum Osten muß sie ergänzen."

Er findet bei Schacht die gleiche Ansicht, „daß eine loyale Politik der Verständigung mit den Angelsachsen versucht werden muß, dabei jedes Doppelspiel vermeidend. Die Drohung der Verständigung mit Stalin als ‚Mühle‘ bleibt im Hintergrund. Leider ist das Ganze wohl Fata morgana[16]." Das Gespräch fand in den Tagen von Teheran statt. Schulenburg hatte durch Vertraute im Amt von den russischen Friedensfühlern in Stockholm Kenntnis. Es scheint, daß es darum ging, den Botschafter selbst in die Gespräche zu bringen, was Hitler jedoch abgelehnt hat. Vielleicht hat es Schulenburg, der in gutem Einvernehmen von Stalin geschieden war, für möglich gesehen, auf diesem Weg für die Erhebung „abzuschließen". Er erbot sich, auch auf dem direkten Weg vorzudringen. Tresckow ließ bei der Heeresgruppe Mitte eine Frontstelle erkunden, wo ein Übergang zu bewerkstelligen war – es wird im November gewesen sein.

In einer Notiz von Ende Dezember 1943 sieht Hassell die Möglichkeit eines Sonderfriedens mit Rußland als beendet an. Auch die Versuche Schulenburgs dürften um diese Zeit beendet und die Überlegungen wieder stärker zum Westen hingelenkt worden sein. Vielleicht hängt damit die einzelstehende Nachricht zusammen, Moltke habe um die Weihnachtszeit eine Dienstreise nach Ankara dazu benutzen wollen, in der Uniform eines amerikanischen Offiziers nach Kairo zu fliegen und dort einen General der Alliierten zu sprechen. Es waren die Tage, in denen die Auslösung der Erhebung erwartet wurde[17].

Die „großzügigen Angebote", mit denen die westlichen Alliierten sich in die Hand Stalins gegeben haben, sind damals geheim geblieben und erst später im schaurigen Vollzug offenbart worden. Auch bei Hassell, Goerdeler, Trott findet sich kein Wissen davon. Man kannte einige Gründe, die die englische Regierung hinderten, Zusagen zu machen: so den Entschluß, es nicht noch einmal zu „14 Punkten Wilsons" kommen zu lassen, die nachher als dauerndes Druckmittel des Unterlegenen gebraucht werden konnten, so die Vorsicht, durch eine Sonderzusage an die Deutschen Mißtrauen beim östlichen Verbündeten zu erwecken, so die enttäuschende Erfahrung, daß man seit Jahren vom Gegenschlag und der neuen Regierung redete und nichts geschah. Man hielt aber auch an der Überzeugung fest, daß das vitale Interesse Englands und der immer wieder bekundete Staatssinn Churchills es zuletzt in diesem Krieg nicht dahin kommen lassen könne, Sowjetrußland zu mächtig werden zu lassen in Europa und daß darum England sich einem entschiedenen Handeln einer deutschen Gegenbewegung nicht in den Weg stellen werde, zumal wenn Gefahr sei, daß sie sich zurückgestoßen auf die östliche Seite wenden könnte.

So blieb zuletzt nach vielen vergeblichen Versuchen für die außenpolitische Planung nur dies übrig: die ihrer Aufgabe gewachsenen Männer und die notwendigen Nachrichtenwege bereit zu haben, um nach vollzogenem Umsturz sofort nach Westen und nach Osten die Verbindung aufzunehmen. Es wurden benannt (nach KB 503)

für *Madrid* Otto John mit Zugang zu englischen Stellen,
für *Stockholm* Werner Graf Schulenburg zur Verhandlung mit Rußland, evtl. Schlabrendorff zur Verhandlung mit England durch Vermittlung Wallenberg,
für *Bern* Gisevius mit Zugang zu Dulles und dadurch Washington,
für *Rom* ein namentlich nicht genannter Unterhändler beim Papst.

So bald als möglich sollten dann – nach einer Aussage von Trott – in London und Moskau selbst Verhandlungen beginnen, in Moskau durch Schulenburg und vielleicht auch durch den ihm schon als Militärattaché vertrauten General Köstring, in London durch ihn selbst, begleitet von General von Falkenhausen.

„Nicht wissend, wie sich die Welt uns gegenüber stellen wird" – nach einem Ausdruck Goerdelers aus seiner geplanten Rundfunkrede –, hatten die Führer des Umsturzes doch jede Kraft einzusetzen, sich des deutschen Volkes zu versichern. Die ersten Aufrufe am Rundfunk, die ersten Proklamationen für den Druck, Aufrufe an das deutsche Volk, an die Soldaten, Regierungserklärungen mußten bereitliegen. Mit langen Überlegungen war daran gearbeitet, besprochen, gebilligt, geändert, neu entworfen worden. Es war offenbar schwer, zu einer von allen anerkannten Fassung zu kommen, denn hier hatte die Befreiung ihr erstes Wort, aber man sprach zu einem irregeleiteten, nicht nur unterdrückten Volk, so mußte man darlegen, aufklären – und doch kurz und packend sein. Man sprach von einem äußersten Ernst entgegen dem künstlich geblähten Siegesglauben, der ohne Wirklichkeit war, und doch sollten noch heilende Kräfte spürbar sein und Mut geschaffen werden, die Umkehr zu wagen und als Volk zu bestehen. Und wußte man auch, was man zu sagen hatte: wie schwer war, das Wort zu finden, das noch ehrlich, nüchtern, klar und noch nicht vom Goebbelschen Mißbrauch erreicht und zu Tode geschunden war.

Seiner Anlage nach war Goerdeler der unermüdlichste und erste, um solche Aufrufe und Erklärungen zu entwerfen. Aber auch Hassell, Wirmer beteiligten sich, Beck entwarf mit Tresckows Mithilfe, was den Soldaten zu sagen war. Die erhaltenen Texte entstammen wohl zumeist solchen durch manche Hände gegangenen Arbeitsexemplaren, nicht Reinschriften, mit mehrfachen Wiederholungen und Unstimmigkeiten, und beeindrucken doch, auch wo sie sich einer konventionelleren Redeweise bedienen, auch heute noch als Dokumente einer groß gewollten Erhebung[18]. Nach einer Mitteilung der Kaltenbrunner-Berichte (KB 501) kamen auch von Leber, Reichwein, Mierendorff Entwürfe eines Aufrufs, die sonst nicht erhalten sind. Das stichworthaft aus ihrem Inhalt Wiedergegebene läßt keine Charakterisierung zu.

Stauffenberg selbst hat sich um eine eigene Fassung der Aufrufe bemüht. Er ließ in der letzten Oktoberwoche 1943 durch den Bruder telegrafisch Rudolf Fahrner zu sich nach Berlin rufen, empfing ihn nach der Nachtfahrt frühmorgens mit der Eröffnung vom nahen Vorhaben – es wurde etwa in 10 bis 14 Tagen mit der Aktion gerechnet – und bat ihn, die Formulierung der bei Beginn der Erhebung nötigen Aufrufe zu übernehmen. Es sei zu unterscheiden zwischen dem, was sogleich gesagt werden müsse, und dem, was einer späteren Erklärung vorbehalten wäre. Es käme vor allem darauf an, Worte zu finden, die den Menschen im Menschen ansprächen und in denen eine neue Staatsgesinnung zu spüren wäre.

Die Entwürfe wurden, wie Fahrner in seinen Aufzeichnungen schildert, mit Berthold Stauffenberg durchgegangen, dann mit beiden Brüdern beraten, dann in ihrer Wirkung auf Miteinwohner des Hauses und auf bestimmte Besucher erprobt. Claus Stauffenberg nahm sie dann zu mehreren „gewichtigen Verbündeten" mit, und auf manche dabei auftauchenden Einwände, die er zurückbrachte, wurde noch manches geändert. Der Inhalt der, wie es scheint, verlorengegangenen Aufrufe wird von Fahrner nach Aufzeichnungen, die er sich im August 1945 im Gefangenenlager darüber aus der Erinnerung machte, so wiedergegeben[19]:

„Es wurde ohne weitere Erklärung mitgeteilt, daß Adolf Hitler tot sei. Dann kamen einige Sätze der Abrechnung mit den übrigen Parteiführern und eine kurze Bezeichnung ihres bisherigen Verhaltens und ihrer Pläne für die Zukunft. Aus der Art ihres Verhaltens und ihrer Zukunftspläne wurde die Pflicht und die Notwendigkeit des Eingreifens abgeleitet. Der unterzeichnete Chef der Übergangsregierung (sein Name wurde mir nicht genannt) versicherte, daß er und die Männer, die sich ihm zur Verfügung gestellt hätten, nichts für sich wollten. So bald als möglich (oder mit einer anderen Formulierung nach Rückkehr der Soldaten in die Heimat) würde die Nation zu freier Entscheidung über die künftige Verfassung des Staates aufgerufen werden, für die es eine neue Form zu suchen gelte. Er gelobte für sich und seine Mitarbeiter, in allem unbedingt gesetzlich zu verfahren, nichts zu tun oder zu dulden, was gegen göttliches oder menschliches Recht verstieße. Er verlangte dafür unbedingten Gehorsam für die Zeit der Übergangsregierung. Es folgte die Ankündigung einer hinreichenden Sühne für die unter der Parteiherrschaft begangenen Verbrechen und Rechtsbrüche, niemand aber solle wegen politischer Gesinnung verfolgt werden. Dann kam die Ankündigung, daß die Übergangsregierung alles tun würde, um so schnell als möglich den äußeren Frieden zu erlangen. Daß er nach dem Geschehenen nicht ohne größte Opfer und Einbußen für Deutschland zu erwarten sei, wurde klar herausgestellt, dagegen aber die Wahrheit gesetzt, daß, wie der einzelne, so auch ein Volk alles, auch das Schlimmste, mit freiem Mute ertragen und mit unverbrüchlicher Hoffnung in die Zukunft schauen könne, wenn es wieder gereinigt, entsühnt und versöhnt mit den göttlichen Mächten sein Schicksal auf sich zu nehmen vermöge.

Der Aufruf an das Heer war verwandten Inhalts. Die Abrechnung galt hier mehr den verbrecherischen und sinnlosen Kriegshandlungen, der Absage an Eroberungsgelüste und an Bedrohungen anderer Völker. Das Gelöbnis der neuen Regierung besagte, daß sie keines deutschen Mannes Leben mehr einsetzen würde, es sei denn, soweit es unbedingt zum unmittelbaren Schutze der Heimat, der Frauen und Kinder notwendig sei. Besonnene Führer würden die Heere so bald als möglich in die Heimat führen. Bis dahin sollten die Soldaten ausharren.

Der Aufruf an die Frauen wendete sich an sie als Heilerinnen und Helferinnen, die den Männern beim Ertragen und Schließen der vielen äußeren und inneren Wunden, die sie empfangen hätten und noch empfangen müßten, beistehen sollten. Sie wurden darauf angesprochen, die ihnen in besonderem Maße von der Natur verliehene Kraft der Teilnahme und ihre Liebeskraft anzuwenden zu den notwendigen Versöhnungen, zur Bewältigung des Vergangenen und zum Aufbau eines neuen Lebens.

Dieser dritte Aufruf erschien mir ebenso wichtig wie die beiden anderen, da mir bei den Frauen eine besondere Art der Einsicht, die sich nicht nur auf den Verstand begründete, gegeben schien und ein Sinn für Höheres, der sich nicht so leicht wie bei Männern durch festgelegte Meinungen, durch geglaubte Dogmen und durch blindlings verfolgte Ziele unterdrücken ließ. Claus und Berthold stimmten mir zu.

Von Hitler war zu schweigen, bis man sich unter Aufdeckung aller Fakten erklären konnte. Es mußte deutlich werden, daß es über eine Abrechnung mit ihm und über die Wiederherstellung von Rechtszuständen hinaus um ein neues deutsches Staatswesen ginge. Deshalb mußten konventionelle und Verblichenes vorschiebende Wendungen vermieden werden, so viele Rücksichten auch auf Beteiligte und auf die zu erreichende Wirkung im Inland und besonders im Ausland zu nehmen war."

XII GESCHEITERTE VERSUCHE
KAMPF UM DIE ENTSCHEIDUNG

Am 12. Oktober 1943 war Feldmarschall Kluge, der sich bei den Gesprächen im September gegenüber Beck, Olbricht, Goerdeler zum Handeln bereit erklärt hatte, bei einem Kraftwagenunfall schwer verletzt worden – er ist für fast neun Monate ausgeschieden. Ende Oktober wurden die Vorbereitungen in Berlin abgeschlossen, die Gruppe im Hauptquartier meldete sich bereit. Von den ersten Novembertagen an war mit der Auslösung zu rechnen[1]. Man wartete täglich auf Nachricht, Termine wurden verschoben. Nach mehrfacher Erprobung der Örtlichkeit und seiner selbst erklärte es Stieff für unmöglich, die Sprengladung in den Besprechungsraum zu nehmen und zu zünden. Der Anschlag unterblieb.

Stauffenberg fuhr ins Hauptquartier, um die Lage selbst kennenzulernen und, wenn möglich, eine Lösung zu finden. Man stand vor einem doppelten schweren Hemmnis: vor der immer kunstvoller durchgeführten Unerreichbarkeit Hitlers und vor der Bannkraft seiner Person, der immer wieder auch gegnerisch gesonnene Offiziere erlagen.

Ein anderwärts kaum so lückenloses System von Sicherungen schloß Hitler und seinen täglichen Bezirk im ostpreußischen Mauerwald wie auf dem Obersalzberg nach außen ab. In den engsten Staat von Dienern, Koch, Arzt und Wachen – auf dem Berghof auch Frauen – gab es für einen nicht Zugehörigen keine Möglichkeit, einzudringen. Hitler selbst schrieb man seit Jahren schon einen „Raubtierinstinkt für die eigene Sicherheit" zu. Er hatte eine meist untrügliche Witterung bei den ihm gegenübertretenden Menschen, ob sie ihm und seiner Einsprache unterlagen oder ob sie irgend sperrig waren und daher seine Vorsicht oder Abwehr wachriefen. Der engste Kreis, in dem er lebte, durfte ihm als sicher gelten. Er vermied im übrigen jedes Hinaustreten in eine nicht völlig beherrschte Umwelt, seit Monaten hatte er die Front nicht mehr gesehen. War bei besonderen Anlässen im Reich sein Hervortreten nicht zu umgehen, so ließ er dazu unter strengem Dienstgeheimnis Bahn- und Luftweg vorbereiten und behielt sich bis zum letzten Augenblick die Wahl zwischen beiden vor. Die anberaumten Stunden der Abreise oder Ankunft oder eines öffentlichen Auftritts oder einer Audienz wurden zumeist kurz vorher noch geändert – die Legende will, was wohl in keinem Fall erwiesen ist, daß er sich auch durch ein „double" habe vertreten lassen. Bei den kurzen Wegen im Hauptquartier, die ihn wohl selten über den innersten der „Sperrkreise" hinausführten, war er nicht zu fassen, da Zutritt zu dieser Region nur ein eigener, wenigen vorbehaltener Ausweis gab und auch hier noch die Geheimpolizei jeden seiner Schritte überwachte. Zur nächtlichen Privatrunde, die sich meist von Mitternacht bis in die Morgenstunden bei Hitler zusammenfand und vorwiegend von seinen sich selbst nährenden Einzelreden unterhalten wurde, hatten nur wenig Offiziere und keiner der gegen ihn Wirkenden Zutritt. Zu einem gewaltsamen Vorstoß gegen den innersten Bezirk, sei es auf der Erde oder aus der Luft, fehlten die Kräfte und waren nicht unauffällig heranzuschaffen. Graf Lehndorff, der sich für die gemeinsamen Pläne einsetzte und Weg und Steg in diesem Gebiet kannte, weil es sein Eigentum war, riet dringend vom Versuch eines gewaltsamen Angriffs ab: die ganze Gegend war gegen einen möglichen Luftlandeangriff des Feindes mit betonierten Bunkern, Kampfständen, Drahthindernissen in mehreren Verteidigungsringen gesichert und mit starken SS-Kräften belegt, zudem waren durch das nahegelegene Feldquartier Himmlers und Görings auch deren nicht geringe Begleitkräfte bei einem Angriff augenblicklich heranzurufen. Wenn kein anderes Ereignis zu Hilfe kam, blieb man darauf angewiesen, bei der Lagebesprechung, der sogenannten „Mittagslage", zum Zuge zu kommen, die alltäglich etwa von 1 bis 3 Uhr nachmittags dauerte und zu der auf Grund fachlicher Notwendigkeit auch der gegen Hitler Eingestellte Zutritt haben konnte. Am Eingang des Hitler vorbehaltenen Sperrkreises war ein auf den Namen ausgestellter Ausweis vorzuzeigen, die Waffen waren außerhalb des Besprechungsraumes abzulegen. SS-Oberführer Rattenhuber war mit seiner respektheischenden Länge und seinen auch vor Generalsabzeichen nicht scheuenden „Rattenhubern" der Wachhabende des inneren Bezirks.

Fast schlimmer noch als die Unerreichbarkeit der Person Hitlers mußte für Stauffenberg die andere Erfahrung gelten, die er zwar während seiner früheren Tätigkeit im Hauptquartier öfter gemacht hatte, die aber jetzt in der geänderten Lage gleichwohl etwas Beunruhigendes hatte: daß die Bannkraft Hitlers kaum abgenommen hatte und daß auch tapfere Männer, die Hitler verfluchten und zur Tat gegen ihn bereit waren, es aus ihrer Natur heraus schlechtweg nicht vermochten, ihm standzuhalten und ihre innere Freiheit gegen ihn zu wahren. Diese Bannkraft war wohl untrennbar von der ganzen äußeren Erhöhung und den sorgfältigen Schutzeinrichtungen, womit man den „Führer" umgab, sie war gefestigt vom unüberwindlichen Fahneneid des deutschen Soldaten, der an den obersten Herrn band, sie lebte aber fraglos ebenso aus den großen Erfolgen, die dieser Mann gehabt hatte, und ging auch jetzt noch – fast wie der Bann des Fakirs – von seiner Person aus. Man wird schon damals von einzelnen Auftritten gewußt haben, wie sie später bekannt wurden, etwa dem, den Plettenberg erzählt hat[2]: Ein Fliegeroffizier pirscht, wozu kaum je die Erlaubnis gegeben wurde, in der Nähe des Führerhauptquartiers. Er hört etwas, nimmt Deckung, entsichert. Auf dem Weg erscheint Hitler allein, ohne jede Begleitung. Der Flieger sieht ihn mit dem Gedanken: dies ist die entscheidende Stunde, jetzt soll er sterben. Er will in Anschlag gehen, aber er bringt die Büchse nicht hoch, die Arme versagen. Er sichert, hängt das Gewehr um – das kann er tun – und geht weiter. Hitler erblaßt, als er ihn erblickt. Der Flieger grüßt, Hitler erwidert mit verstörtem Blick und geht vorüber. Geschehen im Sommer 1942.

Man wußte von der Ablehnung Georg von Boeselagers, dessen unerschrockenes Soldatentum sich im Osten glänzend bewiesen hatte; er fühlte sich, wie er dem befreundeten Tresckow gestand, seiner Kaltblütigkeit nicht sicher, um als einzelner ein Pistolenattentat gegen Hitler zu wagen – an der Spitze seiner Reiter hätte er auch gegen eine wilde Übermacht gewagt, in die Wolfsschanze einzubrechen, um sich Hitlers zu bemächtigen.

Bei alledem kam als Wichtigstes noch hinzu, daß der Mord am Staatsoberhaupt wie auch immer für einen deutschen Offizier als etwas Grundfremdes, Unerhörtes, tief Verabscheutes galt. Es war ein großer Schritt, die Notwendigkeit dazu zu bejahen. Aber auch sie leidenschaftlich zu bejahen, hieß noch nicht, ihn vollziehen zu können. Nicht

Überredung, nicht einmal der entschlossene Wille genügte: es gehörte, wie sich erwies, eine eigene Menschenart dazu, fähig, solchen Einsatz vor sich selber von innenher zu wagen und zu tragen. Einem einzelnen war die Tat überhaupt kaum zuzumuten. Man mußte einen Weg finden, zwei oder mehrere gleichzeitig zu beteiligen. Aber wie einen solchen finden?

Ein früherer Vorschlag Tresckows kam in Erinnerung, den man nunmehr als den aussichtsreichsten aufnahm. Die Erfahrungen der Ostfront hatten eine Änderung der deutschen Uniformen nahegelegt, die neuen Modelle waren so weit gediehen, daß sie in absehbarer Zeit Hitler zur Billigung vorgeführt werden mußten. Zu diesem Anlaß waren auch Himmler und Göring zu erwarten, die sonst seit Stalingrad kaum je bei einem Anlaß zusammen auftraten. Es entsprach der Übung, daß ein junger Frontoffizier die Vorführung leitete, der Chef der Organisationsabteilung hatte zugegen zu sein. Wenn beide sich entschlössen, eine betätigte Sprengladung am Leib zu führen und sie oder sich selber auf Hitler zu werfen, so war Aussicht auf Erfolg gegeben – freilich mußten sie darauf gefaßt sein, ihr Leben zu opfern.

Bei der Umschau nach dem Frontoffizier, der die Aufgabe im Hauptquartier übernehmen könnte, nannte Schulenburg den ihm befreundeten Hauptmann Axel von dem Bussche, der als Kompaniechef in den Abwehrkämpfen im russischen Mittelabschnitt stand. Stauffenberg vermittelte seine Herberufung. Von dem Bussche schildert[3], wie er mit Schulenburg zusammen – es war noch im Oktober – bei Stauffenberg in seinem Ausweichquartier in Düppel bei Berlin eintrat und nachher länger mit ihm allein zusammen war. Er spricht von dem „hellen Glanz sicherer Gelassenheit", der ihm mit diesem Mann entgegenkam, und von seiner trotz der schwarzen Augenbinde unzerstörbar kraftvollen und adligen Erscheinung. Im Gespräch von Jugend zu Jugend – er selbst war 24, Stauffenberg 36 Jahre – war wie von selbst, was an besten Kräften in ihm war und sich an tapferen Ahnen maß, angesprochen. Stauffenberg suchte nicht zu überreden oder zu erbitten: ohne Worte war zwischen beiden verstanden, daß in solcher Not die besten Söhne des Volkes für alle handeln müßten und daß sich durch ihr Vorgehen allein ein neues Leben entscheide. Stauffenberg erschien dem Jüngeren wie der berufene Führer dieser Jugend – von dem Bussche bereitete sich vor, seinem Auftrag gewachsen zu sein.

Als den Schwerversehrten später seine Altersgleichen mit offener Schmähung oder verhaltenem Vorwurf umringten, schilderte er ihnen, was er erlebt hatte, und erklärte daraus seinen Entschluß. Er war 1937 ins Heer eingetreten, um Offizier zu werden. Die ersten Jahre des Krieges hatte er Hitler-gläubig und in fragloser Bereitschaft zu jeder Bewährung mitgemacht und hatte im Grafen Schulenburg, der in der gleichen Truppe war – dem Infanterieregiment 9 zu Potsdam –, einen Freund und Mentor gefunden. Mit ihm zusammen erlebte er, ohne als Heeresoffizier eingreifen zu können, aus der Nähe die offenbar von oben befohlene Menschenausrottung in polnischen und in russischen Städten, und er empfand, einmal aufmerksam geworden, mit immer tieferer Beschämung, was eigentlich hier emporkam. Hatte er zuvor den Eid auf den deutschen Kriegsherrn ernst und unbedingt genommen, so fühlte er sich jetzt vor eine andere Notwendigkeit gestellt. Denn der „Führer" hatte den auf Gott gegründeten Eid von sich aus tausendfach gebrochen, dem echten Gefolgsmann erwuchs nicht das Recht, sondern, wie er es nach dem alten Germanenbrauch ableitete, die Pflicht, sich gegen den Abtrünnigen aufzuwerfen. Wer von seinesgleichen einmal den Blick in dies Geschehen getan hatte, konnte – so erklärte er – nur wählen „in verzweifelt kühnem Kampf", wie es manche der Besseren taten, vorm Feind den Tod zu suchen, zum Feind oder ins Ausland überzulaufen oder aber im Innern sein Leben zu wagen gegen Hitler. So hatte er sich dem an ihn kommenden Anruf Stauffenbergs gestellt.

Von dem Bussche ist mehrfach vor dem erwarteten Termin im Hauptquartier. Mit Stieff werden die Einzelheiten abgesprochen. Sie sind sich einig, „daß man nur mit vollem Einsatz seiner selbst handeln darf und muß". Jeder von ihnen wird eine Bombe mit zur Vorführung nehmen. Bussche wünscht eine Sprengladung deutscher Art, die er im Augenblick betätigen kann und die in Sekundenbruchteil hörbar verzischt. Die Eingeweihten werden verständigt, die Verläufe in Berlin und im Reich noch einmal überblickt und eingeprägt. Vom 23. oder 25. November an bleibt Bussche im Hauptquartier. „Die sonnigen Spätjahrtage im Wald- und Seenland", so gibt von dem Bussche die Signatur seiner Wartezeit, „sind getragen von der hellsichtigen Klarheit, die der Soldat vor dem Angriff kennt."

Die Ankunft der Uniformstücke verzögert sich, man hält Rückfrage und wartet, bis aus Berlin die Nachricht kommt, die zur Vorführung bestimmten Stücke seien bei den schweren Luftangriffen der letzten Tage zerstört worden und seien, vor allem das Lederzeug, in Kürze nicht zu ersetzen. Man hätte, wie von dem Bussche meinte, jetzt etwas beliebiges anderes vorführen sollen, aber die Vorführung wurde abgesagt. Kurz danach ereignete sich ein Zwischenfall, der das ganze Unternehmen hätte auffliegen lassen können. Stieff, der sich am 20. November – wohl nur für ein paar Tage – hatte beurlauben lassen, so findet sich ein Bericht (KB 128), trug Major Kuhn auf, den englischen Sprengstoff, der noch bei ihm lagerte, zu Stauffenberg zurückzubringen. Kuhn beschloß, ihn in einem Versteck aufzubewahren. Er wurde mit Oberleutnant Hagen zusammen am 28. November von der Feldgendarmerie beobachtet, als sie sich im Wald des Hauptquartiers unter einem hölzernen Wachtturm zu schaffen machten. Beim Nachgraben wurde die in Dachpappe eingeschlagene Sprengladung gefunden, ohne daß die beiden Offiziere, die sie vergraben hatten, festgestellt wurden. Dem mit der Untersuchung betrauten Abwehroffizier, Oberstleutnant Werner Schrader, selbst Mitwisser der Vorgänge, gelang es mit dem Wagnis schwerster eigener Gefährdung, den Eingriff der Staatspolizei zu verhindern. Nach dem Zwanzigsten Juli ist sie auf seine Spur gekommen, er hatte sich inzwischen selbst getötet. Die Sprengladung ist zu Freytag-Loringhoven zurückgelangt.

Ehe man etwas über den Verbleib der Ladung wußte, haben Kuhn und Hagen sich um neues Sprengmaterial bemüht. Ein Freund von Kuhn, den er eben noch im November bei seiner Durchreise in „Mauerwald" gesprochen und in die Erhebungspläne eingeweiht hatte, Major Gerhard KNAAK, war Kommandeur eines Pionierbataillons bei Orscha. Oertzen beim zuständigen Armeeoberkommando vermittelte Hagen den Zugang. Stieff erhielt damit schon im November neues, diesmal deutsches Pionier-Sprengmaterial, das von Klamroth und Hagen verwaltet und später zu Stauffenberg gebracht wurde. Da es sich für ein Attentat als ungeeignet erwies – der Zünder lief nicht geräuschlos und hatte etwa 4 Sekunden Sprengdauer – mußte Freytag-Loringhoven, Leiter der Abwehr II bei Canaris, erneut um Material angegangen werden. Er hat einen anderen, angeblich wirkungsvolleren Sprengstoff verschafft, dem später das Zündmaterial aus der ersten Ladung eingefügt wurde.

Ein paar Wochen nach dem ersten Mißlingen lagen die Uniformprobestücke wieder bereit. Für die Woche vor Weihnachten schien die Zusage Hitlers erreicht und die Vorwarnungen gingen an die Beteiligten. Aber die Vorführung wurde mit irgendwelchen Gründen auf ungewisse Zeit verschoben, so daß man glaubte, nicht mehr darauf bauen zu können. Am zweiten Weihnachtstag hatte Stauffenberg, wie eine Überlieferung sagt[4], in Vertretung des erkrankten Olbricht an einer Besprechung über Mannschaftsreserven im Führerhauptquartier in Ostpreußen teilzunehmen. Er entschloß sich, die Sprengladung mitzuführen. Nachdem er sie durch die verschiedenen Kontrollen gebracht hatte, stellte sich heraus, daß die Besprechung abgesagt war. Hitler war schon nach Berchtesgaden abgegangen. Anläßlich dieses Tages soll Stauffenberg vorgeschlagen haben, die Sprengung selbst zu übernehmen unter Preisgabe seiner Person, soll aber auf die entschiedene Ablehnung Becks und Olbrichts gestoßen sein. Man hielt ihn bei den Maßnahmen in Berlin und im Reich für unersetzbar. Auch bestanden Bedenken, ob dem körperlich so Behinderten die Durchführung eines Anschlags gelingen könne. Von dem Bussche wurde von seiner Division dringend zurückgefordert, die bei Newel in schwersten Kämpfen lag. Als Stauffenberg ihn später wieder berufen wollte, verweigerte die Division wegen der katastrophenhaften Lage die Entsendung. Zwei Tage danach warf den draufgängerischen Hauptmann eine schwere, verstümmelnde Verwundung auf ein fast einjähriges Krankenlager, das nach dem Zwanzigsten Juli die zu fürchtenden Rachegeister noch peinigender gemacht haben.

Ende Januar ergab sich noch einmal die Möglichkeit der Uniformvorführung. An Stelle von dem Bussches nannte Schulenburg einen anderen ihm befreundeten jungen Offizier, den er für fähig hielt, die Aufgabe zu übernehmen. Am 28. Januar berief er ihn telegrafisch aus einem Urlaub, den er eben in der Heimat verbrachte, zu sich, deutete ihm an, um was es gehe, und kam mit ihm zu Stauffenberg. Ewald Heinrich von KLEIST, gleichen Alters wie von dem Bussche, war der Sohn jenes glaubensstarken und gegen Hitler unerbittlichen pommerschen Konservativen von Kleist-Schmenzin, der nicht so sehr mit Worten als in Geste und Person, an der kein Zoll unecht war, schon von der ersten Zeit an als unbedingte Gegenkraft gewirkt hat[5].

Stauffenberg redete in einem sechsstündigen Gespräch eines Samstagnachmittags, bei dem nur gelegentlich Schulenburg zugegen war, mit dem jungen Kleist. Er legte ihm die Lage klar vor Augen: das Jahr werde in Kürze als Folge der jüngsten Zusammenkunft in Teheran Entwicklungen bringen, die jedes Eingreifen in Deutschland sinnlos und unmöglich machten. Für sie, die sich als Führer dieses Heeres und dieses Volkes in solcher Not ansehen müßten, liege jetzt alles daran, zur Tat zu kommen. Alles sei vorbereitet, aber das Attentat wolle und wolle bisher nicht gelingen. Jetzt biete sich in Kürze eine Möglichkeit, die man unbedingt ergreifen müsse. Er dränge Kleist nicht, er frage ihn nur, ob er es sich zutraue und ob er etwas in sich finde, was ihn zu diesem Weg verpflichte, der vielleicht seine Selbstaufopferung nötig mache. Kleist verbrachte den Sonntag auf dem heimatlichen Gut in Pommern, wo er aufgewachsen war, und befragte den Vater. Der erklärte es dem Sohn in ernster Erwägung als Pflicht, der Forderung eines solchen Augenblicks, wenn sie an ihn komme, nicht auszuweichen ...

In gedrängter Arbeit wurden durch Stauffenberg die letzten Abreden getroffen, die Beteiligten verständigt: der 11. Februar sollte die Vorführung und damit das Zuschlagen bringen. Himmler sollte mit zugegen sein. Der 11. Februar kam, Vorführung und Anschlag unterblieben – nach dem Bericht von Kleist, weil Generalmajor Stieff in letzter Stunde die Abwesenheit Himmlers gemeldet worden war.

Tresckow blieb inzwischen von sich aus bemüht, zur Tat zu kommen. Er versuchte vergebens, mit der Vertretung Adolf Heusingers betraut zu werden, um Zugang zu Hitler zu gewinnen. Den früheren Gedanken eines gemeinsamen Pistolenattentats jetzt in Orscha oder Minsk wieder aufzugreifen, erwies sich als unmöglich, da Hitler zu keinem Besuch der Heeresgruppe mehr kam. Auf Kluge war Generalfeldmarschall Busch gefolgt, mit dem man von einer Auflehnung gegen Hitler nicht sprechen konnte. Aber es gelang Tresckow auch jetzt, eine neue Möglichkeit zu einem Attentat zu finden. Fast durch Zufall war er innegeworden – er war Chef des Stabes bei der 2. Armee –, daß einer der Seinigen, Ordonnanzoffizier bei Busch, folgenden Tags mit seinem Feldmarschall zur Lagebesprechung zu Hitler nach Berchtesgaden zu fliegen habe. Mitten in diesen Vorbereitungen trat er, von Oertzen begleitet, unerwartet bei ihm ein mit der Frage, ob er sich bei seinem bevorstehenden Besuch der Verantwortung bewußt sei; was die weitere

Führung des Krieges beträfe, habe er in der Hand, unendliches Leid für die Heimat, unermeßliche Opfer an der Front, die sinnlos gebracht würden, zu ersparen. — Oertzen zog eine kleine Bombe aus seiner Aktentasche, erklärte ihre Handhabung und schlug vor, sich die Bombe vorn in die Brust zu stecken, sie abzuziehen und Hitler von hinten zu umfassen, bis die Explosion erfolge. Der Rittmeister ergriff den an ihn kommenden Auftrag, nur hielt er sich für tauglicher, mit der Pistole zu schießen. Tresckow gab die Aufrufe, sich bereitzuhalten für den nächsten Tag, an die Verbündeten. Als an diesem Tag, dem 9. März 1944, Feldmarschall Busch auf dem Obersalzberg mit Keitel, Jodl, Schmundt u. a. das Lagezimmer betrat und sein Ordonnanzoffizier ihm folgen wollte — er hatte Koppel und Pistole außen abgelegt, trug aber eine Browningpistole geladen und entsichert in der Tasche —, hielt ihn der SS-Sturmbannführer, der eben das Kommen Hitlers angekündigt hatte, mit den Worten zurück: „Heute, bitte, keine Ordonnanzoffiziere." Keine Einsprache half, und der Ausgeschlossene hatte allein im Vorzimmer zu warten, ohne Hitler zu Gesicht zu bekommen, aber mit dem unzweifelhaften Eindruck, „erkannt" zu sein: ab und zu trat einer der hier als Ordonnanzen wirkenden SS-Männer in den Raum, um nach ihm zu sehen. Tresckow hielt es nachher für möglich, daß einer oder mehrere seiner Anrufe mitgehört worden seien und man darauf Weisung nach Berchtesgaden gab, an diesem Tag nur bekannte Offiziere zur Lagebesprechung zuzulassen[6].

Man darf annehmen, daß viele Einzelzüge aus diesen hochgespannten Wochen — Pläne, Hoffnungen, Versuche, Enttäuschungen — durch den Tod der Beteiligten für uns verloren sind. In der Zeit von März bis Mai 1944, so scheint auch eine Aussage Schulenburgs (KB 90) und Kranzfelders (KB 116) zu bestätigen, haben die militärischen Umsturzpläne geruht, weil „keine praktische Möglichkeit zur Verwirklichung mehr gegeben war". Doch setzen sich auf der politischen Seite die Bemühungen fort nach außen und innen.

Trott hat sich im April 1944 noch einmal mit einer Botschaft an den Amerikaner Dulles in Bern und über ihn an die westlichen Regierungen gewandt. Der bei Dulles erhaltene Text, den er durch den vermittelnden Gero von Schulze-Gaevernitz übernahm, zeigt Trott hier als Sprecher der „deutschen Arbeiterführer" — man wird annehmen können, vor allem von Julius Leber. Trott spricht von der wachsenden kommunistischen Untergrundbewegung, die vom „Nationalkomitee freies Deutschland" und von der russischen Regierung her genährt werde und durch „konstruktive Ideen und Pläne" für den Wiederaufbau Deutschlands nach dem Kriege an Verführungskraft gewinne. Vom Westen dagegen komme kein Wort, das für eine Zukunft Mitteleuropas spreche. Die Arbeiterführer wiesen auf die Notwendigkeit, dies Vakuum so schnell wie möglich zu füllen. „Wenn man sein Fortbestehen zuläßt, so fürchten die deutschen Arbeiterführer, daß die Demokratien trotz ihres militärischen Sieges den Frieden verlieren werden und daß die gegenwärtige Diktatur in Mitteleuropa nur für eine andere eingetauscht wird[7]." Ins einzelne gehende Vorschläge folgten, wie dies Vakuum zu schließen, die deutsche Arbeiterschaft für die westlichen Demokratien zu gewinnen und wie noch im Krieg für den Frieden vorauszudenken sei.

Etwa um die gleiche Zeit (Ende März/Anfang April 1944) erreichte Dulles, von Gisevius überbracht, eine Anfrage von Beck und Goerdeler, die in der Schilderung der Lage Ähnliches auswies wie die Darstellung von Trott, aber sich dann auf die Realität eines Staatsstreichs bezog. Es wurde nicht mehr um Zusicherungen *vor* einem vollzogenen Umsturz gefragt, einzig, ob London und Washington *nach* einem Staatsstreich in Deutschland bereit seien, mit den Beauftragten der neuen Regierung Verbindung aufzunehmen, ohne zugleich den Kontakt mit Moskau zu verlangen. Beck und Goerdeler beriefen sich bei dieser Frage, die gegen die Casablanca-Erklärung anging, auf das Beispiel Finnlands, das vor kurzem einseitige Friedensverhandlungen mit Rußland begonnen hatte, und hoben als bestimmenden Grund für sie und die mit ihnen Tätigen klar hervor, Mitteleuropa vor dem ideologischen und politischen Einbruch des Bolschewismus zu wahren: er würde sonst das Ende christlicher Kultur und wahrer Demokratie in Europa bedeuten, und die eine totalitäre Tyrannei werde durch eine andere abgelöst. Man dürfe die Gefahr einer solchen Entwicklung nicht unterschätzen, vor allem wenn man die proletarisierten Millionen, die jetzt Zentraleuropa bevölkerten, in Betracht ziehe. Müsse an erster Stelle mit Rußland verhandelt werden, so stünden andere Kräfte dafür bereit, nicht ihre Gruppe.

Hier aber wurde ein Schritt weiter getan, der nunmehr die klare Entscheidung für eine „Westlösung" enthielt. Es wurde angeboten, eine rasche Besetzung Deutschlands durch die Anglo-Amerikaner zu ermöglichen, indem die Oberkommandierenden der Westfront (so Rundstedt und Falkenhausen) Befehl erhielten, keinen Widerstand zu leisten und die Landung alliierter Truppen zu erleichtern, und indem Vorsorge getroffen würde, alliierte Fallschirmtruppen an den Schlüsselpunkten Deutschlands aufzunehmen[8].

Als diese dringlich gesandte Anfrage in London und Washington eintraf, war man dort mit den Vorbereitungen des bisher größten, Millionen verschlingenden Landungsunternehmens beschäftigt, um mit ihm das Bollwerk Mitteleuropa zu Fall zu bringen, über das man im Luftraum fast schon ganz frei herrschte. Es war, von allen anderen Gründen abgesehen, jetzt nicht der Augenblick, sich den Sieg auf so ungewisse Weise, der vielleicht nur auf Verschleppung hinauslief, schenken zu lassen. Die Absender erhielten keine Antwort, auch nicht beim sorgfältigen Verfolgen Churchillscher Reden. Erst am 24. Mai – zwölf Tage vor der großen Landung – erklärte der Premier vor dem Unterhaus, das Empire werde bis zur bedingungslosen Kapitulation der Deutschen kämpfen und werde sich nicht auf Abmachungen im Stil der Wilsonschen Punkte einlassen, das würde den Deutschen nur neue Handhaben zu Beschwerden gegen das künftige Friedensdiktat bieten[9].

Vom Tag darauf, dem 25. Mai, ist eine kurze Aufzeichnung erhalten, die erstmals den Namen Stauffenbergs im Zusammenhang von Verhandlungen mit den Alliierten nennt. Diese Notiz, von Hauptmann Kaiser nach dessen eigener Aussage für Stauffenberg niedergeschrieben (KB 126), vermerkt elf Punkte, die nicht als Forderung erscheinen, sondern über die mit der Feindseite verhandelt werden sollte:

sofortiges Einstellen des Luftkriegs,
Aufgabe der Invasionspläne,
Vermeiden weiterer Blutopfer,
dauernde Verteidigungsfähigkeit im Osten, Räumung aller besetzten Gebiete im Norden, Westen und Süden,
Vermeiden jeder Besetzung,
freie Regierung, selbständige selbstgewählte Verfassung,
vollkommene Mitwirkung bei der Durchführung der Waffenstillstandsbedingungen, bei der Vorbereitung der Gestaltung des Friedens,

Reichsgrenze von 1914 im Osten, Erhaltung Österreichs und der
 Sudeten beim Reich, Autonomie Elsaß-Lothringens, Gewinnung
 Tirols bis Bozen, Meran,
tatkräftiger Wiederaufbau mit Mitwirkung am Wiederaufbau
 Europas,
Selbstabrechnung mit Verbrechern am Volk,
Wiedergewinnung von Ehre, Selbstachtung und Achtung.

An der gleichen Stelle wird, offenbar nach Aussagen von Kaiser, angegeben, Stauffenberg habe „über Mittelsmänner zwei Verbindungen zur englischen Seite" gehabt. Für die eine wird der Weg über Gottfried Graf Bismarck-Schönhausen, den Regierungspräsidenten von Potsdam, vermutet, der wie Goerdeler, doch schon ein Jahrzehnt länger, mit den Wallenbergs in Stockholm befreundet war, für die andere wird keine Vermutung geäußert. Im Juni bemerkte Stauffenberg einmal zu Goerdeler, er habe Gelegenheit gehabt, eine direkte Mitteilung an Churchill gelangen zu lassen, die in etwa acht Tagen auf seinem Schreibtisch liegen werde, er nannte in diesem Zusammenhang ebenfalls den Namen Bismarck. Neben diesem zur englischen Regierung führenden Weg hat Stauffenberg von Mai oder Juni an eine direkte Verbindung zum amerikanischen Oberkommando, zu General Eisenhower und seinem Stabschef, General Marshall, zu gewinnen versucht. Wie eine solche Verbindung eröffnet werden sollte, ist nicht bekannt geworden, daß sie im Juli gefunden war (über Madrid?), lassen Berichte erkennen. So äußerte sich Trott angeblich bei der Vernehmung (KB 507): „Da er (Stauffenberg) immer wieder zum Ausdruck brachte, daß kein alliierter Heerführer angesichts der katastrophalen strategischen Lage der angelsächsischen Streitkräfte gegenüber Rußland nicht notwendig zum Einlenken gegenüber Deutschland bereit sein würde, möchte ich der Vermutung Ausdruck geben, daß ihm von militärischer feindlicher Seite Eröffnungen oder gar Anerbietungen gemacht worden sind." Trott spricht dann davon, daß Stauffenberg möglicherweise einem Sonderagenten Eisenhowers in die Hände gefallen sei. Gleich darauf folgt aber seine weitere Aussage: „Ich hatte aus meinem letzten Gespräch mit Stauffenberg den bestimmten Eindruck, daß Beck in jüngster Zeit eine positive Anknüpfungsmöglichkeit zum amerikanischen Gegner, wahrscheinlich zu dessen militärischem Oberkommando, sich geboten haben

müßte. Stauffenberg wies nämlich mit besonderem Nachdruck darauf hin, daß ‚der alte Herr' Grund hätte, anderer Ansicht zu sein als ich."
An einer anderen Stelle wird eine Aussage Trotts wiedergegeben: Stauffenberg habe offenbar auf Grund von „anderweitigen Beziehungen im militärischen Sektor" im Juli 1944 sich so ausgesprochen, „daß der Westen wegen des raschen Vorrückens der Sowjetunion verhandeln würde, nur nicht mit der jetzigen Regierung" (KB 175). Auf den gleichen Zusammenhang könnten die Angaben von Strünck bei seiner Vernehmung hinweisen: Gisevius habe Mitte Juli bei seiner Rückkehr von Bern berichtet, daß Verhandlungen mit England möglich wären, die Amerikaner seien ohnehin für eine baldige Beendigung des Kriegs in Europa, um in Ostasien freie Hand zu bekommen, Eisenhower habe vom State Department Instruktion, im Fall einer Regierung Beck-Goerdeler nicht die bedingungslose Kapitulation zu verlangen[10].

Was immer an den eigenen Beziehungen Stauffenbergs zu den westlichen Alliierten Richtiges und was Legende ist, festzuhalten bleibt, daß er im Juli 1944 sich am ehesten noch nach Westen hin von einem Handeln „von Heerführer zu Heerführer" etwas versprochen hat in der politisch unauflösbar verknoteten und erstarrten Situation. Das Einbrechen der sowjetischen Kräfte nach Mitteleuropa stellte erst einmal – und sollten es nur zwei oder drei Tage sein – ein militärisches und nicht ein politisches Problem. Wenn in so hochgespannter Zeit dem Alliierten Oberkommando durch eine vor ihm ausgewiesene deutsche Führung das deutsche Heer als Hilfe zur Bändigung an die Hand gegeben wurde, statt daß es selbst die Chaotisierung noch steigerte, dann durfte ein aus der militärischen Notwendigkeit heraus urteilender Heerführer ein solches Angebot nicht zurückweisen. Ein überzeugendes Handeln einer neuen deutschen Führung, die sich von Hitler frei gemacht hatte – so mochte Stauffenbergs Gedanke gewesen sein –, mußte eine solche Lage gleichsam gewollt vorwegnehmen und der Entscheidung der gegnerischen Heerführer (und in zweiter Linie dann der Einsicht der gegnerischen Staatsmänner) entgegentragen. Mehr blieb nicht, als zu vertrauen, daß man doch in irgendeiner Form Zustimmung erkämpfen werde. Von Churchill brachten Berthold Stauffenberg und Trott manche Äußerungen bei, die ihn ebenso fähig zeigten, im Sieg das Steuer blitzschnell zu wenden, wie bereit, das Vordringen Rußlands zu begrenzen. Von ihm erwartete Claus Stauffenberg und der

Kreis, der mit ihm beriet, auch jetzt noch im Juli 1944 nicht aus Deutschfreundlichkeit, sondern aus nüchterner Erwägung einer balance of power eine Bereitschaft in den erstrebten Entwicklungen.

Für den weiten Kreis der Verschworenen bedeutete das stete Mißlingen des Anschlags, die immer neue Verschiebung bei zunehmend bedrohlicher Kriegslage eine schwere, fast untragbare Last. Hinzu kam die schon lange über jedes Maß gehende physische Belastung durch die Doppelaufgabe, die sie übernommen hatten bei zum Teil mühseligsten Bedingungen der äußeren Existenz, das durch mahnende Erlebnisse gesteigerte Gefühl, daß man das Geheimnis nicht länger wahren und jeden Tag die Rache der Blutgerichte losbrechen könne. Die Zahl der Verhaftungen und Hinrichtungen aus politischen Gründen wuchs erschreckend[11]. Moltke und Gehre waren mit Kiep und anderen, die sich im Hause Solf begegnet hatten, verhaftet, Canaris seines Amtes enthoben worden, und Himmler hatte ihm dabei gedroht, man wisse von Umsturzplänen des Heeres und werde Leuten wie Beck und Goerdeler das Handwerk legen. Hassell wußte von der gegen ihn angesetzten Überwachung, Popitz war stark gefährdet. Am 16. Juni kam dann noch die für viele sehr treffende Nachricht, daß Halem zum Tod verurteilt worden sei. Zu allem brachte das Büro Reuter von der Feindseite her jetzt die Meldung von den Umtrieben einer deutschen Widerstandsbewegung: schon sei der Offizier aus dem Generalstab bestimmt, der Hitler zu töten habe. All dies konnte sehr wohl an den Punkt führen, wo man sich sagen mußte, daß alles vergeblich und daß es besser sei, sich zu trennen und nur noch dafür zu sorgen, daß nicht das aufgegebene Unternehmen entdeckt werde. Einzelne hielten die Zeit eines noch heilsamen Eingriffs auch in sachlicher Erwägung für längst überschritten und zogen sich zurück. Bei den zivilen Beteiligten, die noch nicht vom Gedanken eines Umsturzes ließen, wuchs das Mißtrauen gegen das Militär, das im Grunde doch nicht handeln wolle und sie verraten habe, und es verband sich mit den durch Jahre gemachten Erfahrungen mit „den" Generalen. Auf Stauffenberg hatte der Kreis, der von ihm wußte, mit Vertrauen und Hoffnung geschaut, aber jetzt mußte gerade er, ob ausgesprochen oder nicht, die Vorwürfe aushalten, die um so reichlicher kamen, als er der zivilen Seite keine Einzelerklärungen gab für die Gründe des bisherigen Versagens. Selbst Goerdeler gegenüber, der allerdings in diesen Monaten immer mehr in die

Gefährdungszone gerückt und nur noch mit großer Vorsicht einzubeziehen war, scheint Stauffenberg sich stark zurückgehalten zu haben, nachdem er ihm einmal sein Wort gegeben hatte. Darauf weist wohl auch die Angabe, daß Stauffenberg sich geärgert habe, „daß von Goerdeler dauernd auf den Anschlag gedrängt wurde, und zwar in einer Form, als wenn von Stauffenberg erst große Versprechungen gemacht würden, dann aber nichts gehalten werde. Stauffenberg ließ schließlich Goerdeler auch wissen: er wisse ja, daß er sein Ehrenwort gegeben habe, und er brauche nicht dauernd zu drängeln" (KB 177).

Seit dem Herbst hatte sich, wie sich aus mehrfachem Bericht erkennen läßt, eine Wandlung vollzogen. Hatte erst Beck auch politisch noch die Mitte gebildet unter starker Anlehnung an Goerdeler[12], so hatte während der Winter- und Frühjahrsmonate Stauffenberg, auf die Gruppe der Jüngeren und auf Leber gestützt, auch politisch einen Vorrang gewonnen und hatte sich von der Zwischenschaltung Goerdelers, etwa im Umgang mit den Sozialisten (Leuschner, Maass, Haubach, Reichwein) oder bei den außenpolitischen Erkundungen frei gemacht. Für die Seite der Jüngeren bedeutete diese Entwicklung eine Aktivierung ihrer Kräfte, nicht zuletzt auch dadurch, daß sie sie gezwungen hat, sich mit dem „Konstruktiven" der Pläne Goerdelers auseinanderzusetzen. Für Goerdeler war darin, wie einzusehen ist, Belastendes und Kränkendes, und so ist auch vieles davon in die Berichterstattung übergegangen, die die Kaltenbrunner-Akten über die „Richtungskämpfe" und angeblichen Entzweiungen aufbewahren. Es wird darin von mehreren Missionen Wirmers, Schwerins, Jakob Kaisers bei Stauffenberg gesprochen, von Besuchen Stauffenbergs gemeinsam mit Leber bei Wirmer, der vor allem als Mittler Goerdelers, aber auch Leuschners wirkte, mehrfach von zwei größeren Zusammenkünften Mitte Mai und Mitte Juni im Haus Wirmer (KB 179, 211) und einem Treffen im Esplanade-Hotel am 16. Juni, an dem mit anderen Beck, Goerdeler, Leber, Leuschner, Stauffenberg teilnahmen. Es geht nach diesen Berichten um eine Klärung zwischen Goerdeler und Stauffenberg, der geäußert habe, er höre zuviel von „Wiederherstellung": er wolle nicht, daß alte Zustände wieder aufgewärmt werden sollten. Leber hatte Goerdeler vorgehalten, er sei in der Außenpolitik ein Illusionist, in seinen wirtschaftlichen Anschauungen überlebt und insgesamt an die Großindustrie gebunden. Die Berichte stellen auch eine Entgegensetzung Lebers und Leuschners fest, offenbar hervorgerufen durch Lebers radikales Programm, das er für den Katastrophenfall eines militärischen Zusammenbruchs entwickelt hatte (KB 212). Es scheint sich aber am meisten um eine verschiedene Beurteilung der außenpolitischen Lage gehandelt zu haben. Leber hielt, auch wenn jetzt gehandelt würde, eine Totalbesetzung Deutschlands für unumgänglich und forderte auf, sich klar darauf vorzubereiten. Er gab auch Trott bei seiner Erkundungsreise nach Schweden in der zweiten Junihälfte den Rat mit, keinesfalls eine auf Spaltung der Alliierten gerichtete Politik zu versuchen. Die einzige Chance sei der Sturz Hitlers, das Ausrufen einer aus Männern des Widerstands gebildeten Regierung und deren offenes Waffenstillstandsangebot[13]. Jakob Kaiser, der bei vielen dieser Gespräche sehr zum Ausgleich gewirkt und der wohl fast als einziger nach monatelanger Verborgenheit heil durchgekommen ist, hat ausdrücklich bekundet, daß das Bild von Uneinigkeit, Zwietracht, persönlicher Kränkung, das die offiziellen Berichte gaben, stark übertrieben ist und daß bei allem Ernst der Aussprache das starke Gefühl der Verbundenheit und gemeinsamer Verpflichtung für Deutschland nie verlorengegangen ist. Es ist eine sowohl aus der Lage der Aussagenden wie aus der Lage des Berichterstatters erklärbare Verfälschung, den Versuch der Erhebung in Akte des Ehrgeizes, der persönlichen Feindschaften, der Starrsucht der alten „Reaktionäre", der Unduldsamkeit der wirren Jungen aufzulösen.

Stauffenberg hat den inzwischen von der Staatspolizei gesuchten Goerdeler noch zwei Tage vor dem Attentat gesprochen und hat sich von ihm, wie Goerdelers Bericht erkennen läßt, als nahem Verbündeten getrennt, ohne daß er ihm vom Bevorstehenden sprach. Er schärfte ihm ein, sich streng verborgen zu halten, aber jederzeit erreichbar zu sein – es ist kaum ein Zweifel, daß auch Stauffenberg in Goerdeler den ersten Kanzler gesehen hat.

Etwa vom 20. Mai an ist bei Stauffenberg eine neue Welle von Aktivität zu spüren. Er fordert den bei Stieff lagernden Sprengstoff an (es ist der bei den Pionieren in Orscha beschaffte), er wird ihm am 25. durch Klamroth und Hagen im Kurierzug gebracht (KB 55, 94). Am gleichen Tag bereitet Stauffenberg die notwendigen Verhandlungspunkte mit den Alliierten vor, wie die genannte Notiz Kaisers erkennen läßt. Er stellt Leber die Frage, „ob es nicht im deutschen Interesse liege, den Westalliierten den Weg durch die deutschen Minenfelder zu erleichtern, um dadurch den befürchteten Zusammenbruch der Ostfront abzuwenden"[14]. In den gleichen Tagen erarbeitet er noch als Generalstabschef Olbrichts eine Denkschrift für Fromm. Nach einem sonst nicht verbürgten Bericht eines am Vorgang Beteiligten kommt sie Hitler vor Augen, der ausgerufen haben soll: „Endlich ein Generalstabsoffizier mit Phantasie und Verstand!" Und sie bewirkt, daß Fromm, der nach diesem Bericht zwei Jahre lang keine persönliche Berührung mit Hitler gehabt hat, jetzt wieder zu Besprechungen gerufen und auch Stauffenberg dazu vorgemerkt wird. Am 7. Juni ist Stauffenberg mit Fromm zusammen auf den Obersalzberg befohlen und wird bei der Lagebesprechung Hitler vorgestellt.

In die gleiche Zeit ist wohl auch das Gespräch anzusetzen, von dem Schwerin-Krosigk erfahren hat. Generaloberst Guderian hatte mit Himmler die Notwendigkeit einer Personalveränderung im Generalstab besprochen mit der Begründung, es seien Offiziere darin, die zu lange von der Front fern gewesen seien und die die Entschlußfreudigkeit verloren hätten. Auch der Chef des Generalstabs müsse ausgewechselt werden. Himmler solle das gelegentlich dem Führer nahelegen. „Himmler war dazu bereit", so fährt der Bericht fort, „falls Guderian einen geeigneten Nachfolger benennen könne. Guderian schlug als ‚bestes Pferd' des Generalstabs Stauffenberg vor." Himmler habe sofort zugestimmt[15].

Ob die Denkschrift zuletzt den Anstoß gegeben hat – jedenfalls muß bald nach dem 20. Mai die schon länger zur Frage stehende Berufung Stauffenbergs zum Chef des Stabes beim Befehlshaber des Ersatzheeres ausgesprochen und ihm damit neue Hoffnung für sein Handeln eröffnet worden sein. Diese Stellung gab ihm zweierlei, was er brauchte: die Möglichkeit, den gesamten Befehlsapparat des Heimatheeres, sei es mit dem Generalobersten, sei es „in Vertretung" ohne ihn – wenigstens für kurze Zeit–, selbst in Bewegung zu setzen, und die Möglichkeit, an Besprechungen im Führerhauptquartier teilzunehmen. Er sollte die Stelle interimsweise ab 15. Juni, offiziell am 1. Juli, antreten unter gleichzeitiger Beförderung zum Oberst i. G.

Die Kriegslage strebte im Mai, wie allgemein empfunden wurde, neuen großen Entwicklungen zu. Im Westen mußte mit dem Versuch der Engländer und Amerikaner gerechnet werden, durch ein Landungsunternehmen eine neue Front zu eröffnen. Ludwig Beck war auch unter

Erwägung der Gegengründe sicher überzeugt, daß der Versuch schon in kurzem bevorstehe. Gelang der Einbruch, so konnte sich damit anbahnen, was man selbst herbeizuführen überlegt hatte. Wurde er abgewiesen, so war in diesem Augenblick ein Angebot von Deutschland her von desto stärkerer Wirkung. Als noch bedrohlicher wurde die Lage im Osten beurteilt, obwohl im öffentlichen Gespräch darüber bisher kaum etwas Alarmierendes umging. Man wußte auch vom Mißverhältnis der eigenen zu den gegnerischen Kräften, die sich vor der Heeresgruppe Mitte, aber auch im Süden immer stärker heranschoben. Tresckow sprach zu Anfang Juni seine Überzeugung aus, daß in Kürze eine große Offensive an der Mittelfront zu erwarten sei. Aus dem Kessel von Tscherkassy hatte sich unter großen Entbehrungen die Hälfte der eingeschlossenen Divisionen retten können, bei der Aufgabe der seit Herbst abgeschnittenen Krim hatte man schwerste Verluste hinnehmen müssen[16]. Vielfach waren es noch die gleichen, seit drei Jahren nicht abgelösten Divisionen, die die in schweren Winterkämpfen zurückgedrängte Front in hoffnungsloser Treue weiter verteidigten, kaum ahnend, wie über sie ein trostlos starrer, passiv gewordener und von der Größe keines Opfers mehr beeindruckter „Feldherrn"-Wille gebot.

Am 6. Juni gewann die Invasionsarmee General Eisenhowers unter dem Schutz überlegener Luftgeschwader und unter der Feuerglocke einer mächtigen „Armada" die normannische Küste und durchstand die Frist der achtundvierzig Stunden, von der Rommel in Übereinstimmung mit den Führenden im Generalstab die Prognose abhängig gemacht hatte.

Zwei Wochen nach Landungsbeginn, am 17. Juni, wiesen die beiden Generalfeldmarschälle von Rundstedt und Rommel, die für die Invasionsabwehr verantwortlich waren, Hitler bei seinem Besuch in Frankreich auf die drohende Katastrophe hin, die keine Tapferkeit mehr abwenden könne: der Gegner werde durch seine Überlegenheit in „allen drei Dimensionen", vor allem in der Luft, wodurch alle deutsche Beweglichkeit bis auf geringen Kolonnenverkehr in der Nacht gelähmt sei, seine nächsten Ziele – Gewinnung eines großen Hafens (Cherbourg) und den Ausbruch aus dem Umschließungsring – erreichen, sobald die auf keine Reserven gestützte deutsche Gefechtskraft ausgebrannt sei. Der Zeitpunkt dafür sei absehbar. Nach dem feindlichen Durchbruch aber sei es unmöglich, improvisierend gegen den überlegenen Gegner eine wirksame Widerstandslinie in Frankreich aufzubauen. Nur rascheste Zuführung starker Kräfte könne den Zusammenbruch aufhalten.

Hitler, mehr denn je vom Versagen seiner Generale überzeugt, versprach neue Kräfte, verwies aber nachdrücklicher auf die tags zuvor begonnene Beschießung Londons mit der neuen Geheimwaffe. Im Beisein der Generalfeldmarschälle diktierte er einem Mann der Presse einen fulminanten Begleitbericht zur neuen „Vergeltungswaffe" (V 2), worin er Panik und Zusammenbruch in England voraussagte. Auf die Frage der Feldmarschälle, ob die neue Waffe nicht auf den feindlichen Brückenkopf und die Absprunghäfen in England zu richten sei, gab der herbeigerufene Waffengeneral eine verneinende Erklärung: bisher sei die Treffsicherheit der Geschosse mit einer Streuung von 15 bis 18 km belastet. Die Vorstöße Rommels wegen einer anderen Behandlung der Franzosen, der Ausschreitungen des SD, seine Darlegungen über die militärische und politische Lage Deutschlands, die eine baldige Kriegsbeendigung fordere, wurden von Hitler zurückgewiesen mit dem schroffen Bemerken, er solle sich um sein Gebiet kümmern. Ohne die für den nächsten Tag vorbereitete Begegnung mit Frontkommandeuren abzuwarten, kehrte Hitler noch in der Nacht auf den Berghof zurück[17].

Die versprochenen Hilfen für die Invasionsfront blieben aus. Einige Tage nach Hitlers Besuch in Frankreich brach gegen die mittlere Ostfront ein schwerer sowjetischer Angriff los. Die deutschen Linien wurden schon vom ersten Ansturm mehrfach aufgespalten. Starke Feindverbände fluteten durch das wenig besetzte Hinterland gegen die Reichsgrenzen. Das Oberkommando des Heeres hatte ihnen alle verfügbaren Reserven entgegenzuwerfen, der Befehlshaber des Ersatzheeres beschleunigt fertige und halbfertige Ersatzeinheiten für den Osten zur Verfügung zu stellen.

Am 29. Juni waren die beiden Feldmarschälle der Invasionsfront noch einmal bei Hitler, um von der dem Zusammenbruch zueilenden Lage zu berichten und auf größere Entschlüsse zu drängen: Aufgabe von Nebenschauplätzen, Rücknahme von unhaltbar gewordenen Fronten, Versammlung der Kräfte um die bedrohte Mitte. Sie empfingen für ihre Front unbedeutende Zusagen und wurden im übrigen in ihre

Schranken gewiesen. Generalstabschef Zeitzler, der schon aus Anlaß der Verabschiedung der Generalfeldmarschälle Manstein und Kleist Ende März vergeblich auch seine Enthebung verlangt hatte, war vor einigen Tagen aufs heftigste mit Göring zusammengestoßen, der „vor Ordonnanzen auf dem Berghof das Heer beschimpfte und der Feigheit bezichtigte" (KB 91). Er meldete sich jetzt am 30. Juni krank nach einem schweren Zusammenstoß mit Hitler, den er nach einer Armeeführerbesprechung im Osten gehabt hatte – seine robuste Kraft war zusammengebrochen[18]. Generalleutnant Heusinger, der Chef der Operationsabteilung, übernahm seine Vertretung. Hitler begegnete der neuen Lage, die die Einbrüche im Osten und Westen brachte, nirgends mit durchgreifenden neuen Entschlüssen[19]. Jeder Vorschlag, eine weiter zurückgelegene Auffanglinie auszubauen und sich unter Preisgabe von Gelände darauf zurückzuziehen, wurde verworfen und das „Sich-fest-Krallen an jedem Stück Boden", „Sieg oder Tod", „Halten um jeden Preis" zum starren Satz auch für die oberste Führung erhoben. Im dienstlichen Umgang gab die phantastische Erwartung der neuen Waffen noch ein gewisses verpflichtendes Hochgefühl. Offenbar aber war Hitler selbst von der Furchtbarkeit der Lage gepackt. Er tobte in Ausbrüchen gegen die Generale und suchte für jeden Rückschlag den Schuldigen, den er vors Kriegsgericht stellen konnte. Er erging sich in maßlosen Schmähungen des „plutokratisch-kapitalistischen" Gegners im Westen. Es kam die verbürgte Nachricht, daß er bei der Besprechung der Lage in Frankreich „vor Wut geschäumt" und erklärt habe, er werde vorher die Ostfront aufheben, bevor er zulasse, daß durch den Sieg der Alliierten im Westen noch einmal Demokratie und die Lüge des Christentums zur Herrschaft kämen. Dann ziehe er das Chaos vor. Man hörte Äußerungen von ihm wie nach Stalingrad: „Wenn das deutsche Volk mich nicht verstehen und nicht kämpfen will, so muß es eben untergehen." Seine Vorstellungen des Untergangs heroisierten sich in wagnerisch-germanischen Bildern oder in Erinnerungen an Felix Dahn (die letzten Goten am Vesuv) und suchten Verwirklichung in gesteigerten, bis zur Selbstzerstörung des Volkes gehenden Befehlen[20] – wie es dann bei Goebbels hieß: wenn die Feinde nach Deutschland eindrängen, sollten sie „ein schweigendes Land vorfinden".

*

Für Stauffenberg hatte sein erstes Zusammentreffen mit Hitler eine wichtige Erfahrung bedeutet. Es war bei einer Lagebesprechung an dem Tag nach Invasionsbeginn, bei der zum erstenmal von den neuen Kämpfen gesprochen wurde, soweit sie bisher zu überschauen waren. Auch Himmler war zugegen. Wie Stauffenberg nachher Befreundeten erzählte, empfand er sehr stark den lähmenden Bann in der „luftleeren, faulen Atmosphäre", die mit der Außenwelt keinen Zusammenhang hatte und die ohne jeden Freimut war, und er sah selbst, wie es Hitler gelang, die vor der Tür noch ganz anders, nüchtern und sachlich urteilenden Offiziere ganz in seine Welt zu ziehen. (Stauffenberg gebrauchte dafür öfter ein derbes Kavalleristenwort.) Bei sich selbst aber beobachtete er fast mit Erstaunen, daß er nichts von solcher Wirkung an sich selbst habe merken können. Von allen, die an dieser „Lage" teilgenommen hätten – unter ihnen entschiedene Gegner Hitlers – seien nur zwei, Oberst Brandt und er, fest und nüchtern geblieben und nicht ins Schwimmen gekommen. Eine andere Beobachtung hat er noch erzählt: Während man sich im Lagevortrag allseits über die ausgebreiteten Karten beugte, Hitler mit zitternder rechter Hand, habe der plötzlich wie gestört über die Länge des Tisches einen forschenden Blick zu ihm geworfen, sich dann nach kurzem „Sichern" dem Vortragenden wieder zugekehrt. Für die eigensten Pläne hatte er, wie man seinen Ausdruck wiedergegeben findet, die Erfahrung gemacht, „daß man in unmittelbarer Nähe des Führers recht zwanglose Bewegungsmöglichkeiten habe" (KB 91). Diese Erfahrung war deshalb wichtig, weil im Anschluß an die hier schon wiedergegebene Reuter-Meldung berichtet worden war, Hitler habe sich zwar nicht überrascht gezeigt, habe aber mit der alten Bitterkeit erklärt, in Kreisen des Generalstabs beschäftige man sich schon lange mit dem Gedanken, ihn zu beseitigen. Er hatte, wie man erfuhr, von diesem Tag an Versetzungen innerhalb des Hauptquartiers, von denen er nicht Kenntnis habe, verboten, habe die Vorsichtsmaßnahmen der Bewachung noch verschärfen lassen und ausdrücklich befohlen, auf die Aktentaschen zu achten, die die zur Besprechung Kommenden mit sich führten[21].

Am 15. Juni übernahm Stauffenberg die neue Stellung bei Fromm und setzte offenbar von nun an seine ganze Kraft in die rascheste Vorbereitung der Erhebung. Die früheren Pläne wurden überprüft und nach dem neuesten Stand ergänzt, neue Mitwirkende wo nötig herangezogen, die Absprachen mit den eingeweihten Kommandeuren erneuert.

Eine Schwierigkeit hatte sich mit dem Wachbataillon in Berlin ergeben, dem im Ablauf eine wichtige Aufgabe zukam. Es hatte eben erst Ende Mai Major Ernst Otto REMER als neuen Kommandeur erhalten. Man hatte auf mehreren Wegen über ihn Auskünfte einzuholen versucht. Aus einfachen Verhältnissen kommend, hatte er sich nach der Reifeprüfung an einem humanistischen Gymnasium, 20jährig, im Jahr 1932 beim Heer gemeldet und war 1935 Offizier geworden. Wiewohl früher einmal Hitlerjugendführer, war er später nie als Eiferer für Hitler und die Partei hervorgetreten. Seine Äußerungen gegen die SS ließen erwarten, daß er für ein Vorgehen in dieser Richtung zu gewinnen war. Soldatisches Geschick und derber Mut wurden ihm nicht abgesprochen. Er war bisher stets an der Front gewesen und hatte vor kurzem von Hitler selbst das Eichenlaub zum Ritterkreuz empfangen. In seiner Haltung beschrieb man ihn als einen eher unsicheren, untergeordneten Charakter ohne feste innere Überzeugung. Ihn einzubeziehen, fehlten die Vorbedingungen, ihn ersetzen, hieß die Aufmerksamkeit der Staatspolizei erwecken. Daß er sich, wenn Hitler tot sei, vom gemeinsamen Handeln ausschließen werde, war kaum anzunehmen, allenfalls wollte man wachsam bleiben, um ihn am Tage selbst, wenn nötig, sofort durch einen anderen zu ersetzen. General von Hase und Major Hayessen waren auf diese Lage vorbereitet.

In der Bendlerstraße war durch Stauffenbergs Nachfolger, Mertz von Quirnheim, eine wichtige Kraft hinzugekommen. Stauffenberg hatte ihn bei sich selbst in seiner Wohnung in Wannsee aufgenommen.

In Paris hatte sich in den letzten Monaten ein starker Rückhalt für eine Umsturzbewegung gebildet, der in der neuen Lage von doppelter Wichtigkeit war. Es galt jetzt, die Übereinkunft für ein gemeinsames Vorgehen zu finden.

General Karl-Heinrich von Stülpnagel war es gelungen, eine eigene Gruppe entschlossener Mitwisser zu schaffen. Es ist früher berichtet worden, wie Schulenburgs Tätigkeit im Westen während des Sommers und Herbstes 1943 das Einverständnis befestigt und vertieft hatte, das zwischen Beck und Stülpnagel seit langem bestand. Nachdem im gleichen Herbst Caesar von Hofacker aus dem drei Jahre verwalteten Referat Eisen- und Stahlwirtschaft in die unmittelbare Nähe Stülpnagels versetzt worden war, hatten sie beide in gemeinsamer Absprache begonnen, ihre Gruppe aufzubauen. Hofacker vermittelte zugleich nach Berlin. Es stand ihm jederzeit frei, zu Stülpnagel zu kommen, und beide Männer waren oft stundenlang nach dem Ende der Tagesarbeit allein beieinander. Durch Hofacker wurde der ihm befreundete Dr. jur. Gotthard von FALKENHAUSEN zur Mitarbeit gewonnen, ein Neffe des in Brüssel als Wehrmachtsbefehlshaber für Belgien und Nordfrankreich amtierenden Generals. Auch Falkenhausen, der in jenen Tagen an der deutschen Botschaft in Paris als Fachmann für Bankfragen arbeitete, hatte mit den Eingeweihten im Reich Verbindung: er berichtet selbst von Gesprächen, die er als Gast Stauffenbergs mit dem Grafen Nikolaus Üxküll und mit Freiherrn von Plettenberg geführt hat, und von einer Unterredung mit Helmuth von Moltke, der ihn in Paris aufsuchte. Neben wirtschaftlichen waren es vor allem Fragen der Außenpolitik, die er zu beurteilen und in denen er zu raten wußte. Schulenburg selbst hatte im Pariser Verwaltungsstabe des Militärbefehlshabers den Oberregierungs- und Kriegsverwaltungsoberrat Friedrich Freiherrn von TEUCHERT, einen gebürtigen Franken, für die Pläne gewonnen. Teuchert, in einem nahen Verhältnis zu Hofacker, hatte sich wiederum des Einverständnisses und der Bereitschaft des Kriegsverwaltungsrates Walter BARGATZKY versichert. Auch Regierungsrat Dr. HORST, ein Schwager des Generalleutnants Speidel, und Verwaltungsrat Dr. THIERFELDER hielten sich zur Verfügung, und neben Stülpnagels sicherem Blick für die Art eines Menschen ist es Hofackers werbender Kraft offenbar zu danken, daß Ministerialdirektor Dr. Elmar MICHEL, der Chef der Militärverwaltung im Stabe des Befehlshabers, ebenfalls seine Mitwirkung zusagte.

Außer diesen Beamten, denen ihre Verwaltungskenntnis eine besondere Bedeutung im Augenblick des gelungenen Umsturzes geben mußte, hatten Stülpnagel und Hofacker ein Netz militärischer Helfer gebildet. Generalleutnant Hans von BOINEBURG-LENGSFELD, der das Schicksal der deutschen Truppen in Stalingrad selbst erlebt hatte und seit 1943 als Stadtkommandant des Heeres von Groß-Paris unter Stülpnagel Dienst tat, hatte sich noch im Sommer des gleichen Jahres seinem Befehlshaber, wie er selbst berichtet, zur Teilnahme an einer gewaltsamen Änderung erboten. Er hatte den Auftrag erhalten, seinen Stab und die wichtigsten Stellen der ihm untergebenen Sicherungsregimenter mit Männern zu besetzen, die, ohne in die Pläne eingeweiht zu sein, doch als verläßlich gelten konnten. Mit Dr. Hans SPEIDEL, der als Oberst 1942 einige Wochen lang sein Chef des Stabes, dann Chef des Stabes einer Armee im Osten gewesen war und nunmehr als Generalleutnant in den Westen zurückkehrte, wußte sich Stülpnagel in der Haltung einig, und auch Oberst i. G. KOSSMANN, seit 1942 Speidels Nachfolger bei Stülpnagel, kannte und teilte die Absichten seines Generals. Über den Frankfurter Rechtsanwalt Dr. Reinhard BRINCK, der als Reservehauptmann, später Major, in der Abwehrabteilung des Oberbefehlshabers West in St. Germain arbeitete, war eine Verbindung auch in diesen Stab erreicht worden.

Im Juli 1944 wurde Stülpnagels Chef des Stabes Oberst i. G. Otfried von LINSTOW mit ins Vertrauen gezogen, ebenso der Chef des Stabes bei Boineburg Oberst i. G. UNGER, der sich nicht leichten Herzens um des Vaterlandes willen zur Einsicht durchrang, daß die Gewalt, die Recht und Gewissen erstickte, nur mit Gewalt gebrochen werden könne und daß der geleistete Fahneneid nicht davon entbinden könne[22].

Neben diesen namentlich Eingeweihten, deren Kreis Stülpnagel absichtlich klein hielt, hatte er Mitarbeiter um sich gesammelt, auf die er, auch ohne sie vorher zu belasten, nach menschlichem Ermessen im Augenblick des Handelns bauen konnte. Das nahe dienstliche Verhältnis, das der Befehlshaber in Paris wie natürlich zu dem Wehrmachtsbefehlshaber in Belgien und Nordfrankreich unterhielt und das die Entsendung eines Verbindungsoffiziers vom Brüsseler Stab zu Stülpnagel unverdächtig erscheinen ließ, wirkte bestärkend im vorbereiteten Geschehen, da beide Generale in der Beurteilung der Lage einig, voreinander ohne Geheimnis und bereit waren, einen Wandel herbeiführen zu helfen[23].

Nach dem Hinzukommen Speidels, der sein Kommando als Chef des Stabes der Heeresgruppe B unter Rommel in La Roche Guyon am 15. April 1944 antrat, erweiterte sich der bisher beschränkte Kreis der Mitwisser und Mittätigen bedeutsam. Es erwies sich, daß ROMMEL, der durch Jahre als der eigentliche Feldmarschall Hitlers gegolten hatte, nunmehr in starker Spannung zu seinem obersten Befehlshaber stand und es als dringend ansah, den nicht mehr zu gewinnenden Krieg möglichst rasch, notfalls gegen Hitler, zu beenden. Rommel war aufs tiefste aufgebracht von dem Unverständnis eines Mannes, dem er zweimal in ernster Unterredung mahnend, doch ohne etwas bewirken zu können, entgegengetreten war, und ebenso war er bewegt von den dringenden Bitten, mit denen Männer seiner schwäbischen Heimat ihn beschworen: er möge sich in letzter Stunde zur Rettung des Reiches bereit finden, kein Name habe wie der seine die fast legendäre Kraft, das Volk an ihn zu binden[24]. Während man noch in Berlin im Kreise um Beck die Nachricht von der Bereitschaft Rommels zurückhaltend beurteilte und auch im Stabe Stülpnagels die größere Hoffnung zunächst auf Speidel setzte, trieben Speidel und Rommel mit Umsicht und Entschlossenheit ihre Pläne und Absichten voran. Schon am 20. April 1944 kam es zu einer Begegnung zwischen Stülpnagel und Speidel in Paris, bei der der Militärbefehlshaber aus dem Munde des Stabschefs von der gründlich veränderten Haltung hörte, die Rommel jetzt gegen Hitler einnahm. Am 15. Mai begegneten sich Rommel und Stülpnagel im abgelegenen Landhaus Koßmanns bei St. Germain. Rommel legte dem älteren Kameraden, mit dem ihn eine gemeinsame Lehrerzeit an der Kriegsschule in Dresden verband, den von Speidel und ihm ausgearbeiteten Plan dar. Er sah vor: Festnahme Hitlers und seine Aburteilung durch ein deutsches Gericht, Waffenstillstandsverhandlungen im Westen auf der Grundlage der sofortigen Freigabe der besetzten Westgebiete und unmittelbarer Beendigung der Bombenabwürfe durch die westlichen Alliierten, Fortbestehen einer verkürzten Abwehrfront im Osten, endlich Bildung einer neuen vorläufigen Reichsgewalt unter der Führung Becks, Goerdelers, Leuschners. Diesem Plan stimmte Stülpnagel in den großen Zügen zu, und er ließ keinen Zweifel, daß er bereit sei, sich dem Befehl des jüngeren Feldmarschalls zu unterstellen[24a].

Fünf Tage danach, am 20. Mai 1944, sprach Rommel mit gleicher Offenheit zu Feldmarschall von Rundstedt, der als Oberbefehlshaber West sein unmittelbarer Vorgesetzter war. Rundstedts Chef des Stabes, General der Infanterie Günther von BLUMENTRITT, und der erste Generalstabsoffizier, Oberst i. G. Rudolf ZIMMERMANN, waren bei der Unterredung anwesend, doch gelang es Rommel nicht, den anderen zu einer entschiedeneren Haltung zu bewegen. Am 1. Juni war General von Falkenhausen in La Roche Guyon, er erklärte sich Rommel zu allen Plänen bereit. Durch Hofacker gelangten Zug um Zug Berichte über den Fortgang der Dinge nach Berlin. Der Generalquartiermeister des Heeres, General Eduard Wagner, überbrachte Rommel Einzelheiten über die „kalendermäßigen Vorbereitungen", die im Oberkommando festgelegt waren, doch stieß er auf den entschiedenen Widerstand des Feldmarschalls gegen einen Anschlag auf das Leben Hitlers.

Die Landung der Gegner am 6. Juni 1944 und der bestürzende Verlauf, den die Kämpfe in der Normandie nahmen, beanspruchten die volle Tätigkeit aller Eingeweihten im Westen. Wie den Häuptern der Erhebung in Berlin war ihnen alles daran gelegen, eine zusammenhängende und starke Abwehr zu erhalten, sie galt ihnen als einzige Gewähr dafür, daß man nach gelungenem Umsturz verhandlungsfähig den Alliierten gegenübertreten könnte. Hitler selbst gefährdete diese Abwehr durch seine beständigen Eingriffe ins Kampfgeschehen, die den Verantwortlichen jede eigene Entschließungsfreiheit nahmen und sie auf starre Erfüllung von zusehends sinnloser werdenden Forderungen festlegten. Sein endlich fast erzwungener Besuch im Westen (17./18. Juni) blieb nur insofern nicht ganz ergebnislos, als er durch die „Flucht aus Margival" Rommel von der Aussichtslosigkeit seines ursprünglichen Planes überzeugen mußte, sich der Person Hitlers zu bemächtigen. Dadurch schien er der Widerstandsgruppe in der Bendlerstraße näherzurücken, vor allem aber wuchs sein Wille zum „Losschlagen". Zwei der ihm unterstellten Armeeführer, die Generalobersten DOLLMANN und von SALMUTH, und der Oberbefehlshaber der Panzergruppe West, General der Panzertruppe Leo Freiherr GEYR VON SCHWEPPENBURG, waren, wie Speidel bezeugt, bereit, Rommel zu folgen, auch wenn sie sich dadurch in Widerspruch zu Führerbefehlen setzen mußten. Generalleutnant Gerd Graf von SCHWERIN, Kommandeur einer Panzerdivision, legte seinem Oberbefehlshaber in einer Denkschrift seine Anschauungen von der politischen Lage dar und erbot sich und seine Truppe ausdrücklich zum Kampf gegen „innere Feinde", Generalleutnant Freiherr von LÜTTWITZ, wie Schwerin Führer einer Panzerdivision, bekundete gleiche Haltung.

Am 25. Juni meldete sich, aus Berlin kommend, Oberst i. G. Eberhard Finckh bei Rommel. Durch ihn erfuhr der Marschall, daß Stauffenberg ein Attentat gegen Hitler vorbereite. Auch jetzt erklärte er, daß er eine solche Art des Vorgehens nicht billigen könne: das Volk, das ihn gewählt habe, solle ihn auch richten. Immerhin schien es deutlich, daß Rommel sich den Auffassungen Becks und seiner Verbündeten angenähert hatte, und man konnte hoffen, daß er sich im entscheidenden Augenblick ihrem Anruf nicht entziehen werde. Bei Hofacker und Stülpnagel fand Finckh offene Aufnahme und überbrachte, was von Stauffenberg zu überbringen war.

Um die gleiche Zeit war Trott zu Solz, von Stauffenberg entsandt, noch einmal zur Erkundung der äußeren Lage in Schweden. „Ich muß wissen, wie sich England und die USA benehmen, wenn Deutschland zur Aufnahme kurzfristiger Verhandlungen genötigt werden sollte" – so hat Trott Stauffenbergs Auftrag bei seiner Vernehmung wiedergegeben (KB 175). Gleichzeitig sollte Trott über das „Komitee freies Deutschland" Nachrichten mitbringen. Man wußte von einigen „guten" Namen, die dabei sein sollten – auch der Schwager von Mertz, Generalmajor Korfes, war darunter –, aber man glaubte das Ganze zu sehr von russischen Interessen gesteuert, als daß man ein Zusammenwirken hätte anstreben wollen. Stauffenbergs Ausdruck war, er halte nichts von Proklamationen hinter Stacheldraht (KB 174). Wenn sich kein Zusammenwirken herstellen ließ, so wollte man doch vor ungewollten Einwirkungen sicher sein, die von dieser Seite bei einem Umsturz kommen konnten, zumal wenn man sich dabei vor allem an den Westen wandte. Eine gleiche Rückendeckung hielt Julius Leber auch in Berlin für notwendig und setzte gegen den Rat Leuschners und anderer ein Treffen mit Führern im kommunistischen Untergrund durch, von denen Reichwein wußte. Eine erste solche Begegnung zwischen Leber und Reichwein auf der einen, drei Männern auf der anderen Seite, fand am 23. Juni in der Wohnung eines Arztes im Osten von Berlin statt, eine zweite sollte am 4. Juli folgen, an der Leber dann nicht teilzunehmen beschloß, weil er von einem der Partner erkannt und entgegen der Verabredung spontan beim Namen genannt worden war.

Zum Einbruch in Frankreich hatte die letzte Dekade des Juni den von Beck und Tresckow angekündigten Angriff an der russischen Mittelfront gebracht, der in seinen Ausmaßen bisher noch nicht zu überschauen, aber seiner Schwere nach vielleicht doch als rasch kriegsentscheidend anzusehen war.

Die Verantwortlichen der Erhebung waren jetzt selbst vor die schwerste Entscheidung gestellt. Das jetzige Ja oder Nein war endgültig und vor den Künftigen unwiderruflich. Die Niederlage Deutschlands rückte heran. Nur noch für eine sehr kurze Zeit war die Möglichkeit selbständigen Handelns offen, dann herrschten die fremden

Heere. Oder war schon jetzt die Frist einer sinnvollen Erhebung versäumt?

Im näheren Kreis der Beteiligten äußerten sich schwere Bedenken und nachdrücklich ablehnende Gegenstimmen auch bisher mutiger Männer, die sich bis zur Invasion für einen Umsturz eingesetzt hatten. Man wies darauf hin, daß jetzt nach dem gelungenen Einbruch der Alliierten in Frankreich und den russischen Erfolgen nur noch die militärische Zwangsläufigkeit auf eine bedingungslose Kapitulation hin gelte – es sei töricht, von den Gegnern, die sich des Sieges sicher wüßten, jetzt und später etwas anderes zu erwarten als ein Diktat des Stärkeren, auch wenn sich vor dem Ende noch eine andere Herrschaft in Deutschland durchsetze. Das niedergehende Rad sei nicht mehr aufzuhalten. Jeder, der jetzt eingreife – ob erfolgreich oder scheiternd –, werde stets nur den Fluch auf sich ziehen, die Niederlage Deutschlands verschuldet zu haben. Statt einer heilvollen Lehre werde man nur eine neue vergiftende Dolchstoßlüge erleben, und das Volk werde diejenigen steinigen, die sich zu seinem Besten eingesetzt hätten. Immer werde Hitler der verratene Heros sein, der durch seine geheimen Waffen und von niemand gekannten Vorbereitungen in unbeirrbarer Sicherheit den Sieg zuletzt errungen hätte. Schwere Bedenken wurden auch vom militärischen Ablauf her erhoben. Aus einem Staatsstreich könne jetzt nur noch ein Chaos erfolgen, was viel schlimmer sei, als wenn man mit Hitler den Krieg zu Ende bringe. Ob es unter solchen Vorzeichen noch erlaubt sei, das Leben so vieler wichtiger Männer für ein ungewisses Wagnis aufs Spiel zu setzen? Ob nicht die höhere Verantwortlichkeit verlange, daß im Augenblick der Niederlage noch Männer übrig seien, die Deutschland vor den Deutschen und vor den Alliierten vertreten könnten?

Generaloberst Beck setzte den auch ihn bewegenden schweren Bedenken seine Beurteilung der künftigen Lage entgegen: Deutschland besiegt und besetzt, unter der Gewalt von Besatzungsmächten eigener politischer Handlungsfreiheit beraubt – daran werde die Erhebung nichts mehr ändern. Sie könne aber das auf dem Endweg zu erwartende Unmaß an Opfern und Zerstörungen verhindern, sie könne vor der Welt – Beck war bereit, sein Ansehen beim deutschen Heer und im Ausland dafür einzusetzen – noch einen anderen deutschen Willen bekunden, den im angemaßten Namen des Volkes geübten Verbrechen

Einhalt tun und zumindest erreichen, daß das Unabänderliche einer Niederlage wenigstens mit Würde und Anstand geschehe. Sie könne dahin wirken, daß eine Überflutung Deutschlands mit den Mächten des Ostens verhindert werde. Aber Beck sah (im Gespräch mit Hassell am 28. Juni) für eine Verwirklichung kaum noch Hoffnung.

Goerdeler hatte nach Invasionsbeginn noch einmal Jakob Wallenberg um seine Beurteilung gebeten. Seine Antwort, von Gotthold Müller am 20. Juni aus Stockholm überbracht, war ein Nein zu allen Hoffnungen auf eine Bereitschaft der anderen Seite. Doch hatte Wallenberg von sich aus als seine feste Überzeugung bekundet, daß Deutschland nach einem gelungenen Umsturz bei künftigen Verhandlungen eine ganz andere und stärkere Stellung innehabe, was sich im Ergebnis beweisen werde. Goerdelers Mut, sonst mehr als Berge zu versetzen fähig, war im Sinken, er glaubte kaum mehr an eine Möglichkeit zum Handeln, so gefordert er es auch jetzt noch ansah. In dem ihm heimatlichen Seebad Rauschen bei Königsberg, wo er für einige Tage ein ruhiges Dach gesucht hatte, quälte er sich, um eine letzte Hoffnung ringend. Aber er fühlte sich von den „Jüngeren" jetzt so getrennt, daß sein Wort nichts mehr bewirken konnte[25].

Unter den „Jüngeren" aber hatte sich, unabhängig von allen außenpolitischen Möglichkeiten, Hoffnungen und Enttäuschungen, unabhängig vom Wissen um die nahe Niederlage die klare Entscheidung durchgesetzt, für die Stauffenberg wirkte und sprach und die auch Tresckows eingefordertes Wort, denkwürdig für die Späteren, als unausweichlich bejaht hat.

Stauffenberg hatte in Eile die Verbindung zu ihm gesucht. Er hatte erfahren, daß der Generalstabschef die Armeeführer zu einer Besprechung ins Hauptquartier nach Ostpreußen bestellt hatte, zu der er von Berchtesgaden kommen wollte. Auch Tresckow, der mit seiner Armee in den schweren Abwehrkämpfen der Mittelfront stand, hatte teilzunehmen. Graf Lehndorff wurde entsandt, ihn zu treffen. Auf Lehndorffs Gut Steinort am Mauersee, wo der Reichsaußenminister sein elegantes „Hauptquartier im Felde" eingerichtet hatte, fanden die Gespräche statt. Schlabrendorff, der den General begleitete, hat später das aus tiefer Überzeugung kommende Urteil Tresckows so überliefert: „Das Attentat auf Hitler muß erfolgen, koste es, was es wolle. Sollte es nicht gelingen, so muß trotzdem der Staatsstreich versucht werden, denn es kommt nicht mehr auf den praktischen Zweck an, sondern darauf, daß die deutsche Widerstandsbewegung vor der Welt und vor der Geschichte unter Einsatz des Lebens den entscheidenden Wurf gewagt hat. Alles andere ist daneben gleichgültig[26]." Tresckow drängte bei Stauffenberg darauf, den Krieg im Westen – indem man, wie er vorschlug, durch falsche Befehlsgebung ein Loch aufreiße – unverzüglich zu beenden und sich im Osten so stark wie möglich zu machen, bis sich die Angelsachsen Deutschlands bemächtigt hätten. Er schlug Stauffenberg vor, sofort zu Rommel zu fahren.

Bei Stauffenberg lag zuletzt die Entscheidung. Er kannte die Gegengründe und hatte sich ihnen täglich immer wieder in Gesprächen zu stellen. Er leugnete nicht die furchtbare Richtigkeit vieler dieser Argumente, aber er fand in sich die Gründe stärker, die die Tat befahlen, nicht um der eigenen Geltung, aber um eines künftigen Lebens willen, vor dem, wie es auch Tresckow sah, die Frage des Mißlingens nicht mehr den Ausschlag geben konnte.

*

Ein junger Artillerieoffizier, der auf Stauffenbergs Betreiben zum 1. Juli nach Berlin versetzt worden war, Oberleutnant Urban Thiersch, gibt mit dem Bericht seines ersten Besuches in der Bendlerstraße eine eindrucksvolle Schilderung der Atmosphäre, in die er eintrat. Sie sei hier ungekürzt wiedergegeben[27]. Er schreibt:

„Ich ging nach meiner Ankunft am 1. Juli durch verschiedene Teile der Hauptstadt, um mich bei einigen Ämtern zu melden. In den meisten Straßen konnte man – oft noch frische – Spuren der zerstörenden Bombenangriffe sehen, wie es mir bisher noch in keiner Stadt aufgefallen war. In gleicher Weise waren Kirchen wie Bauten der Verwaltung, Fabriken, Schulen und Wohnhäuser zu Ruinen oder auch dem Erdboden gleichgemacht worden. Die Schaufenster der Läden waren meist durch rohe Bretter ersetzt und boten keine Verlockungen mehr. Die Straßen schienen tagsüber eher verödet, nur in den späten Nachmittags- und in den Abendstunden überfluteten verwirrende Menschenmassen die Bahnhöfe und Straßen, die zu den Vororten führten, bestrebt, fern vom gefährdeten Zentrum eine ruhige Nacht zu haben. Beklemmend war es, die Menschen zu sehen, mit ihnen zu reden. Viele gingen wohl dem täglichen Gang der gewohnten Arbeit, der Pflicht vielleicht murrend oder nicht einmal murrend nach, andere, noch in unentwegtem Vertrauen auf das Heil des Vaterlands und die Zukunft, mieden ängstlich jeden Gedanken an drohendes Unheil, noch andere sahen dieses Unheil, glaubten dabei aber, im eigenen untadligen Ausführen der Pflicht einen Halt zu finden. Doch über allem lag lähmend bleiern ein Alp: das ausweglose Gehetzt-getrieben-Werden.

Eine ganz andere Atmosphäre verspürte ich, als ich zur Bendlerstraße, dem Sitz des OKH, kam. Ich fragte mich zu den Räumen des Stabschefs durch, die im zweiten Stock zur Straße heraus lagen. In dem weiten, lichten, vornehmen Vorzimmer meldete ich mich an. Es war hier sehr belebt. Offiziere, meist mit den roten Streifen der Generalstäbler oder den Generalszeichen, wandelten auf und ab oder saßen auf den schmalen Polsterbänken, heiter oder auch heftig in Gesprächen. Als ich einige Minuten gewartet hatte, kam ein junger Offizier aus Stauffenbergs Zimmer, begrüßte mich, als seien wir bekannt (es war von Haeften), und führte mich hinein. Stauffenberg gab mir die linke Hand, strahlend lebhaft und mit einer Sicherheit, die einen glauben machte, seine schweren Verstümmelungen behinderten ihn nicht im mindesten. Er erkundigte sich freundlich, wie ich gereist und in Berlin untergekommen sei, und ließ mir Zigaretten anbieten. Die Art, wie er und sein Ordonnanzoffizier miteinander sprachen, hatte etwas so Freimütiges, wie ich es unter Soldaten höchst selten und nur im Feld erlebt habe.

Das Klingeln des Telefons unterbrach uns und verknüpfte Stauffenberg in neue Gespräche am Apparat. Es war ein Vergnügen, zu beobachten, mit welcher Intensität er die Unterredungen führte, knapp und sicher in Anordnungen, mit natürlicher Höflichkeit gegenüber Personen wesentlichen Einflusses, dabei immer souverän. Freilich vermochte ich nicht auf den Zusammenhang der Worte zu achten, da mich seine Erscheinung zu sehr fesselte. Sein mächtiges Haupt stand in schönem Verhältnis zum Körper, er trug die Reithose mit den roten Streifen und einen leichten weißen Rock. Die Gesichtsfarbe war von gesunder Frische, das gesunde Auge strahlte ungehemmt wie von innerem Feuer, man mochte glauben, unabhängig von heiteren oder ernsten Erregungen, die sein Antlitz bewegten. Die andere Gesichtshälfte, mit der schwarzen Kappe vor dem Auge, weniger aktiv wirkend, doch von eigentümlicher Gewalt durch kühne Formen, Schädelbau und Prägung des Lebens, gab seiner Erscheinung, vor allem, wenn man sie durch eine Wendung nur von dieser Seite aus sah, etwas weit Entrücktes, Monumentales.

Als die Gespräche abgeschlossen waren, wandte er sich wieder mir zu: ‚Gehen wir in medias res', sagte er, ‚ich betreibe mit allen mir zur Verfügung stehenden Mitteln den Hochverrat.' Dann sprachen wir von der unentrinnbar hoffnungslosen militärischen Lage, daß ein Umsturz daran nichts zu ändern vermöge, aber daß viel Blut gespart und ein letztes furchtbares Chaos vermieden werden könne. Die Schmach der gegenwärtigen Regierung müsse aber beseitigt werden. Ernst fügte er hinzu, es sei fraglich, ob es gelinge, doch schlimmer als ein Mißlingen sei, der Schande und dem lähmenden Zwang tatenlos zu verfallen. Nur Handeln vermöge innere wie äußere Freiheit zu gewinnen.

Waren diese Gedanken ganz nach meinem Herzen ausgesprochen, so gab noch etwas anderes den Antrieb, ohne Rücksichten Kräfte und Leben hier einzusetzen: von Stauffenberg ging keine Suggestion, keine Magie aus, aber man spürte bei ihm unangreifbare geniale Kräfte, die wünschen ließen, ihn an lenkender Stelle zu sehen, und die verhießen, daß es eine Lust sein müsse, für ihn, mit ihm zu wirken. Der Bann, daß heute nur niedere, rohe Kräfte etwas auszurichten vermöchten, schien, wenn man auf ihn schaute, gebrochen. Seine Gestalt gab die Gewähr, daß stärkste, lebendigste Kraft sich mit höchster natürlicher Noblesse vereinigen kann. Ich fühlte mich an eine Darlegung erinnert, die ich einmal bei Jean Paul gefunden hatte, etwa in dem Sinn: daß das Genie im Gegensatz zum Talent eine unteilbare, einfache Kraft sei, die man nicht in Einzelkräfte aufspalten und darum nicht unterdrücken könne.

Es wurde noch meine Aufgabe besprochen und ich gebeten, im Vorraum zu bleiben, bis Oberst H., mein künftiger Chef, eingetroffen sei. Das Warten in dem schmalen Flur, der durch drei geöffnete Glastüren Verbindung zum großen Vorzimmer hatte, erregte alle Aufmerksamkeit. Es schien mir eine unbewußte Spannung auf denen zu liegen, die sich hier unterhielten oder warteten, und die sich erhöhte, wenn Stauffenberg manchmal aus seiner Tür heraustrat, um jemanden zu begrüßen oder zu sich zu holen. Aber immer schien seine freimütige und herzliche Art dabei die anderen zu bestimmen, mitzureißen, ob er nun mit Jüngeren oder auch Ranghöheren sprach. Einmal kam er zu mir mit einem Mann von schlanker hoher Gestalt von nördlichem Typ mit Augen, die sinnend auf Weitentferntes gerichtet schienen. An der Art, wie sie miteinander sprachen, war eine besondere gegenseitige Achtung zu spüren. Auch mußte ich annehmen, sie seien sich lange vertraut. Es war Oberst H. – Stauffenberg klärte rasch und einleuchtend die Übernahme meines neuen Dienstverhältnisses und führte mühelos die notwendigen Entscheidungen unter uns herbei.

Etwas später – von Haeften stand gerade bei mir, um ein gemeinsames Mittagessen zu verabreden – trat ein eleganter höherer Offizier in das Vorzimmer, er trug SS-Uniform. Von Haeften stöhnte mit einem Blick zum Himmel: ‚Wie bringen wir nur den Helldorf wieder weg' und ging, Stauffenberg die Ankunft des Polizeipräsidenten zu melden. Der kam bald und nahm die ihm dargebrachten Glückwünsche zu seiner Ernennung als Stabschef entgegen. Stauffenberg erwiderte den Redestrom mit einem heitern ‚Zu gütig, Herr Präsident!' und verstand, ihn rasch und freundlich zu verabschieden.

Gegen Mittag versammelte sich eine größere Anzahl Offiziere, Unteroffiziere und Beamte. Wie ich hörte, wollte der alte scheidende Chef des Stabes, ein General, sich verabschieden, Stauffenberg seine neuen Mitarbeiter begrüßen. Die Glastüren wurden geschlossen, und ich konnte nur beobachten, wie Stauffenberg nach der Ansprache seines Vorgängers vortrat. Es war zu spüren, wie sich die Aufmerksamkeit der Versammelten regte, er war ganz Mittelpunkt und sprach frei und sicher, manchmal sein Haupt leicht zurücklehnend. Bald öffneten sich die Türen wieder, und alles strömte zu den eigenen Diensträumen zurück, die meisten heiter bewegt von seinen letzten, wohl scherzenden Worten."

In den letzten Junitagen kam, von Claus Stauffenberg gerufen, Rudolf Fahrner von Athen nach Berlin. Stauffenberg erklärte ihm die Verzögerung mit dem Nichthandeln derer, die im Oktober die Aktion im Hauptquartier übernommen hätten, und mit Fehlschlägen bei neuen Versuchen. Es bestehe nun aber Aussicht, daß in allernächster Zeit gehandelt werde. Fahrner wurde gebeten, die Aufrufe vom Oktober zu überarbeiten. Er schreibt dazu[28]: „Es galt, die Aufrufe der neuen Lage anzupassen, innenpolitisch und außenpolitisch. Außenpolitisch hatte sich bei geheimen Verhandlungen gezeigt, daß die Westmächte jede Hilfe oder Unterstützung der deutschen Erhebung gegen Hitler ablehnten und die totale Niederwerfung Deutschlands jeder Verbindung mit einer deutschen Gegenbewegung gegen Hitler vorzogen. Die Fronten waren schon sehr viel näher gerückt. Innenpolitisch konnte von der nun so viele Schichten und Gruppen umfassenden Befreiungsbewegung heraus noch anders gesprochen werden als im Oktober 1943. Die Abrechnungen mit dem NS-Regime – die politischen und die militärischen – wurden kürzer und schärfer. Vieles, was im Oktober 1943 noch eine Begründung verlangt hatte, bedurfte jetzt keiner mehr. Alles über das zu Erwartende, das zu Leistende, das zu Ertragende Gesagte, schon vordem nüchtern gehalten, wurde noch mehr ernüchtert, größte Schlichtheit und Kürze angestrebt. Der Aufruf an die Frauen sollte wegfallen – er hatte für manche, die dabei mit zu beraten hatten, eine offenbar zu neue, ihnen nicht annehmbare Redeweise. Einige Gedanken daraus wurden in den allgemeinen Aufruf übernommen."

Nachdem die veränderten Aufrufe noch einmal mit den zuständigen Beteiligten besprochen und von Claus Stauffenberg abschließend gebilligt waren, hat sie Fahrner in der Seekriegsleitung der Sekretärin Berthold Stauffenbergs in die Maschine diktiert. Die früheren Fassungen wurden vernichtet. Eines der beiden neugeschriebenen Exemplare wurde in der Bendlerstraße verwahrt, das zweite verblieb zu etwa nötigem Ersatz im Schrank von Berthold Stauffenberg.

Fahrner, der etwa eine Woche als Gast bei Claus Stauffenberg in Wannsee und bei Berthold Stauffenberg in „Koralle" bei Bernau gewohnt hat, macht in seinen Erinnerungen mit der sehr persönlichen Schilderung zugleich den geschichtlichen Augenblick deutlich. Es mögen mit seiner Erlaubnis Teile aus seinem Manuskript folgen.

„Claus war in jenen Tagen auf dem Untergrunde großen Ernstes sehr heiter und trotz größter Inanspruchnahme geistig ganz frei, sprühend und ergiebig. Nicht selten hatte er erhellende Worte und Wendungen, die ganze Problemwelten erledigten. Keine Beratung ohne Lachen, ganze Folgen von schlagenden, aber indirekten Bezeichnungen, in die Mitte treffenden Umschreibungen, und immer jene lachend herbe, durch und durch wohltätige Unverborgenheit im Bezeichnen des Wirklichen, die eine Signatur seiner Redeweise war. Vor, nach, zwischen den Anforderungen seiner Stabschefstellung und denen seiner Stellung in der Mitte der Erhebungsbewegung, vor, nach, zwischen Beratungen, Besuchen, Telefongesprächen, Befehlen, Planungen — immer war er wie unbemüht, ganz gegenwärtig offen und antwortreich für geistige Fragen, aufnahmefähig für Berichte von geistiger Tätigkeit und ratskräftig daran teilnehmend. Jenes Dichtwerk Alexander Stauffenbergs, das ich eben den Brüdern mitgebracht hatte, hat Claus — ich konnte mir kaum vorstellen, wann — genau gelesen und zwischen sich jagenden Tagesaufgaben eingehend mit mir und vor der gemeinsamen Lesung am letzten Abend auch noch mit Berthold besprochen.

Ich höre noch Claus bei einem Frühstück in der Morgensonne mit Mertz von Quirnheim auf dem Balkon, vor den honigbegierigen, stichfreudigen Wespen flüchtend, scherzen: Das sei der Vorteil seiner Verwundung, daß er jetzt ohne Sorge vor Mißdeutung seine ganze Feigheit vor Wespen, die er immer hätte verbergen müssen, offen an den Tag bringen könne.

Am letzten Nachmittag gegen Abend — es war der 4. Juli, am 5. Juli sollte ich in die Alpen fahren — machten wir, Claus und ich, einen Gang durch die Gartenstraßen von Wannsee im Zwiegespräch. Es ging noch einmal um die in all diesen Tagen von so mancher Seite herandringende Frage, ob bei den fortgeschrittenen Kriegsereignissen, die eine vollständige Besetzung Deutschlands in nicht allzu langer Zeit doch unausbleiblich machten, die Erhebung noch sinnvoll und man nicht besser nach der Besiegung Hitlers von außen her mit ungebrochenen Kräften zur Stelle sei. Dagegen stand einmal der Gedanke, wieviel an Substanz, besonders wieviel an Menschenleben und Menschenglück, und nicht nur auf deutscher Seite, auch durch ein Handeln im jetzigen Augenblick noch gerettet werden könnte, dann aber noch schwerwiegender das Wissen, daß es nicht nur um äußeren Erfolg, sondern um ein Gebot der inneren Reinigung und um ein Gebot der Ehre gehe. Als ich, nach Möglichkeiten und Folgen fragend, den Gedanken vertrat, beim Gelingen der Erhebung einfach de facto sofort allen Kampf gegen die westlichen Gegner abzubrechen und alles Mögliche an Kräften zur Verteidigung in den Osten zu werfen, bemerkte ich, wie sehr und wie eingehend solche Pläne schon erwogen waren. Noch tiefer aber beschäftigte uns auf diesem Gange die andere Frage, ob beim Versagen aller anderen Möglichkeiten Claus selbst, der nun als Fromms Stabschef Zugang zum Hauptquartier und zu Hitler hatte, das Attentat auf Hitler ausführen solle, obwohl uns sein Dasein für das nach Hitlers Sturz zu Leistende unerläßlich schien. Betrachtungsbeflissene Historiker können gerne einmal feststellen, daß sich dabei Trieb und Kraft zur Staatserneuerung und Trieb und Pflicht zur Bereinigung grausam und fast unauflöslich gegenübertraten. Ich stand, als Claus die Frage unmittelbar an mich richtete, vor der schwersten Entscheidung. Meinem Ja erwiderten ein unbeschreiblicher Ausdruck seines Auges und ein Siegelwort aus seinem Munde, das klarstellte, was uns verpflichtete. Den FINIS-INITIUM-Ring sah ich in diesen Tagen am verbliebenen Zeigefinger seiner linken Hand[29]."

„Diesem Nachmittag folgte zunächst ein sehr bewegter Abend. Gleich nach unserer Rückkehr kam eine fast ununterbrochene Kette von Ferngesprächen, Anrufen und Gegenrufen, die Berthold, der indessen aus der „Koralle" gekommen war, und ich mit anhörten. Man sah mehrere Stunden hindurch – nur wenige Worte wurden zwischen den Gesprächen gewechselt – in abgründiges Geschehen: Not der Front, vor allem im Osten, die aus unhaltbarer Lage nach Stärkung und Ersatz rief, Not der fliehenden Deutschen, die sich, Männer, Weiber und Kinder, zu vielen Tausenden vom Osten her ins Reich retten wollten, um nicht schwergereizten Gegnern in die Hände zu fallen, und gegen deren Einströmen sich die eigene Front wehren mußte, um nicht zerfasert zu werden, zu gleicher Zeit scharfe Reibungen zwischen den Verteidigungsbeauftragten der Partei und den Heeresstellen, krasse Selbstsucht in Partei- und Rüstungsinstanzen, die unter sich einen Krieg im Kriege führten, Schläge der Luftangriffe mit ihren Folgen für Menschen und dringend bedurfte Sachen, Schwierigkeiten im Heimatheer, Hemmungen bei der Durchführung von Befehlen, dazwischen Persönliches von Bekannten, Befreundeten, Schönes und Schlimmes, Anklagen, Troste, Verzweiflungen, kühne Wegfindungen, Ausharren, Rettungen. Das alles war wie im Spiegel aus den Erwiderungen zu erraten und doch wirklich da. Mit Leib und Gliedern war Claus in Bewegung: sitzend, über einen Tisch lehnend und manchmal liegend, stehend, Schritte an der Telefonschnur gehend. Was er sagte, zeigte ihn mitdenkend, mitfühlend, vordenkend, vorspürend, unmittelbar Nötiges von Verschiebbarem, Berechtigtes von Unberechtigtem, von sich Blähendem scheidend, eine Frage bis zur Klärung durch mehrere Gespräche verfolgend, zu anderem überspringend, erledigend, bestärkend, verheißend, ablehnend, abschneidend.

Es war 11 Uhr Nacht, als wir zum Essen kamen und zum Wein, der dank befreundeter Spender noch nicht fehlte. Und es folgte eine stille, große Nacht. Die Betrachtung und Besprechung des Dichtwerks von Alexander Stauffenberg (Der Tod des Meisters) vereinigte uns jetzt alle drei. Die Brüder teilten sich ihre Eindrücke und Gedanken mit, die ich schon aus den Besprechungen zu zweien kannte, und daraus ergaben sich neue Zustimmungen, Erwägungen, Gesichtspunkte, Gedanken. Vom einen Werk und dem dazu Bemerkten kamen wir zu manchen großen dichterischen Fragen, und das uns ganz Bewegende hielt uns lange fest, bis wir zum Ausgang zurückkehrten und das besprochene Werk zum Abschluß unseres Zusammenseins uns noch einmal vorlasen. Der neue Tag war schon nahe, als wir uns zu kurzer Ruhe trennten."

*

In der gleichen Nacht brach ein anderes Geschehen ein, das wie das Anbrennen einer Zündschnur gewirkt hat. Aus den erhaltenen Einzelzügen läßt sich heute die von Tag zu Tag wachsende gewitterhafte Spannung ablesen, die über den beiden folgenden Wochen bis zum Zwanzigsten Juli lag.

Als Stauffenberg am 5. Juli ins Amt kam, erreichte ihn über Haubach eine Warnung und, wie angenommen wird, über Trott die sichere Nachricht, daß Reichwein und sein Begleiter am Abend zuvor von einer Besprechung mit „Illegalen" nicht mehr nach Hause gekommen und daß in der Frühe des heutigen Tages nunmehr auch Dr. Leber von der Geheimen Staatspolizei verhaftet worden sei. Die Botschaft traf wie ein Blitz in nächster Nähe. Es war kein Zweifel, daß es den andern durch Verrat eines Beteiligten gelungen war, sich der beiden zu bemächtigen. War der eine Schlag bald von weiteren gefolgt? Stauffenberg war erschüttert, Leber, mit dessen Kraft im Umsturz er rechnete, in Haft zu wissen. An seiner Standhaftigkeit war nicht zu zweifeln, aber jeder Tag Zögerung bedeutete Gefahr für das Leben des befreundeten Mannes wie für die Aussichten der Erhebung.

Neues aus Paris, Wechsel im Oberbefehl: vor zwei Tagen hatte Rundstedt dem wieder zurückgekehrten Kluge weichen müssen[30]. Es erweckte nach dem, was vorausgegangen war, Hoffnungen. Tresckow hatte rasch gehandelt: er hatte Georg von Boeselager zu ihm gesandt, ihm klar die Lage im Osten darlegen lassen und ihn aufgefordert, durch die eigene Befehlsgebung auf eine rasche Kapitulation hinzuwirken, solange im Osten die Front noch gehalten werde. Kluge hatte erwidert, daß man so etwas als Heerführer im Westen nicht machen könne, es sei ohnedies bald unnötig, da der Gegner aus eigener Kraft durchbreche.

Am 6. Juli flog Stauffenberg mit dem Sprengstoff in der Mappe ins Hauptquartier nach Berchtesgaden (zu Stieff: „Ich habe das ganze Zeug mit", nach KB 130). Er hatte keinen Auftrag, der ihn an diesem Tag in die Nähe Hitlers führte, doch wollte er, so scheint es, einen letzten Versuch machen, die Gruppe im Hauptquartier, die die Möglichkeit dazu hatte, zum Attentat zu bewegen. Am nächsten Tag sollte die nun endlich zugesagte Uniformvorführung vor Hitler und Himmler im nahen Schloß Kleßheim (bei Salzburg) stattfinden, die Stieff zu leiten hatte. Ob außer Stieff ein anderer Eingeweihter teilnehmen sollte und was zwischen Stieff und Stauffenberg besprochen wurde, ist nicht bekannt – Stieff hat darüber bei den Verhören geschwiegen. Jedenfalls hatte Stauffenberg wenig Hoffnung, daß es zur Tat käme. Am Abend rückkehrend, sprach er mit spürbarer Bewegung und sprühender Ungeduld von der Lage in den Bergen und erklärte, er müsse nunmehr auch dies selbst übernehmen[31]. Er werde trotzdem für Berlin zur Verfügung stehen. Nach seinen Erkundungen im Hauptquartier halte er es für möglich, beides zu vereinen. Fellgiebel werde benachrichtigen und blockieren. In zwei oder drei Stunden nach Beginn der Aktion werde er in der Bendlerstraße sein. Man erhob Einwände, daß der Generalstabschef nicht zugleich Stoßtruppführer sein könne, daß er, den man nachher unbedingt brauche und der für den Sinn des Ganzen stehe, nicht der Attentäter sein könne, man wies auf seine körperliche Behinderung, die nicht genug Sicherheit gebe, auf das Wagnis, eine solche Doppelaufgabe zu übernehmen. Stauffenberg lehnte ab, etwa in dem Sinn: früher hätten diese Gründe gelten können, jetzt nicht mehr, wo es im letzten Augenblick um Bereinigung, um eine Entscheidung für sie alle gehe. Sein Entschluß drang durch. Manchmal schon, als nichts gelingen wollte, waren die Augen auf ihn, der Zugang zu Hitler hatte, gerichtet gewesen, man hatte es aber bei nüchterner Erwägung für unmöglich gefunden, ihm die Tat zuzumuten. Nun er sich in solchem Augenblick selbst erbot, glaubte man darin trotz der Schwere der Gegengründe den einzig noch denkbaren Ausweg, ja vielleicht eine heilvolle Lösung zu erblicken. Besonders die jungen Offiziere, die von Stauffenbergs Entschluß erfuhren, waren ihm über das private Los hinaus mit ihrer Hingabe zur Seite.

Am 7. Juli wartete man trotz Stauffenbergs zweifelndem Bericht auf Alarm aus Berchtesgaden. Es ging nur die Nachricht ein, die erkennen ließ, daß die Vorführung ohne Zwischenfall stattgefunden hatte.

Am 8. Juli kamen alarmierende Nachrichten von der Ostfront. Die Heeresgruppe Mitte hatte aufgehört zu bestehen. Die Initiative des Widerstands ging nur noch von kleineren Verbänden aus, die sich hier und dort vor und zwischen dem gegnerischen Ansturm hatten erhalten können. Die russische Führung, von ihren Erfolgen an der Mittelfront wohl selbst überrascht – man war der Überzeugung, daß sie hier eigentlich nur fesselnd zur Entlastung der Südoffensive hatte kämpfen wollen[32] –, hatte mit Stoßkeilen die Weichsel erreicht. Beurteiler wie Beck und Tresckow nahmen an, daß sie die unerwartete strategische Lage nutzen und, ohne sich um den zurückbleibenden rechten Flügel zu kümmern, den Angriff weiter über die Weichsel gegen das Reichsgebiet vortreiben werde: in längstens zehn Tagen hatte man dann die russischen Panzerkräfte vor Berlin zu erwarten. Bei Kowel und Dünaburg zeichnete sich „ein zweites Stalingrad" für die Heeresgruppe Nord mit ihren 250 000 Mann ab, die in Kürze die Landverbindung zum Reich verlieren mußte.

In der Aufzeichnung von Urban Thiersch wird berichtet, daß man an diesem Tag in der Bendlerstraße von äußerster Sorge ergriffen war und davon sprach, nun müsse unbedingt gehandelt werden, vielleicht morgen oder den folgenden Tag. Stauffenberg werde es selber tun. Er möchte seinen Vorgesetzten Oberst Hansen davon unterrichten.

„Ich warte noch, um Stauffenberg selbst zu sehen, der schließlich in ernstem Gespräch mit zwei Begleitern festen und ruhigen Schrittes den Gang entlang kam. Es gab eine nur kurze Begrüßung, da dringende Aufgaben ihn beschäftigten. In diesem Augenblick schien eine schwere dunkle Last auf ihm zu liegen."

Am 10. Juli kam Gewißheit, daß bei der einstigen Heeresgruppe Mitte 27 Divisionen durch den russischen Angriff als vernichtet gelten mußten³³. Die feindlichen Panzerverbände standen knapp noch 100 km vom Rastenburger Hauptquartier entfernt. Im Südabschnitt wurde jeden Tag mit dem Beginn der russischen Offensive gerechnet, für die nach den Ergebnissen der Erkundung noch stärkere Kräfte bereitgestellt waren als an der Mittelfront.

Tags darauf, am 11. Juli – es war Dienstag –, flog Stauffenberg wieder zum Hauptquartier in Berchtesgaden, die Sprengladung lag den dienstlichen Papieren in der Ledermappe beigepackt. Begleiter war Hauptmann Klausing, der sich, da Haeften eben krank war, zur Unterstützung Stauffenbergs bereit erklärt hatte. Er brachte ihn mit dem Wagen zur Lagebesprechung auf den Obersalzberg und wartete jede Minute auf seine Rückkehr, um ihn auf den Flugplatz nach Freilassing zu bringen. Aber Himmler war nicht erschienen. Stauffenberg kehrte erst am Ende der Besprechung unverrichteter Dinge zurück. Er hatte inzwischen telefonisch mit Olbricht gesprochen. Von diesem Tag überliefert Stieff Stauffenbergs Wort: „Herrgott, soll man nicht doch handeln?" (KB 130) Auf dem Weg zum Flugplatz hat Stauffenberg mit Fellgiebel und Stieff kurz noch Nachrichtenmaßnahmen besprochen (KB 146).

Nach Berlin zurückgekehrt, traf Stauffenberg Caesar von Hofacker, der am Abend vorher aus Paris gekommen war. Er hatte am 9. Juli noch ein Gespräch mit Feldmarschall Rommel gehabt. Zwischen diesem und seinem unmittelbaren Vorgesetzten Kluge war es bei der ersten Begegnung zu einem heftigen Zusammenstoß gekommen. Rommel hatte es empört, wie sich der andere ohne Kenntnis der wahren Lage „blindlings im Berchtesgadener Stil" geäußert hatte. Nach Rommels Auffassung war in etwa zwei bis drei Wochen mit einem Durchbruch des Gegners und damit mit einem Zusammenbruch in Frankreich zu rechnen. Rommel zeige sich zu eigener Verantwortung entschlossen, er wolle den Krieg im Westen so schnell wie möglich beenden, bevor die Invasionsfront zusammenbreche. Bereits habe Bargatzky in Paris in Rommels Namen ein Schreiben an den britischen Oberkommandierenden Montgomery entworfen. Doch halte Rommel ein selbständiges Vorgehen in Frankreich für unmöglich und fordere dringend eine Auslösung vom Reiche her, lehne aber nach wie vor den Gedanken eines Attentats auf Hitler ab: es müsse gelingen, ihn durch zuverlässige Panzerkräfte festzusetzen. Von Kluge, der für

Hofacker unerreichbar geblieben sei, wisse man soviel, daß auch er eine reine „Westlösung", wie sie Tresckow fordere, für unausführbar und einen Anstoß aus Berlin und vom Hauptquartier her für unumgänglich halte. Er setze sich für einen gemeinsamen Schritt aller Befehlshaber bei Hitler ein. Man habe den Eindruck, daß er, wenn Hitler einmal beseitigt sei, ohne Hemmungen für die Erhebung handeln und sofort Schritte für einen Waffenstillstand im Westen tun werde.

Am gleichen Tag war Lindenberg als Abgesandter Otto Johns aus Madrid angekommen: John dränge auf schnellstes Handeln, da nur noch eine ganz geringe Frist vorhanden sei. Er habe über den amerikanischen Militärattaché die Möglichkeit raschesten Kontaktes zu General Eisenhower. Von bedingungsloser Waffenstreckung, auch gegenüber den Russen, werde man, so sei erklärt worden, nicht abgehen[34]. John wurde dringend nach Berlin gerufen.

Am gleichen Abend waren Hofacker und Stauffenberg noch bei Beck (KB 136). Ein Bericht macht wahrscheinlich, daß dabei auch besprochen wurde, angesichts der aufs äußerste gestiegenen Dringlichkeit das nächste Mal auch ohne die Anwesenheit Himmlers (und Görings) zu handeln.

Am 12. Juli ging aus Paris eine verdeckte Nachricht ein, aus der zu entnehmen war, daß zwischen Kluge und Rommel eine neue, günstigere Übereinkunft stattgefunden habe. Sie hatten sich in La Roche Guyon getroffen. Kluge, nunmehr gleicher Ansicht wie Rommel, hatte mit ihm eine sofortige Umfrage bei den Armeeführern und Kommandierenden Generalen vereinbart, wie lange nach ihrem Urteil die Front noch zu halten sei, Meldung der Ergebnisse an Hitler, geschärft durch befristete Forderungen an ihn. Rommel hatte noch Vorschläge gemacht, was zu tun sei, wenn Hitler, wie zu erwarten, ablehne. Kluge hatte dazu keine Entscheidung erkennen lassen.

Goerdeler drängte bei Stauffenberg auf schnellstes Handeln mit dem Ausdruck, daß nunmehr „nach vorn durchgebrochen werden müsse".

Am 14. Juli kam die Zusage aus dem Hauptquartier, womit der Befehlshaber des Ersatzheeres mit seinem Chef des Stabes für den nächsten Tag zum Vortrag bestellt wurde. Im engsten Kreis beschloß man, den Befehl zu „Walküre" schon zwei Stunden vor dem erwarteten Attentatsaugenblick zu geben, um ein rascheres Herankommen der Heereskräfte, vor allem der Panzer aus Krampnitz, zu erreichen. Die Vorwarnungen wurden nach verabredetem Plan in verdeckter Form an die Beteiligten gegeben. Die Besprechungen, bisher auf dem Berghof bei Berchtesgaden, sollten jetzt zum erstenmal wieder in Ostpreußen stattfinden. Hitler war mit dem Hauptquartier nach Rastenburg umgezogen, nachdem dort die Umbauarbeiten beendet waren und die Kriegslage ein Näherrücken der obersten Führung dringend gemacht hatte. Von Berlin aus hatte man sich in Eile auf die neuen Nachrichtenverhältnisse einzustellen, General Wagner traf die nötigen Abreden mit Fellgiebel, Stieff, Hahn, Thiele.

Am gleichen Tag, dem 14. Juli, wurde von Rommel das Blitzfernschreiben verfaßt, das über den Oberbefehlshaber West Hitler zugeleitet werden sollte. Es wurde darin der in Kürze bevorstehende Durchbruch der Alliierten angekündigt, der unter den obwaltenden, im einzelnen dargelegten Umständen kriegsentscheidend wirken müsse. Hitler wurde aufgefordert, unverzüglich „die Folgerungen zu ziehen", d. h. den Krieg im Westen zu beenden. Das Fernschreiben war nach den Äußerungen Rommels als das mit Kluge vereinbarte Ultimatum an Hitler gedacht. („Wenn er keine Konsequenzen zieht, dann werden wir handeln.") Es wurde tags darauf Kluge vorgelegt. Wie sich später ergab, ist es bei ihm bis zum 23. Juli liegengeblieben[35].

Am Samstag, dem 15. Juli, flog Stauffenberg mit dem Generalobersten Fromm, der ohne Kenntnis des Vorgangs war, nach Ostpreußen. Klausing war wieder an der Seite Stauffenbergs. Außerdem trat, wenn man einem sonst nicht verbürgten Einzelbericht folgen darf, ein Oberst mit auf, der dafür vorgesehen war, eine zweite Sprengladung abzubrennen, ob zur Verstärkung oder Sicherung bei fehlgehendem Attentat oder gegen eine zweite Person gerichtet (Himmler?) wird nicht genannt. Der Offizier soll zu dem Vorhaben mit einem Sonderauftrag von seiner Division ins Oberkommando geholt worden sein. Um 11 Uhr gab General Olbricht in Berlin das Stichwort für innere Unruhen. Um 13.10 Uhr begann in der „Wolfsschanze" die Lagebesprechung.

Stauffenberg verließ kurz nach Beginn noch einmal den Raum, wie es scheint zu einem Telefongespräch. Als er sehr bald wieder eintrat, war die Lagebesprechung, kaum begonnen, schon beendet, Hitler hatte den Raum verlassen, Stauffenberg wurde zu einer Sonderbesprechung mit Himmler entsandt. Es handelte sich um die Neuaufstellung von 15 Divisionen, die unter Himmlers Befehl treten sollten. Auf dem Wege erfuhr Stauffenberg – nach der Aussage von Klausing –, daß Himmler nicht da war. Er hatte anschließend mit Generaloberst Fromm zusammen an einer weiteren Besprechung teilzunehmen[36]. Bald nach ½2 Uhr meldete Stauffenberg das Mißlingen nach Berlin. Der „Walküre"-Alarm wurde zurückgerufen, die Einheiten, die schon feldmarschmäßig ausgerüstet ausgerückt waren, kehrten in ihre Quartiere zurück.

In der Frühe des 15. Juli, so sagt ein Vernehmungsbericht, hätte Fellgiebel und Stieff (und durch sie Stauffenberg) durch einen vermittelnden Offizier, der tags zuvor noch in Berlin gewesen war, die ausdrückliche Aufforderung General Wagners erreicht, es solle nur gehandelt werden, wenn der Reichsführer SS dabei sei (KB 330). Stauffenbergs Zorn über die der SS zu unterstellenden Divisionen muß sich bei seiner Rückkehr am Abend dieses Tages besonders stark entladen haben (KB 94).

In Belgien war an diesem Tage unerwartet der Militärbefehlshaber General von Falkenhausen, auf dessen Mitwirkung man rechnete, seiner Stellung enthoben und durch einen Gauleiter ersetzt worden. Er verblieb auch ohne Amt in der Nähe von Brüssel.

Am Sonntag, dem 16. Juli, war Stauffenberg bei Beck. Der militärische Ablauf am Vortag hatte bedeutende Mängel gezeigt, die man klar herausstellte; man legte die nötigen Änderungen fest, um sie künftig zu vermeiden. Der Generaloberst erbot sich, im einzelnen darüber noch mit General Olbricht zu sprechen. Es war diesmal gelungen, die befohlenen Bewegungen dieses Tags als Probealarm für den Fall innerer Unruhen zu erklären. Olbricht hatte sich, um sich nicht zu verraten, schleunigst aufgemacht, die aufgerufenen Einheiten zu besichtigen. Mit einer unzarten Rüge durch Keitel war es für diesmal abgetan, aber ein zweites Mal war es nicht denkbar, die Truppen vorzeitig in Marsch zu setzen.

Nach dem zweimaligen Scheitern wurden die Möglichkeiten einer selbständigen Kriegsbeendigung im Westen erneut geprüft, zu der Goerdeler (durch Gisevius) heftig drängte – er hatte vorgeschlagen, Beck solle mit ihm zusammen sofort zu Kluge und Rommel fliegen, um die Kapitulation (so Gisevius) oder den Waffenstillstand (so Goerdelers spätere Niederschrift) zu erreichen[37]. Beck lehnte ab. Er war der Meinung, daß zur Auslösung der Anschlag unbedingt erforderlich sei, verbarg aber nicht seine schweren Zweifel, ob man ihn noch erreichen werde. Stauffenberg gab ihm sein Wort, daß er das nächste Mal, sei es, wie es wolle, handeln werde.

Am Abend dieses Sonntags versammelten sich in der Stauffenbergschen Wohnung in Wannsee Schulenburg, Trott zu Solz, Schwerin, Yorck, Mertz von Quirnheim, Hansen mit den Brüdern Stauffenberg und Hofacker, der am nächsten Tag nach Paris zurückfahren sollte (KB 57, 91, 101). Hofacker sprach zur Entwicklung in Frankreich, Trott zur außenpolitischen Lage. Sicheres ist nicht zu wissen, da alle neun Anwesenden hingerichtet worden sind. Nach dem, was in den Vernehmungsberichten als Aussage von Trott erhalten ist (KB 175), wurden noch einmal die drei denkbaren Wege besprochen: die „Westlösung" (Abbruch des Kampfes im Westen, Rücknahme der Truppen bis zum Westwall, Verteidigung im Osten mit dem Ziel baldigen Kriegsendes); die „Berliner Lösung" (Usurpation des Befehls- und Nachrichtenapparats für kurze Zeit, Befehle an die Heeresgruppen zur Rücknahme der Fronten, die vom Führerhauptquartier nicht mehr rückgängig zu machen waren); die „zentrale Lösung" (Attentat als Einleitung einer Westlösung). Stauffenberg hielt dem Bericht nach auch eine reine Westlösung noch für denkbar, man sprach aber einig für die zentrale Lösung. Trott habe – dies nach Aussagen Hansens – Verhandlungsbereitschaft auf der Feindseite angenommen, wenn der Wechsel in Deutschland vollzogen sei. Es sollte von Militär zu Militär – nach Westen und nach Osten – verhandelt werden (KB 101). Jetzt blieb nur – so trennte man sich: die entscheidende Tat zu wagen und was das Schicksal wolle, auf sich zu nehmen.

Goerdeler war in der Frühe des Tages, um Abschied zu nehmen, zu seiner Familie nach Leipzig gefahren. Er wurde Dienstag früh zurückerwartet, ein Flugzeug stand durch Hansen bereit, wenn Beck sich zum Besuch im Westen entschließe[38].

Am 17. Juli begann die erwartete große Offensive an der russischen Südfront, gegen die man auch nicht mit annähernd ausreichenden Kräften gewappnet war. Schon die ersten drei Tage ließen weiteste Einbrüche erkennen. Die Bedrohung der östlichen Reichsgrenze wuchs weiter an. Die dort zuständigen Gauleiter oder Statthalter wurden als Reichsverteidigungskommissare beauftragt[39].

Am 18. Juli kamen neue Alarmnachrichten aus dem Westen. Caen und St.-Lô waren gefallen: ein Schritt weiter voran zum Durchbruch der Feindkräfte in den Großraum von Paris. Die noch schlimmere Nachricht: Feldmarschall Rommel war am vergangenen Abend bei der Heimfahrt vom Kampffeld schwer verwundet worden, er lag bewußtlos. An seinem Aufkommen wurde gezweifelt. Stülpnagel hatte, wie man erfuhr, kurz zuvor noch ein sicheres Einvernehmen mit ihm erreicht: Rommel hatte sich gewillt erklärt, im Augenblick der Tat, auch wenn Kluge zögere oder ausweiche, offen und unbedingt für die Erhebung zu wirken.

Stauffenberg wurde durch Kranzfelder davon verständigt, daß in der Stadt Gerüchte umliefen, noch in dieser Woche werde das Führerhauptquartier in die Luft gesprengt. Seine Entgegnung auf lautgewordene Bedenken: „Da gibt es keine andere Wahl mehr. Der Rubikon ist überschritten" (KB 117).

Tags zuvor war, so gab Nebe durch Gisevius Nachricht, am Mittagstisch beim Chef der Staatspolizei der Haftbefehl gegen Dr. Goerdeler beschlossen worden. Kaiser übernahm, den Zurückkommenden zu warnen. Auch Stauffenberg traf kurz mit ihm zusammen. Er sagte ihm nach Goerdelers späteren Aufzeichnungen, daß er „direkte Verbindung mit Churchill habe und dieser im Besitz der Forderung sei, daß im Falle der Aktion alles deutsche Gebiet im Reich verbleiben oder mit ihm vereint werden müsse[40]."

Seit wenigen Tagen hatte sich die Spur Dr. Lebers gefunden: er war im Gefängnis des SS-Hauptamtes in der Prinz-Albrecht-Straße. In einem bewegten Gespräch mit Trott zu Solz soll Stauffenberg, als er davon erfuhr, in höchster Erregung unzählige Male ausgerufen haben: „Wir brauchen Leber, ich hole ihn 'raus und ich hole ihn 'raus." An Frau Leber gab er durch Schulenburg die kurze Mitteilung in ein Berliner Hospital: „Wir sind uns unserer Pflicht bewußt[41]."

In den Nachmittagsstunden des 18. kam aus dem Hauptquartier die Aufforderung für Stauffenberg, am 20. zum Vortrag zu erscheinen (KB 21). Am Abend des Tags und am 19. wurden durch Bernardis die Unterlagen bereitgemacht, die Stauffenberg für seinen Vortrag brauchte über die Neuaufstellung von Volksgrenadierdivisionen[42].

Dr. Otto John aus Madrid meldete sich, um als Überbringer an die Alliierten bereitzustehen. Er bestätigte, nur bedingungslose Kapitulation auch gegenüber Rußland werde angenommen (KB 441).

Der 19. Juli verlief äußerlich nicht anders als die anderen Tage im Amt in der Bendlerstraße. Nur eine Handvoll Menschen unter den Hunderten, die hier tätig waren, hatte Kenntnis davon, was durch Einen aus diesem Hause bevorstand. Die Schilderung eines Offiziers, der an diesem Tag von außen nach Berlin kam und bei Stauffenberg zu tun hatte, hält Eindrücke dieses Besuchs fest[43]. Er schreibt:

„In der Frühe des 19. Juli fuhr ich mit der Eisenbahn von unserer Dienststelle im Osten nach Berlin. Ich hatte den Auftrag, beim OKH in der Bendlerstraße mit dem zuständigen Sachbearbeiter einige Fragen zu klären, welche die Zuständigkeit der Gauleiter und der Wehrkreisbefehlshaber in Oberquartiermeisterangelegenheiten betrafen für den Fall, daß die Sowjetstreitkräfte in die an der Ostgrenze des Reiches gelegenen Wehrkreise eindringen würden. Da schon in den Vormittagsstunden alliierte Bomberverbände über Berlin manövrierten, lag unser Zug stundenlang auf der Strecke, und ich konnte erst gegen 14 Uhr in der Bendlerstraße eintreffen. Es wurde gerade neuer Alarm gegeben, und als ich die Treppe im Hauptblock emporstieg, kam alles eilig herunter, um die Luftschutzräume aufzusuchen. Der diensthabende Offizier stellte mir anheim, trotz des Alarms nach oben zu gehen, wo ich den Ia treffen und sprechen könne. Dieser Ia war der Oberst Graf Stauffenberg.

Ich fand ihn in einem der oberen Stockwerke: ein freundlicher, verhältnismäßig junger Generalstabsoffizier, er mochte etwa 38 Jahre alt sein, eine schwarze Binde über dem einen Auge, in Stiefelhose mit den karminroten Streifen und weißer Litewka, die damals in den heißen Tagen allgemein in den Heimatdienststellen getragen wurde. ‚Bleiben Sie doch bis zur Besprechung um 15 Uhr', schlug er vor, ‚dann können wir Ihre Angelegenheit gleich miterledigen.' Ich erklärte mich einverstanden, besuchte in der Zwischenzeit im gleichen Stockwerk einen Kameraden aus dem Ersten Weltkrieg und fand mich zur bestimmten Zeit in einem kleinen Saal ein, wo etwa 30 Offiziere zur Besprechung versammelt waren. Graf Stauffenberg übernahm den Vorsitz und ließ mich an seiner Seite Platz nehmen. Er sah sympathisch aus. Hätte er nicht die Generalstabsuniform getragen, so hätte er mit dem schmalen, geistigen Kopf für einen Künstler oder Wissenschaftler gelten können. Das dunkle Haar und die schwarze Binde über dem Auge ließen sein Gesicht etwas blaß erscheinen. Der künstliche Arm mit dem Lederhandschuh, Folgen einer schweren Verwundung auf dem nordafrikanischen Kriegsschauplatz, lag auf dem Tisch, als er zu sprechen begann.

Graf Stauffenberg nahm meine angebotene Zigarette mit einem Lächeln und das Feuer mit einem Kopfnicken und begann, ruhig und gemessen über die einzelnen Punkte der Tagesordnung zu sprechen. Dazwischen rief er in launigem Ton einigen jungen Offizieren, die nicht recht still sein konnten, etwas zu, und es fiel mir im Lauf der Besprechung auf, wie er öfters mit einem ‚Ihr Kerle dahinten' seine engeren Kameraden vom Generalstab apostrophierte. Sonst führte er die Verhandlungen ruhig und sachlich, so daß die ziemlich lange Tagesordnung einschließlich meiner eigenen Angelegenheiten im Laufe von zwei Stunden erledigt war. Anschließend verabschiedete ich mich und dankte ihm für die prompte Klärung der schwebenden Fragen. ‚Es hat aber noch Zeit damit', meinte er leichthin und begleitete seine Rede mit einer Bewegung seines gesunden Armes. ‚Um so besser. Wie lange rechnen Sie noch?' war meine Gegenfrage. ‚Vielleicht kommt es ganz anders, als wir alle denken', erwiderte er mit einem vielsagenden Lächeln und reichte mir die Hand zum Abschied.

Ich versuchte mir zu vergegenwärtigen, welchen Eindruck Graf Stauffenberg äußerlich gemacht hatte, als ich ihm gegenüberstand und später neben ihm saß. Nichts, nicht das geringste deutete darauf hin, was hinter seiner Stirn vorgegangen sein mußte. Er zeigte weder Nervosität noch Fahrigkeit, sondern trug eine absolute Ruhe und Gelassenheit zur Schau. Der Mann mußte sich mit übermenschlicher Kraft zusammengenommen haben, um nach außen einen ruhigen Eindruck zu machen. So, wie wir die Dinge heute sehen, mußte gerade in den Stunden, die ich mit ihm zusammen war, eine unerhörte Fülle von Erwägungen, Überlegungen, Zweifeln, Enttäuschungen, Sorgen und Ängsten auf ihn eingestürmt sein, die ihn zu dem Entschluß brachten, das zu wagen, was er am nächsten Tag gewagt hat."

Am Nachmittag des 19. Juli, als Stauffenberg die hier geschilderte Besprechung abhielt, waren in gedrängter Kürze die notwendigen Benachrichtigungen für den nächsten Tag vorzunehmen, die meisten waren nach einer schon verabredeten Folge mündlich weiterzusagen, nur für wenige war der fernmündliche oder fernschriftliche Weg unter Anwendung verabredeter Ausdrücke vorbehalten, da man im gesamten Nachrichtennetz die Geheimpolizei eingeschaltet wußte. Eine nochmalige Vergewisserung, ob jeder Mitwirkende von der Benachrichtigung erreicht wurde, war bei der Kürze der Zeit und den Schwierigkeiten der Verbindungen nicht möglich. Hoepner und Witzleben, die beide unter Überwachung standen, waren unauffällig von außerhalb nach Berlin zu holen. Gleichsam aus dem Nichts mußten wie bei einer groß angelegten Überfallsschlacht die erforderlichen Männer am Mittag des folgenden Tags plötzlich dasein und handeln und eingreifen können.

Bei den Stauffenberg Nahestehenden und Befreundeten, mit denen er an den vorausgehenden Tagen und Abenden noch zusammengetroffen war, war diesmal das Gefühl herrschend, daß man auf der äußersten Warte stünde und in Kürze das Schicksal spreche. Vom Scheitern und dem dann sicheren Tod zu reden, stand in solcher Runde nicht an. Man weiß aber von einigen der Beteiligten, wie sie auf eine zarte und kaum sich bekennende Weise in diesen Stunden Vorsorge trafen für ihre Familien und sich von Frau und Kindern, ohne etwas von der nahen Gefahr fühlen zu lassen, verabschiedeten. Wer könnte sich Rechenschaft geben von den Gesprächen, die in dieser Julinacht hier und dort Gruppen der um die Tat Wissenden über die Stunden hinweggebracht haben? In Berlin blieb auch diesmal nicht der nun schon fast allnächtliche Alarm aus und scheuchte in die Keller.

Stauffenberg war an diesem Abend schon kurz nach acht Uhr zu sich nach Hause aufgebrochen. Beim Durchfahren von Dahlem ließ er an einer Kirche halten, wo eben inmitten der hastenden und der Nacht entgegenbangenden Stadt Andacht gehalten wurde, und trat durch die offene Tür ein. Eine Zeitlang stand er im hinteren Kirchenraum, dann kam er zum Wagen zurück und ließ sich nach Hause fahren. Den Abend war er allein mit dem Bruder.

XIII DER ZWANZIGSTE JULI

Berlin

Bald nach sechs Uhr in der Frühe des 20. Juli verließ Claus Stauffenberg, begleitet von seinem Bruder, mit Fahrer und Wagen das Haus in Wannsee. In der Stadt stieg Oberleutnant v. Haeften zu. Berthold Stauffenberg fuhr bis Rangsdorf mit. Sie fanden das Flugzeug des Generalquartiermeisters, zugleich Generalmajor Stieff zum Mitflug bereit. Nach mehrstündigem Flug gingen sie 10.15 Uhr in Rastenburg in Ostpreußen nieder und verabredeten, daß sich der Flugzeugführer von Mittag ab bereit halte zum Rückflug nach Berlin. Ein Wagen des Lagerkommandanten, der schon gewartet hatte, brachte sie in fast halbstündiger Fahrt durch das waldreiche Land in das Führerhauptquartier. Vom ersten Tor an, das einem weiträumig angelegten Minen- und Befestigungsgürtel entsprach, rechnete man noch etwa drei Kilometer bis zur Mitte, vom zweiten Tor, das Einlaß in ein großes Rundumhindernis mit elektrisch geladenem Stacheldraht gab, waren es noch 800 m bis zur sogenannten Offizierswache, bei der man den Sperrkreis I betrat, von hier noch etwa 100 m bis zum Eingang in den Sondersperrkreis, in dem Hitler während des Juli 1944 wohnte und arbeitete.

Das Hauptquartier „Wolfsschanze" hatte auch nach dem Umbau den Charakter eines im gemischten Hochwald verstreuten, etwas düsteren Barackenlagers behalten. Vermehrt war die Zahl der Bunker, würfliger, fensterloser Betonhäuser mit wolkigem Tarnanstrich; die schon vorher vorhandenen Bunker waren verstärkt worden – man sprach von sechs Meter dicken Wänden und Decken. Die meisten ursprünglichen Holzbaracken hatten nach außen zum Schutz gegen

Brand- und kleinere Splitterbomben einen etwa halbmeterdicken Mantel von Beton erhalten, in dem die Türen und Fenster in gewöhnlicher Größe ausgespart waren („Speer-Baracken"). Von dieser Art war auch die „Lagebaracke". Sie bildete zusammen mit dem etwa 40 m entfernten, jetzigen Wohnbunker Hitlers (dem früheren „Gästebunker") und dem Hundezwinger für Hitlers Hündin den Inhalt des Sondersperrkreises, der durch ein 2,5 m hohes Drahtmaschennetz abgeschlossen und dauernd von SS-Wachen und Beamten des Geheimdienstes umkreist war und in den auch für die höchsten Offiziere nur ein handschriftlich vom SS-Oberführer Rattenhuber ausgestellter Ausweis Zutritt gab[2].

Nachdem sich Stauffenberg bei der Lagerkommandantur gemeldet hatte, ging er mit Rittmeister von Möllendorf, dem Adjutanten des Kommandanten, der selbst abwesend war, zum Frühstück ins Kasino 2, wo die auf Abruf wartenden Offiziere sich aufhielten. Er trug Koppel und Mütze und unter dem linken Arm die helle Aktentasche aus Leder. Bis Mittag war er bei General Buhle, dem Vertreter des Heeres beim Oberkommando der Wehrmacht, den er aus dienstlichem Anlaß aufzusuchen hatte. Mit ihm zusammen trat er etwa um 12 Uhr bei Generalfeldmarschall Keitel ein, gab ihm kurze Rechenschaft von den Dingen, die er vorzutragen hatte, und verweilte im Gespräch mit ihm. Da nachmittags, 14.30 Uhr, Mussolini zu Besuch erwartet wurde, hatte man den Beginn der „Mittagslage" auf 12.30 Uhr vorverlegt, es sollte nur das Dringlichste und vor einem tunlichst beschränkten Teilnehmerkreis vorgetragen werden. Nachdem Keitel mehrfach ungeduldig auf die Uhr gesehen hatte, machte man sich kurz vor 12.30 Uhr bereit, zusammen zur „Lage" hinüberzugehen. Keitel, Buhle und der Keitelsche Adjutant, Oberstleutnant John von Freyend, warteten vor der Baracke auf Stauffenberg, der zu Ende der Besprechung noch den Wunsch geäußert hatte, sich etwas frisch zu machen und das Hemd zu wechseln[2a]. John hatte Stauffenberg sein eigenes Zimmer angeboten, und ihn dort eben noch durch einen Feldwebel zum raschen Aufbruch mahnen lassen. Es ging auf 12.30 Uhr. John wandte sich noch einmal ins Innere, erschien aber kurz darauf wieder mit Stauffenberg in der Tür, und man setzte sich in Bewegung. Nur von Haeften war im OKW-Bunker zurückgeblieben – er hatte Stauffenberg bei seiner Rückkunft vom Gespräch mit Keitel schon erwartet und war ihm dann behilflich gewesen. Aktentaschen waren umgepackt worden, wie der Feldwebel später angab, und Stauffenberg hatte vor seinem Heraustreten mit einer Flachzange, die seine drei Finger betätigen konnten, den Zünder der Sprengladung eingedrückt. Ein Zurück gab es nicht mehr: die Explosion mußte in 10 bis 15 Minuten erfolgen.

Während des Wegs zur Lagebaracke, den man in zwei oder drei Minuten zurücklegte, erbot sich der Keitelsche Adjutant, die dem Einarmigen beschwerliche Mappe zu nehmen. Stauffenberg lehnte freundlich dankend ab und war in ungezwungenem Gespräch, als sie die Eingangswache zum Sondersperrkreis durchschritten und zur Lagebaracke gingen. Wenige Schritte davor wandte sich Stauffenberg, wie John später berichtete, an ihn und gab ihm die Aktentasche mit der Bitte, ihn möglichst nahe bei Hitler zu plazieren, damit er alles verstehen könne.

Vor dem Eingang waren kurz zuvor noch die teilnehmenden Offiziere im Gespräch gestanden, bis der militärische Adjutant Hitlers, Oberst von Below, die Versammelten bat, ins Innere zu treten. Hitler war kurz darauf erschienen, und die Besprechung hatte begonnen. Für das Heer waren Generalleutnant Heusinger und sein erster Mitarbeiter, Oberst Brandt, anwesend, für die Luftwaffe deren Generalstabschef, General der Flieger Korten, für die Kriegsmarine die Konteradmirale Voss und von Puttkamer mit Kapitän zur See Assmann. Himmler ließ sich durch SS-General Fegelein, Göring durch General Bodenschatz vertreten. Als Chefadjutant Hitlers war General Schmundt zugegen, als Adjutant Oberstleutnant Borgmann, als Leiter der kriegsgeschichtlichen Abteilung Generalmajor Scherff. Im Gefolge Hitlers kam dessen persönlicher Adjutant, Sturmbannführer Günsche. Below, ursprünglich Luftwaffen-Adjutant Hitlers, blieb gleichfalls zur Besprechung. Vom Wehrmachtsführungsstab waren General Warlimont und Oberst Waizenegger anwesend, außerdem Major Büchs als Adjutant des Generalobersten Jodl. Jodl selbst, der Rangälteste nach Keitel, erschien erst nach Beginn der Besprechung. Als Verbindungsmann des Auswärtigen Amts nahm Legationsrat von Sonnleithner teil. Dr. Berger und Heinz Buchholz wirkten als Stenographen. Im ganzen zählte man nachher auf der Liste 25 Teilnehmer der Lagebesprechung[3].

Der Raum für den Lagevortrag war im einen Kopfende der Baracke[4]. Um ihn zu erreichen, mußte man, vom Eingang an der Langseite kommend, am Raum für Telefondienst und an einem Garderobenraum vorbei im Mittelflur etwa acht Schritte nach rechts gehen und trat dann durch eine zweiflügelige Tür ein. An der gegenüberliegenden Längswand und der rechten Schmalwand waren zusammen zehn Fenster, die heute an dem heißen, ja schwülen Tag alle offenstanden. Der Raum maß etwa 5 auf 12 Meter. Wände und Decken waren mit weißer Preßpappe verkleidet. Die Mitte des Raumes nahm ein Eichentisch ein, etwa 6 Meter lang, 1,2 Meter breit. Seine gut 10 Zentimeter dicke Tafel war nach außen von drei kräftig gearbeiteten, massiven Eichensockeln getragen. Der Platz für Hitler war durch einen bereitgestellten Stuhl in der Mitte der einen, der Tür zugewandten Längsseite kenntlich. Auf dem Tisch waren übereinander in vorbestimmter Reihenfolge die erforderlichen Karten ausgebreitet, die geputzte Brille lag für Hitler schon vor der Besprechung bereit.

Beim Hereingehen sagt Stauffenberg, was Keitel mithört, zum Feldwebel des Fernsprechdienstes: er erwarte ein dringendes Gespräch aus Berlin. Man möchte ihn sofort herausholen, da er die Information noch zu seinem Vortrag brauche. Als er mit Keitel in den Lageraum eintritt, spricht eben Generalleutnant Heusinger über die Lage an der Ostfront[5]. Hitler dreht sich kurz zu den Eintretenden um und erwidert ihren Gruß. Keitel stellt ihm Stauffenberg vor und meldet den Grund seines Kommens: Vortrag über den Einsatz der Sperr-Divisionen. Hitler begrüßt Stauffenberg mit Handschlag und verlangt dann, erst die allgemeine Lage zu Ende zu hören. Stauffenberg erhält durch John den Platz zwischen dem rechts neben Hitler vortragenden Heusinger und Oberst Heinz Brandt, den Konteradmiral Voss auf eine Bitte Johns freigibt. Heusinger spricht weiter. Auf eine dazwischengeworfene Einzelfrage Hitlers, so lautet ein Bericht, erwidert Buhle, darüber könne Stauffenberg Auskunft geben. Aber Stauffenberg hat, ohne daß es aufgefallen ist, den Raum verlassen. Buhle geht ihn suchen. Nach einem andern Bericht ist es Keitel, der vor die Tür geht, um nach ihm zu sehen. Als er wieder eintritt und noch hinter Hitler steht, beendet Heusinger, wie er später selbst schreibt, mit etwa diesen Worten seinen Vortrag: „Der Russe dreht westlich der Düna mit starken Kräften nach Norden ein. Seine Spitzen stehen bereits südwestlich Dünaburgs. Wenn jetzt nicht endlich die Heeresgruppe vom Peipus-See zurückgenommen wird, dann werden wir eine Katastrophe . . ." Ein Donnerschlag zerreißt seinen Satz, grelle Flammen schießen auf, Qualm füllt den Raum – es ist 12.42 Uhr.

Kurz danach hält Stauffenberg etwa zweihundert Meter entfernt mit seinem Wagen vor der geschlossenen Schranke der Offizierswache, Ausfahrt verlangend. Die Wache, durch den Knall der Explosion alarmiert, weigert sich zu öffnen. Ohne sich auf weitere Worte einzulassen, so sagt der eine Bericht[6], steigt Stauffenberg aus, geht zum diensthabenden Offizier, dem er bekannt war, in die Wachstube und verlangt zu telefonieren. Er wählt selbst, spricht kurz, legt auf und sagt: „Herr Leutnant, ich darf passieren." Die Schranke wird geöffnet, das Wachbuch bewahrt den Eintrag: „12.44 Uhr Oberst Stauffenberg passiert." Eineinhalb Minuten später wird der Alarm ausgelöst. An der Außenwache Süd findet Stauffenberg spanische Reiter, Doppelposten und die entschiedene Verweigerung der Durchfahrt durch den wachhabenden Oberfeldwebel Kolbe vom Wachbataillon. Er läßt sich mit der Adjutantur des Lagerkommandanten verbinden und sagt, wie zu Protokoll gegeben wurde: „Hier Oberst Graf Stauffenberg an Außenwache Süd. Sie entsinnen sich, wir frühstückten heute morgen zusammen, Herr Rittmeister. Die Wache läßt mich wegen der Explosion nicht passieren. Ich bin aber in Eile. Auf dem Flugplatz wartet Generaloberst Fromm auf mich." Er legt den Hörer auf: „Sie haben gehört, Oberfeldwebel, ich darf passieren." Kolbe besteht darauf, selbst den Befehl zu bekommen, und ruft nochmals an. Rittmeister von Möllendorfs Antwort „Darf passieren" gibt den Weg frei. Stauffenberg treibt den Fahrer zur Eile an. Unterwegs wirft Haeften ein Paket Sprengstoff, das nicht verwendet worden ist, aus dem Wagen. Kurz nach 1 Uhr wird der Flugplatz erreicht, das schon wartende Flugzeug steigt mit den beiden Offizieren 13.15 Uhr in die Luft.

Die Strecke, die Stauffenberg im Flug zurückzulegen hatte, war etwa gleich der Entfernung vom Bodensee oder von Budapest nach Berlin. Die zweieinhalb Stunden müssen seiner auf Tat brennenden Ungeduld endlos erschienen sein, vielleicht qualvoll, weil sie in der angebrochenen Entscheidung zur Untätigkeit zwangen und keine Gewißheit gaben. Trug man im Waldlager den toten Hitler aus den Trümmern? War die Nachrichtensperre gelungen? Hatte man in Berlin rechtzeitig Alarm gegeben? War der Ablauf diesmal besser als vor fünf Tagen? War man ihm selbst schon auf der Spur? Das Flugzeugpersonal, das nachher befragt wurde, konnte keine Auskunft geben, was die beiden Offiziere zusammen gesprochen hatten. Über die Landung gibt es zwei Darstellungen. Nach der einen überflog das Flugzeug gegen 15.45 Uhr die ersten Vorstädte von Berlin und ging kurz danach in Rangsdorf nieder. Nichts Auffälliges bei der Ankunft. Der erste Weg führte zum Fernsprecher. Haeften verlangte die Bendlerstraße. Als sich Olbricht meldete, gab er ihm das Stichwort für das gelungene Attentat. Nach den ersten Worten Olbrichts war klar, daß er den Staatsstreich noch nicht ausgelöst hatte – seit dem Ereignis waren drei Stunden vergangen. Erregt forderte Stauffenberg, daß man, ohne auf ihn zu warten, handle, und eilte zum Wagen. Da er den eigenen Fahrer noch nicht zur Stelle fand, erbat er von der Luftwaffe ein Fahrzeug. Nach der anderen Darstellung, die sich auf neuere Erkundungen stützt, ist Stauffenberg 16.05 Uhr gelandet, die Aktion in der Bendlerstraße zehn Minuten zuvor unabhängig von seinem Eintreffen begonnen worden[7].

Weder beim Durchqueren der Vorstädte noch in der Innenstadt zeigte sich für Stauffenberg irgend Auffälliges: ein ungestörter, heller Sommernachmittag mit ahnungslosen Menschen. Zwischen 16.30 und 16.45 Uhr war er mit Haeften in der Bendlerstraße.

Eine Dreiviertelstunde war inzwischen vergangen, seit Olbricht mit Mertz von Quirnheim das Werk in Gang gesetzt hatte. Man weiß, daß sie 15.50 Uhr das lang gehütete Befehlsfaszikel hervorholten und Oertzen als dem beauftragten Verbindungsoffizier den entscheidenden Befehl zur Überbringung an den Wehrmachtkommandanten von Berlin General Kortzfleisch gaben: Alarmierung sämtlicher Einheiten des Standorts, so des Wachbataillons, des Standortes Spandau, der Heeresfeuerwerker- und Heereswaffenschule. Der General, der nicht eingeweiht war, wurde in die Bendlerstraße gerufen. Des Zeitgewinnes wegen wurde der dem Wehrmachtkommando unterstehende Standortkommandant von Berlin, Generalleutnant von Hase, der schon darauf wartete, von General Olbricht direkt verständigt. Major Hayessen war als Verbindungsoffizier auf dem Weg zu ihm. 16.10 Uhr waren die Hase unterstellten Truppen durch ihn alarmiert, die Kommandeure zum Befehlsempfang in die Standortkommandantur Unter den Linden 1 befohlen. Oberstleutnant Bernardis hatte um 16 Uhr begonnen, die Truppenteile außerhalb Berlins zu alarmieren: so die Panzertruppenschule in Krampnitz, die Panzerlehrgänge in Groß-Glienicke, die den Sofortbefehl zur Besetzung der Rundfunksender Königswusterhausen und Zeesen erhielten, die Infanterieschule Döberitz, die Ersatzbrigade Großdeutschland, die Fahnenjunkerschule Potsdam, die Unteroffiziersschule Potsdam. 16.15 Uhr wurde die zum Wachbataillon gehörige Wache im Bendlerblock durch Mertz alarmiert. Klausing überbrachte dem diensthabenden Leutnant Arnds den Befehl, alle Ausgänge zu sperren und jeden Durchgangsverkehr zu unterbinden. Eine mündliche Anweisung durch Olbricht trug dem Leutnant auf, etwa anrückende SS zu bekämpfen.

Nachdem die ersten Benachrichtigungen und Befehle hinausgegeben waren, ging Olbricht nach vorn zu Generaloberst Fromm und bat ihn, den Vortrag zu unterbrechen, den er eben entgegennahm. Als sie allein waren[8], eröffnete er ihm, der Führer sei einem Attentat zum Opfer gefallen, General Fellgiebel habe die Nachricht davon durchgegeben. Er schlug dem Befehlshaber des Ersatzheeres vor, ohne Verzug zu handeln und an die Generalkommandos den „Walküre"-Alarm zu geben. Fromm zögerte: er könne sich zu einem solchen Schritt erst entschließen, wenn er sich selbst vom Tod Hitlers überzeugt habe, er wolle Keitel anrufen. Olbricht, durch Haeften des Todes von Hitler gewiß, mußte erwarten, daß auch Fromm mitgehen werde, wenn er die Bestätigung bekomme. Er griff selbst zum Fernsprecher, verlangte ein Blitzgespräch zum Führerhauptquartier: zu seinem Erstaunen wurde es sofort – es war 16.10 – hergestellt, und Keitel meldete sich. Er bestätigte Fromm, daß ein Anschlag stattgefunden habe, doch der Führer lebe und sei kaum verletzt. Er werde Fromm später genauer informieren, eben sei er in einer Besprechung mit Marschall Graziani, während der Führer sich mit Mussolini unterrede. Keitel fragte noch: „Wo ist übrigens Ihr Chef des Stabes, der Oberst Stauffenberg?"

Fromm entgegnete, er sei noch nicht wieder bei ihm eingetroffen. Olbricht verließ darauf das Zimmer, ohne sich seine Bewegung anmerken zu lassen.

Mertz hatte inzwischen die Alarmierungen für „Walküre" fortgesetzt. 16.20 Uhr wurde der Polizeipräsident von Berlin, Graf Helldorf, in die Bendlerstraße gerufen. Um diese Zeit erschien Beck, von Schwerin herbeigeholt – er trug den dunklen Zivilanzug –, mit ihm und nach ihm die ganze Zahl der Beteiligten, die sich in der Nähe auf Abruf bereit gehalten hatten, ohne daß die Unbeteiligten im Hause, auch nicht die schreibenden Frauen, den Grund ihres Kommens schon gewahr geworden wären.

Als es hieß, Stauffenbergs Wagen sei eben in den Hof gefahren, folgten Minuten höchster Spannung. In fliegender Eile kam er mit Haeften die Treppe herauf und trat in das große Arbeitszimmer Olbrichts: groß und schlank, leichter schreitend als sonst, mit gerötetem Gesicht und lebhaft atmend. Er berichtete kurz, was sich ereignet und was er selbst gesehen hatte: das Hochschießen einer gewaltigen Explosion, Stichflamme und Qualm, Zertrümmerung der Baracke. – „Nach menschlichem Ermessen ist Hitler tot[9]." Man berichtete ihm dagegen von unzureichenden und sich widersprechenden Meldungen, die über General Thiele gekommen seien[10]. Man habe den Eindruck gewonnen, daß der Anschlag mißlungen sei, und man habe sich deshalb nicht zur Auslösung entschlossen. Eben habe Keitel persönlich am Fernsprecher Fromm gegenüber die Nachricht vom Attentat bestätigt, Hitler sei aber heil davongekommen. Stauffenberg erklärte, nach dem, was er selbst erlebt habe, könnten Keitels Angaben nur ein Manöver der Täuschung sein mit dem Ziel, Zeit zu gewinnen. Es könne kaum noch jemand am Leben sein, zumindest sei Hitler schwer verletzt. Es gäbe jetzt nur eines: keine Minute mehr zu verlieren und zu handeln. Er verlangte eine Verbindung nach Paris und sprach mit Hofacker: dort mußte jetzt Entscheidendes geschehen. Die Absendung Hansens und Dr. Johns nach Madrid wurde noch zurückgestellt. (John war anwesend.)

Graf Helldorf meldete sich: die Polizei stehe Gewehr bei Fuß. Olbricht unterrichtete ihn in dienstlichem Ton vom geschehenen Attentat und der bevorstehenden Ausrufung des Belagerungszustandes, die Polizei werde dem Heer unterstellt, Helldorf habe die entsprechenden Weisungen zu geben. Als der Polizeipräsident schon im Gehen war, bestand Beck darauf[11], daß ihm das Ungeklärte der Lage nicht verborgen werde: man müsse einig sein, wie man sich gegenüber den Verlautbarungen des Gegners verhalten wolle. Er erkläre für sich und bitte alle Anwesenden, sich dasselbe zum Gesetz des Tages zu machen: gleichgültig, was verbreitet werde, gleichgültig sogar, was wahr sei – für ihn, Beck, sei dieser Mann tot. Davon lasse er sein weiteres Handeln bestimmen. Von dieser Linie dürften sie nicht abweichen, sonst gerieten ihre Reihen in Verwirrung. Ein unwiderleglicher Beweis, daß Hitler – und nicht nur sein Doppelgänger – lebe, könne vom Hauptquartier erst nach Stunden geführt werden. Bis dahin müsse die Berliner Aktion abgeschlossen sein. Beck sprach klar und bestimmt und hob spürbar für alle das Geschehen auf eine Schicksalsebene, auf der es kein Entweichen mehr gab. Er trat damit ohne Rückhalt zu Stauffenberg, der für sich schon jenseits der Entscheidung stand.

Olbricht drängte nunmehr zu einer Klärung mit Fromm, bevor ihn Anrufe von außen erreichten. Da Beck es für günstiger hielt, selbst dabei noch nicht hervorzutreten, gingen Olbricht und Stauffenberg zusammen nach vorn. Olbricht erklärte dem Generalobersten, Stauffenberg habe ihm soeben den Tod Hitlers bestätigt. Fromm verwies auf die gegenteilige Versicherung Keitels: Der Führer lebe, unter diesen Umständen könne er den Walküre-Befehl nicht geben. Darauf Stauffenberg: „Der Feldmarschall Keitel lügt wie immer. Ich habe selbst gesehen, wie man Hitler tot hinausgetragen hat." „Angesichts dieser Lage", nahm Olbricht das Wort, „haben wir das Stichwort für innere Unruhen an die stellvertretenden Generalkommandos gegeben." Fromm sprang auf – all dies nach dem Bericht, den er selbst im Lager später gegeben hat –, schlug wohl auch mit der Faust auf den Tisch und rief: „Das ist glatter Ungehorsam. Was heißt ‚Wir'? Wer hat den Befehl gegeben?" Olbricht: „Mein Chef des Stabes, Oberst Mertz von Quirnheim." Fromm: „Holen Sie mir sofort den Oberst Mertz hierher!" Mertz erschien und gab auf Befragen zu, ohne Fromms Einwilligung das Stichwort gegeben zu haben. Fromm erklärte ihm darauf: „Sie sind verhaftet. Das weitere wird sich finden." Ein anderer Bericht ergänzt die Worte: „Gehen Sie sofort zum Fernschreiber und stoppen Sie die Befehlsausgabe." Mertz erwiderte darauf trocken: „Sie haben mich eben festnehmen lassen, Herr Generaloberst, ich bin also in meiner Bewegungsfreiheit beschränkt", und setzte sich auf einen Stuhl[12].

In diesem Augenblick sagte Stauffenberg völlig ruhig und gelassen: „Herr Generaloberst, ich habe die Bombe selbst während der Besprechung mit Hitler gezündet. Es hat eine Explosion gegeben, als ob eine 15-cm-Granate eingeschlagen hätte. Niemand in jenem Raum kann mehr leben." Fromm: „Graf Stauffenberg, das Attentat ist mißglückt. Sie müssen sich sofort erschießen." Stauffenberg: „Nein, das werde ich keinesfalls tun." Olbricht griff ein und wandte sich an

Fromm: „Herr Generaloberst, der Augenblick zum Handeln ist gekommen. Wenn wir jetzt nicht losschlagen, wird unser Vaterland für immer zugrunde gehen." Fromm: „Dann sind auch Sie, Olbricht, an diesem Staatsstreich beteiligt?" Olbricht: „Jawohl, aber ich stehe nur am Rande des Kreises, der die Regierung in Deutschland übernehmen wird." Fromm: „Ich erkläre Sie hiermit alle drei für verhaftet." Olbricht dagegen fest und entschlossen: „Sie können uns nicht verhaften lassen. Sie täuschen sich über die wahren Machtverhältnisse. Wir verhaften Sie."

Es folgte ein Wortgefecht mit Tätlichkeiten zwischen Olbricht und Fromm. Die Szene endete damit, daß Fromm die Pistolen zweier junger Offiziere, die aus dem Kartenzimmer hereintraten (Haeften war der eine), auf seinen Leib gerichtet sah und nachgab. Er wurde in den anschließenden Raum seines Adjutanten geführt und in den Gewahrsam des Majors von Leonrod gegeben. Die Telefonleitung wurde durchschnitten. Olbricht gab Fromm zu verstehen, daß bei einem Fluchtversuch auf ihn geschossen würde. Auf der Schwelle begegnete Fromm dem ihm von früher befreundeten Hoepner, der ihm sein Bedauern ausdrückte, ihn in solcher Lage wiederzutreffen, er habe sein Amt zu übernehmen. Fromm antwortete etwa: „Ja, Hoepner, es tut mir leid, aber ich kann nicht anders. Meiner Ansicht nach ist der Führer nicht tot, und Sie irren. Ich kann Ihnen den Walküre-Befehl nicht unterschreiben." Die Offiziere der Abteilung wurden nunmehr im Kartenzimmer, das an Fromms Arbeitszimmer anschloß, zusammengerufen. Hoepner, in Generaloberstenuniform[13], von einem Hauptmann mit gezogener Pistole begleitet, gab ihnen in kurzen Worten Nachricht vom plötzlichen Tod Hitlers und von den zum Schutze des Reichs ergriffenen Maßnahmen.

Die Gruppe des Wachbataillons, die für diesen Tag Dienst in der Bendlerstraße hatte, wurde von Oberleutnant Cords, dem die Aufsicht über die Torwache übertragen war, auf sämtliche Eingänge des Hauses sowie die an der Rückfront liegenden Bombentrichter verteilt. Einlaß ins Haus gab nur ein orangefarbener, von Stauffenberg unterschriebener Ausweis. Ein Verlassen des Hauses war gleichfalls nur mit Ausweis oder unterschriebenem Befehl erlaubt. Hauptmann Fritzsche wurde von Stauffenberg die Sicherung des Flurs und des Kartenzimmers im zweiten Stock übertragen. Hauptmann Klausing, die Leutnants von Kleist, von Oppen, von Hammerstein standen Stauffenberg als Ordonnanzoffiziere zur Verfügung.

Um diese Zeit – kurz vor 17 Uhr – erschien ein SS-Offizier[14] mit einem Begleiter im Olbrichtschen Vorzimmer und verlangte den Obersten Graf Stauffenberg zu sprechen, „im Auftrag des Chefs des Reichssicherheitshauptamtes", wie er hinzufügte. Nach einer Weile erschien Stauffenberg, begrüßte den Kaltenbrunnerschen Abgesandten so urban, wie er mit Gästen umging, und bat ihn, mit ihm in sein Zimmer zu kommen. Bald darauf kehrte er, nach der Überlieferung von Gisevius, lachend zurück: Herr Piffrader habe ihn wegen seines auffallend eiligen Rückfluges aus dem Hauptquartier befragen sollen. Zur Antwort habe er ihn eingesperrt. In Wahrheit hatte der SS-Oberführer, den außer dem Adjutanten noch zwei Kriminalbeamte in Zivil begleiteten, von Himmler den Auftrag, den Obersten, der sich vermutlich in der Bendlerstraße aufhalte, unauffällig festzunehmen. Von den wahren Zusammenhängen in der Bendlerstraße war zu dieser Stunde im Reichssicherheitshauptamt noch nichts bekannt. Piffrader wurde samt seinem Adjutanten von Oberst Jäger und Oberleutnant v. Kleist festgenommen und in ein abgesondertes Zimmer zur Bewachung gegeben. Die Torwache nahm auch die im Auto Wartenden fest, damit keine Nachricht nach außen dringe. Auch ein Obersturmführer der Waffen-SS, Buchner, den man in der Nähe des Hauses antraf, wurde festgenommen.

Inzwischen war der Kommandierende General von Berlin eingetroffen und verlangte, Generaloberst Fromm zu sprechen. Als er statt zu ihm zu Generaloberst Hoepner geführt wurde, lehnte er ab, dessen Befugnis anzuerkennen, und erhob mit lautstarker Stimme Gegenvorstellungen: Hitler sei nicht tot, er weigere sich, für Berlin den Belagerungszustand zu verhängen. Olbricht wurde geholt, durch ihn Beck. Kortzfleisch hielt seine Gegnerschaft aufrecht und berief sich auf seinen Eid. Beck griff ihn mit einer an ihm ungewohnten Heftigkeit an: er spräche vom Eid? Hitler habe seinen Eid auf die Verfassung, seine Treuepflicht gegenüber dem Volk hundertfach gebrochen. Wie könne er sich einem Eidbrüchigen gegenüber auf seinen Eid berufen! Der General blieb hartnäckig, wurde verhaftet und im Zimmer von Olbricht festgesetzt. General von Thüngen, der schon wartete, wurde zum Hohenzollerndamm entsandt, um das Generalkommando zu übernehmen. Kortzfleisch gelang es, für einen Augenblick aus dem Dienstzimmer Olbrichts zu entkommen. Der Posten legte auf ihn an, Hauptmann Fritzsche trat dazwischen, der General wurde an der Treppe ergriffen und im Zimmer des Olbrichtschen Adjutanten erneut festgesetzt. Man überliefert aus seinem Streit um Freilassung den Satz von ihm: „Laßt mich doch gehen und zu Hause meinen Salat begießen."

Um 17 Uhr hatten die Führer der dem Stadtkommandanten unterstehenden Einheiten ihre Marschbefehle und Aufträge. Um 17.30 Uhr waren sämtliche an „Walküre" beteiligten Einheiten auch außerhalb von Berlin aufgerufen.

Der zweite Akt des Alarmplans, der über die Fernschreibestelle abzuwickeln war, hatte zwischen 16.30 und 17 Uhr begonnen. Hauptmann Klausing überbrachte den von Witzleben und Stauffenberg gezeichneten Erstbefehl an die Oberbefehlshaber der Fronten, die stellvertretenden Kommandierenden Generale wie auch an die Militärbefehlshaber in den Nachrichtenbunker. Er wurde von 17.35 Uhr ab an 20 Empfänger ausgesandt. Unter Aufsicht von Mertz wurde der zweite der vorbereiteten Grundbefehle, der vom Oberbefehlshaber im Heimatkriegsgebiet Fromm und Stauffenberg gezeichnet war und die neuen Träger der vollziehenden Gewalt zu sofortigem Handeln aufrief, von einer Sekretärin ausgeschrieben und von Klausing überbracht: er wurde von 18.30 Uhr an ausgesandt. Ein Fernschreiben mit der Unterschrift Witzlebens gab bekannt, daß Generaloberst Hoepner zum Befehlshaber des Ersatzheeres und Oberbefehlshaber im Heimatkriegsgebiet ernannt sei.

Um 18.30 Uhr kam die Bestätigung, daß das Regierungsviertel von drei Kompanien des Wachbataillons abgeschlossen sei. Weder General noch Minister durfte die Sperrlinie überschreiten. In den Sendungen des Rundfunks hatte sich bisher nichts Auffallendes ereignet.

Um 18.45 Uhr brachte der Deutschlandsender das schon seit Stunden angekündigte Kommuniqué aus dem Führerhauptquartier: es sei ein Sprengstoffattentat auf den Führer verübt worden. Einige aus seiner Umgebung seien schwer, mehrere leicht verletzt. Er selbst sei nur leicht verwundet daraus hervorgegangen. Überraschung, Verwirrung. Wollte die Meldung nur irreführen? Beck glaubte es mit einiger Wahrscheinlichkeit annehmen zu können. Desto entscheidender schien ihm, baldigst im Rundfunk zu sprechen, aber der vor zwei Stunden hinausgegebene Befehl zum Handstreich auf die beiden Sender war noch nicht zum Zuge gekommen, dringliche Rückfragen durch Stauffenberg, Mertz, Olbricht folgten. Die Rundfunkdurchsage machte sich bald auch in den eingehenden Gesprächen bemerkbar. Fast pausenlos wurde Fromm und, da man ihn verleugnete, Stauffenberg verlangt von den Kommandierenden im Reich, die inzwischen die Alarmierung erhalten hatten und in Widerstreit geraten waren. Stauffenberg erklärte allen Rückfragen mit völliger Bestimmtheit, Hitler sei tot, Keitel täusche, die Rundfunkmeldung sei nur Irreführung, das Heer habe die Gewalt übernommen, die Aktion werde fortgeführt, sie sei bisher auf keine Hemmungen gestoßen[15] ... Er veranlaßte im gleichen Sinn ein Fernschreiben an alle Oberbefehlshaber mit höchster Dringlichkeit (19.15 [h]). Mertz blieb indessen mit seiner unentwegten, ebenso trockenen wie draufgängerischen Art um die Durchgabe und Verwirklichung der Befehle besorgt, General Olbricht vertrat das noch nicht voll durchschaute Unternehmen gegen die 35 oder 40 Offiziere seiner Abteilung, die er um sich berief[16]. Im starken Gegensatz zu den aufs äußerste Angespannten und Tätigen erschien die wachsende Zahl müßig oder qualvoll Wartender: die einen von ihnen, mit bestimmten Aufgaben Betrauten warteten auf Abruf für ihr Eingreifen (so John, Gisevius, Gerstenmaier, Sack, die Grafen Schulenburg, Yorck, Hardenberg u. a.), eine andere Zahl war nur zufällig mit in das Geschehen gerissen und vermehrte durch murrende, ungeduldige oder völlig ahnungslose Reden die geladene Spannung in Zimmern und Fluren.

Bis 19 Uhr war immerhin erreicht, daß die Feuerwerkerschule im Zeughaus, die Waffenmeisterschule im Schloß ihre Stützpunkte einzurichten begannen; das Gros der Truppen war noch nicht angelangt. Die ersten Panzer mußten etwa 19.30 Uhr eintreffen. Dann erst konnte der erste Zeitvorsprung vor der SS als gewonnen gelten. Der Kommandeur der Panzertruppenschule II in Krampnitz, Oberst Gläsemer, meldete sich. Da er sich gegenüber der ihm übertragenen Aufgabe zögernd verhielt, wurde er von Mertz im 4. Stock des Gebäudes festgesetzt und zur Bewachung einem Hauptmann übergeben. Seine Truppe erhielt erneuten Befehl, mit ihrer Masse an der Siegessäule bereitzustehen und mit Teilen das Allgemeine Heeresamt zu sichern. Von einem Angriff auf die Reichskanzlei und das Goebbelsche Ministerium war noch keine Meldung gekommen, ebensowenig von einer Eroberung des Rundfunks. Oberst Jäger wurde zum Stadtkommandanten Unter den Linden geschickt: er sollte mit einem rasch versammelten, verstärkten Stoßtrupp gegen das Propagandaministerium vorgehen und Goebbels verhaften[17]. Mit neuen Eingriffen wurde versucht, die Besetzung der Sender zu beschleunigen. Beck drängte: jetzt mußte gelingen, mit den Aufrufen an das deutsche Volk Hitler zuvorzukommen.

Kurz nach 19 Uhr wurde die Drahtverbindung zur Heeresgruppe Nord im Baltikum hergestellt, die Generaloberst Beck verlangt hatte. Der Generalstabschef der Heeresgruppe, General Kinzl, meldete sich, und Stauffenberg teilte ihm mit, daß alle Gewalt nunmehr von Berlin ausgehe, von Beck und Witzleben. Anschließend übernahm Beck das Gespräch und gab der Heeresgruppe in aller Form den Befehl, unverzüglich die Vorbereitungen zu treffen, um die Heeresgruppe aus ihrer hoffnungslos ausgesetzten Lage auf die Düna und nach Ostpreußen zurückzuführen. Beck handelte und gab den Befehl, der die Heeresgruppe vielleicht noch hätte retten können, den der Chef der Operationsabteilung (ein Generalstabschef war nicht mehr vorhanden) mittags vergeblich zu erwirken versucht hatte und auch später nie erwirkt hat[18].

Um diese Zeit ging bei Oberst Mertz ein Ferngespräch von der Organisationsabteilung des Oberkommandos des Heeres in Ostpreußen ein, worin ihm verläßlich mitgeteilt wurde, daß das Attentat auf Hitler gescheitert sei.

Die Meldung kam, die ersten Panzer seien in der Stadtmitte eingetroffen. Auf den großen Zufahrtstraßen wurden durch entsandte Beobachter ausgedehnte Panzer- und Infanterieverbände im Anmarsch gemeldet. Für den Mann auf der Straße wurde von jetzt ab offenbar, daß sich Außerordentliches vollzog. Man brachte es in Zusammenhang mit der vor einer Stunde durchgegebenen Meldung des Rundfunks über einen Anschlag auf den „Führer".

Um 19.30 Uhr erschien Feldmarschall von Witzleben in der Bendlerstraße. Von Zossen, dem Oberkommando der Wehrmacht, kommend, trat er jetzt in Uniform, mit Mütze und Marschallstab, in die Frommschen Räume, begrüßte kurz Stauffenberg, meldete sich achtungsvoll bei Beck und ging mit ihm zum Gespräch in das Frommsche Arbeitszimmer. Nach wenigen Minuten winkte Beck Stauffenberg heran, kurz darauf wurde auch Schwerin dazugerufen. Soviel aus dem Vorzimmer zu bemerken war, hielt der Marschall eine harte und schonungslose Kritik, bei der er gelegentlich mit der Faust auf den Tisch schlug und von Beck lebhafte Erwiderung erfuhr. Die Grafen Stauffenberg und Schwerin standen wie „marmorne Säulen[19]".

Nach 20 Uhr, als das Gespräch Beck-Witzleben noch dauerte, machte sich in den Räumen eine wachsende Spannung und Unruhe geltend, genährt durch die sich widerstreitenden Gerüchte von außen. An den Fernsprechern liefen ununterbrochen von nah und fern Bestätigungen ein über die erhaltenen Befehle, aber an vielen Stellen herrschte inzwischen Gewissenszwiespalt, weil eine fernmündliche Weisung vom Hauptquartier, durchgegeben von Keitel, verbot, irgendwelche Befehle aus der Bendlerstraße entgegenzunehmen. An mehreren Orten, so in Paris, war man indessen bereit, nach dem „Walküre"-Befehl zu handeln. Mertz hatte am Fernsprecher um 20 Uhr an Oberst Finkh in Paris durchgegeben: „Panzer rollen. Macht weiter wie bisher." Aber der Ablauf in Berlin war auffallend schleppend, die wichtigsten Erstziele, so die Besetzung des Rundfunks und des Goebbelsschen Ministeriums, die Verhaftung der SS-Häupter, waren immer noch nicht erreicht trotz erneuter Rückfragen und Entsendung eingriffsbereiter Kräfte.

Witzleben, von dessen rangüberlegener Autorität mancher eine Klärung erwartet hatte, verließ um 20.15 Uhr wieder die Bendlerstraße. Vom stattgehabten Gespräch wurde wenig bekannt, doch blieb der Eindruck, daß der Marschall das Unternehmen für gescheitert ansehe und sich an weiteren Schritten nicht beteilige[20].

Etwa um 20.15 Uhr kam durch Major Hayessen aus der Stadtkommandantur Unter den Linden die Nachricht, Major Remer sei seit einiger Zeit bei Goebbels, das ihm aufgetragene Unternehmen komme nicht vorwärts. Hase sei zum Generalkommando gefahren. Schon seit etwa eineinhalb Stunden hatte man das zögernde Vorgehen, ja das Versagen des Wachbataillons beobachtet und einen zum Durchgreifen fähigen Stabsoffizier entsandt, Remer zu ersetzen. Der Kommandowechsel war nicht gelungen. Auch Oberst Jäger war mit seinem Angriff auf das Goebbelsche Ministerium nicht zum Zuge gekommen. Er meldete, daß es ihm bisher nicht gelungen sei, die nötigen Truppen zu erhalten.

Olbricht und Stauffenberg versuchten, über alle erdenklichen Stellen noch mehr Truppen aufzubieten, auch die etwa zu bewegenden Polizeikräfte wurden einbezogen. Stauffenberg sprach besonders dringlich mit Potsdam, um die Ersatzeinheit des Infanterieregiments 9 zu einer unverzüglichen Entsendung zu veranlassen. Inzwischen ging der Verkehr mit den Generalkommandos im Reich weiter. Nürnberg hatte den Befehl über den Belagerungszustand um 19.45 Uhr erhalten. Wien meldete sich um 20.30 Uhr (General Freiherr von Esebeck), kurz darauf Stettin. Beide Gespräche wurden von Hoepner geführt. An beiden Orten lag schon ein Befehl Keitels vor. Hoepner gab es schließlich auf, wie er vor dem Volksgerichtshof aussagte, dagegen anzukämpfen. Bedenklicher schienen die Anrufe, die von Feldmarschall von Kluge kamen. Beck suchte ihn durch Hinweis auf die früheren Gespräche und seine Mitwisserschaft zu binden. Er sprach erregt, heftig, eindringlich, zugleich in einer für das Fieber des Augenblicks erstaunlich „operativen" Sprache, wie der einzig als Gesprächszeuge anwesende junge Offizier sich erinnert, dem Beck in diesem Augenblick wie eine Vision des „Alten Fritz" erschien ... Die Antworten Kluges waren, wie zu merken war, unbefriedigend. Offenbar waren Stülpnagel und Hofacker bei ihm. Die Leitung in Paris meldete bisher ungestörten Fortgang der Maßnahmen.

Generaloberst Fromm, der bisher immer noch im Zimmer seines Adjutanten bewacht worden war, erhielt auf seine Bitte die Erlaubnis, in seine Privaträume gehen zu dürfen. Er hatte sich Hoepner gegenüber mit seinem Ehrenwort verbürgt, keinerlei Eingriff ins Geschehen und keinerlei Verbindung nach außen zu versuchen.

Nach 21 Uhr hörte man im Deutschlandsender die Ankündigung, der „Führer" werde bald sprechen; der Reichsführer SS sei zum Befehlshaber des Ersatzheeres ernannt worden.

Einige Minuten nachher brachte Oberst Köllner aus dem Nachrichtenbunker den Text eines Fernschreibens, das vom Hauptquartier aufgegeben zur Aussendung hier durchlief: mit der Nachricht von Himmlers Ernennung gab Keitel an alle Wehrkreisbefehlshaber das Verbot, Befehle von Fromm, Witzleben, Hoepner entgegenzunehmen. Olbricht entschied, das Fernschreiben solle zurückgehalten werden.

Um diese Zeit begannen die Teile des Wachbataillons, die die Bewachung des Bendlerblocks übernommen hatten, abzurücken. Sie waren durch keine Einwirkung festzuhalten, indem sie sich auf den Befehl ihres Kommandeurs beriefen. Sie hatten sich im Garten bei der Ministerwohnung von Goebbels zu sammeln. Nur am Haupttor des OKH blieb eine etwa 35 Mann starke Wache zurück. Von außen mehrten sich die Meldungen, wonach auch die übrigen Truppen die Innenstadt wieder räumten oder auf den Anmarschwegen wieder umkehrten. Um 21.30 Uhr war im Ministeriumsviertel und rund um die Bendlerstraße kein Panzer mehr festzustellen. In eingehenden Anrufen war jetzt zum erstenmal zu erkennen, daß eine planmäßige Gegenfront im Entstehen war: General Reinecke, der Chef des Allgemeinen Wehrmachtsamtes, so hieß es, sei beauftragt, mit verfügbaren Truppen und SS-Einheiten gegen die Bendlerstraße vorzugehen. Himmler war noch nicht in Berlin. Auch von der Inspektion der Panzertruppen waren offenbar Gegenbefehle ausgegangen. Man hörte, die Panzertruppen hätten Befehl, am Fehrbelliner Platz zu sammeln.

Stauffenberg wurde immer wieder am Fernsprecher verlangt oder übernahm Gespräche, wo sich Zweifel meldeten. So berichtet ein Augenzeuge, wie er dem Telefonierenden den Hörer aus der Hand nahm, einen Stuhl an den Apparat zog, sich hineinfallen ließ und horchte. „Ich konnte seine Spannung fühlen", heißt es in dem Bericht von Otto John, „Sekunden vergingen, dann sprach er laut und schnell: ‚Hier ist Stauffenberg . . . ja, alle Befehle vom Oberbefehlshaber des Heimatheeres . . . ja natürlich . . . das ist so . . . alle Befehle sind unverzüglich auszuführen. Sie müssen alle Rundfunkstationen und Nachrichtenbüros besetzen . . . Jeder Widerstand muß gebrochen werden . . . Es ist sehr wahrscheinlich, daß Gegenbefehle vom Führerhauptquartier gegeben werden . . . Sie sind nicht glaubwürdig . . . nein . . . die Wehrmacht hat die Vollzugsgewalt übernommen, keiner außer dem Befehlshaber des Heimatheeres ist berechtigt, Befehle zu geben . . . verstehen Sie . . . ja, das Reich ist in Gefahr, und wie immer übernimmt in der Stunde der Gefahr der Soldat das Kommando . . . Ja, Witzleben ist zum Oberbefehlshaber ernannt worden . . . Es ist nur eine Formalität, Sie sollen alle Nachrichtenbüros besetzen . . . Haben Sie verstanden? Heil'." Ein andermal hörte man Stauffenberg so in den Apparat rufen: „Es ist die Stunde, da der Offizier und der Offizier allein sich durchsetzen muß." (KB 298)

Olbricht versammelte jetzt – es muß nach mehreren Berichten um 22.30 Uhr gewesen sein – die Offiziere seines Amtes in seinem Dienstzimmer, er hatte schon zuvor ein- oder zweimal am Abend zu ihnen gesprochen. Er ließ den Leutnant der Torwache kurz berichten und sagte dann selbst, da die Truppe des Wachbataillons abgezogen worden sei und noch keine andere bereitstehe, müßten die Offiziere den Schutz des Hauses übernehmen. Er teilte die einzelnen für ihre Aufgaben ein, ohne auf Einwände zu stoßen, je einen Generalstabsoffizier für die sechs Ausgänge, bestimmte Oberstleutnant von der Lancken als Hauptverantwortlichen und entließ sie zu ihrer Aufgabe. Nach der Besprechung kamen einzelne Offiziere[21], ihr Wortführer war der Oberstleutnant Herber, noch einmal zu Olbricht und verlangten Aufklärung darüber, „was eigentlich gespielt werde". Olbricht führte dem Sinn nach etwa aus: „Meine Herren, wir haben schon lange Zeit die Entwicklung der Lage mit großer Sorge betrachtet. Es hat sich zweifellos eine Katastrophe angebahnt. Es mußten Maßnahmen ergriffen werden, um dieser Sache vorzugreifen. Diese Maßnahmen sind jetzt zur Auslösung gekommen. Ich bitte Sie, mich zu unterstützen[22]." Olbricht sprach gefaßt und sicher, nur eine leichte Röte seines Gesichtes zeigte seine Erregung. Die Stimmung im Raum war ernst und lastend: weder Beistimmung noch Aufruhr wagte sich zu äußern. Bisher war es „von keiner Seite zu Taten oder auch nur zu Äußerungen gegen das Unternehmen gekommen, obwohl alle wußten, daß der militärische Kopf (des Attentats) bei uns in der Bendlerstraße war. Wohl sonderte sich natürlich eine Gruppe der Zuschauer von der Gruppe der Beteiligten ab, aber zu Widersprüchen kam es während des ganzen Nachmittags und Abends nicht[23]." Jetzt aber war auf den Mienen einiger der Heraustretenden eine gefährliche Aufwallung zu erkennen. Die entschlossenste Gruppe sammelte sich im Zimmer des Oberstleutnants i. G. Pridun, des Olbrichtschen Ia, eines Österreichers, und gab sich das Wort, getreu dem Soldateneid für den Führer einzustehen und den gefährlichen Putsch niederzuschlagen. Neben Pridun traten besonders hervor die Oberstleutnante i. G. Herber (Ib bei Olbricht), von der Heyde, als der eigentliche I a der Vorgesetzte Priduns, und Kuban. Der Waffenmajor Fließbach hatte zuvor schon auf Aufforderung Herbers (?) beim Spandauer Zeughaus Waffen angefordert, die erst verweigert worden waren, die aber eben in einem Lastkraftwagen heran- und in den zweiten Stock heraufgebracht wurden. Die Aufgaben wurden verteilt, die Maschinenpistolen schußfertig gemacht.

Während der Zeit, als diese Offiziere sich ohne Wissen Olbrichts zum bewaffneten Vorstoß bereit machten, meldete sich bei ihm – es war etwa 22.40 Uhr – Oberst Müller von der Infanterieschule in Döberitz und erbat schriftliche Vollmacht zum Befehl über die Schule: er werde dann unverzüglich zum Angriff auf den Sender vorgehen und der Stockung ein Ende bereiten, die durch die Abwesenheit des Kommandeurs entstanden sei. Er schlage vor, das Lehrbataillon, das eben auf der Rückkehr von einer Nachtübung sei, zum Schutz der Bendlerstraße zu beordern. Die Befehle, von Mertz diktiert und von Olbricht unterzeichnet, waren die letzten, die hinausgegeben wurden.

Die Vorgänge, die sich nun in Minuten folgten, sind bis heute nicht genau bekannt: die Erregung der Beteiligten, die Unübersichtlichkeit der Schauplätze bewirkten eine große Verschiedenheit in den Berichten, soweit sich die Überlebenden überhaupt ausgesprochen haben. Man spürte den Beginn eines neuen Auftritts – es war etwa 22.50 Uhr – an Unruhe und Lärm auf den Gängen. Mit Pistolen, Maschinenpistolen und Handgranaten bewaffnet bricht eine Gruppe von Offizieren und Unteroffizieren – etwa sechs bis acht Mann – unter Herbers Führung in das Zimmer von General Olbricht ein. Herber fordert auf der Schwelle Rechenschaft von Olbricht, seine Nachrichten schienen nicht zu stimmen, wie sich aus der Rückfrage beim Hauptquartier ergeben habe. Bis zur Klärung habe er sowie der bei ihm anwesende Major Georgi das Zimmer nicht zu verlassen, andernfalls werde geschossen. Olbricht sucht ihn zu beruhigen, er wisse nicht mehr, als er gesagt habe, sie sollten sich an Generaloberst Fromm wenden[24]. Sein Schwiegersohn Georgi sei völlig unbeteiligt. Stauffenberg schaut kurz herein, wendet sich aber sofort wieder und will weggehen. Er wird von Leuten Herbers festgehalten, aber kurze Augenblicke danach gelingt es ihm, im Gedränge ins Vorzimmer und von dort durch den anstoßenden Raum, das Dienstzimmer von Mertz, auf den Flur zu kommen. Er läuft mit Haeften zusammen nach vorn. Auf dem Flur wird nach ihm geschossen (von Fließbach? Herber?). Man hört draußen seinen Ruf: „Was ist los? Wer schießt hier?" Es fallen etwa zehn Schüsse. Auf Herber wird, als er im Flur erscheint, seiner späteren Angabe nach, ebenfalls geschossen. Auch innen, offenbar aus dem Zimmer von Mertz, fallen zwei Schüsse gegen die Bewaffneten im Vorzimmer von Olbricht, wo sich in diesem Augenblick Schwerin, Yorck, Klausing, Gerstenmaier und

Berthold Stauffenberg aufhalten. Claus Stauffenberg, offenbar am linken Oberarm oder im Rücken verwundet, zuckt merklich zusammen, wie eine Sekretärin bemerkt, die er eben noch überholt hat. Er kommt blutend nach vorn. Georgi ist es inzwischen gelungen, sich ebenfalls aus dem Zimmer Olbrichts in das Vorzimmer zu drängen, er trägt eine Mappe mit Papieren, die ihm Olbricht eben noch übergeben hat, mit dem Auftrag, sie vor dem Zugriff der eindringenden Staatspolizei zu retten. Jede Bewegung auf dem Flur wird durch Schüsse unterbunden, doch kommt eine Reihe günstiger Zufälle Georgi zu Hilfe, er vermag den Bendlerblock um 23.05 zu verlassen. Auch Klausing gelingt es, zu entkommen, Gerstenmaier wird zurückgetrieben. Die allgemeine Schießerei auf den Korridoren hat nach etwa fünf Minuten ihr Ende. Die Offiziere der Gegengruppe schreien jeden mit vorgehaltener Waffe an: „Für oder gegen den Führer?" General Olbricht wird in seinem Dienstzimmer gefangengesetzt, dann mit Mertz von Quirnheim und Rittmeister Ramin, dessen erst heute eingetretenem Ordonnanzoffizier, waffenlos von einem stark bewaffneten Geleit (unter ihnen Heyde, Herber und Fließbach) durch den Flur nach vorn geführt. Dies geschieht etwa um 23.15 Uhr. Die anderen bleiben unter Bewachung im Zimmer von Merz.

In den vorderen Räumen treffen die Eindringenden auf Hoepner und Beck, Stauffenberg und Haeften[25]. Sie fordern, den Generalobersten Fromm zu sprechen, wo er sei? Hoepner weist sie eine Treppe tiefer in die Dienstwohnung des Generalobersten.

Aber schon einen Augenblick später steht Fromm, flankiert von Waffen, unter der Tür seines Dienstzimmers und kündigt denen, die darin sind, an, er werde jetzt so mit ihnen verfahren, wie sie es mit ihm am Nachmittag gemacht hätten. Er hält eine Pistole in der Hand und ruft: „Legen Sie die Waffen ab!" Haeften reißt, wie eine Überlieferung sagt, die Pistole empor und will auf Fromm schießen. Stauffenberg winkt ihm ab, er ist offenbar entschlossen, was unvermeidlich ist, nunmehr geschehen zu lassen. Fromm erklärt „die im Zimmer sind" für festgenommen. Generaloberst Beck erwidert auf die Aufforderung, die Waffe abzulegen: „An mich, Ihren alten Vorgesetzten, werden Sie diese Forderung nicht stellen wollen. Ich werde aus dieser unglücklichen Situation die Konsequenzen selbst ziehen." Während Beck die Pistole nimmt, die hinter ihm auf seinem Koffer liegt, warnt ihn Fromm, die

Mündung der Pistole auf ihn zu halten. Dann spricht Beck noch einige Worte: „Ich denke in diesem Augenblick an die Zeit von früher . . ." Fromm unterbricht ihn: „Die wollen wir jetzt nicht erörtern. Jedenfalls bitte ich, zu handeln." Beck spricht noch einiges und schießt, bringt sich aber nur eine Wunde am Kopf bei und taumelt. Auf Fromms Wort: „Helfen Sie dem alten Herrn" gehen zwei der ihn begleitenden Offiziere auf Beck zu. Er sinkt in den Sessel zurück. Fromm fordert sie auf, ihm die Pistole zu nehmen. Beck widersetzt sich. Unterdessen sagt Fromm zu den übrigen im Zimmer Anwesenden: „Und Sie, meine Herren, wenn Sie noch irgend etwas aufzuschreiben haben, Sie haben noch einen Augenblick Zeit." Olbricht äußert den Wunsch dazu, Fromm lädt ihn zum Sitzen ein: „Kommen Sie an den runden Tisch, an dem Sie mir immer gegenübergesessen haben." Hoepner schreibt am Schreibtisch Fromms, die anderen stehen schweigend. Fromm verläßt für einige Zeit das Zimmer.

Inzwischen war noch ein Zug der Waffenmeisterschule eingetroffen und sollte eben zur Verteidigung des Hauses eingeteilt werden, als nun zwischen 23 Uhr und 23.15 Uhr ein Kompaniechef des Wachbataillons, Oberleutnant Schlee, mit stärkeren Kräften anrückte, das Haus von außen mit einer Postenkette abschloß, den Eingang und den Nachrichtenbunker in Besitz nahm und mit Verhaftungen begann. Als Fromm wieder in sein Dienstzimmer eintrat, war er von Offizieren der Kampfgruppe Schlee und vom früheren Kommandeur des Wachbataillons, Oberstleutnant Gehrke, begleitet. Er sagte: „So, meine Herren, sind Sie fertig? Bitte, beeilen Sie sich, damit es für die andern nicht zu schwer wird." Hoepner legte sein beschriebenes Blatt auf den Tisch, Olbricht ließ sich einen Umschlag geben und verschloß den Brief. Dann verkündete Fromm: ein Standgericht[26], von ihm berufen, habe soeben das Todesurteil ausgesprochen gegen vier Offiziere: „den Oberst im Generalstab Mertz, General der Infanterie Olbricht, diesen Oberst, dessen Namen ich nicht mehr kenne, und diesen Oberleutnant." Damit gab er einem jungen Offizier, der neben ihm stand und der vorher schon bestimmt war, den Befehl, das Urteil im Hof zu vollstrecken, und wies ihm noch einmal genau mit Hindeutung in der großen Zahl der Anwesenden die vier Verurteilten: „Dieser Herr hier, der Oberst, dieser General mit dem Ritterkreuz, dieser Oberst im Generalstab und dieser Oberleutnant." Die vier wurden weggeführt. Beck, noch etwas benommen, verlangte nach einer anderen Pistole, sie wurde ihm gereicht von einem der beiden Offiziere, die hinter seinem Sessel standen. Fromm forderte Hoepner auf, ihm zu folgen, und ging mit ihm durch das kleine leere Kartenzimmer in das Arbeitszimmer Stauffenbergs. Nach kurzem kehrten sie zurück, und Fromm gab Befehl, den Generalobersten in das Wehrmachtsuntersuchungsgefängnis abzuführen. Wie Hoepner später aussagte, hatte er ihm als früherem Vertrauten die Wahl gelassen, sich selbst zu erschießen oder verhaftet zu werden. Hoepner hatte das zweite gewählt. Als die beiden den Raum verlassen hatten, war hinter ihnen ein Schuß gefallen. Beck war auch nach der zweiten Kugel, die er auf sich gerichtet hatte, noch am Leben. Fromm forderte einen Offizier des Wachbataillons auf, ihm den Gnadenschuß zu geben. Der Angesprochene vermochte es nicht und gab den Befehl an einen seiner Untergebenen weiter. Der Feldwebel erschoß Beck in einem kleinen Nebengemach.

Bisher hat keiner Bericht gegeben, der die vier verurteilten Offiziere auf ihrem Weg über die Treppe gesehen oder als Beteiligter die Erschießung erlebt hat. Man hat nur Schilderungen von zufälligen Augenzeugen, die nicht in allem übereinstimmen. Offenbar wurde die Hinrichtung im Tumult und in der durch Luftgefahr üblich gewordenen Verdunkelung nur wenig beobachtet. Sie fand einige Minuten nach Mitternacht statt. Das Hinrichtungskommando bestand aus zehn Unteroffizieren, befehligt von Leutnant Schady. Licht gab der Scheinwerfer eines Kraftfahrzeugs, das im Hof stand – es war der rings von Gebäuden umgebene Hof Bendlerstraße 11–13, in den man durch das große Gittertor unter dem Vordergebäude gelangte. Die vier Offiziere wurden aus der Eingangstür, die sie sonst gewöhnlich benutzt hatten, herausgeführt und vor einer Sandaufschüttung, die Luftschutzzwecken diente, den Maschinenpistolen des Hinrichtungskommandos preisgegeben. In einem Bericht wird bezeugt, daß alle vier bei der Erschießung in einer Reihe standen – dem Beobachter ist der Größenunterschied der im Lichtschein Nebeneinanderstehenden als besonderer Eindruck geblieben[27]. Haeftens jugendliche Erscheinung muß in ihrem Widerstreben gegen den Tod besonders ergriffen haben. Olbricht ging ruhig und wortlos in den Tod. Mertz soll sich, als das Kommando erscholl, vor Stauffenberg gestellt haben. Stauffenberg starb mit dem Ruf auf den Lippen: „Es lebe unser heiliges Deutschland."

Bald nach der Erschießung, als die Leichname noch an der Stelle lagen, die von Blut gezeichnet war, trat Generaloberst Fromm aus der Tür und ging mit einer bei seiner Körperlichkeit eindrucksvollen Gebärde des Obsiegenden zu der auf der anderen Hofseite angetretenen Truppe. Sie wurde ihm nach militärischer Regel gemeldet, er hielt eine kurze Ansprache und brachte das Heil aus auf den geretteten Führer. Dann wandte er sich, während noch allgemeine Stille war, mit einer etwas gezwungenen „großen" Haltung dem Ausgang zu, verlangte nach seinem Wagen und entschwand.

Zu gleicher Zeit – gezeichnet 0.21 Uhr – ging ein Fernschreiben Fromms an alle Stellen, die vorher Befehle von Witzleben, Hoepner, Olbricht erhalten hatten: „Putschversuch von unverantwortlichen Generalen blutig niedergeschlagen. Sämtliche Anführer erschossen..." (KB 76). Nachdem Fromm schon weggefahren war, erschien Major Remer und kurz nach ihm General Reinecke in den Räumen des Heeresamtes. Die der Mitteilnahme Verdächtigen und die Sekretärinnen saßen wartend in den Zimmern, die sie nicht verlassen durften: Bernardis, den man mit Schmerzkrämpfen gefunden und hergeholt, von der Lancken, den Remer selbst verhaftet hatte, von Amtsfremden die Grafen Berthold Stauffenberg in Marineuniform, Schulenburg, Yorck, Schwerin, außerdem Gerstenmaier. Auch Ramin gehörte, obwohl unbeteiligt, zu dieser Gruppe. General Reinecke wandte sich an sie mit den Worten: „Meine Herren, Sie sind verhaftet. Sie werden aus dem Mund des Führers Ihr Urteil hören." Die weiter abgelegenen Räume wurden durchsucht, neue Verdächtige festgenommen. Der Gang war vorn und hinten von Bewaffneten abgeriegelt, an ein Entweichen durch die Fenster war nicht zu denken, in den Zimmern selbst waren keine Wachen. Wie Gerstenmaier berichtet, war man vorher schon darangegangen, was an verdächtigen Papieren erreichbar war, auf Aschenbechern zu verbrennen. Nach einer anderen Angabe, für die sich in den KB keinerlei Bestätigung findet, wurde die „Eisenkiste", die im Zimmer Olbrichts stand, und – wie man vermutete – manches von den Plänen enthielt, mit Inhalt von der Staatspolizei übernommen; wichtige Dokumente waren durch Georgi vorher weggebracht worden. Gerstenmaier wollte den Versuch machen, nach außen zu entkommen. Er trat aus der Tür, ohne daß etwas erfolgte, und kam im Flur bis zur hinteren Treppe. Dort wurde er von einem Major angehalten und auf

Weisung des Oberstleutnants von der Heyde in ein den anderen Räumen gegenüberliegendes Unteroffizierszimmer in Einzelbewachung gegeben. Aus Gesprächen der Anwesenden konnte er sich etwas vom Hergang erschließen. Schon kurz nach seinem Eintritt war die Salve der Erschießung zu vernehmen. Zu seinen Freunden war bisher weder etwas vom Auftritt in Fromms Zimmer, seinem „Standgerichtsurteil", noch von der vollzogenen Erschießung gedrungen[28]. Gegen 1 Uhr kamen starke SS-Kräfte in das Haus und nahmen jeden Raum und jede Tür in ihre Gewalt. Als ihr Führer erschien SS-Hauptsturmführer Skorzeny, der sich durch die Entführung Mussolinis vom Gran Sasso ein dreiviertel Jahr zuvor bekannt gemacht hatte. Er war unterwegs aus dem nach Wien fahrenden Nachtschnellzug herausgeholt worden, als man sah, daß man ihn brauche. Bald nach ihm kam der Chef des Sicherheitshauptamtes, Kaltenbrunner. Ohne bisher zu erkennen, wo Freund und Feind stand, stellte sich Skorzeny einzelnen vor und suchte nach mancherlei Mißverständnissen Ordnung in das noch wirre Geschehen zu bringen. Im Zimmer von Mertz ließ er die acht der Mittäterschaft Verdächtigen zusammenbringen, durchsuchte sie einzeln nach Waffen und riß ihnen Orden und Ehrenzeichen ab, die er dann hinter sich in einen umgestülpten Stahlhelm warf. Schweigend hatten dann die von den SS-Leuten Skorzenys Bewachten die Rede Hitlers anzuhören, die der „Großdeutsche Rundfunk" sendete. Keinem außer Ramin war es anders zu Sinn, als daß sie alle in ein schon begonnenes Hinrichtungsverfahren einbezogen seien. So warteten sie, bis man sie hole. Endlich wurden sie zu je zweien aneinandergefesselt und zuerst in die Räume von Fromm, von hier nach unten in den Hof gebracht. Dort nahmen Wagen sie auf, und sie wurden in das Gefängnis im Reichssicherheitshauptamt in der Prinz-Albrecht-Straße abgeführt[29]. In den Diensträumen oben lagerten sich Truppen, offenbar ohne recht zu wissen, was sie noch sollten. Sekretärinnen und wer sonst noch an den Vorgängen teilgehabt haben konnte, wurden aufgefordert, Berichte niederzuschreiben. Das Haus blieb für alle gesperrt. Einige der jüngeren Offiziere, die beteiligt gewesen waren, so Fritzsche, Klausing, Oppen, Kleist, Hammerstein, Cords, hatten sich noch entfernen können. Schon beim Versuch einer Aufklärung der Vorgänge erwies sich als Hemmnis, daß die Hauptbeteiligten tot waren. Dem SS-Offizier Piffrader wurden schon in der Nacht heftigste Vorwürfe gemacht, daß er die Standgerichtsurteile nicht verhindert habe. Generaloberst Fromm war von der Bendlerstraße aus zu Goebbels gefahren, er wurde noch in der Nacht in „Ehrenhaft" genommen[30].

Der Leichnam Becks wurde aus dem kleinen Beigemach des Frommschen Dienstzimmers, wo man ihn sich überlassen hatte, nach unten gebracht — eine Blutspur war noch am nächsten Tag zu bemerken — und mit den andern vier Toten zusammen, die bisher noch an ihrer Richtstätte gelegen waren, auf einen Wagen gelegt und von einem Feldwebel zur nächtlichen Bestattung weggebracht. Weder über die Namen der Toten noch über den Hergang sollte gesprochen werden, der Begräbnisort sollte geheim bleiben. Noch in der Nacht erwirkte sich der beauftragte Feldwebel Eingang in den alten Friedhof der Matthäikirche in Schöneberg an der Großgörschenstraße und hob mit seinem Begleiter die Erde aus für die fünf auf den Boden gelagerten Toten. Zwei Wachtmeister der Polizei, vom Küster herbeigerufen, ohne Aufschluß auf ihre Fragen, leuchteten die Toten ab: drei Offiziere „mit Generalsstreifen", ein Oberleutnant, ein älterer Mann im dunklen Anzug ... Der Vorsteher des Reviers wurde geweckt und herbeigeholt. Auf Bedeuten des Feldwebels stimmte er bei, nicht weiterzuforschen und gemeinsam zu handeln. Die fünf Männer machten sich an die Arbeit und schaufelten die Erde über die Toten. Beim frühen Tagesanbruch des 21. Juli war die Stätte schon verlassen und verriet sich durch kein Zeichen[31].

Paris

Während sich in Berlin schon alle alarmierten Truppen wieder rückwärts in ihre Quartiere bewegten, hielt in einigen Hauptstädten[32] der durch die Frommschen und Witzlebenschen Befehle bewirkte Ausnahmezustand noch an, so in Prag, Wien, Frankfurt und vor allem in Paris.

Hier, wo der Boden am besten vorbereitet war, hatte sich die Erhebung planmäßig entwickelte[33]. Die erste der vereinbarten Meldungen, die das Bevorstehen des Attentats für diesen Tag ankündigte, das Stichwort „Übung", gelangte am frühen Vormittag vom Amt des Generalquartiermeisters in Zossen an den Obersten Finckh, den Oberquartiermeister West in Paris in der Rue du Surène. Etwa gleichzeitig traf das

Stichwort aus Berlin auch im Stabe des Militärbefehlshabers bei Oberstleutnant von Hofacker ein. Die beiden Männer vergewisserten sich gegenseitig in kurzem Gespräch. Sie wußten nun Stauffenberg, den Sprengstoff in der Mappe, auf dem Weg nach Ostpreußen und das Schicksal des Reiches im Feuer, während sie selbst noch mit zur Schau getragenem Gleichmut in der Schwüle des Hochsommertages den täglichen Dienst zu bewältigen hatten: ihre besondere Aufgabe sollte erst beginnen, wenn das zweite Stichwort es verlangte. Hofacker gab Stülpnagel Nachricht und verständigte die Verbündeten.

Das zweite der festgelegten Worte „Abgelaufen", das das vollzogene Attentat erkennen ließ, kam etwa 14.30 Uhr aus Zossen an Finckh. Seine Rolle schrieb ihm nun zu, dem General Blumentritt, der in St. Germain die Geschäfte des Oberbefehlshabers West führte, einen Putsch linksgerichteter SS-Kreise in Berlin, den Tod Hitlers, die vollzogene Neugründung einer Regierung unter Beck und Goerdeler und die Übernahme des Oberbefehls über die Wehrmacht durch Witzleben zu melden. Finckh machte sich unverzüglich auf den Weg nach dem etwa 20 Kilometer entfernten St. Germain-en-Laye.

Unterdessen hatten Stülpnagel und die Seinen die drückenden Stunden weiter zu durchwarten. Zu Mittag hatte Stülpnagel im Kasino des Raphael den Professor Weniger zu Gast, der über „Goethe und die Generale" geschrieben hatte. Er trennte sich bald und erging sich einige Schritte, mit seiner linken Hand den Rücken stützend, wie er es zu tun pflegte, auf dem Dachgarten des Raphael. Hofacker bemaß im Gespräch mit Teuchert, wie dieser berichtet, die Aussicht auf ein Gelingen für gering, doch war er davon durchdrungen, daß der begonnene Versuch auf jede Gefahr hin durchgeführt werden müsse: „Wir können nicht darauf Rücksicht nehmen, ob alle geleisteten Schwüre noch vor dem Henker gehalten werden. Denn wenn die Sache mißlingt, dann ist uns der Henker sicher." Erst nach 16.30 Uhr löste sich bei allen die unerträgliche Spannung: Stauffenberg, zur Bendlerstraße zurückgekehrt, sprach über den Draht mit Hofacker, schilderte ihm in wenigen fliegenden Worten den Ablauf, die Größe der Stichflamme, die er selbst gesehen habe; nach seiner Überzeugung könne Hitler nicht mehr am Leben sein, der Weg zum Handeln sei offen.

Hofacker eilte zu Stülpnagel, berichtete, was er gehört, und begann gemeinsam mit dem General und seinem voll eingeweihten Chef des

Stabes, Oberst von Linstow, das vorbedachte Werk in Gang zu setzen. Als ersten beorderte man den Höheren Nachrichtenführer Frankreich, General Oberhäuser, herbei und gab ihm den Auftrag, den gesamten ihm unterstellten Funk- und Fernsprechverkehr zwischen Frankreich und Deutschland bis auf die Linien zu unterbinden, die für den Verkehr mit Berlin erfordert wurden: so erschien es ausgeschlossen, daß bei den im Reich zunächst zu erwartenden Wirren gegnerische Dienststellen durch Nachrichten und Befehle in den Verlauf im Westen eingriffen. Weiter hatte Oberhäuser den Pariser Sender in seinen Besitz zu bringen, einige teilweise eingeweihte Männer waren dabei zu seiner Unterstützung vorgesehen[34].

Nach Oberhäuser sprach Stülpnagel den Chef seiner Militärverwaltung, Dr. Michel, dem Aufgaben zunächst noch nicht zufielen. Danach meldeten sich, telefonisch hergerufen, der Stadtkommandant von Groß-Paris, Generalleutnant von Boineburg-Lengsfeld, und sein Chef des Stabes, Oberst von Unger. Auch ihnen gab Stülpnagel bekannt, nach soeben eingegangenen Meldungen habe in Berlin ein Aufstand der SS Hitler beseitigt, es sei zu befürchten, daß sich eine Gewaltherrschaft bilde, die mit Rußland verhandeln werde. Dem müsse durch rasche Festnahme des SD und der höheren SS-Führer auch in Paris und Frankreich vorgebeugt werden. Die beiden Offiziere waren ohne Einwand bereit, die ihnen zufallenden Aufgaben zu übernehmen, sie erhielten einen vorbereiteten Plan mit den eingezeichneten Quartieren von SD und SS, und noch von Stülpnagels Amtsräumen aus ließ Boineburg den Oberstleutnant von Kraewel, Kommandeur des Sicherungs-Regiments 1, alarmieren. Es war gegen 18 Uhr.

Finckh hatte unterdessen, etwa 15.30 Uhr, in St. Germain den Tod Hitlers und die Bildung der Regierung Beck-Goerdeler gemeldet. General Blumentritt, groß, stämmig, dunkelhaarig mit Kneifer, jovial und beweglich im Umgang, von bayerischer Herkunft, ging einig mit der Bewegung gegen Hitler, doch war er in die Vorbereitungen dieses Tages nicht eingeweiht. Er hatte nach Finckhs Eröffnung, ohne bestürzt zu sein, Verbindung mit La Roche Guyon gesucht, doch hatte er nur den General Speidel erreichen können, da Feldmarschall Kluge, wie zumeist in diesen Tagen im Höhepunkt der Normandieschlacht, an die Front gefahren war. Er gab ihm, da er ein Mithören befürchten mußte, nur andeutende Kenntnis vom Geschehenen und fügte hinzu, er werde selbst herüberkommen. Ohne Kluges Wissen und Befehl konnten inzwischen weder Blumentritt noch Speidel etwas unternehmen, die Rückkehr des Feldmarschalls mußte abgewartet werden.

Erst am Abend zuvor hatte Kluge selbst die Führung der seit dem 17. Juli verwaisten Rommelschen Heeresgruppe und damit auch den Gefechtsstand in La Roche Guyon mitübernommen. Noch hatte sich Speidel keine Gelegenheit geboten, die schwierige Aufgabe anzugreifen, wie er ihn mit den weit gediehenen Plänen und Vorbereitungen Rommels vertraut machen könne. Zudem hatte Speidel selbst offenbar keinen Wink von dem am 18. aus Berlin zurückgekehrten Hofacker erhalten, wie nahe die Auslösung bevorstehe. Kluge hatte am 20. Juli von 9 Uhr in der Frühe bis in die Nachmittagsstunden hinein in einem Wäldchen versteckt mit den Truppenführern der am meisten bedrohten östlichen Normandiefront eine Besprechung abgehalten, bei der keiner der Versammelten, auch keiner der hohen Führer der kämpfenden SS-Verbände, mit seiner Meinung über die Ausweglosigkeit der Lage zurückgehalten hatte. Freilich waren alle im Nahen und Nötigen des Kampfgeschehens so gebunden, daß es ihnen schwer beigekommen war, die Wurzel all dessen, was ihre Truppe und sie selbst in diesen Tagen betraf, bei Hitler zu suchen. Indessen waren alle einig, daß – wie es das trockene Wort des Kriegstagebuches vermerkt – „mit den bisher zur Verfügung stehenden Kräften durch eine Änderung des Kampfverfahrens eine Lösung der Schwierigkeiten nicht herbeizuführen" sei und daß „großzügige Maßnahmen, wie z. B. die Entblößung der Mittelmeer- und Biskayafront in Betracht gezogen werden" müßten. Ob die einzelnen überschauten, was diese Forderung bedeute, steht dahin – Kluge aber wußte, daß alle bisherige Kampfführung einzig vom Willen Hitlers bestimmt worden war. Gerühmter Kenner und Meister im taktischen und operativen Urteil und Entschluß, der er war, muß er sich bekannt haben, daß diese Truppenführer sich zu Recht auflehnten, daß ihr Vorwurf, auch wenn sie es selbst nicht wußten, einzig Hitler traf, und daß mit allem eher als mit der Erfüllung der gestellten Forderungen zu rechnen sei.

Im Bewußtsein dieser Lage der Dinge hörte Kluge, zwischen 17 und 18 Uhr nach La Roche Guyon zurückgekehrt, in Kürze, was ihm Speidel über die jüngste Entwicklung an den übrigen Teilen der Front vorzutragen hatte, danach die von Blumentritt gegebene Nachricht vom Tode Hitlers und von der neugebildeten Beckschen Regierung. Speidel setzte hinzu, es mache sich eine gewisse Unsicherheit in den vorliegenden Meldungen bemerkbar, man habe bisher weder eine Bestätigung erhalten noch Genaueres erfahren können, Blumentritt habe indessen sein Erscheinen in Aussicht gestellt, er werde wohl Aufschluß im einzelnen geben können. Kluge enthielt sich jeder Äußerung und zeigte keine Bewegung. Wie es der Gepflogenheit bei wichtigen Anlässen entsprach, ließ er den Oberbefehlshaber der Luftflotte 3, Feldmarschall Sperrle, um sein Erscheinen bitten, und gab Auftrag, den ihm unterstellten Militärbefehlshaber mit seinem Chef auf 20 Uhr nach La Roche Guyon zu berufen.

Diese Aufforderung erreichte Stülpnagel um 18.15 Uhr, als er eben mit seinen Mitarbeitern die Maßnahmen beriet, die weiter in Paris und den größeren Städten der Provinz zu ergreifen seien. Nach 18.30 Uhr hörte man auch im Majestic die überraschende Durchsage des Deutschlandsenders, daß Hitler heil aus dem Attentat hervorgegangen sei und eben, wie vorgesehen, Mussolini bei sich empfange. Gerüchtweise war ähnliches schon seit einer halben Stunde verbreitet worden. Unmittelbar danach erhielt Stülpnagel einen Anruf Becks. Der Generaloberst schilderte dem ihm lang vertrauten General die Lage: es sei möglich, daß die Rundfunkmeldung ein Manöver der SS sei, aber auch wenn das Attentat wirklich fehlgeschlagen wäre – und Beck verschwieg nicht, daß einige Anzeichen deutlich dafür sprächen –, so könne das am Begonnenen nichts ändern: die Würfel seien gefallen, es gebe nur noch den Kampf vorwärts. Stülpnagel stellte sich Beck rückhaltlos zu Diensten, er versicherte, binnen kurzem werde der gesamte SD mit den höheren Führern der SS in Paris und Frankreich festgesetzt sein. Auf Becks Frage nach Kluges mutmaßlichem Verhalten vermochte er keine Antwort zu geben, er bat Beck, selber mit dem Feldmarschall zu sprechen, und ließ das Gespräch nach La Roche Guyon leiten.

Kluge kannte nur die erste von Finckh über Blumentritt und Speidel weitergegebene und noch unbestätigte Nachricht vom Tode Hitlers, als sich ihm Beck am Fernsprecher zu erkennen gab. Er war von der Darstellung der Ereignisse und der Schilderung des günstigen Verlaufs, wie er sie jetzt aus dem Munde des Generalobersten hörte, nicht überrascht, gab indessen sofort zu verstehen, er müsse eindeutige Gewißheit über den Tod Hitlers und die Lage im Führerhauptquartier haben, ehe er, wie es der andere verlangte, das Zeichen zur allgemeinen Erhebung geben könne. Es scheint, als sei ihm in diesem Augenblick, während des Gesprächs mit Beck, eine Niederschrift der Rundfunkbotschaft vom Mißlingen des Attentats vorgelegt worden. Er fragte dringlicher, ob Hitler tot, wie die wirkliche Lage im Führerhauptquartier sei. Beck vermochte kein verbürgtes Ja, keine sichere Nachricht aus der „Wolfsschanze" zu geben, er stellte die Gegenfrage: wiege es nicht gleich, ob dieser Mann tot sei oder schwer verwundet, wenn sie entschlossen handelten, um vollendete Tatsachen zu schaffen? Endlich fragte er Kluge in bestimmtem Ton, ob er die Berliner Aktion billige und sich ihm unterstelle? Kluge antwortete zwischen ja und nein: bevor er nicht klar wisse, was geschehen sei, könne er sich nicht entscheiden. Beck mahnte an frühere Gespräche, an Abmachungen, die zwischen ihnen bestanden; allein Kluge hielt durch ein Mißlingen des Attentats jede Bindung für gelöst: er werde sich mit seinen Mitarbeitern beraten und in einer halbe Stunde wieder anrufen.

Wenig später (nach 19 Uhr) wurde Kluge erneut am Fernsprecher verlangt. Falkenhausen aus Brüssel, mit dem Beck gleichfalls gesprochen hatte, stand vor der Entscheidung, wie er sich angesichts des möglichen Scheiterns des Attentats gegenüber den aus Berlin kommenden Befehlen verhalten solle. Noch am 9. Juli hatte ihm Kluge im persönlichen Gespräch erklärt, daß man unbedingt handeln müsse, wenn man eine Katastrophe verhindern wolle – und Falkenhausen hatte ihn beim Abschied gebeten, so rasch als möglich einzugreifen. Jetzt gab ihm der Marschall die Antwort, er werde sich zunächst über die Lage Klarheit verschaffen und ihm dann das Weitere sagen.

Um 19.28 Uhr traf der erste grundlegende Befehl des neuen Oberbefehlshabers der Wehrmacht, von Witzleben, in La Roche Guyon ein. Er war nach vielen Widersprüchen und Unklarheiten die erste dienstliche Nachricht, die an Kluge gelangte. Ihres besonderen Inhalts ungeachtet trug sie die gewohnten Züge der militärischen Befehlsgebung. Man hat das Zeugnis Blumentritts, daß dieser Befehl den stärksten Eindruck auf Kluge machte, zumal ihn ein Zusatzbefehl begleitete, der die Rundfunkdurchsage als falsch erklärte: „Der Führer ist tot. Alle getroffenen Maßnahmen sind beschleunigt durchzuführen." Kluge schien nunmehr zum Handeln bereit und besprach mit seinem Chef des Stabes die notwendigen Schritte. Es kam darauf an, so rasch als möglich den Waffenstillstand im Westen zu erreichen. Vorbedingung dazu war, den Beschuß Englands mit den Raketenwaffen einzustellen. Man mußte sofort den Befehl dazu geben und, gestützt auf diesen Verzicht, vom Gegner verlangen, daß er den Luftkrieg einstelle, wofür man ihm die kampflose Räumung der besetzten Westgebiete anbot.

Während sich Kluge mit Blumentritt noch besprach – keine halbe Stunde war vergangen –, traf ein von Feldmarschall Keitel gegebener Befehl ein, der allen Kommandobehörden untersagte, Befehle der Gruppe Fromm-Witzleben-Hoepner entgegenzunehmen und auszuführen: damit war die Lage erneut unklar und undurchsichtiger als zuvor. Blumentritt erhielt den Auftrag, durch eine Anfrage im Führerhauptquartier festzustellen, „was eigentlich los" sei. Zwar wurde eine Verbindung zur „Wolfsschanze" erreicht, doch waren weder Keitel noch Jodl noch auch dessen Stellvertreter Warlimont zu sprechen – das schien ungewöhnlich und machte Kluge wieder geneigt, Witzleben und Beck Glauben zu schenken. Ein Anruf beim Höheren SS- und Polizeiführer in Paris, Oberg, von dem man annehmen mußte, daß er über Himmler eine Nachricht habe, erbrachte ebensowenig Klarheit, selbst die SS wußte nicht mehr, als der Rundfunk gemeldet hatte. Die Entscheidung brachte für Kluge – welche Verwirrung der Fronten! – einer der Eingeweihten im Hauptquartier, der den Erhebungsversuch für verloren gab. Blumentritt war es gelungen, den ihm gut bekannten General Stieff in Ostpreußen zu sprechen, und er hörte von ihm, der Führer lebe und sei gesund. Mit dieser Nachricht war Kluge entschieden. Nach Fehlgehen des Attentats hielt er es für sinnlos, mit Beck und Witzleben zu handeln. Weder nach Berlin noch nach Brüssel gab er, wie versprochen, von seiner Entscheidung Nachricht.

Um diese Zeit – es war gegen 20 Uhr geworden – war in Paris das Sicherungsregiment 1 alarmiert und versammelt. Generalmajor Brehmer, der Stellvertreter des Stadtkommandanten, erläuterte den Bataillonsführern die Lage und ihren Auftrag, er gab auf Wunsch des Regimentskommandeurs ausdrücklich bekannt, daß die Verhaftungen nicht im „Namen des Führers" zu geschehen hätten. Oberstleutnant von Kraewel besprach mit den Führern der Angriffsgruppen die Einzelheiten und Boineburg-Lengsfeld befahl den Sturm auf die SD- und SS-Unterkünfte für 20.30 Uhr. In der Avenue Foch und am Boulevard Lannes lagen die Schwerpunkte des Angriffs[35]. Jeder Widerstand war nach dem ausgegebenen Befehl sofort mit der Waffe zu brechen. Die Führer sollten in das Hotel Continental, die Truppen in dafür bestimmte Wehrmachtsgefängnisse eingeliefert werden. Für den Transport hielt man Lastwagen des Regiments in der Nähe der anzugreifenden Unterkünfte bereit. Für die größeren Städte der Provinz waren ähnliche Alarmierungen befohlen.

Noch vor Stülpnagel traf unterdessen Feldmarschall Sperrle bei Kluge ein. Die beiden Männer hatten eine kaum viertelstündige Unterredung unter vier Augen. Offenbar wußte auch Sperrle nicht mehr, als bisher verlautet war, er machte einen verdrossenen Eindruck, schlug die Einladung zum Abendessen aus und verabschiedete sich bald. Unmittelbar danach betrat Karl-Heinrich von Stülpnagel, von Caesar von Hofacker und Dr. Horst gefolgt, das alte Schloß der Herzöge von Larochefoucauld, den an die Felsen gebauten Normannensitz. Sie wurden sogleich zu Kluge gebeten, der sie zurückhaltend, wie es seine Art war, begrüßte, sie mit Blumentritt und Speidel um einen Tisch zum Sitzen einlud und ohne weitere Worte Stülpnagel berichten ließ, was er wisse.

Damit begann diese durch Stunden dauernde, tief erregende Auseinandersetzung, die durch Ferngespräche mit Berlin und dem Führerhauptquartier immer wieder neue Heftigkeit gewann und deren Ausgang darüber entschied, daß der Zwanzigste Juli keine Änderung auf den Schauplätzen des Krieges, keine Wendung im schicksalhaften Verlauf zwischen Ost und West bringen sollte.

Stülpnagel sprach nur kurz und bat das Wort an Oberstleutnant von Hofacker geben zu dürfen. Hofacker schilderte mit starken Worten die begonnene Erhebung, nannte Stauffenberg als treibende Kraft und als Urheber des Anschlags, bekannte seine nahe Verbindung zu ihm und forderte den Marschall auf, mit seinen Entschlüssen entscheidend in das begonnene Handeln miteinzutreten. Kluge hörte schweigend zu und gab, als der andere geendet hatte, Blumentritt einen Wink, das Fernschreiben zu verlesen, das soeben von Keitel eingegangen war. Es teilte mit, der Führer lebe, der Umsturzversuch einiger weniger Offiziere in Berlin sei gescheitert, einzig die vom Führerhauptquartier ausgegebenen Befehle hätten Gültigkeit. Kluge erklärte danach das ganze Unternehmen für mißglückt und bezeichnete es als unverantwortlich, einzugreifen. Stülpnagel widersetzte sich heftig und verlangte ein neues Gespräch mit Berlin. Die Verbindung kam rasch, aber es war nur kurz die Stimme von Mertz zu hören, dann machte eine Störung in der Leitung jedes Verstehen unmöglich. Stülpnagel trat für einige Schritte auf die Terrasse.

Danach ging man mit Kluge zu Tisch, der sich umsonst die Gebärde vollkommener Ungezwungenheit und Leichtigkeit (nach Blumentritt) zu geben versuchte, und von Erlebnissen seiner Frontfahrt sprach, die kein Ohr aufnahm. Es dunkelte. Kerzen wurden gebracht. Man aß „wortlos wie in einem Totenhaus". „Die unheilvolle Atmosphäre dieser dantesken Stunde" nennt Speidel, einer der drei Überlebenden jener Abendtafel in den Herzogsgemächern, unvergeßlich. Noch ehe das Mahl zu Ende war, bat Stülpnagel den Marschall um eine neue Unterredung. Blumentritt und Hofacker wurden zugezogen. Stülpnagel versuchte mit neuem Krafteinsatz Gewalt über den andern zu erringen. Er bekannte jetzt die Maßnahmen, die er in Paris vor seinem Weggang getroffen hatte. Kluge fuhr empört auf: er hätte ihn erst darüber befragen sollen und trage jetzt jede Verantwortung. Stülpnagel entgegnete, er habe ihn am Nachmittag vergeblich zu erreichen gesucht. Blumentritt rief Paris an. Stülpnagels Vertreter Linstow ließ wissen, die Maßnahmen würden eben durchgeführt und seien nicht mehr aufzuhalten. Sie seien bisher ohne Zwischenfall verlaufen...

Stülpnagel richtete einen offenen und ernsten Appell an den Marschall: die Stunde zum Handeln sei da, ob Hitler tot oder am Leben sei. Es gelte nicht mehr Hitler, einzig noch Deutschland. Er möge um des deutschen Volkes willen aus seiner Deckung heraustreten, den Augenblick ergreifen und der aussichtslosen Opferung, die er selbst als frevelhaft gebrandmarkt habe, ein Ende bereiten durch sofort aufgenommene Waffenstillstandsverhandlungen mit den Gegnern. Der Rücken sei frei gemacht durch Verhaftung der SS- und SD-Kräfte. Die Wege seien vorbereitet, die noch in der Nacht zum Gespräch mit Eisenhower und Montgomery führten. Nur durch eine Einstellung des Widerstandes im Westen, ja, eine Kapitulation, könnten vollendete Tatsachen geschaffen und noch ein Erfolg der sonst mißglückten Erhebung erreicht werden[30]. General Blumentritt erhob Widerspruch: das Verfahren erscheine als offenbarer Verrat, es werde später nur als Dolchstoß bezeichnet und verabscheut werden. Zwischendurch kamen Verbindungen nach Ostpreußen: Kluge sprach mit Keitel und mit

Warlimont aus dem Führungsstab. Die im Raum Anwesenden erlebten jeden Auftritt mit, die Auseinandersetzungen wurden immer erregter. Wie um das innere Ringen durch die Furchtbarkeit der äußeren Lage zu steigern, riefen in dringlichen Gesprächen kurz hintereinander die drei Oberbefehlshaber der unterstellten Armeen an. Ihre Berichte ließen eine schwere Gefährdung der Abwehrfront von Caen erkennen, gegen die der Feind in den Abendstunden mit zusammengefaßten Kräften Sturm lief. Es waren in Eile, soweit überhaupt möglich, Reserven zu beordern, um das Zerreißen des Umschließungsgürtels zu verhindern. Hofacker übernahm die Führung im Gespräch. Seine ritterliche und mannhafte Art, die wie aus einem Guß schien, seine in Leib und Blut genährte Vaterlandsliebe, seine Gabe zu mitreißender Rede bestimmten ihn wie keinen zum „Mahner am Thron". Er erinnerte Kluge daran, daß er schon seit Jahren den Willen zum Aufstand gebilligt und daß er selbst sich mehrfach bereit gezeigt habe mitzuwirken. Kluge warf ein, es sei nur für den Fall geschehen, wenn Hitler verschwunden wäre. Er sei auch heute zum Mittun bereit, „wenn Hitler" (er gebrauchte das Schimpfwort „das Schwein") „tot wäre"[37]. Hofacker drängte weiter: es sei die Sache der Generale, einer Katastrophe, die man kommen sehe, entgegenzuwirken. Es könne Lagen geben, in denen die stärkste Leistung eines Feldherrn die Kapitulation sei. Man dürfe es nicht weiter auf ein klägliches Zermürben bis zum letzten Mann und der letzten Patrone ankommen lassen, was unvermeidbar sei, wenn es weiter nach Hitlers Willen gehe. Was man äußerlich mit einer Einstellung des Widerstandes im Westen jetzt noch retten könne, stehe der Zukunft anheim – wahrscheinlich lasse sich der Einbruch des Ostens noch verhindern –, was aber innerlich für die Deutschen gewonnen sei, wenn sich vor dem Zusammenbruch ein eigener und verantwortlicher Wille noch einmal durchgesetzt habe, das könne nicht hoch genug angeschlagen werden. Unter Mißachtung aller militärischen Rangsitte machte Hofacker seinen letzten Versuch: „Herr Feldmarschall, Sie stehen mit Ihrem Wort und mit Ihrer Ehre im Feuer. Das Schicksal von Millionen Deutschen, die Ehre der Armee liegt in Ihrer Hand..." Seinen Worten folgte ein lastendes Schweigen, dann aus dem Mund Kluges ein unabänderliches Nein.

Stülpnagel mußte nun gewärtig sein, daß Kluge ihn verhaften ließ. Der Marschall aber sagte nur: „Betrachten Sie sich als des Dienstes enthoben", geleitete ihn die steinerne Freitreppe bis in den Schloßhof an seinen Wagen und äußerte noch: „Ich glaube, es bleibt Ihnen nur noch eines zu tun: ziehen Sie Zivil an und verbergen Sie sich." Die beiden Männer verabschiedeten sich schweigend mit leichter Verbeugung, Kluge reichte dem General nicht die Hand. Es war gegen 23 Uhr geworden, als die beiden Wagen des Militärbefehlshabers den Schloßhof unter den in die dunkle Nacht aufragenden Kreidefelsen verließen.

Unterdessen war in Paris, wie Linstow schon Blumentritt am Fernsprecher gemeldet hatte, alles nach dem festgelegten Plan verlaufen. Um 20.30 Uhr hatte, wie Oberst von Kraewel später bestätigte, der Angriff auf die SS-Unterkünfte begonnen. General von Boineburg kam selbst, als sich die Männer des Regiments an den verabredeten Punkten in der Nähe der Avenue Foch versammelten. Der Sturm gelang, ohne daß es des Eingreifens der aufgefahrenen schweren Kompanien bedurft hätte, ja ohne daß ein Schuß fiel. Sämtliche Unterkünfte wurden zugleich angegriffen. Die Stoßtruppführer drangen mit vorgehaltener Waffe ein, riefen ,Hände hoch' und erklärten die Anwesenden für verhaftet. Generalmajor Brehmer, dem für seine Teilnahme am Marsch auf die Feldherrnhalle von Hitler der Blutorden verliehen war, führte selbst den Angriff auf die Dienststelle des Höheren SS- und Polizeiführers Frankreich am Boulevard Lannes. Die Wachen versuchten keinen Widerstand. Brehmer brach mit der Waffe bei Gruppenführer Oberg ein und erklärte ihn für festgenommen. Oberg, der eben am Telefon mit dem Botschafter Abetz sprach, sprang auf, rief etwas von Unfug, doch ergab er sich, als Brehmer scharf auf einen Putsch der SS hinwies, und befahl auch seiner Umgebung, die Waffen abzuliefern: es könne sich nur um ein Mißverständnis handeln. Oberstleutnant von Kraewel drang in der Avenue Foch in das Hauptquartier des SD ein, sein Beispiel riß Offiziere und Männer mit – alle gingen mit einer wahren Begeisterung an ihre Aufgabe. Mehrfach mußten Offiziere eingreifen, um Gewalttätigkeiten zu hindern. Kraewel ließ den diensttuenden Offizier auf dem gewöhnlichen Alarmweg die Führer des SD und der SS zusammenrufen: sie wurden, wie sie kamen, festgenommen und entwaffnet, keiner von ihnen machte den Versuch, sich zur Wehr zu setzen. Nur der Chef des Sicherheitsdienstes fehlte. Er wurde in einer Nachtbar ausfindig gemacht, zu seiner Dienststelle gerufen und bei seiner Ankunft festgenommen. Er übergab seine Waffe Oberstleutnant Kraewel und wurde zu den andern verhafteten Offizieren ins Hotel Continental gebracht. Die Gefängnisse von Fresnes, Cherche-Midi, St. Denis füllten sich mit den entwaffneten Truppen. Nach Verlauf von zwei Stunden – um die Zeit, als in Berlin in der Bendlerstraße die Gegenbewegung bereits die Oberhand gewonnen hatte – war in Paris das befohlene Ziel erreicht: die gesamte Macht von SD und SS war ausgeschaltet, etwa 1200 Mann saßen im Gewahrsam des Heeres. Nur wenigen war gelungen, durch Hinterhöfe und Gärten zu flüchten.

Zum gleichen Zeitpunkt aber, von allen, außer den wenigen Eingeweihten in Paris noch ungewußt, hatte sich der Schatten des Mißlingens auf das noch günstig fortschreitende Unternehmen gelegt. Linstow, der an Stülpnagels Stelle im Hotel Majestic wachte, beobachtete, lenkte, hatte einem Sturm von Fragen, endlich Drohungen standzuhalten, dem er nur seine Treue gegen den General und die in Berlin ringenden Kameraden entgegenzusetzen hatte. Er kannte die Tragweite dessen, was vorging und nicht mehr ungeschehen gemacht werden konnte, er kannte die Rundfunkmeldung vom Scheitern des Attentats, und er wußte, daß Stülpnagel gleichwohl entschlossen war, über die eben Verhafteten in den ersten Morgenstunden die schon bestimmten Kriegsgerichte zusammentreten zu lassen. Aus mißtrauisch drohenden Anfragen vom Marinegruppenkommando West spürte er, wie sich Gegenkräfte in Paris zu regen begannen und die Gefahr heraufzog, daß man Matrosen gegen die Soldaten des Heeres unter die Waffen rufe. Ein Gespräch, das er gegen 21 Uhr mit Stülpnagel in La Roche Guyon geführt hatte, ließ erkennen, daß Kluge noch unentschieden war, aber auf eine Rückfrage in der Bendlerstraße war ihm um 21.30 Uhr noch einmal die über den Deutschlandsender verbreitete amtliche Verlautbarung als nichtig bezeichnet worden.

Gegen 22.45 Uhr überbrachte Linstow, kaum noch des Sprechens fähig, den Eingeweihten im Hotel Raphael die Nachricht, daß in Berlin alles verloren sei. Teuchert und Bargatzky überliefern seine Worte: „Der Kampf in Berlin geht zu Ende. Es ist alles verloren. Stauffenberg hat es noch eben telefoniert. Er hat selbst die schreckliche Nachricht durchgegeben. Seine Mörder tobten schon auf den Gängen vor seinem Zimmer." Die beiden halfen dem schwerleidenden Linstow, den Schlag zu überwinden und am Entschluß festzuhalten, vor der Rückkehr Stülpnagels keine der ergangenen Weisungen aufzuheben.

Der Entschluß blieb auch aufrecht, als Blumentritt Kluges Befehl durchgab, den Verhafteten die Freiheit zu geben: Linstow führte ihn nicht aus.

Während in Berlin die Erhebung schon niedergeworfen war und Kluge sich gegen Stülpnagel entschieden hatte, wurde aus den vielfältig und verwirrend durch die Fernsprechleitungen im mitternächtigen Paris gehenden Gesprächen eines zunehmend deutlicher: wie der auflebende Wille des dem Anschlag Entronnenen neue Kräfte aufrief und in den Kampf warf.

Admiral Krancke, Oberbefehlshaber des Marinegruppenkommandos West in Paris und Herr über etwa 5000 Mann verfügbarer Truppen, schon um 21.35 Uhr durch einen Tagesbefehl des Großadmirals Dönitz zu „heiligem Zorn gegen unsere verbrecherischen Feinde und ihre Mietlinge" aufgerufen, danach von Dönitz persönlich darauf verpflichtet, nur seinen und Hitlers Befehlen Gehorsam zu leisten, verfolgte mit steigendem Argwohn alle ihn erreichenden Meldungen von den Vorgängen in der dunklen Stadt. Sein Eingreifen, zu dem er entschlossen war, scheint aber durch Ungewißheit und Gerüchte verzögert worden zu sein: so wurde allerorts von französischen Maquisards erzählt, die in der Kleidung deutscher Soldaten nach 22 Uhr eine Heeresunterkunft im Handstreich genommen haben sollten.

Feldmarschall Sperrle, Befehlshaber der Luftwaffe im Westen, der im Palais Luxembourg residierte, hatte – es ist nicht zu erkennen, ob noch vor oder gleich nach seiner Unterredung mit Kluge – für seinen Bereich befohlen, es dürfe von keiner Seite ein Befehl angenommen und ausgeführt werden, ohne daß man sich zuvor bei seiner Dienststelle über seine Rechtmäßigkeit vergewissert habe.

Wie Linstow bemerkten auch Oberst von Unger und Oberstleutnant von Kraewel den sich ankündigenden Umschwung: erstaunte, unwillige, später offen drohende Anfragen gelangten von Marine und Luftwaffe zu ihnen, und während ihre Truppen nach erreichtem Ziel bereits zur Ruhe übergingen, begann die Alarmierung der in Paris stationierten Verbände der anderen Waffen. Alle drei verwiesen auf den Militärbefehlshaber als den Urheber der Befehle, der sich zur Stunde bei Kluge aufhalte. Anfragen, die daraufhin an Kluge gerichtet wurden, erreichten den einzig in St. Germain zurückgebliebenen Obersten Zimmermann, der sagte, keine Auskunft geben zu können und spätere Benachrichtigung versprach. Nur mit knapper Not gelang es, den Angriff von Marine- und Luftwaffenkommandos aufzuhalten. Stülpnagel saß fast wortlos im Wagen, von La Roche Guyon zurückfahrend. Nach Mitternacht erreichte er Paris und hielt am Hotel Raphael. Hofacker kochte noch vor Erregung, daß Kluge, wie er sich ausdrückte, nicht zu seinem Wort gestanden war. Im Kasino erwarteten Boineburg und Linstow die Rückkehrenden, sie meldeten, was vorgegangen war, und erfuhren vom vergeblichen Kampf um Kluge. Man beriet, ob man den Feldmarschall nicht doch noch durch sofortiges Standgericht gegen die verhafteten höheren SS-Führer und Vollstreckung des Urteils zwingen könne, oder ob es möglich sei, ihn in Haft zu nehmen und an seiner Stelle Befehle auszugeben.

Um 1 Uhr brachte der Lautsprecher, den eine Ordonnanz angestellt hatte, vorangekündigt durch Marschmusik, die Rede Hitlers und danach die Ansprachen von Göring und Dönitz und die Durchsage, daß Himmler der oberste Befehlshaber des Ersatzheeres geworden sei. Die Offiziere waren aufgestanden und hatten sich, um besser zu hören, um den Rundfunk versammelt. Stülpnagel stand ohne Bewegung mit Hofacker, Boineburg, Linstow, Finckh. Kurz danach erhielt Boineburg von Kraewel die Meldung, die Marine sei alarmiert, um die SS zu befreien: Admiral Krancke habe befohlen, das Sicherungsregiment zu entwaffnen und die Offiziere zu verhaften. Fast gleichzeitig lief, wie ein anderer Bericht sagt, ein Ultimatum des SS-Generals Sepp Dietrich ein, der einen Angriff mit seinem Panzerkorps gegen Paris androhte, wenn die Verhafteten nicht sofort freigegeben würden. Ein Anruf aus St. Germain kündigte General Blumentritt an: er werde in Kürze erscheinen und vorläufig die Geschäfte des Militärbefehlshabers übernehmen. Man mußte darauf gefaßt sein, daß er Verhaftungsbefehle, wenn nicht Standgerichtsurteile gegen die Hauptbeteiligten mitbringe.

Stülpnagel ließ sich eine halbe Stunde Bedenkzeit. Mit Hofacker durchdachte er in einem letzten Aufbäumen noch einmal alle Möglichkeiten – offenbar bis zur sofortigen Exekution von Schuldigen, um ein fortreißendes Faktum zu schaffen –, aber er sah keine Wege mehr offen. Auch Finckh hielt jetzt die Sache für verloren, Hofacker fügte sich als letzter. Gegen 2 Uhr gab Stülpnagel Boineburg den Befehl, die Gefangenen freizulassen, die Akten zurückzugeben und den Gruppenführer ins Raphael zu bringen. Inzwischen hatte sich, wie ein Bericht sagt, Oberstleutnant von Kraewel schweren Herzens entschlossen, dem jeden Augenblick zu erwartenden Angriff der Marine zuvorzukommen, die Gefängnisse zu öffnen und der SS Waffen und Freiheit zurückzugeben.

Boineburg-Lengsfeld erwies seinem Befehlshaber den schwierigsten Dienst. Mit der stolzen und verbindlichen Sicherheit des Weltmannes trat er lächelnd, das Einglas im Augenwinkel, zu den festgesetzten SS-Führern ins Hotel Continental, gab ihnen mit flüchtiger Erklärung die Freiheit und bat den noch wütenden Oberg ins Raphael. Dort ging ihm Stülpnagel bis an die Tür entgegen und begann, sich in höflichen und völlig beherrschten Worten zu entschuldigen, daß er einem Mißverständnis zum Opfer gefallen sei. Oberg erwiderte kühl, ohne ganz seinen Zorn zu bemeistern: „Da haben Sie auf das falsche Pferd gesetzt, Herr General." Jedoch Stülpnagel wies die aus Berlin übermittelten Fernschreiben vor und spielte, unterstützt von dem noch gutgläubigen Botschafter Abetz, seine Rolle so überlegen, daß auch der SS-General sich für jetzt zufriedengab und man sich trotz Stülpnagels Bedenken darauf einigte, das Ganze als eine „Übung" der Öffentlichkeit zu übergeben. Einzig Krancke, der zugleich mit Blumentritt und dem SD-Führer Knochen im Hotel Raphael erschien, richtete sehr ausfällige Reden gegen Stülpnagel vor den rundum sitzenden Offizieren, deren nachmitternächtliche Versammlung im Foyer ebenso „mondän" wie gespenstisch-unheimlich anmutete. Gegen 3 Uhr waren alle SS- und SD-Unterkünfte von den Truppen des Heeres geräumt. Offiziere und Mannschaften zogen sich enttäuscht in ihre Quartiere zurück. Auch im übrigen Frankreich wurden die ohne Zwischenfall vorgenommenen Verhaftungen wieder aufgehoben. General Blumentritt hat versucht, wie es auch seine Einträge im Kriegstagebuch bezeugen, Stülpnagel zu decken und für die Beteiligten einen glimpflichen Rückweg zu ermöglichen, indem er von den Wissenden den Vorwurf der Verleugnung, sichtbar aber die Rolle des führertreuen Generals und Untersuchers übernahm. Schon bald nach Mitternacht, bevor noch die Hitlerrede gesendet wurde, hat er von St. Germain aus Kluge ein Ergebenheitstelegramm[38] vorgeschlagen („Der von ruchloser Mörderhand unternommene Anschlag auf Ihr Leben, mein Führer, ist dank einer gütigen Fügung der Vorsehung mißlungen...") und ein eigenes als Rangältester der Generalstabsoffiziere des Westheeres entworfen, die als zynische Zweckschöpfungen erscheinen, durch seine Aufzeichnungen aber die Erklärung finden, daß er Schweigen und absichtliche Verstellung auf sich genommen habe, um die Kameraden zu retten. Er ist dann, ehe er gegen 3 Uhr im Raphael erschien, zur Marine und zum SD gefahren, um zu begütigen und „abzuwiegeln", und hat im Raphael mit Oberg zusammen eine „Sprachregelung" gefunden, die beide Seiten gegen das Reichssicherheitshauptamt abdecken und vielleicht auch dem am meisten gefährdeten Stülpnagel zugute kommen konnte. Er hat keine Verhaftungen befohlen, wozu ihn die Teilnahme an den Gesprächen in La Roche Guyon verpflichtete, keine Tatberichte eingereicht und hat als Teilnehmer der Verhöre in den folgenden Tagen, nachdem Hofacker alle Schuld auf sich nahm, bewirken können, daß die Untersuchungen auf einen kleinen Kreis beschränkt wurden[39].

Sein Versuch, Stülpnagel zu decken, ist gescheitert. Als er um 4 Uhr morgens nach St. Germain zurückkehrte, lag ein Befehl Keitels vor, der Stülpnagel sofort nach Berlin „zur Berichterstattung" beorderte. Kluge selbst hatte beim OKH Stülpnagels eigenwilliges Handeln gemeldet, und offenbar war auch durch eine übersehene SS-Nachrichtenstelle über die Vorgänge an Himmler berichtet worden. Stülpnagel erhielt den Befehl am Vormittag des 21. Juli. „Ohne eine Miene zu verziehen und ohne sich dazu überhaupt zu äußern, im Gegenteil mit der Gräfin (Podewils, seiner Sekretärin) noch in gewohnter Weise ein Scherzwort wechselnd, so nahm Karl Heinrich von Stülpnagel diesen Befehl zur Kenntnis[40]."

„Das Schicksal hat gegen uns entschieden" – Stülpnagel suchte am gleichen Tag vergebens den Tod. Erst fünf Wochen später hat er ihn durch den Henker gefunden, als Kluge schon tot war.

Hauptquartier

Über die Vorgänge im Hauptquartier, das Attentat und die ihm folgenden Entwicklungen geben Berichte von Augenzeugen hinreichende Klarheit, auch wenn für Einzelheiten Widersprüche in ihnen nicht aufzulösen sind. Gemäß dem Wunsch Hitlers, daß nur das Dringlichste und vor einem möglichst beschränkten Teilnehmerkreis vorgetragen werde, waren Göring und Himmler der Mittagsbesprechung ferngeblieben, in der sie während dieser ereignisreichen Wochen sonst kaum ein einziges Mal zu fehlen pflegten. Stauffenbergs Vortrag war angenommen worden, weil bei den täglichen Zusammenbrüchen an der Front höchst dringlich geworden war, die neuen „Volksgrenadierdivisionen" raschestens kampffähig zu machen. Als der vortragende General auf Einzelheiten der Kampflage im Osten zu sprechen kam, stand Hitler von seinem Stuhl auf, um die Angaben auf der Karte zu verfolgen. Er beugte sich über den Tisch und stützte sich auf den rechten Ellbogen. Stauffenberg verließ kurz nach seiner Ankunft wieder den Raum, nachdem er, wie eine Reihe der Berichte wiedergibt, seinem Nachbarn zur Rechten, Oberst Brandt, zugeflüstert hatte, er habe ein erwartetes Telefongespräch noch nicht erhalten und wolle nachfragen. Zuvor hatte er sich, wie sich später einer der Anwesenden, der dem Lagevortrag nicht folgte, entsann, ein paarmal mit seiner Aktentasche am Boden zu schaffen gemacht, offenbar war er im Raum neben Brandt etwas beengt. So gab auch einer der Teilnehmer nachher an: als Stauffenberg hinausgegangen war, habe Brandt die Mappe, die ihn hinderte, unter der Tischmitte weggenommen und an die Außenseite des rechten Tischsockels gestellt[41]. Von hier schoß die Stichflamme empor. Ein ohrenbetäubender, von einigen doppelt gehörter Knall folgte. Splitter von Glas, Holz, Mörtel, Metall flogen durch die Luft und prasselten nieder. Die Lagekarten brannten. Teile der Decke hingen brennend herab, dichter Qualm hinderte für einen Augenblick jede Sicht, man hörte nur Rufe der Verletzten. Aus dem andern Teil der Baracke stürzten Menschen zum Ausgang und trafen auf die ersten, die, noch halb betäubt, gestikulierend aus dem Qualm auftauchten und mit zerrissenen Uniformen, rauchgeschwärzt, manche blutend, ins Freie wankten. Zwei der Besprechungsteilnehmer fand man außen auf dem Boden liegend, wie sie eben zu sich kamen (Fegelein, Günsche, nach anderen Scherff und Günsche). Sie mußten vom Luftdruck durchs Fenster getragen worden sein. Die ersten Schwerverletzten wurden herausgeschleppt und außen auf dem Waldboden niedergelegt. Hitler erschien, gestützt von Keitel[42] und einer Ordonnanz, in der Tür, kaum zu erkennen, mit rußigem Gesicht und zerzausten Haaren, die von Staub und Holzfasern bedeckt waren. Sein Rock war fast unbeschädigt, die schwarze Tuchhose hing, in feine Einzelstreifen zertrennt, an den Beinen. Er schien noch etwas betäubt und nahm nur auf, was man ihm laut zurief. Man brachte ihn in seinen nahen Bunker. Der Leibarzt untersuchte ihn und begann seine Behandlung.

Ärzte und Helfer waren wenige Minuten nach der Explosion zur Stelle und bemühten sich um die Verletzten. Mehrere Krankenkraftwagen brachten die Schwerverletzten in das Lazarett nach Rastenburg, die Leichtverletzten wurden am Ort oder in ihren eigenen Räumen verbunden. Keitel drückte in großer Erregung jedem Begegnenden die Hand – auch mehrfach demselben – und wiederholte immerzu: „Der Führer lebt, nun erst recht." Jodl, der von der herabgeschleuderten Lampe getroffen worden war, ging mit blutendem Kopf vor der Baracke auf und ab und verfluchte die ewige Bauerei, die er schon immer unnötig und störend gefunden habe. Er war überzeugt, daß ein Bauarbeiter (der Organisation Todt) die Bombe in den Fußboden eingebracht habe an der Stelle, wo man jetzt ein großes Loch klaffen fand.

Bei der Untersuchung Hitlers fand sich, daß er ohne schwerere Verletzung geblieben war. Er hatte einige Schürfwunden, eine stärkere Verstauchung des rechten Ellbogens und mehrere Prellungen, außerdem waren ihm die Trommelfelle gerissen. Der Arzt gab die von ihm beliebten Einspritzungen zur Wiederherstellung der Spannkraft und verlangte völlige Schonung, was Hitler unmutig aufnahm. Der Sonderzug, der Mussolini bringen sollte, wurde auf dem Bahnhof Rastenburg aufgehalten.

Bormann[43] war als erster der Parteiführer zur Stelle – er hielt darauf, immer am dichtesten zu sein, seine Unterkunft war zunächst dem inneren Bezirk. Himmler und Ribbentrop folgten kurz darauf – es war etwa um ein Uhr – und beglückwünschten Hitler. Göring kam später, „lärmend und jovial". Jetzt würde alles gut werden. Jetzt habe sich herausgestellt, daß von Teilen des Generalstabs schwärzeste Sabotage getrieben worden sei. Bewußt habe man die Truppen von der Front ferngehalten usf.[44]. Göring sprach überschwenglicher als die andern, indem er die Vorsehung bemühte und Hitlers Rettung als ein glückbringendes Omen deutete, daß der Krieg unter seiner Führung nun siegreich beendet werde. Himmler erstattete einen kurzen Bericht, wie er die Trümmerstätte gefunden, brachte die Mutmaßung einer Höllenmaschine vor, die durch einen Bauarbeiter versteckt worden sei, und ließ sich Vollmachten geben zur weiteren Aufdeckung des Verbrechens. Hitler wollte nicht an eine Urheberschaft bei den Bauleuten glauben, eher hielt er den jungen Offizier für den Täter, den er tags zuvor von der Besprechung weg an die Front versetzt hatte[45]. Einem eintretenden Adjutanten „zeigte er den lebhaften, fast frohen Gesichtsausdruck eines Menschen, der irgend etwas Schweres erwartet hatte, was nun glücklich vorbei und überstanden war", und er sagte, wie der Adjutant berichtet, daß alle ein ungeheures Glück gehabt hätten.

Die Berichte über die Verletzten klangen ernst: elf waren in das Lazarett gebracht worden, die Generale Schmundt und Korten so schwer verletzt, daß mit ihrem Tod in Kürze zu rechnen war, Oberst Brandt und General Bodenschatz waren gleichfalls sehr schwer verletzt, der Stenograph, dem beide Beine zerschmettert waren, lag im Sterben. Alle anderen Teilnehmer waren verletzt, Keitel allein war unbeschädigt davongekommen. Hitler war einige Schritte vor ihm gestanden und war ihm durch den Luftdruck, der in den langen Flur auswich, in die Arme geschleudert worden. Die Gehöreinbuße hatte er wie alle anderen. Korten, Schmundt, Brandt, Berger sind erlegen.

Man nahm die Teilnehmerliste der Besprechung zur Hand. Es fiel auf, daß niemand über den Obersten Stauffenberg Bescheid wußte. Es wurde vermutet, daß er mit ins Lazarett gebracht worden sei. Hitler gab Auftrag, nach ihm zu forschen, und wandte sich anderen Dingen zu. Schon vor 2 Uhr hatte Himmler mit dem Reichskriminalamt in Berlin gesprochen und verlangt, daß sofort Fachleute entsandt würden zur Aufklärung des Verbrechens. Als man in der Lagebaracke nachforschte, sagte der dort bedienstete Nachrichtenfeldwebel aus, der einäugige Oberst, der ein Ferngespräch angemeldet hätte, sei gleich nach Beginn der Besprechung wieder herausgekommen und sei in Eile mit Mütze und Koppel, ohne das Gespräch abzuwarten, weggegangen. Weitere Nachforschung ergab, daß Stauffenberg seine Aktentasche zurückgelassen und kurz nach der Explosion mit seinem Begleitoffizier die Offizierswache und das Außentor passiert hatte. Der Verdacht verdichtete sich, als vom Flugplatz Rastenburg die Bestätigung einging, daß der Oberst nach 1 Uhr aufgestiegen war. Er hatte das Ziel Rangsdorf (Berlin) angegeben. Aber man nahm an, daß diese Angabe nur Täuschung sei und daß er sich inzwischen schon hinter den nahen russischen Linien – sie waren kaum 100 Kilometer entfernt – in Sicherheit gebracht habe. Dennoch wurde, wie aus einem Bericht hervorgeht, von

Himmler veranlaßt, daß Stauffenberg, falls er in Rangsdorf lande, festgenommen werde. Warum der Befehl nicht angekommen und durchgeführt worden ist, ist nicht aufgeklärt worden.

Gegen 16 Uhr traf der Sonderzug Mussolinis auf dem kleinen Bahnhof der Wolfsschanze, genannt Görlitz[46], ein. Ein leichter gewitterhafter Regen ging eben nieder. Hitler erwartete seinen Gast im schwarzen Umhang, er trug den rechten Arm in der Schlinge. Sein Gang erschien etwas schwerfälliger als sonst. Auf dem kurzen Weg von einigen hundert Metern, der vom Bahnhof ins Waldlager zurückzulegen war, erzählte er Mussolini, was soeben vorgefallen war, „mit einer auffallend ruhigen, fast monotonen Stimme" und führte ihn sogleich zur zerstörten Baracke. Der begleitende Dolmetscher schildert: „Die Tür war geborsten und lehnte zerbrochen an der gegenüberliegenden Barackenwand. Der Raum selbst bot ein Bild toller Verwüstung... Tische und Stühle lagen in wüstem Durcheinander zersplittert am Boden. Die Deckenbalken waren herabgestürzt und die Fenster mitsamt den Rahmen nach außen geflogen. Der große Kartentisch war nur noch ein Haufen geborstener Bretter und geknickter Tischbeine ..." Mussolini zeigte sich ehrlich entsetzt und fand es bei solchem Anblick unfaßlich, wie Hitler lebend herausgekommen sei. Hitler nahm den Gedanken auf und nannte die wider alle Wahrscheinlichkeit erfolgte Rettung einen Beweis, daß das Geschick noch etwas durch ihn vorhabe.

Auf dem Weg zum Teehaus, wo die Besprechungen stattfinden sollten, trat Hitler an einen Drahtzaun und sprach mit einigen freundlichen Worten zu einer Gruppe von Bauarbeitern: man habe sie fälschlich in Verdacht gehabt, nun sei man der Sache schon besser auf der Spur. Während der anschließenden Gespräche, die längere Zeit im größeren Kreis, später nur zwischen den beiden Staatsführern stattfanden, wurde Hitler immer wieder unterbrochen und abgelenkt: Göring kam hinzu, Himmler gab neue Berichte, Keitel brachte aufregende Meldungen, der Presseadjutant legte Auszüge vor über die ersten ausländischen Funkdurchsagen. Von Viertelstunde zu Viertelstunde gewann man den Eindruck, daß das Attentat größere Kreise ziehe, als man zuerst angenommen hatte.

Um 16.20 Uhr meldete Keitel den Anruf des Befehlshabers des Ersatzheeres aus Berlin. Er habe wissen wollen, ob die Nachricht vom Tod Hitlers zutreffe. Auf die Frage, von wem die Nachricht stamme, habe Fromm General Olbricht genannt, der sie aus dem Führerhauptquartier habe. Über den Verbleib Stauffenbergs habe er nichts zu sagen gewußt. Himmler gab auf diese Meldung an die Prinz-Albrecht-Straße in Berlin die Weisung, eine Offiziersgruppe zur Aufklärung in die Bendlerstraße zu schicken und den Grafen Stauffenberg, falls er dort sei, unauffällig festzunehmen. Man hielt bisher an der Auffassung fest, daß es sich um ein inzwischen gescheitertes Einzelunternehmen des Generalstabsobersten handle.

Dem Anruf Fromms folgte bald eine unerwartete Zahl anderer Anrufe von den verschiedensten Befehlshabern des Heeres, die von Keitel oder Jodl eine Bestätigung haben wollten, daß Hitler wirklich tot sei. Aus diesen Anrufen wurde plötzlich erkennbar, daß vom Befehlshaber des Ersatzheeres die Maßnahmen für einen Ausnahmezustand in Kraft gesetzt worden waren, wie man sie mit Kenntnis Hitlers für den Fall innerer Unruhen oder für den Fall seines Todes ausgearbeitet hatte. Keitel ließ sich ein Blitzgespräch zur Bendlerstraße geben, um Rechenschaft für die unerhörte Eigenwilligkeit zu fordern und den Befehl schleunigst widerrufen zu lassen – aber es gelang ihm weder Fromm noch Olbricht zu sprechen.

Inzwischen hatte die Erregung die Gespräche heftiger und lauter werden lassen. Der italienischen Gäste ward nicht mehr gedacht, die versammelten Häupter des Staats betätigten ihre wechselseitige Feindschaft in Anwürfen lauthals gegeneinander. Admiral Dönitz, der auf die Kunde des Attentats hin herangeflogen war, brach gegen das verräterische Heer los, Göring stimmte ein. Aber schon wandte Dönitz seinen Angriff gegen die jämmerlich versagende Luftwaffe. Göring verteidigte sich, und bald hatte er mit Ribbentrop, dem Außenminister, den er nie geschätzt hatte, die noch schärfere Kontroverse, in der er ihm den Bankrott der deutschen Außenpolitik vorwarf und gegen ihn mit seinem Marschallstab tätlich zu werden drohte. Zeugen solchen Auftritts gaben gleichstimmig Rede und Gegenrede: „Sie Sektreisender, halten Sie doch den Mund." „Ich bin immer noch Außenminister und heiße von Ribbentrop." Hitler selbst hatte längere Zeit schweigend und vor sich hinbrütend dabeigesessen. Als jemand die Rede auf den 30. Juni brachte, fuhr er auf und stieß wütend Drohungen aus, wie ganz anders er jetzt durchgreifen, wie er sie alle ausrotten, Frauen und Kinder in Konzentrationslager werfen werde – und keiner solle verschont werden! Es gab Teilnehmer der Szene, denen dies grausame Geschehen die Augen öffnete für die Männer, die an diesem Tag unterlagen.

Um 17.30 Uhr erreichte Hitler eine Verbindung mit Goebbels. Er trug ihm auf, unverzüglich im deutschen Rundfunk eine Durchsage zu bringen, daß ein Attentat stattgefunden habe, daß er aber heil daraus hervorgegangen sei und eben, wie vorgesehen, den Duce bei sich empfange. Goebbels wußte bisher nicht mehr zu berichten, als daß offenbar eine Gruppe Offiziere in der Bendlerstraße die Nachricht vom Tod Hitlers verbreite. Beim immer erneuten Durchdenken der Lage empfand es Hitler nunmehr als unmöglich, daß durch den Abgang Zeitzlers die Stelle des Generalstabschefs beim Heere unbesetzt sei. Da General Buhle verletzt worden war, entschloß sich Hitler, Generaloberst Guderian, den derzeitigen Generalinspekteur der Panzertruppen, zu berufen, und gab entsprechenden Auftrag.

Gegen 18 Uhr geleitete er die Italiener wieder zum Bahnhof. Mussolini hatte auf eine die italienischen Internierten betreffende Bitte eine unerwartet mühelose Zustimmung gefunden[47]. Es war an diesem Tag der letzte Abschied, den die beiden Diktatoren voneinander nahmen.

Nach seiner Rückkehr vom Bahnhof ließ Hitler beim Auswärtigen Amt in Berlin anrufen. Von besonderen Vorgängen war dort angeblich nichts bekannt. Der Staatssekretär Steengracht berichtete nur, daß die Wilhelmstraße durch Truppen abgesperrt sei, die jeden Aus- und Eingang verwehrten. Auf Befragen erklärte er sie als Truppen der Waffen-SS – „unsere Leute also", ergänzte Hitler etwas erleichtert, als man ihm das Gespräch mitteilte. In Wahrheit war es das Wachbataillon, das zu dieser Stunde dem Befehl der Gegenpartei gehorchte.

In einem neuen Gespräch ließ sich Hitler wieder mit Goebbels verbinden und überhäufte ihn mit heftigsten Vorwürfen, warum die Rundfunkmeldung noch nicht gekommen sei. Die Stimmung war so erregt, daß man sich fragte, ob auch Goebbels zu den meuternden Offizieren abgefallen sei. Die Schreckensvorstellungen davon, was in Berlin und von Berlin angeregt im Reich vorgehe, wuchsen in der Entlegenheit des Waldlagers ins Ungeheure. Alles schien möglich, und der alte Groll Hitlers äußerte sich in übersteigerten Ausdrücken: er habe dem Heer nie getraut, die Generalität habe sich immer schon gegen ihn verschworen... Nach einiger Zeit brachte endlich der Rundfunk die gewünschte Erklärung. Man konnte hoffen, daß damit dem Aufstand die Nahrung entzogen werde.

Bald zeigte sich aber, daß die Erklärung nicht genügte. Statt abzuebben, gewann der Aufstand, wie es aus immer neu eingehenden Gesprächen schien, neuen Boden. Hitler kochte vor Erregung. Aus der Reichskanzlei wurde gemeldet, das Wachbataillon fordere die Übergabe des Gebäudes. Goebbels suchte inzwischen, wie er mitgeteilt hatte, des Kommandeurs des Wachbataillons habhaft zu werden, um ihn zu überzeugen, daß der Führer lebe.

Dessen Erregung nutzend, trat Himmler heran mit einem fertigen Befehlsentwurf, der den Willen Hitlers ausdrückte, den Reichsführer SS zum Befehlshaber des Ersatzheeres zu machen. Hitler unterschrieb im Stehen[48] und forderte Himmler beschwörend auf, nach Berlin zu fliegen und den verbrecherischen Aufstand in der Bendlerstraße niederzuschlagen. Man überliefert als seine Worte: „Erschießen Sie jeden, der Widerstand leistet, ganz gleich, wer es ist... Es geht um das Schicksal der Nation... Seien Sie unerbittlich!" Den überlebenden Zeugen dieser Minuten ist der Schauer noch gegenwärtig, die diese an den 30. Juni 1934 erinnernden Worte im Raum des Teehauses verbreiteten, das kurze eisige Schweigen, das ihnen folgte, das „Mein Führer, Sie können sich auf mich verlassen" des nun Mächtigsten, der mit aufgehobener Hand und einem von Brillengläsern verhehlten Lächeln grüßte und abging. Es ist ein Bild Hitlers bewahrt, das ihn, gewiß ohne seine Zustimmung, in diesen Minuten an der Tür des Teehauses zeigt: erschüttert, schwer sinnend, die Unterhöhlung seiner Herrschaft fühlend, empört in lebhaften Vergeltungsgedanken[49].

Während sich Himmler zum Aufbruch fertigmachte, wurden die SS-Truppen in Saarow und die SS-Junkerschule alarmiert zum Marsch auf Berlin. Keitel führte indessen mit Fernrufen und Fernschreiben einen pausenlosen Kampf um alle wichtigen Stellen beim Front- und Heimatheer. Er gab die Warnung aus, auf die Lügen aus der Bendlerstraße zu hören, und verbot, Befehle von dort entgegenzunehmen.

Zwischen 19 und 20 Uhr ging ein neuer Anruf von Goebbels ein: Major Remer stehe neben ihm, der Führer möge zu ihm sprechen. „Kennen Sie mich, Major Remer, erkennen Sie meine Stimme?" Der Angeredete bejahte und schilderte kurz die Lage. „Major Remer, ich spreche als Oberbefehlshaber der deutschen Wehrmacht und gebe Ihnen folgende Befehle . . ." Hitler redete mit Nachdruck, er war nachher überzeugt, im andern das Echo gefunden zu haben, das er gewollt hatte. Er gab ihm den Auftrag, jeden Widerstand zu brechen, und setzte hinzu: „Sie sind mir so lange direkt unterstellt, bis Himmler in Berlin eintrifft." Er hielt es jetzt für dringend notwendig, sofort zu den Deutschen zu reden. In einem heftigen Ausbruch beklagte er sich, als man wieder feststellen mußte, daß im Hauptquartier die Möglichkeit für ihn fehle, unmittelbar in den Rundfunk zu sprechen. Ein Aufnahmewagen aus Königsberg mußte herangeholt werden. Als er endlich kam, wurden die Bewohner der Wolfsschanze im Teehaus zusammengerufen, und Hitler las vor ihnen mit einer tonarmen Stimme, die der Selbstsicherheit der Worte wenig entsprach, „zutiefst in seinem Stolz und seiner Zuversicht gebrochen", wie einer meint, der gegenwärtig war, die in Eile vorbereitete Rede. Trotz aller Ungeduld konnte sie erst Stunden später über den Rundfunk verbreitet werden.

Zwischen 21 und 22 Uhr teilte General Herfurth, der Chef des Stabes bei Kortzfleisch (Stellv. III. AK. in Berlin), mit, daß es sich um einen Militärputsch handle, daß er aber die Zügel fest in der Hand und sich bereits wieder durchgesetzt habe. (Herfurth wurde später dennoch als Mitwisser dieses Tages hingerichtet.)

Nach Mitternacht gab Himmler aus Berlin eine Übersicht über die Lage: die Revolte sei zusammengebrochen, die Bendlerstraße kampflos von zuverlässigen Truppen besetzt, den Attentäter Stauffenberg, Olbricht und die Nächstbeteiligten habe Fromm zuvor schon erschießen lassen, dem Generalobersten Beck, der maßgeblich beteiligt gewesen sei, habe Fromm die Möglichkeit gegeben, sich selbst zu töten. In der Stadt herrsche Ruhe, man sei daran, den Kreis der Schuldigen festzustellen, und habe schon eine größere Zahl von Verhaftungen vorgenommen. Im Hauptquartier seien die Generale Stieff und Fellgiebel dringend der Teilnahme verdächtig, ihre Verhaftung sei angeordnet. Hitler legte Wert darauf, daß ihm die Namen aller derjenigen gemeldet würden, die sich bei der Bekämpfung der Revolte hervorgetan hätten. Die ersten Beförderungen und Verleihungen gingen sofort hinaus, bevor noch ein Gesamtüberblick möglich war. Beunruhigend waren allein die Nachrichten aus Paris, noch war kein Bild über die Vorgänge dort zu gewinnen. Mit Kluge waren mehrfache Gespräche geführt worden, aber die Bedenken gegen seine Person waren stark.

Einige Zeit später – gegen 1 Uhr morgens – brachte der deutsche Rundfunk die seit Stunden angekündigte, vor Stunden gehaltene Rede Hitlers. Wie manche seines Volkes mögen daheim oder draußen, in heilen oder schon heillos zerschundenen Behausungen oder in eine umkämpfte Erde eingewühlt auf diese Stimme gewartet haben! Vielleicht gab es in dieser Nachmitternacht zum letztenmal etwas von jenem Fieber, mit dem in den ersten Jahren jede dieser Reden erwartet worden war. Wie vieles war seither zum Unheil geschehen! Aber die Umzäunung hielt noch immer, die er eingepflockt hatte, und sein Volk stimmte auch jetzt weiterhin, ohne anderes zu wissen, mit ein in die Schmähung der „Verbrecher", in den Dank an die Vorsehung, die den Führer behütet und für Deutschland erhalten habe. Wie anders traf die Rede die, die nun ihre Hoffnungen gescheitert wußten und sich vorm Tod sahen: die in der Bendlerstraße Eingeschlossenen, die sie mit ihren Bewachern anzuhören hatten, Stülpnagel, Hofacker im Raphael in Paris, Tresckow in seinem Stabsquartier in Polen.

Der Totgesagte begann:

„Deutsche Volksgenossen und Volksgenossinnen! Ich weiß nicht, zum wievielten Male nunmehr ein Attentat auf mich geplant und zur Durchführung gekommen ist. Wenn ich heute zu Ihnen spreche, dann geschieht es aber besonders aus zwei Gründen: erstens, damit Sie meine Stimme hören und wissen, daß ich selbst unverletzt und gesund bin; zweitens, damit Sie aber auch das Nähere erfahren über ein Verbrechen, das in der deutschen Geschichte seinesgleichen sucht.

Eine ganz kleine Clique ehrgeiziger, gewissenloser und zugleich verbrecherischer, dummer Offiziere hat ein Komplott geschmiedet, um mich zu beseitigen und zugleich mit mir den Stab der deutschen Wehrmachtsführung auszurotten. Die Bombe, die von dem Oberst Graf von Stauffenberg gelegt wurde, krepierte zwei Meter an meiner rechten Seite. Sie hat eine Reihe mir treuer Mitarbeiter sehr schwer verletzt, einer ist gestorben. Ich selbst bin völlig unversehrt bis auf ganz kleine Hautabschürfungen, Prellungen oder Verbrennungen. Ich fasse das als eine Bestätigung des Auftrages der Vorsehung auf, mein Lebensziel weiter zu verfolgen so, wie ich es bisher getan habe. Denn ich darf es vor der ganzen Nation feierlich gestehen, daß ich seit dem Tage, an dem ich in die Wilhelmstraße einzog, nur einen einzigen Gedanken hatte, nach bestem Wissen und Gewissen meine Pflicht zu erfüllen, und daß ich, seit mir klar wurde, daß der Krieg ein unausbleiblicher war und nicht mehr aufgeschoben werden konnte, eigentlich nur Sorge und Arbeit kannte und in zahllosen Tagen und durchwachten Nächten nur für mein Volk lebte.

Es hat sich in einer Stunde, in der die deutschen Armeen in schwerstem Ringen stehen, ähnlich wie in Italien, nun auch in Deutschland eine ganz kleine Gruppe gefunden, die nun glaubte, wie im Jahre 1918 den Dolchstoß in den Rücken führen zu können. Sie hat sich diesmal aber schwer getäuscht. Die Behauptung dieser Usurpatoren, daß ich nicht mehr lebe, wird jetzt in diesem Augenblick widerlegt, da ich zu euch, meine lieben Volksgenossen, spreche. Der Kreis, den diese Usurpatoren darstellen, ist ein denkbar kleiner. Er hat mit der deutschen Wehrmacht und vor allem auch mit dem deutschen Heer nichts zu tun. Es ist ein ganz kleiner Klüngel verbrecherischer Elemente, die jetzt unbarmherzig ausgerottet werden.

Ich befehle daher in diesem Augenblick,

1. daß keine Zivilstelle irgendeinen Befehl entgegenzunehmen hat von einer Dienststelle, die sich diese Usurpatoren anmaßen,

2. daß keine Militärstelle, kein Führer einer Truppe, kein Soldat irgendeinem Befehl dieser Usurpatoren zu gehorchen hat, daß im Gegenteil jeder verpflichtet ist, den Übermittler oder den Geber eines solchen Befehls entweder sofort zu verhaften oder bei Widerstand augenblicklich niederzumachen. Ich habe, um endgültig Ordnung zu schaffen, zum Befehlshaber des Heimatheeres den Reichsminister Himmler ernannt. Ich habe in den Generalstab Generaloberst Guderian berufen, um den durch Krankheit zur Zeit ausgefallenen Generalstabschef zu ersetzen, und einen zweiten bewährten Führer der Ostfront zu seinem Gehilfen bestimmt.

In allen anderen Dienststellen des Reiches ändert sich nichts. Ich bin der Überzeugung, daß wir mit dem Austreten dieser ganz kleinen Verräter- und Verschwörerclique nun endlich aber auch im Rücken der Heimat die Atmosphäre schaffen, die die Kämpfer der Front brauchen. Denn es ist unmöglich, daß vorn Hunderttausende und Millionen braver Männer ihr Letztes hergeben, während zu Hause ein ganz kleiner Klüngel ehrgeiziger erbärmlicher Kreaturen diese Haltung dauernd zu hintertreiben versucht.

Diesmal wird nun so abgerechnet, wie wir das als Nationalsozialisten gewohnt sind. Ich bin überzeugt, daß jeder anständige Offizier, jeder tapfere Soldat in dieser Stunde das begreifen wird.

Ich darf besonders Sie, meine alten Kampfgefährten, noch einmal freudig begrüßen, daß es mir wieder vergönnt war, einem Schicksal zu entgehen, das nicht für mich Schreckliches in sich barg, sondern das den Schrecken für das deutsche Volk gebracht hätte. Ich ersehe daraus auch einen Fingerzeig der Vorsehung, daß ich mein Werk weiter fortführen muß und daher weiter fortführen werde."

Nach Hitler hörte man Göring sprechen:

„Kameraden der Luftwaffe! Ein unvorstellbarer, gemeiner Mordanschlag wurde heute von einem Oberst Graf Stauffenberg im Auftrag einer erbärmlichen Clique von ehemaligen Generalen, die wegen ihrer ebenso feigen wie schlechten Führung davongejagt werden mußten, gegen unsern Führer durchgeführt. Der Führer wurde durch die allmächtige Vorsehung wie durch ein Wunder gerettet.

Diese Verbrecher versuchen jetzt als Usurpatoren durch falsche Befehle Verwirrung in die Truppen zu bringen. Offiziere und Soldaten, gleich welchen Ranges, ebenso Zivilpersonen, die für diese Verbrecher auftreten und sich euch nähern, um euch für ihr erbärmliches Vorhaben zu überreden, sind sofort festzunehmen und zu erschießen.

Wo ihr selbst zur Ausrottung dieser Verräter eingesetzt werdet, habt ihr rücksichtslos durchzugreifen. Das sind dieselben Jämmerlinge, die die Front zu verraten und zu sabotieren versuchten.

Offiziere, die sich an diesem Verbrechen beteiligten, stellen sich außerhalb ihres Volkes, außerhalb der Wehrmacht, außerhalb jeder soldatischen Ehre, außerhalb von Eid und Treue. Ihre Vernichtung wird uns neue Kraft geben. Entgegen diesem Verrat setzt die Luftwaffe ihre verschworene Treue und heiße Liebe zum Führer und ihren rückhaltlosen Einsatz für den Sieg. Es lebe unser Führer, den der allmächtige Gott heute so sichtbar segnete!"

Zuletzt sprach Dönitz, der Oberbefehlshaber der Kriegsmarine:

„Männer der Kriegsmarine! Heiliger Zorn und maßlose Wut erfüllt uns über den verbrecherischen Anschlag, der unserem geliebten Führer das Leben kosten sollte. Die Vorsehung hat es anders gewollt. Sie hat den Führer beschirmt und behütet und damit unser deutsches Vaterland in seinem Schicksalskampf nicht verlassen.

Eine wahnsinnige kleine Generalsclique, die mit unserem tapferen

Heer nichts gemein hat, hat in feiger Treulosigkeit diesen Mord angezettelt, gemeinsten Verrat an dem Führer und dem deutschen Volk begehend. Denn diese Schurken sind nur die Handlanger unserer Feinde, denen sie in charakterloser, feiger und falscher Klugheit dienen.
In Wirklichkeit ist ihre Dummheit grenzenlos. Sie glauben durch die Beseitigung des Führers uns von unserem harten, aber unabänderlichen Schicksalskampf befreien zu können – und sehen in ihrer verblendeten, angstvollen Borniertheit nicht, daß sie durch ihre verbrecherische Tat uns in entsetzliches Chaos führen und uns wehrlos unseren Feinden ausliefern würden. Wir werden diesen Verrätern das Handwerk legen. Die Kriegsmarine steht getreu ihrem Eid in bewährter Treue zum Führer, bedingungslos in ihrer Einsatz- und Kampfbereitschaft. Sie wird rücksichtslos jeden vernichten, der sich als Verräter entpuppt. Es lebe unser Führer Adolf Hitler!"

Im Anschluß an die Reden, die noch aus der Ungewißheit der Lage gesprochen wurden, brachte der Rundfunk die Meldung:

„Das Komplott der verbrecherischen Offiziersclique ist völlig zusammengebrochen. Die Rädelsführer haben sich nach dem Scheitern ihres Anschlages zum Teil selbst entleibt, zum Teil wurden sie von Bataillonen des Heeres füsiliert. Unter den Erschossenen befindet sich auch der Attentäter Oberst Graf von Stauffenberg. Zu Zwischenfällen ist es nirgends gekommen. Die übrigen durch ihr Verhalten an dem Verbrechen Schuldigen werden zur Verantwortung gezogen werden."

Spätere Klärungen

Der junge Hauptmann Klausing meinte am Abend des Zwanzigsten auf eine Frage, ob denn alles recht gehe: „Es ist immer so, auch im Felde. Man schießt ab und weiß nie, ob man getroffen hat. Das erfährt man immer erst hinterher." Von einem Schauplatz aus war es an diesem Tag unmöglich, den ganzen Hergang zu überblicken. Aus Einzelzügen fügte sich erst später das vollständigere Bild zusammen.

Manche Vorgänge des Zwanzigsten Juli waren schon am 21. Juli bis ins einzelne geklärt, andere wurden erst durch die Prozesse und Untersuchungen, andere erst nach dem Krieg durch Berichte von Beteiligten deutlich. Andere und nicht unwichtige Einzelzüge sind bis heute nicht aufgehellt worden. Nach der Schilderung der Ereignisse drängen sich vor allem drei Fragen auf:

Woran lag es, daß das Attentat gescheitert ist?

Warum wurde die Aktion in Berlin erst drei Stunden nach dem Attentat ausgelöst?

Welche Gegenkräfte haben in Berlin bewirkt, daß die Erhebung niedergeschlagen wurde?

I. Am 21. Juli vormittags wurde durch eine Aussage des Fahrers, der Stauffenberg im Wagen zum Rastenburger Flugplatz gebracht hatte, an der Straße ein in Packpapier gehülltes Paket gefunden, das Oberleutnant von Haeften während der Fahrt aus dem Wagen geworfen hatte. Es enthielt eine Sprengladung von 1 kg eines einem englischen nachgebildeten Spezialsprengstoffs (Hexonit), zwei Initialzündkörper, jedoch nur einen der beiden vorgesehenen chemisch-mechanischen Zeitzünderstifte für dreißig Minuten Verzögerung mit aufgesetzter englischer Sprengkapsel. Den aufgefundenen Bruchstücken nach wurde mit Sicherheit angenommen, daß ein gleicher Sprengkörper in der Lagebaracke verwendet worden war – nur mußten dabei zwei Zeitzünder vorhanden gewesen sein. Es ist nie geklärt worden, warum Stauffenberg diese zweite Ladung bei sich gehabt und wann und warum er sich vor der Auslösung von ihr getrennt hat. Schien seine Mappe zu unförmig? Sollte sie mit der anderen zugleich – und durch wen? – gezündet werden? Warum ist es nicht dazu gekommen? Der untersuchende Sprengstoffkenner äußerte, daß bei Mitverwendung der zweiten Ladung niemand mit dem Leben davongekommen wäre[50].

Als Sprengmittel wurde eine reine Pulverladung ohne Metallmantel und daher ohne Splitterwirkung und ein geräuschlos laufender Zünder gewählt, offenbar mit etwa fünfzehnminütiger Brenndauer. Stauffenberg stützte sich dabei auf die Erfahrungen, die man mit diesen Sprengkörpern bei englischen Kommandounternehmen gemacht hatte, auf die vielfachen Erprobungen Tresckows und auf das Urteil des Majors i. G. Kuhn, der aus der Pionierwaffe kam.

Das Sprengmaterial war über Freytag-Loringhoven von der Abwehr beschafft, bei von der Lancken in Potsdam gelagert und bei Notwendigkeit von dort jedesmal herbeigeholt worden: so zum 6., 11., 15. und 20. Juli. Selbst bei einer Explosion im Freien, wo der Druck entweichen konnte, hielt man es bei 1 kg dieses Sprengstoffes für undenkbar, daß ein zwei oder drei Meter entfernt Stehender mit dem Leben davonkommen könne, im geschlossenen Raum mußte sich die Wirkung vervielfachen.

Beim Hergang in der „Lagebaracke" erwies sich, daß die Sprengladung wohl heftigste Zerstörungen im Innenbau anrichtete, daß das schwere Eichenholz des Tisches aber, auch wo es in kleinste Teile zersplittert wurde, die Wirkung stark abschwächte und daß der Sprengdruck durch die offenen Fenster und innerhalb der Baracke hatte ausweichen können. Die leichten Wände zu den beiden anstoßenden Räumen (Anrichte und Hitlers Ruheraum) waren eingerissen, die mittleren Räume der Baracke waren wenig beschädigt, dagegen wies das entgegengesetzte Ende stärkste Zerstörungen auf, ein Zeichen dafür, daß die Druckwelle durch den Mittelflur und vor allem durch die Luftschicht unter den Bohlen des Fußbodens und über den Preßplatten der Decke über die ganze Baracke hin Raum gewonnen hatte. Der Explosionsdruck war immerhin so, daß er zwei der Teilnehmer meterweit durchs Fenster trug. Tödlich getroffen wurden nur die, die sehr benachbart saßen oder standen, ungeschützt durch die Eichenwand des Sockels. Entscheidend war für die Rettung Hitlers, daß die Ledermappe Stauffenbergs, als er schon weggegangen war, an die Außenseite des Sockels verschoben worden ist. Hitler selbst gab wenig auf die Erklärungen der Sprengstoffsachverständigen. Er blieb dabei, es als Wunder und Willen der „Vorsehung" zu bezeichnen, daß er heil davongekommen sei.

II. Die Frage der drei Stunden hängt offenbar eng mit den Nachrichtenvorgängen zusammen, die dem Anschlag in der „Wolfsschanze" folgten. Sie sind bisher nicht völlig geklärt worden. Die Vernehmungsberichte geben Aussagen von Fellgiebel, Thiele, Hahn, Hassell (insbes. KB 63, 329, 376). Man hat außerdem den offiziellen Bericht der Sonderkommission des Reichssicherheitshauptamtes vom 26. Juli 1944 mit Hinweisen auf Nachrichtenvorgänge (KB 83), den unmittelbar nach dem Krieg niedergeschriebenen Bericht des letzten Ordonnanzoffiziers von Fellgiebel, Oberleutnant d. R. Hellmut Arntz, den erstmals 1961 gedruckten Bericht des obersten Wehrmachtnachrichtenoffiziers im Führerhauptquartier, Oberstleutnant Ludolf Gerhard Sander, endlich für die Frage des zeitlichen Ablaufs die (nur in einem Zweitbericht) enthaltenen Aussagen des Fahrers, der Stauffenberg auf den Flugplatz gebracht hat. Über die Nachrichtenvorgänge in der Bendlerstraße gibt es den von Thiele gezeichneten, dienstlichen Bericht vom 22. Juli 1944 (KB 63), den auf Befragungen beruhenden, zusammenfassenden Bericht von Wolfgang Müller, außerdem die Angaben des zu jener Zeit in der Bendlerstraße bediensteten Nachrichtenfeldwebels Thorwald Risler[51].

Schon die Frage, wo sich Stauffenberg im Augenblick der Detonation befunden habe, wird durch Augenzeugen verschieden beantwortet. Nach der Aussage von Sander, die offenbar schon ein Bestandteil des Berichtes der Sonderkommission war, stand Stauffenberg mit Fellgiebel vor dem Bunker der Adjutantur der Wehrmacht, worin Sander sein Dienstzimmer hatte. Sander war eben zu ihnen getreten, man hatte nur wenig gesprochen, als die Detonation die Luft zerriß. Stauffenberg sei dann, so hat Sander berichtet, kaum eine halbe Minute später mit dem auf dem nahen Parkplatz ihn erwartenden Wagen abgefahren[51a], und habe nach einem Weg von etwa 150 m die (von der Straße etwa 50 bis 70 m zurückliegende) Trümmerstätte passiert, „als die noch sehr starke Qualmentwicklung und das Herunterflattern der zerrissenen Karten, die, teilweise in kleine Stücke zerrissen, aus dem Fenster gewirbelt waren, noch im Gange war." Er habe mit Haeften zusammen von der Fahrstraße aus die Lagebaracke gut sehen können und den Eindruck gewinnen müssen, „daß der beabsichtigte Erfolg eingetreten war". 12.43 Uhr konnte er auf dem direkten Weg, den Sander angibt, die Offizierswache erreicht haben.

Die andere Darstellung, die sich auf Vernehmungsergebnisse des Kriminalrats Wehner beruft, weiß nichts vom Zwischenhalt Stauffenbergs am Bunker der Adjutantur („Bunker 88"). Stauffenberg sei, so sagte der Fahrer aus, vom Sperrkreis kommend eilig in Richtung des Teehauses gegangen, wo Haeften wartete, sie seien zusammen raschen Schritts zum Parkplatz gekommen, wo sich der Fahrer mit einem „Herr Oberst" an seinem Standplatz zu erkennen gegeben habe. Sie seien eingestiegen und hätten zur Eile getrieben: „Zum Flugplatz, so schnell Sie können!" Im Fahren hätten sie kurz vor der Offizierswache – also aus etwa 150 oder 200 Meter Entfernung – die Detonation gehört. 12.43 Uhr konnte auch auf diesem etwas weiteren Weg die Offizierswache erreicht sein. Den Hergang um die Lagebaracke konnte man von der Offizierswache aus wohl ‚teilweise' (KB 86) erkennen.

Stauffenberg könnte durch Beobachtung von hier aus zur späteren Bemerkung gekommen sein, es sei gewesen, wie wenn eine 15-cm-Granate eingeschlagen hätte.

In den Vernehmungsberichten ist als eine Aussage Berthold Stauffenbergs enthalten: Sein Bruder habe ihm erzählt, daß man den chemischen Zünder durch einen Druck auslösen müsse. Er habe dies getan, die Mappe mit dem Sprengstoff liegengelassen und sei weggegangen. Noch vor Verlassen der Wolfsschanze habe er eine ziemlich heftige Detonation gehört (KB 21). Diese Angabe würde, wenn verwertbar, der zweiten Darstellung die größere Wahrscheinlichkeit geben.

Über die Nachrichtenvorgänge nach der Detonation liest man bei Sander: Sehr bald nach der Abfahrt Stauffenbergs sei er zu Oberstleutnant von Below, dem 2. Adjutanten Hitlers, gerufen worden, der als Teilnehmer der „Lage" selbst am Kopf verletzt war und zu ihm sagte: „Attentat auf den Führer, der Führer lebt, beordern Sie persönlich sofort den Reichsmarschall und den Reichsführer hierher, vom Attentat darf nichts nach außen dringen!" Daraufhin sei durch ihn die „Unterbrechung aller Fernsprech- und Fernschreibverbindungen" veranlaßt und an Fellgiebel gemeldet worden, „der mit der Maßnahme einverstanden war". Kurz danach habe Hitler ihn – Sander – kommen lassen zur Beantwortung der Frage, wann er im Rundfunk sprechen könne. Fellgiebel sei indessen vor dem Führersperrkreis auf und ab gegangen und sei dann von ihm über das Besprochene unterrichtet worden – als Zeit war 21 Uhr vorgesehen worden. Sander habe dann von seiner Vermittlung aus General Thiele im OKW in Berlin angerufen, der aber kurz abwesend war. So habe er der Sekretärin die Meldung an ihn aufgetragen: „Attentat auf den Führer – Führer lebt – Führer spricht noch heute im Rundfunk". Sander setzt hinzu: „General Fellgiebel war einverstanden und wies nochmals selbst auf die Wichtigkeit der Meldung hin." Während Sander dann die Aufgabe übernahm, „die in solchen Fällen befohlene Fernsprechüberwachung durch den SD anzufordern" und die damit zu Betrauenden in ihre Aufgabe einzuweisen, fuhr Fellgiebel zum OKH nach „Mauerwald" zurück. Hier folgt der wichtige Satz: „Ob dort (also in Mauerwald: Anna!) ebenfalls Nachrichtensperre befohlen wurde, weiß ich nicht." Etwa um 15 Uhr sei dann die Nachrichtensperre für „Wolfsschanze" „wegen der Anrufe von den Fronten" aufgehoben worden.

Das Gespräch Sanders mit der Vorzimmerdame bei General Thiele, für das er selbst keine Zeit nennt, könnte zwischen 13.15 und 13.30 Uhr stattgefunden haben. Wie Friedrich Georgi mitteilt, ergab eine durch den Sander-Bericht ausgelöste Nachfrage bei den beiden Sekretärinnen, die am 20. Juli bei Thiele Dienst taten, daß sie sich an den in Frage stehenden Anruf nicht erinnern und es für unwahrscheinlich halten, eine so bestürzende Meldung, wenn sie wirklich eingetroffen wäre, vergessen zu haben.

Scheint es nach dem Bericht von Sander, daß Fellgiebel nur „einverstanden" war und nicht selbst gehandelt hat, so sagen andere Zeugnisse übereinstimmend, daß Fellgiebel, das Scheitern des Attentats vor Augen, den Entschluß gefaßt hat, zu handeln, als wenn Hitler tot wäre. Es ist ihm, ohne daß es Sander bemerkt hätte, gelungen, auf dem verabredeten Weg das Geschehen in Gang zu setzen. Oberst Kurt Hahn, in dem Fellgiebel als Chef des Nachrichtenwesens im Hauptquartier OKH in „Mauerwald" einen eingeweihten Chef des Stabes hatte, hat bei seinen Vernehmungen bestätigt, daß Fellgiebel um 13 Uhr als vorgeschobener Beobachter in der Wolfsschanze den Befehl zum Blockieren durchgegeben hat (KB 330), und Arntz, der Ordonnanzoffizier, hat sich unabhängig von dieser Aussage, die er nicht kannte, an Fellgiebels eindeutige, aber keiner Überwachung auffallende Diktion erinnert: »Es ist etwas Furchtbares passiert. Der Führer lebt. Alles blockieren!«

Aus den Angaben Hahns geht weiter hervor, was unabhängig davon Arntz bestätigt, daß die Sperrmaßnahmen im Einvernehmen mit Stieff für beide Großvermittlungen angeordnet wurden: für „Anna" (Hauptquartier Ostpreußen) und „Zeppelin" (Zossen). Hahn fügt ausdrücklich hinzu, daß Wagner, der Generalquartiermeister, in Zossen „ins Bild gesetzt" wurde. Als Zeit dafür ist anzunehmen etwa 13.15 Uhr. Nach dem Bericht von Arntz wurden die Verstärkerämter Insterburg und Rastenburg durch die diensttuende SS, das Vermittleramt „Anna" des OKH und das Verstärkeramt Lötzen durch Beauftragte Fellgiebels blockiert. In den KB wird davon gesprochen, daß „nach einiger Zeit" – 15 Uhr? 15.30 Uhr? – eine Lockerung erfolgt sei der Art, daß nur noch private Gespräche verboten blieben, Dienstgespräche unter Überwachung aber wieder geführt werden konnten (KB 330).

Faßt man die verschiedenen Berichte zusammen, so ergibt sich, daß

Sander die geforderte Sperrung für den Bezirk der „Wolfsschanze" bewirkt hat, Fellgiebel aber darüber hinaus ohne dessen Wissen, aber durch seine Maßnahme getarnt, die viel weitergehende Abschließung des Hauptquartiers angeordnet hat. Er hat dabei auf jede Fiktion von Hitlers Tod verzichtet, die doch bald zusammengebrochen wäre, hat vielmehr die Sperrung glaubhaft wie auf Anordnung Hitlers von sich aus befohlen. Mit diesem eigenmächtigen Vorgehen nahm er die Verantwortung einer wichtigen Einzeltat für die Erhebung voll auf sich. Da Hitler lebte, konnte sie nur den Sinn haben, einige Stunden Zeit zu gewinnen, wenn in Berlin, in Paris, im Reich inzwischen gehandelt würde. Als der Befehl Hitlers kam, alle Leitungen zu entsperren, konnte sich Fellgiebel nicht widersetzen. Nach Angabe des Ordonnanzoffiziers hat er auch dann noch versucht, sie „ausschließlich durch zuverlässige eigene Kräfte" benützen zu lassen (ist so der nach Rangsdorf gegebene Befehl aufgehalten worden?) und „fernmündlich die Sperrung der Berliner Belange über das Ersatzheer in die Hand zu nehmen" (unter Umgehung Thieles?). Etwa zur gleichen Zeit wie Stauffenberg in Rangsdorf und mit der gleichen tiefen Enttäuschung wird Fellgiebel aus Berlin erfahren haben, daß die Stunden ungenutzt geblieben waren.

Von wann ab Fellgiebel seine Eingriffe aufgab und nur noch zur Rettung der Beteiligten zu wirken versuchte, ist nicht überliefert. Von 18.20 Uhr ist in den KB (S. 377) nach den Aussagen von Hassell ein an ihn nach Berlin gerichteter Anruf Fellgiebels bekannt: „Was denn bei ihnen los sei? Ob sie denn alle verrückt seien? Der Führer sitze mit dem Duce im Teehaus. Im übrigen komme bald eine Rundfunknachricht." Stieff sprach um die gleiche Zeit in ähnlichen Wendungen – ein Einvernehmen der beiden ist daraus abzulesen. Sie wurden als die ersten, am raschesten überführten Beteiligten um Mitternacht verhaftet, als Olbricht und Stauffenberg erschossen wurden. Nach dem Zeugnis von Arntz, der die meiste Zeit des Tages mit Fellgiebel zusammen gewesen war, hat er schon am Nachmittag sein eigenes Schicksal klar gesehen, freilich hat er den Tod durch die Kugel erwartet. Arntz schreibt: „Er legte keine Hand an sich, weil er aussagen wollte, um ihnen, wie er sagte, nicht den Schein eines Rechtes zu lassen! Mit unwandelbarer Ruhe verbrachte er den Abend im Kreis seiner Offiziere, die letzten Stunden mit mir allein in Gesprächen über ein Jenseits, an das er nicht glaubte. Gegen Mitternacht kam der Anruf, auf den er wartete. Oberstlt. v. John, Keitels Adjutant, richtete aus: ‚Herr General, der Feldmarschall bittet Sie, angesichts der besonderen Situation zu ihm zu kommen.' ‚Ich komme', war die kurze Antwort. Als er umgeschnallt hatte, schon die Wagenklinke in der Hand, wandte sich General Fellgiebel noch einmal zu mir zurück: ‚Wenn wir an ein Drüben glaubten, dann könnten wir ja sagen: Auf Wiedersehen!'"

Wann und in welcher Form die erste Nachricht vom Attentat zu Olbricht gelangt ist, ist bisher nicht zweifelsfrei geklärt worden. Angaben von Generalleutnant Thiele, der plangemäß zwischen Fellgiebel und Olbricht zu vermitteln hatte, fehlen. Alle Anzeichen sprechen dafür, daß die Leitungen zwischen Ostpreußen und Berlin in der Zeit von etwa 13.30 bis 15.30 Uhr auch für Fellgiebel, Hahn, Thiele unterbrochen waren. Für die Durchgabe eines Stichworts blieb damit nur die Zeit von 12.45 Uhr bis 13.15 Uhr (oder bestenfalls 13.30) oder dann erst wieder die Zeit nach 15.30 Uhr.

Nach der Darstellung von Friedrich Georgi, der am Abend des 20. Juli mit Olbricht zusammen war, ist vom Hauptquartier her keine Nachricht erfolgt. Man wartete von Viertelstunde zu Viertelstunde und suchte selbst Erkundigungen einzuziehen. Thiele ist es dann erstmals nach 15 Uhr gelungen (Sperre?), mit dem Hauptquartier in Verbindung zu kommen. Er hat dabei nicht mehr gehört, als „daß in Kürze eine wichtige Nachricht aus dem Führerhauptquartier zu erwarten sei". Auf Drängen Olbrichts hat Thiele weitere Versuche unternommen und um 15.45 Uhr eine zweite Verbindung erreicht, bei der sich ergab, „daß im Hauptquartier Gerüchte über ein Attentat auf Hitler umliefen, ohne daß über Erfolg oder Mißerfolg etwas in Erfahrung zu bringen war". Olbricht habe sich, so führt Georgi aus, auf Grund der ersten vagen Information nicht zur Auslösung entschließen können, da sich ein Fehlalarm wie der am 15. Juli nicht wiederholen durfte. Er habe aber auf die zweite Meldung hin, die wenigstens das Attentatsgerücht bestätigte, die Stunde zum Handeln für gekommen gehalten und sofort – 15.50 Uhr – die Aktion ausgelöst.

Diese Darstellung Georgis, zu der er durch neuere Erkundung gekommen ist (sein Augenzeugenbericht von 1947 hatte davon noch nichts enthalten), würde den dreistündigen Zeitverlust durch die verzögerte Auslösung einleuchtend erklären. Sie ist bisher aber noch nicht mit den anderen vorhandenen Zeugnissen in Einklang zu bringen.

In den Aussagen von Generaloberst Hoepner, der vor dem Volksgerichtshof auch über die Hergänge in den Mittagsstunden des 20. Juli befragt worden ist, kehrt die Ungewißheit wieder, die für Olbricht über der Zeit von 13 bis fast 16 Uhr lastete, ebenso das „Kommuniqué unbekannten Inhalts aus dem Führerhauptquartier", das Thiele immer wieder ankündigte. Hoepner spricht aber außerdem von einem Anruf aus dem Hauptquartier, der Thiele erreicht habe: er sei mit der Nachricht davon zu Olbricht gekommen, als Olbricht und er – Hoepner – eben vom gemeinsamen Mittagessen zurückgekehrt seien. Als Zeit ist etwa 13.15 Uhr aus dem Zusammenhang anzunehmen. Wortlaut des Anrufs wird nicht wiedergegeben, doch ist aus Hoepners Worten zu entnehmen, daß es sich um eine Kurznachricht eines abgelaufenen, aber doch wohl mißglückten Attentats gehandelt habe, die der Überbringer – Thiele – offenbar als fragwürdig hinstellte und jedenfalls als unzureichend, um darauf die Auslösung so weittragender Folgen zu begründen. Thiele sei gegangen, er wollte versuchen, genaueren Aufschluß zu erhalten. Noch 15.15 Uhr habe er vergeblich auf das Kommuniqué gewartet, so sagt Hoepner aus, und habe dann später mit Fellgiebel gesprochen. Vielleicht ist damit das Gespräch gemeint, das nach der Angabe von Georgi zur Auslösung der Aktion geführt hat[52].

Der Anruf Sanders bei Thiele (etwa 13.15 Uhr oder etwas später) würde zeitlich mit dem Anruf zusammenstimmen, von dem bei Hoepner gesprochen wird. Muß aber angenommen werden, daß dieser Anruf gar nicht bei Thiele angekommen ist, so bleibt die Aussage Hahns bestehen, daß durch ihn kurz nach dem Attentat auf Weisung Fellgiebels auch die Sperrung der Großvermittlung „Zeppelin" (Zossen) befohlen worden ist, was die Beteiligung Thieles einschließt, und daß Wagner „ins Bild gesetzt" wurde. Eine darauf bezügliche Nachricht müßte bei Thiele direkt oder über den Generalquartiermeister auch etwa in der Zeit von 13.15 bis 13.30 Uhr eingegangen sein und könnte wiederum dem Gespräch entsprechen, von dem bei Hoepner die Rede ist.

Diese Zeugnisse legen in ihrer Gesamtheit die Annahme nahe, daß in der Zeit vor der Nachrichtensperre eine plangemäße Übermittlung „Wolfsschanze" (Fellgiebel) – „Mauerwald" (Hahn, Stieff) – Zossen (Wagner, Thiele) erreicht worden ist. Über Form und Inhalt der

Durchsage ist jedoch nichts bekannt. Man weiß nur Fellgiebels geschickte Kurzformel, die keiner Überwachung auffallen konnte, aber den dreiteiligen Sachverhalt klar enthielt: Attentat durchgeführt, mißlungen, die Aktion läuft trotzdem an. Ob Hahn etwa die gleiche Kurzformel oder eine noch allgemeinere Wendung gebraucht oder sich mit dem auch als Stichwort aufzufassenden „blockieren!" begnügt hat, darüber hat er sich selbst offenbar nicht ausgesprochen. Sein Ausdruck, daß Wagner „ins Bild gesetzt" wurde, läßt eher ein mehr als ein weniger vermuten. Jedenfalls fiel nicht ein bestimmtes Stichwort, das für die geglückte Tat galt[53].

Während Wagner das „abgelaufen" ohne Einschränkung an Finckh nach Paris weitergab und wie offenbar Fellgiebel auf das Ganze ging – seine Mitwirkung ist sehr rasch entdeckt worden –, muß der zur Sorgfalt sachlichen Dienstes veranlagte Thiele unter der Ungeklärtheit der Lage schwer gelitten haben. Er quälte sich in diesen Stunden, wie auch Unbeteiligten aus seiner Umgebung auffiel, in außerordentlicher Unruhe, kam und ging, wollte, so wird man deuten, die Treue gegen seinen General, dem er so viel verdankte, nicht brechen und fand doch unzumutbar, ja sinnlos, was er ihnen allen mit seinem Entschluß zumutete, wenn Hitler nicht tot war. Aus solchem Zwiespalt heraus hat er gehandelt, von Viertelstunde zu Viertelstunde auf Klärung und Lösung gehofft, hat er nicht gehandelt. Er ist erst zehn Tage später, als er schon Nachfolger Fellgiebels war, als Mitwisser und Mitbeteiligter erkannt und durch eine unerbittliche Fügung mit ihm zusammen am 4. September zur Hinrichtung geführt worden.

General Olbricht hatte bei einem nochmaligen Fehlalarm nicht nur das Schlimmste für sich selbst zu erwarten: eine vernichtende Rückwirkung auf den ganzen Kreis der Beteiligten war unausbleiblich. Die Nachrichten, die er – wie und wann auch immer – durch Thiele empfing, müssen das Ungewisse und Bedenkliche der Lage besonders zur Geltung gebracht und ihn zurückgehalten haben, die schwere Verantwortung für die Beteiligten zu übernehmen. Daß er einer Schwäche nachgegeben und seine bekannt tatentschlossene Art verleugnet habe, ist bei ihm schwerlich anzunehmen[53a].

III. Unter den Gründen, die das Scheitern des Umsturzes in Berlin erklären, ist der wichtigste der, daß Hitler am Leben geblieben war, der zweitwichtigste aber, daß die Maßnahmen erst begannen, als die

Abschirmung des Hauptquartiers wieder aufgehoben und somit die in allen Planungen geforderte Voraussetzung nicht mehr gegeben war. Man kann es unter diesen Umständen überhaupt für erstaunlich halten, wie weit die Eingriffe trotzdem, zumal in Städten wie Paris, gediehen sind. Der unter den zweifach ungünstigen Vorzeichen begonnene Umsturz in Berlin wurde hauptsächlich von fünf Stellen her, teils einzelnen Offizieren, teils Offiziersgruppen, gehemmt und schließlich zum Stillstand gebracht: vom Leiter des „Nachrichtenbetriebs" in der Bendlerstraße, vom Kommandeur des Wachbataillons, vom Kommandeur der Panzertruppenschule in Krampnitz in Verbindung mit der Generalinspektion der Panzertruppen und dem Inspekteur für den Führernachwuchs, von einer Offiziersgegengruppe in der Infanterieschule Döberitz, von Offizieren des Olbrichtschen Amtes. Keine der fünf Stellen war zur SS gehörig, bei jeder wurde die Gegenwirkung erst ausgelöst, als man Gewißheit erhielt, daß Hitler am Leben sei. Keine dieser Stellen wäre einem Vorgehen gegen die SS in den Weg getreten, wenn Hitlers Tod bestätigt worden wäre.

a) Leutnant Röhrig, bis zu seiner Einberufung zur Wehrmacht Musikstudent, Pianist und tätiges Mitglied im NS-Studentenbund, war am 20. Juli der diensthabende Offizier (LdN) in der Nachrichtenzentrale in der Bendlerstraße. Von etwa 16.30 Uhr bis 21 Uhr wurden ihm durch verschiedene Überbringer, Hauptmann Klausing, Oberleutnant von Haeften, Major i. G. Harnack und mehrere Sekretärinnen, Fernschreibtexte zur Durchgabe vorgelegt: die beiden Grundbefehle, Walküre 2. Stufe, die Ernennung Hoepners zum Befehlshaber des Ersatzheeres, Widerruf des Rundfunkkommuniqués, Standrecht- und andere Verordnungen. Der Leutnant hatte seiner Vorschrift gemäß nicht nach dem Inhalt der Befehle zu fragen, die durch seine Hände liefen, er war nicht einmal befugt, einem der ihm vorgesetzten Nachrichtenoffiziere, und sei es ein General, davon Kenntnis zu geben. Das erste Bedenken erweckte bei ihm Punkt IIc der Sofortmaßnahmen: Gefangensetzung der Bewachungsmannschaften in den Konzentrationslagern – es war etwa um 18 Uhr. Er wurde unruhig, da sich keine zwingende Hand auf seine Schulter legte, keine mitreißende Autorität ihm sich zurechtzufinden half. Es war keiner der eingeweihten Nachrichtenoffiziere zugegen. Noch gab er das ihm Aufgetragene weiter. Aber als die Meldung des Rundfunks kam, daß Hitler lebe, hielt es ihn nicht länger. Der unter ihm diensttuende Wachtmeister bestärkte ihn, daß etwas nicht mit rechten Dingen zugehe. Der übergeordnete Offizier, ein Oberleutnant, wurde verständigt, dann wurden alle anderen, eben dienstfreien Leutnants hergeholt, die abgehenden Leitungen von ihnen besetzt, die Gespräche, vor allem von Stauffenberg und Mertz mitgehört, die Eingangstüren zur Zentrale von einer Doppelwache gesichert. 19.45 Uhr wurde der Abteilungschef, Oberst Köllner, hergebeten.

Olbricht und Stauffenberg drängten häufig durch Rückfragen und ließen sich die Empfangsbestätigungen der einzelnen stellvertretenden Generalkommandos geben. Röhrig begründete ihnen die langsame Abwicklung „mit betrieblichen Schwierigkeiten". Ein um 18 Uhr von Haeften zu „allerschnellster Beförderung" abgegebenes Fernschreiben begann erst ab 20.45 Uhr hinauszugehen. Die nach 19 Uhr übergebenen Fernschreiben wurden nur noch an einen Teil der Empfänger erledigt, die nach 20 Uhr überbrachten zurückgehalten. Das ihm um 21 Uhr von seinen Untergebenen vorgelegte Fernschreiben Keitels, das beim Durchlaufen aufgefangen war, wurde trotz Olbrichts Verbot, dem es Köllner gezeigt hatte, an alle bisherigen Empfänger mit höchster Dringlichkeit, zugleich mit Funk weitergegeben. Es enthielt die Ernennung Himmlers zum Befehlshaber des Ersatzheeres und die Ungültigerklärung aller Befehle von Fromm und Witzleben. Bei einem Teil der Empfänger hat Röhrig die früheren Fernschreiben telefonisch oder durch eigene Fernschreiben als ungültig erklärt. Mit einem Kompaniechef des Wachbataillons (Schlee) wurde, als er eben die Wache aus dem Bendlerblock zurückzog, ein Einverständnis hergestellt und ihm mitgeteilt, daß man einer Militärrevolte in der Bendlerstraße auf der Spur und dabei sei, deren Befehle zu unterschlagen. Es wurde „sofort verstärkte Hilfe" versprochen, die dann 23.15 Uhr gebracht wurde. Zwanzig Mann des Wachbataillons besetzten die Nachrichtenzentrale und bauten an allen Ausgängen Maschinengewehre auf.

Am Abend waren die höheren Nachrichtenvorgesetzten, Oberst Hassell (Chef der Nachrichteninspektion 7) und General Thiele, in der Nachrichtenzentrale erschienen, beide offenbar nun bemüht, zur Bereinigung mitzuwirken. Ihr Verhalten gab keinen Verdacht, daß sie zu den Mitwissern des Aufstands gehören könnten. Hassell war bald wieder gegangen. Thiele übernahm die nun häufig hin- und hergehenden

Verbindungen zum Führerhauptquartier und empfing von dort eingehende Befehle – unter den ersten den Befehl einer Ordensverleihung an den Nachrichtenleutnant und seinen Wachtmeister, die nachher in eine Beförderung umgewandelt worden ist[54].

Hassell war schon seit 1943 nach Angabe in den KB (S. 376) im Einvernehmen mit Olbricht gestanden und hatte die Aufgabe übernommen, für die Aktion zwanzig Offiziere bereitzustellen „zur nachrichtentechnischen Betreuung zu schützender Objekte" (Auswärtiges Amt, Propagandaministerium, Reichssicherheitshauptamt, Rundfunk usw.). Die Offiziere hatten sich bei Hayessen in der Kommandantur zu melden. Nach dem Anruf von Fellgiebel (18.20 Uhr) und nochmaliger Rücksprache mit Thiele und Olbricht hat er sich seiner Aussage nach nicht mehr beteiligt. Er ist mit dem Leben davongekommen.

b) Major Otto Ernst Remer ist schon unmittelbar nach dem Ereignis von Goebbels und seinen Organen als der unbedingt tapfere, entschlossene, führerergebene Offizier gefeiert worden, der den Anschlag der Verschwörer des 20. Juli zum Scheitern gebracht habe. Er wurde schon am Abend des 20. Juli fernmündlich von Hitler zum Obersten befördert und erhielt, wie er angibt, ein Landgut und die Brillanten zum Ritterkreuz angeboten, was er beides ausgeschlagen habe. Seine Haltung und sein Verdienst waren aber bald nach dem 20. Juli auch bei denen umstritten, die dafür gesorgt hatten, ihn als den Retter des Tages herauszuheben. Von Goebbels selbst wurde eine Äußerung bekannt, man hätte ihn damals ebensogut als „Verräter am Nationalsozialismus" erschießen lassen können, und der Leiter der Parteikanzlei, Martin Bormann, veranlaßte im Oktober 1944 eine Untersuchung mit dem Ziel, „das gesamte Verhalten" Remers am 20. Juli nachzuprüfen[55].

Aus manchmal sich widersprechenden Tat- und Buchberichten der Beteiligten und gerichtlichen Klärungen läßt sich der Vorgang etwa so schildern: Kurz nach 16 Uhr erreichte den Adjutanten von Major Remer, Leutnant Siebert (übrigens Pfarrer der Bekennenden Kirche), im „Kasernement" des Wachbataillons in der Rathenower Straße in Berlin der Anruf, „Walküre" sei ausgelöst, Major Remer sofort zum Stadtkommandanten befohlen. Remer, der abwesend war, wurde verständigt und fuhr, während die drei verfügbaren Kompanien sich marschfertig machten – eine war auf Wache, eine hatte Ausgang –, zur Kommandantur Unter den Linden. Bei Generallt. v. Hase waren, als Remer sich meldete,

Oberstleutnant Schöne, die Majore Graf von Schack und Hayessen und Oberleutnant Erttel. Von Hase teilte Remer mit, Hitler sei verunglückt, wahrscheinlich tot, man rechne mit Unruhen, die vollziehende Gewalt sei auf das Heer übergegangen. Er gab Remer Befehl, mit dem Wachbataillon das Regierungsviertel abzuschließen, auch kein General und Minister dürfe die Sperrlinie überschreiten, er habe außerdem eine Kompanie zum Oberkommando des Heeres in der Bendlerstraße abzustellen. Mit Oberstleutnant Wolters, der ihm für Polizei- und Verkehrsfragen beigegeben war, kehrte Remer gegen 17 Uhr in die Kaserne zurück und sprach zu seinen Offizieren über Lage und Auftrag. Von dem als Gast anwesenden Leutnant Hagen zu einer Sonderunterredung gebeten, unterbrach er kurz. 17.30 Uhr war der Befehlsempfang beendet, die Kompanien rückten ab. Um 18.30 Uhr war die Absperrung entlang der Bannmeile vollzogen.

Hagen war im Zivilberuf Referent im Propagandaministerium und schrieb für die Goebbelssche Wochenzeitung „Das Reich". In Frankreich verwundet, zum Wachbataillon kommandiert, von dort freigestellt, saß er in Bayreuth daran, im Auftrag Bormanns „eine nationalsozialistische Kulturgeschichte" zu verfassen. Auf dem Weg zur Kaserne, wo er zu einer Schulungsstunde angesagt war, hatte er den dienstentlassenen Generalfeldmarschall von Brauchitsch in voller Uniform im Wehrmachtsdienstwagen vorüberfahren sehen, ohne sich dabei Besonderes zu denken. Als aber Remer vor den Offizieren vom Ungeklärten der Lage sprach und das Wort fiel „Die Wehrmacht habe die Regierungsgewalt übernommen", verband Hagen das Gehörte mit seiner Wahrnehmung, die in Wahrheit eine Täuschung gewesen war, und blitzartig war ihm nun klar: Militärputsch durch Brauchitsch! Er sprach Remer von seinem Verdacht und drang in ihn, die Lage bei Goebbels zu klären, ehe er handle.

Remer war nicht geneigt, vom militärischen Weg abzugehen: für ihn seien die Befehle seines Generals maßgebend. Als Hagen aufsässig blieb, erklärte sich Remer bereit, ihm Motorrad und Fahrer zu geben. Mit diesem Motorrad und der Fanfare „Militärputsch!" wirbelte der Goebbelssche Referent durch die Stadt zum Propagandaministerium, in Goebbels' Ministerwohnung, zum Brandenburger Tor, zur Stadtkommandantur, zur Ministerwohnung und erreichte, daß Remer sich für den lebenden Hitler entschied.

Als er in der Kommandantur nach Major Remer fragte, wurde er in das Dienstzimmer des Generals gewiesen. Er zögerte, durchs Vorzimmer einzutreten, als er im Treppenhaus auf Siebert, den Adjutanten, und Buck, den Ordonnanzoffizier Remers, stieß. Er forderte sie auf, dem Kommandeur heimlich zu übermitteln, er solle sofort zu Goebbels in die Hermann-Göring-Straße kommen, die Lage habe sich völlig verändert. Sollte er (so fügt der Hagen-Bericht zu) in 20 Minuten nicht dort erscheinen, so nehme Goebbels an, man halte ihn mit Gewalt fest, und werde die Leibstandarte, die in Lichterfelde alarmiert sei, marschieren lassen.

Remer hatte sich von der lückenlosen Umschließung des Regierungszentrums selbst überzeugt und war mit Eifer für seine Aufgabe tätig. Beim General hatte er selbst gefordert (dies gegen seine spätere Darstellung), für das Gebiet nördlich des Anhalter Bahnhofs, wo das Reichssicherheitshauptamt lag, verstärkte Kräfte einzusetzen, und war dafür eingetreten, den Auftrag, Goebbels – als ihren eigenen Protektor – zu verhaften, nicht seiner Truppe zuzumuten. So war eine Gruppe des Heeresstreifendienstes damit beauftragt worden. Durch den Leutnant nach außen gerufen, erfuhr Remer jetzt von der Botschaft Hagens. Er nahm den Leutnant mit in das Generalszimmer und ließ ihn dort seine Meldung wiederholen. Auf seine Frage, ob er unter diesen Umständen nicht zu Goebbels fahren und dort die Lage klären solle („wir kommen sonst in Teufels Küche"), lehnte Hase entschieden ab und hieß ihn im Vorzimmer warten. Remer trat vor die Kommandantur und beriet sich mit seinem Adjutanten, dem er zu verstehen gab, daß es jetzt um seinen Kopf gehe. Dann ging er längere Zeit – er selbst begrenzt es auf eine halbe Stunde – in der Gegend der Kommandantur umher, um bei sich selbst klarzuwerden.

Der Entschluß siegte, gegen den Willen des Generals zu Goebbels zu fahren. Dem Leutnant Buck gab er die Weisung, sich mit 20 Mann bereitzuhalten und ihn notfalls mit Gewalt herauszuholen, wenn er nicht aus der Ministerwohnung zurückkomme. Kurz vor ihm war der Stoßtrupp eingetroffen, der den Minister verhaften sollte, und durch Hagen – nach seiner eigenen Angabe – noch zurückgehalten worden. Mit entsicherter Pistole drang Remer in Goebbels' Zimmer ein. Nach einer vorsichtig tastenden Annäherung wurde er von dem Minister über das gescheiterte Attentat und den offenbar im Gang befindlichen Militärputsch aufgeklärt und – wie aus den Berichten anzunehmen, zwischen 19 und 20 Uhr – über den Fernsprecher mit Hitler verbunden.

Welche anderen Einwirkungen noch das Verhalten Remers bestimmt haben, ist bisher nicht mit Sicherheit zu sagen. Bemerkenswert sind zwei Nachrichten. Die eine: Remer habe die Übergabe der Reichskanzlei gefordert und dabei vom Hitlerschen Adjutanten NSKK-Gruppenführer Albrecht die abweisende Antwort erhalten, Hitler sei nicht tot, Remer möge sich bei Goebbels unterrichten, der eben mit Hitler telefoniere. Die andere: Remer sei von einem Offizier angerufen worden, der ihm mitgeteilt habe, er komme von der Bendlerstraße mit dem Auftrag, ihn abzulösen. Kurz danach habe er erneut einen Anruf empfangen, ein ihm bekannter Feldwebel des Regiments „Großdeutschland", der in der Nachrichtenzentrale der Bendlerstraße Dienst tat und der das erste Gespräch mitgehört hatte, habe ihn jetzt davon verständigt, daß sein Gesprächspartner unmittelbar nachher die Bendlerstraße angerufen und etwa gesagt habe, er fürchte, Remer werde Schwierigkeiten machen und das Manöver durchschauen[56].

Remer befahl nunmehr, das ganze Bataillon im Garten bei der Wohnung von Goebbels in der Hermann-Göring-Straße zu sammeln und am Brandenburger Tor sämtliche anrückenden Truppen anzuhalten und ihm zuzuleiten. Er hob damit die Umschließung des Regierungsviertels auf, zog die Wache aus der Bendlerstraße zurück und beließ seinen Gefechtsstand noch in der Wache der Kommandantur, die er selbst nicht mehr betrat. Goebbels sprach auf die Bitte Remers statt seiner vor den versammelten Soldaten des Wachbataillons. Es muß etwa um 21 Uhr gewesen sein. Zwei Kompanien wurden dann zur Nahverteidigung des Komplexes Reichskanzlei – Wilhelmstraße – Hermann-Göring-Straße, eine zur Umschließung der Stadtkommandantur beordert. Verschiedene Streifen wurden ausgesandt, um die Lage zu erkunden, die Führer der heranrückenden Einheiten von den Vorgängen zu unterrichten, zum Halten aufzufordern und an einem etwa geplanten Angriff gegen das „abgefallene" Wachbataillon zu hindern. Mit der Panzerinspektion am Fehrbelliner Platz wurde – offenbar kurz ehe es zum scharfen Schuß kam – ein Einvernehmen hergestellt. Wie Remer angibt, wurde ihm erst im Lauf des Abends klar, daß der Sitz der Verschwörung im OKW in der Bendlerstraße sei – offenbar durch die etwa auf 22 Uhr anzusetzende Meldung des Oberleutnants Schlee. Schlee hatte sich nach seinem eigenen Bericht in das Vorzimmer Olbrichts begeben und gemeldet, daß er die Wache zurückzuziehen habe. Er wurde von Mertz festgehalten. In einem unbewachten Augenblick gelang ihm, zu entweichen. Auf der Straße wurde er von dem jungen Nachrichtenoffizier angesprochen und in die Vorgänge eingeweiht. Schlee schlug Remer vor, gegen das OKW mit stärkeren Kräften vorzugehen. Auf Goebbels' Anfrage gab Hitler seine Zustimmung. Schlee erhielt den Befehl, mit einer „Kampfgruppe" aus Einheiten des Wachbataillons und der Heeresfeuerwerker das OKW zu besetzen und „sämtliche Generale festzunehmen".

Zuvor schon hatte sich Hitler durch Goebbels an einen der ihm ergebensten Generale gewandt, den er in Berlin wußte, den General Reinecke, und hatte ihm befohlen, die Truppen des Stadtkommandanten, so auch das Wachbataillon, zu übernehmen und mit ihm gegen die Bendlerstraße vorzugehen (etwa 21.15 Uhr). Um 23 Uhr erreichte die „Kampfgruppe Schlee" die Bendlerstraße, besetzte Ein- und Ausgänge, baute mit 70 Mann ringsum eine Postenkette und drang ins Innere ein. Der Vormarsch der Panzerverbände und der anderen Truppen kam von 21 Uhr ab ins Stocken. Wichtiger dabei als der Eingriff Remers, der über Gebühr dramatisiert worden ist, erwiesen sich Einwirkungen von anderer Seite[57].

c) Oberst Wolfgang Gläsemer[58], der Kommandeur der Panzertruppenschule II in Krampnitz, der damals stärksten Truppe um Berlin, hatte den ihm fernmündlich von Oertzen übermittelten „Walküre"-Befehl, der von ihm beschleunigten Abmarsch in die Stadt und Aufklärung gegen die SS-Kasernen in Lichterfelde und Lankwitz verlangte, mit Befremden und Mißtrauen aufgenommen und, bevor er etwas anordnete, bei der Generalinspektion der Panzertruppen, der er unterstand, um eine Entscheidung gebeten. Nach einiger Zeit erhielt er von dort die für das Zwielicht dieser Stunden bezeichnende Antwort: „Der Befehl des Generals Olbricht ist auszuführen, aber zu einer Schießerei mit der SS darf es auf keinen Fall kommen." Er schickte darauf einige Fahrzeuge, die nichts Auffälliges zeigten, wie zur Fahrlehre in die Gegend der SS-Kasernen, machte die Schule, etwas umständlicher als nötig, marschbereit und fuhr selbst mit seinem Adjutanten, Hauptmann Schauß, der von den Vorgängen wußte, aber schwieg, voraus zur Bendlerstraße. Olbricht sprach ihm, entgegen der kurz zuvor gegebenen Darstellung des Rundfunks, vom geglückten Attentat und wies ihm als seine Aufgabe zu: an der Siegessäule mit der Masse seiner Truppen bereitzustehen und mit Teilen das Allgemeine Heeresamt zu sichern. Mertz von Quirnheim hatte ihm im Vorzimmer die näheren Befehle zu geben. Ihm widersetzte sich Gläsemer mit heftigen Worten: man lege sich wie 1918 den Strick selbst um den Hals, und der Feind werde der Nutznießer sein. Als er zur Absonderung in den oberen Stock geführt wurde, gab er seinem Adjutanten den Auftrag, bei der Panzerinspektion zu berichten und für die Schule nur von dort Befehle entgegenzunehmen.

Im Verlauf des Abends – die Zeit wird mit 21.30 Uhr angegeben – konnte sich der Ordonnanzoffizier von Gläsemer, Graf Rothkirch, bei ihm Eingang verschaffen. Er meldete ihm, die Schule stehe an der Siegessäule, er möge sie auf Weisung der Panzerinspektion sofort zum Fehrbelliner Platz führen. Der Oberst täuschte dem bewachenden Hauptmann vor, er habe nunmehr Befehl von General Olbricht, die Schule zum Schutz der Bendlerstraße einzusetzen, er gehe in den Hof, den Befehl auszuführen. Er drang damit durch und entwich[59].

Generaloberst Fromm hatte für 18 Uhr seine „Amtsgruppenchefs", die Generale Specht, Kuntze, Strecker, zu einer Besprechung geladen. Als sie nach längerem Warten dringlich forderten, vorgelassen zu werden, führte man sie in das Amtszimmer Fromms, wo sie auf Hoepner, Beck und Olbricht trafen. Hoepner erklärte ihnen, Hitler sei tot, und man sei dabei, einen von der SS begonnenen Putsch niederzuschlagen. Der Krieg sei nicht mehr zu gewinnen, man müsse die Fronten halten, aber raschestens einen Frieden zu schließen suchen. Es komme alles darauf an, zusammenzuhalten zur Rettung Deutschlands. Sie sollten nunmehr ihre Truppen zum Schutz der neuen Regierung mobil machen. General Specht, der Inspekteur für den Führernachwuchs, erhob Einspruch, es folgte ein sehr scharfer Wortwechsel. Auch General Kuntze, Chef des Ausbildungswesens, verweigerte jede Mitwirkung. Sie wurden zu Fromm geführt und mit ihm zusammen der Bewachung übergeben. Fromm zeigte ihnen einen wenig gebrauchten Nebenausgang und forderte sie auf, in einem unbeobachteten Augenblick zu entweichen und von außen Truppen gegen die Aufständischen aufzubieten. Dies muß etwa gegen 20.30 Uhr gewesen sein[60].

Generaloberst Guderian, der Generalinspekteur der Panzertruppen, war an diesem Tag nicht in Berlin anwesend und war für keine Rücksprache zu erreichen. Sein Vertreter im Führerhauptquartier war sein Stabschef General Thomale, auf der Inspektion am Fehrbelliner Platz in Berlin war als Abteilungschef für die Panzertruppe Oberst Bolbrincker für ihn tätig. Bolbrincker blieb im Sinn seiner an Gläsemer gegebenen Auskunft nach beiden Seiten hin abwartend, bis gegen 20 Uhr ein Befehl Thomales bei ihm einging, den Putsch niederzuschlagen, das Regierungsviertel zu entsetzen und den Widerstand des Wachbataillons mit allen Mitteln zu brechen. Als man sich noch über die Lage klarzuwerden suchte und zum Vorgehen bereit machte, traf Specht ein mit dem Hilfeverlangen Fromms und genauerer Darlegung dessen, was in der Bendlerstraße vorging. Die unterstellten Truppen wurden bis auf weitere Befehle angehalten. Oberstleutnant Gehrke, der frühere Kommandeur des Wachbataillons, der eben auf der Panzerinspektion zugegen war, suchte ein Vorgehen gegen das Bataillon zu verhindern: der Befehl sei überholt. Remer kam und überredete Bolbrincker, mit Gehrke und ihm zusammen zu Goebbels zu fahren. Gläsemer traf ein und übernahm wieder die Schule. Sie blieb die Nacht am Fehrbelliner Platz, ohne daß es zu Kampfhandlungen kam. Ein Angriff auf die Bendlerstraße wurde nicht unternommen. Widerrufe der Fromm-Witzlebenschen Befehle gingen nach allen Seiten.

Von der Panzerinspektion aus wurden die rückläufigen Bewegungen des Abends offenbar am nachhaltigsten gelenkt und beeinflußt. Guderian war während der Abendstunden nach seiner eigenen Angabe noch ohne Kenntnis der Vorgänge. Um Mitternacht erreichte ihn ein Anruf seines Stabschefs, der ihm Hitlers Wunsch mitteilte, ihn als stellvertretenden Generalstabschef zu berufen. Bei der Lagebesprechung des nächsten Tages in der Wolfsschanze, mit der Guderian sein neues Amt antrat, wurde er nach dem Bericht eines Anwesenden von Hitler mit ausgesprochenem Vorzug behandelt[61].

d) der Infanterieschule Döberitz[62] hatte der „Walküre"-Plan die entscheidende Aufgabe gestellt, die Funkstellen um Berlin, darunter den Deutschlandsender, mit raschen Stoßtrupps zu besetzen, außerdem hatte sie sich des großen Konzentrationslagers Sachsenhausen (Oranienburg) zu bemächtigen. Der Kommandeur der Schule, General Hitzfeld, der als energisch und verläßlich galt, war Mitwisser der Erhebung. Er hatte sich Olbricht und Stauffenberg gegenüber voll zu dem ihm zugedachten Handeln bekannt und hatte bei der Besichtigung seiner Truppe am 15. Juli – dem Tag des ersten „Walküre"-Alarms – die besondere Anerkennung Olbrichts gefunden. Hitzfeld, vom neuen Termin nicht eigens verständigt, fehlte, als am Nachmittag der Alarm begann: er war für diesen Tag wegen eines Trauerfalls nach Baden gefahren. Oberst Müller, der zur Schule gehörte und als entschlossene Kraft für den Alarmfall gelten mußte, erfuhr erst am Abend auf einem Berliner Bahnhof bei der Rückkehr von einem auswärtigen Dienst von den Vorgängen. Als er um 20.30 Uhr in der Schule eintraf, fand er die Truppe seit etwa 17 Uhr alarmiert, das Offizierskorps in „Kriegsratsstimmung", in seiner Meinung gespalten. Unter der Wirkung einiger Offiziere, die von Putsch sprachen – auch hier spielt ein junger Major mit Ritterkreuz eine Rolle –, war es dahin gekommen, daß man die Truppe anhielt, bis sich die Lage kläre. Müller gelang es, mit General Hitzfeld ein Gespräch herzustellen, und er erhielt von ihm, der von der Nachricht bestürzt war, den Befehl „rücksichtslosen Angriffs auf die SS". Die Männer der Truppe waren dazu, wie Müller berichtet, in überwiegender Zahl lebhaft bereit. Das Lehrbataillon, das für Oranienburg bestimmt war, hatte von einer Nachtübung zurückgerufen werden müssen und konnte erst im Laufe des Abends eintreffen. Oberst Müller fuhr zur Bendlerstraße. Als er 23.45 Uhr mit schriftlicher Vollmacht nach Döberitz zurückkehrte, war der Aufstand zusammengebrochen.

Das Ausbleiben der Infanterieschule ist für die Erhebung ein Verhängnis gewesen. Wäre die Schule sofort, als sie alarmiert war, eingesetzt worden und wären, wie mit Hitzfeld geplant, ihre motorisierten Abteilungen ohne Zeitverlust aufgebrochen, so wäre der Rundfunkbericht um 18.30 Uhr aller Wahrscheinlichkeit nach unterblieben. Statt dessen wären die Aufrufe der Erhebung über ganz Deutschland vernommen worden. Auch nach einem Scheitern der Erhebung wäre ihre Wirkung nicht verloren gewesen.

e) Der Vorstoß der Offiziersgegengruppe in der Bendlerstraße ist erst erfolgt, als das Los der Erhebung schon besiegelt war. Er hatte vor allem noch den Sinn für die Beteiligten, von den Meuterern abzurücken, von denen man sich zuvor hatte fortziehen lassen. Herber und von der Heyde äußerten später zur Begründung ihres Handelns: „Wir wären alle aufgehängt worden[63]." Einige von den später eifrig Gegenwirkenden sollen, einem Bericht nach, am Nachmittag, als man vom Tod Hitlers hörte, die Hoheitsabzeichen mit dem Hakenkreuz vom Uniformrock abgetrennt und sich Olbricht ganz zur Verfügung gestellt haben. Man weiß von Pridun und Herber, daß sie sich 17.30 Uhr Olbricht gegenüber bereit erklärten, gegen die „frontfremde Parteiclique" mitzutun, während von der Heyde, völlig gebrochen vom vermeintlichen Tod Hitlers, abseits saß, und daß sie um diese Zeit erstmals vom Zeugamt Waffen anforderten.

Eine Spruchkammer traf später die Feststellung, daß Herber der am stärksten zur Gegenwirkung Treibende gewesen sei, von der Heyde sei es in der Folgezeit gelungen, sich als Führer der Gegenbewegung mehr in den Vordergrund zu rücken (er trug am Zwanzigsten den Dolch und hat nicht geschossen). Am Vormittag des 21. Juli hat er zu Oberst W. Müller nach dessen Angabe geäußert, durch sein Eingreifen, nicht durch Remer sei der Aufstand niedergeschlagen worden. Mit Pridun hat er später einen Kampf um die Ia-Stelle geführt. Er war mit Stauffenberg auf der Akademie. Herber war aus der Polizei hervorgegangen, Fleiß und Eifer hatten ihm seine Stellung gegeben. Mitoffiziere waren erstaunt, zu welcher tonangebenden Rolle er sich am Zwanzigsten erhob: „Niemand hätte diesem Schmeichler so etwas zugetraut ... Wäre das Attentat geglückt, wäre er ein treuer Gefolgsmann General Olbrichts geblieben."

Von der Heyde, Pridun, Herber und Fließbach wurden zu Obersten, die bei von der Heyde bediensteten Oberfeldwebel zu Leutnanten befördert, Herber erhielt – für sein Vorgehen gegen seine Kameraden – das Eiserne Kreuz Erster Klasse, das er noch nicht besaß.

Der bewaffnete Angriff der Gegengruppe hat offenbar das schnelle Standgericht Fromms ermöglicht und hat den fünf Hauptbeteiligten eine demütigendere Behandlung durch die SS erspart. Kurz nach 23 Uhr besetzten Truppen des Heeres, nach Mitternacht Truppen der SS das Haus. Ein Unbeteiligter schildert, wie er am 21. in der Frühe zum OKW kam: eine Einheit in Kompaniestärke verließ eben, Maschinenpistolen und Gewehre umgehängt, das große Tor und begann zu singen.

XIV VERFOLGUNG UND GERICHT

Das Geschehen des Zwanzigsten Juli hat im deutschen Volk eine starke Erschütterung hervorgerufen. Die Empörung überwog: wie wenige wußten, was hinter dem Versuch stand, und die es wußten, hatten zu schweigen und das Unglück zu tragen, denn ein Wort für die Gescheiterten bedeutete Volksgericht, ja, wie sich zeigte, Todesstrafe für die, die ihr Herz auf der Zunge trugen. In der öffentlichen Verkündung und in dem, was auf dem Dienstweg an die Wehrmacht, die Partei, die Auswärtigen Missionen gegeben wurde, erschien, was gewesen war, wie in den ersten Reden in der Nacht, als Einzeltat einer „ganz kleinen Clique ehrgeiziger, gewissenloser und verbrecherisch dummer Offiziere", die in ihrer moralischen Verwerflichkeit kein anderes Ziel hatten, als Hitler und den Stab der deutschen Wehrmachtführung zu beseitigen, um selbst ans Ruder zu kommen. Sie werden als Reaktionäre bezeichnet, „die den Jesuiten nahestanden" (Jodl), und als Saboteure der deutschen Kriegführung (Himmler), und sie werden vor allem als Verbündete des feindlichen Auslands verdächtigt, die „eine Anlehnung an die Angelsachsen" (Jodl) oder auch „Frieden mit Moskau" (Bormann) gesucht hätten. Ihre Verunglimpfung und Schmähung in den überall gehaltenen Reden ist ohne Maß: ein Schreien, Fluchen, Drohen fast wie im Krampf, kaum je ein echterer Ton einer sich selbst sicheren Abwehr und des Sieges, wie ihn sonst eine zurückgeschlagene Rebellion gegen sich auslösen wird[1]. Als heilsame Folge des Komplotts wird eine mitleidlose Generalabrechnung, eine nun mögliche Ausstoßung des lang schon Kranken und Faulen angekündigt: „eine zusätzliche besondere Stärkung der deutschen Kraft in dem jetzigen harten Existenzkampf" (Ribbentrop)[2].

Drei oder vier Tage nach dem Attentat ist durch die angestrengt geführte Untersuchung erkannt, daß es sich um viel weitere Kreise und Absichten handelt. Die Staatspolizei sieht sich gezwungen, eine eigene „Sonderkommission 20. Juli" einzusetzen, in der 400 Beamte in elf Abteilungen aufgeboten werden[3]. Über den Kreis derer hinaus, die der tätigen Beteiligung überführt werden, dringen die Untersuchenden in Verzweigungen einer Gegenbewegung vor, die mit dem Geschehen des Zwanzigsten Juli nicht in Verbindung steht, aus dem Anlaß heraus entdeckt und mit vor das Volksgericht gezogen wird.

Für die Staatspolizei selbst kamen die Enthüllungen über die Zusammenhänge des Zwanzigsten Juli überraschend. Der für die Fragen der Wehrmacht und Wehrkraftzersetzung bestellte Beamte hatte kurz vor dem Zwanzigsten erklärt, seine Sachgebiete böten wenig Interessantes, alle möglichen Gegensätze zur Wehrmacht seien „in die Schublade gelegt". Beiläufig äußerte er, daß man die Frage eines „organisierten Defätismus durch Kreise um Generaloberst Beck und Oberbürgermeister Goerdeler" prüfe. Mehr war nicht erkannt worden, auch die Verhaftung Lebers hatte – gewiß dank seines unerschütterlichen Schweigens – zu keinen Folgerungen geführt. Erklärend wird in dem vorliegenden SS-Bericht darauf hingewiesen, daß Heydrich vor Jahren wegen eines Zwischenfalls das ausdrückliche Verbot von Hitler erhalten hatte, sich mit seiner Polizei in die Dinge der Wehrmacht zu mischen. Heydrich, der ausgestoßene Offizier, hatte von sich aus das Verbot bis zur Unterbindung auch jedes kameradschaftlichen und gesellschaftlichen Umgangs verschärft.

Auch Himmler war von der Tat völlig überrascht, mochte er auch für sich selbst, wie die vielgenannte Begegnung mit Minister Popitz und auch manch anderer Versuch gezeigt hatten, jede Möglichkeit offengehalten haben, und mochte ihm auch zu dieser Zeit der Wappenspruch seiner SS „Meine Ehre heißt Treue" schon jeder schillernden Auslegung fähig gewesen sein. Wie Stauffenberg selbst erzählt hat, ist er erstmals bei jener Lagebesprechung des 7. Juni auf dem Obersalzberg Himmler persönlich begegnet und hat über Belangloses mit ihm gesprochen, indes der andere ihm, dem Schwerbehinderten, zuvorkommend in den Mantel half. Himmlers Gespräch mit Guderian, in dem der Name Stauffenberg gefallen war, mochte nicht lange vorausgegangen sein. Später hat er auf dem Weg zum Flugplatz die Mappe Stauffenbergs getragen – nicht zu dessen Freude, da er Sprengstoff mitgenommen hatte, „um seine Nerven zu erproben", und Himmler nachher die Mappe unzart auf den Boden setzte. Stauffenberg hat den Reichsführer SS als einen Mann geschildert, bei dem sich bürgerliches Denkmaß mit bedrohlichen Wahnwünschen verband, im Umgang bald unsicher und ausweichend, bald krampfhaft übersteigert –, jedenfalls hat er ihm seine Umgänglichkeit erwidert und ihm keinen Schritt nachgegeben. Anderes hat zwischen ihnen trotz der Sensationsgier, die sie in geheime Beziehung setzen wollte, nicht bestanden.

Seine „Rede", die er gewollt als Schreckensfanfare nach dem schwarzen Tag des Zwanzigsten Juli vor den zusammengerufenen Gauleitern des Reiches am 3. August in Posen gehalten hat, ist durch den Sammeleifer des Reichsleiters Bormann erhalten geblieben[4]. In ihr hat die Haßwoge eines sinistren Drohens ihren Gipfel erreicht. Noch war seit dem Zwanzigsten nichts zur Ahndung geschehen, aber hier wurde das ganze Racheverfahren erläutert, das tags darauf mit dem „Ehrenhof" eingeleitet wurde, fünf Tage danach mit den ersten Erhängungen begann und bis zum Ende des Kriegs gedauert hat, wobei es doch immer noch hinter dem zurückblieb, was Himmler angekündigt hatte. Denn er sprach davon, hinausgehend über die Strafe am Schuldigen selbst, „eine absolute Sippenhaftung" einzuführen. „Sie brauchen bloß die germanischen Sagas nachzulesen. Wenn sie eine Familie in die Acht taten und für vogelfrei erklärten oder wenn eine Blutrache in einer Familie war, dann war man eben maßlos konsequent. Wenn die Familie vogelfrei erklärt wird und in Acht und Bann getan wird, sagten sie: Dieser Mann hat Verrat geübt, das Blut ist schlecht, da ist Verräterblut drin, das wird ausgerottet. Und bei der Blutrache wurde ausgerottet bis zum letzten Glied in der ganzen Sippe. Die Familie Stauffenberg wird ausgelöscht werden bis ins letzte Glied. (Beifall). Denn das muß ein einmaliges warnendes Beispiel sein."

Himmler erklärt in der gleichen Rede, der Zwanzigste Juli sei „nur der allerletzte Ausdruck einer langen Entwicklung gewesen", des immer schlimmeren Versagens und Sabotierens des Offizierskorps, des „intellektuellen Generalstabs", ja des gesamten deutschen Heeres, wie es sich seit dem Ersten Weltkrieg entwickelt habe. Er ist überzeugt, daß sich Offizierskorps und Armee „von diesem Schlag des Zwanzigsten Juli" nie mehr erholen werden, und setzt dagegen die Werbung für die „nationalsozialistische Volksarmee", deren erste Grenadierdivisionen eben seiner Gerichtsbarkeit unterstellt worden sind. „Die innere Vermählung von Partei und Wehrmacht ist heute lebendige Wirklichkeit geworden", schrieb der „Völkische Beobachter" am Tag dieser Rede. Die Wehrmacht hatte nun auch die Grußform der Partei – die aufgehobene Hand – übernommen. Himmler verstieß bei dieser internen Rede gegen das Gebot, das Hitler gegen die gefährlich breit gewordene öffentliche Diffamierung der Männer des Zwanzigsten Juli hatte geben müssen: es solle sich niemand dazu hinreißen lassen, „das Offizierskorps, die Generalität, den Adel oder Wehrmachtsteile in corpore anzugreifen oder zu beleidigen. Es muß vielmehr immer betont werden, daß es sich bei den Teilnehmern des Putsches um einen ganz bestimmten, verhältnismäßig kleinen Offiziersklüngel handelte"[5].

Die von Himmler verkündete „absolute Sippenhaftung" ist nicht durchgeführt worden. Doch wurden Familien und Sippenangehörige der Hauptbeteiligten, ob Kind oder Greis, verhaftet. Mindestens zwölf Frauen von über 70 Jahren waren betroffen, die Mutter der Brüder Stauffenberg unter ihnen. Frauen hatten selbst ihre Niederkunft im Gefängnis zu erwarten. Kinder wurden bis zu einem bestimmten Alter in Heime der Partei gegeben, wo sie unter anderen Namen aufwachsen sollten und wo sie nach Kriegsende, teils nach wochenlangem Suchen, wieder aufgefunden wurden. Sämtliche Sippenhäftlinge sollten auf einen Vorschlag Kaltenbrunners für die Dauer des Kriegs in die Bauden des Riesengebirges gebracht werden. Die Durchführung war im Gange, als der Angriff der Roten Armee im Januar 1945 den Plan zunichte machte. Man hat behauptet, vor allem die Einsprache Görings habe Himmler gehemmt, als wahnhafter Bluträcher zu wirken.

Nach der von SS-Seite stammenden Darstellung gab ein doppelter Dokumentenfund den Untersuchern rasch einen weiten Überblick. Das eine war ein reiner Zufallsfund. Das Absteigequartier Goerdelers in Berlin, das Hospiz am Askanischen Platz, war im Frühjahr 1944 durch Luftangriff zerstört worden. Als man jetzt dort nach den Spuren Goerdelers forschte, war ein Teil des Hauses eben notdürftig wiederhergestellt und wieder Fremden geöffnet. Der Torwächter gab an, man habe im Sicherheitsschrank unter den Trümmern einen dicken Briefumschlag für Dr. Goerdeler gefunden, der noch vor der Zerstörung hinterlegt, aber nicht mehr abgeholt worden sei. Als man ihn hervorzog, fanden sich in ihm verschiedene Entwürfe, Aufrufe und eine Regierungserklärung. Das andere Dokument war ein Teil der Tagebücher, die der Mittelsmann zwischen Olbricht und Goerdeler geführt hatte. Die Eintragungen enthielten Decknamen, aber sie waren bald zu entziffern. Ein größerer Personenkreis war durch die Fernschreibtexte erkannt worden, die in der Nachrichtenzentrale der Bendlerstraße beschlagnahmt wurden. In der Prinz-Albrecht-Straße füllten sich die Kellergefängnisse[6].

Die Vernehmungen wurden tags und nachts mit Schichtwechsel der Vernehmenden durchgeführt. Was im Abdruck der an Hitler gesandten Berichte vorliegt, täuscht den Frieden von gutwilligen Gesprächen vor. Vielleicht hat es auch die – aber wie selten! – gegeben. Oftmals herrschte gewiß ein furchtbares, raffiniertes, ohnmächtiges, neu ermanntes Ringen im Raum um das zu Sagende, das so und so oft durch rohe Gewalt erpreßt wurde: noch im Gerichtssaal trugen manche die Spuren davon. Eine Vorschrift über die Zulässigkeit „verschärfter Vernehmungen", die schon seit dem Jahr 1942 praktiziert wurde, deckte im Untersuchungskreis des Zwanzigsten Juli jede, auch die unmenschlichste Willkür. Denn sie erlaubte die Verschärfung, wenn der „Häftling über wichtige staats- oder rechtsfeindliche Sachverhalte, Verbindungen oder Planungen Auskunft geben kann, seine Kenntnisse aber nicht preisgeben will und diese im Ermittlungswege nicht feststellbar sind", und sie gab „je nach der Sachlage" jedem erfinderischen Kommissar die Variationen frei zu den Möglichkeiten: Wasser und Brot, hartes Lager, Dunkelhaft, Schlafentzug, Ermüdungsübungen, Stockschläge. Und wenn die Vorschrift die Verschärfung darauf beschränkte, nur Aussagen über andere, nicht ein Geständnis über die eigne Straftat zu erlangen, so bot sich ihr wiederum hier ein weites Feld der Anwendung, und der zuletzt tief Erschöpfte konnte dann immer noch – ohne Zwang – zum Eigenen vernommen werden. Schon zum Tod Verurteilte wurden am Leben behalten, solang sie im System der Ermittlungen noch dienen konnten (so Trott, Hofacker, Goerdeler, Leber. Goerdeler ist am 8. September verurteilt, am 2. Februar hingerichtet worden, Leber am 20. Oktober verurteilt, am 5. Januar hingerichtet worden). Die Anwendung von Drogen ist immer wieder vermutet, im Fall Goerdelers von Ritter, der ihm gegenübergestellt wurde, abgelehnt worden. Die Ermittlungen wurden mit aller Genauigkeit vorangetrieben. Die Toten der ersten Nacht wurden am nächsten Tag aus dem Boden geholt. Nach den Worten Himmlers in seiner Posener Rede hat er sie nach genauer Feststellung verbrennen und ihre Asche „in die Felder" streuen lassen. Tresckow hatte dasselbe Los; nachdem sein Leichnam am 21. Juli aus einem frontnahen Waldstück bei der 28. Jägerdivision geborgen worden war, hatte ihn ein Tagesbefehl der 2. Armee, deren Generalstabschef er war, rühmend als einen der Besten hervorgehoben, dem nachzustreben sei, und der Wehrmachtsbericht hatte ihn mit Auszeichnung genannt. Als seine Teilnahme bekannt wurde, erschienen an seinem Heimatort, wo man ihn bestattet hatte, Beauftragte aus der Prinz-Albrecht-Straße, entrissen ihn unter erniedrigenden Reden an die Angehörigen dem Boden und brachten ihn nach Berlin. Dort suchte man mit der Furchtbarkeit des unerwarteten Anblicks den einst nächsten Gehilfen Tresckows zu erschüttern, der bisher entschlossen geleugnet hatte.

Wundgeschossene wurden gepflegt, um so für eine Aussage und vielleicht für die Qual eines Todes wieder tauglich zu werden. General Karl-Heinrich von Stülpnagel, nach der unglücklichen Nacht zu Keitel nach Berlin befohlen, ließ seinen Wagen hinter Verdun auf einer kleinen Seitenstraße im Maastal anhalten und ohne ihn bis zur nahen Ortschaft Champs vorausfahren: er wolle sich ein wenig die Füße vertreten. Die beiden Begleiter hielten aus Besorgnis in der vom Maquis unsicheren Gegend hinter einer nahen Bodenwelle. Sie hörten ein, zwei Schüsse, eilten an die Stelle, fanden sie leer und nach einigem Suchen den General in den grünen Wassern des nahen Kanals treibend. Er blutete von einem Kopfschuß und war am Leben, aber nicht bei Bewußtsein. Sie brachten ihn nach Verdun zurück und riefen in Paris an: der General sei von Terroristen angeschossen worden. Der wahre Hergang wurde bald erkannt und diente, Stülpnagels Schuld zu erweisen. Am Erblindeten wurde später die Todesstrafe vollstreckt wie an den des Gehens nicht mehr fähigen Jens Jessen und Hans von Dohnanyi, die auf der Bahre zum Tod getragen wurden.

Der lückenlos über das Reichsgebiet und die besetzten Länder hin ausgebaute Fernmelde- und Fahndungsdienst der SS stand der Sonderkommission zur Verfügung. Das sechste Kriegsjahr hatte hier eher eine Erweiterung als eine Einschränkung gebracht. Warf sich ein neuer Verdacht auf, so konnte man den Verdächtigen, gleich auf welche

Entfernung, vielleicht schon eine Stunde nachher greifen oder ihn augenblicklich mit Beobachtern umstellen, die, ohne daß es der Betroffene in der Regel erfuhr, über jede seiner Mienen oder über die Auslassungen seiner Briefe oder die Besucher, die über seine Schwelle gingen, nach Berlin berichteten. Auch wenn einer versuchte, sich zu entziehen, und einige Zeit den Ahasverus durch Deutschland machte – es half wenig. Das enge Netz der Meldepflichten und Kontrollen, die schon der Nahrung wegen schwer zu umgehen waren, ließ sich auf die Dauer kaum durchschlüpfen. Es ist in der Tat nur sehr wenigen mit der Hilfe von Menschen, die ihr Leben wagten, gelungen, bis zum Kriegsende unerkannt zu bleiben oder in neutrales Nachbarland zu flüchten[7]. Von den an der Front Betroffenen haben es nur wenige über sich gewonnen, zum Gegner überzugehen. Goerdeler, der von dem Haftbefehl gegen ihn schon vor dem Zwanzigsten wußte, war bei befreundeten Menschen untergetaucht und mußte in seinem Versteck erfahren, daß von Hitler ein Kopfpreis von einer Million zu seiner Ergreifung ausgesetzt war. Niemand aus den ihn beherbergenden Familien hat ihn verraten, und er mußte, selbst noch in Freiheit, erleben, wie einer um den andern seiner Freunde abgeholt wurde. Seine von ihm schlicht und erschütternd geschilderte Flucht führte ihn zurück an seinen Ursprung nach Westpreußen, wo er noch einmal die Heimat und das Grab der Eltern in Marienwerder sehen wollte, ehe er ergriffen wurde. Ins Ausland zu gehen hat er wohl nicht mehr erwogen: er fürchtete daraus Gefahr für das Leben seiner Familie und besaß keinen Paß auf einen anderen Namen. Eines Morgens – am 12. August – ist er, übermüdet in einem abgelegenen Wirtshaus bei Konradswalde rastend, als seine Vorsicht für eine Weile ausließ, von einem wohl arglosen Königsberger Mädchen erkannt worden, dem die Million zu einer schweren Bürde geworden ist[8].

Eine nicht geringe Zahl der Betroffenen starb durch eigenen Willen. Ihnen war der Gedanke unerträglich, in ein Verfahren hineingezogen zu werden, in dem ihnen das körperliche Unterliegen gewiß und ebenso gewiß war, daß ihnen nie eine freie Äußerung über ihre Beweggründe erlaubt sein werde. Andere bewog noch mehr die tiefe Sorge, daß sie einer Mißhandlung nicht standhalten und Namen nennen könnten. Offenbar hat aus solcher Erwägung auch der von vielen geliebte Kurt Freiherr von Plettenberg den Tod gesucht.

Wider Erwarten war er, der in den letzten Wochen häufig mit Stauffenberg zusammenkam, von den Verfolgungen freigeblieben, aber seine Natur ließ es ihn fast als Schmerz empfinden, als einziger eine leichte Freiheit zu genießen, indes alle anderen im Gefängnis lagen oder schon hatten sterben müssen. Im Jahr 1945 kam die Reihe auch an ihn. Er hatte sich in früheren Jahren, um für die Zartheit seines Körpers einen Ausgleich zu schaffen, im Faustkampf ausbilden lassen. Zu einem Mitgefangenen äußerte er mit Lächeln, man habe ihm 24 Stunden Bedenkzeit gegeben, ob er freiwillig die Namen der ihm bekannten Beteiligten nennen wolle. Als ihn tags darauf zwei Wächter zur Vernehmung führten – es war im dritten Stock des Gerichts –, riß er sich blitzschnell los, streckte die beiden mit gezielten Schlägen nieder und sprang aus dem Fenster[9].

Ulrich von Hassell war, als die Aktion zu erwarten stand, auf schwierigen Wegen von Oberbayern nach Berlin gekommen. Nach dem Zwanzigsten wollte er im deutschen Verhängnis auch seinem Schicksal nicht ausweichen und blieb. Er empfing, die ihn abholen kamen und deren Stunde er wußte, „sitzend an seinem Schreibtisch"[10].

Graf Hardenberg saß zu Tisch, als die Beamten der Staatspolizei durch den Flur eindrangen und im Nebenzimmer erschienen, zu dem die Tür offen war. Er stand auf, grüßte gelassen die Gräfin und ging ihnen entgegen. Ein Schuß fiel, es schien für Augenblicke wie ein Kampf, Hardenberg sank zu Boden – er hatte sich mit einer Pistole durch die linke Brust geschossen. Einer der Fremden war mitverletzt worden. Als seine Bewachung nachher für eine kurze Zeit nachließ, nahm er die Papierschere vom Schreibtisch und bohrte sie sich in die ungetreue Wunde: aber das Herz hielt stand, nur die Sinne schwanden. Ein dritter Versuch – der Arzt, der allein Zutritt hatte, war bereit, ihn nicht zu hindern –, auch der Schnitt in die Pulsadern konnte nicht helfen. In der Frühe wurde der Ausgeblutete weggebracht. Es war sein Los, alle Monate im Wechsel von Verwundetenzelle und Gefängniszelle zu überdauern und im Zusammenbruch den Verlust des deutschen Ostens, der Heimat, zu erleben.

Während der Untersuchungen gab es mehrfach die erstaunlichsten Überraschungen, die die Atmosphäre des bösartigen Mißtrauens eines jeden gegen jeden erklärlich machen, wie sie von damals an in Ämtern und militärischen Rängen herrschend geworden ist. Männer, die kurz zuvor noch Dienstgespräche geführt hatten, wie gegen Schuldige vorzugehen sei, waren plötzlich als Mitwisser erkannt und vom gemeinsamen Mittagstisch weg verhaftet. Wagner, der Generalquartiermeister, der sich eben noch mit Kaltenbrunner über das zweckmäßigste Untersuchungsverfahren besprochen hatte, erschoß sich, um seiner Demütigung zuvorzukommen. Die Verhaftungen nahmen zeitweise solchen Umfang an, daß der Minister für Rüstung einschritt, um vorerst unersetzbare Männer zu halten. Der Oberquartiermeister in Frankreich, Oberst Finckh, bat gegen jede Sicherheit, ihn so lange noch seiner Aufgabe zu belassen, bis die Krisenlage nach dem frischen Durchbruch der Alliierten überwunden und eine zusammenhängende Front wiederaufgebaut sei. Dann könne man mit ihm machen, was man wolle. Er wurde nicht gehört.

Die „Sonderkommission" blieb so lange tätig, als Hitler am Leben war. Immer neue Mitwisser der Erhebung wurden erkannt, neue Gesichter erschienen in den Gefängnissen. Man wird heute feststellen, daß die Untersucher die ihnen übertragene Aufgabe mit einer nur in solchem Staat möglichen Genauigkeit erfüllt haben. Eine verschwindende Zahl ist unentdeckt und unbelangt geblieben. Gehalt und Umfang der Aufruhrbewegung ist im Verlauf der Untersuchung weithin richtig erkannt worden. Man hat darüber Zeugnis. Von den Ergebnissen der Vernehmungen wurde aus der Prinz-Albrecht-Straße zu Anfang täglich, später dreitäglich, zuletzt wöchentlich in Zusammenfassungen des Obersturmbannführers von Kielpinski an Bormann – Hitler berichtet. Diese noch heute erhaltenen Berichte sind nach den vernommenen Untersuchungsgefangenen und nach den vernehmenden Kommissaren sehr ungleich, brechen immer wieder in Schmähungen und unsachliche Gesinnungshetze aus und urteilen insgesamt von einer Lageauffassung her, die heute so wahnhaft erscheint wie den Untersuchern damals die Lagebeurteilung der Verschwörer, die sich freilich sehr bald als die realere erwies. Aber dennoch haben die Beamten Kaltenbrunners, wie man feststellen muß, sich auch bemüht, die Beweggründe aufzuklären, die diesen ungewöhnlichen Menschenkreis zu einem Aufruhr gegen Hitler zusammengeführt haben, und haben seine Anklagen gegen den Staat Hitlers nicht unterdrückt. Man findet eigene Darlegungen, die etwa die Haltung der Offiziere, den Abfall einst überzeugter Parteigenossen, ja die Hinwendung zum Ausland erklären.

Zur Darstellung der Motive hat für die Untersucher sicher das Verhalten der von ihnen Befragten viel beigetragen. Manchen von ihnen – so Goerdeler, Schulenburg, Berthold Stauffenberg –, so gewinnt man den Eindruck, war es wichtiger, für die Größe und Echtheit ihres Umsturzwollens Zeugnis zu geben als auf ihre eigene Verteidigung bedacht zu sein, die gegen den sicher geglaubten Tod doch nichts vermochte. Es ist denkbar, daß Kaltenbrunner selbst Anweisung gegeben hat, wie es der umstrittene Bericht eines der Kommissare (Kiesel) will, „es müsse Hitler ein schonungsloses Bild von den Gründen gegeben werden, die zum Attentat geführt hätten. Es seien so viele Männer von hervorragenden beruflichen und charakterlichen Qualitäten in die Verschwörung verwickelt, daß Hitler durch diese Erkenntnis hoffentlich den Schock erlebe, der notwendig sei, ihn zu den notwendigen Änderungen zu veranlassen."

Was bei den Vernehmungen wirklich ausgesprochen wurde, wird man wohl nie ganz wissen. Aber auch in der gefilterten Darstellung der Kaltenbrunner-Berichte sind Urteile gegen Hitler und seinen Staat enthalten, die niemals veröffentlicht werden durften, weil sie die Front von Klägern und Angeklagten jäh vertauscht hätten. Vom Verhör des Grafen Berthold Stauffenberg verlautete aus der Prinz-Albrecht-Straße, daß er einer der ganz wenigen gewesen sei, die „völlig unbelehrbar und fanatisch" blieben. „Seine kurze Aussage", so fährt der Bericht fort, „war das klarste und wuchtigste Dokument der Anklage gegen Hitler, das vielleicht jemals geschrieben und diesem vorgelegt wurde. Hier offenbart sich ein deutsches Menschtum, das von innen heraus, aus der gemeinsamen Wurzel alles religiösen, politischen und künstlerischen Handelns völlig frei war von Hitler und Nationalsozialismus[10a]." In den KB sind nur wenige Auszüge daraus wiedergegeben, so:

„Auf innenpolitischem Gebiet hatten wir (es wird vom Jahr 1933 gesprochen) die Grundideen des Nationalsozialismus zum größten Teil durchaus bejaht: Der Gedanke des Führertums, der selbstverantwortlichen und sachverständigen Führung, verbunden mit dem einer gesunden Rangordnung und dem der Volksgemeinschaft, der Grundsatz ‚Gemeinnutz geht vor Eigennutz' und der Kampf gegen die Korruption, die Betonung des Bäuerlichen und der Kampf gegen den Geist der Großstädte, der Rassegedanke und der Wille zu einer neuen, deutschbestimmten Rechtsordnung erschien uns gesund und zukunftsträchtig." „Die Grundideen des Nationalsozialismus sind aber in der Durchführung durch das Regime *fast alle in ihr Gegenteil gekehrt worden.*" „Statt ‚berufener' Führer kamen im allgemeinen ‚kleine Leute' an die Spitze, die eine unkontrollierte Macht ausübten. Gegen den Gedanken der Volksgemeinschaft wurde verstoßen, indem gegen die oberen Schichten und die ‚Intellektuellen' gehetzt und überhaupt nach Möglichkeit das Ressentiment des Kleinbürgers geweckt wurde." (KB 447, 453)

Wie Berthold Stauffenberg wandten auch andere die Anklage gegen die „Verschwörer" in eine Anklage gegen das System, das sich Zug um Zug selbst verraten habe. „Die Abkehr einer ganzen Führerschicht von den Grundsätzen der Einfachheit und Schlichtheit, die sie in der Kampfzeit gepredigt hat ... Wir wollen eine Führerschicht, die das Vorbild in Haltung und Tat ist ... Als Grundlage für die Ordnung wollen wir wieder heiliges unverbrüchliches Recht schaffen ... die innere Reinigung Deutschlands von Korruption und Verbrechen, die Wiederherstellung von Recht und Anstand, ohne Rücksicht auf die Person ..." (Schulenburg KB 454) „Erste Leitlinie sollte sein: Sauberkeit und Rechtlichkeit. Als Stichwort fiel ferner das Wort ‚Deutscher Sozialismus'. Damit sollte zum Ausdruck gebracht werden, daß das Gedankengut des Nationalsozialismus in weitestgehendem Umfange übernommen werden sollte, ja, daß dieses zum Teil *überhaupt erst zur Einführung gelangen* sollte. Ich betonte, daß die künftige Regierung sich gerade in der Handhabung des Rechts scharf vom derzeitigen Regime unterscheiden müsse ... Die Persönlichkeiten des gegenwärtigen nationalsozialistischen Regimes sollten in einem geregelten Rechtsverfahren abgeurteilt werden." (Nikolaus Graf Üxküll KB 449, 452).

Für die Aburteilung hatte Hitler zuerst einen großen öffentlichen Prozeß gewünscht mit Film, Rundfunk und weitester Presse, trat aber dann Bedenken Himmlers bei und befahl die Verhandlung vor dem „Volkgerichtshof" im beschränkten Raum mit streng ausgewähltem Zuhörerkreis. Da er sich damit auch gegen ein kriegsgerichtliches Verfahren entschied, das für die Offiziere vom Gesetz vorgeschrieben war, ließ er einen „Ehrenhof des Heeres" errichten mit der Aufgabe, diejenigen Offiziere aus der Wehrmacht auszustoßen und damit der zivilen Justiz zu überantworten, bei denen nach dem Ergebnis der

Voruntersuchung eine Verurteilung zu erwarten war. Den Vorsitz im „Ehrenhof" übernahm Feldmarschall von Rundstedt. Ihm zugeordnet wurden Marschall Keitel, Generaloberst Guderian und die Generale Schroth, Specht, Kriebel, Burgdorf und Maisel. Der „Ehrenhof" urteilte ohne Anhörung der Person nach den vorgelegten Polizeiakten und stieß erstmals am 4. August 22 Offiziere mit Schande aus dem Heere aus, unter ihnen einen Generalfeldmarschall und acht Generale.

Vom Gerichtsverfahren forderte Hitler, daß es hart und blitzschnell sei[11]. Die Angeklagten sollten nicht lange zu Wort kommen, „keine Reden aus dem Fenster halten dürfen", und die Regelstrafe sollte der Tod durch Erhängen sein, die dann innerhalb von zwei Stunden nach der Urteilsfällung zu vollstrecken war. Geistlicher Beistand war zu versagen. Als Gerichtspräsident wurde von Hitler der bisher schon am Volksgerichtshof tätige Roland Freisler[12] ernannt, der, ein Kenner sowjetischer Rechtsprechung und des sowjetischen Strafvollzugs, sich als Verfechter des sogenannten „Gesinnungsstrafrechts" hervorgetan hatte: auf den Glauben an Führer und Volk, auf das „gesunde Volksempfinden" gestützt, sollte der Richter die Strafe nicht nach dem für eine Tat vorher festgelegten Gesetz, sondern einzig nach der als feindlich erkannten Gesinnung des Täters und der aus ihr abzuleitenden möglichen Tatabsicht festsetzen und dabei nicht durch akademische Paragraphen behindert sein. Es ist Freislers Ausdruck, daß es darauf ankomme, die Angeklagten zu „atomisieren".

Die ersten acht Angeklagten des Zwanzigsten Juli standen am 7. und 8. August im Großen Saal des Kammergerichts in Berlin vor dem Volksgerichtshof. Hitlerbüste, Hakenkreuzfahnen, Talare – Freisler in Rot –, Uniformen, die in den Reihen des Publikums vorherrschten – alles wirkte wie zur gewollten Schau. Und Auftritt um Auftritt wurde in Ton und Bild festgehalten, um das deutsche Volk oder doch Hitler daran teilnehmen zu lassen, der danach verlangte. Einer, der dabei war, zeichnete später auf[13]:

„Noch nie in der deutschen Rechtsgeschichte sind Angeklagte mit einer derartigen Brutalität, mit einer derart fanatischen Rücksichtslosigkeit behandelt worden wie in diesem Prozeß. Wie gemeine Mörder wurden sie, jeder von zwei Beamten der Gestapo an den Ärmeln geleitet (ohne Kragenbinde und Hosenträger), in den Gerichtssaal geführt. Schon rein äußerlich sah man allen Angeklagten an – und bei ihrer Vernehmung steigerte sich mir noch dieser Eindruck –, daß sie nach all diesen erlittenen Quälereien der Untersuchungshaft bloß das eine ersehnten: das baldige Ende dieser körperlichen und geistigen Folter. Bei einem von ihnen ... waren noch die Spuren der Mißhandlung sichtbar. Bezeichnend für die unmenschliche Verhandlungsführung war es, daß es keinem der Angeklagten verstattet wurde, sich über die Motive der Tat auszulassen. Alle Angeklagten mußten es sich von diesem früheren Rechtsanwalt gefallen lassen, als Lumpen, Verräter und feige Mörder bezeichnet zu werden ... So wurde die Prozeßführung .. zur Karikatur einer Gerichtsverhandlung, was sich auch darin zeigte, daß der Vorsitzende mit schauspielerischem, brutalem und erbarmungslosem – anscheinend vor dem Spiegel einstudiertem – Gesichtsausdruck an der Spitze seiner Mitrichter wie ein zweiter Robespierre den Saal betrat. Nichts von Menschlichkeit in dieser widerlichen Fratze mit den großen, von den Lidern halb überdeckten, gleisnerisch hinterlistigen Augen ... Mit einer Stimme, die entgegen allen Geheimhaltungsvorschriften wie eine Posaune in den umliegenden Straßen gehört werden mußte, erklärte er alle acht Angeklagten für schuldig des vollkommensten Verrats am Führer, am Gefolgsherrn, an allem, was das deutsche Volk sei und habe, an der deutschen Geschichte, an allen deutschen Männern und Frauen. In schwülstigem, hier und da an altdeutsche Sprüche anklingendem Stil wiederholte er immer wieder dieselben Phrasen, um schließlich alle Angeklagten wegen der ‚schimpflichsten Tat, die je unsere Geschichte gesehen hat', zum Tode durch den Strang zu verurteilen. Er beendete die Urteilsverkündung mit den großsprecherischen Worten: Wir kehren zurück in das Leben, in den Kampf. Wir haben keine Gemeinschaft mit ihnen. Das Volk hat sich von ihnen befreit, ist rein geblieben. Wir kämpfen. Die Wehrmacht grüßt: Heil Hitler. Wir alle grüßen: Heil Hitler. Wir kämpfen mit unserem Führer, ihm nach für Deutschland. Wir haben die Gefahr jetzt abgeschüttelt, wir marschieren mit totaler Kraft hin zum totalen Sieg."

Obwohl nur eigens ausgewählte Hörer Zutritt hatten, obwohl während der Verhandlungen immer wieder nachgeprüft wurde, ob wirklich nur die Zugelassenen hörten und wirklich nur die zum Schreiben Befugten sich Aufzeichnungen machten, ist aus dem Hörerkreis selbst schon damals Entsetzen über die Art der Prozeßführung nach außen getragen worden. Der Reichsminister für Justiz, Thierack, hat sich am 8. September nach der Verhandlung gegen Goerdeler, Wirmer, Leuschner, Hassell selbst beschwerdeführend an Bormann und Hitler gewandt, ohne etwas zu ändern[14]. Die Angeklagten mußten gehindert werden, zu Wort zu kommen, und wie sehr hatten manche von ihnen gehofft, wenigstens einmal noch, bevor sie der Henker ergriff, sich vor dem deutschen Volk aussprechen und rechtfertigen zu können.

„Ist es ein Wunder", so liest man in einem auf Selbsterlebtes zurückgehenden Bericht[15], „daß man so viele stolze und männliche Haltung gesehen hat und doch so wenig trotzige Worte berichten kann? Nur wenn die sprungbereite Wachsamkeit des Tigers auf dem Präsidentenstuhl für einen kurzen Augenblick erschlaffte, war einem Angeklagten eine kühne Entgegnung möglich ..." Bekanntgeworden ist das Wort Hans von Haeftens, des Diplomaten, der auf die Frage Freislers, warum er dem Führer verbrecherisch die Treue gebrochen habe, erwiderte: „Weil ich den Führer für den Vollstrecker des Bösen in der Geschichte halte." Moltke hat über seinen wie mit dem Rapier gefochtenen Zweikampf mit Freisler in der kurzen Frist, die ihm bis zur Hinrichtung blieb, noch Aufzeichnungen machen können, die man immer mit Grausen und Bewunderung lesen wird. Von Leber wird die auch sonst an ihm bekannte Unerschrockenheit vor Freisler berichtet. Auch Schulenburg vermochte aller Kränkung stark zu widerstehen. Von Freisler war er während der Verhandlung, wie ein Bericht sagt, zumeist nur mit „Schurke Schulenburg" oder „Verbrecher Schulenburg" angeredet worden. Einmal, als sich der Präsident versprach und „Graf Schulenburg" sagte, soll er ihm mit einer Verbeugung ins Wort gefallen sein: „Schurke Schulenburg, bitte!"

Von des Botschafters von Hassell streitbarer Haltung sprechen erhaltene Bilddokumente. Sie zeigen auch, wie andere der Angeklagten innerlich schon jenseits aller Marter in wortloser Verachtung verharrten und nur das Notwendigste auf die an sie gerichteten Fragen geantwortet haben. Fellgiebel rief dem Präsidenten, wie berichtet wird, auf die Urteilsverkündung zu: „Dann beeilen Sie sich mit dem Aufhängen, Herr Präsident, sonst hängen Sie eher als wir." Witzleben: „Sie können uns dem Henker überantworten. In drei Monaten zieht das empörte und gequälte Volk Sie zur Rechenschaft und schleift Sie bei lebendigem Leibe durch den Kot der Straßen." Rechtsanwalt Wirmer, schon in der Figur substantiell, von Beruf in der Gerichtsrede gewappnet, muß dem Präsidenten besonders ungerührt zugesetzt haben: „Wenn ich hänge, habe nicht ich die Angst, sondern Sie ..." Freisler: „Bald werden Sie in der Hölle sein ..." Wirmer: „Es wird mir ein Vergnügen sein, wenn Sie bald nachkommen, Herr Präsident[16]."

Fünf Monate danach war es soweit. Das Volksgericht war bei einem schweren Luftangriff in den Keller ausgewichen – ein Teil der Decke stürzte ein, ein großer Balken löste sich und erschlug den Präsidenten, der die Anklageakten Schlabrendorffs eben in der Hand hielt.

Trotz der immer verzweifelteren Lage Deutschlands und der immer enger hereinrückenden Fronten, die ihm schwerste Sorge bereiten mußten, legte Hitler offenbar Wert darauf, täglich von der sich vollziehenden Ausrottung des inneren Gegners zu erfahren. Er „verschlang", wie es in dem einen Bericht (Kiesel) heißt, die eigens für jeden Tag erarbeitete Übersicht über neue Belastungen, Verhaftungen, Vernehmungsergebnisse, Hinrichtungen und griff – für die Verantwortlichen oftmals störend – mit seinen Befehlen in laufende Verfahren ein. Wie den Gerichtspräsidenten, so empfing er, wenn der einzig darüber vorliegende Bericht zutrifft, den verantwortlichen Scharfrichter. Er bestand darauf, daß den Verurteilten auch nicht die kleinste Milderung gewährt werde, sie sollten hängen wie Schlachtvieh, man solle nicht auf den Gedanken kommen, in den Hingerichteten Märtyrer der Freiheit zu sehen. Er verlangte – wenigstens bei den ersten Vollstreckungen –, daß Filme davon hergestellt würden, und verlangte sie zu sehen[17].

Vielleicht haben die Männer, die ihr Leben in die Schlinge gaben, als das Ödeste nicht die höhnende Niedrigkeit der Galgenknechte empfunden, die wohl in keinen Zeiten viel anders waren („sie wissen nicht, was sie tun"). Erschütternder muß für sie gewesen sein, den, der der Oberste seines Volkes war oder sein sollte, auf einer Stufe mit diesen kleinen Würgern zu wissen und im technisch eiskalten Abspiel mit schnurrenden Filmapparaten in letzter Preisgegebenheit noch einmal seiner – des Antichrists – Jahrhundertmaske zu begegnen.

Die beiden Geistlichen des Gefängnisses in Plötzensee haben viele der Verurteilten in den kurzen Stunden, die ihnen zwischen Todesurteil und Tod blieben, trotz der verweigernden Einschärfungen Hitlers noch kurz gesprochen, ehe sie das ihnen zur Qual gewordene Leben verließen. Einigen haben sie wenigstens, von fern stehend, als sie zur Richtkammer geführt wurden, noch Gruß und Segenszeichen winken können. Man wird immer mit Bewegung diese Berichte lesen, nicht nur, weil sie von einem Äußersten handeln, was diese Männer in einer rühmenswerten Beherrschung und ohne Klage durchschritten haben – man berichtet auch von den Nürnberger Hinrichtungen von männlicher Haltung der einzelnen –, sondern, weil sie ein letztes Mal daran erinnern, wie hier eine gewiß nicht gewöhnliche und zufällige Schar der Besten eines Volkes versucht hat, Ungeist zu wenden und höherer Satzung wieder zur Macht zu verhelfen.

Nur die ersten Hinrichtungen sind verkündet worden, die vielen, die in den langen Endmonaten des Krieges folgten, sind der deutschen Öffentlichkeit unbekannt geblieben, ebenso wie die Unmenschlichkeiten der Lagerhaft, die Tausende zu bestehen hatten. Später haben Überlebende Berichte gegeben von der eigenen Welt in diesen düsteren Bezirken, wo oft ein leises Winken, einige verstohlene Worte, eine schwer erkaufte Hilfsbereitschaft oder Gabe das einzige war, was mit dem gleichbetroffenen Nachbar verband. In Schmutz und Gemeinheit gab es Menschen einer unwandelbaren Ritterlichkeit oder solche, die immer mit Zuspruch oder gelassener Rede zu ermuntern wußten. Die Länge des Wartens, der fast täglich hereingreifende Arm des Todes, der unabsehbare Wechsel in jeder Stunde ließ manchen schwindelfrei werden auf einem Weg, den er sonst nur in Verzweiflung gegangen wäre. Vielleicht wird nur, wer ähnliches erlebt hat, den Schicksalsglauben der Geglühten kennen, die fast unverwundbar geworden sind und vom Tod anders denken als die in der Sonne wandeln.

Im September 1944 hob ein unerwarteter Aktenfund für Hitler auch die Verschwörung der Jahre 1938/40 ans Licht. Man stieß in einem Panzerschrank in Zossen auf die sorgfältig gesammelte Dokumentation Becks, deren Vernichtung bei Dohnanyis Verhaftung versäumt worden war, und auf Teile eines Tagebuchs von Canaris. Oster machte jetzt die Aussagen, die den Anstoß zur Gegenbewegung bis zur Entlassung des Freiherrn von Fritsch zurückverlegten und die Führung des Heeres mitbeteiligt zeigten. Die für Hitler erschütternden Enthüllungen wurden vor der Öffentlichkeit, aber auch vor der Behandlung durch den Volksgerichtshof zurückgehalten. Erst als im letzten Kriegsmonat das gesamte Tagebuch von Canaris aufgefunden wurde, hat Hitler, vom Zorn erfaßt, den ganzen Menschenkreis, der bisher nicht vor Gericht gestanden hatte, durch ein rasch gebildetes Feldgericht der SS aburteilen und am 9. April hinrichten lassen (Canaris, Oster, Dohnanyi, Bonhoeffer, Gehre, Strünck, Sack).

In den letzten zwei Wochen des Krieges ist noch eine ganze Zahl Gefangener, als sie schon im Schlachtenlärm ihre Befreiung heranrücken hörten, ohne Urteil in heimtückischem Überfall erschossen worden. Es stand über sie verhängt, daß sie keinesfalls den Feinden in die Hand fallen dürften. Andere haben die letzte Gefahr heil überstanden und kamen, von schwerer Erfahrung geprägt, in die Freiheit zurück, manche erst, nachdem sie noch auf einer ungewissen Flucht, während die Feinde schon im Land standen, von Lager zu Lager weitergeschleppt und bis zuletzt von der Drohung begleitet waren, doch noch vernichtet zu werden.

Auf dem Weg einer dieser Fluchtgruppen erfüllte sich auch das Schicksal der Fliegerin Melitta Gräfin Stauffenberg, geb. Schiller. Als Schwägerin von Claus Stauffenberg – ihr Mann Alexander Stauffenberg war vom 24. Juli an in Haft – war auch sie erst in Sippenhaft genommen, dann aber – sie hatte am Erhebungsplan nicht teil – freigegeben worden zu ihrer besonderen Aufgabe: an der Luftkriegsakademie Gatow schulte sie in allnächtlichen Flügen Piloten mit dem von ihr erfundenen Gerät, das Bruchlandungen der Nachtjäger verhindern konnte. Sie war von Göring aufs höchste ausgezeichnet worden. Jetzt sah sie sich durch ihre freie Beweglichkeit bestimmt, die Verbindungen der auseinandergerissenen Familien, nicht nur der Stauffenbergschen, zu erhalten und dem Fluchtweg nahezubleiben, den die größte dieser Gruppen nahm (in der auch Alexander Stauffenberg war). So konnte sie am Tag, wenn sie den neuen Standort ausgemacht hatte, plötzlich erscheinen, Nachrichten und Freundlichkeiten bringen, Nachrichten mitnehmen und für den Schutz dieser Gruppe wachsam sein. Bei einem dieser Flüge ist sie, die immer unbewaffnet flog, am 8. April 1945 von einem englischen Jagdflieger über der Donau bei Straubing abgeschossen worden[17a].

*

Hier ist noch zweier Schicksale zu gedenken, die von der Nachgeschichte des Zwanzigsten Juli nicht zu trennen sind, deren Rätsel sich erst nach Kriegsende gelöst hat: der Schicksale der beiden Feldmarschälle Kluge und Rommel[18].

Kluge hat den Tag des Zwanzigsten Juli, dessen Scheitern er durch seine Weigerung besiegelt hat, nur um vier Wochen überlebt, über die der ihm Rangnächste, General Blumentritt, später im Gefangenenlager geschrieben hat: „Lieber einen dritten Weltkrieg mitmachen als nochmals die Wochen nach dem Zwanzigsten Juli. Aber das *kann* ein Außenstehender nicht begreifen."

Zur Aussichtslosigkeit der Lage gegenüber einem materiell übermächtigen Feind, gegen den Kluge mit dem Ehrgeiz des großen Könners und mit äußerstem persönlichem Einsatz die Front doch noch zu halten sich bemühte, kam das wachsende Mißtrauen Hitlers, das ihm und seinem „Pessimismus" die Schuld am Versagen gab und das noch aus anderen als strategischen Quellen sich speiste, seit es Volksgerichtsprozesse zum Zwanzigsten Juli gab. Dies böse Mißtrauen erreichte seinen Höhepunkt, als Kluge bei der Sitte seiner Besuche auf den Gefechtsständen in den Kessel von Falaise geraten und für das Führerhauptquartier 24 Stunden nicht erreichbar gewesen war. Hitler war überzeugt, daß er paktiert hatte und zum Feind übergelaufen war, und bot Feldmarschall Model bei der Heeresgruppe Nordukraine in Galizien auf, ihn sofort zu ersetzen. Rückgekehrt, hatte Kluge von einer Stunde zur anderen den Oberbefehl in Frankreich abzugeben. In einem Brief vom 18. August, in dem er die gegen ihn als Heerführer erhobenen Vorwürfe im einzelnen zurückwies, beschwor er Hitler, falls die erhofften neuen Waffen keinen Erfolg brächten, den Krieg zu beenden. Verzweifelnder Nachklang: „Das deutsche Volk hat solch unsagbare Leiden erduldet, daß es Zeit ist, diesem Schrecken ein Ende zu setzen." Und erstaunlich für einen letzten Brief, auch wenn er fordernd gemeint ist, die Huldigung: „Mein Führer, ich habe immer Ihre Größe bewundert... Wenn das Schicksal stärker ist als Ihr Wille und als Ihr Genie, so liegt das im Willen der Vorsehung. Sie haben einen ehrenhaften und großen Kampf gekämpft. Dieses Zeugnis wird Ihnen die Geschichte ausstellen. Zeigen Sie sich jetzt auch so groß, dem hoffnungslosen Kampf, falls es notwendig ist, ein Ende zu setzen. Ich scheide von Ihnen, mein Führer, als einer, der Ihnen in dem Bewußtsein, seine Pflicht bis zum äußersten getan zu haben, näherstand, als Sie das vielleicht erkannt haben."

Nahe bei Verdun, unweit der Stelle, wo Stülpnagel die Waffe gegen sich gerichtet hatte, fanden die Begleiter nach der Mittagsrast, als man zur Weiterfahrt aufbrechen wollte – es war der 19. August –, Kluge tot. Das in die kleine Phiole geschmolzene Gift hatte ihn vom Untragbaren befreit[19].

Der im Brief Angesprochene konnte die Worte, wenn er sie durch Sepp Dietrich empfing, nur zynisch, ja mit Verachtung aufnehmen, nachdem er sich durch Untersuchung des Leichnams hatte Gewißheit geben lassen, daß Gift und nicht ein Herzschlag dies Leben beendet hatte. Seine Worte vom 31. August lassen erkennen, daß auch Kluge vor Gericht gestellt worden wäre. Tags zuvor waren Hofacker, Stülpnagel, Finckh, Linstow und Rahtgens, der Neffe Kluges, zum Tod verurteilt und außer Hofacker hingerichtet worden. In den Verhandlungen hatte sich erstmals eine schwere Belastung Kluges, beginnend im Jahre 1943, und seines Stabes aus dem Jahre 1944 ergeben. Blumentritt und Speidel wurden abgelöst, Speidel in die Keller der Prinz-Albrecht-Straße eingeliefert.

Rommel war bisher von keinem Verdacht erreicht worden. Als die Verfolgungen nach dem Zwanzigsten Juli begannen, war er noch todkrank darniedergelegen. Nur war bemerkenswert erschienen, daß in der öffentlichen Unterrichtung von einem Kraftwagenunfall des Marschalls in fast beiläufigem Ton die Rede gewesen war. Der Schwerverwundete wurde in sein Albtal bei Ulm gebracht. Es schien nicht weiter auffällig, daß Beauftragte der Partei sein Ergehen zu beobachten hatten. Die Genesung schritt voran. Durch einen neuen Bormannbericht ausgelöst, fand in den ersten Oktobertagen eine Besprechung bei Hitler statt, an der Keitel, Himmler und der General Burgdorf teilnahmen. Am 7. Oktober empfing Rommel einen Fernspruch aus dem Hauptquartier, der ihn auf den 10. Oktober zu einer Besprechung nach Berlin lud. Wie bei einer Rückfrage von Burgdorf zu vernehmen war, hatte Keitel angeblich den Auftrag, mit ihm über seine künftige Verwendung zu sprechen. Auf Rat der behandelnden Ärzte lehnte Rommel die Fahrt nach Berlin ab und bat um Botschaft durch einen verläßlichen Offizier. Für den 14. Oktober wurde der Besuch des Generals Burgdorf gemeldet. Rommel schwante Böses. Er entgegnete auf die Worte eines Freundes, der es für unmöglich erklärte, daß sich Hitler an ihn heranwage, ruhig und bestimmt: „Doch, er will mich beseitigen."

Der Hergang des 14. Oktober ist mehrfach geschildert worden. Zur Mittagsstunde erschienen in Schloß Herrlingen die Generale Burgdorf und Maisel, der eine Chef des Heerespersonalamtes in Nachfolge des am Zwanzigsten Juli getöteten Schmundt, der andere Beauftragter für die Sühnung des Zwanzigsten Juli im Oberkommando des Heeres, beide Mitglieder des „Ehrenhofes". Nach einstündiger Unterredung, während der aus dem Dorf Nachricht über eine Umschließung mit SS-Truppen kam, verließen die Generale wieder die Haustür. Der Marschall, in seinen Zügen verändert, trat zu seiner Frau und sagte: „In einer Viertelstunde bin ich tot." Er schilderte ihr, er sei der Mitbeteiligung am Zwanzigsten Juli beschuldigt, Hitler gebe ihm die Wahl, vergiftet zu werden oder sich dem Volksgerichtshof zu stellen. Er scheue das Gericht nicht, aber er sei überzeugt, nie lebend bis Berlin zu kommen. Er wähle das Gift. Damit nahm er Abschied von Frau und Sohn und sprach noch kurz zu seinem Ordonnanzoffizier, indem er die Hand auf seine Schulter legte: „Aldinger, jetzt ist es so weit." Darauf wiederholte er die wesentlichen Züge. Man werde ihm auf der Fahrt nach Ulm das Gift geben, nach einer halben Stunde werde Nachricht eintreffen, daß er durch einen Unglücksfall gestorben sei. Alles sei von der Minute an vorbereitet, seine Beisetzung sei ihm in Einzelheiten vorausgeschildert worden. Es werde versprochen, die Familie werde keinerlei Verfolgung leiden. Der Hauptmann wollte zur Gegenwehr auffordern, aber Rommel erklärte, das Dorf sei umstellt, Verbindung zu einer Truppe zu suchen sei unmöglich, sämtliche Leitungen seien überwacht. „Ich habe mich deswegen entschlossen, den Weg zu gehen, den ich offenbar gehen muß." Damit ging er und trat zu den beiden Offizieren, die im Garten auf ihn warteten. Er bestieg wortlos ihren Wagen. Es war fünf Minuten nach ein Uhr. Kurz vor halb zwei Uhr brachten die beiden Generale den Marschall tot in ein Ulmer Lazarett und verlangten vom Arzt, daß er ihm noch eine „Herzspritze" gebe. Sie riefen sofort das Führerhauptquartier und das Oberkommando des Heeres an und machten danach bekannt, der „Führer" habe ein Staatsbegräbnis angeordnet. Als der Chefarzt des Lazaretts eine Leichenöffnung durchführen wollte, verwies ihn Burgdorf mit den

Worten: „Berühren Sie den Leichnam nicht, alles ist von Berlin aus geregelt." Als Todesursache wurde eine Embolie auf Grund der früheren Verletzung angegeben. Am Toten fiel den Angehörigen „der Ausdruck ungeheurer Verachtung" auf, den sie am Lebenden nie gekannt hatten.

Es ist nachher durchgedrungen, daß die SS- und SD-Truppen, die im Geleit der beiden Generale Haus und Dorf umstellten, Befehl hatten, beim geringsten Zwischenfall auf Rommel zu schießen. Er durfte keinesfalls lebend entrinnen. Beim Staatsakt ließ sich Hitler durch Generalfeldmarschall von Rundstedt vertreten, der „gebrochen und wie abwesend" erschien und, wahrscheinlich ohne von den Vorgängen zu wissen, eine Rede las mit Sätzen wie „Sein Herz gehörte dem Führer". Kaltenbrunner war als einziges der Parteihäupter zugegen. Ein Tagesbefehl Hitlers belobte den Helden Rommel, und zwei Soldaten in Stahlhelmen trugen einen riesigen Kranz zum Grab ... Keitel hat in Nürnberg erklärt, der Anschlag auf Rommel sei von Hitler selbst ausgegangen, aber er habe auch gegen Männer wie Göring, Jodl, Dönitz an der Vortäuschung einer Embolie festgehalten. Dem Generalbaurat für Gestaltung der deutschen Kriegerfriedhöfe gab Hitler Auftrag, ein Ehrenmal für Rommel zu erstellen und Entwürfe dafür von Bildhauern einzuholen ... Aber alle Versuche, dies Grab mit Kranzspenden, mit Reden und Denkmälern zu schmücken, haben nicht die Gerüchte im Volk verstummen lassen, Rommel sei nicht eines natürlichen Todes gestorben, Hitler habe ihn getötet ...

Speidel spricht von einer „sokratischen Exekution, die der Feldmarschall ebenso als Opfertod wie als Weckruf an die Nation angesehen haben wird", und erinnert zuletzt an eine Stelle aus dem Machiavelli: „Der Feldherr, dessen Tüchtigkeit dem Machthaber Sieg und Erfolge brachte, steht notwendigerweise bei den Soldaten, beim Volke und beim Feinde in so hohem Ansehen, daß die Siege den Machthaber nicht nur freundlich stimmen. Der Machthaber muß sich vor seinem Feldherrn sichern. Er muß ihn beseitigen oder ihm das Ansehen entziehen."

Das Geschehen des Zwanzigsten Juli hat nicht nur über die unmittelbar und mittelbar Beteiligten das Strafgericht Hitlers und des angegriffenen Staates hergezogen. Eine große Anzahl von Menschen, die mit den Vorgängen keinerlei Berührung hatten, die aber der Staatspolizei in anderen Zusammenhängen aufgefallen waren, erhielt in der besinnungslos verschärften Atmosphäre die Todesstrafe auch für Vergehen – ob vermeintliche oder wirkliche –, für die sonst nur Haftstrafen verhängt worden wären. In mehreren Fällen ist bekannt, daß Hitler selbst die Hinrichtungen befohlen hat, nachdem ein Gericht auf Haftstrafen erkannt hatte: so beim General Heistermann von Ziehlberg, der wegen „Fahrlässigkeit in Ausführung eines Befehls" vom Kriegsgericht zu neun Monaten Haft verurteilt war, oder bei General Graf Sponeck, der wegen eines selbständigen Rückzugsbefehls am Kaukasus zum Tode verurteilt und dann zu sieben Jahren Festung begnadigt worden war[20].

Nach späteren Ermittlungen sind zwischen dem Zwanzigsten Juli und dem Kriegsende, von den durch Militärgerichte Verurteilten abgesehen, etwa 5000 Menschen deutscher oder fremder Nationalität hingerichtet worden. Aus dem Kreis der an der Erhebung des Zwanzigsten Juli Beteiligten haben etwa 180 oder 200 Menschen den Tod gefunden[21].

Die Unterlegenen des Zwanzigsten Juli haben mehr Gewalt über ihre Rächer gewonnen, als es nach außen erscheinen konnte. Die mit immer neuen Prozessen und Hinrichtungen gegen die „Verräter" wüteten, gerieten selbst in den Bann derer, die sie straften. Nach den Ausbrüchen zu Beginn wurde streng darüber gewacht, daß nichts mehr, was Unruhe erregen konnte, nach außen drang. Im persönlichen Umkreis, so weiß man heute, fielen andere Äußerungen, die vorsichtig nur zu erklären vorgeben, aber das eigene Betroffensein kaum verdecken. Von einem der untersuchenden Kommissare hört man das Wort zu einem Beteiligten: „Daran ist kein Zweifel, daß Sie und Ihre Freunde gute Deutsche sind. Sie sind aber Gegner des Systems, darum müssen wir sie vernichten." Von Goebbels bestätigt einer, der selbst teilnahm, aus einer Ministerbesprechung mit Keitel, Bormann, Speer u. a. die Worte: „Die Männer vom Zwanzigsten Juli haben nicht leichtfertig gehandelt. Sie waren überzeugte Patrioten, die einen Verzweiflungsschritt in letzter Stunde getan haben, weil sie am Endsieg zweifelten." Vom SS-Chef Kaltenbrunner ist ein Brief erhalten (KB 323), den er am 30. August an den Reichsleiter Bormann geschrieben hat. Er legt ihm darin eine Auswahl von überzeugenden Anklagen wegen Korruption und Bonzentum bei, die die Verhöre erbracht haben. Fraglos ist ihm nicht unwillkommen, dem ihm verhaßten Bormann und damit auch Hitler eine solche Abschilderung zu überreichen, aber er selbst – selbst er! – ist schwer getroffen – man sieht ihn finster blickend auf Bildern der Gerichtsverhandlungen in der ersten Reihe hinter den Angeklagten sitzen – von dem, was sich ihm hier auftut. Ein Staatssekretär im Justizministerium bricht vor der Frau des eben hingerichteten Hermann Maass, die unwissend noch ein Gnadengesuch überbringt, in offenbar echter Erschütterung und geheimer Übereinstimmung mit den Opfern des von ihm vertretenen Terrors in die Worte aus: „Der Zwanzigste Juli wächst uns über den Kopf. Wir werden der Sache nicht mehr Herr." Hitler selbst – wie oft ist eine Antwort gesucht worden – unterlag keinem Votum gegen seine Person so sehr wie dem des Zwanzigsten Juli. Warf er auch besinnungslos sich und, was noch an letzten Kräften blieb, in den unausweichlichen Endkampf, so blieb seine Lenkung von nun an anonym, unsichtbar. Er richtete nach dem Zwanzigsten Juli keine freie Rede mehr an die Deutschen. Mit dem einfachen Wort einer Frau sprach es sich im Volk herum: er lebe dreißig Meter unter der Erde ...[22].

Hitler hat den Zwanzigsten Juli um neun Monate und zehn Tage überlebt. Am 30. April 1945 tötete er sich selbst durch Pistolenschuß im umkämpften Berlin. Sein Leichnam wurde, wie befohlen, verbrannt und ist nicht mehr gefunden worden.

ABSCHLUSS

In den Monaten nach dem Zwanzigsten Juli ist es der deutschen Führung auch nicht mehr für kurze Zeit gelungen, die Handlungsfreiheit zu gewinnen und den fortschreitenden Zerfall der deutschen Kriegskraft aufzuhalten. Eine Luftabwehr hatte der Gegner nicht mehr zu fürchten. Es war für ihn zumeist nur noch eine Frage rechnender Lenkung, welche Menge Pulver, Stahl, Phosphor über Deutschland zur Wirkung gebracht werden konnte. Die Zerstörungen in der Zeit vom Zwanzigsten Juli bis zum Kriegsende waren entsprechend. Man hat ausgerechnet, daß sie zusammen mit den durch den vorrückenden Erdkampf und den befohlenen Sprengungen verursachten weit über die Hälfte des gesamten Kriegsschadens in Deutschland ausgemacht haben. Ihre eigentliche Vernichtung erlebten in dieser Zeit, um nur einige zu nennen, die Städte München, Dresden, Bremen, Frankfurt am Main, Hamburg, Nürnberg, Würzburg, Stuttgart, Hildesheim, Braunschweig, Münster und schließlich auch Berlin. Bei den Menschen wird dies Verhältnis von halb zu halb noch übertroffen: es sind mehr Menschen in den neun Kriegsmonaten nach dem Zwanzigsten Juli umgekommen als in den fast 59 Monaten seit dem 1. September 1939. Dabei sind nicht nur die im Kampf gefallenen Soldaten der deutschen und verbündeten Truppen zu rechnen, sondern auch die durch Fliegerangriff, auf der Flucht und beim Einbruch der Russen umgekommenen Zivilisten und die in Kriegsgefangenschaft geratenen oder verschleppten Männer, Frauen und Kinder, die gestorben oder verschollen sind[1].

Neue Waffen oder Kampfmittel von entscheidender Bedeutung sind auf deutscher Seite nicht mehr an die Front gebracht worden. Es wurde manches, wie sich gezeigt hat, neu entwickelt, einiges neu hergestellt, so Düsenjäger, U-Boote mit Walthermotoren, doch konnte die Herstellung die erforderlichen Zahlen je länger, desto weniger erfüllen. In der Kernforschung war in Deutschland viele Vorarbeit geleistet worden, man hatte aber auf die Erfindung einer Kernwaffe verzichtet zugunsten von Raketenwaffen, bei deren Entwicklung man sich raschere und sichere Ergebnisse versprach[2]. Deutschland erwies sich dann als überlegen im Bau dieser weitreichenden ferngesteuerten Geschosse, deren Treffsicherheit aber einen gezielten Einsatz noch kaum erlaubte. In der Kriegswirtschaft machte sich von Juni/Juli 1944 an ein Rückfall bemerkbar, insbesondere drohte eine immer stärkere Brennstoffkrise seit den alliierten Angriffen auf die rumänischen Erdöllager Ploesti und Giurgiu (erstmals am 5. April 1944) und auf die synthetische Treibstofferzeugung in Deutschland (12. Mai 1944). Nach der in Nürnberg vorgetragenen Meinung von Albert Speer, dem damaligen Minister und Rüstungsbeauftragten, war der Krieg für Deutschland technisch von Mai 1944 an verloren.

Im Aufgebot von Menschen ist nach dem Zwanzigsten Juli trotz des verschärften „totalen Einsatzes", dem sich auch zuvor unangreifbare Partei- und Rüstungsstellen unterwerfen mußten, keine nennenswerte Steigerung mehr erreicht worden. Der Beauftragte Himmlers, der die Geschäfte des Befehlshabers des Ersatzheeres übernahm, hat sich, wie mehrfach bezeugt, dahin ausgesprochen, daß er im Amt von Fromm und Olbricht keinerlei Sabotagen habe feststellen können. Auch für den weiteren Bezirk des Ersatzheeres sind in der Folgezeit keine Sabotagen nachgewiesen worden, die von Olbricht und Stauffenberg oder Männern ihres Anhangs ausgegangen wären[3]. Die deutsche militärische Schlagkraft ist nach den vorliegenden Zeugnissen durch die Vorbereitung der Erhebung nicht beeinträchtigt worden. Auch mit seinen Folgen ist der Zwanzigste Juli ohne Einfluß auf den Kriegsausgang geblieben. Die schweren Rückschläge und Zusammenbrüche an den Fronten im Juni/Juli 1944 waren ohne Zusammenhang mit dem Geschehen in Berlin. Sie waren nicht Folge und nicht Ursache des auf Änderung gerichteten Handelns, aber sie haben als stärkster Ansporn zur Beschleunigung gewirkt.

Nach dem Kräfteüberblick, der später möglich geworden ist, kann das Urteil vieler Kenner auf deutscher wie gegnerischer Seite nicht in Zweifel gezogen werden, daß der Krieg für Deutschland schon vor dem Zwanzigsten Juli verloren gewesen ist[4] und daß es sich nur noch darum handeln konnte, den Endkampf bis zur völligen Aufzehrung der immer noch ansehnlichen Mittel hinzudehnen. Einer ähnlichen Beurteilung der Lage begegnet man selbst bei Männern wie Jodl und Keitel. Nach dem gelungenen Einbruch in Frankreich sahen sie, wie man aus ihren vertraulichen Gesprächen weiß, von ihrer militärischen Vernunft her keinen Weg offen, wie man den Krieg noch gewinnen könne, und stützten sich im Grunde nur noch auf die Wahnhoffnung einer zu erwartenden Entzweiung der Gegner, die Hitler voraussagte[5].

In der politischen Entwicklung brachten die Monate bis Kriegsende das Eindringen der beiden, untereinander stark entgegengesetzten Großmächte USA und Sowjetrußland in den deutschen Raum. Ein Versuch vorbauender Tätigkeit Hitlers mit dem Sinn, eine zu gewärtigende Niederlage politisch noch aufzufangen und den Sturz für das deutsche Volk zu mildern, ist nach keiner Seite hin unternommen worden, wenn man von den verschiedenen fruchtlosen Anspinnungen Himmlers absieht, die vor Hitler geheim blieben. Die alliierte Forderung nach bedingungsloser Kapitulation stand einem solchen Versuch freilich entgegen, aber er ist der Anschauung Hitlers offenbar fremd gewesen. Aus einer Ansprache an Divisionskommandeure eine Woche vor dem Zwanzigsten Juli weiß man sein Wort: „Mit mir schließt keiner Sonderfrieden." Selbst zurückzutreten oder sich gegebenenfalls zu „opfern" für den Bestand Deutschlands, was er von anderen unerbittlich verlangte, hat er nie erwogen. Auch im engeren Umkreis vertrat er bis zuletzt die These: Endsieg oder Untergang des deutschen Volkes. „Was nach dem Kriege übrigbleibt, sind ohnehin nur die Minderwertigen, denn die Guten sind gefallen[6]."

Daß es nicht an Stimmen gefehlt hat, die Hitler im Gegensatz zu der ganz von ihm bestimmten Umgebung klar und rückhaltlos auf die wirkliche Lage hingewiesen und ein Ende der so nicht mehr zu verantwortenden Opfer gefordert haben, erhellt aus übereinstimmenden Berichten. Daß er vom Sommer 1944 an, je ungünstiger die Lage wurde, sich desto hartnäckiger und unzugänglicher erwies, wird in Zusammenhang gebracht mit seinem sichtbar sich steigernden körperlichen Leiden, das man als Schüttellähmung, Paralysis agitans, geschildert findet, ein auf Abbau beruhendes Nervenleiden, das gleichlaufend in der äußeren Gebärde wie im inneren Verhalten zu einer erstarrenden Verhärtung führt. Seine Verstandeskräfte waren erhalten. Sein Dolmetscher, der zuletzt im Dezember bei einer Unterredung zugegen war, bestätigt, daß Hitler dabei seine volle „geistige Argumentierfähigkeit" gehabt habe. Zum Zusammenbruch seines Denkgebäudes, das er sich selbst immer wieder aufgebaut und an das er selbst geglaubt hat, kam es nach Beobachtung von Zeugen erst kurz vor dem Ende, „als er plötzlich merkte, daß er einer Armee Befehle gab, die überhaupt nicht mehr existierte. Zwei Stunden lang hat er danach in völligem Schweigen vor seiner Karte im Bunker der Reichskanzlei gesessen und verstört ins Leere gestarrt. Dann verließ er als schlechter Kapitän das sinkende Schiff und überließ die von ihm Geführten ihrem Schicksal[7]."

Am Zwanzigsten Juli war der deutsche Boden noch frei von fremden Soldaten. Die Anglo-Amerikaner standen in Italien auf der Linie Rimini–Arezzo, in Frankreich waren sie noch in ihrem Landungsbereich in der Normandie festgehalten. Die Russen erkämpften sich eben erst den Eingang nach Rumänien. Das Gebiet von Jugoslawien, Ungarn und der Tschechoslowakei (damals Protektorat Böhmen-Mähren und Slowakei) war von ihnen noch nicht betreten, in Polen standen sie im Weichselbogen. Zu dieser Zeit gab es, wie sich heute belegen läßt, zwar rege Verhandlungen (auf Grund englischer Vorschläge vom Januar 1944), aber noch keine vertraglichen Einzelabmachungen zwischen den Gegnern über eine Drei- (oder später Vier-)mächtebesetzung Deutschlands – ein entsprechendes Dreimächteabkommen über die Zonengrenzen und eine gemeinsame Besetzung Berlins wurden erst am 6. Februar 1945 rechtskräftig[7a]. Es gab im Juli 1944 auch noch keine Abmachung darüber, daß die Deutschen aus der Tschechoslowakei, Polen, Ungarn, Rumänien, Jugoslawien ausgetrieben werden sollten – diese Maßnahmen wurden erst auf der Konferenz von Potsdam im Juni 1945 beschlossen. Als die Alliierten sich im April/Mai 1945 Deutschlands bemächtigten, übernahmen sie ein herrenloses Land, das von seiner Regierung in dem Augenblick verlassen worden war, wo die von ihr aufgerufenen Feinde eindrangen. Wäre die Erhebung des Zwanzigsten Juli gelungen, so hätten die Gegner sich bei den Verhandlungen und bei der eventuellen Besetzung einer rechtmäßigen gesamtdeutschen Regierung gegenübergesehen, die sie nicht einfach vernachlässigen konnten, so wie sie schließlich die Regierung

Badoglios in Italien trotz der Forderung bedingungsloser Kapitulation nicht haben übergehen können. Das Schicksal Deutschlands: in entgegengesetzte Machtsphären auseinanderzubrechen, war damals vielleicht noch nicht unabwendbar. Noch stand auch für die Westmächte viel auf dem Spiel. Wenn es in einer Form zu einer „Westlösung" gekommen wäre, wie sie von Stauffenberg erwogen war, so wäre – nach dem später möglich gewordenen Überblick – etwa eine Million deutscher Truppen (wenn die westlichen Gegner es nicht hinderten) für die Verstärkung der Front im Osten verfügbar geworden[8].
Der Ausbruch der Alliierten aus dem normannischen Brückenkopf, die Niederlage von Avranches, die von Eisenhower als kriegsentscheidend bezeichnet worden ist, ist fünf Tage nach dem Erhebungsversuch gefolgt. Sie beendete die Frist, in der eigenes Handeln von Deutschland her noch sinnvoll sein konnte.
Graf von der Schulenburg, vom Richter befragt, was er „sich eigentlich bei dem Staatsstreich gedacht" habe, gab zur Antwort: „Warten Sie drei Monate. Die Situation, die Sie dann erleben, ist die, von der wir in unseren Überlegungen und Entschlüssen ausgegangen sind."
Es hat länger als drei Monate gedauert – aber die Lagebeurteilung der Verschwörer hat sich Zug um Zug als richtig erwiesen.

*

Daß die Erhebung nach dem Plan, der vorlag, zu verwirklichen war, haben die Vorgänge des Zwanzigsten Juli nicht widerlegt, in Paris sogar im geglückten Einzelbeispiel als sicher erwiesen. Ob sie zu spät kam und ob sie ohne Zusammenbruch der Fronten, ohne Bürgerkrieg gelingen konnte, ist vom geschichtlichen Verlauf her nicht zu entscheiden. Es steht dem einzelnen frei, darüber zu einem Urteil zu kommen, je nachdem er die Kraft der Handelnden einschätzen wird. Der Tag des Zwanzigsten Juli gibt dazu die Erfahrung, daß es nicht SS und Partei, sondern das Heer war, das den Versuch niederschlug oder den gescheiterten Versuch beendete und daß es nur die Bannkraft des noch lebenden Hitler, nicht die Gebundenheit im Nationalsozialismus war, die die Mehrzahl der Offiziere am Mittun gehindert hat. Nach seinem Tod und nach klarer Begründung des Ausnahmezustandes wäre demnach das Bild sehr anders gewesen, auch wenn sich inzwischen eine Gegenwirkung von SS und Partei ergeben hätte. Über das Ausmaß eines möglichen Kampfes ist damit nichts auszusagen. Beim Heer wäre die Entscheidung vor allem bei den Oberbefehlshabern der Heeresgruppen gelegen. Nach späteren Äußerungen ist anzunehmen, daß die überwiegende Zahl von ihnen nach Hitlers Tod der neuen Lösung zugestimmt und entsprechend auf ihre Armeen eingewirkt hätte. Die Führer der Waffen-SS in Frankreich würden sich nach dem, was Speidel berichtet, nicht ausgeschlossen haben.

Von der Kraft der in Berlin Handelnden, der Autorität, die sich in ihnen erwies, dem Vertrauen, das sie erwarben, blieb zuletzt auch abhängig, wie sich die Außenmächte, hier England und die Vereinigten Staaten, zu der Bewegung in Deutschland und zum Abbruch des Kampfes an ihren Fronten ohne Preisgabe der deutschen Verteidigung im Osten verhalten würden. Es sprechen Zeichen dafür, daß sie einem entschiedenen militärischen Handeln nicht in den Weg getreten wären, zumal unter ihnen, wie sich später erwies, der Wert der Casablanca-Formel heftigen Angriffen ausgesetzt war und der englische Premier, wenn auch unamtlich, seine Bereitschaft erklärt hatte, unter Umständen von ihr abzugehen[9]. Wheeler-Bennett, der englische Historiker, verteidigt in seinem Buch die Nichtbeachtung der deutschen Erhebungsbewegung durch die englische Politik, er nennt es am Ende seiner Darlegungen ein Glück, daß der Zwanzigste Juli gescheitert sei, und gibt dazu die aufschlußreiche Begründung: sonst hätten die Alliierten doch einen Verhandlungsfrieden bewilligen müssen, und das „hätte den Verzicht auf unser erklärtes Vorhaben bedeutet, den deutschen Militarismus zu vernichten". Also auch er ist der Überzeugung, daß ein geglückter Zwanzigster Juli einen Verhandlungsfrieden gebracht hätte. Gegen seinen Schluß stehen freilich andere Äußerungen, die aus dem Lager der damaligen Gegner kamen, ihr Morgenthau-Plan[10], ihre beiden Konferenzen von Jalta und Potsdam wie ihr gesamtes Verhalten in den ersten Jahren nach dem Krieg. Sie haben bewiesen, wie hoffnungslos die Kriegsgegner Deutschlands inzwischen selbst der Maschinerie ihrer eigenen Propaganda und Wahn- und Haßvorstellungen unterlagen, die sie bei den Deutschen insgesamt bekämpfen zu müssen glaubten. Jahre später ließen sich im Hinblick auf den Zwanzigsten Juli verschiedene Männer dieser Völker mit Widerrufen vernehmen des Inhalts, man habe nicht erkennen können, um was es sich damals gehandelt, was eigentlich auf dem Spiel gestanden habe[11]. Wenn es um die Vernichtung des deutschen Militarismus ging: konnte dann nicht Stauffenberg, der so gar kein deutscher Militarist war, mit seiner Erhebung einer anderen Erkenntnis zum Durchbruch verhelfen und auch den Führern im Westen deutlich machen, was eigentlich auf dem Spiele stand?

*

Zu einem Urteil über den Hergang am Zwanzigsten Juli selbst gibt die Überlieferung zuverlässig dies in die Hand: Geplant war ein verantwortlich gelenkter Umsturz über die bestehenden Befehlsränge des Ersatzheeres, der Chaos und Bürgerkrieg vermied, eine beherrschte Überführung in eine neue, wenn auch vorläufige Ordnung. Dieser Plan war nicht zu verwirklichen ohne die Gegenwart Stauffenbergs, des Frommschen Stabschefs in Berlin. Der Zwanzigste Juli, wiewohl in ganz anderer Bahn sich entwickelnd, hat gezeigt, wie richtig diese Vorstellung war. Als sich Stauffenberg entschloß, auch den Anschlag auf Hitler selbst zu übernehmen, hatte er sich damit zugleich die klare Aufgabe zu stellen, unverletzt aus dem Bezirk des Hauptquartiers zu entkommen und so rasch als möglich wieder im Amt in Berlin zu sein.

Für diese Aufgabe hat er am Zwanzigsten Juli kaltblütig, folgerichtig und mit hoher Besonnenheit[12] gehandelt: dreieinhalb Stunden nach dem Anschlag in Ostpreußen übernahm er 600 km entfernt mit einer Gelassenheit, die keinen Argwohn aufkommen ließ, in der Bendlerstraße die Durchführung der Maßnahmen.

Es steht frei, anzugreifen, daß Stauffenberg sich die Doppelaufgabe zugetraut hat, in der er gescheitert ist. Man darf freilich dann auch vor der Folgerung nicht ausweichen, daß es ohne seinen Entschluß zu keiner Gegentat mehr gekommen wäre.

Alle Einwände, Stauffenberg hätte den Mut haben müssen, sich selbst mit in die Luft zu sprengen, sind aus dem Plan und den Notwendigkeiten des Tages heraus gegenstandslos, so leicht sie sich auch damals dem uneingeweihten Betrachter ergeben mochten. Jetzt sind sie nur noch heroische Deklamationen. Stauffenberg hat sich, verbürgter Nachricht gemäß, schon viel früher erboten, unter Opferung seiner selbst auf sich zu nehmen, wovor andere immer wieder zurückwichen, er ist aber von den mitverantwortlichen Männern gehindert worden.

Jeder eindringenderen – nur nicht einer sehr bürgerlichen – Betrachtung wird einleuchten, daß es einem Mann seiner Art das Handeln im Hauptquartier nicht erleichtert, sondern fast unertragbar erschwert hat, das Leben so vieler anderer, von denen ihm manche nahestanden, zu fordern und sich selbst dabei in Sicherheit zu bringen. Nur eine sehr viel höher gesehene, das Einzellos überwiegende Notwendigkeit konnte zu einem solchen Schritt Mut geben[13].

Nachdem Stauffenberg wußte, wie nahe er wenige Minuten zuvor die tödliche Ladung niedergelegt hatte, konnte ihm die sichtbare Explosion, die er wie den Einschlag einer 15-cm-Granate erlebte, als Gewißheit genügen, auch dann noch, als er sich in Berlin der Keitelschen Durchsage gegenüberfand. Daß seine mit eigenen Sinnen erlangte Bestätigung wider alle Wahrscheinlichkeit eine Täuschung war, hat den besonderen, so kaum erwarteten Verlauf des Tages bestimmt.

In der Zwiespältigkeit, dann der eindeutigen Ungunst der Nachrichten trennten sich rasch die nur bedingt mitwirkenden von den unbedingt handelnden Kräften: der begann zu zögern, der sorgte, daß ihm ein Rückweg offenblieb, jener verweigerte sich, die sonst alle überzeugt für eine Änderung gewirkt hätten. Mit dem Mißglücken des Anschlags war es noch nicht unmöglich, aber doch sehr viel schwerer, das Ziel der erhofften Erhebung zu erreichen, zumal nachdem die drei entscheidenden Stunden verloren waren. Daß sich zwei oder drei der an wichtiger Stelle Stehenden vom gemeinsamen Vorgehen ausschlossen, mußte den Mißerfolg besiegeln.

Es trägt geschichtlich wenig aus, den einzelnen Scheiterungen des Tages nachzugehen. Da Hitler am Leben blieb, war, was folgte, nur ein Zerrbild von dem, was sich sonst plan- und kräftegemäß hätte entfalten können.

*

„Alles, was außerhalb der gewöhnlichen Bahn liegt, scheint der kalten Überlegung schon in das Gebiet der Verrückung zu gehören; und es ist kein politischer Schuster anzutreffen, der nicht die Unternehmung eines Feldherrn, die ihm außerordentlich scheint, für unsinnig ausgeben sollte und auch ausgeben wird, wenn sie nicht mit einem glücklichen Erfolg gekrönt ihn zum Stillschweigen zwingt. Denn der gute Ausgang allein bringt außerordentlichen Handlungen bei gewöhnlichen Seelen Bewunderung zuwege ... In unserem gegenwärtigen Fall wird es geistlose Überlegung weit klüger gehandelt finden, unter seinen Verwandten in Ruhe und Gemächlichkeit das Brot zu essen, als um einer (wie man sagt) eingebildeten Ehre willen sich totschießen zu lassen. Ein Mensch, der dies letztere vorzieht, wird bei dem vorsichtigen Manne starke Zweifel über die Richtigkeit seines Verstandes erregen. Er für seinen Teil geht nach Hause und dankt Gott, daß er nicht ist wie dieser Mensch[14] . ."

*

Um über die mögliche Handlungsfähigkeit und Autorität der geplanten Übergangsregierung und über die Aussichten zu urteilen, die sie hatte, in so schwieriger Lage zu bestehen, fehlen die Anhaltspunkte, da sie nie ihre Tätigkeit aufgenommen hat und man nur vor einer Liste von Namen steht. Aus ihr ist der Eindruck zu gewinnen, daß man sich sehr stark nach den Erfordernissen des Augenblicks gerichtet, erst einmal keine Wagnisse und Neuerungen angestrebt und sich der Mitwirkung von Sachkennern versichert hat. Man schloß damit nicht aus, daß die vorandringenden Kräfte, wenn erst der Übergang vollzogen sei, zum Zuge kommen konnten. Wenn auch in den Regierungslisten bestimmte Herkünfte aus den Parteien erkennbar sind, so haben sie offenbar in dieser neuen Gruppierung sehr wenig Bindendes. Man hatte sich durch ein leidenschaftliches Bemühen um eine neue Staatslenkung so aneinander geschult und zusammengelebt, daß man die notwendigen „Kompromisse" nicht mehr als Tauziehen zwischen Parteien, sondern als echtes und in einem lebendigen Staatswesen unentbehrliches Mittel empfand, zu einem gemeinschaftlichen Wirken zu kommen. Es ist kaum anders denkbar, als daß diese einigende Erfahrung, die von Partei, Stand, Konfession unabhängig gemacht hatte, und der unbedingte Wille, sich größer als die Not zu zeigen (Leber!), sich auch in der politischen Handlungsfähigkeit dieser neuen Regierung ausgewirkt hätte.

Die Angriffe, die nach dem Zwanzigsten Juli gegen die an der Erhebungsbewegung Beteiligten gerichtet wurden, lassen in ihrer oft gegensätzlichen Vielfalt erkennen, wie wenig man von dieser einigenden Kraft aufgefaßt hat und wie im Grunde ratlos oder wie gereizt böswillig die in- und ausländische Öffentlichkeit im Krieg und in der ersten Folgezeit einem solchen Versuch gegenüberstand.

Man nannte die Beteiligten feige, der Front fremde, schlaffe Offiziere, die die Niederlage gewünscht und den Kampfgeist untergraben hätten – man nannte sie ebenso von übertriebenem Ehrgeiz gespornte, begabte, aber bedenkenlose Offiziere, die sich unter Hitler gehemmt und zurückgesetzt gefühlt und die darum den Oberbefehl an sich zu reißen versucht hätten,

Verräter an ihrem Vaterland, Handlanger der Gegner zur Vernichtung Deutschlands, die in selbstgeißlerischer Zerknirschung über deutsche „Untaten" das Heil und das moralische Recht nur bei den anderen gesehen – und zugleich Nationalisten, noch schlimmer, weil verkappter als Hitler, die bei all ihren Reden über Europa und abendländische Gemeinschaft doch nur die Vormacht Deutschlands meinten und die aus dem einen Krieg rechtzeitig herauskommen wollten, um im nächsten wieder die erste Rolle zu spielen,

linksrevolutionäre Phantasten, die Deutschland bis zum Rhein, ja ganz Europa dem Herrn im Kreml zugeschlagen hätten – rechtsstehende Reaktionäre, die ihre Zeit gekommen wähnten, aus dem jahrelangen Zwang auszubrechen und wieder auf gut deutschnational Staat zu machen,

Junker, Unbelehrbare aus dem Adelsstand, denen der neue Volksstaat nicht gefiel und denen es auf Kosten Deutschlands einzig darum ging, mit ihresgleichen wieder in die erste Reihe zu kommen,

Werkzeuge der Kirchen, eine klerikal gelenkte Opposition, die den Augenblick nutzen wollte, um zum Gegenstoß gegen den Nationalsozialismus anzusetzen, gleichviel welches Schicksal daraus dem Reich drohe[15].

Die Männer der Erhebung gegen solche Anwürfe zu rechtfertigen ist müßig. Wenn sich in ihrem Umkreis oder auch im weiten Bereich dessen, was sich nach 1945 als Widerstandsbewegung gegen Hitler erkennbar gemacht hat, Erscheinungen finden, bei denen solche Angriffe Berechtigung haben, so wird man bedenken, daß Stauffenberg in einen schon seit Jahren bestehenden, vielfach verzweigten Kreis von Hitlergegnern eingetreten ist und daß er, was er an Menschen fand, ob ihm befreundet oder seiner Art fremd, zu einer Tatgemeinschaft für das vorgesteckte Ziel zusammengeführt hat. Ohne Frage gab es dabei Kräfte, die nur um eines sehr äußeren Zweckes willen trotz großer innerer Entfernung herangezogen wurden. Man wird darum nicht von ihnen als einzelnen auf den Kern schließen können.

Ein geschichtliches Urteil wird vom Überblick über den gesamten Menschenkreis ausgehen, der hier von sehr verschiedenen Ursprüngen, Lebensstufen, Kräften her für ein gemeinsames Werk tätig geworden ist. Man findet in ihm Männer wie den aus hoher Verantwortung handelnden ehemaligen Generalstabschef, die noch ins monarchische Deutschland reichen, neben den im Deutschland der Republik Erzogenen, die in Haltung und Maßstäben schon gefährdeter als jene früher wurzelnde Schicht, mit einer neuen streitbaren Geistigkeit den Problemen der Zeit, vor allem den sozialen und kirchlichen Problemen begegnen. Man findet Geistliche, die hinausdrängen über unlebendig gewordene Dogmen und die, ungewiß, ob ihre Obrigkeit sie billige, sich zur gefährlichen Mittat verpflichtet fühlen, narbenbedeckte junge Zug- und Kompanieführer von der Front, die für ihre gefallenen und noch kämpfenden Kameraden den Anruf zum Handeln empfinden, Männer geistiger Berufe, die bisher ihrer Aufgabe lebten, nun aber bestärkend, helfend sich mit den Tätigen verbinden.

Im Kreis der Zugehörigen findet man Inhaber großen Landbesitzes und bescheidene Verdiener, Bürgerliche und viel Adlige, in ihren Kirchen Beheimatete und Freidenkende, geistig gerichtete und leibstarke Persönlichkeiten, vorsichtig Wägende, mutige Bekenner – man findet nur den nicht, der sonst die Fülle macht: den Nutznießer, der einen guten Tag leben will, den Geschäftigen, der seine Gewinne ausbaut, den Lauen und Bequemen, der die Sachen gehen läßt, wo sie ihn nicht berühren. Man findet manche beschränkten Ansichten, ein deutsches Streiten um Ideen und Lehrsätze, ein Alles-endgültig-machen-Wollen, politische Irrtümer, Eitelkeit – in seiner Hinwendung auf ein verpflichtendes Ziel, das über dem Heil des einzelnen steht, in seiner Bereitschaft, dafür Opfer zu bringen, ist dieser Zusammenschluß von Menschen unangreifbar.

*

Die Männer des Zwanzigsten Juli in einem Gegensatz zu den Kämpfenden an der Front zu sehen ist unmöglich. Sie dachten wehrhaft und flohen nicht vor der Härte eines heutigen Kriegs, aber sie lebten in leidenschaftlicher Nähe zu dem, was draußen geschah, und waren durchdrungen, daß eine Führung solche Opfer, wie sie hier jeder Tag verschlang, nur fordern dürfe, wenn sie in höherer Selbstzucht und umfassender Besinnung sie zu verantworten vermöchte. Wenn sie sich entschlossen, der eigenen Führung den Befehl zu entreißen, so fielen sie nicht den Kämpfenden in den Rücken und schändeten nicht das Opfer, das so viele ehrlich bereite Soldaten dieses Volkes – auch nahe Freunde und Söhne von ihnen – mit ihrem Leben gebracht hatten. Sie glaubten nur das zu tun, was die Kämpfenden und die Toten von ihnen zu fordern berechtigt seien. Es steht die Frage offen, ob ohne die Auflehnung dieser Männer der Tod so vieler Tausender, die im Glauben an eine verantwortliche Führung fielen, nicht einen furchtbaren Mißklang behielte, vor dem er jetzt bewahrt ist.

*

Ein junger Offizier, der sich am Zwanzigsten Juli unter seinen Kameraden an der Ostfront, wie er selbst sagt, empört über die Meuterer in Berlin geäußert, später aber die Vorgänge anders zu beurteilen gelernt hat, schreibt über Stauffenberg und die seines Zeichens waren:

„Die Empörer hatten erkannt, daß die Erfüllung der beschworenen Pflicht sie selbst und ungezählte andere, für die sie sich verantwortlich fühlten, zu Handlungen nötigte, die ihr Gewissen als Verbrechen bezeichnete. Das Einzigartige und, um ein oft mißbrauchtes Wort in seinem strengen Sinne anzuwenden, das Tragische ihrer Lage bestand darin, daß ein Ausweg nur möglich schien, wenn sie selbst durch Aufruhr und Gewalt das Odium des Eid-, Treu- und Rechtsbruches auf sich nahmen. Sonst blieb nur der Weg offen, in dumpfer Resignation den Dingen ihren Lauf zu lassen und allenfalls bestrebt zu sein, sich wenigstens persönlich nicht mit Verbrechen zu belasten. Diese Männer nahmen als einzelne für die Allgemeinheit eine Tat auf sich, die in ihrer Anfechtbarkeit, aber auch in ihrer unausweichlichen Notwendigkeit ihnen klar vor Augen stand. Wie schwer dieser Doppelcharakter der Tat auf ihnen gelastet hat, zeigt das Wort des Generalmajors von Tresckow von dem ‚Kainsmal‘, das alle trügen, die mit ihm zusammengewirkt hätten.

Diese Männer haben es sich nicht leicht gemacht. Selbst einleuchtende Rechtfertigungen wie die, daß Hitler selbst der Eidbrüchige sei, daß er selbst niemand die Treue halte, die er doch von allen forderte, ja erzwang, hört man kaum aus ihrem Munde. Wenn etwas in der neueren Geschichte, so muß ihre Tat als ein Opfer bezeichnet werden. Sie nahmen wissend ein Verbrechen auf sich, um ungeheure Verbrechen, deren Zeuge sie waren, aus der Welt zu schaffen.

Wer heute aufrichtig sein Gewissen prüft, muß erkennen, daß es unendlich viel bequemer war, sich als Christ auf den Katechismus, als Soldat auf die Heiligkeit des Eides oder die Gehorsamspflicht gegen einen gegebenen Befehl zurückzuziehen, als sich durch eine Tat aufzulehnen. Das mindeste, das wir alle, die wir in dem großen Zwiespalt des vergangenen Krieges die letzte Entscheidung umgangen haben, denen schulden, die sich stellten, ist doch wohl Schweigen. Jene bedürfen keiner Rechtfertigung, und der Versuch, gegen sie zu sein und ihre Tat anzuzweifeln, richtet den, der ihn unternimmt."

*

Inmitten eines Geschehens, das den einzelnen wie ganze Völker zur Beute von „Entwicklungen" macht, die keiner mehr gutheißen, aber keiner mehr ändern kann, Entwicklungen, die nur noch den Schweregesetzen der Masse zu gehorchen scheinen, hat der Versuch, der am Zwanzigsten Juli hervorbrach, eigene Leuchtkraft.

Stauffenberg und die ihm Verbündeten handeln nicht als Angehörige eines Berufs, eines Standes, einer Partei, eines Bekenntnisses. Sie sprechen aber aus, daß sie sich als Vollbürtige ihres Volkes verantwortlich fühlen, was mit und in ihm geschieht. Mögen die andern im fordernden Alltag ihrer Pflichten aufgehen und mit der Beschränkung des Umblicks die Unterteilung der Verantwortung hinnehmen, so vermögen sie nicht das Gebot zu überhören, das von einem Gesamtmenschlichen her in ihnen lebendig ist. Sie empfinden Last und Not, aber auch den Stolz, fürs Ganze stehen und handeln zu müssen. Man begegnet wohl auch bei ihnen der Versuchung, sich zu fragen, warum sie gerade dem Strom sich entgegenwerfen sollten, wo kein Amt zwang, warum sie sich nicht, wie die andern, ohne eben feig zu sein, bei dem von ihnen Verlangten bescheiden sollten. Das Kriegsende war immerhin abzusehen.

Sie haben sich anders entschieden. Man weiß heute ihre Gründe. Sie wollten einen (in jedem Sinn und auf jeder Seite) furchtbaren

Krieg mit Vernunft und so beenden, daß die beteiligten Völker ihre Gemeinsamkeit wiederfinden und wieder zusammenleben könnten und daß weitere unabsehbare Opfer und Zerstörungen für ihr Land und andere Länder abgewendet würden. Sie wollten den Anstoß geben, daß Deutschland aus eigenem kraftvollem Entschluß sich einer neuen Regierung unterwerfe und mit ihr die innere Freiheit des Handelns und Leidens wiedergewinne. Sie wollten in einer außerordentlichen Lage, in der große Leiden die Völker dafür reif gemacht hatten, bevor wieder Verkrustung drohe, mit ihrer Erhebung zugleich für neue Formen des staatlichen Lebens und des Sichzusammenfindens der Völker Bahn brechen – Bekenntnis durch die Tat, daß auch heute noch ein heiliger Wille lebt, aus einem Gesamt der menschlichen Kräfte her gestaltend in die zum Ungeist, zur Unfreiheit und Sklaverei fortreißenden „Entwicklungen" des technischen Jahrhunderts einzugreifen.

*

In der Bewegung des Zwanzigsten Juli wirken starke, für den politischen Bereich ungewöhnliche *ethische Triebkräfte* einer menschlichen Gesamtverantwortung. Sie ist nicht Offiziersrevolten vergleichbar, wie sie sich anderwärts im Machtkampf der Gruppen ergeben, noch als Weltverbesserungsversuch deutscher, unpolitischer Idealisten zu werten. Die Männer des Zwanzigsten Juli sind bereit, mit allen Voraussetzungen ins politische Feld einzutreten, und nüchtern gerüstet, sich durchzusetzen. Ihr realer Gegner ist Hitler, und ihre reale Aufgabe verlangt, ihn zu richten und überzeugend abzulösen. Aber sie fassen in ihm über seine Person hinaus zugleich das virulente und machtvolle Böse in der Zeit, von dem die Anhänger einer weltläufig gewordenen, problemlosen Schwarzweißschilderung bisher kaum etwas ahnen.

Dietrich Bonhoeffer nennt ein Zeichen der Welt, in der er steht, „daß das Böse in der Gestalt des Lichts, der Wohltat, des geschichtlich Notwendigen, des sozial Gerechten erscheint" und sich als Fortschritt legitimiert, H. B. von Haeften spricht von Hitler als dem „Vollstrecker des Bösen in der Geschichte", und man begegnet im Umkreis von Stauffenberg dem Leitbild des Als-ob-Christus, des Widerchrist, das unter den zur Gegentat Bereiten erweckend wirkt. In den gleichen Zusammenhang gehört, wenn Ulrich von Hassell, wie es seine Aufzeichnung vom Juni 1940 ausweist, das Geschehen mit der Goetheschen

Deutung des „Dämonischen" in einzelnen Menschen zu fassen gesucht hat, von der in Dichtung und Wahrheit (20. Buch) die Worte stehen:
„... eine ungeheure Kraft geht von ihnen aus, und sie üben eine unglaubliche Gewalt über alle Geschöpfe, ja sogar über die Elemente ... Alle vereinten sittlichen Kräfte vermögen nichts gegen sie; vergebens, daß der hellere Teil der Menschen sie als Betrogene oder als Betrüger verdächtig machen will, die Masse wird von ihnen angezogen ... Sie sind durch nichts zu überwinden als durch das Universum selbst, mit dem sie den Kampf begonnen ..."

Aus solchen Zeugnissen, die man im Kreis dieser Männer vielfach findet, dürfte jemand kaum entnehmen wollen, daß sie selbst zu sehr der Wirkung dieses Mannes Hitler unterlegen wären und Niedrigkeit glorifiziert hätten. Im Gegenteil: daß sie ihn über seine Person hinaus für eine bedeutende Macht und als „Vollstrecker des Bösen" im heutigen irdischen Bezug angesehen haben, gibt ihrem Entschluß erst die Tiefenmaße und deutet darauf hin, daß ihr Handeln nicht als Tötung dieses Einen, sondern als *Aufstand des Geistes* gemeint ist, der die politische Macht erringen will, um einer Gefährdung von außen und innen („Hitler in uns selbst") zu begegnen und aus der Not ins Freie zu führen.

Winston Churchill, der unmittelbar nach dem Juli-Ereignis böse Worte gebraucht hatte, soll im Jahr 1946 einmal so vor dem britischen Unterhaus gesprochen haben:

„In Deutschland lebte eine Opposition, die quantitativ durch ihre Opfer und durch eine entnervende internationale Politik (Casablanca!) immer schwächer wurde, aber zu dem Edelsten und Größten gehört, was in der politischen Geschichte aller Völker bisher hervorgebracht wurde. Diese Männer kämpften ohne Hilfe von innen oder außen – einzig getrieben von der Unruhe ihres Gewissens ... Ihre Taten und Opfer sind das Fundament eines neuen Aufbaues. Wir hoffen auf die Zeit, in der das heroische Kapitel der inneren deutschen Geschichte seine gerechte Würdigung finden wird."

*

Paul Graf Yorck von Wartenburg führte in Gedenkworten für die Männer des Zwanzigsten Juli aus:
„Sie handelten in der Wahrnehmung einer Verantwortung, der zu

entfliehen ihr Gewissen ihnen nicht erlaubte; sie handelten in der Stellvertretung ihres Volkes, im Bewußtsein dessen was Deutschland seinen erlauchten Geistern, seiner Geschichte, seiner Kultur, was es Europa und was es der Christenheit schuldig ist. Sie traten gegen die Volksverderber auf den Plan, die Verbrechen auf Verbrechen gehäuft, und doch hatten sie mit überkommenen Auffassungen zu brechen, sich selbst und ihr Recht zum Aufstand an dem Menschenbilde zu prüfen, um das es ihnen ging. Sie hatten ihre Ehre außerhalb der Gesetze ihres Standes zu suchen, ehe sie die Gewißheit des Auftrags errangen, ehe sie wagen, ja ehe sie ihr eigenes Leben darbieten durften."

„Täuschen wir uns nicht! Noch ist nichts von dem geistig bewältigt, was uns mit unserem Sturze aufgegeben wurde. Die Besinnung im deutschen Volk ist ausgeblieben, welche die Verschworenen des Zwanzigsten Juli durchlebten und durchlitten, ehe sie handeln durften. Ihr Vermächtnis haben wir nicht eingelöst. Denn es ist nicht damit getan, von Freiheit zu reden und Wohlleben damit zu meinen; es ist nicht damit getan, verstaubte politische Leitbilder hervorzukramen, sie mit neuem Firnis zu versehen und als Wahrheiten zu proklamieren. Zunächst sind wir durch unser eigenes politisches Schicksal wie durch die bedrohliche Nachbarschaft des Bolschewismus vor die Frage gestellt, wofür wir uns selbst halten. Mit letzter Dringlichkeit, mit dem Einsatz von Machtmitteln ist die Frage nach dem Menschen gestellt, nach seinem Sein und Wesen."

„Von dem 20. Juli 1944 ist dem deutschen Volk ein Name geblieben, ein Name, der in eines jeden Herz eingebrannt sein sollte, der Name *Stauffenberg*. Stauffenbergs letzte Worte: ‚Es lebe das ewige Deutschland' sind sein Vermächtnis an uns. Ein Auftrag und eine Beschwörung ... Die Freiheit zu verteidigen, das setzt eine Führungsschicht voraus, die um die Bezogenheit der Freiheit auf Gerechtigkeit und Liebe weiß; setzt eine Führungsschicht voraus, die in geschichtlichen Kategorien zu denken erzogen ist; setzt eine Führungsschicht voraus, die zu dienen sich berufen fühlt und nicht mehr das ihre sucht.

Alle diese Einsichten haben die Männer des Zwanzigsten Juli neu erstritten. Und das gerade macht ihre Unpopularität in einer Demokratie aus, die sich an Fiktionen hält.

Wir aber, die wir hier zusammengekommen sind, ihr Andenken zu ehren, sie zu rühmen, ihre maßlosen Leiden vor unsere Seelen zu stellen, wir müssen um den Wert der Gabe wissen, die die Toten als ihr Vermächtnis uns hinterlassen haben. Wir müssen bei ihnen in die Lehre gehen wollen und wir müssen begreifen, daß den Helden nicht zu verstehen vermag, wer nicht ein Organ für Heldentum besitzt. Der Held ist nicht identisch mit dem tapferen Manne. Um den Helden ist Einsamkeit. In ihm brennt eine Flamme. Er nimmt die Herausforderung seines Schicksals an und stellt sich einer Welt. Seinen Auftrag findet er in der eigenen Brust und scheiternd oder landend vertraut er sich seinem Gotte[18]."

*

Wie eine nicht bekanntgewordene, aber verbürgte Überlieferung besagt, hat Stauffenberg in den letzten Wochen, ja Tagen sich besonders nachdrücklich darum bemüht, den Wortlaut für einen Eid vorzubereiten, der die Verbündeten auch künftig zusammenhalte. Er ging davon aus, daß das unvermeidliche Hereindringen von Besatzungsmächten neue Einflüsse und eine starke Überfremdung bringe, und daß mancher der Zugehörigen wankend oder gezwungen sein könnte, eine Haltung anzunehmen, die mißdeutbar sei. Seiner selbst und der Nahbefreundeten war er gewiß, aber es lag ihm daran, unabhängig von sich, der dann vielleicht fehlen konnte, den Verbündeten ein Erkennungszeichen zu geben.

In dem Eid war nichts enthalten, was auf den Zustand einer fremden Besatzung hinwies, keinerlei Werwolf-Aufforderung zu Widerstand oder Gewalttat. Vielmehr enthielt der Entwurf in einfachen, klaren, fremdwortlosen Sätzen eine kurze Vergegenwärtigung dessen, was den Deutschen an sein Vaterland bindet, was es für ihn je und je auch um der anderen Völker willen zu bewahren oder in neuer Ordnung zu erringen gilt[19]. Es waren darin die Sätze enthalten: „Wir wollen eine neue Ordnung, die alle Deutsche zu Trägern des Staates macht und ihnen Recht und Gerechtigkeit verbürgt, verachten aber die Gleichheitslüge und beugen uns vor den naturgegebenen Rängen. Wir wollen ein Volk, das in der Erde der Heimat verwurzelt, den natürlichen Mächten nahe bleibt, das im Wirken in den gegebenen Lebenskreisen sein Glück und sein Genüge findet und in freiem Stolze die niederen Triebe des Neides und der Mißgunst überwindet. Wir wollen Führende, die, aus allen Schichten des Volkes wachsend, verbunden den göttlichen Mächten, durch großen Sinn, Zucht und Opfer den anderen vorangehen."

Ob getadelt oder gerühmt, ob als fremd empfunden oder noch in Wirksamkeit – diese Worte von Claus und Berthold Stauffenberg geben offenbar mehr zum Bild der beiden Brüder und der Erhebung als manche unmittelbare Äußerung, die aus dem Tagesgeschehen überliefert ist. Selten ist vielleicht in einer solchen für die Wegrichtung der Führenden gedachten Verpflichtung geistiges Planen und staatliches Wollen sich so nah und so unter dem Zeichen des Mutes begegnet: der Zwanzigste Juli hat durch die Bereitschaft zum Vollzug die Echtheit dieser Sätze erwiesen. Berthold Stauffenberg, unabhängig im politischen Urteil und befähigt durch eine seiner Natur gegebene „letzte Substanz der Besinnung", geht nach dem Scheitern ungebrochen als einer, „der das Beste für sein Land und Volk gewollt hat". Claus Stauffenberg, zum Sachwalter und tathaften Führer geboren, nimmt um der Rettung und um der Treue gegen die anderen willen omen und nomen des Attentäters auf sich (als den ihn viele, die allein vom Äußeren wissen, bis heute ausschließlich sehen), und er beruft nur mit seinem letzten Wort noch einmal das Eigentliche, das ihn erfüllt.

In den Sätzen jenes Eides aber sollte man in der Zeit der größeren Einigungen zwischen Mächten und Völkern nicht übersehen, wie sehr sie gegen jede Überfremdung eine eigene Gestaltung und eine Selbstbesinnung für die Deutschen fordern, wie entschieden sie aber auch „die niederen Triebe des Neides und der Mißgunst" gegenüber dem anderen Volk ausschließen.

*

In der Gedächtniskapelle des Friedhofs in Lautlingen sind zwischen den Namen der Gefallenen die Namen der Grafen Claus und Berthold Stauffenberg in den rötlichen Stein geschrieben, und das neu deutbar gewordene Makkabäerwort ist ihnen – und mit ihnen all denen des Zwanzigsten Juli – gewidmet: *„Sie widerstanden den Feinden ihres Volkes und gaben ihr Leben, daß Gottes Gesetz nicht vertilgt würde."*

*

Hinweise und Ergänzungen

Auf eine Charakterisierung und Bewertung der Quellen, die 1950/51 bei der Erstschrift des Buches wichtig erschien und viel Raum einnahm, wird hier fast ganz verzichtet, da inzwischen die historische Forschung in eindringender Arbeit die Zeugnisse gesichtet hat und sich in ihren Darstellungen darüber ausspricht. In erster Linie zu nennen die Werke von ROTHFELS und RITTER, sodann die Arbeiten von BRAUBACH, HERZFELD, KOST= HORST, KRAUSNICK, SENDTNER und verschiedener Autoren der Vierteljahreshefte für Zeitgeschichte, der Historischen Zeitschrift und des Historischen Jahrbuchs.

IMT „Der Prozeß gegen die Hauptkriegsverbrecher vor dem Internationalen Gerichtshof in Nürnberg", s. unter IMT im Schrifttumsverzeichnis.
KB Die sog. Kaltenbrunner=Berichte: „Spiegelbild einer Verschwörung", s. unter PETER, K. H., im Schrifttum.
BZH 20. Juli 1944, Sammelband der Bundeszentrale für Heimatdienst. Bonn 1960, s. unter BZH im Schrifttum.

I. Ludwig Beck

1 FOERSTER S. 121 ff.
2 WEIZSÄCKER über Beck: „Dieser Mann mit seinem feinen, klugen, verantwortungsgelade= nen, fast schwermütigen Gesichtsausdruck, ein Moltke redivivus . . ." (S. 173). Manstein (s. bei FOERSTER S. 50): „Wenn ich je einem Offizier begegnet bin, der nach meiner Auffassung eine Verkörperung des Feldmarschalls Moltke sein konnte, dann war es Beck!"
3 HOSSBACH S. 153.
4 FOERSTER S. 42.
5 Der sehr eindrucksvolle Brief vom 28. November 1918 ist abgedruckt bei FOERSTER S. 16 ff. Mit der Person Ludendorffs und der durch ihn vertretenen These des „totalen Krieges" hat sich Beck immer wieder auseinandergesetzt. Vgl. Becks Studien „Der An= führer im Kriege" und „Die Lehre vom totalen Kriege", abgedruckt bei BECK, Studien, S. 19 und S. 227. Vgl. dazu WESTPHAL S. 53 (Aussprache bei Beck im Winter 1937).
6 J. LEBER, Ein Mann geht seinen Weg, S. 157. Zu den Verteidigern gehörte Dr. Karl Sack, der spätere Chefrichter des Heeres, der wegen seiner Teilnahme am Zwanzigsten Juli hingerichtet worden ist. Hitler ist als Zeuge in Leipzig aufgetreten. Zitate aus seinen Ausführungen, der Frankfurter Zeitung vom 26. September 1930 entnommen, bringt SHIRER S. 135. Neuerdings Thilo VOGELSANG, Reichswehr, Staat und NSDAP, S. 82 ff., S. 90 f. — Zum Verhältnis der Reichswehr zur Republik und zur NSDAP s. FOERTSCH 13 ff., S. 19 (erst 1932 wurden eingeschriebene Mitglieder der NSDAP ins Heer auf= genommen), KRAUSNICK in „Die Vollm. d. Gewissens", S. 179 ff. Hans von SEECKT, Gedanken eines Soldaten, S. 116: „Was verlange ich vom Heer? Staatsgesinnung! Was verlange ich vom Staat? Liebe zum Heer!" Zu Reichswehr und von Seeckt vgl. bes. LEBER a.a.O., außerdem GÖRLITZ, Wallensteins Lager; WHEELER=BENNETT und TAYLOR aus englischer Sicht. Zum Gesamtkomplex jetzt vor allem VOGELSANG a.a.O.
7 FOERTSCH S. 20 nennt es einen Grundgedanken der damaligen Wehrmachtführung

Zu Seite 18–32

(Schleicher), die NSDAP so bald als möglich in die Verantwortung zu bringen und damit die Gefahr ihrer weiteren Radikalisierung zu bannen. Er zitiert aus hinterlassenen Memoiren Rosenbergs, daß General von Hammerstein zu dieser Zeit Hitler mitteilte: „Wenn Sie legal zur Macht kommen, soll es mir recht sein. Im anderen Fall werde ich schießen." Vgl. zur Lage auch die Briefe des späteren Generals STIEFF aus dieser Zeit, abgedruckt in Vierteljahrsh. f. Zeitgesch. 2. Jahrg. 1954, 3. Heft, S. 295–298.

8 FOERTSCH S. 26 ff. schildert die Vorgänge nach Angaben des Generals Frhr. von dem Bussche, der als Chef des Heerespersonalamts beteiligt war. Er widerlegt die von Göring in Nürnberg wiederholte Legende, es habe ein Putsch von seiten Schleicher-Hammerstein mit der Potsdamer Garnison gedroht. Über Schleichers Versuch mit den Gewerkschaften s. bei LEBER a.a.O. Vgl. auch DIELS S. 385.

9 Robert INGRIM, Hitlers glücklichster Tag, Stuttgart 1962, Seewald Verlag.

10 HOSSBACH S. 207; IMT XXV, 402–413. Hoßbach war bei der Besprechung zugegen.

11 FOERSTER S. 70.

12 Zu den Vorgängen um den Freiherrn von Fritsch vgl. die aus eigenen Beobachtungen geschöpfte Darstellung von Hermann FOERTSCH, die die Fritschkrise als „Wendepunkt in der Geschichte der nationalsozialistischen Zeit" behandelt. Ein Quellenbericht auch bei Graf KIELMANSEGG, Der Fritschprozeß 1938, und bei HOSSBACH, der S. 156 zusammenfassend schreibt: „Die Reaktion auf den Fall Fritsch im Offizierskorps wurde für Hitler zum Prüfstein für das Selbstbewußtsein und die Unabhängigkeit des Heeres". Eine Niederschrift darüber, wie Beck dem Oberbefehlshaber vorschlug, den „beleidigenden und niederträchtigen Angriff auf das Heer" zu erwidern, s. bei FOERSTER S. 92. HASSELL S. 39 schreibt nach einem Gespräch mit Fritsch am 18. Dezember 1938: „Seine (Fritschs) Quintessenz: Dieser Mann — Hitler — ist Deutschlands Schicksal im Guten und Bösen. Geht es jetzt in den Abgrund . . . , so reißt er uns alle mit. Zu machen ist nichts." — Eine überblickende Darstellung der ‚Fritschkrise' gibt KRAUSNICK in ‚Die Vollm. des Gew.' S. 279–302.

13 Beck hatte zuerst durch Hoßbach vertraulich von Hitlers Äußerungen erfahren. Hoßbach S. 218.

14 FOERTSCH S. 108 ff.

15 FRANCOIS-PONCET, Als Botschafter in Berlin, S. 291.

16 WINNIG S. 83.

17 Zusammengefaßt bei DE MENDELSOHN S. 70; KORDT, Wahn und Wirklichkeit, S. 110 ff. FOERSTER S. 113 (Becks Niederschrift).

18 FOERSTER S. 109, 114.

19 Eidesstattliche Erklärung über die Zusammenkunft von ADAM IMT XXI, 425. Einen für Beck bezeichnenden Wortwechsel bei dieser Zusammenkunft berichtet WESTPHAL S. 75. FOERSTER S. 142 schreibt: „Noch nach Jahren, wenn er (Beck) auf jene Vorgänge und jene Zusammenhänge zurückkam, ergriff ihn der sonst so beherrschten Mann leidenschaftliche Erregung. Dann geschah es, daß seine Gestalt sich straffte, sein Auge funkelte in Zorn und Verachtung, und mit drohend erhobenem Finger stieß er die Worte hervor: ‚Brauchitsch hat mich sitzenlassen!'"

20 FOERSTER S. 116 ff. und 121 ff. und KRAUSNICK a.a.O. S. 314 ff.

21 Vgl. M. BRAUBACH, Der Weg zum 20. Juli 1944, S. 16 und seinen Forschungsbericht in „Histor. Jahrb." Jahrg. 76, 1957, S. 256. GISEVIUS S. 338.

22 FOERSTER S. 128 ff.

23 Um den Widerstand in der Generalität zu brechen, besonders wohl um Beck wirksam zu begegnen, hatte Hitler am 10. August 1938, was sehr ungewöhnlich war, unter Umgehung der ihnen vorgesetzten Führer die im Kriegsfall als Stabschefs der Gruppen und Armeen vorgesehenen Generale, „die jüngere Generation", zu sich auf den Berghof gerufen und fast drei Stunden lang zu ihnen zur Lage gesprochen in dem Sinn, daß England und Frankreich nicht wagen würden, sich in den bewaffneten Konflikt mit der Tschechei einzumischen. S. bei FOERTSCH a. a. O. S. 175 ff., MANSTEIN: IMT XX, S. 659.

Am 11. August war die „Ehrung" des Generalobersten von Fritsch durch Übergabe des Artillerieregiments 12 in Groß-Born gewesen, am 17. hatte Hitler unter Bruch seines gegebenen Worts die SS-Verbände als besondere Einheiten zu seiner ausschließlichen Verfügung neben die Wehrmacht gestellt. IMT XXVI, S. 190.

Zu Seite 33–41

24 HOSSBACH S. 149.
25 Der in seinem Quellenwert umstrittene SS=Bericht vom Zwanzigsten Juli, nach Aussage des bei Tito hingerichteten SS=Standartenführers KIESEL, bringt die Sätze (S. 8): „In den kommenden Ereignissen . . . war er (Beck) der große Lenker im Hintergrund. Er hat sich als Meister der Konspiration erwiesen. Keiner der Beteiligten konnte sich später auch nur eines einzigen Falls erinnern, da Beck mit ihm über einzelne Aufgaben im hoch= verräterischen Komplex anders als unter vier Augen gesprochen hat." — BRAUBACH hebt in seinem Forschungsbericht (s. Anm. 21) gegen Ritter Becks Führungsrolle auch nach seiner Entlassung hervor. Der mit Beck sehr verbundene Stülpnagel war Stellvertreter Halders. Vgl. auch die Angaben von Frau Dohnanyi bei SENDTNER in ‚Die Vollm. des Gew.' S. 435 u. a.: ‚Beck war der Souverän . . .'.
26 Hitler zu Reichsjustizminister Gürtner, berichtet von SCHLABRENDORFF S. 44 (2. Aufl.)

II. Becks Verbündete

1 „Schwäb. Zeitung" vom 25. Juli 1947: „Im Schatten des Zwanzigsten Juli" von I. W. Zu den Terminpreisgaben und der Frage eines „Landesverrats" durch Oster s. das Kapitel „Das Problem Oster" bei SENDTNER a.a.O. S. 499. Der letzte Abschnitt dieses Kapitels ist überschrieben: „Eine Gewissensentscheidung für Oster und — seine Beurteiler" und beginnt mit dem Satz: „Auch nach diesen Untersuchungen wird das letzte Urteil über Oster in das Gewissen des einzelnen gestellt sein." Es wird zugleich die Kenntnis und Mitverantwortung Becks besprochen und abgewogen.
2 Es ist als Symptom dieser Zeit eindrucksvoll, daß dieser General, der zuvor eifrig um die Gunst Olbrichts bemüht gewesen war, sofort nach dem Zwanzigsten Juli verbot, das Grab des Sohns von Olbricht auf dem Dresdner Garnisonsfriedhof weiter zu pflegen (MÜLLER, s. Anm. 21, Seite 530).
3 Zu Bonhoeffer vgl. S. 179 ff. Zu Delbrück s. SCHLABRENDORFF, ebenso zu Guttenberg (S. 35 ff. und 88 ff. der 2. Aufl.). Ein Gruppenbild, das Guttenberg, Dohnanyi und Del= brück zeigt, in „Parlament", Sondernummer zum Zwanzigsten Juli 1952. — Außer den hier Aufgeführten findet man bei PECHEL S. 231 noch die folgenden Männer der Abwehr genannt, die als Verbündete und Mitwisser von Oster und Canaris wirkten: Oberst Wessel von Freytag=Loringhoven (vgl. ABSHAGEN S. 345), Oberst Rudolf Graf von Marogna= Redwitz, Oberstleutnant Friedrich Wilhelm Heinz, Oberstleutnant Werner Schrader, Haupt= mann Ludwig Gehre, Korvettenkapitän Liedig, Kaufmann und Versicherungsdirektor Dr. Theodor Strünck, Ulrich Graf Schwerin=Schwanenfeld, Gesandter z. D. Otto Kiep, Chef= syndikus der Lufthansa Klaus Bonhoeffer, Pfarrer Hans Schönfeld, Rechtsanwalt Dr. Josef Müller, Syndikus Dr. Otto John, Reg.=Rat Hans=Bernd Gisevius, Rechtsanwalt Joseph Wirmer, Versicherungsdirektor Otto Hübener, Oberst Wilhelm Staehle. Mit Canaris im nahen Verhältnis stand Ministerialdirektor und Chefrichter des Heeres Dr. Karl Sack. Von den Genannten haben nur fünf das Leben behalten: Liedig, Otto John, Schönfeld, Gisevius und J. Müller (Dr. Hans John, der Bruder, ist hingerichtet worden).
4 ABSHAGEN S. 28. Eine Canaris bezeichnende Anekdote: Bei der Autofahrt durch Spanien liebte er es, begegnende Schafherden mit aufgehobenem Arm zu grüßen — man könne nie wissen, ob nicht ein hoher Vorgesetzter darunter sei (ib. S. 166).
5 ABSHAGEN und LAHOUSEN IMT II, 485 ff.; III, 7 ff. Jan COLVIN, Chief of Intelli= gence, London 1951, KRAUSNICK in „Neue deutsche Biographie" Bd. 3 (1957) S. 116 ff.
6 Nach der Versicherung von ABSHAGEN (S. 265) lehnte Canaris, wenn auch der Übermitt= lung militärischer Geheimnisse an die Gegenseite auch nur hypothetisch gesprochen wurde — etwa in dem Sinne, man müsse dem andern einen Tip geben —, dergleichen ausdrücklich ab: „Das wäre ja Landesverrat."
7 WEIZSÄCKER S. 175.
8 In den Nachtstunden zuvor hatte Canaris seinem Zellennachbar, einem dänischen Offizier, durch Klopfzeichen übermittelt: „Ich sterbe für mein Vaterland, ich habe ein reines Ge= wissen. Sie als Offizier werden mich begreifen, daß ich nur meine vaterländische Pflicht tat, wenn ich versuchte, der verbrecherischen Sinnlosigkeit, mit der Hitler Deutschland

Zu Seite 41—44

ins Verderben führt, entgegenzutreten. Es war vergebens, denn jetzt weiß ich, daß Deutschland untergehen wird. Ich habe es schon seit 1942 gewußt." ABSHAGEN S. 393.
9 SCHACHT S. 22.
9a RITTER trägt durch Nachrichten des ehemaligen Nachrichtenoffiziers von Hoepner Neues zur Charakteristik des Generals bei (S. 532). Hoepner gab seinen selbständigen Rückzugsbefehl am 7. Jan. 1942 in bewußtem Widerspruch zu einem Führerbefehl, meldete den Rückzug auf die vorbereitete „Hoepner=Linie" erst, als er schon angelaufen war, und sagte beim Abschied vor seinen Offizieren: „Jederzeit würde ich wieder genauso handeln, wie ich gehandelt habe . . . Ich gehe in dem Bewußtsein einer meiner Armee und dem Volke gegenüber erfüllten Pflicht." Zu einem ihm unterstellten SS=Divisionsführer am La=Bassée=Kanal in Frankreich im Mai 1940: „Menschenleben spielen bei Ihnen gar keine Rolle? Ein Schlächter sind Sie und kein Offizier! Ein militärischer Erfolg hat nur dann Wert, wenn er mit sparsamsten Verlusten an Menschen erzielt wird. Sonst könnte man jeden Ignoranten an militärische Führerstellen setzen."
10 Bei seiner Tätigkeit ging Stülpnagel davon aus, daß es darauf ankomme, nicht die Feindschaft der beiden Völker zu verewigen, sondern zu einer gemeinsamen Lebensbasis zurückzufinden. Sein Wirken wurde von den offiziellen Stellen als zu nachgiebig gerügt: er bekam ein Telegramm von Keitel, daß er „nicht den französischen Interessen Vorschub zu leisten habe", s. bei WESTPHAL S. 141, der Mitarbeiter Stülpnagels in der Waffenstillstandskommission war. Stülpnagel hat auch gegen die zu hohe Festsetzung der Besatzungskosten protestiert. Er war übrigens kein „Voll"=Preuße, sondern mütterlicherseits ein Enkel des 1870/71 gerühmten bayerischen Generals Von der Thann. Er war durch das Frankfurter Lessing=Gymnasium gegangen und hatte beim hessischen Leibregiment 115 in Darmstadt seine Dienstzeit begonnen. SCHRAMM S. 42 schreibt, bei Stülpnagel „schimmerte die legere hessische Mundart immer noch durch das Hochdeutsch und der freigeborene Herr mit den ungezwungenen Manieren durch die soldatische Attitüde". Er hieß zum Unterschied von anderen Generalen seines Geschlechts der „blonde Stülpnagel".
11 Stülpnagels Entlassung folgte auf den berühmten Auftritt in Poltawa, dem Hauptquartier Rundstedts, in den ersten Dezembertagen 1941. Das am 21. November eroberte Rostow hatte nur eine Woche gehalten werden können. Rundstedt hatte die Zurücknahme seiner Heeresgruppe hinter den Mius verlangt. Hitler erschien mit Halder und Brauchitsch bei Rundstedt und Kleist. Die Auseinandersetzung war so heftig, daß Hitler Miene machte, sich auf Rundstedt zu stürzen und ihm das Ritterkreuz abzureißen, Brauchitsch einen Herzanfall erlitt und kurz danach um seine Entlassung bat. Stülpnagel löste gleichfalls einen Wutanfall Hitlers aus (GÖRLITZ, Der Zweite Weltkrieg 1939 bis 1945, S. 573 ff.).
12 Von TEUCHERT, ehem. Mil.=Verwaltungsoberrat in Paris. Vgl. S. 352 dieses Buches.
13 OKW=Prozeß Nürnberg Fall XII Dtsch. Prot. S. 1827—1830.
14 HALDER Hitler als Feldherr S. 52.
15 Zu Halder vgl. BOR, dazu KRAUSNICK in „Vollm. d. Gew." S. 333 ff., SENDTNER, ebenda S. 393, außerdem KOSTHORST, RITTER; WARLIMONT, Im Hauptquartier der deutschen Wehrmacht 1939—1945.
16 FOERTSCH S. 21 und 25 etwas anders. Vgl. K. D. BRACHER.
17 PECHEL S. 153. Acht Jahre nach dieser Begegnung hat Brüning an Pechel einen Brief gerichtet, den P. in der von ihm herausgegebenen „Deutschen Rundschau" veröffentlicht hat. Brüning legt darin seine Auffassung dar, wie es im Jahre 1932/33 zum Aufstieg Hitlers kam. DIELS, S. 146, schreibt dazu die in vielerlei Sinn zum Nachdenken auffordernde Glosse: „Es gibt kaum ein eindrucksvolleres Dokument für das Unvermögen, die Phantasielosigkeit und Blindheit vor den dämonischen Kräften unserer Zeit . . . Es ist rührend und tief erregend zugleich, des grausamen und entsetzlichen Unverständnisses inne zu werden, das diesen Prototypus des europäischen Menschen geleitet hat, der christliche Tradition und das Kulturideal der Humanität mit der dem Deutschen eigenen soldatischen Gesinnung vereinigte. Da ist zwar die richtige Einschätzung Hitlers als eines ‚unmöglichen' Verhandlungspartners, aber ohne eine Ahnung von der dämonischen Wirkungskraft dieses Mannes; als ob es mit dem stolzen Entschluß getan gewesen sei, mit einem Manne wie Hitler ‚natürlich' niemals zu verhandeln, ohne nun selbst in entscheidender Weise zu handeln!"

18 SCHLABRENDORFF S. 33.
19 Zur Charakteristik Hammersteins vgl. SCHWERIN=KROSIGK, 3. Auflage, S. 111–115, weiter WHEELER=BENNETT, passim, bes. S. 329 ff. (Hammersteins Haltung nach dem 30. Juni 1934 und sein Kampf um die Rehabilitierung Schleichers und Bredows.) Der ehemalige Reichskriegsminister Groener über Hammerstein s. bei ROTHFELS S. 192.

III. Erste Umsturzversuche 1938–39

1 Erich KORDT, Nicht aus den Akten, Seite 243.
2 KRAUSNICK in „Vollm. d. Gew." S. 341 ff. FOERSTER S. 109, PECHEL S. 151, SAUER= BRUCH S. 533, KORDT, Wahn und Wirklichkeit, S. 122–128, GISEVIUS II, S. 26–76, WEIZSÄCKER S. 174. SCHACHT S. 22 ff. nimmt den geplanten Staatsstreich für zwei Namen in Anspruch: „Aus dem späteren geschichtlichen Verlauf ist ersichtlich, daß dieser erste Versuch eines Staatsstreiches von Witzleben und mir der einzige war, der eine Wendung im Schicksal Deutschlands herbeigeführt haben würde . . ." Vgl. auch SCHLAB= RENDORFF S. 47 (2. Auflage).
3 HASSELL S. 40 unterm 19. Dez. 1938: „Der Kriegsleichtsinn der führenden Leute empört und entsetzt ihn (Beck). Er sprach besonders über das frevelhafte Spielen mit dem ‚sicher nur ganz kurzen Kriege'. Offenbar hat er noch einmal eine Denkschrift über die tatsächlichen Bedingungen eines Krieges ausgearbeitet." Diese Denkschrift „Deutschland in einem kommenden Kriege" s. BECK, Studien S. 47. Hans SPEIDEL schreibt dazu: „Sie ist in ihrer beispielhaften Prägnanz ein dokumentarischer Beweis für die Richtigkeit der Lagebeurteilung durch den deutschen Generalstabschef bis zum Jahre 1938. Was in der Studie an Grundsätzlichem berührt wird, gibt auch Anregungen für Gegenwart und Zukunft. Die damals prophetischen Feststellungen . . . sind durch den Verlauf des Zweiten Weltkrieges im großen bestätigt worden." Diese Darstellung ist an die erhofften Stellen gedrungen und dort als Landesverrat empfunden worden.
4 Über beide Englandbesuche s. KRAUSNICK a.a.O. S. 327 (Kleist), S. 336 (Böhm=Tettel= bach). Vgl. dazu RITTER S. 489 (Böhm) und KRAUSNICK=GRAML Beilage zu „Das Par= lament" vom 19. Juli 1961 S. 416 (Kleist).
5 Erich KORDT, Nicht aus den Akten, S. 280 f.
6 SCHLABRENDORFF S. 47 (2. Aufl.).
7 Es war die Nacht vom 5. auf 6. Sept. Der Diplomat erhielt in der Downing=Street durch eine Rückpforte unauffällig Einlaß. Mit der überbrachten Botschaft wurden auch Horace Wilson und Winston Churchill bekannt. Einige Tage nach München sagte Lord Halifax zu seinem nächtlichen Gesprächsgast vom 5. Sept.: „We are not able to be as frank with you as you were with us. At the time you gave us your message we were already considering sending Chamberlain to Germany." (ROTHFELS S. 62 der amerikan. Ausg.).
8 Chamberlain war durch Kleist „an die emigrierten Anhänger der Stuarts am französischen Hof zur Zeit Wilhelms III." erinnert. (Brit. Doc., III, 2, S. 286 ff.)
9 Militärische Vorbereitungen: interne Besprechungen mit Brauchitsch am 3. Sept. 1938 auf dem Berghof, IMT XXV, S. 462 ff.; Besprechung über Mobilisierung u. a. am 9./10. Sept. 1938 in Nürnberg IMT XXV S. 484.
10 KRAUSNICK gibt in „Die Vollm. d. Gew." S. 345 die Aussage des Oberstleutnants a. D. Heinz vom 11. August 1952 vor dem Arbeitskreis der „Europäischen Publikation" wieder.
11 Erich KORDT S. 120. Ähnlich der Dolmetscher SCHMIDT S. 440.
12 Hitlers Rede im Berliner Sportpalast am 26. Sept. 1938 IMT XXXIX, S. 23–30 (Auszüge).
13 Brief Goerdelers vom 11. Okt. 1938. SCHLAB. S. 47. Im Epilog (s. bei PECHEL S. 221) erstmals der Ausdruck vom „dämonischen" Hitler.
14 „ . . . es (das britische Volk) sollte wissen, daß wir an einem furchtbaren Markstein unserer Geschichte vorübergekommen sind, daß das ganze europäische Gleichgewicht ge= stört wurde und daß jetzt das unheilvolle Urteil über die Demokraten des Westens gefällt worden ist: ‚Man hat dich in einer Waage gewogen und zu leicht befunden!' — Glauben Sie nicht, daß es damit sein Bewenden habe. Es ist der Beginn der Abrech=

Zu Seite 52—57

nung . . ." So Churchill am 5. 10. 1938 im Unterhaus. In: Winston CHURCHILL, Der Zweite Weltkrieg, S. 399.
15 Einzelnes bei KORDT und WEIZSÄCKER, s. außerdem bei CHURCHILL, HENDERSON, COULONDRE, GAFENCU, SHIRER.
16 Tags darauf — am 4. Okt. 1938 — sprach Churchill vor dem Unterhaus die Worte: „Unsere Führung muß wenigstens ein Stück von dem Geist jenes deutschen Gefreiten haben, der, als alles um ihn in Trümmer gefallen war, als Deutschland in alle Zukunft im Chaos versunken schien, nicht zögerte, gegen die gewaltige Schlachtreihe der siegreichen Nationen zu ziehen." IMT XXII S. 102 — Man vergleiche dazu, was Hitler um diese Zeit im „Elefanten" in Weimar im Gespräch mit Guderian als seine Einschätzung Englands vortrug: GUDERIAN S. 52. KIELMANSEGG a.a.O. S. 136 erinnert daran, daß Churchill im Jahr 1935 in seinen „Great Contemporaries" (S. 261) geschrieben hat, daß „es nicht möglich ist, sich ein richtiges Urteil über einen Staatsmann zu bilden, der das enorme Ausmaß (enormous dimensions) von Adolf Hitler erreicht hat, bis uns sein Lebenswerk als Ganzes vorliegt. Solch ein Endüberblick ist uns heute nicht gestattet. Wir können nicht sagen, ob Hitler der Mann sein wird, der wieder einmal einen neuen Krieg über die Welt hin entfesseln wird, in dem die Zivilisation unwiederbringlich erliegt, oder ob er in die Geschichte eingehen wird als der Mann, der die Ehre und den Frieden der Seelen der großen deutschen Nation wiederherstellte und sie ruhig, hilfreich und stark in die vorderste Reihe der Völkerfamilie zurückbrachte".
17 Eine Beurteilung der militärischen und politischen Lage ist zu entnehmen der Besprechung bei Hitler über Kriegsziele am 23. Mai 1939, IMT XXXVII, S. 546—556.
18 Hitlers Reichstagsrede vom 28. April 1939, IMT XXXIX, S. 32 (Auszüge). Text der Rede, die Hitler am 23. August 1939 vor den Oberbefehlshabern hielt, nach einer geheimgehaltenen Niederschrift gedruckt IMT XXVI, S. 338. Hitlers Rede vom 1. Sept. 1939 IMT XXX, S. 167.
19 Vorgänge ausführlich bei KLEIST S. 25 ff., der beim Paktabschluß in Moskau zugegen war. Einzelnes auch in der eidesstattlichen Erklärung von GAUSS, der als Rechtsberater in Moskau teilnahm, IMT I S. 354. Vgl. dazu auch KORDT, Wahn und Wirklichkeit, S. 156 und 175, SCHMIDT S. 440, „Die Gegenwart" Jahrg. 1947, Heft 42/43, S. 11, dazu auch GAFENCU Préliminaires à la guerre à l'Est. Zur Rede vom 22. Aug., auf Grund derer WHEELER-BENNETT (S. 448) die deutsche Generalität, soweit sie teilnahm, schwer belastet, vgl. die Erwiderung von RITTER S. 499, der auf die Fragwürdigkeit des von Wheeler-Bennett benützten Dokumentes L 3 hinweist. H. KRAUSNICK (Beilage zu „Das Parlament" vom 16. Nov. 1955 Nr. 557) versucht das Dokument L 3 als eine Fälschung des Amtes Canaris zu deuten, mit der Absicht, durch übertreibende Darstellung (geplante Ausrottung des ganzen polnischen Volkes) die Engländer aufzurufen.
20 Zu den Vorgängen vor Kriegsbeginn August 1939 s. besonders HASSELL, WEIZSÄCKER und THOMAS Gedanken und Ereignisse und „Die Opposition" (Aufzeichnungen von 1945), außerdem Erich KORDT, Walther HOFER, Die Entfesselung des Zweiten Weltkriegs, A. J. P. TAYLOR, Die Ursprünge des Zweiten Weltkriegs.
21 KOSTHORST S. 156.
22 Erich KORDT, Nicht aus den Akten, S. 358 ff.
23 KORDT ib. S. 271.
24 KORDT ib. S. 357. Zu Halders Anfrage wegen eines Attentats s. GISEVIUS II S. 159. RITTER S. 504 gibt dazu eine Versicherung Halders: von Grosscurth mit Attentatsvorschlägen bedrängt, habe er in einem Ausbruch von Ärger wohl einmal geäußert, wenn man denn in der „Abwehr" durchaus ein Attentat haben wolle, so möge der Admiral doch selbst dafür sorgen. — Aus der Reichskanzlei wird vom 5. November folgender Auftritt berichtet: Ein General, der zu den Teilnehmern am geplanten Putsch gehört — der Name ist nicht genannt —, hat seinen Vortrag beendet und will gehen. Mit einer ihn überraschenden Wendung fragt ihn Hitler: „Was haben Sie sonst noch vor?" Der andere wiederholt einiges vom Besprochenen. Hitler beharrt weiter: nein; er meine nicht das Er sehe ihm doch an, daß ihn noch etwas anderes bewege. Der andere, unsicher geworden, bleibt beim Verneinen und wahrt mit Mühe die Haltung, bis ihn Hitler entläßt. Er ist überzeugt, daß das Unternehmen verraten ist und meldet es den Eingeweihten. Man geht daran, Papiere zu vernichten und Spuren des Plans zu verwischen. Am Abend des

Zu Seite 58—62

6. November wird bekannt, daß Hitler nichts weiß. Am 7. und 8. werden neue Anläufe unternommen, am Abend des 8. geschieht das Attentat, nach dem man einen Gegenschlag wie nach der Röhm=Revolte erwartet (Nach einem Bericht von Albrecht von KESSEL, vgl. DULLES).

Die Gründe, mit denen Brauchitsch nachher seine Beteiligung an einem gewaltsamen Umsturz ablehnte, waren nach der Aussage Halders, wie sie THOMAS wiedergibt: das deutsche Heer mache keinen Staatsstreich; man habe außerdem keine Persönlichkeit, die man für Hitler herausstellen könne; das Volk brauche eine Idee wie die des National= sozialismus; Englands Kampf gehe nicht nur gegen das Hitlerregime, sondern gegen das ganze deutsche Volk, und endlich sei das jüngere Offizierskorps nicht zuverlässig genug, eine solche politische Tat zu vollbringen. In Halder, dem auch die Generale Stülpnagel und Wagner zusetzten, wuchsen gleichfalls die Bedenken, gegen einen Mann des unge= brochenen Erfolgs aufzutreten, für den Hunderttausende junger Deutscher ohne Frage und opferbereit in den Kampf zögen. Er erklärte, er könne nicht zulassen, daß im Kriege die oberste militärische Führung in zwei Teile gespalten werde (Darstellung von THOMAS in einer Niederschrift in Falkenstein vom 20. VII. 1945).

25 Niemöller bei KORDT, Wahn und Wirklichkeit, S. 229. Isa VERMEHREN, die gleich Niemöller im Dachauer Lager war, gibt S. 178 eine seinige ergänzende Nachricht über Elser, die man sich im Lager weitersagte. Danach hatte sich Elser im Jahre 1939 bereit erklärt (wem, ist nicht genannt), für 40 000 RM die Zeitbombe im Bürgerbräusaal unter= zubringen. Seine Sonderbegünstigungen während der Haft werden dann ähnlich geschildert wie bei GISEVIUS. Nach einem anderen Bericht, der von dem britischen Geheimdienst= offizier Payne BEST stammt („Venlo Incident", London 1950, siehe bei WHEELER=BEN= NETT S. 478 ff.), sei Elser schon im Oktober 1939 zur „Umerziehung" in Dachau einge= sperrt gewesen und dort von höherer Stelle für das Attentat gewonnen worden. Ob Hitler selbst Kenntnis gehabt hat, bleibt dabei offen. Best war mit Major Stevens zusam= men am 9. November bei Venlo von Beauftragten des deutschen Geheimdienstes ergriffen und von holländischem Boden nach Deutschland entführt worden (Vorgänge siehe bei SENDTNER in „Vollm. d. Gew". S. 450). Er ist bis zum Kriegsende in deutscher Haft geblieben. Die Erzählungen Bests sind neuerdings als Erfindungen bzw. als Lagerklatsch stark abgewertet worden.

Wie ich vom Institut für Zeitgeschichte in München erfahre, ist auf Grund neuen, noch unveröffentlichten Materials die Annahme erneut wahrscheinlich, daß Elser das Attentat allein durchführte. Zur seither üblichen Deutung des Attentats („Inszenierung durch Himmlers Organe als Propagandatrick") s. RITTER S. 250 und 505.

26 Erich KORDT, Nicht aus den Akten, S. 370 ff.
27 KORDT ib. S. 376. Hitlers Rede vom 23. 11. 1938 IMT XXVI S. 327 ff.
28 KORDT ib. S. 377.
29 HASSELL S. 106.
30 SCHLABRENDORFF S. 61, 2. Aufl., KOSTHORST S. 112 ff.
31 „Die römischen Friedensgespräche" klar und kritisch dargestellt bei SENDTNER a.a.O. S. 436—485.
32 KOSTHORST S. 145, SENDTNER S. 485 ff. Hier auch auf Grund der Aussage von Frau Dohnanyi die Bestätigung, daß die Benachrichtigung der Gegenseite auf Wunsch von Beck geschah: „Wir können uns mit dieser Sache (Neutralitätsverletzung) nicht identifi= zieren. Man muß wieder einmal anknüpfen können. Dazu müssen die Leute (Vatikan, England) wissen, mit wem sie es zu tun haben, daß es ein anständiges Deutschland gibt, das verhandlungsfähig ist."

Der Angriff im Westen wurde, soweit erkennbar, im November allein viermal, später noch etwa neunmal befohlen und wieder verschoben. Man hat diese Epoche des Krieges mit „drôle de guerre" überschrieben.

33 „Lob Diocletians und der Erholung aus dem eigenen Garten" KB 365.
34 Die „Mittwochgesellschaft" in Berlin war eine private Vereinigung, die den Männern der verschiedensten Sparten der Wissenschaft die Möglichkeit geben sollte, sich zu begegnen und ihre Gedanken auszutauschen. Sie war einem Statut des ehem. Staats= und Kul= tusministers M. A. von Bethmann=Hollweg, des Großvaters des Reichskanzlers, am 19. Jan. 1863 gegründet worden. Der Historiker I. G. Droysen hatte zu seinen Begründern

Zu Seite 63—68

gehört. Das Statut begrenzte die Zahl der Mitglieder auf 16, nur nach dem Tod oder dem Austritt eines Mitglieds konnte ein neues in den Kreis aufgenommen werden. Man versammelte sich mit Unterbrechung durch die Ferien an jedem zweiten Mittwochabend im Hause des Mitglieds, an das die Reihe des Vortrags kam. Am Vortrag selbst nahmen in der Regel nur die Mitglieder teil, nachher wurde eine Bewirtung gegeben, die das Maß einer gebotenen Einfachheit nicht überschreiten durfte. Der Vortragende hatte in einem gemeinsamen Buch über seine eigenen Ausführungen und über das Gespräch ein Protokoll niederzuschreiben. Die ersten Protokollbücher sind in der Akademie in Ostberlin erhalten, die drei letzten im Bundesarchiv in Koblenz. 1943/44 findet man folgende Reihe der Vortragenden: Sauerbruch, von Hassell, Spranger, Stroux, Oncken, Pinder, Schadewaldt, Baethgen, Wilcken, Diels, Beck (31. Mai 1944), Jessen, Popitz, Heisenberg, Fechter (26. Juli). Mit dieser letzten Sitzung, an der nur 5 Mitglieder, unter ihnen noch von Hassell, teilnahmen — es war die 1056. ihres Bestehens —, hat die Mittwochgesellschaft aufgehört. Vier ihrer 16 Mitglieder haben durch den Zwanzigsten Juli den gewaltsamen Tod gefunden.
35 Ulrich Wilcken, Althistoriker an der Berliner Universität. Sein Werk über Alexander war 1931 erschienen.
36 FECHTER, „Generaloberst Beck" in „Die Welt" vom 21. August 1948.
37 FECHTER a.a.O.; vgl. auch die Schilderung Becks in des gleichen Verfassers Buch „Menschen und Zeiten", S. 363 ff.
In der Präambel zur „Truppenführung", der von ihm im Jahr 1932 herausgegebenen Führungsvorschrift, die weit über den deutschen Raum hinausgewirkt hat, schrieb Beck: „Die Kriegführung ist eine Kunst, eine auf wissenschaftlicher Grundlage beruhende, freie, schöpferische Tätigkeit." Es hat nicht an Stimmen gefehlt, die diese Kunst Beck nur auf dem theoretischen Gebiet zusprechen wollten und den Cunctator in ihm als hindernd in der freien Führung angesehen haben. Da Beck den Erweis schuldig bleiben mußte, wiegt immerhin viel, wenn einer der in der Tat bewährtesten Truppenführer des Zweiten Weltkrieges, Feldmarschall von Manstein, als seine Überzeugung aussprach, daß Beck, wäre er dabeigewesen, auch in diesem Krieg „als Heerführer an allererster Stelle gestanden haben würde" (FÖRSTER, Generaloberst Ludwig Beck, S. 50). Vgl. GUDERIAN S. 26, WESTPHAL S. 151, HASSELL S. 357, die Äußerungen der Generale Fretter PICO und Hans SPEIDEL an verschiedenen Stellen.

IV. Carl Friedrich Goerdeler, Männer der Rechten

1 HASSELL S. 158.
2 Walter HAMMER, Theodor Haubach zum Gedächtnis, S. 25.
3 Gerhard RITTER, Carl Goerdeler und die deutsche Widerstandsbewegung, Stuttgart 1954, hier zitiert nach 3. Auflage 1956. RITTER orientiert über den großen Menschenkreis, mit dem Goerdeler in Verbindung stand. PECHEL S. 209, 221 nennt folgende Namen, deren einige auch bei der Abwehr erscheinen: Fritz Goerdeler, den Bruder, Eugen Bolz (den früheren Staatspräsidenten von Württemberg), Joseph Wirmer, Paul Lejeune=Jung, Werner Grafen von der Schulenburg, Erwin Planck, Franz Kempner, Eduard Hamm, Fritz Elsas, Carl Wentzel=Teutschenthal, Ewald von Kleist=Schmenzin, Friedrich=Karl von Zitzewitz=Muttrin, von Puttkamer=Nippoglense, Robert Lehr, Friedrich Justus Perels, Richard Kuenzer, Hermann Kaiser, Theodor Bäuerle, Paul Hahn, Theodor Strünck. Fünf von den Genannten (Zitzewitz, Puttkamer, Lehr, Bäuerle, Hahn) sind nach dem Zwanzigsten Juli am Leben geblieben.
Dem weiteren Umkreis Goerdelers waren zugehörig folgende Männer, die die Totenliste des Zwanzigsten Juli nennt: Walter Cramer, Reinhold Frank, Georg Conrad Kissling (tötete sich selbst), Wilhelm zur Nieden, Friedrich Scholz=Babisch, Hans=Ludwig Sierks, Hans=Joachim Freiherr von Steinäcker. Andere sind aus längerer oder kürzerer Haftzeit wieder freigekommen, so die Freiburger Professoren Gerhard Ritter, Adolf Lampe und Constantin von Dietze, Reichsminister a. D. Andreas Hermes, Generaldirektor Dr. Ewald Löser, Freiherr von Palombini, Professor von Erxleben, Staatsminister a. D. F. W. Richter.

4 RITTER a. a. O. S. 25.
5 RITTER S. 274.
6 Persönlicher Bericht des Verlegers Gotthold MÜLLER, an den diese Worte gerichtet waren. Müller bestätigt, daß Goerdeler durch den Soldatentod seines ihm sehr nahen Sohnes Christian (Mai 1942) noch entschlossener zum Umsturz gedrängt habe. Christian G. hatte durch seine der des Vaters verwandte Haltung schwere Schicksale als Soldat durchzumachen gehabt (vgl. RITTER S. 539).
7 Brief Goerdelers an Professor Kippenberg (Insel=Verlag) aus dem Gefängnis vom 13. Novomber 1944, bisher unveröffentlicht, im Besitz der Familie Goerdeler.
8 S. Anm. 7. Bei den Sonderdotationen an Marschälle ist wohl vor allem derjenigen an Generalfeldmarschall von Kluge gedacht (SCHLABRENDORFF S. 71, Tagebuch H. KAISER).
9 RITTER S. 279.
10 RITTER S. 287.
11 RITTER S. 335.
12 SCHWERIN=KROSIGK S. 183–192. Aufschlußreich die Sätze daraus: „Schacht zeigte häufig die Neigung, andere ins Feuer zu schicken, das er selbst angelegt hatte. Er ließ einen ‚Armen' ohne Mitleid schuldig werden. Fand er einen geistig Unterlegenen, der sich das gefallen ließ, nutzte er die Schwäche unbedenklich aus. Geistige Armut hielt er für eine Schuld, die sich schon auf Erden rächen mußte; er selbst litt nicht darunter." Schwerin=Krosigk berichtet eine der für Schacht bezeichnenden Geschichten: Frank, der spätere Generalgouverneur von Polen, begrüßte Schacht, der wie andere Minister eben das Goldene Parteiabzeichen verliehen bekommen hatte, in seiner lauten Art mit den Worten: „Nun, Herr Schacht, wie fühlen Sie sich, wie geht es Ihnen?" Schacht sah unbeweglichen Gesichts auf ihn herunter und sagte: „Wenn es uns alten Kämpfern nicht gut geht, wem sollte es dann in Deutschland gut gehen?"
13 IMT XXXIII S. 531, dort auch der wichtige Brief Schachts an Hitler vom 12. Nov. 1932.
14 Nürnberger Dokumente 456 – EC (zitiert von SHIRER 140).
15 SHIRER S. 252.
16 SHIRER S. 299. Vgl. dazu Goerdelers Kampf mit Göring in seiner Denkschrift zur Devisenfrage vom August 1936. Goerdeler protestierte hier gegen eine Kreditpolitik mittels der „Mefo=Wechsel", die ihm als ein fiskalisches Schwindelgeschäft erschienen. Schacht blieb davon ungerührt. Goerdeler schreibt darüber in seinen Memoiren: „Als ich ihm den Unsinn nachwies, deutete er auf das Bild Hitlers und sagte: ‚Sie irren, das ist ein großer Mann, er wird das Volk in sein Glück führen.'" Am 27. oder 28. Juni 1935 kam Hitler mit Goerdeler als Preiskommissar und mit Schacht als Finanzminister ohne andere Zeugen zusammen. Nachdem ihm die erbetenen Vollmachten zur Reorganisierung der inneren Reichsverwaltung, so auch der Finanzen, nicht gewährt wurden, ist Goerdeler ausgeschieden. Über die unterschiedlichen Auffassungen über die Finanz= und Wirtschaftspolitik bei Goerdeler und Schacht und ihr Verhältnis zu Göring siehe die Zusammenfassung bei RITTER a.a.O. S. 76–87. Die warnende Denkschrift des Reichsbankdirektoriums (Schacht) an Hitler über die drohende Währungskatastrophe durch die ungehemmten Ausgaben der öffentlichen Hand IMT XXXVI, S. 366.
17 IMT XLI, S. 267, andere Äußerungen XXXIII, S. 559.
18 Brief bei SCHACHT, S. 26.
19 SCHACHT S. 48.
20 IMT XLI, S. 279.
21 WEIZSÄCKER S. 176, 255 ff. Vgl. auch die Schilderung bei SCHMIDT, KORDT, KLEIST.
22 Der sogenannte „Wilhelmstraßen=Prozeß" gegen von Weizsäcker und 20 andere Angeklagte fand zwischen 6. Januar 1948 und 14. April 1949 statt, weitere 8 Monate vergingen über einem schriftlichen Verfahren und Urteilsberichtigungen. Das Urteil, dessen deutsche Fassung R. KEMPNER und C. HAENSEL herausgegeben haben (Schwäb. Gmünd 1950, A. Bürger=Verlag), umfaßt 335 Druckseiten im Quartformat. Das Bestreben der Richter, verantwortungsvoll und frei von angemaßter Unfehlbarkeit alles, was Anklage und Verteidigung vorgebracht haben, abzuwägen und gerecht zu entscheiden, ist außerhalb jeden Zweifels, ebenso aber auch, daß das Gericht sich hier um Dinge bemüht hat, die in seiner Zuständigkeit unentscheidbar waren und bleiben werden. Ernst von Weizsäcker

Zu Seite 83—85

wurde in zwei von acht Punkten für schuldig gesprochen, jedoch hob das Gericht in seinem Beschluß vom 12. November 1949 die Verurteilung nach Punkt I (Verbrechen des Angriffskriegs und Verbrechen gegen den Frieden) wieder auf und berichtigte das Straf= maß, es hielt aber den Schuldspruch nach Punkt V aufrecht, indem es ein Kriegsverbre= chen oder Verbrechen gegen die Menschlichkeit z. B. darin erblickte, daß Weizsäcker seine „Zustimmung" gegeben habe zur Wegführung und mutmaßlichen Vernichtung von 6000 französischen Juden. An dieser Deportation, die im Frühjahr 1942 vom Reichssicherheits= hauptamt geplant und ins Werk gesetzt wurde, war das Auswärtige Amt nur „ressort= mäßig", ohne selbst Urheber oder entscheidungsberechtigt zu sein, beteiligt worden. Weizsäckers Mitwirkung in der Widerstandsbewegung wurde in der Auffassung des Gerichts anerkannt und als mildernder Umstand in Betracht gezogen, dagegen aber aus= gesprochen, „man darf die Begehung eines Mordes nicht gutheißen oder dabei mitwirken, weil man hofft, man könne auf diese Weise die Gesellschaft am Ende von dem Haupt= mörder befreien. In diesen und in gleichgelagerten Fällen werden die Angeklagten Weizsäcker und Wörmann schuldig gesprochen" (S. 94 der Textausgabe). Einer der drei Richter, Leon W. Powers, trat diesem Schuldspruch nicht bei, weil von Weizsäcker man= gels sachlicher Zuständigkeit kein Recht zu einem Einspruch gehabt hätte und damit auch nichts hätte bewirken können, und er kommt zum Schluß: „Ihre Verurteilung bedeutet eine Bestrafung für Handlungen einer anderen Regierungsstelle, die sie nicht angeordnet haben und nicht verhindern konnten" (S. 303).

23 SCHMIDT urteilt in seinem Epilog über das Auswärtige Amt: „Die Klammer, die das Gebäude des alten Amtes zusammenhielt, war der Staatssekretär Freiherr von Weiz= säcker, der bei allen Beamten und bei sämtlichen ausländischen Diplomaten hohes An= sehen genoß und mit höchster moralischer Ehrenhaftigkeit eine äußerste diplomatische Geschicklichkeit verband. Durch ein Wort, eine Geste oder ein bedeutsames Schweigen im richtigen Augenblick verstand er es, uns seinen Willen in einer Form kundzutun, die weder von Ribbentrops und Hitlers Kontrollorganen noch von seinen späteren Anklägern in Nürnberg verstanden werden konnte, weil die einen die moralische Wellenlänge eines Weizsäcker auf ihren primitiven Empfangsgeräten nicht besaßen und die anderen in dem ganzen Wellenbereich überhaupt nicht Bescheid wußten, da sie nie unter einer Diktatur gelebt hatten" (S. 559). — Den Vorbehalten, ja Angriffen gegen Weizsäcker, die das HASSELLsche Tagebuch enthält, ist durch die Nachkriegsentwicklung mehr Gewicht bei= gelegt worden, als ihnen zukommt. Man hat sie als Tagebuchnotizen zu lesen, die die Dramatik des Augenblicks und die tätige Verschiedenheit der Charaktere widerspiegeln. Daß der im Amt Gebundene sich gegen das unbefangene und oft sehr unvorsichtige Konspirieren der Draußenstehenden abschloß, ist zu verstehen, auch ohne den tieferen Temperamentsunterschied der beiden heranzuziehen. Aus anderer Quelle ist bekannt — und in HASSELLs Aufzeichnungen S. 347 wiederzuerkennen —, daß auch Stauffenberg es nötig fand, ihn nachdrücklich zur Vorsicht zu mahnen. Weizsäcker schrieb: „Die Existenz der Tagebuchnotizen zeigt, daß meine Warnung begründet war. Ihr Bekannt= werden hätte dem Autor, vielen seiner Gesinnungsgenossen und auch mir, vor allem aber der Sache des Widerstands, das Leben ausgelöscht. Tagebücher sind Sicherheitsventile für Stimmungen des Augenblicks. Sie später ohne Kommentar zu veröffentlichen, ist meistens ein Unrecht gegen den Verfasser" (S. 343; vgl. auch SALIN S. 10). — Wieweit sie übrigens der stammesmäßig gemachten Observation Hassells zustimmen wollen, mögen die Be= troffenen selbst entscheiden: „Merkwürdig, daß man häufig bei Schwaben beim tieferen Bohren auf Mangel an Festigkeit des Charakters und eine durch Bonhomie verdeckte Bauernschläue stößt" (HASSELL S. 313).

24 Robert BOEHRINGER hat im Dezember 1948, als der ihm Befreundete noch im alliierten Gewahrsam festgehalten war, ein Gedicht „An Ernst Freiherrn von Weizsäcker" ver= öffentlicht, eine persönliche Huldigung, aber zugleich ein tiefer wirkender Anruf vor dem drohenden Ungeist einer haßerfüllten Zeit (Drei Gedichte, Bad Godesberg 1948).

25 Vier weitere Angehörige des Auswärtigen Amtes sind hingerichtet worden: Geheimrat Richard Kuenzer, Botschaftsrat a. D. (später Bankier) Albrecht Graf von Bernsdorff, Ge= sandter a. D. Otto Kiep, Legationsrat Herbert Mumm von Schwarzenstein.

26 „Programm" nach Beratung mit Beck, Goerdeler, Popitz im Januar=Februar 1940, verfaßt von HASSELL, s. dessen Buch S. 381. Zu seiner Beteiligung an Vorbesprechungen s.

auch ib. S. 295 und den Brief vom damaligen Konsistorialrat Dr. Gerstenmaier an W. U. von Hassell ib. S. 379.
27 S. bei HASSELL S. 385 ff.
28 Auskünfte von Frau Dr. Cornelia Schulz=Popitz s. bei RITTER S. 518, 501. Es ist sicher nicht einfach, die politische Einstellung von Popitz zu bestimmen. Was RITTER an verschiedenen Stellen (so S. 294, 241, 370, 537, 541/42) mitteilt, läßt sich schwer zu einem Bild zusammenfügen. Deutlich ist, daß Popitz sich gegen die „allzu bürgerlichen" Methoden der Umsturzpläne Goerdelers gewandt und ihnen eigene entgegengesetzt hat, außerdem daß er zuerst als künftiger Kultusminister, dann als Finanzminister genannt wird, seit Ende 1943 aber bei den Erwägungen einer künftigen Regierung nicht mehr erscheint. Wiederum ist daraus nicht ein menschlicher Bruch mit den anderen Männern der Erhebung abzulesen. Es ist bezeugt, daß Stauffenberg auch im Jahr 1944 mehrfach mit ihm zusammenkam und Goerdeler (trotz seiner anderslautenden Angabe vor Gericht) ebenso noch im Jahr 1944 das Haus von Jessen besucht hat, der Popitz sehr nahe stand. Im Fall von Popitz wird deutlich, daß Ausdrücke wie „zu bürgerlich", „zu konservativ", „zu reaktionär", „langjähriger Mitarbeiter Görings" über Ziele und Gehalt wenig auszusagen vermögen und man sich hüten muß, in der Überlieferung und vor Gericht forcierte Gegensätzlichkeiten als wesentlich zu nehmen. Vgl. HASSELL S. 121 und die Darstellung, die Hans HERZFELD gibt: Johannes Popitz, Ein Beitrag zur Geschichte des deutschen Beamtentums. In: Forschungen zu Staat und Verfassung; Festgabe für Fritz Hartung, Berlin 1958, S. 345–365.
29 HILDEBRANDT, „Der Aufstand des Gewissens" in „Stuttgarter Zeitung", 1. März 1947. Hier auch die öfters von Popitz gebrauchte Wendung: „Man kann nicht mit gewöhnlichen Mitteln aus einer ungewöhnlichen Katastrophe herausführen." Vgl. zu Popitz auch Rainer HILDEBRANDT, Wir sind die Letzten. Aus dem Leben des Widerstandskämpfers Albrecht Haushofer und seiner Freunde.
30 RITTER S. 362. Vorgänge Popitz/Langbehn/Himmler bei DULLES und bei HENK S. 238.
31 Vgl. Artikel „Nationalsozialismus" im Wörterbuch der Volkswirtschaft, 4. Aufl. 1933. „IN MEMORIAM Jens Jessen" in Schmollers Jahrbuch, 69. Jahrg., 1. Heft, verfaßt von Günther Schmölders.
32 Ohlendorf, am meisten bekanntgeworden durch seine „Arbeit in den Einsatzgruppen" IMT IV, 344–393; dazu XXXI, 39 ff. Er wurde im Nürnberger Prozeß gegen die „Einsatzgruppen" zum Tod verurteilt und drei Jahre danach (!) 1951 hingerichtet.
33 Vgl. Jessens Arbeitsthema „Der Wettbewerb als Mittel der volkswirtschaftlichen Leistungssteigerung und Leistungsauslese", seine Verteidigung des landwirtschaftlichen Großbesitzes als einer „Stätte für die Pflege unabhängiger Charaktere", sein Hinweis, daß es höchste Kunst einer Führung sei, die Volksgemeinschaft, aber zugleich den freien Raum für die herausragende Persönlichkeit zu sichern u. a. (nach SCHMÖLDERS a.a.O.).
34 FECHTER, Menschen und Zeiten, S. 407.

V. Männer der Linken

1 LEITHÄUSER, Wilhelm Leuschner, S. 184.
2 A. LEBER, Den toten, immer lebenden Freunden, S. 7. J. LEBER an vielen Stellen, z. B 253, 256 („Ich hätte gewünscht, ein Schicksal hätte uns erfaßt, das unser Programm zerbrochen, unser Herz und unseren Mut aber gestärkt hätte. Nun ist es einstweilen umgekehrt gekommen: gebrochenen Herzens, aber mit ungebrochenem Programm"). S. 74: „Was die Partei für Sorgen hat in dieser Zeit, wo alles auf dem Spiele steht! Als das alte Römische Reich im Jahr 1806 endgültig zusammenbrach, war der alte Reichstag gerade damit beschäftigt, die Frage der Eutiner Gemeindewahlen nach allen Seiten hin zu prüfen und zu klären. Und wenn später einmal die Entscheidungsstunden der deutschen Republik unter dem Scheinwerfer der Geschichte stehen werden, dann wird es nur ein mitleidiges Lächeln hervorrufen, wie sich in diesen Stunden die größte republikanische Partei über die Frage verzankte, ob ein Panzerkreuzerersatzbau im Jahre 1931 oder erst im Jahre 1932 beginnen sollte . . . Ich wüßte nicht, wieviel Panzerkreuzerbauten ich zu be-

Zu Seite 93—98

willigen bereit wäre, wenn ich damit die Republik und die Demokratie in Deutschland retten könnte ..." So im Jahr 1929. Vgl. im ganzen die in Lebers Buch enthaltene Schrift „Gedanken zum Verbot der Sozialdemokratischen Partei", Juni 1933, S. 185 ff.
3 Zu Leuschner s. das Buch von LEITHÄUSER.
4 A. LEBER ib. S. 7. Vgl. HENK S. 33.
5 Max Habermann, nach dem Zwanzigsten Juli flüchtig, am 30. Oktober entdeckt und festgenommen, setzte „seinem Leben im Gefängnis von Gifhorn ein Ende", weil er „an den Menschen, die ihm auf der Flucht Asyl gewährt hatten, nicht Verrat begehen wollte". PECHEL S. 208; vgl. W. MÜLLER, Gegen eine neue Dolchstoßlegende, S. 60, 2. Aufl.
Aus Habermanns Testament findet man den Satz veröffentlicht: „Sollten aber im Verlauf dieses Krieges all unsere Güter in Schutt und Rauch aufgehen, dann mögen Mütter und Kinder in der Armut, die sie mit Millionen von Deutschen zu teilen haben, sich unter Gottes Willen beugen" (Sondernummer „Parlament").
Verbindung zum katholischen Lager der Arbeiterbewegung bestand durch Prälat Dr. Otto Müller, Redakteur Nikolaus Groß, Verlagsdirektor Bernhard Letterhaus, der erstere starb in der Haft, die beiden anderen durch das Urteil Freislers; dazu PECHEL S. 205, KB 380, 393.
Von der christlichen Gewerkschaftsbewegung her kamen neben Kaiser Franz Leuninger und Heinrich Körner. Der erstere wurde hingerichtet, der letztere Ende April 1945 von den feindlichen Truppen aus dem Gefängnis Plötzensee befreit, aber vor den Barrikaden der SS tödlich getroffen. Tags zuvor hatte auch der Mitarbeiter und Freund Leuschners Ernst Schneppenhorst den gewaltsamen Tod gefunden. Zwei der schlesischen Gesinnungsfreunde Leuschners waren miteinander schon einige Wochen früher hingerichtet worden: Fritz Voigt, ehem. Polizeipräsident von Breslau, und Oswald Wirsich, ehem. Bezirkssekretär des Allgemeinen Deutschen Gewerkschaftsbundes.
6 HENK S. 59 gibt eine Darstellung über die bis in die kleinen Ortschaften reichende Organisation in Hessen.
7 LEITHÄUSER S. 59. Um den gleichen Punkt bewegen sich auch die Gedanken von Leber und Stauffenberg.
8 LEITHÄUSER S. 209, 210, 215, 223, 224.
9 PECHEL S. 202.
10 A. LEBER ib. S. 8: Ein anderes Zeugnis: „Mit Trauer denkt man auch an den tapferen Maass, einstmals Führer der sozialdemokratischen Jugend, der vor Freisler stand, entschlossen und aufrecht bis zur letzten Minute der Verhandlung ... Als ihm der Präsident das Schlußwort gab, merkte man wohl, wie Maass auf diesen Augenblick gewartet hatte, wie alles, was in ihm feurig und strömend war, danach drängte, sich zu eröffnen, um vor den Zuhörern und wohl auch vor der Nachwelt das Bild seiner Motive klar und rein zu erhalten ... Er begann mit den Worten: ‚Ich glaube es mir, aber auch der Sache schuldig zu sein, wenn ich hier vor Gott und meinem Gewissen erkläre ...', da fuhr ihm schneidend die Stimme Roland Freislers dazwischen: ‚Sie erklären hier nichts vor Gott. Sie erklären hier nur etwas vor dem Volksgerichtshof des Großdeutschen Reiches!' Noch einmal setzte Maass an, noch einmal zerhieb ihm Freisler den Satz – da sandte der Angeklagte einen Blick tiefer Verachtung zu dem Mann in der roten Robe hinüber, und mit stolz resigniertem ‚Ich verzichte!' setzte er sich nieder" (Ungenannter Berichtender in der „Schwäb. Zeitung" vom 10. Mai 1946: „Märtyrer der Freiheit").
11 Haubach hatte auch später etwas Gestrafftes, Soldatisches in seiner Haltung und sprach gern vom „militanten Sozialismus". Vgl. PÖLCHAU S. 123. Ein schönes Bild des 18jährigen Haubach bei HAMMER. In einem Brief an Max F. Brünn in Oslo Ende 1946 schrieb Karl WOLFSKEHL über Haubach: „Theodor Haubach, der ja leider dem Gräuel zum Opfer fiel, hab ich nur flüchtig gekannt, nur in seiner Frühzeit, so um 1920 herum. Ich war damals gelegentlich mit ihm und Mierendorff in der ‚Dachstubenrunde' zusammen. Beide sind nun dem Verhängnis verfallen. Haubach, viel wortkarger als der rheinisch redefrohe Mierendorff, war ein prachtvoller Junge von großer archaisch-antiker Schönheit. Die Gesichtsbildung damals tatsächlich vor-perikleisch (ich erinnere besonders die untadelige Profillinie, wie sie vom edlen Schädelgewölbe ungebrochen bis zu den griechisch geschwungenen weiten Nüstern verlief). Und so war sein Wuchs, griff oder spielte die Hand."

Zu Seite 99—108

12 Walter HAMMERs eindrucksvolle Gedenkschrift für Theodor Haubach enthält Beiträge von zwanzig Menschen und Haubachs eigene Äußerungen. Briefe von Haubach veröffentlichte Alma DE L'AIGLE. Man liest darin über die Hamburger Zeit: „Haubach erschien uns allen vorbestimmt zum Politiker durch seine umfassende, klare und tendenzlose Beurteilung der politischen Verhältnisse in allen Erdteilen, durch seine Gabe, Massen zu organisieren — der Aufbau des Reichsbanners Schwarz=Rot=Gold ist mit sein Werk — und durch seine ungewöhnliche Gabe zur Rede, die hinreißend war durch Atemlosigkeit im Aufbau, durch Fülle, Prägnanz und Glut der Sachlichkeit — ‚Herrlich wie beim Lavieren auf dem Eise' sei ihm beim Reden zumute, sagte er mir einmal ... Die Hamburger Parteijugend und die Hamburger Arbeiterschaft war ihm, dem Süddeutschen, sehr eng ans Herz gewachsen und er ihnen." Die gleiche Verfasserin erinnert daran, daß man in seine Redaktionsstube eintretend als erstes über seinem Schreibtisch die Hölderlin=Worte sah: „O heilig Herz der Völker, o Vaterland ..." (S. 9).
13 Die folgenden Zitate aus Briefen von Theo Haubach bei DE L'AIGLE auf den Seiten 27, 30, 42, 48, 59.
14 Die Schicht, in der für Haubach die Entscheidungen spielen, findet man auch im Brief vom 13. Februar 1943 bezeichnet: „Was uns allen bevorsteht, muß nach menschlichem Ermessen jedes Menschen Kräfte übersteigen. Denn wir dürfen ja den Dämonen, die hexen können, keine unserer Anliegen mehr anvertrauen, wir dürfen die Mächte des Abgrunds, die das Schwere leicht machen, ‚und ein Ding, das wie Gold ist, aus Lehm' (George), ... nie wieder zu Hilfe rufen. In der Wahrheit aber ist das Schwere schwer, das Steile steil, das Steinige steinig. Die Kräfte der heiligen Ordnung dulden nichts Falsches, keinen Zauber, keinen Schein, und wir müssen durch die unerbittliche Helle hindurch ..." a.a.O. S. 62.
15 „Das Jahr war eines der besten in meinem Leben, es war so gut, daß ich ernstlich und ehrlich Angst vor der Götter Neid empfinde. Dieses gesegnete Jahr hat mich nach allen Richtungen hin äußerlich und innerlich zum Fortschreiten gebracht, eine seltene Übereinstimmung zwischen vita activa und vita contemplativa erzielt, und so stand denn auch die Weihnachtsreise unter freundlichen Sternen. Dieses Jahr (1942) wird ernster werden, aber ich habe inzwischen gelernt, daß man mit Gehorsam den Angriffen des Schicksals widerstehen kann" (DE L'AIGLE S. 52). Man vergleiche damit, um den „Gehorsam" in dem von ihm gemeinten Sinn zu sehen, den Brief aus dem Jahr 1937, worin er das Wartenkönnen die größte Tugend nennt und unvermutet hinzusetzt: „Dennoch lernt man einmal die Angst davor kennen, daß das Leben abläuft und man sein Werk nicht getan hat" (a.a.O. S. 25).
16 A. LEBER S. 10.
17 WEISENBORN S. 182.
18 „In Memoriam Carlo Mierendorff S. XX.
19 a.a.O. S. 16.
20 ZUCKMAYER S. 12 und 16.
21 ZUCKMAYER S. 31.
22 Man weiß von einer seiner Reden in den Zwanziger Jahren in Heidelberg, bei der eine Gruppe von Hörern den Saal verließ und Mierendorff dem Anführer dieser Gruppe zurief: „Bleiben Sie im Lokal, Herr Goebbels, wenn Sie den Mut haben, einem Frontkämpfer ins Auge zu sehen!" (In Memoriam S. IX.)
23 a.a.O. S. IX.
24 HENK S. 46. Aus dieser letzten Zeit Mierendorffs müßte auch dieses Wort stammen, das STELTZER in seinem Buch „Von deutscher Politik" S. 75 als zu Pater Roesch geäußert mitteilt: „Ich habe ohne Religion gelebt. Aber ich bin zu der Überzeugung gekommen, daß nur das Christentum dem Leben Sinn und Halt geben kann. Und ich gehe jetzt diesen Weg zu Gott. Ich denke, es macht Ihnen Freude, Pater, dies von mir zu hören."
25 A. LEBER S. 9. Am 22. Febr. 1944 sprach Haubach bei der Trauerfeier für Mierendorff auf dem Darmstädter Waldfriedhof, am 12. März, wohl ohne Wissen davon, Zuckmayer in New York vor einem geladenen Kreis von Deutschen zu Ehren des Toten: „Nicht nur sein harter Entschluß, der ihn in Deutschland hielt und dort dem Schlimmsten trotzen ließ, nicht nur die Hoffnung, die man für Deutschlands Zukunft auf ihn setzen konnte, machte seine einfache, schlichte, unfeierliche Gestalt fast zum Symbol eines Volkes, an

Zu Seite 108—116

dessen fruchtbaren Kern und dessen Wiedergeburt wir unerschütterlich glauben, sondern in seiner ganzen Persönlichkeit, in seinem Wesen und Wirken, in seiner Substanz und in seinem Handeln hat Carlo Mierendorff all das versammelt, was wir im besten und schönsten, auch im einfachsten und bescheidensten Sinne deutsch nennen dürfen . . ." (ZUCKMAYER S. 8.)
26 HENK S. 34.
27 A. LEBER S. 6.
28 HENDERSON, Adolf Reichwein, S. 65 u. 64.
29 a.aO. S. 71.
30 a.a.O. S. 120.
31 a.a.O. S. 119.
32 Romai REICHWEIN „Der Vater", Aufzeichnungen im Archiv der Adolf-Reichwein-Hochschule in Osnabrück.
33 BOHNENKAMP, Hans, „Gedanken an Adolf Reichwein", Braunschweig 1949, S. 15.
34 Leitbuch zu der Holzausstellung. Eine Schilderung bei Arthur von MACHUI in „Die Sammlung", 1. Jahrg. 1945, Heft 1.
35 HENDERSON a.a.O. 159.
36 Reichwein schrieb einmal zum Tod eines Kindes: „Ihr Weggang ist eine schmerzhafte und tiefgreifende Erinnerung, daß wir unser sinnliches Dasein nicht so wichtig nehmen sollen wie unser Dasein als Sinnbild" (BOHNENKAMP S. 10). — Ein englischer Freund trug zu Reichweins Bild den Zug bei, er habe „die kontemplative Weisheit eines taoistischen Mönches mit dem Feuer eines makellosen Kreuzritters" vereinigt. Ein anderer: „Seine Augen waren wie vom Meerwind gewaschen, er ist mir oft wie ein Wikinger erschienen" (BOHNENKAMP S. 9 und 20). Anderswo findet man es so: „In seiner Mischung einer leuchtenden Lebendigkeit mit wissenschaftlich nüchternem Ernst übte er eine geradezu magische Anziehungskraft aus" (A. LEBER S. 10). BOHNENKAMP ergänzt dazu weiter: „Seine fast magische Anziehungskraft entsprang nicht nur aus der Spannweite seines Geistes, in der zudem fast alles Kennen vom Können kam, nicht nur aus der Fülle des Erlebten und aus seiner Zähigkeit im Ertragen wechselnden Geschicks, die an den ähnlich drahtigen und rothaarigen T. E. Lawrence erinnert, nicht nur aus der Vielfalt seiner starken Tugenden, sondern vor allem aus der darunter sich erhaltenden und immer durchscheinenden Reinheit seines Wesens. Sie war ‚helle Magie'. In dem Bilde, das wir uns von ihm machen, fehlen sowohl die Verhangenheit nächtlichen Trauerns wie das Dunkel der Dämonie . . . Seine helle Aufgeräumtheit — ich habe ihn kaum je gedrückt, niemals innerlich abwesend gefunden — ließ aus seinem Reichtum an Erlebnissen und Ideen immer gegenwärtig sein, man schied von ihm erfrischt, befeuert und erhoben" (a.a.O. S. 20). — Über die Abkehr Reichweins aus dem Kreis von Friedrich Wolters siehe BOHNENKAMP S. 9, über seine Pädagogik G. v. MACHUI a.a.O.
37 Zu Ernst von Harnack vgl. die Lebensbeschreibung, die sein Bruder Axel von HARNACK herausgab, außerdem die Erinnerungen von Otto JOHN in der Zeitschrift „Blick in die Welt" (Heft 6, 1947), A. LEBER, Das Gewissen steht auf, S. 117. Eigene Erlebnisse mit Harnack auch bei PECHEL.
38 Nach dem Zeugnis von PECHEL S. 204 hat Ernst von Harnack die Verbindung des aus der Haft entlassenen, ihm befreundeten Leber zum Kreis um Goerdeler, zu General von Falkenhausen und zu Hans John, juristischem Beirat der Lufthansa, geschaffen.
39 Der Oberregierungsrat im Reichswirtschaftsministerium, Dr. Arvid Harnack, und seine Gattin Mildred, eine geborene Amerikanerin, wurden im Herbst 1942 verhaftet, vor das Reichskriegsgericht gestellt und wegen Hochverrats zum Tode verurteilt. S. bei Axel von HARNACK in „Die Gegenwart" vom 31. Jan. 1947.
40 A. v. HARNACK Lebensbeschreibung S. 64.
41 Theodor Baensch s. bei HARNACK a.a.O. S. 65.
42 Vgl. die Schilderung von Frau v. Harnack bei WEISENBORN S. 184.
Der Bruder erinnert daran, daß Harnack von einer Grabschrift tiefbewegt war, die er einmal beim Besuch einer Kirche in der Bodenseegegend auf dem Grab eines französischen Bischofs gefunden hatte. Der Stein trug außer den Lebensdaten des Bischofs, der als Emigrant während der großen Revolution gestorben war, nur die Worte: „Sumptum minuit, virtutes auxit." Vielleicht lag die Erinnerung daran Ernst v. Harnack noch im

Sinn, als er ganz zuletzt die Seinen bat, das Fontanewort auch von ihm gelten zu lassen: „Wie er zuletzt war, so war er eigentlich."
43 A. LEBER S. 13.
44 Eine bezeichnende Erinnerung gibt Otto PASSARGE, Bürgermeister von Lübeck: Als von der Kommission, die über Lebers Wahl zum Chefredakteur zu beschließen hatte, der Vorschlag gemacht wurde, Leber solle innerhalb von vier Tagen zu einem bestimmten Thema einen Artikel schreiben, entgegnete er abkürzend: „Warum vier Tage? Das kann ich auch sofort tun", setzte sich hin, schrieb und wurde gewählt (J. LEBER S. 271).
45 Dies und die folgenden Zitate aus J. LEBER S. 271, 107, 254.
46 J. LEBER S. 120.
47 J. LEBER S. 258, Brief vom 31. März 1933.
48 A. LEBER S. 3.
49 A. LEBER S. 4.
50 Dies und die folgende Briefstelle bei J. LEBER S. 256 und 255.
51 A. LEBER a.a.O.
52 J. LEBER S. 265.
53 S. Anmerkung 2.
54 J. LEBER S. 289. Die folgenden Zitate ib., S. 177, 173, 160, 156.
55 Theodor Heuss bei J. LEBER S. 294.
56 Gustav Dahrendorf in J. LEBER S. 293.
57 Ein Zeuge dieses Augenblicks schrieb nieder: „Unvergeßlich wird mir immer das Antlitz Lebers sein, als das Todesurteil verkündet wurde und er es schweigend entgegennahm, ohne seinen Peinigern den Gefallen zu tun, auch nur mit der Wimper zu zucken. In seinen Zügen war soviel tiefer Ernst und gesammelte sittliche Hoheit, wie sie mir sonst in meinem Leben nicht begegnet sind." (Dr. Paul SETHE, Halver, in J. LEBER S. 293.) Lebers qualvolles und kraftvolles Bild vor dem Volksrichter in der Sondernummer des „Parlament".
58 J. LEBER S. 295.
59 A. LEBER S. 14. Eine Begegnung mit Leber in Ravensbrück wird von Isa VERMEHREN a.a.O. S. 44 geschildert. „ Er sagte gleich, daß für ihn nichts zu hoffen wäre, fand aber, an der Größe des Unternehmens gemessen, den Einsatz des eigenen Lebens nur entsprechend und bat mich, seiner Frau in diesem Sinne Grüße von ihm zu sagen."

VI. Der Kreisauer Kreis

1 Zur Kenntnis Moltkes und des Kreisauer Kreises s. die ausführliche Niederschrift von Marion Gräfin Yorck und Freya Gräfin Moltke, die in der „Neuen Auslese" und bei GOLLWITZER=KUHN=SCHNEIDER veröffentlichten Briefe Moltkes, die Darstellungen von Pechel, Gräfin Dönhoff, Husen, Gerstenmaier und Hassell, ferner Dulles, Rothfels, Pölchau. Die Kreisauer Dokumente sind im Wortlaut zu finden bei STELTZER, der im gleichen Buch mit der Niederschrift seiner persönlichen Erinnerungen an Art und Arbeit des Kreises und mit der Veröffentlichung seiner Denkschrift vom Juli 1944 einen authentischen Beitrag zur politischen Geschichte dieser Zeit gegeben hat. Zur Haltung Moltkes vgl. ROTHFELS S. 116, der davon spricht, daß sie an den „Nicht=Widerstand" Gandhis erinnern konnte. GERSTENMAIER gibt die Nachricht, daß man von Moltke niemals etwa eine moralische Ablehnung eines Attentats aus dem Munde gehört habe. Er habe nur immer wiederholt: *Unsere* Sorge ist der Tag X — dann müssen wir zur Stelle sein. Daß der Tag X sowohl Staatsstreich wie Katastrophe bedeuten konnte, sei jedem klar gewesen. Gerstenmaier warnt davor, im Bild Moltkes das Nur=Denkerische zu stark zur Geltung zu bringen durch ein Wörtlichnehmen seiner Schilderung des Hergangs vor Gericht, er habe vielmehr in jenem Brief nur die verabredeten Arbeitshypothesen benützt. („Wir haben nur gedacht . . . ist festgestellt . . ." usf.) Gerstenmaier hat sich mit Moltke in den letzten Tagen vor dessen Hinrichtung noch mehrfach unterhalten. Er ist überzeugt, daß Moltke mit Yorck und ihm am Zwanzigsten Juli in der Bendlerstraße gestanden

Zu Seite 131–144

hätte, wäre er frei gewesen. SALIN bringt eine Äußerung von Moltke befreundeter Seite bei, wonach M. sich nach anfänglichem Schwanken schon im Jahr 1943 mit dem Attentat einverstanden erklärt habe. Seine späteren brieflichen Äußerungen seien mit Rücksicht auf die Gefängniszensur anders abgefaßt (S. 11, Anm. 12). PÖLCHAU (S. 112) gibt an, daß Yorck versucht habe, die noch zögernden Freunde von der Notwendigkeit des Attentats zu überzeugen.

2 „Hoffnung ist nicht mein Metier", sagte Moltke einmal gelassen-freundlich zu einer Mitgefangenen (VERMEHREN S. 28).
3 Vgl. auch die Angaben PÖLCHAUS a.a.O. über Moltkes Interventionen, außerdem „Neue Auslese" S. 5.
4 PÖLCHAU S. 112. Vgl. LILJE S. 62.
5 S. „Neue Auslese".
6 Das Original der berühmten „Konvention von Tauroggen" aus dem Jahr 1812 wurde in der Familie bewahrt (ROTHFELS S. 112).
7 VAN HUSEN („In Memoriam Moltke und Yorck" unveröffentlichte Niederschrift) hebt Yorcks scharfen, auf innerste Güte gegründeten Witz hervor und setzt hinzu: „Er gehörte zu den wenigen Menschen, die zu überzeugen vermögen, ohne daß beim Gegner ein Stachel bleibt."
8 Zur Ergänzung der drei Kreisauer Gespräche traf man sich einmal in Klein-Öls bei Yorck zur Aussprache über landwirtschaftliche Fragen. Eine Niederschrift wurde nicht abgefaßt.
9 Von einem dieser Gespräche berichtete Yorck den anderen, daß Stauffenberg ihm empört von einem soeben herausgegebenen Befehl Kaltenbrunners gesprochen habe, der für 40 000 oder 42 000 ungarische Juden „Sonderbehandlung" in Auschwitz anordne. Die abwägenden Akademiker des Fahneneides dürfen nicht versäumen, sich immer wieder in solche Erfahrungen der Handelnden einzuleben. Vgl. den Brief Moltkes vom 21. Okt. 1941, worin er von ihm bekanntgewordenen deutschen Greueln in Serbien, Frankreich, Polen, Rußland und vom Vorgehen gegen Juden spricht und hinzufügt: „Darf ich denn das erfahren und trotzdem in meiner geheizten Wohnung am Tisch sitzen und Tee trinken? Mache ich mich dadurch nicht mitschuldig? Was sage ich, wenn man mich fragt: Und was hast du während dieser Zeit getan?" LEBER-MOLTKE a.a.O. S. 201. Vgl. Anm. 3, S. 525.
10 KB 110. Hier auch Yorcks Aussage, er sei von Stauffenberg gefragt worden, ob er sich als Staatssekretär des Reichskanzlers bereit finde.
11 A. LEBER, Das Gewissen steht auf, S. 166.
12 HASSELL S. 379.
13 GERSTENMAIER in „Hilfe für Deutschland" Frankfurt/Main 1946, S. 8.
14 GERSTENMAIER „Der Zwanzigste Juli – Besinnung und Auftrag" in „Christ und Welt" vom 20. Juli 1950. Das folgende Zitat von GERSTENMAIER s. „Der Zwanzigste Juli", Herder, S. 38.
15 Alfred DELP „Tragische Existenz" 1935, „Der Mensch und die Geschichte" 1943.
16 DELP S. 112. Ebendorther auch die folgenden Zitate, die den Seiten 13, 102, 111, 163, 178 entnommen sind. Über ihn s. Alfred DELP, Kämpfer, Beter, Zeuge. Letzte Briefe und Beiträge von Freunden. Berlin 1955, Morus-Verlag. Darin auch der schöne Brief an den eben geborenen Patensohn Alfred Sebastian, geschrieben mit gefesselten Händen am 23. Januar 1945. Delp hatte in seinem Aussehen und seinen Bewegungen etwas von der Kräftigkeit arbeitsamen Bauerntums.
17 Delp hat die „bayerische Gruppe" durch gemeinsame Besprechungen, die mehrfach in seiner Wohnung in München-Bogenhausen stattfanden, und in Einzelbegegnungen mit Moltke zusammengeführt und den Gesandten a. D. Sperr zu einem Gespräch mit Stauffenberg nach Bamberg entsandt im Juni 1944 (KB 331, 389, 393).
18 Pfarrer BUCHHOLZ in „Die neue Zeit" vom Oktober 1945; vgl. LILJE S. 61.
19 Angaben nach STELZER S. 74. Zur Teilnahme kirchlicher Kreise an der tätigen Verschwörung gegen Hitler und zu der oft auffallend schwachmütigen Behandlung, die diese Teilnehmer bei ihren Eigenen nach 1945 erfuhren, verlangen für beide Konfessionen die Darlegungen GERSTENMAIERS in „Hilfe für Deutschland" (S. 8) Gehör. Es heißt darin: „Daß einer der Bischöfe beider Kirchen eine wirkliche Kenntnis von den militärisch-technischen Plänen des Staatsstreichs gehabt hat, glaube ich nicht. Keiner von ihnen wußte,

Zu Seite 145—148

wie Hitler beseitigt werden sollte. Aber von denen, die bestimmt wußten, *daß* er beseitigt werden sollte, habe ich keinen auch nur einen Augenblick widersprechen hören. Ich sage das erstens deshalb, weil man die Beteiligung der Kirche, genau gesagt die Beteiligung prominenter Persönlichkeiten, an der Politik des aktiven Widerstandes in den Grenzen sehen muß, in denen sie sich tatsächlich bewegt hat. Und ich sage das zweitens deshalb, weil man den Mut haben sollte, sich dazu auch *jetzt* vor der Welt und vor der Kirche zu bekennen, da dieser größte und opfervollste Versuch der deutschen Selbsthilfe endgültig gescheitert und abgeschlossen ist."
20 Begründung bei STELTZER S. 10. Seine in der Politik fast puritanisch anmutende, aus Rechtschaffenheit mutige Haltung hat Steltzer nach 1945 als Oberpräsident, dann Ministerpräsident von Schleswig=Holstein auch der britischen Besatzungsmacht gegenüber bewiesen.
21 Der Vater, General von Haeften, später Präsident des Reichskriegsarchivs und Herausgeber kriegswissenschaftlicher Werke, war im Ersten Weltkrieg bekannt geworden durch seine Gegnerschaft zu Ludendorff. Vgl. auch ROTHFELS S. 15.
22 PECHEL S. 119.
23 Aus diesem Brief Trotts vom 15. Aug. 1944 (nach der Volksgerichtsverhandlung): „Du wirst wissen, daß mich am meisten schmerzt, unserem Land die besonderen Kräfte und Erfahrungen, die ich in fast zu einseitiger Konzentration auf seine außenpolitische Behauptung unter den Mächten in mir ausgebildet hatte, nun vielleicht nie mehr dienend zur Verfügung stellen zu können . . . Es war alles ein aus der Besinnung und Kraft unserer Heimat, deren tiefe Liebe ich meinem Vater verdanke, aufsteigender Versuch, ihr in allen modernen Wandlungen und Erschwerungen unwandelbar bleibendes Recht und ihren tiefen und unentbehrlichen Beitrag gegen den Übergriff fremder Mächte und Gesinnungen zu erhalten und zu vertreten. Darum bin ich aus der Fremde mit allen ihren Verlockungen und Möglichkeiten immer mit Unruhe und begierig dorthin zurück= geeilt, wo ich mich zu dienen berufen fühlte." A. LEBER, Das Gewissen steht auf, S. 222.
24 „He was well read in the literature of his own country, having a rather special attachment to the works of Jean Paul and being of the opinion that Hölderlin's was the best German poetry, better, even than Goethe's, though he revered Goethe's as the greatest German life. When he walked in the quadrangle of his Oxford college, in the moonlight, it was German poetry that came into his mind. This devotion to his own country and its destiny was obvious; he had not need to express it." (Notes on Adam v. Trott by G. E. COLLINS vom 19. Nov. 1946 in Vierteljahrsh. f. Zeitgesch., Juli 1964, S. 310. Das Original der Niederschrift sowie die Aufzeichnungen von ASTOR und OPPEN im Besitz von Frau Clarita v. Trott.)
25 August FRANKE, Ein Leben für die Freiheit, Eine Besinnung auf die Männer des 20. Juli 1944 anläßlich der Einweihung der Vertriebenensiedlung Adam von Trott zu Solz in Kassel.
26 H. W. OPPEN, unveröffentlichte Niederschrift über Trott.
27 FRANKE a.a.O. S. 18.
28 Albrecht v. KESSEL s. bei FRANKE S. 20.
29 „It was one of the chief charms of his nature that in spite of this maturity he had a youthful spontaneity and high spirits which made him perfectly natural company for much younger students" bei COLLINS a.a.O. — „To me he was a teacher und elder brother as well as a well=loved friend. He was the greatest member of my generation in any country that I have met." (Aus einer persönlichen Aufzeichnung von David ASTOR.)
30 Trott setzte sich für Menschen ein, die vom neuen Staat verfolgt wurden. 1935 gab er einen Band politischer und journalistischer Schriften von Heinrich von Kleist heraus (Protte=Verlag Potsdam), worin er vernehmbar Kleist als Mahner in die Gegenwart berief, „der, obwohl menschlich fast ganz vereinsamt, inmitten einer von Umwälzungen verwirrten Zeit für das verletzte Recht kämpfte".
31 Noch aus China hatte Trott an englische Freunde am 20. Juli 1938 geschrieben: „Solange es euch nicht möglich ist, alles, was sich in Deutschland ereignete, als europäisches Phänomen und europäische Verantwortung zu betrachten, kann kein Schritt nach vorn getan werden . . ." (FRANKE a.a.O. S. 36.) Im Oktober trat er die Reise nach Deutschland

Zu Seite 148—154

an. — Gegen die Versuche ausländischer Freunde, ihn festzuhalten, sagte Trott: Deutsche Emigranten gäbe es schon genug, die unter Umständen von außen nützen könnten. Es fehlten aber Deutsche, die willens seien, in Deutschland zu bleiben und eine Gegenfront gegen die andern aufzubauen, sobald es die Umstände erlaubten. Wenn Deutschland einmal wieder in die Gemeinschaft der anderen Völker zurückgeführt werde, so einzig durch Deutsche, die im Lande geblieben seien und dort alle Demütigungen und zuletzt die Niederlage mit erduldet hätten, die Hitler über dies Land bringe. Auf den Einwand, daß er der Staatspolizei zum Opfer falle, entgegnete er, er könne solchen Risiken nicht ausweichen (nach den Aufzeichnungen David ASTORS). Hier auch der Satz über Trott: „He was the exact opposite of what Hitler represents. I believe he was more deeple and thoroughly anti-Nazi than any Englishman or American." Andere seiner englischen Bekannten zerbrachen ihr Verhältnis zu Trott jäh, als sie von seiner Tätigkeit in Deutschland hörten. Folgende Sätze aus seinen Erwiderungen bleiben denkwürdig: „Ich habe den wachsenden Verdacht, daß eine Reihe meiner Freunde die Übel Europas mit Deutschland als solchem gleichsetzen und ihre Beziehungen zu mir nur in dem Maß aufrechterhalten, als ich zufällig in Euer englisches Leben hineinpasse. Ich empfinde dieses Urteil als zutiefst unwahr und ungerecht und möchte keine Kompromisse mit dieser Art, akzeptiert zu werden, schließen . . . Dennoch sehe ich die Ursache dafür, daß sich so etwas ereignet, klar genug und wir sind alle unter starkem Druck gesetzt worden, scheint mir, darüber nachzudenken. Es ist eben das Dilemma, mit dem, wie ich glaubte, menschliche Freundschaften auf konstruktive Art würden fertig werden können." (FRANKE a.a.O. S. 38.) In einem anderen Brief: „I do no feel that some sane solution is completely out of reach — but I don't think it can be reached by some new method or slogan but through an act of faith which takes us right off the usual level of worry, complaint, and blame: in that sense, not in a resigned or desperate one did I mean to say: one's happiness did not matter." (Unveröffentlichter Privatbrief.)

32 Trott drang in den Gesprächen darauf, daß die Kriegsentschlossenheit Englands besonders durch Flottenmanöver nachdrücklich demonstriert werde, und warnte, daß irgend etwas mit Rußland spiele — was, könne er nicht sagen. Zugleich suchte er Verständnis für die Lage in Deutschland zu wecken und die Engländer zu gewissen Zugeständnissen zu bewegen, die die legitimen Elemente der Hitlerschen Forderungen berücksichtigen, dadurch die Lage für die Generalität klären und weitere wilde Forderungen Hitlers auch für die Deutschen fragwürdig machen könnten. Ob der Bericht Trotts vor die Augen Hitlers gekommen ist, ist ungewiß, eher unwahrscheinlich, da er Ribbentrop mißfiel.

33 Dokumentation durch ROTHFELS in Vierteljh.=H. f. Zeitgeschichte, Juli 1959, „Adam von Trott und das State Department" mit wörtlichem Abdruck der verschiedenen Dokumente, s. auch B. MALEY, „Das Drama der deutschen Widerstandsbewegung" in der Wochenschrift „Human Events" vom 5. April 1946. Maley druckt Auszüge aus dem Tagebuch von Felix MORLEY, der wie Trott Cecil=Rhodes=Stipendiat war und später Herausgeber der „Washington Post" wurde. Eine andere Friedensanfrage an Roosevelt (Herbst 1941 durch Hassell über Stallforth) traf in New York am 2. Dez. 1941 ein, wurde aber Roosevelt erst nach dem 8. Dez. (Pearl Harbour) unterbreitet (nach der Angabe von MORLEY), s. bei ROTHFELS S. 142.

33a Von New York aus hat sich Trott noch einmal mit einer Denkschrift an Lord Halifax gewandt. Sie ist abgedruckt bei ROTHFELS, Vierteljahrsh. f. Zeitgesch., Juli 1964.

34 FRANKE S. 41.

35 FRANKE S. 42.

36 Vgl. im Buch „Ruheloses Leben" von Botschafter a. D. Rudolf RAHN S. 382.

37 Die Denkschrift, die Trott Ende April 1942 Visser t'Hooft in Genf übergab, ist veröffentlicht in Vierteljh.=H. f. Zeitgeschichte Oktoberheft 1957 S. 388 zusammen mit dem Memorandum Schönfelds (Statement by a German pastor in Stockholm 31st may 1942) mit einer Vorbemerkung von ROTHFELS.

37a Die „political Propositions for Peace" waren vom „Federal Council of the Churches of Christ in America" im April 1943 veröffentlicht worden. Trott schrieb seine Bemerkungen dazu im Oktober 1943 nieder. Sie sind im November beim Ökumenischen Rat in Genf eingegangen. Man findet sie abgedruckt in Vierteljahrsh. f. Zeitgesch., Juli 1964, S. 318.

Zu Seite 156–165

38 FRANKE S. 56.
39 FRANKE S. 55. Es gehört in Trotts Bild, daß er eine Zeitlang morgens in den alten Propheten las: „Wenn wir nicht sprechen lernen wie Jeremia, so daß einer unsere Sprache versteht, ob er tausend Schafe hat oder nur eins, solange können wir nicht erwarten, gehört zu werden."
40 Übermittelt von Clarita von TROTT.
41 FRANKE S. 50.
42 PÖLCHAU S. 108. Einzelheiten bei STELTZER passim.
43 Vgl. dazu das Buch von M. PICARD „Hitler in uns selbst", Zürich 1946.
44 Der Brief ist abgedruckt in „Neue Auslese" 2. Jhg. 1. Heft S. 10. Er schließt: „Wir vertrauen darauf, daß Ihr die Sache durchsteht, ohne zu wanken, und wir sind bereit, das Wenige zu tun, das wir tun können. Und dann vergiß nicht, daß es für uns ein sehr bitteres Ende geben wird, wenn Ihr durch alles hindurch seid. Wir hoffen, Ihr seid Euch darüber im klaren, daß wir bereit sind, Euch zu helfen, den Krieg und den Frieden zu gewinnen." Besprechungen und Inhaltsangabe des Briefes s. auch bei ROTH= FELS S. 23.
45 S. bei STELTZER S. 154 ff.
46 GERSTENMAIER in „Das Parlament", Sonderausgabe vom 20. Juli 1952, S. 4.
47 Vgl. Anm. 17.
48 Vgl. bei HASSELL S. 64.
49 KB 331, 388, 393. Unveröffentlichte Aufzeichnung von Fürst FUGGER=GLÖTT und Dr. REISERT.
50 Darlegung über die unterschiedliche Auffassung Goerdelers und der Kreisauer bei ROTH= FELS S. 123, RITTER S. 303 ff. Vgl. auch HASSELL S. 379. „Hasardspielartige Verschwö= rung" u. a.: „Neue Auslese" a.a.O. S. 15. Vgl. auch PÖLCHAU S. 113. ROTHFELS gibt S. 130 die wesentlichen Unterscheidungsmerkmale zwischen der Auffassung Goerde= lers und der der Kreisauer. Er teilt nicht die ‚scharfen Gegenthesen' Margret BOVERIS gegen Goerdeler, weist aber RITTERS Urteil eines „unausgegorenen Dilettantismus" zurück, das er gegen die Kreisauer Anschauung ausgesprochen hat. „Gegenüber dem Glauben an die Unfehlbarkeit der Vernunft – Goerdeler! – kam hier – Kreisau! –, viel weniger optimistisch, die Überzeugung von der Notwendigkeit ‚neuer Ordnungs= grundlagen' in einer von Dämonien verheerten und ihnen immer wieder ausgesetzten Welt zu Worte. In dieser Dimension reicht der Gegensatz in der Tat sehr tief, er ist durchaus ein Politikum, das bis in unsere Tage hineinwirkt, und er deckt sich gewiß nicht mit dem von Alten und Jungen und ganz gewiß nicht mit dem von Honoratioren und Aktivisten." Hierher gehören auch die lebendigen Worte, die Helmut LINDEMANN in einem Nachwort („Reichweins Schicksal als Frage an unsere Zeit") im Buch von HENDERSON S. 187 ff. über den Kreisauer Impuls schreibt.
51 Brief an Lionel Curtis s. Anm. 44.
52 Abgedruckt bei STELTZER S. 81–96. Steltzer hat diese Denkschrift als Warnung vor einer falschen Nachkriegspolitik der Alliierten auf eigene Verantwortung der anderen Seite übersandt (vgl. S. 13, 80). Der letzte Satz lautet: „Der Zweck dieser Ausführungen ist es, die verantwortlichen Stellen der Alliierten aus unserer Kenntnis der Verhältnisse auf die gefahrdrohende Labilität der Lage in Deutschland und in den besetzten Ländern hinzuweisen und unsere Auffassung zu begründen, daß nur durch ein gezieltes und abgestimmtes Handeln der Alliierten mit einer handlungsfähigen und verantwortlichen deutschen Regierung die Lage vor sehr gefährlichen Entwicklungen bewahrt bleiben kann."

VII. Einzelpersönlichkeiten

1 Das später unheilvolle Wirken Kochs im „Reichskommissariat Ukraine" und dann im „Reichskommissariat Ostland" ist bekannt. Man findet einen Bericht darüber bei KLEIST S. 180. Dort heißt es: „Nicht Josef Stalin und seine Alliierten, nicht die Gegner des Nationalsozialismus können heute Ankläger oder Richter Erich Kochs werden, denn er hat das Menschenmögliche getan, um Deutschland im Osten verbluten zu lassen. Koch

Zu Seite 165—171

und die mit seinem Namen verbundene Politik blinder und sturer Gewalt haben der Roten Armee und ihrem Generalissimus Stalin den Weg in das Herz Europas geöffnet."
Vgl. die Aussagen des für Canaris tätigen russischen Emigranten KAULBARS (KB 425 ff.) und die geheime Denkschrift des Diplomaten Dr. Otto BRÄUTIGAM (Nürnberger Dokumente 294—PS, in Auszügen bei SHIRER S. 858), der die verheerende und unverantwortliche Wirkung des deutschen Vorgehens gegen die russische Bevölkerung mutig und klar angesprochen, aber damit offenbar keine Wirkung gehabt hat. Er war stellvertretender Leiter der politischen Abteilung des Rosenbergministeriums für die besetzten Ostgebiete.
Aus den gleichen Erfahrungen ist einer der stärksten Antriebe bei den Offizieren zum Aufruhr gegen Hitler erwachsen, vgl. im Text S. 204, 205, 246 und Anm. 9, S. 506.
Schulenburg hat Koch im Jahre 1941 kurz vor dem Beginn des Rußlandkrieges in seiner neuen prunkhaften Statthaltervilla in Krasna (Makow) aufgesucht. Er war erschüttert von dem, was er sah: „Was für ein Gegensatz zu der Zeit 1932/33, wo dieselben Personen als revolutionäre Kämpfer für den preußischen Sozialismus auf den Plan traten!" Sein Begleiter war Friedrich-Karl Klausing (vgl. S. 283 dieser Darstellung). Ein handschriftlicher Bericht Schulenburgs über den Besuch ist erhalten. Eine interessante Aufzeichnung über die Begegnung Carl Burckhardts, damals Danziger Völkerbundskommissar, mit Koch findet sich bei SCHWERIN-KROSIGK S. 165.
2 WINNIG S. 79.
3 Darüber RITTER S. 303, 520 nach Mitteilungen von O. Ehrensberger.
4 Dr. SEIFARTH, unveröffentlichte Niederschrift im Besitz von Gräfin Charlotte Schulenburg. In ihr auch Schulenburgs Wort beim Weggang von Schlesien: „Wir haben das Unglück, in Fragmenten zu arbeiten."
5 Ein offenbar gutgezeichnetes Porträt Wagners bei VERMEHREN S. 142.
6 Schulenburg hat trotz heftiger Anwürfe des Gerichtspräsidenten nichts von der bis ins einzelne durchgeplanten Verwaltung und von seiner für künftige Aufgaben vorbedachten Menschenkreis preisgegeben. „Er hat auch auf der Schwelle des Todes auf den Ruhm verzichtet, außer einem guten Revolutionär auch ein guter Organisator gewesen zu sein — der Treue um jeden einzelnen seiner Kameraden willen. Ihm danken viele ihr Leben." (Ungedruckter persönlicher Bericht.)
7 Ungedruckte persönliche Erinnerungen eines Befreundeten, im Besitz von Gräfin Charlotte Schulenburg.
8 In einem Kriegsbrief Schulenburgs vom Spätsommer 1941 aus Rußland (abgedruckt bei VON DEM BUSSCHE): „Ich glaube, daß wir schweren Zeiten entgegengehen, voller Not und Gefahr für das Volk wie für den einzelnen. Manchmal wird der Ausblick so düster, daß man glaubt, hinter diesem Dunkel lauere unmittelbar der Abgrund . . . So gewiß Gott dieses Volk nach dem tiefen Fall von 1918 nicht hat versinken lassen, so gewiß erschüttert er es durch tiefste Schuld, Gefahr und Not, damit es von den Schlägen des Schicksals am härtesten getroffen sich tief innen besinne, die wahren Kräfte des Wesens erwecke, sich wandle und sich dann reiner erhebe. Das sagt mir mein Herz, und mein Herz hat recht . . ."
9 Eine besonders große Zahl von Offizieren, die im Umkreis des Zwanzigsten Juli auftauchen, gehörte dem IR 9 an. Eine eindrucksvolle Erscheinung, gerade für die Jüngeren, war der Major d. R. Wilhelm Dieckmann, zuletzt als Oberregierungsrat am Reichskriegsarchiv in Potsdam, Herausgeber mehrerer Schriften des Archivs. Er hatte eine große Kenntnis der geschichtlichen und politischen Vorgänge, besonders aus der Zeit seit den deutschen Befreiungskriegen, und wußte die als wirksame Konterbande, oftmals nur mit sokratischen Fragen, in die Gespräche der Jüngeren einzuführen und unter ihnen damit den Boden zu lockern. Auch einem mißgünstig Gesonnenen war es nicht leicht, an solcher Art „Preuße" Tadel zu finden. Dieckmann ist am 13. September 1944 gehängt worden.
10 Detlef FRIEDRICHSEN, Ein Leutnant von der Infanterie, Leipzig 1942, Reclam. Darin auch die folgende Szene seines Abschieds.
11 Unveröffentlichte Gedenkworte von Hugo KÜKELHAUS, 1947.
12 In dem ihn begleitenden Hölderlin-Band waren die Gedichte: Du kömmst, o Schlacht — Stimme des Volkes — Spottet nimmer des Kinds — O heilig Herz der Völker — Brot und Wein besonders angemerkt.

Zu Seite 173–175

13 Schulenburg sagte einmal von sich: „Ich bin ja dumm gegen Moltke." Er kam trotz einer Annäherung in kein persönliches Verhältnis zu Moltke und hat an keiner der Zusammenkünfte in Kreisau teilgenommen. Er liebte Peter Yorck. Bei ihm traf er im November 1942 erstmals mit den Sozialisten zusammen.
14 Nach der Darstellung RITTERS (S. 313 ff.), die sich auf die in KB 206 erhaltenen „Pläne zur Vereinfachung der Verwaltung" stützt. In ihnen heißt es: Die Reorganisation solle zurückgehen auf die Gedanken der Steinschen Reform. „Das Ziel der Verwaltungsreform soll es sein, klare Verantwortungen und die Freiheit zu selbständigen Entschlüssen zu schaffen."
15 Die Angaben im Text entstammen einer unveröffentlichten Aufzeichnung von Walther MUTHMANN, ehem. Oberregierungsrat in der Reichsstelle für Raumplanung in Berlin, und seiner Darstellung (mit zwei Karten) in der Essener Wochenzeitung „Der Fortschritt" vom 7. Okt. bis 14. Nov. 1949. Andere Angaben s. bei W. MÜNCHHEIMER, Die Verfassungs- und Verwaltungsreformpläne der deutschen Opposition gegen Hitler am 20. 7. 1944, Europa-Archiv V, 14, 20. 7. 1950. Hier sind drei Lösungen verbildlicht: a) die Karte von Popitz mit 30 Ländern (S. 3192); b) die Karte von Haushofer mit 18 Ländern (S. 3193); c) die Karte von Schulenburg-Isenberg-Haushofer (so MÜNCHHEIMER) mit 10 Ländern (S. 2191). Die Angaben von MÜNCHHEIMER weichen von denen MUTHMANNS in einzelnen Punkten ab. RITTER (S. 314) gibt eine Äußerung Schwerin-Krosigks über Schulenburg wieder: „daß er vom extremen Föderalismus der Kreisauer ebenso weit entfernt war wie vom Zentralismus Popitz', die auch von ihm geplanten Reichsgaue sollten echte Länder bleiben". Welches die Karte war, die Moltke bei seinen Gesprächen, etwa in München (REISERT), vorwies, ist nicht geklärt. In den Kreis dieser Bemühungen gehört auch die Erwägung eventuell notwendiger neuer Grenzziehungen bzw. der Linien, bis zu denen notfalls die deutschen Truppen zurückzunehmen seien. Man hielt es nach den Erfahrungen im „Sudetenkonflikt" und der nachfolgenden Jahre für unausweichlich, die wahren Volkstumsverhältnisse in den Grenzzonen Deutschlands unparteiisch zu erforschen und damit nicht nur für die Deutschen selbst, sondern auch für die Gegnermächte brauchbare Grundlagen für künftige Entscheidungen zu erarbeiten. Albrecht Haushofer hatte, wie man weiß, auf Grund seiner sorgfältigen Erforschung der Sprachverhältnisse im böhmischen Raum die entscheidenden Vorschläge für die neue Grenzziehung Deutschland und der Tschechoslowakei in der Sudetenkrise gemacht. Die Genauigkeit seiner in Karten niedergelegten Vorarbeiten war damals so weit gegangen, daß die britischen und französischen Schiedsrichter gewisse Abrundungen zugunsten deutscher Enklaven und Sprachinseln vornahmen. Er schien auch jetzt der Geeignete für diese Aufgabe, und er hat sich ihr in der Tat mit seiner ganzen Sachkunde und wissenschaftlichen Verantwortlichkeit gewidmet. Im einzelnen ist seine Bemühung bekannt im Hinblick auf die deutsch-italienische Grenze, für die er – ohne dabei die Hilfe seines Instituts heranziehen zu können – die Volkstumsverhältnisse erwandert, erforscht und in einer „minutiös farbig ausgeführten Karte" niedergelegt hat. Haushofer äußerte dazu, daß es ihm auf eine „gerechte, d. h. volkstumsgemäße, militärisch und wirtschaftlich für beide Seiten annehmbare Grenze" ankomme. (Persönliche Überlieferung seines Bruders Dr. Heinz HAUSHOFER.)
Aus den vorhandenen Niederschriften und mündlicher Überlieferung ergibt sich nicht, ob man in Kreisau über die Frage zu einer gemeinsamen Lösung gekommen ist, in welchem Verhältnis Österreich künftig zum Reich stehen solle. Besprechungen in dieser Hinsicht sind, soweit heute zu erkennen ist, durch Jakob Kaiser, Goerdeler, Leuschner und Habermann gepflogen worden, die Männer der christlichen wie der sozialpolitischen Opposition in Wien aufgesucht haben. Dort mußten sie freilich erfahren, wie die kurze Frist nationalsozialistischer Herrschaft in manchen Kreisen den nach dem Ersten Weltkrieg so machtvoll bekundeten Willen zum Zusammenschluß mit Deutschland gelähmt, in einigen schon vernichtet habe. Indessen wird man nicht überall so gedacht haben wie Lois WEINBERGER, aus dessen 1948 veröffentlichten Erinnerungen BRAUBACH die 1943 gegenüber Abgesandten der reichsdeutschen Opposition gemachte Äußerung zitiert: „ . . . daß wir Österreich wollten, nichts anderes als ein freies, unabhängiges, auch ein von Deutschland unabhängiges Österreich" (S. 27).
16 MUTHMANN a.a.O

511

Zu Seite 176—184

17 KB 145. Die Begründungen Schulenburgs werden in Beziehung gesetzt mit der „Regierungserklärung", die sich in der Hinterlassenschaft Goerdelers gefunden hatte, die die gleichen Behauptungen „in geradezu fanatischer Gehässigkeit" widerspiegeln (s. PECHEL S. 316, KB 147).
18 Ursula von KARDORFF, Der Zwanzigste Juli in Berlin, in „Stuttgarter Rundschau" Heft 7, Juli 1944.
19 SEIFARTH a.a.O. Vor dem Volksrichter bezeichnete sich Schulenburg als „nationalen Sozialisten". GISEVIUS II, S. 291, ist der Meinung, daß Schulenburg Claus Stauffenberg in der letzten Zeit am nächsten gestanden habe.
Albert KREBS hat im Jahr 1964 eine Biographie herausgegeben: „Fritz-Dietlof Graf von der Schulenburg Zwischen Staatsraison und Hochverrat" (Leibniz-Verlag).
20 Das Unternehmen Halems und seiner Freunde ist das einzige dieser Art, das von reichsdeutscher Seite unternommen wurde, um einen Anschluß Österreichs zu verhindern. Auch unter damaligen Gegnern Hitlers schien das Streben nach einer Einigung gerecht und einem starken Wunsch beider Brudervölker zu entsprechen. Halem teilte diese Auffassung, hielt aber den Weg getarnter Vergewaltigung, wie er ihn Hitler gehen sah, für verwerflich.
21 Dr. Karl MÜLLER, ungedruckter Bericht im Besitz von Dr. Fabian von Schlabrendorff.
22 Bericht über die Besprechung bei VERMEHREN a.a.O. und SCHLABRENDORFF. Man vergleiche das „statement", das Hassell im Februar 1940 in Arosa für Halifax niederschrieb (HASSELL S. 127, ROTHFELS S. 140). Darin ist die Bedingung enthalten, „daß die Vereinigung Österreichs (und des Sudetenlandes) mit dem Reich außerhalb der Erörterung stehe".
23 Über Dr. jur. Beppo Römer und seine Aufrührergruppe RAS — Revolutionäre Arbeiter und Soldaten — berichten PÖLCHAU S. 95 (der Römer im Gefängnis sah) und PECHEL S. 81. Walter HAMMER, der Römer und die mit ihm Verhafteten im Zuchthaus Brandenburg kennengelernt hat, gibt die Zahl der Hingerichteten mit 30—40 an (briefliche Mitteilung).
24 Reinhold SCHNEIDER, „Die Toten des Zwanzigsten Juli", Gedenkwort vom 22. Juni 1949, Privatdruck. Mumm von Schwarzenstein wurde erst am 20. April 1945 mit 27 anderen zusammen in Brandenburg hingerichtet.
25 Die Zitate s. bei PÖLCHAU S. 87, SCHLABRENDORFF S. 19 (1. Auflage), K. MÜLLER a.a.O.
26 Der Brief ist veröffentlicht bei R. SCHNEIDER a.a.O.
27 Brief veröffentlicht von SCHLABRENDORFF S. 141 der 2. Auflage, wiederholt von PÖLCHAU S. 88 und von der Sondernummer „Das Parlament" zum 20. Juli 1952. An diesen Stellen findet man den langen, einige Tage zuvor geschriebenen Brief an die Mutter, der als das eindrucksvollste Zeugnis von Halem erhalten ist.
28 Mögen hier noch einige Stellen aus Briefen Dietrich Bonhoeffers Raum finden, die etwas von der Unerbittlichkeit und Lebensnähe auch seines theologischen Strebens dartun. Die erste Aufzeichnung stammt vom 31. Oktober 1943, die anderen entstanden in den Wochen vor dem 20. Juli, in denen Bonhoeffer von der geplanten Erhebung wußte und schmerzhaft sein erzwungenes Fernsein empfand. Die Briefe sind zu finden in dem Band „Widerstand und Ergebung", den Eberhard Bethge 1952 herausgegeben hat.

„Man fragt sich, warum aus Luthers Tat Folgen entstehen mußten, die genau das Gegenteil von dem waren, was er wollte, und die ihm selbst seine letzten Lebensjahre verdüstert haben und ihm manchmal sogar sein Lebenswerk fraglich werden ließen. Er wollte eine echte Einheit der Kirche und des Abendlandes, d. h. der christlichen Völker, und die Folge war der Zerfall der Kirche und Europas; er wollte die ‚Freiheit des Christentums', und die Folge war Gleichgültigkeit und Verwilderung; er wollte die Aufrichtung einer echten menschlichen Gesellschaft, und das Ergebnis war der Aufruhr schon im Bauernkrieg und bald danach die allmähliche Auflösung aller echten Bindungen und Ordnungen des Lebens . . . Kierkegaard hat schon vor hundert Jahren gesagt, daß Luther heute das Gegenteil von dem sagen würde, was er damals gesagt hat. Ich glaube, das ist richtig — cum grano salis" (S. 70).

„Nun kommen die säkularisierten Ableger der christlichen Theologie, nämlich die Existenzphilosophie und die Psychotherapeuten, und weisen dem sicheren, glücklichen

Zu Seite 185

und zufriedenen Menschen nach, daß er in Wirklichkeit unglücklich und verzweifelt sei und das nur nicht wahrhaben wolle, daß er sich in einer Not befinde, von der er gar nichts wisse und aus der nur sie ihn retten könnten. Wo Gesundheit, Kraft, Sicherheit, Einfachheit ist, dort wittern sie eine süße Frucht, an der sie nagen oder in die sie ihre verderblichen Eier legen ... Niemals hat Jesus die Gesundheit, die Kraft, das Glück eines Menschen an sich in Frage gestellt; warum hätte er sonst Kranke gesund gemacht, Schwachen die Kraft wiedergegeben? Jesus nimmt das ganze menschliche Leben in allen seinen Erscheinungen für sich und das Reich Gottes in Anspruch ... Ich will darauf hinaus, daß man Gott nicht noch an irgendeiner allerletzten heimlichen Stelle hineinschmuggelt, sondern daß man die Mündigkeit der Welt und des Menschen einfach anerkennt, daß man den Menschen in seiner Weltlichkeit nicht ‚madig macht', sondern ihn an seiner stärksten Stelle mit Gott konfrontiert, daß man auf alle pfäffischen Kniffe verzichtet und nicht in Psychotherapie und Existenzphilosophie einen Wegbereiter Gottes sieht. Dem Wort Gottes ist die Zudringlichkeit all dieser Menschen viel zu unaristokratisch, um sich mit ihnen zu verbünden. Es verbündet sich nicht mit dem Aufruhr des Mißtrauens, dem Aufruhr von unten, sondern es regiert" (S. 217, 231, 236).

„Ich lese zur Zeit das ganz ausgezeichnete Buch des Altphilologen W. F. Otto (Königsberg) über ‚Die Götter Griechenlands', über diese ‚Glaubenswelt, die dem Reichtum und der Tiefe des Daseins, nicht seinen Sorgen und Sehnsüchten entstiegen ist', wie es am Schluß heißt. Verstehst Du, daß diese Formulierung und die entsprechende Darstellung für mich etwas sehr Reizvolles hat und daß ich — horribile dictu! — an den so dargestellten Göttern weniger Anstoß nehme als an bestimmten Formen des Christentums?" (S. 222).

„Es ist mir im Umgang mit den gesellschaftlichen ‚outcasts' — ‚Parias' — immer wieder aufgefallen, daß für sie das Mißtrauen das bestimmende Motiv aller Beurteilung anderer Menschen ist. Jede, selbst die selbstloseste Tat eines in Ansehen stehenden Menschen wird von vornherein verdächtigt. Im übrigen finden sich diese ‚outcasts' in allen Schichten. Sie suchen auch im Blumengarten nur den Dung, auf dem die Blumen wachsen. Je bindungsloser ein Mensch lebt, desto eher verfällt er dieser Einstellung. — Es gibt auch eine Bindungslosigkeit unter den Geistlichen, die wir das ‚Pfäffische' nennen, jenes Hinter-den-Sünden-der-Menschen-Herschnüffeln, um sie einzufangen. Es ist, als ob man ein schönes Haus erst kennte, wenn man die Spinnweben im letzten Keller gefunden hätte, als ob man ein gutes Theaterstück erst recht würdigen könne, wenn man gesehen hat, wie sich die Schauspieler hinter den Kulissen aufführen. Es liegt in derselben Richtung, wenn die Romane erst seit 50 Jahren ihre Menschen erst dann für richtig dargestellt halten, wenn sie sie im Ehebett geschildert haben und wenn Filme Entkleidungsszenen für nötig halten. Das Bekleidete, Verhüllte, Reine und Keusche hält man von vornherein für verlogen, verkleidet, unrein, und man stellt damit nur die eigene Unreinheit unter Beweis. Das Mißtrauen und der Argwohn als Grundverhalten gegen die Menschen ist der Aufruhr der Minderwertigen" (S. 234).

29 Man findet in einer Niederschrift Bonhoeffers die Sätze: „Daß es Hitler möglich wurde, sich zum Vollstrecker einer relativen historischen Gerechtigkeit zu machen, liegt nicht zum geringsten in der Bereitwilligkeit Englands, Hitler seit 1933 alle diejenigen Konzessionen zu machen, die es der Weimarer Republik verweigert hatte. Damit stand England ... auf der Seite Hitlers gegen seine innerpolitische Opposition." Entnommen der Gedenkschrift „Das Zeugnis eines Boten. Zum Gedächtnis von Dietrich Bonhoeffer" (Ökumenische Kommission für die Pastoration der Kriegsgefangenen, Genf 1945, S. 12 ff.).

Andererseits hat Bonhoeffer immer wieder sehr stark und bis zur Ablehnung eines selbstbewußten politischen Handlungsplanes die Schuld Deutschlands in den Vordergrund gerückt und auf die Notwendigkeit von Reue und Wiedergutmachung den anderen Völkern gegenüber hingewiesen. Seine Haltung ist darin der des Grafen Moltke verwandt. Vgl. dazu a.a.O. S. 7 (Bericht VISSER T'HOOFT) und das Memorandum von George BELL, Bischof von Chichester, über seine Begegnung mit Bonhoeffer Pfingsten 1942 und die Ablehnung durch Eden vom 17. Juli 1942, beides in BZH S. 55. Vgl. Anm. 73, S. 508 dieses Buches.

Bei diesem Zusammentreffen mit dem englischen Bischof hat Bonhoeffer vor allem Fragen einer künftigen Friedensgestaltung und eines notwendigen Zusammenwirkens

Zu Seite 185–197

der protestantischen Kirchen vorgetragen. Ein Jahr später, Frühjahr 1943, waren die Vorstellungen darüber dringlicher und greifbarer geworden durch ein Programm, das Freiburger Professoren — so vor allem Ritter, von Dietze, Eucken, Lampe entworfen und mit führenden Protestanten, auch mit Goerdeler, besprochen hatten. Man hoffte auf den vom Heer ausgehenden Umsturz und hielt für erforderlich, bei den christlichen Kirchen eine Einmütigkeit in gewissen Grundentscheidungen wegen eines künftigen Friedens zu erreichen. Bonhoeffer war ausersehen, in Rom die Verhandlungen mit dem Papst, in Genf oder Stockholm die Gespräche mit den Verantwortlichen der protestantischen Weltkirchen zu führen. Einige Tage, ehe er nach Rom ausreisen sollte, ist er verhaftet worden. Die deutsche Staatspolizei bekam Kenntnis von den Vorgängen durch einen Zettel, der ihr bei der Verhaftung Dohnanyis in die Hände fiel (s. bei WEISENBORN S. 89).

30 „Das Zeugnis eines Boten", S. 12 ff.
31 Rüdiger Schleicher, Arztsohn aus Stuttgart, einer aus der nicht geringen Zahl der in Berliner Ministerien tätigen Schwaben, war Ministerialrat im Luftfahrtministerium, las zugleich als ao. Professor an der Universität Luftrecht. Er kam ins Gefängnis, weil er seinen Schwager nicht angezeigt hatte: „Er hätte wissen müssen, daß dieser etwas vom 20. Juli gewußt hat." Er ist nie vor dem Volksgericht gestanden und mit seinem Schwager Klaus Bonhoeffer, Professor Albrecht Haushofer und anderen zusammen in der Nacht des 23. April 1945 ohne Urteil meuchlings getötet worden. Ein Gast seines Hauses schreibt von ihm: „Ich habe ihn häufig, etwa alle drei Wochen, gesehen, und seine überzeugte, saubere, einfache, lebhafte Persönlichkeit hat mir schwäbischen Gepräges echt mit ihrem großen Eindruck gemacht. Unvergeßlich ist mir ein Sonntagmorgen in seinem Heim im Grunewald, als die ganze Familie ein Hauskonzert für die Gäste veranstaltete. Das Häusliche, Bürgerliche, Christliche war hier in der schönsten Weise erfüllt". (Aus einem persönlichen Brief). Schleicher hatte im Gefängnis die Vergünstigung, seine Geige bei sich haben und spielen zu dürfen.
  Zu Schleicher und Klaus Bonhoeffer s. A. LEBER, Das Gewissen steht auf, zu letzterem auch Dietrich und Klaus BONHOEFFER, Auf dem Wege zur Freiheit, Gedichte und Briefe aus der Haft, hg. von Eberhard Bethge, 5. Aufl., Berlin 1954, Lettner-Verlag. Im letzten Brief an die Kinder: „. . . beim Wandern . . . entsteht vor euch versonnen, unergründlich das Bild vom schönen deutschen Lande, in dem sich unser eigenes Wesen findet. Dann wendet euch nach Süden. Im nie erfüllten, sehnsuchtsvollen Drange nach besonnter Klarheit liegt unsere Kraft und unser Schicksal . . . Bleibt nicht im Halbdunkel, sondern ringt nach Klarheit, ohne das Zarte zu verletzen und das Unnahbare zu entweihen."
32 BONHOEFFER, „Widerstand und Ergebung", S. 80.
33 „Tymbos für Wilhelm Ahlmann", Ein Gedenkbuch, herausgegeben von seinen Freunden. Walter de Gruyter & Co., Berlin 1951, S. 111, S. 63, S. 303.

VIII. Henning von Tresckow. Neue Umsturzversuche im Heer

1 RITTER a.a.O. S. 344.
2 KB 368. Friedrich Georgi überliefert vom Abend des Zwanzigsten Juli das Wort Friedrich Olbrichts: „Ich weiß nicht, wie eine spätere Nachwelt über unsere Tat und über mich urteilen wird, ich weiß aber mit Sicherheit, daß wir alle frei von irgendwelchen persönlichen Motiven gehandelt und nur in einer schon verzweifelten Situation das Letzte gewagt haben, um Deutschland vor dem völligen Untergang zu bewahren. Ich bin überzeugt, daß unsere Nachwelt das einst erkennen und begreifen wird." Wiedergegeben in LEBER – MOLTKE, S. 14. Vgl. auch die Schilderung Olbrichts bei Annedore LEBER, Das Gewissen entscheidet, S. 263 ff.
3 Zu Henning von Tresckow s. SCHLABRENDORFFs Buch Offiziere gegen Hitler, dessen Mitte er bildet, außerdem GERSDORFF, HEUSINGER, SPEIDEL, DULLES u. a. Meine Darstellung verdankt außerdem Einzelheiten mündlichen Schilderungen, besonders auch von Frau Erika von Tresckow, Margarete Gräfin Hardenberg (geb. von Oven), Berndt von Kleist u. a.

Zu Seite 198—208

4 Ungedruckte briefliche Äußerung des Grafen EULENBURG.
5 Rittmeister Eberhard von BREITENBUCH, persönlicher Bericht.
6 Generalmajor a. D. v. GERSDORFF, ungedruckter Bericht und Protokoll seiner Aussage, Archiv der europäischen Publikation. — Manstein versicherte später, von der Möglichkeit, Tresckow als Chef des Stabes zu erhalten, nicht gewußt zu haben. Die im Text berichtete Version geht auf Tresckow und eine von ihm zu Schmundt getane Äußerung zurück (nach SCHLABRENDORFF).
7 Nach dem Bericht, den Tresckow mündlich gab (SCHLABRENDORFF). GUDERIAN schildert in seinem Buch vor allem seine persönliche Entzweiung mit Kluge, die Tresckow auszugleichen suchte (S. 284). Um Guderian ist außer von Tresckow auch durch General von Rabenau und durch Goerdeler „geworben" worden. Über die Begegnung mit Goerdeler gibt Guderian S. 272 selbst Bericht. Er äußert sich in dem Sinn, daß das, was Goerdeler ihm vorgetragen habe, bemühte Wunschbilder ohne reale Voraussetzungen zum Handeln gewesen seien. Nach diesem und Tresckows Besuch war die Befürchtung aufgekommen, Guderian werde die Männer und Pläne des Widerstandes verraten. Rabenaus Besuch hatte, wie SCHLABRENDORFF berichtet, vor allem den Sinn, über Guderians Verhalten Klarheit zu gewinnen und ihn, wenn nötig, von einer Anzeige abzubringen (S. 115, 1. Aufl.). Die Bemühungen Tresckows, Guderian und Kluge auszusöhnen, sind auch bei den Verhören bekannt gewesen (KB 88).
8 SCHLABRENDORFF S. 142, 1. Aufl., in der 2. Aufl. ausführlicher.
9 Voss hatte im Auftrag Witzlebens im Winter 1941/42 Halder aufgesucht, um ihn über seine Haltung zu einem militärischen Umsturz zu befragen (SCHLABRENDORFF S. 82 der 2. Aufl.).
10 s. bei Johannes von KUNOWSKI, „In Ost und West wir stehen fest", III. Band, Stuttgart 1943, Thienemann (Schilderungen von Ritterkreuzträgern, herausgegeben auf Veranlassung des damaligen Oberkommandos des Heeres). Im Tone der „schneidigen", gewaltsam adhortativen PK=Literatur jener Tage.
11 BREITENBUCH, s. Anm. 5.
12 SCHLABRENDORFF S. 153 (1. Auflage).
13 Vgl. KB 291, 31, RITTER S. 536.
14 HASSELL S. 297, SENDTNER in „Die Vollm. d. Gew.", S. 391 und 405, SCHLABRENDORFF. S. 59. Vgl. Geheimbericht des Generals Petzel (WBK Posen) an Bef. d. Ers.=Heeres vom 23. Nov. 1939 IMT XXXV. S. 88 ff., abgedruckt bei LEBER=MOLTKE S. 172.
15 HASSELL S. 202; s. „Der verbrecherische Befehl" (Beil. zu „Parlament" vom 17. VII. 1957).
16 GERSDORFF, s. Anm. 6.
17 HASSELL S. 212.
18 HASSELL S. 214, BRÄUTIGAM (s. Anm. 1, S. 509 dieses Buches), KAULBARS KB 426, dazu Vierteljahreshefte f. Zeitgesch. 1954 Heft 3, S. 309 (Ansprache Hitlers am 1. Juli 1942, worin er mit Heftigkeit jeden Versuch verbietet, mit den Russen Politik gegen ihre sowjetische Führung zu machen). Ähnliche, für die Späteren kaum verständliche Weigerungen des Politikers Hitler, der alles seiner Waffenvormacht erwartete und politischen Bindungen auswich, sind im Kreis der Gegenbewegung immer wieder besprochen worden. Man weiß von mehreren Möglichkeiten: Die Franzosen sollen drei Armeekorps gegen Rußland und Beteiligung am Krieg angeboten haben für eine Garantie der Selbständigkeit Frankreichs, die Griechen unter der gleichen Bedingung ein Armeekorps gegen die Sowjetunion — sie sollen bereit gewesen sein, die Familien der Offiziere als Treupfand Deutschland zu übergeben.

Über die Versuche, bei Hitler ein großzügiges Friedens= und Bündnisangebot an die Franzosen zu erreichen, wofür sie militärische Gegenleistungen zu bringen bereit waren, findet man bei RAHN eine lebendige und ins einzelne gehende Darstellung, vgl. bes. S. 271—278. Worte des nach Krieg hingerichteten Admirals Darlan: „Sieht denn Ihr Führer nicht, daß mit diesen Methoden der Krieg weder zu gewinnen noch zu beenden ist? Wenn dies nur zu einer Niederlage Deutschlands führen würde, könnte es uns Franzosen kalt lassen. Aber es führt über kurz oder lang zum Untergang Europas, das wir lieben. Wenn Frankreich einen ehrenvollen Frieden und den Bestand seines Imperiums zugesichert erhält, sind wir bereit, einen loyalen Beitrag zur Beendigung des Krieges zu

Zu Seite 208–216

leisten. Ich würde dann mit unserer Flotte die Straße von Gibraltar sperren und die 150 000 Mann, die wir in Nordafrika unter Waffen haben, gegen den Suezkanal marschieren lassen — wenn Sie wollen, unter dem Oberbefehl von Rommel." — Zu den Versuchen der russischen Seite, mit Hitler ins Gespräch zu kommen, s. S. 321 und Anm. 12, S. 524.

19 Vierteljahreshefte f. Zeitgesch. 1954, 3. Heft, S. 302, Briefe des Generalmajors Stieff. Nach Auskunft des SS=Berichts (KIESEL) sagte Stieff bei der Vernehmung: „Ich konnte es nicht mitansehen, wie dieser Mann mit seinem Starrsinn wie ein Amokläufer sein eigenes Werk zerbricht. Wir verteidigen Kirkenes und Kreta, und werden Königsberg und Krakau verlieren."

20 GERSDORFF a.a.O.
21 HASSELL S. 232.
22 HASSELL 248 und 244. Vgl. GISEVIUS S. 500.
23 HASSELL S. 281, SCHLABRENDORFF S. 66. Nach einer Mitteilung bei RITTER a.a.O. S. 535 Anm. 14 hat Goerdeler mit Kluge bei seinem Besuch darüber gesprochen, ob Hitler während eines Besuchs bei der Heeresgruppe verhaftet werden könne. Auf der Rückreise traf er auf dem Bahnhof von Königsberg Popitz, der gerade unterwegs zu Feldmarschall Küchler war, dort aber nur „offene Türen einrannte" (ib.).
24 SCHLABRENDORFF S. 67.
25 GISEVIUS S. 442.
26 HASSELL S. 380, 295.
27 Goerdeler schrieb in seinen Aufzeichnungen, am 24. Nov. 1942 sei bei Beck ein Stabsoffizier von einem Korps der 6. Armee erschienen und habe ihn dringend gebeten, die Armee durch einen rechtzeitigen Staatsstreich retten zu helfen. Beck habe sich an Manstein gewandt. RITTER S. 349.
28 GISEVIUS S. 440 u. a.
29 Felix GILBERT, Hitler Directs His War, New York, Oxford 1950, S. 17 ff., gibt eine stenographische Aufzeichnung aus einer Führerbesprechung am 1. Februar wieder, worin er den von ihm eben beförderten Feldmarschall Paulus schmäht, daß er so feige war, die Kapitulation zu überleben. „So viele Leute müssen sterben, und dann zieht so ein Mann in letzter Minute das Heldentum so vieler anderer in den Schmutz. Er hätte sich von allen Sorgen befreien können, er hätte in die Ewigkeit und in die nationale Unsterblichkeit eingehen können, aber nein, er geht nach Moskau! ... Das ist der letzte Feldmarschall, den ich in diesem Kriege ernannt habe. Man soll seine Hühner nicht zählen, bis man sie im Stall hat." Zwei Tage später im Wehrmachtssonderbericht: „Der Kampf um Stalingrad ist zu Ende. Ihrem Fahneneid bis zum letzten Atemzug getreu ist die 6. Armee unter der vorbildlichen Führung des Generalfeldmarschalls von Paulus der Übermacht des Feindes und der Ungunst der Verhältnisse erlegen." Vgl. HEUSINGER S. 235, ABSHAGEN S. 225.
30 GERSDORFF (bei PECHEL S. 160) spricht noch von einem anderen, vorausgehenden Besuch Hitlers in Smolensk: Tresckow habe bei der Abholung auf dem Flugplatz versuchen wollen, eine gezündete Bombe in die Seitentasche des Kraftwagens neben dem Platz Hitlers zu stecken, sei aber durch die stete Aufmerksamkeit der bewachenden SS=Männer nicht zur Ausführung dieser Absicht gekommen. SCHLABRENDORFF weiß von dem hier gemeinten Besuch nichts. — Im Jahr 1941, als noch keine Attentatsabsichten reif waren, hat Hitler die Heeresgruppe einmal in Borisow besucht. Er selbst kam im Flugzeug, eine Gruppe Fahrzeuge fuhr die fast 1000 km weite Strecke aus Ostpreußen her, um ihn am Flugplatz zu empfangen und ihn die 2 km weite Strecke zum Hauptquartier der Heeresgruppe zu bringen.
31 PECHEL S. 162, SCHLABRENDORFF S. 123 (2. Auflage). Die Schilderung Gersdorffs, die der Darstellung bei PECHEL zugrunde liegt, weicht in einigen Zügen von der Schlabrendorffs ab.
32 Schilderung nach GERSDORFF a.a.O. Tresckow, der im Mai während eines Urlaubs mit Olbricht Rücksprache genommen hatte, sah es als notwendig an, daß einer der großen Truppenführer an der Front das Signal zur Auslösung des Umsturzes in der Heimat gebe (s. RITTER S. 365), so der neue Anlauf auf Kluge.
33 RITTER S. 363.

Zu Seite 216–226

34 Frau Erika von Tresckow, die in diesen aufregenden „Genesungs"wochen Henning von Tresckows in Berlin zugegen war und schreibend bei seinen Entwürfen half, hat davon Bericht gegeben.
35 April 1943. Eine Beurteilung der Lage um diese Zeit nach der Casablanca=Proklamation und dem Fall von Stalingrad bei WEIZSÄCKER S. 340 ff.
36 Brief Goerdelers s. „Die Wandlung" 1945/46 Heft 2, S. 173, GISEVIUS II, S. 261. RITTER gibt nach S. 352 das Faksimile des ganzen Briefes (im Besitz der Familie).
37 RITTER S. 334 ff.
38 „Die Casablanca=Formel gab Hitler das Mittel an die Hand, mit dem er zwei weitere Jahre an der Spitze Deutschlands den Krieg fortsetzen konnte. Sie mobilisierte die Kräfte der Verzweiflung in Deutschland, die sich nun den Anbetern des Erfolges zugesellten. Sie bedeutete den bewußten Verzicht der Alliierten auf politische Mittel zur Beendigung des Krieges. Sie schuf ein Vakuum im Herzen von Europa, und es ist unvorstellbar, wieviel Blut und Elend sie beiden Parteien gekostet hat" (WEIZSÄCKER S. 342). – Der letzte Satz nimmt eine Wendung auf, mit der der amerikanische Senator Taft den Alliierten ihr Vorgehen bescheinigt hat: „Die Alliierten haben mit Erfolg in der Mitte Europas ein Vakuum hergestellt, in das die Russen eindringen konnten." Vgl. das Kapitel „Bedingungslose Übergabe" bei ROTHFELS S. 156 ff. und ausführlich mit Quellenangaben KRAUSNICK=GRAML, „Der deutsche Widerstand und die Alliierten", Beilage zu „Das Parlament" vom 19. 7. 1961.
39 Inge SCHOLL, „Die weiße Rose", Frankfurt 1952. Verlag der Frankfurter Hefte. Vgl. auch die Gedächtnisschrift von Klara HUBER, Kurt Huber zum Gedächtnis, Bildnis eines Menschen, Forschers und Denkers. Dargestellt von seinen Freunden. Regensburg 1949. Hier auch die Notizen Professor Hubers für sein berühmt gewordenes Schlußwort im Prozeß vor dem Volksgerichtshof am 19. April 1942, abgedruckt auch bei GOLLWITZER=KUHN=SCHNEIDER S. 256 und LEBER, Das Gewissen steht auf S. 44. Huber ist eine Woche vor dem Zwanzigsten Juli durch das Beil hingerichtet worden.
40 Vierteljahrsh. f. Zeitgesch., 2. Jahrg., 3. Heft, S. 311.
41 IMT XXXVII, S. 498 ff.
42 WEISENBORN gibt S. 265 die Abschrift des Urteils gegen Regierungsrat Dr. Korselt aus Rostock, der wegen einer Äußerung in der Rostocker Straßenbahn vom Volksgerichtshof am 23. August 1943 zum Tode verurteilt worden ist. Dort auch die Abschrift des Todesurteils gegen den Pianisten Karlrobert Kreiten, der die „kämpferische Widerstandskraft seiner deutschen Volksgenossen ... zu zersetzen versucht und dadurch unserem Kriegsfeind geholfen" hat (3. Sept. 1943).
43 IMT XXXVII, S. 632 ff.

IX. Claus und Berthold Stauffenberg

1 Sätze aus der Rede von Hitler am 10. September 1943, wiedergegeben bei SHIRER S. 916.
2 Karoline Gräfin Uexküll=Gyllenband entstammte einer ursprünglich im Baltikum ansässigen, aber schon in der Schwedenzeit ins Reich zurückgewanderten Familie. Der Zweig, dem sie angehörte, hatte seit Generationen schon Heimat in Schwaben gefunden. Sie selbst hatte kein gewöhnliches Schicksal. Sie litt und duldete viel, lebte aber – Tochter eines genialischen Vaters – frei und kühn: durch Jahre Dame und Freundin ihrer Königin, Gattin und Mutter, dann Patriarchin einer großen Familie, Wohltäterin der Frauen ihrer Dorfgemeinde. Am Tage tätig und fürs Schöne lebend, durch wache Nächte belesen und dem Sinn der Menschen verbunden, so führte sie bis über die achtzig Jahre ihr Leben, der Jugend nahe und von ihr geliebt. Erniedrigung und Haft nach dem Zwanzigsten Juli konnten sie nicht beugen und mehr als die Trauer um den doppelten Verlust wog in ihr der Dank an die Söhne, daß sie ihre Bahn so gegangen waren.
2a Robert BOEHRINGER bringt in seinem Buch „Mein Bild von Stefan George" Aufnahmen der Brüder Stauffenberg. Von der einen (Tafelband S. 139), die sie zu dritt auf der Terrasse des Alten Schlosses in Stuttgart zeigt, sagt er, sie „könne das ,beigelegte Bild' sein, das Rilke im Brief an die Mutter zu der Wendung von den ,drei schönen und schon im

Zu Seite 226–239

jetzigen Augenblick so vielfach künftigen Knaben' bewogen hat" (S. 192). George hat im „Neuen Reich" ein Gedicht mit dem Namen Bertholds von Stauffenberg überschrieben. Boehringer sagt dazu: „Im ‚Neuen Reich' steht, wie der Dichter im sommerlichen München oft über den frühverstorbenen Prinzen Luitpold von Bayern gesprochen hat. An die Gestalt dieses Knaben heftete sich eine Zeitlang Traum und Trauer begeisterungswilliger Menschen, und sein Bild war in der Stube manches Freundes an die Wand geheftet. In der Tat war der junge Wittelsbacher von großer Schönheit, und Berthold Stauffenberg hatte eine Zeit, in der seine Anmut an jene erinnerte" (S. 193). — Berthold von Stauffenberg wurde später von George zu seinem Nacherben bestimmt. Als Viktor Frank=Mehnert, den Berthold Stauffenberg für den Fall seines Todes als Nacherben benannt hatte, 1943 gefallen war, wählte er an dessen Statt Claus Stauffenberg. Boehringer fügt hinzu: „Da sie sich selbst zum Opfer brachten, haben sie für des Dichters Erbe das Größte getan."

2b Ein Mitschüler der konfessionell gemischten Klasse berichtet eine bezeichnende Szene. Der katholische Religionslehrer hatte Luther durch derbe Verunglimpfung herabgesetzt und damit lebhaften Widerspruch erregt. Berthold Stauffenberg hatte völlig dazu geschwiegen. In der Pause suchte er, ohne daß es die andern wußten, den Lehrer auf und sagte ihm, er fühle sich für die andern verpflichtet, sich energisch gegen diese niedrige und unritterliche Art des Kampfes zu wehren. Sie würden seine Stunde nicht mehr besuchen, wenn ähnliches noch einmal vorkommen sollte.

3 Generalstaatsanwalt Dr. Bauer, der im Braunschweiger Prozeß gegen Remer die Anklage vertrat, bekannte sich als Mitschüler von Claus Stauffenberg. Er erinnerte daran, daß Stauffenberg beim Rütli=Schwur damals die Worte Stauffachers zu sagen hatte: „Nein, eine Grenze hat Tyrannenmacht! Wenn der Gedrückte nirgends Recht kann finden, wenn unerträglich wird die Last, greift er hinauf getrosten Mutes in den Himmel und holt herunter seine ewigen Rechte, die droben stehen unveräußerlich und unzerbrechlich wie die Sterne ... Der Güter höchstes dürfen wir verteidigen gegen die Gewalt."

4 Unter Freunden hieß Stauffenberg gelegentlich im Doppelsinn „Der Bamberger Reiter". WHEELER=BENNETT hat in seinem Buch das Bild Stauffenbergs und das des Reiters im Dom zu Bamberg nebeneinandergestellt.

5 Oberst i. G. Eberhard Finckh KB 305. Zum folgenden: ‚einseitig militärische Denkweise' s. bei GÖRLITZ S. 612 als eine Äußerung von Walter Elze, ‚würdiger Nachfolger Moltkes' persönliche Äußerung des Generals KÖSTRING zum Verfasser, ‚der 30jährige' aus einer unveröffentlichten Niederschrift des Freiherrn Dietz von THÜNGEN.

6 Das Standbild, das der Bildhauer selbst mit aufgestellt hat, ist zu Anfang des Krieges von unbekannten Beauftragten zerstört worden. Die offiziellen Stellen zeigten sich an einer Verfolgung nicht interessiert.

7 Ludwig THORMAEHLEN, Erinnerungen an Stefan George, S. 220 ff.

8 Dietz Freiherr von THÜNGEN, ungedruckte Niederschrift.

9 FAHRNER, s. Anm. 13.

10 Die während des Krieges in einem Privatdruck, später im Suhrkamp=Verlag veröffentlichte „Erzählung" des im August 1942 als Oberleutnant vor Sewastopol gefallenen Wolfgang HOFFMANN ist nicht ohne Beziehung zur Gestalt Stauffenbergs, dem der Autor im Hauptquartier und in Berlin begegnet war.

11 FAHRNER, s. Anm. 13.

12 Erwin TOPF in einem Artikel Claus Graf Stauffenberg in „Die Zeit" vom 18. Juli 1946.

13 Rudolf FAHRNER hat seine Erinnerungen zum Zwanzigsten Juli auf meine schon länger geäußerte Bitte in einer auch das sehr Persönliche mit umfassenden Form 1962/63 niedergeschrieben. Sie sind bisher nicht veröffentlicht worden. F. hat mir erlaubt, seine Niederschrift einzusehen und für meine Darstellung zu verwenden.

14 Über die Aufstellung der russischen Freiwilligenverbände s. die (zu Teilen bedenkliche) Schrift von MICHEL, umfassender und mit Zahlenangaben KLEIST S. 205 ff. Er erwähnt auch Stauffenbergs Mitwirkung im Kampf gegen die von Bormann und Koch betriebene Unterjochungspolitik.

15 VON THÜNGEN a.a.O.

16 SAUERBRUCH S. 550 bestätigt die Ungeduld Stauffenbergs: er habe die Operation ebenso wie die Anlegung eines „Sauerbruch=Armes" abgelehnt, weil das eine neue Lazarettzeit erfordert hätte.

Zu Seite 242–245

17 Brief von Rudolf FAHRNER an den Verfasser aus dem Jahr 1950.
18 FAHRNER, s. Anm. 13.
19 FOERTSCH S. 22 gibt eine Schilderung, für die er Peter Sauerbruch, einen jüngeren Regimentskameraden von Stauffenberg, als Quelle anführt: der damals 25jährige Leutnant Stauffenberg habe sich am 30. Januar 1933 in voller Uniform an die Spitze des Zuges einer begeisterten Menschenmenge auf den Straßen von Bamberg gestellt und habe danach Tadel und Vorhalte von Mitoffizieren und Vorgesetzten gelassen hingenommen und zu Kameraden geäußert, daß die großen Soldaten aus der Zeit der Befreiungskriege wohl mehr Gefühl für solche echte Volkserhebung bewiesen hätten. Nachfragen bei Bamberger Bürgern, die den 30. Januar in ihrer Stadt erlebt haben, und bei „alten Kämpfern", die bei den ersten Umzügen dabeigewesen sind, ließen keine Erinnerung an einen ähnlichen Vorgang auffinden. P. SAUERBRUCH hatte die Freundlichkeit, mir genauere Auskunft zu geben. Er bestätigt die von Foertsch mitgeteilte Erinnerung, fügt aber Erläuterungen hinzu, die für das Verständnis nicht unwesentlich sind. Es hat sich nach S. nicht darum gehandelt, daß sich Stauffenberg als junger aktiver nationalsozialistischer Volksführer in der Uniform eines Leutnants an die Spitze von Zivilisten gesetzt, die Volksmenge angeführt und dadurch Kritik oder gar Maßregelung durch seine Vorgesetzten auf sich gezogen hätte (Foertsch selbst führt im gleichen Zusammenhang die Ulmer Reichswehroffiziere Scheringer und Ludin an). Der Vorgang war offenbar viel persönlicher. Im Gespräch unter den Offizieren kam an diesem Tag oder an einem späteren – Sauerbruch nahm als Fahnenjunker nur vom Rande her teil und schließt bei der Fülle von Anlässen, die sich für einen solchen Vorfall in jener Zeit boten, einen Datumsirrtum nicht aus – die Rede darauf, daß Stauffenberg in Uniform mit der durch die Straße ziehenden Volksmenge mitgegangen war. Man tadelte ihn. Stauffenberg nahm die Mißbilligung hin und habe zu ihm nicht Vertrauten sich etwa so geäußert, er sei dazugekommen, wie eine einmütige Begeisterung das Volk mit sich fortzog, und habe es für unmöglich gefunden, in einem solchen Augenblick als Offizier in Uniform in eine Nebengasse abzubiegen. Daran schloß er die Bemerkung von den großen Soldaten der Befreiungskriege.
  Die Vorstellung, daß der Offizier nicht beiseite stehen könne, wo es um ein großes Anliegen des Volkes gehe, die Wendung gegen den Kastengeist des Offizierskorps ist im Bild Stauffenbergs nicht fremd und läßt sie an der Stelle aus dem Tagebuch von Hermann KAISER (s. „Die Wandlung" 1945/46, Heft 5) denken, die gegen eine gleiche Offiziersauffassung gewendet ist: „Man braucht nur an Scharnhorst oder Clausewitz oder Gneisenau zu denken, um gewahr zu werden, auf welche Stufe der Offizier von heute abgesunken ist." Welche Vorstellungen Stauffenberg von dieser neuen Bewegung gehabt hat, s. im Text.
20 Graf Nikolaus Üxküll, Bruder von Karoline Gräfin Stauffenberg, vgl. S. 294, 460.
21 Aussagen Halders bei seiner ersten Verhandlung vor der Spruchkammer in München am 20. September 1948. In der Wiedergabe von GRAML (Die deutsche Militäropposition vom Sommer 1940 bis zum Frühjahr 1943, Beilage zu „Das Parlament" vom 16. Juli 1958, S. 359) ist auch der Name Tresckow genannt, an den ich mich von der Verhandlung, bei der ich zugegen war, nicht mehr erinnerte. – Die Sorge um das deutsch-französische Verhältnis trieb in gleicher Weise Caesar von Hofacker, vgl. S. 296 und Anm. 32a auf S. 523.
22 Professor J. SPEER, früher Freiburg, jetzt München, unveröffentlichter Bericht. Speer war unter dem damaligen Major i. G. Eberhard Finckh im Amt des Generalquartiermeisters tätig und war mit Stauffenberg in die Schule gegangen.
23 „Autoritäre Anarchie" bei KLEIST S. 208, s. auch das Buch mit gleichem Titel von PETWAIDIC (Hoffmann & Campe 1946), SPEIDEL S. 43, ferner ausführlich im SS-Bericht (KIESEL). Die Kritik der Offiziere an Hitler nimmt einen großen Raum in den Vernehmungen ein, so KB 291, 31, 406, 475, 525, 302 (Die geistige Haltung des Offiziers, OSTER), 271 (Der „unpolitische" Offizier und „Nur-Soldat" als Vorwurf der Vernehmenden, dazu vgl. S. 247 im Text: Stauffenbergs Vorwurf des „Nur-Soldat-Seins" der Marschälle).
  Die Unsinnigkeit der Befehlsverhältnisse wird von Stauffenberg am Beispiel eines afrikanischen Dorfes demonstriert, dessen Räumung über Rom im Führerhauptquartier

Zu Seite 245—251

angefordert werden mußte: inzwischen seien völlig unnötige und vermeidbare Verluste allein durch die Länge des Befehlswegs entstanden (KB 294). Vgl. Hagens Aussagen vor dem Volksgerichtshof am 7. August IMT XXXIII S. 325 ff., bes. S. 337/38.

24 Es hatte sich die Sitte herausgebildet, daß die Vertreter des einen der kriegführenden Ressorts den Besprechungsraum verließen, wenn die des anderen den Vortrag begannen.

25 GERSDORFF berichtet, daß er zu seinem Besuch die Ermächtigung mitnahm, „gegebenenfalls die Karten der ganzen Verschwörung aufzudecken und Briefe von Goerdeler und Popitz, die politische und wirtschaftliche Angaben enthielten, vorzulegen". Manstein, in der Grundauffassung einig, lehnte die Herausstellung seiner Person ab. Da er jede politische Betätigung von sich wies und wegen der Haltung des Heeres Bedenken gegen einen Staatsstreich äußerte, unterließ der Abgesandte Kluges eine weitergehende Einweihung. Er schreibt: „Das wichtigste war die Feststellung, daß Feldmarschall von Manstein für den Fall eines gelungenen Staatsstreichs voll zur Verfügung stehen würde, und das war gewährleistet" (a.a.O.).

Beck hatte sich im Sommer 1942 in einem eindringlichen Brief an Manstein gewendet (Wiedergabe daraus bei SCHLABRENDORFF S. 160, 2. Aufl.). Mansteins Entgegnung: „Ein Krieg sei so lange nicht verloren, als man ihn nicht selbst verloren gebe." IMT XII, S. 264. Einen anderen Brief Becks an Manstein Ende November 1942 erwähnt Goerdeler, s. RITTER S. 349. — MANSTEIN gibt in seinem Buch „Verlorene Siege" zu diesen Vorgängen keine Aufschlüsse.

H. KAISER schreibt nach Stalingrad am 20. Februar 1943 in seinem Tagebuch über die Generale, die sich weigerten: „Der eine will handeln, wenn er Befehl erhält, der andere befehlen, wenn gehandelt ist" (s. Anm. 19).

26 So nach einer Erinnerung von FAHRNER, der Stauffenberg bald nach seinem Besuch bei Manstein gesprochen hat.

27 FAHRNER, s. Anm. 13. Wenn man diese Äußerungen mit denen über die Generale (s. S. 247) zusammenhält, so wird man gewahr, wie hoch Stauffenberg, der angeblich den Soldateneid eines neuen Heeres gefährdete, die Verantwortung des Soldaten und besonders des Offiziers gesehen hat.

28 Professor Otto SCHILLER, Landwirtschaftliche Hochschule Hohenheim, persönlicher Bericht.

29 Erwin COLSMAN, persönlicher Bericht. Colsman war Oberst d. R., Mitinhaber einer im Familienbesitz erbenden Tuchmanufaktur im Rheinland, geliebtes Haupt einer großen Familie. Claus Stauffenberg stand in einem nahen Verhältnis zu ihm und hat mit ihm oftmals Fragen besprochen, die ihn als Offizier bewegten. Er fand bei ihm ein gegründetes, nie leichtfertiges Urteil, ein Wissen um Ehre und Verpflichtung und einen großen Vaterlandssinn. Der Verfasser hat dem nunmehr Toten († 1962) viel an Vergegenwärtigung aus seinem Zusammensein mit Stauffenberg zu verdanken. Gedichtzitat aus „Das Neue Reich" von Stefan George. Einen Besuch bei Hitler in Winniza kurze Zeit zuvor (Ende August 1942) schildert SAUERBRUCH S. 542. KÖSTRING erinnerte sich aus der gleichen Zeit in Winniza eines heftig geäußerten „Ich hasse den Führer, ich hasse das ganze Gesindel um ihn" aus einem Gespräch mit Stauffenberg. COLSMAN legte Wert darauf, zu betonen, daß Claus St. sich nicht an einer leichten Verächtlichmachung Hitlers beteiligt habe: „Stauffenberg betrachtete Hitler als gleichwertigen Gegner."

30 KB 373, 395. Vgl. auch KB 293 und die Aussage von Hagens vor dem Volksgerichtshof (Anm. 23).

31 Ludwig THORMAEHLEN a.a.O. S. 215 ff.

32 Darstellung von fachlicher Seite zu Berthold St.: Nachruf von STREBEL in der „Zeitschrift für ausländisches öffentliches und Völkerrecht" Band XIII (1948) S. 14—16, Prof. A. N. MAKAROW in der „Friedenswarte" (Zürich), Dez. 1947.

33 In Berthold Stauffenbergs Dienstzimmer hat die Staatspolizei, als sie nach dem Zwanzigsten Juli seine Schreibtischschublade nach verräterischen Papieren durchforschte, ein offenbar von ihm mitkorrigiertes Manuskript mit Homerübersetzungen und das Manuskript einer Lebensbeschreibung der Könige Agis und Kleomenes aus der Spätzeit Spartas gefunden. Auf die Homerübersetzung bezieht sich auch der in Anm. 35 genannte Bericht von THIERSCH. Er schreibt in seiner Erinnerung an Berthold Stauffenberg: „Ich sah ihn das letztemal in den ersten Julitagen, während er, wie ich wußte, intensiv mit den Vor-

bereitungen zu dem in Kürze erwarteten Staatsumsturz beschäftigt war. Er hatte mich mit einem Freunde von der Bahn abgeholt und war von echter, innerer Heiterkeit, wie es sich auch in seinen gelassen=vornehmen Bewegungen und dem leichten Gang aussprach. Wir saßen unter dichten Schatten einer Kastanie auf der hohen Terrasse des Hauses in Wannsee, fast wie im Wipfel des Baumes, und beschäftigten uns mit einer Übertragung der Odyssee in ganz diesem Werk gewidmetem Gespräch. Seine Bemerkungen waren sparsam: mit welcher Sicherheit fand er die Stellen, die der einfachen homerischen Ge= bärde noch nicht entsprachen und sie vielleicht ‚poetisierend' wiedergaben, wie gelang es ihm oft, durch Ausschöpfen einer Nuance aus dem Griechischen den dichterischen Klang eines Verses zu heben. Da er am Mittag wieder zu seinem Amt zurückkehren mußte, begleiteten wir ihn zum Bahnhof. Als sich der Zug langsam in Bewegung setzte, lehnte er sich leicht aus dem Fenster. Seine dunklen Augen leuchteten zugleich ruhig und leb= haft — es schien wie unbewußt die Ahnung eines unabwendbaren Schicksals und eines letzten Blicketauschens darin zu liegen. Er winkte uns zum Abschied, und wir sahen noch lange die Gebärde seiner schlanken Hand."

34 K. BAUCH, Professor in Freiburg, unveröffentlichte Niederschrift.

35 Brieflicher Bericht von Urban THIERSCH, Bildhauer in München, an den Verfasser.

36 Anni LERCHE, Sekretärin bei General Olbricht in der Bendlerstraße, zeichnet in einer unveröffentlichten Niederschrift vom 20. April 1946 auf: „Eines Tages erzählte er (Stauf= fenberg) mir, er sei kv. Ich glaubte es ihm nicht und einige Tage später legte er mir vom Truppenarzt eine Bescheinigung vor mit dem Vermerk ‚kv'. Tatsächlich hatte er es geschafft und der Arzt hatte ihm auf sein Drängen seine kv=Bestätigung ausgeschrieben. Man hatte auch wirklich stets den Eindruck, einen völlig gesunden Menschen vor sich zu haben. Als ich ihm einmal sagte, er müsse an sich denken und sich für die Hand eine Prothese machen lassen, sagte er nur lachend: ‚Ach, ich habe dazu jetzt keine Zeit. Das mache ich einmal später.' Dieser Mann in seiner grenzenlosen Bescheidenheit dachte immer nur an das geliebte Vaterland." Der Truppenarzt der Bendlerstraße (Carpentier) war Mitwisser und hat, wo er konnte, geholfen.

37 FAHRNER s. Anm. 13.

X. Der Kreis der Beteiligten

1 Dem Chef der Heeresrüstung und Befehlshaber des Ersatzheeres unterstand außer dem Allgemeinen Heeresamt das Heereswaffenamt mit vielen Unterabteilungen und das Heeresverwaltungsamt. Seit 1943 hatte General Olbricht auch die Geschäfte des Wehr= ersatzamtes dazu übernommen und war damit der unmittelbare Untergebene des Feld= marschalls Keitel. Die gesamte „Personalbewirtschaftung" gehörte also in seinen Auf= gabenkreis, sein Referent dafür war Oberstleutnant Bernardis.

2 Der erst einige Monate zurückliegende Versuch des Generals von Unruh, das Ersatzheer auf Kriegstaugliche „durchzukämmen", hatte wenig befriedigt: Köche und Theater= friseure irgendeines Ministers waren immer noch unabkömmlich geblieben (vgl. das Tagebuch KAISER).

3 K. BAUCH a.a.O.

4 Aus einem Bericht der Sekretärin Delia ZIEGLER.

4a Gräfin Maria Stauffenberg, die Witwe von Berthold Stauffenberg, gibt folgende Schilde= rung: Ihr Schwager Claus sei an einem sternklaren Abend nach einem schweren Bomben= angriff auf den kleinen Balkon der Wohnung in Wannsee hinausgetreten, habe lange in die Brände gesehen, die die Nacht hell machten, und habe Verse vor sich hin gesagt. Nachdem sie beide wieder hereingekommen seien, habe er ihr das Buch aufgeschlagen, wo die Verse standen: Der Widerchrist im „Siebenten Ring" von Stefan George. Die Berichtende meint, mit diesem Gedicht habe Claus Stauffenberg manchmal die noch Zögernden in seinem Sinne gesucht. Das Gedicht sei wie ein Erkennungslied der zur Tat Bereiten im Kreise Stauffenbergs umgegangen (vgl. Anm. 14 S. 503 und E. ZELLER in Bekenntnis und Verpflichtung, Stuttgart 1955, Friedrich Vorwerk Verlag, S. 138, und ders. in Ludwig=Maximilians=Universität=Jahreschronik 1960/61, München 1961, S. 77.)

5 KB 521. Hofacker sagte aus, Stauffenberg habe den Grundsatz vertreten, „daß im Inter=

Zu Seite 268—281

esse des Gelingens des Plans nur jeder so viel davon wisse, wie zur Erfüllung seiner Aufgabe erforderlich sei". Hofacker fügte hinzu, er sei deswegen mit Claus Stauffenberg aneinandergeraten, weil er, Hofacker, nicht nur Mitläufer, sondern aktiver Mittäter habe sein wollen. Wie Stauffenberg seien auch Beck und Goerdeler verfahren.

6 Man liest unter dem 8. August 1811 bei Gneisenau: „Dieser Volksaufstand wird nur soweit vorbereitet, als es nötig ist, ihn zustande zu bringen . . . Überall findet nichts Schriftliches zwischen den Mitgliedern statt, auch kein Briefwechsel. Es reisen aber dagegen Vertraute. Diese werden von der obersten Behörde instruiert." (Briefe, herausgegeben von Botzenhart, München 1937, Langen=Müller, S. 48).

7 s. Anm. 18 auf S. 525 und S. 327 ff., vgl. RITTER 544. Der Volksgerichtshof irrte mit der Zuschreibung an Stauffenberg.

8 Dietrich BONHOEFFER vgl. S. 183 dieses Buches. — Friedrich MEINECKE schreibt über die Männer des 20. Juli: „Wer die Aufgabe, Deutschland vor der größten Katastrophe seiner Geschichte zu bewahren, über alles stellte, konnte auch den moralischen Mut aufbringen, die Schmähungen zu ertragen, die eine zweite Dolchstoßlegende ihm zuziehen mußte. Diesen Mut haben Beck und die Seinigen gehabt." (Die deutsche Katastrophe S. 147.)

9 Erwin COLSMAN hat sich darüber ähnlich ausgesprochen. Vgl. Anm. 29 des vorigen Kapitels (S. 520).

10 s. Anm. 21 des vorigen Kap. (S. 519).

11 Margarete von Oven, spätere Gräfin Hardenberg, durch Jahre Sekretärin bei Fritsch und Hammerstein, lebendig mitbewegt von den Sorgen und Schicksalen, an denen sie ihrer Verschwiegenheit Anteil gaben, arbeitete mit der gleichen, um keine Gefahr besorgten Hingabe auch für Tresckow und Stauffenberg und schrieb an Befehlen und Entwürfen.

12 Hans=Ulrich von Oertzen war nach seinen Jahren auf der Schloßschule Salem Berufsoffizier in der Nachrichtentruppe geworden. Er war ein mehrfach ausgezeichneter Rennreiter, gelegentlich auch Rennfahrer, und ging mit allen Idealen der Jugend in den Krieg. Was er in Rußland erlebte, wandelte ihn. „Sein Gesicht", heißt es in einem Bericht, „wurde gespannt und blaß, seine Lippen schmaler, seine leuchtenden, das Gesicht ganz beherrschenden Augen (die am Knaben bezaubernd und hell waren) verloren an Glanz." Doch ist das Bild, das von ihm überliefert ist, frei von Trauer. Er fand seine Stelle an der Seite Tresckows und Stauffenbergs, und mit ihnen die ihn erfüllende Aufgabe männlichen Wagens und Handelns.

13 Vgl. Annnedore LEBER, „Für und Wider" S. 103, und in „Das Gewissen entscheidet" S. 263 ff. Vgl. S. 191 dieses Buches.

14 Fromm hatte eine schriftliche Erklärung abzugeben, weshalb er Schulenburg empfangen und worüber er mit ihm geredet habe. Er bestätigte darin, daß nur im „positiven Sinn" von der Lage geredet worden sei. Einige Zeit nach Schulenburg versuchte General von Rabenau die gleiche Einwirkung auf Fromm, fand aber im Gespräch keinerlei Zugang. (KAISER a.a.O.) Rabenau wurde hingerichtet. — Über Fromms Mitwissen und Ablehnung der Halderschen Staatsstreichpläne vom Nov. 1939 s. SENDTNER, in „Die Vollm. d. Gew." S. 420, über seine siegesgewisse Haltung im April 1940 („vom wilden Kriegsknecht gebissen") s. HASSELL S. 150.

15 Der Fahrer Stauffenbergs berichtet, daß er einmal während eines Bombenangriffs mit Stauffenberg in die Goethestraße fuhr, als gemeldet worden war, Becks Haus sei getroffen. Es sei in manchen Straßen kaum durchzukommen gewesen wegen heruntergefallener Trümmer und Pflasteraufrisse: Stauffenberg habe zur Eile gedrängt (ihm habe es auch sonst nie schnell genug gehen können), und er habe ihm nicht erlaubt anzuhalten, auch als man bemerkte, daß das zurückgeschlagene Wagenverdeck offenbar von der Hitze oder von einer Brandbombe zu brennen angefangen habe.

16 FRANKE S. 63.

16a Beispiele für das Wirken von Sack KB 363 (fängt die Gefährdung ab, die durch die Verhaftung des mit Stauffenberg und Goerdeler zusammenarbeitenden Oberst Staehle entstanden war) und bei GROPPE, Ein Kampf um Recht und Sitte, 1959, 2. Aufl., S. 38.

17 Von Rost verleugnete nicht seine philosophische Schulung, die er durchgemacht hatte, und war sehr ergiebig in Gesprächen. Er hat manchen für den Gedanken der Erhebung gewonnen, nur um General Kortzfleisch, den Kommandierenden General von Berlin, seinen unmittelbaren Vorgesetzten, hat er sich vergebens mit allem gefährlichen Freimut

Zu Seite 281—316

bemüht. Er ist als Kommandeur der R.=Gren.=Div. „Hoch= und Deutschmeister" in seinem Befehlspanzer beim Ausbruch aus dem Kessel vor Stuhlweißenburg in Ungarn in der Nacht vom 21. zum 22. März 1945 gefallen.

18 Sie sind veröffentlicht in den Vierteljahresheften für Zeitgeschichte 1954 S. 300 ff.

19 Vgl. S. 205.

20 Auch sein Onkel, Major Hans=Georg Klamroth, ist hingerichtet worden.

21 SCHLABRENDORFF S. 123. Heusinger hat seine Erinnerungen aus den Jahren 1923 bis 1945 in 92 teils erdachten, großenteils erlebten Auftritten unter dem Titel „Befehl im Widerstreit" herausgegeben. Tresckow hatte vor dem Krieg unter Heusinger gearbeitet und war als Ia der Heeresgruppe Mitte in öfterem Austausch mit ihm gestanden; vgl. HEUSINGER S. 213 ff. (Gespräche im November 1942) und S. 247 ff. (Gespräche im April 1943).

22. Schilderung Fellgiebels durch Oberleutnant d. R. Hellmut ARNTZ, seinen ehemaligen Ordonnanzoffizier, unveröffentlicht.

23 Er war Chef des Stabes von Fellgiebel in dessen Funktion als Chef der Wehrmachtnach=richtenverbindungen.

24 Die Niederschrift G. A. VON ROENNEs ist veröffentlicht in „Das Parlament", Sonder=nummer zum 20. Juli 1952. Die letzten Briefe von Roennes an seine Mutter und seine Frau sind mehrfach gedruckt worden, so im „Evangelischen Gemeindeblatt für Württem=berg" Jahrg. 1947 Nr. 2. Über die Beziehungen Stauffenbergs zu Roenne s. MICHEL („Die Tat", Zürich, vom 25. Nov. 1946).

25 Finckh wird in dem SS=Bericht (KIESEL) als das As der Asse unter den deutschen Quartiermeistern bezeichnet. Er hatte als Oberquartiermeister der 6. (Stalingrad=)Armee vor Görings Abenteuer der Luftversorgung dringend gewarnt und Rückzug bzw. Ausbruch als einzig mögliche Konsequenz gesehen. SCHRAMM S. 91.

26 Helmuth CORDS, unveröffentlicher Bericht. Leonrod wurde rasch überführt, da sein Name auf der Liste der Verbindungsoffiziere stand (s. S. 314), und hingerichtet. Bei den Vernehmungen kam zur Sprache, daß er einige Monate vor dem Attentat einen Geist=lichen seines Vertrauens, Kaplan Wehrle in München, befragt habe, ob die Mitwisser=schaft an einem geplanten Attentat Sünde sei. Auch über den Kaplan wurde das Todes=urteil gesprochen, weil er von der an ihn gerichteten Frage keine Meldung erstattet hatte. Stauffenberg, so sagte Leonrod aus, habe ihm auf seinen Einwand, daß er durch seinen Offizierseid gebunden sei, dargetan: „Als gläubiger Katholik sei ich auf Grund der Ausführungen über die politische und militärische Lage schon gewissensmäßig ver=pflichtet, entgegen diesem Eid zu handeln." (KB 262, außerdem 288, 321.)

27 s. bei BZH.

28 Kurt BAUCH, a.a.O. Die folgende Angabe eines Mitoffiziers aus einer unveröffentlich=ten Niederschrift von Fregattenkapitän Sydney JESSEN.

29 Über die Verbindungen der Erhebungsbewegung zur Marine unterrichtet neuerdings sehr eingehend die Arbeit von BAUM in den Vierteljahrsh. f. Zeitgesch. 1963, Heft 1.

30 Die Angaben Georgis nach LEBER=MOLTKE „Für und Wider", S. 114, 115.

31 Nach einer mündlichen Überlieferung (von dem BUSSCHE) hat Schulenburg zu einem schwerverwundeten Freund, der er im Juli 1944 auf seinem Krankenlager in Insterburg besuchte, geäußert, wenn es nicht mehr gelinge, zur Tat zu kommen, so müsse man sich einen Eid geben und zu einem „Orden" zusammenschließen, um nach dem Zusammen=bruch Deutschlands in der dann von allen Seiten hereinbrechenden Fremdherrschaft ohne äußeres Band eine Gruppe von Männern zusammenzuhalten, die voneinander wisse und unverrückbar am Vaterland festhalte. Die Kenntnis des eben in Berlin geschaffenen Eides, die hinter diesen Worten steht, weist Schulenburg in seiner Nähe zu Stauffenberg aus, der bisher nur wenige Vertraute daran beteiligt hatte.

32 Zur Schilderung Schwerins vgl. HASSELL, SCHWERIN=KROSIGK, A. LEBER, Das Ge=wissen steht auf.

32a Eine sehr bewegende, dichterische Vergegenwärtigung der beiden Genannten in „Denkmal" von Alexander Graf von Stauffenberg S. 12 und 14 (bei Helmut Küpper 1964).

33 Zu Hofacker s. SCHRAMM S. 322, 400.

34 WEISENBORN S. 184. Vgl. auch LEBER „Ein Mann geht seinen Weg" S. 284, 291.

Zu Seite 302—325

XI. Pläne und Vorbereitungen

1 Vgl. S. 279.
2 „Deutsche Industrie im Kriege 1939–1945", herausgeg. vom Deutschen Institut für Wirtschaftsforschung Berlin 1954, S. 46 und 139.
3 Auch die Ersatzbrigade „Großdeutschland" in Kottbus hatte am Zwanzigsten Juli den Auftrag, den Deutschlandsender in Königswusterhausen zu besetzen. Vgl. Anm. 63 auf Seite 537. Wie sich beide Aufträge zueinander verhalten, ist mir nicht bekannt.
4 Aufruf Goerdelers von Ende 1943 s. SCHLABRENDORFF S. 149–157. Programmatischer Text vom Frühsommer 1944: veröffentlicht von RITTER in der „Gegenwart" vom 24. Juni 1946.
5 „Skizze eines Reichsgrundgesetzes über wirtschaftliche Reichsgerechtsame" s. BZH S. 31. Ablehnung Lejeune=Jungs als Wirtschaftsminister durch Strünck und Gisevius, Bejahung durch Goerdeler am 15. Juli 1944 laut KB 360.
6 Auf die Wiedergabe dieser Entwürfe und der ihnen zugrunde liegenden Kritik ist in den Berichten an Bormann=Hitler besonderer Wert gelegt: Staats= und Verwaltungsaufbau s. bes. KB 206, 59, Kriegsspitzengliederung bes. KB 291, 31.
7 ROTHFELS, Die deutsche Opposition gegen Hitler, S. 105.
8 RITTER gibt in seinem Goerdeler=Buch S. 617 die verschiedenen Abwandlungen von dessen Ministerlisten.
9 RITTER a.a.O. S. 585, 324.
10 ROTHFELS a.a.O. S. 147–150. Das englische „statement" Schönfelds und eine Darstellung des Bischofs von Chichester über seine Begegnung mit den beiden deutschen Pastoren s. Vierteljahrsh. f. Zeitgesch. Oktober 1957, das Memorandum des Bischofs vom Juni 1942 und der Antwortbrief Edens vom 17. Juli s. BZH S. 50 ff.
11 ROTHFELS a.a.O. S. 145–147.
12 Peter KLEIST, Zwischen Hitler und Stalin, S. 235, 243, 265. Nach Kleists Überlieferung legte der russische Unterhändler besonderen Wert darauf, Rußlands Abwendung vom Krieg in Europa und seine künftige Frontstellung im Fernen Osten hervorzuheben: „Dort in China liegt die Entscheidung des nächsten Jahrhunderts, dort in China wird um die Weltherrschaft gekämpft, für China will der Herr im Kreml sein Pulver trocken halten und seine Kräfte sparen." – Zu Hitlers Reaktion s. die aufschlußreiche Angabe bei SCHMIDT S. 575. – Von einer nicht unwichtigen Parallelunternehmung auf dem Balkan gibt der frühere SD=Führer Walter HAGEN (Pseudonym) in seinem Buch Kenntnis. H. sah Stalin im September 1943 offenbar die Gefahr (Gerüchte aus Quebec?), daß Churchill gegen die Amerikaner mit seinem Plan einer alliierten Landung auf dem Balkan durchdringe. Er ließ Tito wissen, daß er dann zur gemeinsamen Abwehr ein Zu= sammengehen Titos mit den Deutschen billigen würde. Dieser hatte sich zuvor schon durch seinen General Velebit auf sehr geschicktem Weg an den deutschen General in Agram, Glaise=Horstenau, um ein Bündnis mit Deutschland gewandt. Hitler wurde über Kaltenbrunner und Himmler verständigt. Seine Antwort nach Agram: „Mit Rebellen wird nicht verhandelt. Rebellen werden erschossen." Beweist dieser Versuch einer An= bahnung, daß auch die Gespräche in Stockholm mehr waren als ein taktisches Mittel zum Druck auf die Verbündeten?
13 A. W. DULLES S. 165, ROTHFELS gibt die Denkschrift in eigener Übersetzung S. 164.
14 RITTER a.a.O. S. 335.
15 RITTER, ib. S. 337.
16 HASSELL a.a.O. S. 327, 338 ff. Möglichkeit eines Sonderfriedens beendet: S. 342.
17 nach Paulus van HUSEN bei RITTER S. 523. Nachdem im Lauf des Winters Claus Stauffenberg auch bei den Plänen der politischen Gestaltung stärkeren Einfluß gewann im Zusammenwirken mit Leber, Trott, Schulenburg, ist von den mehr nach der Rechten orientierten Beteiligten, so bes. von Gisevius, auch von Goerdeler, Stauffenbergs Links= orientierung stark hervorgehoben und bis zu Sympathien mit dem sowjetischen Rußland ausgebaut worden. Die Geschichtsschreibung der Deutschen Demokratischen Republik hat daran weitergebaut und hat es vermocht, Stauffenberg als einzigen ruhmeswürdigen Führer aus der ganzen, ihr suspekten bourgeoisen Erhebungsbewegung des Zwanzigsten Juli in ihrem Licht herauszuheben. Der Verkennung, ja Fälschung des Bildes von Stauf=

Zu Seite 327—342

fenberg hat ein Aufsatz von Sebastian HAFFNER Vorschub geleistet, der in der Vierteljahrsschrift „Contact" in London veröffentlicht und von der „Neuen Auslese" im Augustheft 1947 übernommen worden ist. Er schreibt darin: „Diese Regierung (mit Leber als Kanzler und Trott als Außenminister) sollte den militärischen Aufstand in eine echte Revolution überleiten, Deutsche und Fremdarbeiter unter dem alten Schlachtruf ‚Proletarier aller Länder, vereinigt euch!' zusammenführen, die Regierungsgewalt in den besetzten Ländern an die Widerstandsbewegung übergeben und die anrückenden Heere der Großen Drei mit einem Europa konfrontieren, das sich in einem revolutionären Flammenmeer zur Einheit schmiedete. Fürs erste war dies nichts weiter als eine Verschwörung, aber dahinter welch ein Traum . . . ! Der Mann, der ihn träumte und eine Elite seiner Altersgenossen mit ihm ansteckte, war Graf Stauffenberg." Der Aufsatz hatte, als er erschien, etwas Bestrickendes, weil er wie keiner zuvor etwas von dem großen Wurf, der geistigen Spannweite Stauffenbergs zur Erscheinung brachte ("etwas genial Dämonisches" meint es Haffner nennen zu sollen). Aber die gegebene Deutung, in der wohl Richtiges steckt, ist überspitzt und stiftet Verwirrung durch falsche Assoziation, die sie erweckt. Das Schlagwort „Einigung Europas durch übernationale Sozialrevolution" könnte Stauffenberg in einem Streitgespräch sehr wohl gebraucht haben — man würde es indessen viel eher bei den Kreisauern erwarten —, aber wenn man es ernsthaft mit der schon abgelebten Parole ‚Proletarier aller Länder, vereinigt euch' verbindet, so verkehrt man jäh das Bild: nichts wäre diesen Männern fremder, als eine amorphe Flutwelle einer Revolution *von unten* entfesseln zu wollen.
18 Aufruf an die Wehrmacht ("Deutsche Soldaten! Tapfer und todesmutig . . .") KB 199, RITTER 622, BZH 174. Aufruf an die Wehrmacht ("Deutsche Soldaten! Über vier Jahre . . .") KB 202, PECHEL 304. Aufruf an das deutsche Volk ("Deutsche! Ungeheuerliches . . .") KB 139, PECHEL 305, BZH 159, WEISENBORN 142. Aufruf an das deutsche Volk ("Deutsche! Hitlers Gewaltherrschaft . . .") KB 140, PECHEL 306, BZH 160. Rundfunkansprache ("Deutsche! Ihr wißt seit heute . . .") KB 213, PECHEL 309, BZH 162. Regierungserklärung Goerdelers Nr. 2, 3. Fassung ("Die Grundsätze, nach denen . . ."), PECHEL 314, BZH 167, ("Nachdem uns die Geschäfte . . .") (beide fast identisch KB 147. Aufruf Goerdelers (Ende 1943?) SCHLABRENDORFF 149. Aufruf Goerdelers (Material) ("Es ist genug, das Maß ist voll . . .") KB 165. Vgl. BRAUBACH, Der Weg vom 20. Juli, S. 47 ff.
19 Rudolf FAHRNER s. Anm. 13, S. 518.

XII. Gescheiterte Versuche. Kampf um die Entscheidung

1 Daß Ende September ein Anschlag auf Hitler und damit die Auslösung des militärischen Ausnahmezustandes erwartet wurde, machen zwei Gewährsleute Goerdelers (Jakob Wallenberg, Gotthold Müller) wahrscheinlich. Einzelheiten sind nicht bekannt. Vgl. RITTER S. 540, Anm. 44. Meine frühere Angabe, die generalstabstechnischen Vorbereitungen Stauffenbergs seien am 10. Oktober abgeschlossen gewesen, stellte sich als irrig heraus. Nach einer Angabe von R. Fahrner rechnete er die Auslösung um den 10. Oktober mit einer Auslösung um den 10. November. Stauffenberg arbeitete — entgegen RITTER S. 514, Anm. 48 — vom 10. September, nicht erst vom 1. Oktober ab an den Plänen.
2 August WINNIG, Aus zwanzig Jahren, S. 178.
3 A. v. d. BUSSCHE, Eid und Schuld, Göttinger Universitätszeitung vom 7. März 1947. Er hat im gleichen Sinne in Nürnberg ausgesagt, Teile aus dieser Bekundung in „Die Zeit" vom 22. Juli 1948. Eine persönliche Äußerung von ihm: „Ich wußte, daß Hitler vernichtet werden müsse, als ich in einer kleinen ukrainischen Stadt die Exekution von 1600 Juden miterlebte. Diese Männer, Frauen und Kinder mußten sich unbekleidet in einer langen Reihe anstellen und sich dann selbst in ihr Massengrab legen. Dort wurden sie einer nach dem anderen erschossen, ohne Rücksicht, ob der unter ihnen liegende Mensch tot war oder noch lebte." (LEBER=MOLTKE, Für und Wider, S. 110).
4 DULLES S. 93, KB 90.
5 Über Kleist=Schmenzin s. bei SCHLABRENDORFF S. 12, 212, LILJE S. 55. „Stolz und ungebrochen vor den Menschen, aber demütig vor Gott" (Schl.). „Er war zum Tode ver-

525

Zu Seite 343—344

urteilt und wußte, daß er sterben würde; aber keine erkennbare Spur von Unruhe störte das Bild vollendeter Abgeklärtheit, in der natürlicher und geistlicher Adel sich begegneten." (L.) Sein Flugblatt gegen Hitler 1932 s. A. LEBER, Das Gewissen steht auf, S. 149.
6 Eberhard von BREITENBUCH, persönlicher Bericht.
7 DULLES S. 171 ff., ROTHFELS S. 160.
8 DULLES S. 136 ff., RITTER S. 393.
9 bei WHEELER-BENNETT S. 621, 619 die Erklärungen Churchills vor dem House of Commons vom 22. Februar und vom 24. Mai und diejenigen seines Stellvertreters Attlee vom 6. Juli 1944.
10 KB 248, 364. In seinem Buch gibt GISEVIUS eine ganz andere Darstellung: nach den Absprachen von Teheran sei an kein Verhandeln mehr zu denken gewesen. Einzig hätte man versuchen können, da die künftigen Besatzungsgebiete noch nicht fest abgegrenzt gewesen seien, die Anglo-Amerikaner vor den Russen die Linie Königsberg-Prag-Wien erreichen zu lassen. Vgl. dazu RITTER S. 204, 552. Über die enttäuschende Fruchtlosigkeit aller Berichte, die Dulles seiner Regierung sandte, schreibt der amerikanische Historiker Harold C. DEUTSCH (American Historical Reviews Jan. 1948, S. 338): „In welchem Washingtoner Papierkorb beschlossen diese Berichte ihr Dasein?"
11 Während des April/Mai/Juni 1944 wurden täglich 200 bis 250 Deutsche aus „politischen Gründen" neu in Haft genommen (nach einer „vertraulichen Mitteilung des Justizministers"). Die Zahl der monatlich Hingerichteten ist schon für Oktober 1943 nach den Listen dreier Scharfrichter, die man aufgefunden hat, auf 90 zu beziffern. Für das Jahr 1944 führt das amtliche sogenannte „Mordregister" 3400 Hinrichtungen auf. Zwischen dem 20. Juli und dem 8. August dieses Jahres sind allein 275 Hinrichtungen verzeichnet, die nicht mit dem Zwanzigsten Juli zusammenhängen. Diese Angaben sämtlich nach PECHEL S. 167 und 326. Walter HAMMER, der es sich angelegen sein ließ, durch genaue Nachforschung in der Haft genommen (nach einer „vertraulichen Mitteilung des Justizministers"). seine Ergebnisse bei WEISENBORN (S. 258—259) veröffentlicht. Danach bekundet das „Mordregister", das die von Militärgerichten Verurteilten nicht mit aufführt, von 1933 bis 1944 11 881 in den Richtstätten des Reiches vollstreckte Todesurteile. Für das Jahr 1944 finden sich in den Akten des Reichsjustizministeriums ohne die Vollstreckungen der militärischen Justiz 5764 Hinrichtungen aufgezeichnet. Für das Jahr 1945, in dem offenbar keine Bücher mehr geführt wurden, wird eine Zahl von etwa 800 Hinrichtungen angenommen. Die Zahl der auf Grund eines militärgerichtlichen Urteils Hingerichteten wird auf insgesamt etwa 20 000 geschätzt. In einer Übersicht über die im Zuchthaus Brandenburg zwischen 1940 und 1945 Hingerichteten (es sind mehr als 2000) legt HAMMER dar, daß etwa neun von zehn Verurteilten ihrer politischen oder religiösen Überzeugung wegen den Tod fanden, jeweils nur einer von zehnen könne als sogenannter „Krimineller" angesehen werden.
12 Mit dem Vorbehalt, die eine Tagebuchnotiz fordert, sei als Streiflicht der Lage die Stelle bei HASSELL S. 347 (unterm 7. Februar 1944) wiedergegeben: „Die Bedenken gegen Goerdelers Methoden sind dabei an sich berechtigt. Stauffenberg war bei der Besprechung recht geschickt, konnte aber die sachlichen Bedenken, die er mindestens teilweise innerlich teilt, nicht zerstreuen. Des Pudels Kern ist die Tatsache, daß Beck selbst im Grunde politisch ahnungslos ist und sich ganz in Goerdelers Hand begeben hat. Das Ganze ist freilich Makulatur, es geschieht doch nichts!" Vgl. ders. S. 228, 295 (Goerdeler „Eine Art Reaktionär"). Nach einer mündlichen Angabe Dr. Gotthards VON FALKENHAUSEN hat Schulenburg bei seinem Besuch in Paris im Spätsommer 1943 erklärt, im engeren Kreis in Berlin halte man Goerdeler nicht für geeignet, die führende politische Aufgabe zu übernehmen; man dränge dahin, daß Stauffenberg auch bei der politischen Gestaltung die Führung erhalten solle. Aus dem nächsten Umkreis von Olbricht (von der Lancken) berichtet Reinhard SCHWABE („Tagesspiegel" 9. März 1947) eine Äußerung: man sei entschlossen gewesen „die Erhebung gegebenenfalls ohne Goerdeler auszuführen". — Goerdelers Klage bei Beck über Stauffenberg und dessen Antwort („man solle diesen jungen Heißspornen nicht zuviel Zügel auflegen") s. KB 248. — Goerdeler über Stauffenberg in seinen Memoiren, verfaßt im Gefängnis im November 1944 s. bei RITTER S. 540. G. spricht darin von Stauffenberg als „einem hochgesinnten, in Afrika schwer verwundeten Generalstabsoffizier, der sich später als Querkopf erwies, der auch Politik machen

Zu Seite 345–365

wollte". Er fährt dann fort: „Ich schätzte ihn hoch und hatte doch manchen Zusammenstoß mit ihm. Er wollte einen unklaren politischen Kurs mit Anlehnung an Linkssozialisten und Kommunisten und hat mir durch überheblichen Eigensinn das Leben sehr schwer gemacht." Es muß Bedenken begegnen und als ein Unrecht gegen Goerdeler erscheinen, wenn man seine Niederschriften im Gefängnis als Maß des Politikers und Verschwörers Goerdeler nimmt. Die Entwicklungen, die dem tiefgetroffenen Mann auferlegt waren, sind geistig-seelischer Art und haben im Schicksalsbereich gewiß ihre Bedeutung. Die politische Geschichtsschreibung hätte sie, als unzuständig, schweigend beruhen lassen müssen. Goerdeler ist der einzige der zentral Beteiligten des Zwanzigsten Juli der n a c h dem Ereignis sich noch hat eingehend schriftlich äußern können. Es ist deshalb wichtig, sich bewußt zu machen, daß diese Äußerungen bei allem erstaunlich guten Gedächtnis in sehr persönlicher Weise modifiziert und darum nicht als unbedingte Zeugnisse zum Zwanzigsten Juli verwertbar sind.

13 Julius LEBER, Ein Mann geht seinen Weg, S. 286.
14 Dahrendorf bei LEBER a.a.O. S. 286.
15 SCHWERIN=KROSIGK S. 346.
16 Der auf der Krim befehligende Generaloberst Erwin Jaenecke war bei Hitler in Ungnade gefallen, weil er in sehr heftiger Form im Hauptquartier aufgetreten war, um die sinnlose Aufopferung der Krim=Armee zu verhindern. Goerdeler hatte durch General von Rabenau die Verbindung zu ihm gesucht, um ihn „für eine gemeinsame Aktion der Frontbefehlshaber und des Generalstabs bei Hitler zu gewinnen". RITTER S. 390. Vgl. KB 490.
17 „Anlaß der überhasteten Rückreise soll der Einschlag eines V-Geschosses kurz nach unserer Abfahrt im Führerhauptquartier gewesen sein", schreibt SPEIDEL S. 119. Durch den Einschlag kam niemand zu Schaden. Der für das England=Unternehmen im Herbst 1940 gebaute Bunker „W II" lag bei Margival in der Nähe von Soissons. In Hitlers Begleitung waren die Generale Jodl, Schmundt, Buhle, Scherff, die Admirale Voß und von Puttkamer und Oberst von Below – sämtlich Offiziere, die auch bei der Explosion am Zwanzigsten Juli zugegen waren. Bericht über den Hergang bei SPEIDEL S. 112 ff.
18 Generaloberst Zeitzler, der bei Planung und Durchführung des Frankreichfeldzuges die Blicke Hitlers auf sich gelenkt hatte, war ehrlich bemüht in sein Amt eingetreten – in einem seiner ersten Befehle hatte er von den Generalstabsoffizieren mit einem in dieser Sphäre nicht heimischen Wort gefordert, man solle aufhören, „immer nur die Löcher im Käse zu sehen". Später war aus einem Saulus ein Paulus geworden, wie man es bei SCHLABRENDORFF (S. 184) ausgedrückt findet. Sein Übername „der Kugelblitz".
19 Ein Beispiel: Hitlers Weigerung, die ihm vom Generalstab dringend vorgeschlagene Rücknahme der Heeresgruppe Nord zu billigen; seine Begründung: die U=Boot=Ausbildung in der Ostsee und der Ölschiefer von Narwa und die Hand auf Finnland gingen verloren (HEUSINGER S. 335). GUDERIAN überliefert das Wort: „Meine Generale verstehen nichts von Kriegswirtschaft" (S. 182). Ähnlich die verweigerte Räumung der Krim (vgl. Anm. 16). Grund: politische Rücksichten auf die Türkei.
20 Die „letzten Goten" kehrten beim Munde Freislers wieder (IMT XXXIII, 310, 316).
21 Angaben des Luftwaffenadjutanten Hitlers von Below „Echo der Woche" vom 15. Juli 1949.
22 SCHRAMM S. 173.
23 SCHWERIN=KROSIGK S. 358 ff. gibt ein Bild des Generals, mit dem er in amerikanischer Lagerhaft zusammen war. Von Falkenhausen wurde nach dem Zwanzigsten Juli verhaftet und entging mit knapper Not der Hinrichtung. Nachher durchlief er Kerker und Prozesse der Alliierten, wurde verurteilt und zuletzt, in seiner Gesundheit wankend, entlassen.
24 So von Freiherrn von Neurath und dem Oberbürgermeister von Stuttgart, Strölin, der wiederum mit Goerdeler in Fühlung war. S. bei SPEIDEL S. 84 ff.; STRÖLIN S. 32; KOCH S. 187 ff.; SCHRAMM S. 32. YOUNG gibt ein Wort Rommels wieder, dessen sich Vizeadmiral Ruge, der Verbindungsoffizier der Marine bei der Heeresgruppe B, erinnert hat: „Es ist besser, ein rasches Ende zu machen, selbst wenn das bedeutet, daß wir ein britisches Dominion werden. Besser, als ganz Deutschland in diesem hoffnungslosen Krieg zugrunde gehen zu lassen. Ich kenne den Mann. Er wird weder abdanken noch Selbstmord machen. Er wird weiterkämpfen ohne die geringste Rücksicht auf das deutsche Volk, bis in Deutschland kein Haus mehr steht."

Zu Seite 366–375

24a Auf Entsprechungen des am 15. Mai besprochenen „Rommel=Stülpnagel=Plans" mit der vom 25. Mai erhaltenen Aktennotiz Kaisers (s. S. 340) wies neuerdings W. Ritter von SCHRAMM in seinem Aufsatz „Zur außenpolitischen Konzeption Becks und Goerdelers" in der Beilage zu „Das Parlament" B 29/64 vom 15. Juli 1964 hin.
25 RITTER S. 396, 551 und 412 (Äußerung Dr. Wolf).
26 SCHLABRENDORFF S. 129 (1. Aufl.) S. 175 (2. Aufl., mit geringfügigen Abweichungen).
27 Urban THIERSCH, unveröffentl. Aufzeichnung.
28 FAHRNER, Anm. 13, S. 518.
29 Es handelte sich um einen breiten Goldring, der keine Verzierungen, nur rundumlaufend in erhaben gegossenen Buchstaben die Worte FINIS INITIUM zeigte. Der Ring fiel durch seine Besonderheit auf, wenn Stauffenberg ihn am verbliebenen Mittelfinger seiner linken Hand trug. Nicht der Ring, sondern ein kleines goldenes Kreuz, das Stauffenberg an einer schlichten Kette um den Hals trug, gewann für das Gericht Bedeutung: es wurde als ein Beweis der These benutzt, Stauffenberg sei ein „katholischer Reaktionär" gewesen. Nun war das Kreuz ein altes Erbstück der Lerchenfeldschen Familie, das Stauffenberg als erstes Angebinde von seiner Frau, einer Freiin Lerchenfeld, erhalten hatte. Hermann Kaiser hat das kleine Kreuz, als Stauffenberg sich einmal beim Waschen entblößte, auf seiner Brust gesehen. Durch sein Tagebuch, worin er den Vorgang bemerkt, sind die Untersucher darauf aufmerksam geworden (KB 167). Ring und Kreuz sind mit Stauffenberg verschollen.
30 Blumentritt weiß von einem erregten Ferngespräch Ende Juni von Marschall zu Marschall. Keitel verzweifelt: „Was sollen wir denn machen?" Rundstedt ingrimmig: „Was ihr machen sollt? Schluß sollt ihr machen mit dem Krieg, ihr Idioten!" Rundstedt war mit Rommel zu einem ergebnislosen Gespräch auf dem Obersalzberg. Am Tage seiner Rück= kehr kam die Order seiner Ablösung durch Kluge. SCHRAMM S. 64.
31 HAFFNER a.a.O. S. 7 gibt den ungeduldigen Ausruf Stauffenbergs: „Ich werde es allein tun mit meinen drei Fingern!" und fügt hinzu: „Er hatte die hochherzige Ungeduld derer, die jung sterben sollen." Ob dies Wort von Stauffenberg ist und ob es etwa an diesem Tag gesprochen wurde, ist nicht zu sagen.
32 HEUSINGER S. 329.
33 Der von der Ostfront kommende Major Oertzen rief aus: „Es ist eine Schande, was sich im Osten abspielt. Gibt es denn niemanden, der den dafür Schuldigen zur Rechenschaft zieht?" (Bericht einer Sekretärin.) Zum militärischen Hergang HEUSINGER S. 33 ff., GUDERIAN S. 303, GÖRLITZ S. 637 ff.
34 RITTER S. 404, 453. Das folgende Zitat ib. S. 405.
35 SPEIDEL S. 137 gibt Rommels Fernschreiben im Wortlaut (abgedruckt auch bei BZH S. 97). Nach Darlegung des Kräfteverhältnisses — 97 000 Mann Verluste bei 6000 Mann Ersatz, 225 Panzer Verluste, 17 Ersatz — folgen die Sätze: „Unter diesen Umständen muß damit gerechnet werden, daß es dem Feind in absehbarer Zeit — vierzehn Tagen bis drei Wochen — gelingt, die eigene dünne Front, vor allem bei der 7. Armee zu durchbrechen und in die Weite des französischen Raumes zu stoßen. Die Folgen werden unübersehbar sein. Die Truppe kämpft allerorts heldenmütig, jedoch der ungleiche Kampf neigt dem Ende entgegen. Ich muß Sie bitten, die Folgerungen aus dieser Lage unverzüglich zu ziehen. Ich fühle mich verpflichtet, als Oberbefehlshaber der Heeresgruppe dies klar aus= zusprechen. Rommel, Feldmarschall." YOUNG S. 12 teilt die Beischrift mit, mit der Kluge am 23. Juli den Rommelschen Bericht an Hitler weitergeleitet haben soll. SCHRAMM macht wahrscheinlich, daß Kluge das Schreiben erst nach dem 26. Juli weiter= gegeben hat, S. 83 und S. 303.
36 KB 21, 49; Akten des War Department s. bei RITTER S. 553. Von diesem 15. Juli schreibt SCHRAMM S. 117 — offenbar nach einer Erzählung Hofackers —, daß Keitel „in seinem manchmal etwas läppischen Eifer" wichtige Papiere in die Mappe Stauffen= bergs (mit dem Sprengstoff!) stopfte.
37 RITTER S. 407.
38 GISEVIUS S. 498.
39 Die Heeresgruppe Nordukraine wurde von zwei Stoßkeilen in Richtung Lemberg=San erschüttert. Bei der südlichen Heeresgruppe ließ sich erkennen, daß der Gegner den Eintritt in die Walachei und zu den Ölquellen Rumäniens erzwingen wollte. Die deut=

Zu Seite 378–386

schen Abwehrkräfte waren an beiden Fronten völlig ungenügend. Eine Panzerdivision war sogar noch an die Heeresgruppe Mitte abgegeben worden. Die Operationsabteilung hatte statt dessen zur Stärkung der einstürzenden Mitte die Zurücknahme der Heeresgruppe Nord vom Peipussee verlangt. Vgl. dazu die Anm. 19 dieses Kap. und HEUSINGER S. 335.
40 RITTER S. 550.
41 A. LEBER S. 13 und Ursula von KARDORFF „Der 20. Juli in Berlin" in der „Stuttgarter Rundschau" vom Juli 1948.
42 HEUSINGER gibt S. 350 ff. einen Auftritt aus dem Lagevortrag vom 19. Juli mit alarmierenden Nachrichten von der Heeresgruppe Nordukraine, die vor der Notwendigkeit steht, den zwischen den beiden großen Einbruchstellen noch haltenden Frontteil (XIII. A.K.) zurückzunehmen. Der Chef der Operationsabteilung regt eine Prüfung an, welche Kräfte vom Befehlshaber des Ersatzheeres aus dem Generalgouvernement noch frei zu machen seien. Keitel schlägt vor, Stauffenberg zum Vortrag zu rufen.
43 G. A. „Letzte Begegnung mit Graf Stauffenberg" in der „Stuttgarter Zeitung" vom 20. Juli 1950. Der Verfasser war am folgenden Tag, als der Name des Attentäters genannt wurde, tief erstaunt, daß es derselbe Stauffenberg war, dem er am Tag zuvor begegnet war. Er endet: „Hier wurde ein so unerhörter Einsatz gewagt, daß einem heute noch der Atem stockt, wenn man sich die Stunden und Minuten vergegenwärtigt, die dieser Mann, der führende Kopf der deutschen Freiheitsbewegung, in den Tagen bis zum Zwanzigsten Juli 1944 durchlebt haben mochte."

XIII. Der Zwanzigste Juli

1 Zur Zeitfrage der Ereignisse am Zwanzigsten Juli geben die KB wohl im ganzen ein zutreffendes Bild. Man vergleiche dazu auch das Gutachten, das SERAPHIM vor dem Braunschweiger Gericht anläßlich des Remer=Prozesses im März 1952 vorgelegt hat (abgedruckt bei KRAUS) und die synchronoptischen Tafeln bei BZH. Für die Topographie und die Hergänge im Führerhauptquartier s. „Der Spiegel", IV/12 vom 23. März 1950. Es ist ein sehr unterschiedlich gearbeiteter mit Vorsicht zu wertender Sammelbericht mit Entstellungen und haltlosen Beurteilungen. Er ist aber darin von Bedeutung, daß er erstmalig die Gutachten der Sprengstoffsachverständigen und die Vernehmungsergebnisse des SD und der Kriminalpolizei verwertet: darin darf er Quellenwert beanspruchen. Eine etwas genauere Lageskizze der „Wolfsschanze" bei BZH. Jodl nannte in Nürnberg die „Wolfsschanze" ein „freiwilliges KZ".
Neuerdings erschien als Teil einer größer angelegten Arbeit eine sehr verdienstvolle Studie über die topographischen Verhältnisse und über die Hergänge am 20. Juli im Führerhauptquartier von Peter HOFFMANN „Zu dem Attentat im Führerhauptquartier ‚Wolfsschanze' am 20. Juli 1944" in Vierteljahrsh. f. Zeitgesch., 12. Jahrg., 3. Heft, Juli 1964. In ihr sind die Aussagen sehr vieler Augenzeugen ausgewertet und auch nach ihrer Widersprüchlichkeit in Einzelzügen gegenübergestellt.
1a Einzelnachweise s. bei Peter HOFFMANN a.a.O. Der OKW=Bunker lag unweit des Bunkers der Adjutantur des OKW, etwa 200 bis 250 m (auf dem Weg gemessen), etwa 150 m (Luftlinie) von der Lagebaracke entfernt, auf halbem Weg der „Vermittlungs= (oder Nachrichten=)bunker".
2 Der „Spiegel" a.a.O. über die Lagebaracke: „Der ‚Lagebunker' war eine sogenannte ‚Speerbaracke', eine einfache, ungefähr 45 Meter lange Holzbaracke, die von einer 60 cm dicken Betonschicht und von einer 10 cm dicken Schicht Glaswolle und Makulatur umgeben war. Die Betondecke war 40 cm dick. Für die Eingangstür und die normal großen Fenster hatte die massive Außenverkleidung entsprechende Öffnungen. Es war kein bombensicheres Gebäude. Die Betonschicht sollte nur Brand= und kleine Splitterbomben abfangen. Aber es war alles andere als eine Holzbaracke, wie man zur Erläuterung des Mißlingens gern behauptet. Eine Holzbaracke mit Ausnahme des Hundezwingers für Blondy im ganzen Hauptquartier nicht gegeben." – HEUSINGER S. 352 gibt vom Lageraum diese Schilderung: „Ein etwa 10 Meter breiter und etwa 4 bis 5 Meter

Zu Seite 387–394

tiefer Backsteinanbau an einen Betonbunker. Die eine Breitseite bildet die Bunkerwand. In ihr befindet sich die Eingangstür, die man durch den Bunker erreicht. Gegenüber und rechts mehrere Fenster, während die linke Seite fensterlos ist. Wände, Decken und Boden sind von leichter Bauart." Die Angabe über die Fenster stimmt mit der des „Spiegel"=Berichts überein.
3 Teilnehmerliste und Sitzordnung der Lagebesprechung s. BZH S. 115. Hier wird statt Buchholz ein Stenograph Hagen genannt.
4 Die oft wiederholte Angabe, die Lagebesprechung habe am Zwanzigsten Juli wegen der sommerlichen Hitze ausnahmsweise in der Holzbaracke, sonst aber immer im Bunker stattgefunden, entspricht so nicht den Tatsachen. Die betreffende Baracke, Lagebaracke genannt, war für diesen Zweck eingerichtet. Nur bei Gefährdung aus der Luft war „die Lage" im Bunkerraum.
5 HEUSINGER gibt S. 352 ff. in der Form des stattgehabten Gesprächs seinen Augenzeugenbericht. Den deutschen Wehrmachtsbericht vom 20. 7. 44 s. bei BZH S. 109.
6 „Spiegel", a.a.O.
7 Friedrich GEORGI in LEBER=MOLTKE, Für und Wider, S. 114.
8 Die Überlieferung dieser Szenen geht vor allem auf zwei Quellen zurück: auf die Darstellung, die Fromm während der Haftzeit SCHLABRENDORFF gegeben hat — Fromm erwartete damals schwerlich, daß er wegen Feigheit erschossen würde — und auf die Aussagen Hoepners vor dem Volksgerichtshof (IMT XXXIII, 400 ff.). Ein Plan der Räume in der Bendlerstraße, in denen das Geschehen spielte, s. bei BZH S. 127.
9 Vgl. dazu S. 403, 432, 433. HOEPNER sagte vor dem Volksgerichtshof aus, Stauffenberg habe sich so geäußert: „ . und da habe ich nur noch gesehen, wie eine große Anzahl Sanitäter herübergelaufen sind, Wagen hingebracht worden sind." (IMT XXXIII, 402).
10 Zu den Nachrichtenvorgängen s. S. 431 ff.
11 GISEVIUS II, S. 169.
12 SS=Bericht (KIESEL).
13 FRITZSCHE berichtet von einer seltsamen Verwechslung: Stauffenberg hatte ihm zuvor eine Generalsoberstenuniformjacke gegeben und ihn aufgefordert, sie dem Generaloberst Beck anzuziehen, der in Zivil komme. Fr., der keinen der beiden kannte, hielt Hoepner für Beck, bot ihm den Rock an und half ihm selbst beim Anziehen. Fr. ist überzeugt, daß Hoepner vor Gericht über diesen Punkt absichtlich falsch ausgesagt habe, um ihn nicht zu verraten. (Persönliche Mitteilung.)
14 SHIRER S. 967 versieht den Namen Piffrader mit dem Vermerk, „der sich kürzlich bei der Exhumierung von 221 000 Leichen von Juden hervorgetan hatte, die von den Einsatztruppen im Baltikum vor Einrücken der Russen umgebracht worden waren."
15 Es ist von mehreren unabhängig berichtet worden, wie Stauffenberg über die beiden Fernsprecher, den auf seinem eigenen Tisch und den Frommschen, hin und her wechselnd einen fast pausenlosen Kampf focht, bald scharf befehlend, bald freundschaftlich zuredend, bald mit Kraftworten beschwörend, souverän, menschlich, kurz im Ausdruck und in unbändiger Eile. GISEVIUS II, 391 gibt dies als Probe: „Keitel lügt . . Glauben Sie doch nicht Keitel . . Hitler ist tot . . Nicht wahr, ich kann mich doch auf Sie verlassen? — Sorgen Sie dafür, daß Ihr Chef stark bleibt . . Hayessen, ich verlasse mich auf Sie . . Stieff ist ausgebrochen . . bitte enttäuschen Sie mich nicht auch noch . . Wir müssen durchhalten . . Wir müssen durchhalten.
16 „Olbricht hatte seine Offiziere versammelt und zu ihnen gesprochen. Als er endete, grüßte er mit aufgehobenem Arm. Von den etwa 35–40 Offizieren grüßten drei bis vier in derselben Weise, der Rest durch Verbeugung, unter ihnen von der Heyde, neben dem ich stand. Eine Anzahl hatte bereits die Hoheitszeichen abgetrennt, gerade solche, die später so mutig sich gegen uns eingesetzt haben" (Briefliche Äußerung des damaligen Oberleutnants von KLEIST vom 14. II. 46; die letzte Bemerkung findet sich auch bei GERSTENMAIER).
17 Ein mir vorliegender Bericht des Majors d. R. H. KLAPPER bestätigt, daß die beiden Stoßtrupps des Heeresstreifendienstes, die unterstützt von Kräften der Landesschützen und der Feuerwerkerschule, das Propagandaministerium zu besetzen hatten, um 19 Uhr Ecke Unter den Linden/Wilhelmstraße bereitstanden (Führer Major Klapper und Hauptmann Dangschat, dem Befehl von Oberst Jäger unterstellt). Klapper erlebte dann das Ab-

Zu Seite 395—401

rücken der Landesschützen und erfuhr, daß sich ihr Führer dem Befehl Remers unterstellt habe (ähnl. Bericht bei MÜLLER über die zum gleichen Auftrag bereitgestellten Abt. der Feuerwerker). Der Auftrag, das Propagandaministerium zu besetzen und Goebbels zu verhaften, war erst dem Wachbataillon (Remer) zugedacht gewesen, dann an den Heeresstreifendienst gegeben worden. Nach Klapper war unter den damaligen Umständen keine Berliner Truppe geeigneter dafür, und die beiden Angriffsgruppen waren aus ausgesuchten Feldwebeln und Unteroffizieren gebildet worden. Das Abrücken der für den Angriff notwendigen Begleittruppen unter der Wirkung der Rundfunknachricht und der Eingriffe des Majors Remer hat die Aktion Jägers zum Scheitern gebracht.
18 Kinzl rief um 19.40 Uhr bei der Operationsabteilung im Führerhauptquartier an und teilte Graf Kielmansegg, da Heusinger und Brandt ausgefallen waren, den Befehl Becks mit: „Sie wissen, daß dies die einzige vernünftige Lösung ist. Wir haben dies oft genug gemeldet, aber wir können doch nicht einfach Beck gehorchen, ohne zu wissen, was los ist. Was sollen wir tun?" Durch die Absage Kielmanseggs unterblieb die Befolgung des Beckschen Befehls (Bericht KIELMANSEGG in „Die Zeit" vom 21. VII. 49).
19 GISEVIUS II, 412, in mehreren Einzelzügen auch anderwärts vorhanden.
20 Witzleben fuhr zum Generalquartiermeister Wagner, um die Nachricht vom Mißlingen zu bringen, von dort kehrte er nach Hause zurück. Er wurde am folgenden Tag verhaftet, am 7. August vor Gericht gestellt, am 8. hingerichtet. Nach seiner Aussage hatte Witzleben Stauffenberg erst im Mai 1944 durch Olbricht kennengelernt und hatte ihn danach, da er zur Kur in Kissingen war — er litt seit längerem an Magenblutungen und Magengeschwüren (KB 366) — kaum mehr gesehen. Er war am 10. oder 11. Juli durch Schwerin im Kraftwagen von Kissingen nach Berlin geholt worden.
21 Die Vorgänge sind geschildert in einer Niederschrift von W. MÜLLER über die Spruchkammerverhandlung Herber — von der Heyde im Lager Neustadt am 18. Februar 1948.
22 Nach den Worten, die der dabei gegenwärtige Bernardis vor dem Gericht wiedergab (IMT XXXIII, 439).
23 Oberleutnant Helmut CORDS aus eigener Anschauung (persönlicher Bericht).
24 Dr. Hans FRITZSCHE schildert den Hergang aus seiner Erinnerung so: Er sei eben in das Vorzimmer von General Olbricht eingetreten, als dort ein Oberstleutnant mit Mütze, Monokel und Maschinenpistole gebrüllt habe: „Hier geht es gegen den Führer. Wir halten zu unserem Führer. Wo ist Generaloberst Fromm? Ich möchte sofort zu Fromm." Olbricht sei aus seinem Zimmer ruhig auf ihn zugekommen: „Sie sind bewaffnet, ich nicht. Jetzt müssen wir miteinander sprechen. Sie kommen zu Fromm. Aber zuvor gehen wir zu Generaloberst Hoepner." Damit seien sie auf den Flur getreten und nach vorn gegangen. Als er selbst auch den Flur hinausgetreten sei, sei dort sein Freund Oppen und eine Gruppe von etwa zehn Mann gestanden. Er sei gepackt worden, einer habe ihm die Pistole entrissen und ihn angerufen: „Was wollen Sie hier?" Er habe geantwortet: „Das weiß ich auch nicht." Ein Schuß sei gefallen. Während er sich mit der ganzen Gruppe nach vorn bewegte, habe er einige Türen weiter Olbricht und den Oberstleutnant stehen sehen, den er für von der Heyde hielt, über dem Treppenabsatz Stauffenberg und Haeften. In dem Augenblick seien etwa fünf Schüsse gefallen, und Olbricht habe gerufen: „Um Gottes willen, jetzt habt ihr (vielleicht) den guten Stauffenberg erschossen." Sekretärinnen hätten geschrien und sich unter Tischen verborgen. Die bewaffnete Gruppe sei nach vorn gegangen, ihn habe ein sehr alter österreichischer Oberst von der Wehrmachtpropaganda, der offenbar als Unbeteiligter hergerufen war und sich etwas hilflos fand, um Auskunft angesprochen. Er habe sich seiner angenommen, sei mit ihm die Treppe hinuntergegangen und mit ihm, als dessen Adjutant er sich auf Befragen bezeichnete, ungehindert durch die Sperre am Haupteingang durchgelassen worden.
Fritzsche erinnert sich aus einem Gespräch mit Schulenburg am späteren Abend an dessen Wort: „Wir müssen diesen Kelch bis zur Neige leeren. Wir müssen uns opfern. Später wird man uns verstehen" (Persönlicher Bericht). D. Dr. GERSTENMAIER, der Vorgänge in der Bendlerstraße etwa von 18 Uhr an miterlebt hat, weist vor allem darauf hin, daß man immer gespannt darauf wartete, wann endlich der Rundfunk verstumme und wann die Panzer kämen. Drei von ihnen sollten mit Gisevius zum Deutschlandsender fahren. — Zwischen 20 und 21 Uhr sei von weißberockten Ordonnanzen auf Wunsch Olbrichts zu einem Essen gedeckt worden, an dem die Wartenden, unter ihnen auch der

531

miteingeweihte Chefrichter des Heeres Sack, teilgenommen hätten. Olbricht und Stauffenberg, die ohne Pause zu tun gehabt hätten, seien nicht dazu gekommen. Nur Schulenburg habe in Ruhe mit Appetit gegessen.

Außer Fritzsche und Gerstenmaier haben vom Einbruch der Gegengruppe später als Augenzeugen Bericht gegeben: Friedrich GEORGI, die beiden Sekretärinnen Anni LERCHE und Delia ZIEGLER (der Bericht der letzteren s. BZH S. 152).

25 Nach der Schilderung, die WHEELER=BENNETT S. 661 ohne Herkunftsangabe bringt, habe sich Stauffenberg, durch einen Rückenschuß verwundet, halb in einem Stuhle liegend, mühsam aufrecht gehalten. Sein Bruder Berthold und Werner Haeften seien bei ihm gewesen. Als man sie weggeführt habe, habe Haeften ihn beim Gehen gestützt. — Der Bericht kann auf Berthold St. bezüglich nicht stimmen, da er mit der in den Olbrichtschen Räumen verhafteten Gruppe in dessen Räumen festgehalten und erst sehr viel später nach vollzogenem Standgerichtsurteil nach vorn gebracht wurde.

26 Über die Zusammensetzung des Standgerichts sind m. W. keine Angaben gemacht worden. Ich nehme an, daß Oberstleutnant Gehrke beteiligt worden ist.

27 Persönlicher Bericht eines Fahrers, der die Szene aus einem Fenster der gegenüberliegenden Hauswand beobachtet hat. Gerstenmaier war, wie er berichtet, als einzelner eine Zeitlang zur Bewachung in einem Unteroffizierszimmer, das, von den andern Zimmern durch einen Flur getrennt, mit seinen zwei Fenstern auf den Hof Bendlerstraße 11/13 ging, etwa über der Stelle, wo die Erschießung stattfand. Zwei der im Zimmer Anwesenden haben offenbar hinter dem Verdunkelungsvorhang hervor die nächtliche Szene beobachtet. G. hat, wie er meint, die Stimme Stauffenbergs, dann eine heftige Salve gehört, später einzelne Pistolenschüsse, die er sich in seiner Lage als Fangschüsse deutete, nachher das dreimalige „Sieg Heil".

28 Es ist — mit einiger Zuverlässigkeit — später von dem Beamten, der die Untersuchung gegen Berthold Stauffenberg zu führen hatte, ausgesagt worden, Berthold St. habe an ihn die Bitte gerichtet, ihm zu sagen, ob sein Bruder tot sei.

29 Alle außer Gerstenmaier, Ramin, Georgi wurden später hingerichtet. SKORZENY ist überzeugt, daß auch die zweite Gruppe (Yorck, Schulenburg usf.) nach dem Willen Fromms noch in der Nacht standrechtlich erschossen werden sollte und daß die Erschießung durch die Dazwischenkunft Kaltenbrunners und Skorzenys, die einen ausdrücklichen Gegenbefehl Himmlers überbrachten, ausgesetzt worden ist (S. 209).

30 Daß es Fromm bei seinem nachmitternächtlichen Besuch nicht mehr gelang, Goebbels von seiner untadeligen Haltung zu überzeugen, ist der in Anm. 4 S. 537 genannten Rede Himmlers zu entnehmen. Es heißt darin von Fromm: „Er ist so klug und schlau, daß man ihm nicht nachweisen kann, daß er bei dieser dummen Revolution mitgemacht hat ... Der erste Eindruck, den ich und den auch Dr. Goebbels in dieser Nacht, als wir uns wieder wie manchmal in der Parteigeschichte trafen, von Herrn Fromm hatte, war eigenartig ... Ich kann mich des Eindrucks nicht erwehren, hier wurden, wenn vielleicht nicht Zeugen, aber unangenehme Gesprächspartner schnell unter die Erde gebracht" (S. 381 ff.).

Übrigens fanden die ganze Nacht Verhöre im Goebbelsschen Ministerium durch Himmler und Kaltenbrunner statt. Man weiß von Vernehmungen von Fromm, Hase, Helldorf, Hoepner.

31 In seiner Rede 14 Tage nach dem Zwanzigsten Juli (s. Anm. 30) sagte Himmler von den in der Nacht des Zwanzigsten Erschossenen: „Sie wurden dann am anderen Tage ausgegraben, und es wurde noch einmal richtig festgestellt, wer es war. Ich habe dann den Befehl gegeben, daß die Leichen verbrannt wurden und die Asche in die Felder gestreut wurde. Wir wollen von diesen Leuten, auch von denen, die jetzt hingerichtet werden, nicht die geringste Erinnerung in irgendeinem Grabe oder an einer sonstigen Stätte haben." Daß nach Himmlers Befehl mit den fünf Leichnamen verfahren wurde, ist kaum zu bezweifeln. Eine Nachricht über das Geschehene ist sonst nicht vorhanden. Zu den Leichen der später Hingerichteten vgl. Anm. 17 S. 539.

32 In Wien (Wehrkr. XVII) waren die höheren Parteiführer, außer dem Gauleiter von Wien und dem von Niederösterreich, die auswärts weilten, verhaftet. Die vollziehende Gewalt war vom Heer übernommen worden. In Abwesenheit des Komm. Generals (Schubert) war General der Panzertruppen, Freiherr von Esebeck mit seinem Chef des Stabes, Oberst Kodré, und Oberst Graf Marogna=Redwitz nach einem bestätigenden Gespräch mit Stauf=

fenberg tatkräftig daran gegangen, die befohlenen Maßnahmen durchzuführen. Der Kommandant von Wien, Generalleutnant Sinzinger, hatte die Aktion zu befehligen gehabt und hatte selbst den Polizeipräsidenten entwaffnet. Am nächsten Tag wurde ihm vom Gauleiter von Schirach in Gegenwart des Kommandierenden das goldene Parteiabzeichen abgerissen und vor die Füße geworfen. Marogna=Redwitz wurde hingerichtet, Esebeck hatte den Rest des Krieges im KZ zuzubringen. Auch Kodré wurde aus der Wehrmacht ausgestoßen und nach Mauthausen gebracht. (IMT XXXIII, 413 F., KB 36, 104, Wolf KEILIG, Das deutsche Heer 1939–1945, S. 211 f., Ludwig JEDLICKA, Österreich und der 20. Juli 1944 in Beilage zu „Das Parlament" vom 15. Juli 1964, S. 24). Letzterer ist nach den Vorgängen in Wien der Meinung, daß der Umsturz in Österreich gelungen wäre, hätte Befehl und Aktion Stauffenbergs Erfolg gehabt (S. 28). In Hamburg (Wehrkr. X) waren die Parteiführer – unter ihnen der Kreisleiter und der höhere SS= und Polizeiführer – im Dienstzimmer des Chefs des Stabes, Generalmajor Prüter, festgehalten, das Haus von einem Ersatzbataillon gesichert, bis der von auswärts geholte Komm. General (Wetzel) erschien und die Versammelten entließ. (Darstellung Prüter gegen diejenige von GÖRLITZ S. 644, s. bei HOFFMANN am unten angegebenen Ort, S. 386). In Kassel (Wehrkr. IX, zuständig die Gaue Hessen=Nassau mit Frankfurt, Kurhessen mit Kassel, Thüringen mit Weimar) war durch den früheren Chef des Stabes Generalmajor von Nida ausgedehnte Vorarbeit geleistet worden. Sein Nachfolger Oberst i. G. von Plate, Hörsaalkamerad Stauffenbergs, gab in Abwesenheit des Komm. Generals (Schellert) nach Rücksprache mit Stauffenberg die Befehle zur Verhaftung der höheren SS= und Parteiführer und zu „Walküre". Ein Ersatzbataillon übernahm den Schutz des Hauses, Panzertruppen rollten aus Eisenach heran. Etwa um Mitternacht wurden durch den Kommandierenden die Maßnahmen rückgängig gemacht (L. von NIDA und Hans BECK in Kasseler Zeitung vom 18. VII. 1964). In Prag (Wehrkr. Böhmen=Mähren) waren die Befehle nach 19 Uhr angekommen und General der Panzertruppen Schaal hatte nach einem Gespräch mit Stauffenberg die Ausführung übernommen. Nach Eingang gegenteiliger Nachrichten und einem Ferngespräch mit Hoepner wurden die Verhaftungen zwischen 22 und 23 Uhr aufgehoben. Des Staatssekretärs der Protektoratsregierung, SS=Obergruppenführer Frank, war Schaal nicht habhaft geworden. Er hatte die Möglichkeit erwogen, mit ihm zu einem Ehrenabkommen zu gelangen und ihn weiter amtieren zu lassen, um einen offenen Zwiespalt vor den Tschechen zu vermeiden. Nunmehr hatte er ihn selbst aufzusuchen und sich ihm politisch wieder zu unterstellen. Am nächsten Tag wurde Schaal verhaftet und wurde erst mit Kriegsende frei. In den anderen Wehrkreisen kam es durch verspätete Übermittlung oder frühzeitig aufgenommene Gegenbefehle, soviel bekannt, zu keinen ernsthaften Maßnahmen. Einzelheiten KB 104 f., eine Übersicht jetzt bei Peter HOFFMANN, Zum Ablauf des Staatsstreichsversuches des 20. Juli 1944 in den Wehrkreisen, Wehrwiss. Rundschau 7/1964, S. 377 ff. (für 4 Wehrkreise keine Angaben, so auch für Nürnberg: dort gab ein Divisionskommandeur (Generalmajor Meyerhöfer), dem der Komm. General die Befehle gezeigt und den er zum Schweigen verpflichtet hatte, dem Gauleiter davon Kenntnis, so daß dieser seine Kräfte mobilisieren konnte – Bericht K. WELLER, ungedruckt mir vorliegend). KB 106 gab die Bemerkung: „Zu dem schnellen Zusammenbruch im Reich hat wesentlich die unentschlossene und unsichere Führung durch Generaloberst Hoepner beigetragen. Hoepner wurde, wie sich aus der Vernehmung ergibt, von Stauffenberg und von anderen immer wieder bedrängt, den Befehlshabern der Wehrkreise ‚scharf einzuheizen'."

33 Zu den Vorgängen in Paris s. SCHRAMM, dazu SPEIDEL, BLUMENTRITT, FALKENHAUSEN, BARGATZKY, TEUCHERT, Elmar MICHEL. Ein kurzer offizieller Bericht von OBERG s. KB 41.

34 Eine Nachrichtenstelle der SS hat unbemerkt von Oberhäusers Organen weiterhin Verbindung mit dem Reich behalten. Auch die Abschaltung der eigenen Netze der Marine und Luftwaffe ist dem Vernehmen nach nicht voll gelungen.

35 Einem Bericht zufolge wurden die innerhalb von Paris aufgeführten Befestigungsbauten, die gegen einen Angriff von außen geplant waren, im Einverständnis mit Stülpnagel so orientiert, daß sie auch für einen Angriff gegen die SS taugen konnten mit Avenue Foch als Kernpunkt („Wochenpost" 1948, Nr. 29, Bericht gezeichnet Ernst HOFEN).

36 SPEIDEL a.a.O., TEUCHERT S. 20, MICHEL s. 9, FALKENHAUSEN S. 21, etwas abweichend SCHRAMM S. 147–155.
37 FALKENHAUSEN S. 21.
38 SCHRAMM s. 208. Bei SPEIDEL die Nachricht, daß in der Frühe des 21. Juli auf Weisung von Keitel und Goebbels der NS=Führungsoffizier des Ob. West mit Vertretern der Propagandaabteilung Frankreich bei Kluge erschienen, ihm ein Ergebenheitstelegramm an Hitler zur Unterschrift vorlegten und ihn aufforderten, über alle deutschen Sender zu sprechen. Das Telegramm sei mit einiger Milderung abgesandt worden, die Rede unterblieben. – Als am gleichen 21. Juli Guderian, der neuernannte Generalstabschef, sich bei Hitler meldete, kam das Gespräch auch auf Kluge, wobei Hitler sagte: „und im übrigen ist er ein Mitwisser des Attentats". Da Jodl, Keitel, Burgdorf (der Stellvertreter des verletzten Schmundt) erklärten, man könne Kluge jetzt nicht entbehren, sah Hitler von einem Einschreiten noch ab – und empfing also sein Ergebenheitstelegramm. GUDERIAN, Erinnerungen eines Soldaten.
39 Die Schilderung SCHRAMMs, wonach Oberg versucht hat, den Brandherd zu begrenzen und eine für Stülpnagel und seinen Stab möglichst schonende Lösung zu finden, wurde mir auch von anderer Seite bestätigt. In Oberg sah man damals im Amt Stülpnagels eher einen groben Polterer als einen gefährlichen SS=Gegner (wie etwa in Knochen), und Stülpnagel hatte einmal im Gespräch etwa gesagt: „Wenn Oberg könnte, wie er wollte – ich glaube, er wäre auf unserer Seite."
40 SCHRAMM S. 225. „Das Schicksal hat gegen uns entschieden", ib. S. 224, ähnlich Hofacker zum Gesandten von Bargen, ib. S. 309.
41 Admiral Kurt Assmann bei SHIRER S. 1119. H. W. HAGEN gibt in „Zwischen Eid und Befehl" eine ins einzelne gehende Schilderung des Vorgangs, die in vielen Punkten von der sonstigen Überlieferung abweicht, mangels Quellenangabe aber nicht zu beurteilen ist. Er spricht davon, daß Stauffenberg in der Baracke Keitels nur „die erste Sicherung des Zünders gelöst hat", daß er die Mappe im Besprechungsraum auf den Tisch setzt. Haeften erscheint in der Tür, um ihn zum verabredeten Telefongespräch mit Berlin herauszurufen, er entschuldigt sich mit einer Gebärde bei Hitler, stützt sich im Aufstehen auf die vor ihm liegende Tasche und löst dabei durch Druck den auf 3 Minuten eingestellten Zünder aus. Kaum daß Stauffenberg den Raum verlassen hat, fällt der Name eines Ortes, der auf der Landkarte durch seine Mappe verdeckt wird. Schmundt (so 1958, 1950 hieß er Korten) nimmt sie einmal und stellt sie an die Außenseite des Eichensockels neben Berger. Voss verschiebt sie noch einmal „ganz dicht an den Eichensockel heran". Stauffenberg ist bei der Explosion noch nahe genug, um zu erkennen, wie Puttkamer durch das Fenster geschleudert auf dem Rasen vor dem Bunker landet.
Einzelnachweise s. bei Peter HOFFMANN a.a.O. „Einer der Anwesenden, der dem Lagevortrag nicht folgte": Legationsrat von Sonnleithner. „Einer der Teilnehmer": Regierungsrat Heinz Buchholz, Augenzeugenbericht, Berchtesgaden 1945.
Da Hagen in einzelnen Punkten sich als erstaunlich gut informiert zeigt, dann aber auf nicht wenig nachweislich Falsches aufbaut, bleibt sein Bericht fragwürdig, solange nicht Bestätigungen beigebracht werden.
42 Jodl über Keitel in Nürnberg: „Er allein war es, der bei dem Attentat am Zwanzigsten Juli Hitler in seine Arme nahm und ihn in völliger Ruhe behutsam wie ein Kind ins Freie führte, die erste unvergeßliche Wahrnehmung, die ich machte, als ich das Bewußtsein erlangte" (IMT XL, 472).
43 Zu erinnern an die Charakterisierung Bormanns bei GUDERIAN (S. 408): „Ein vierschrötiger, muffiger, unfroher, verschlossener Mensch mit schlechten Umgangsformen."
44 Ein wichtiger Geschichtsaugenblick: Göring kann noch gar keine Tatsachen wissen, aber gebiert prompt die „Dolchstoßlüge", Hitler nimmt sie in seiner Rede um 21 Uhr auf.
45 Bericht H. W. (wohl Oberstleutnant Waizenegger) in „Stuttgarter Zeitung" vom 20. Juli 1949. Der folgende Bericht des Adjutanten s. bei BELOW, „Echo der Woche" vom 15. Juli 1949.
46 Über den Besuch Mussolinis s. SCHMIDT S. 580, der als Dolmetscher, und Eugen DOLLMANN (Roma Nazista Mailand 1951, S. 393), der als SS=Verbindungsoffizier teilnahm, Rudolf RAHN S. 386, der als früherer deutscher Botschafter in Rom Mussolini begleitete.

Zu Seite 441

47 „Es wurde an jenem Nachmittag weder von Hitler deklamiert noch von Mussolini gewarnt. Über dem stillen und belanglosen Gespräch der beiden lag ein Hauch von Abschied, und tatsächlich war dies das letztemal, daß sich Mussolini und Hitler sahen" (SCHMIDT S. 582). Mit „deklamiert" und „gewarnt" nimmt Schmidt seine Schilderung von früheren Begegnungen der beiden auf.
48 Fernschreibtext KB 75. Zeitangabe 20.20 Uhr. Es heißt nach der Mitteilung der Ernennung: „Es sind Befehle nur vom Reichsführer SS und von mir (Keitel) entgegenzunehmen. Etwaige Befehle von Fromm, von Witzleben oder Hoepner sind ungültig."
49 s. „Frankfurter Illustrierte", Jahrg. 1949, Nr. 14.
50 „Spiegel"-Bericht (s. Anm. 1), hier auch eine schematische Abbildung der Sprengladung, s. auch den Bericht der „Sonderkommission 20. Juli 1944" vom 26. Juli in KB 83. Claus Stauffenberg soll am Nachmittag des 20. Juli zu seinem Bruder gesagt haben: „Das einzige, was die Engländer geliefert hätten, habe nicht funktioniert" (KB 55). Die Rekonstruktion des Sprengkörpers widerlegt die Schilderung von HAGEN (s. Anm. 41).
51 Bericht ARNTZ, unveröffentlicht. Seine Erklärungen gegenüber alliierten Vernehmungsbeamten sind enthalten im zusammenfassenden britischen Bericht über Vernehmungen 1945 (im Besitz der Stiftung „Hilfswerk 20. Juli 1944"). Bericht SANDER in LEBER=MOLTKE, Für und Wider, S. 205. Aussagen des Fahrers: „Spiegel"-Bericht a.a.O. Bericht W. MÜLLER, Was geschah am 20. Juli 1944? in „Das freie Wort", Düsseldorf, 19. Juli 1952. Angaben RISLER: persönliche Äußerungen zum Verfasser.
51a Haeften muß nach dem Zusammenpacken der Sachen aus dem OKW=Bunker zum nahen Parkplatz gekommen sein und dort bemerkt haben, daß der Wagen nicht mehr bereitstand, der Stauffenberg zur Verfügung gestellt war. Jedenfalls war er nach dem Bericht von Sander in den wenigen Minuten, die blieben, im Dienstzimmer von Sander erschienen, wo auch Fellgiebel sich aufhielt, und hatte von Fellgiebel (unter Übergehung von Sander) „in äußerst erregtem Tone die sofortige Wiederherbeischaffung des Wagens gefordert". Während Sander darum telefonierte (und sofortige Gestellung eines Wagens erreichte), sah Stauffenberg ins Zimmer herein und meldete sich Fellgiebel als zur Besprechung bereit. Fellgiebel ging zu Stauffenberg hinaus, Sander trat später zu ihnen, um Stauffenberg zu sagen, daß ein Wagen sogleich komme und daß er beim Lagerkommandanten zum Essen erwartet werde. Stauffenberg erwiderte, er müsse zuerst noch einmal zur „Lage", übrigens verfüge er selbst über einen Wagen (worin er irrte). Aber der bestellte Wagen war zur gleichen Zeit eingetroffen.
52 HOEPNER vor dem Volksgerichtshof IMT XXXIII, 399 ff. GEORGI s. Anm. 7 ds. Kap.
53 Der häufig wiederholte Vorwurf, Fellgiebel habe die Nachrichtenzentrale in die Luft sprengen müssen usw. (er habe „kläglich versagt", meint WHEELER=BENNETT, Nemesis S. 663) gehört zum Bestand der Besserwisserpoesie des Zwanzigsten Juli, die vom Sachlichen unberührt ist. Setzt man „Wahrheit gegen Karikatur" (SCHEIDT, „Neue Politik", Zürich, 27. Mai 1948), so hat man die wesentlichen Tatsachen auszuzeichnen: 1. Der riesige Bunker im Führerhauptquartier, „der — nach SCHEIDT — als Nachrichtenzentrale einer mittleren Stadt vollkommen ausgereicht hätte", wäre nur „mit einigen Wagenladungen Sprengstoff" zu sprengen gewesen — und dies nicht, wenn Hitler noch lebte. 2. Die Nachrichtenanlagen waren über mehrere voneinander entfernte, durch SS bewachte Bunker, teils unterirdischer Bauart, verteilt. 3. Es konnte nicht daran gedacht werden, den gesamten Nachrichtenapparat der Wehrmacht zu zerstören: das Führungsgeschehen des Krieges bedurfte auch nach geglücktem Staatsstreich dringend der intakten Nachrichtenstränge. Es konnte sich nur darum handeln, was Fellgiebel lt. KB immer wieder betont und Stauffenberg akzeptiert hatte, das Führerhauptquartier nach dem Attentat für einige Stunden von der Telefonverbindung nach außen abzuschließen — und dies ist selbst nach mißglücktem Attentat für eine beschränkte Zeit gelungen.
53a Über die Ungunst des 20. Juli (als Umschalttag der Nachrichtenverbindungen!) vgl. KIELMANNSEGG in „Die Zeit" vom 21. Juli 1949.
54 In einer Meldung vom 22. Juli 1944 (KB 63 ff.) gibt der Chef der Wehrmachtsnachrichtenverwaltung eine Aufstellung über die Fernschreiben des 20. Juli:

Zu Seite 444–447

	überbracht	durchgegeben
1. Innere Unruhen (Witzleben)		17.35–21.03
2. Sofortmaßnahmen durch die Wehrkreis= befehlshaber (Fromm)	16.40	18.30–21.22
3. Walküre 2. Stufe	17.50	20.45–23.00
4. wie 1., jedoch beginnend: „Der Führer Adolf Hitler ist tot"	18.00 18.30	nur an Marine und Luftwaffe
5. Hoepner BdE (Witzleben)	18.45	20.20–21.15
6. Rundfunk=Communiqué Widerruf	19.15	19.45–21.12
7. Berufung der Politischen Beauftragten	desgl.	desgl.
8. Standrechtsverordnung 1	20.00	nur an WK I u. X
9.–14. Standrechtsverordnung 2–5 Maßnahmen die Partei, Reisen, Fernsprechverkehr betreffend	20.10–21.00	nicht weitergegeben
15. Fernschr. Keitel: Himmler BdE	20.35	21.25–22.01
16. Fromm: Putsch niedergeschlagen	0.10	0.15–1.15
17. Himmler ersetzt Fromm	4.08	4.15–5.15

55 Otto Ernst Remer, geb. 1912 in Neubrandenburg/Meckl., Absolvierung des humanistischen Gymnasiums. Eintritt am 1. April 1933 als Fahnenjunker in Kolberg. Seit Kriegsbeginn an der Front, stets Truppenführer. Neunmal verwundet, seit 15. Mai 1944 Kommandeur des Wachregiments Großdeutschland (Angaben nach HAGEN s. unten).
Über das Eingreifen Remers am Zwanzigsten Juli liegen drei offizielle Berichte vor: sein eigener Tatbericht vom 22. Juli 1944 (s. BZH S. 138), der von Oberleutnant Schlee am 23. Juli niedergeschriebene Bericht (ib. S. 145), eine Niederschrift von Hauptmann d. R. Dr. Hans W. Hagen vom 16. Okt. 1944, die eine Erweiterung eines am 21. Juli ge= gebenen, heute nicht vorliegenden „kurzen Tatberichtes" darstellt und offenbar von Bor= mann erwirkt worden ist, nachdem Zweifel an der Haltung Remers aufgekommen waren (ib. S 148, KB 12). Spätere Darstellungen der gleichen Beteiligten: E. O. REMER, Der Zwanzigste Juli (Verlag Deutsche Opposition, Hamburg 1951), H. W. HAGEN, Zwischen Eid und Befehl, Tatzeugenbericht von den Ereignissen am 20. Juli 1944 (Türmer=Verlag, München 1958) mit dem Text eines Vortrags, den Hagen im Nov. 1950 auf der Evangeli= schen Akademie in Bad Boll, „Am Tage der Besinnung für ehemalige Soldaten" gehalten hat. Außerdem gibt es in nicht geringem Umfange Gerichtsakten. In einer Privatklage, die Remer gegen den Senator Hermann Wolters in Bremen wegen übler Nachrede ange= strengt hat, hat das Amtsgericht Bremen in der Verhandlung vom 19. und 20. Juni 1953 versucht, ein den Hergängen getreues Bild vom Verhalten Remers am 20. Juli zu finden. Dem Gericht lagen vor: die Aussagen, die Remer am 28. Okt. 1949 vor dem Oberstaats= anwalt in Oldenburg gemacht hatte, und die Ergebnisse des Braunschweiger Prozesses vom März 1952 (über diesen vgl. die Veröffentlichung von Dr. H. KRAUS als Herausgeber, Die im Braunschweiger Remer=Prozeß erstatteten moraltheologischen und historischen Gut= achten nebst Urteil. Hamburg Girardet 1953). Andere Auseinandersetzungen und Veröffent= lichungen in der Publizistik beziehen sich auf Remers politische Tätigkeit in der deutschen Reichspartei und private gerichtliche Auseinandersetzungen. Sie bleiben hier außerhalb der Betrachtung.
Der mehrfach gegen Remer erhobene Vorwurf, er habe vom Vorhaben des Zwanzigsten Juli gewußt und sei „abgefallen", ist durch Zeugen eindeutig entkräftet worden. Remer handelte nicht zuerst als Gefolgsmann Hitlers, sondern aus der Haltung des Frontoffi= ziers, der eine gefährliche Lage entstehen und sich aufgerufen sieht, ihr zu begegnen. Daß er gegen Goebbels und die ihm als „Hitler" sich äußernde Stimme zuerst miß= trauisch war, steht ebenso fest, wie daß er im Widerstreit des von Hase empfangenen Befehls und der Aufforderung, zu Goebbels zu kommen, hin und her geschwankt und die Gefahr für sich selbst („jetzt geht es um den Kopf") nicht verkannt hat. Zur Partei hatte er keine besondere Bindung, doch gehörte er der Offiziersgeneration an, die ganz mit und durch Hitler aufgewachsen war. Im November 1943 hatte er aus der Hand Hitlers selbst (als 325. Soldat der deutschen Wehrmacht) das Eichenlaub zum Ritterkreuz ent= gegengenommen. In seiner Lage hätten viele Offiziere die gleiche Entscheidung „zwischen Eid und Befehl" getroffen.

Zu Seite 447–454

Hagen, der als Kulturhistoriker in der nationalsozialistischen Schulung arbeitete — infolge seiner Verwundungen war er nicht einmal mehr zu einem Garnisonsdienst zu verwenden — ist nur durch Zufall auf die Handlungsbühne des Zwanzigsten Juli gekommen, ist auf ihr aber vielleicht die am meisten aktive Kraft auf der Gegenseite Stauffenbergs. Sein Impuls hat das Handeln Remers in Gang gesetzt, wie sehr auch sein Oktober=Bericht „diesen großen Soldaten Remer" hervorzuheben versucht. Er hat für ihrer beider Tun selbst nicht mehr in Anspruch genommen, als daß es einen schon gescheiterten Aufstand beendet habe. Später hat er die gegen ihn gerichteten Vorwürfe mit der Anklage der Eidbrecher des Zwanzigsten Juli erwidert und hat verachtend und mit kühn bemühter Zeugenschaft aus Deutschlands Vergangenheit als tiefstes Versagen festgestellt, daß die Kraft zum Selbst=Opfer gefehlt habe. Welche großen Worte und wie schwach und unecht, wenn er sie auf Stauffenbergs Wirken bezog: „Immer steht so der Tod über dem Eid — und der Eidbruch ist stets nur mit dem Tod zu sühnen. Der mittelalterliche Gedanke des ‚Bauopfers' klingt an. Zugegeben, die Verschwörer des Zwanzigsten Juli wollten eine neue Welt bauen — dann mußte sich der erste, der mit seinem Eidbruch sich aus der alten Welt löste, als Bau=Opfer in diese neue Welt einbauen ... Der Attentäter opferte sich nicht selbst — und der eine Augenblick, als er die Bombe allein ließ, genügte, um den Eidträger am Leben zu erhalten. Als ob das Schicksal einer solchen Inkonsequenz sich annehmen sollte. Es fehlte das Selbst=Opfer!" (S. 82.)

Hagen zitiert das Beispiel des Generals, der den Befehl zur Verteidigung der Lazarettstadt Traunstein — Bad Endorf übernahm, die Stadt kampflos übergab und sich erschoß: ob ihm nie der Gedanke kam, daß es eine noch größere Tat sein kann, „auf die eigene Würde" eines solchen wiederherstellenden Selbst=Opfers zu verzichten, wo es die höhere Notwendigkeit verlangt?

56 NSKK=Gruppenführer Albrecht: „Frankfurter Illustrierte", Jahrg. 1949, Nr. 14 (Juli). Zu den Telefongesprächen: mündlicher Bericht des für Stauffenberg tätigen Ordonnanzoffiziers E. H. von KLEIST. Kleist wachte im Auftrag von Olbricht und Stauffenberg darüber, ob das Wachbataillon die Aufgabe befehlsgemäß ausführe. Ob der hier genannte Offizier der bei Remer vorkommende Verbindungsoffizier Oberstleutnant Wolters ist?

57 General Reinecke, Chef des Allgemeinen Wehrmachtamtes, nahm als ehrenamtlicher Hilfsrichter auf der rechten Seite des Volksgerichtspräsidenten Freisler an einer großen Anzahl von Prozessen und Aburteilungen der Männer des Zwanzigsten Juli teil, so auch am Prozeß des 7. und 8. August. General von Hase hat in diesem Prozeß „in aufrechtester Haltung" (Reinecke) seine Beteiligung zugegeben, er hat, wie einer der Mitoffiziere sagt, in „vornehmer und ritterlicher Weise sich als den Urheber bezeichnet und die anderen Kameraden vor dem Galgen zu retten versucht". Er hat es vor Gericht auch vermieden, ein belastendes Wort gegen Remer zu sagen. — Bonhoeffer (S. 229) schildert, wie Hase ihn am 30. Juni 1944 fünf Stunden im Gefängnis besucht und bewirtet hat: eine für des Generals Unabhängigkeit zeugende Szene.

Über die Einzelmaßnahmen Remers, mit denen er die aufmarschierenden Truppen zur Umkehr zu bewegen und vor allem ihren Zusammenstoß mit dem Wachbataillon zu verhindern unternahm, unterrichtet HAGEN. — Nicht der Zwanzigste Juli, sondern das, was er daraus gemacht hat und wie er sich später verhalten hat, hat die Kritik gegen Remer herausgefordert. Vgl. das Gutachten, das Generalleutnant a. D. FRIEBE im Braunschweiger Prozeß erstattet hat (KRAUS a.a.O. S. 103).

58 Gläsemer, während der früheren Jahre wechselnd im Truppendienst und krank in Lazaretten, hatte die Panzertruppenschule erst am 15. Juli übernommen. Olbricht hatte den Walküre=Alarm dieses Tages benutzt, um ihn in Krampnitz aufzusuchen und, soweit möglich, für einen künftigen Einsatz sicher zu machen. Er fand den etwa mittelgroßen, eher dünnen und trotz seiner noch nicht fünfzig Jahre weißhäuptigen Oberst jedoch so festgelegt in seinen Ansichten, daß er im Gespräch mit ihm keine Möglichkeit sah, Pläne einer Erhebung anzudeuten. Man mußte hoffen, ihn durch einige Offiziere seiner Umgebung, die eingeweiht waren, mitzureißen. Stauffenberg ließ es bei einem Offiziersabend in Potsdam so einrichten, daß er neben den Kommandeur von Krampnitz zu sitzen kam. Seine Person vermochte den andern immerhin zu überzeugen — Gläsemer sprach nachher mit größter Hochachtung von Stauffenberg —, mehr gelang ihm offenbar nicht zu erreichen.

Zu Seite 456—461

59 nach Angabe von MÜLLER a.a.O. und GLÄSEMER.
60 MÜLLER, Gegen eine neue Dolchstoßlüge, 2. Aufl. S. 87 ff.; KRAUS S. 149. Sehr anders HAGEN, Zwischen Eid und Befehl, der scharf gegen Müller polemisiert. Man hat den Eindruck, daß er auf Einzelerzählungen Beteiligter fußt. Aber er schaltet bis zur Entstellung frei mit der Chronologie und einigen Akteuren des Abends, so daß er auch dort, wo er es anders verdiente, unglaubwürdig bleibt. Nach Hagen nahm Kortzfleisch Olbricht und seine Mitoffiziere gefangen, „die ihn vor einer Viertelstunde (!) festgenommen hatten", nach dem Bravourstück seiner eigenen Befreiung. Es wird geschildert, er habe aus dem Zimmer, wo er eingesperrt war (neben dem Zimmer von Olbricht), Schreibmaschine und Telefonapparat durch das geschlossene Fenster geworfen, so die Hofwache aufmerksam gemacht und sie nach oben beordert: Hier sei ein General eingesperrt und er befehle ihr, ihn zu befreien . . . „Der biedere Schlee, der sich vom Schlosser zu einem der besten Kompaniechefs der Elitetruppe des Wachregiments heraufgedient hat", sei selbst gekommen, habe den General befreit und sei mit ihm und General Specht zusammen gegen Olbricht vorgegangen (S. 42 ff.). Tatsache aber ist, daß die eigene Offiziersgegengruppe Olbricht überwältigt hat. HAGEN spricht davon, daß die Waffen aus Spandau in Olbrichts Auftrag geholt, aber beim Ankommen in die Hände der Gegengruppe (Herber) gefallen sind.
61 KIELMANSEGG a.a.O. (s. Anm. 53), vgl. GUDERIAN S. 308 f.
62 Eingehende Schilderung der Vorgänge in Döberitz bei MÜLLER a.a.O.
63 s. Spruchkammerniederschrift MÜLLER (Anm. 21 dieses Kapitels). WHEELER-BENNETT S. 654, Anm. 2 gibt, ohne eine Quelle zu nennen, die Nachricht, daß es einem Lehrer der Infanterieschule Döberitz, Major Jakob, gelungen sei, in überraschendem Vorstoß das Funkhaus zu nehmen und die SS-Wache zu überwältigen. Er habe das Gebäude einige Stunden gehalten, es aber dann wieder geräumt, da er von Olbricht, dem er seinen Erfolg gemeldet hatte, keine weiteren Befehle erhalten habe, in einem persönlichen Gespräch aber durch Goebbels über die Lage ins Bild gesetzt worden sei. Eine Erklärung dazu findet sich bei HAGEN a.a.O. S. 39: die Meldung des Offiziers war durch die routinemäßige Dazwischenschaltung des Propagandaministeriums dort aufgenommen und beantwortet worden. Nach der gleichen Quelle war die Ersatzbrigade „Großdeutschland" (Kottbus), die den Deutschlandsender zu besetzen hatte, durch einen Befehl Remers auf der Autobahn vor Königswusterhausen angehalten worden (ib. S. 40).

XIV. Verfolgung und Gericht

1 Shakespeare, Heinrich IV., 1. Teil, Schlußverse:
Rebellion wird hier im Land gedämpft,
Wenn solch ein zweiter Tag sie niederkämpft.
Nun laßt uns, da dies Werk so schön gelang,
Nicht ruhn, bis alles Unsre sich errang.
2 Die ersten „Sprachregelungen" der Partei- und Staatsdienststellen, BZH S. 182 ff. (Bormann, Jodl, Ribbentrop).
3 Hierzu und zum folgenden vgl. den SS-Bericht (KIESEL).
4 Die Rede findet sich in „Vierteljahrsh. für Zeitgesch." Heft 4, Jahrg. 1 (1953), S. 363—394, veröffentlicht. Der Herausgeber, Theodor Eschenburg, schreibt dazu: „Daß für den Herrschenden der Rebell schlechthin böse ist, ist ebenso begreiflich, wie daß nach einem solchen Ereignis selbst vierzehn Tage später die Erregung zu starken Entgleisungen führen kann. Aber selbst für denjenigen, der sich darum bemüht, weitmöglichstes Verständnis für jene Situation und die durch sie veranlaßte Geistes- und Gemütsverfassung aufzubringen, bleiben unfaßlich die borniertere Primitivität, der hemmungslose Zynismus, die schamlose Würdelosigkeit und die a b s o l u t e L e e r e (Sperrung vom Verf.), die schlechterdings nicht allein aus der Schockwirkung des Zwanzigsten Juli erklärt werden können."
5 s. Anm. 2.
6 Dafür, daß „im Panzerschrank Olbrichts" eine Ministerliste gefunden wurde, was RITTER

im Text S. 412 als sicher unterstellt, in den Anm. S. 558 als Gerücht wiedergibt, habe ich nirgends einen Anhaltspunkt gefunden. Nach KB 188 ist erst am 10. August durch die Vernehmungen der Vertreter der Gewerkschaften und der ehem. SPD die politische Breite der Erhebungsbewegung erkannt worden. Die jetzt erstmals erscheinenden Angaben über geplante Ämterbesetzungen sind offensichtlich den Verhören, nicht einer aufgefundenen Ministerliste entnommen. (KB 188, 210.)

7 Mehrere sind nach dem Zwanzigsten Juli hingerichtet worden, weil sie einen der Belasteten beherbergt hatten: so der Architekt Dr.=Ing. Erich Gloeden mit seiner Frau und deren Mutter, weil sie General Lindemann sechs Wochen bei sich verborgen hatten; Dr. Fritz Elsas, früher Stuttgart, bis 1933 Bürgermeister in Berlin, weil er Goerdeler einige Tage Obdach gegeben hatte. Einem gleichen Schicksal entgingen durch eine seltsame Fügung Freiherr von Palombini, der gleichfalls Goerdeler aufgenommen hatte, und Baronin von Palombini, die Goerdeler nach der Verhaftung ihres Mannes noch zweimal begegnet ist.

8 Die Schilderung, die Goerdeler von seinem Fluchtweg seit dem 20. 7. bei seiner Vernehmung gab, KB 217, spricht zur Schonung von Gastgebern von häufigen Nachtlagern im Freien. Die Staatspolizei hat aber dennoch alle Gastgeber ermittelt. Die einzelnen Stationen der Flucht s. bei RITTER S. 411 ff. (nach den Erkundungen von Reinhard Goerdeler). Zu Helene Schwärzel aus Bad Rauschen s. dass. S. 415.

9 SCHLABRENDORFF S. 215, 2. Auflage.

10 HASSELL S. 367.

10a W. SCHEIDT, „Gespräche mit Hitler" in „Echo der Woche" München, Oktober 1949. Sch. ist 1944/1945 als Mitarbeiter des Generals Scherff, des Historikers im Hauptquartier, mit internen Vorgängen dieses Orts in Berührung gekommen. — S. JESSEN schrieb mir in einem Brief vom 21. Mai 1954: „Ein sonderbarer Zufall wollte es, daß sich vor meiner Zellentür in der Lehrterstraße zwei SS=Posten über die Hinrichtung Stauffenbergs (10. 8.) unterhielten und seine Standhaftigkeit rühmten. So erfuhr ich von seinem Tode. Ich ahne, welche seelischen Kräfte in jenen Tagen und Monaten gefordert und aufgebracht wurden, als die Paranoia eines Freislers der Stunde regierte." Drei Jahre später kam durch merkwürdige Schicksale der Gruß von Berthold Stauffenberg zu seinen Kindern, den er an diesem 10. August schrieb, ehe er zum Tode ging: „Meine geliebten Kinder! Mein Alfred! Meine Elisabeth! Denkt immer in Stolz an Euren Vater, der das Beste für sein Land und Volk gewollt hat. Seid rein und stark, groß und wahr und seid immer dessen eingedenk, daß Ihr adlig zu leben habt, in Treue zu Eurem angeborenen Sein. Für Eure Mutter wird das Leben jetzt sehr, sehr schwer sein, und ich bitte Euch darum, alles zu tun, um ihr das Leben noch so schön wie möglich zu machen und ihr etwas Freude und Glück zu geben. Auch Ihr selber sollt trotz allem Schweren froh sein und Freude haben, das gibt Euch Stärke und Eurer Mama Glück. Wie sehne ich mich danach, Euch noch einmal zu sehen und Euch an mich zu drücken. Ich küsse Dich, meinen Alfred, und Dich, meine Elisabeth, innigst. Euer Vater."

11 SCHEIDT gibt die folgenden Worte Hitlers aus einer der nächsten Lagebesprechungen nach dem Zwanzigsten Juli wieder (Scheidt war in Vertretung des verletzten Scherff offenbar zugegen): „Diesmal werde ich kurzen Prozeß machen. Diese Verbrecher sollen nicht vor ein Kriegsgericht, wo ihre Helfershelfer sitzen und wo man die Prozesse verschleppt. Die werden aus der Wehrmacht ausgestoßen und kommen vor den Volksgerichtshof. Die sollen nicht die ehrliche Kugel bekommen, die sollen hängen wie gemeine Verräter! Ein Ehrengericht soll sie aus der Wehrmacht ausstoßen, dann kann ihnen als Zivilisten der Prozeß gemacht werden, und sie beschmutzen nicht das Ansehen der Wehrmacht. Blitzschnell muß ihnen der Prozeß gemacht werden; sie dürfen gar nicht groß zu Wort kommen. Und innerhalb von zwei Stunden nach der Verkündung des Urteils muß es vollstreckt werden! Die müssen sofort hängen ohne jedes Erbarmen. Und das wichtigste ist, daß sie keine Zeit zu langen Reden erhalten dürfen. Aber der Freisler wird das schon machen. Das ist unser Wyschinski." (a.a.O. 7. Okt. 1949.)

12 Über Freisler findet man Angaben bei DIELS (S. 295): „Dieser echte Revolutionsmann bekannte sich dazu, seine Laufbahn als überzeugter Kommunist begonnen zu haben. In russischer Kriegsgefangenschaft hatte er es bis zum bolschewistischen Kommissar gebracht, nachdem er die völlige Beherrschung der russischen Sprache erlangt hatte. Aber

Zu Seite 471–474

schon 1924 machte er sich als Strafverteidiger von Nationalsozialisten in seiner Heimatstadt Kassel einen Namen. Ein messerscharfer juristischer Verstand glänzte mit theatralischer Beredsamkeit. Die Farben seines Temperaments spielten zwischen äußerster Geisteskälte, philosophischem Enthusiasmus und Kaschemmenton . . . Das Recht wurde in seinem Mund zum Hebel der Macht, des Fanatismus und der revolutionären Verbrechen. Er konnte einen vergessen machen, daß äußerster Schrecken von ihm ausgehen könnte, wenn er philosophierend über Recht und Rechtsprechung das Decorum der Gelehrsamkeit und des Geistigen entfaltete. Es hätte ein Vergnügen sein können, mit dem behenden Geist zu verhandeln . . . Freisler war glänzender, geschmeidiger und teuflischer als irgendeiner in der Ahnenreihe der revolutionären Ankläger. Mir ist die Freude am Relativismus aller moralischen Werte bei dem Anblick von Goebbels und Freisler vergangen. Ich habe sie hassen gelernt wie das Böse selber." Der Volksgerichtshof war durch Gesetz vom 24. April 1934 gebildet worden „zur Aburteilung von Hochverrats- und Landesverratssachen" in erster und letzter Instanz ohne die Möglichkeit einer Berufung. „Gesinnungs-Strafrecht": Nachdem durch Gesetz festgestellt worden war, daß die Maßnahmen des 30. Juni 1934 „als Staatsnotwehr rechtens" gewesen seien, sprach Hitler selbst zur Rechtfertigung vor dem Reichstag am 13. Juli 1934. Er führte dabei aus: „Wer Landesverrat übt, soll nicht bestraft werden nach dem Umfang und Ausmaß seiner Tat, sondern nach seiner zutage getretenen Gesinnung." Gerd RÜHLE, Das Dritte Reich in Dokumenten, Band 2, S. 245, Auszug bei LEBER-MOLTKE, S. 153.

13 Peter VOSSEN, Stenograph bei den Volksgerichtsprozessen; s. Protokoll vom 7./8. August 1944, IMT XXXIII, 299, wo freilich sein Name nicht genannt ist.
14 s. BZH S. 200.
15 „Der Dämon der Justiz", „Schwäbische Zeitung" vom 7. Mai 1946.
16 zu von Haeften s. Anm. 15, etwas anders MÜLLER S. 92 (2. Aufl.), zu Moltke „Neue Auslese" S. 11 ff., zu Leber vgl. Anm. 57 auf S. 505, zu Witzleben s. MÜLLER a.a.O., im Verhandlungsprotokoll fehlend, zu Wirmer MÜLLER a.a.O. Es ist mir durch einen am Vorgang Beteiligten (Ernst) berichtet worden, daß die Sekretärin Wirmers, als sie von seiner Hinrichtung gehört hatte, in Trauerkleidung zum Dienst kam und daraufhin selbst durch die Staatspolizei abgeholt wurde – über ihr weiteres Schicksal ist in ihrem Amt nichts bekannt geworden. – „Schurke Schulenburg", Ernst JÜNGER, Strahlungen S. 569.
17 Einzelheiten bei MÜLLER a.a.O. und in den Aufzeichnungen der Kameraleute Stoll und Sasse „Das Schauspiel des Entsetzlichen", BZH S. 209. Walter HAMMER weist in einem Artikel „Dienst an der Wahrheit" in der Zeitung „Das freie Wort" vom 6. September 1952 darauf hin, daß die Erhängungen entgegen allen anderen Gerüchten auf die übliche Weise mit der doppelschlaufigen Hanfschlinge vorgenommen worden sind. Die Leichen der in und um Berlin Hingerichteten wurden dem Anatomischen Institut der Berliner Universität übergeben unter der Einschärfung streng zu wahrenden Amtsgeheimnisses gegenüber den Angehörigen. Geheimrat Prof. Dr. H. Stieve, der damalige Leiter des Instituts, der selbst nahe Freunde unter den Hingerichteten wußte, hat, bevor er im Jahre 1952 verstarb, ausdrücklich bekundet, daß er die Leichen aller aus politischen Gründen Hingerichteten unangetastet habe einäschern lassen. Er hat dann offenbar für die Beisetzung der meisten Urnen auf dem Friedhof von Marzahne gesorgt. Fliegerbomben haben in der Folge auch diesen letzten Dienst zunichte gemacht. Sehr wenige der Hinterbliebenen wissen der Ihrigen an einem Grab zu gedenken. – Hammer gibt auch die Nachricht, daß die Urnen der wegen des Zwanzigsten Juli Hingerichteten auf eine Weisung Hitlers beim Justizminister Thierack abgeliefert werden mußten, „der sie dann verschwinden ließ und sie angeblich unauffällig in irgendeiner Waldlichtung beizusetzen pflegte, wenn er zum Wochenende auf sein Gut im Kreise Teltow fuhr." (Ebenda.)
17a Die offizielle Todesnachricht meldete, Melitta (Litta) Gräfin von Stauffenberg sei „auf dem Felde der Ehre" gefallen. Ihr Bild in „Denkmal" (s. Anm. 32a, S. 523).
18 Zu Kluge s. SCHRAMM. Sein Brief an Hitler s. dass. im Auszug, ganz abgedruckt wurde er erstmals bei MILTON-SHULMAN „Die Niederlage im Westen". – Kluges Neffe, Oberstleutnant i. G. Karl Ernst Rahtgens, berief sich vor Gericht auf den Marschall. – Über das Schicksal Rommels s. SPEIDEL, KOCH, YOUNG, zur Würdigung s. YORCK Anm. 18, S. 543. Ein Bild des toten Rommel im „Parlament" Sondern. zum 20. Juli 1952.

Zu Seite 474—480

19 Ob der Brief Kluges angekommen ist, ist nicht bekannt. Äußerungen Hitlers vom 31. August, die durch Stenogramme erhalten sind (s. SCHRAMM S. 380), lassen annehmen, daß Kluge „auf jeden Fall verhaftet", also vors Volksgericht gebracht worden wäre. Getrennt vom „Führer", den er in seinem Brief beschwor, getrennt von den Männern der Erhebung, denen er nach seiner Einsicht angehörte, eidtreu und unglaubwürdig, bewußt ein Preuße und doch materiell gebunden, dem Feldherrnruhm und der Selbstrechtfertigung ergeben bis in die letzte Stunde, so ist Kluge geschieden — eine bedeutende und tief denkwürdige Gestalt in der Geschichte der Erhebung.
20 Ziehlberg hatte als Kommandeur der 28. Jägerdivision ein Fernschreiben erhalten, Major i. G. Kuhn, der in seinem Stabe war, habe sich beim Zentralgericht des Heeres in Berlin zu melden. Die Truppe war eben dabei, einen neuen Raum zu beziehen. Der General willigte ein, daß Kuhn erst nach der Verlegung dem Befehl nachkomme. Inzwischen ging Kuhn zu den Russen über. Als Hitler davon hörte, gab er Befehl, den General zu erschießen. Ziehlberg war Halders Personalchef für Generalstabsoffiziere gewesen, vgl. MÜLLER a.a.O. — In den frühen Morgenstunden des 23. Juli ging in Germersheim die telefonische Anweisung Himmlers ein, Graf Sponeck um 7 Uhr früh zu erschießen. Himmler verlegte in seiner zehn Tage danach gehaltenen Rede den Vorgang auf den Morgen nach dem Zwanzigsten Juli, um ihn noch stärker als „erste Einführung" einer auszurottenden Reinigung erscheinen zu lassen (Vierteljahrsh. f. Zeitgesch. s. Anm. 4 ds. Kap.).
21 Nach einem Pressebericht der Britischen Admiralität (v. 20. Juli 1947), der sich auf erbeutete deutsche Marinedokumente stützt, belief sich die Zahl derer, die in den Monaten nach dem Attentat hingerichtet wurden, auf 4980. Nach den Untersuchungen von Walter Hammer bei WEISENBORN (S. 258) dürfte diese Zahl allenfalls als die Gesamtzahl der in diesem Zeitraum gezählten Hinrichtungen anzusehen sein und dürfte in Beziehung zu setzen sein mit der Zahl von 5764 Hinrichtungen, die für das ganze Jahr 1944 vom Reichsjustizministerium registriert worden sind. Für die unmittelbaren Opfer des Zwanzigsten Juli, deren Namen bekannt sind, gibt Hammer die Zahl von 180 bis 200 an. Vgl. auch sein Buch „Hohes Haus in Henkershand", 2. Auflage 1956 S. 118 über die „Gewitteraktion". In dem von Hammer ausgewerteten SS=Bericht (KIESEL) wird die Zahl der hingerichteten Offiziere mit rund 700 angegeben. Zu diesem Unterschied von 200 und 700 bemerkt ROTHFELS (S. 178), daß die namentlich veröffentlichten Totenlisten, bei denen man etwa auf die Zahl von 180 oder 200 kommt, „nur die Prominenz erfassen dürften". Dies letztere widerlegt HAMMER aus seinen Erfahrungen in Brandenburg. Er hält daran fest, die Zahl der Hingerichteten sei nicht über einhundert hinausgegangen (Fromm, Nebe, Helldorf mit eingerechnet).
22 Äußerung des Kommissars s. in den ungedr. Aufzeichnungen von Dr. Gerhard WOLF, zitiert bei RITTER S. 423. Erklärung von Goebbels, mitgeteilt von Otto JOHN bei Hans=Jürgen BORENGRAVE in I remember Hitler. B. war nach seiner Angabe am 20. Juli Nachrichtenoffizier im Führerhauptquartier. Wort aus dem Reichsjustizministerium: mündlicher Bericht von Frau Maaß an Verleger Gotthold Müller.

Abschluß

1 Die Tragödie des deutschen Ostens ist in der neueren Kriegsgeschichte wohl darin einmalig, wie wenig von der verantwortlichen Führung bis zur letzten Stunde für den vorauszusehenden Feindeinbruch vorgesorgt wurde. Die Bevölkerung wurde über das Heranrücken des Feindes im unklaren gelassen. An vielen Orten wurde ihre Räumung bis zum letzten Augenblick unter Todesstrafe verboten, dann unter tausendfacher Opferung befohlen; zu schweigen von den Erwägungen, die sich aus der Gesamtlage für die Kriegführung ergeben. Die Geschichte dieser maßlosen Leiden und Untergänge, deren langes Vorausdrohen man nicht hatte sehen wollen, ist wichtiger für einen Einblick in den Zwanzigsten Juli als viele Darlegungen über Eidbruch und Demokratie unter einer Gewaltherrschaft. Daß in den Überlegungen von Tresckow und Stauffenberg, Beck und Goerdeler der Schutz des deutschen Ostens eine nachdrückliche Rolle gespielt hat, bedarf keiner Erinnerung.
2 Zur militärischen Lage am Zwanzigsten Juli s. das Gutachten, das Prof. Percy Ernst

Zu Seite 481—482

SCHRAMM im Braunschweiger Remer=Prozeß erstattet hat, veröffentlicht bei KRAUS und bei BZH S. 98 (mit einer farbigen Lagekarte).

3 Äußerungen des damaligen SS=Obergruppenführers Jüttner zu mehreren Personen des Amtes. Vorgänge, wie sie bei einzelnen ausgangs 1942 unter dem Sammeltitel der „Roten Kapelle" geführten Prozessen aufgedeckt wurden, Verrat von Produktionsziffern, operativen Plänen, Behinderung des eigenen Kriegsprozesses usf., sind bei dem hier zur Rede stehenden Menschenkreis in keinem Fall nachgewiesen, wiewohl vielfältig behauptet worden. Beck, Stauffenberg, Tresckow mußten bei der Art ihres Vorhabens darauf ausgehen, jede „Dekomposition" des deutschen Heeres zu vermeiden. Hitler selbst hat nach dem Zwanzigsten Juli, wie die von SCHEIDT mitgeteilten Gespräche zeigen, gern von der leichten Auskunft Gebrauch gemacht, für alles Mißliche an der Front den „Verschwörern" die Schuld zu geben, vor allem dem Generalquartiermeister Wagner und dem ihm verhaßten General Fellgiebel. — Bormann war durch scharfe Mißstimmung auf der Seite der Offiziere gezwungen, im Herbst 1944 eine Gegenerklärung herauszugeben, die besagte, daß keine Sabotagen durch irgendwelche Angehörige des Generalstabs nachgewiesen worden seien. — Der einzige Vorgang, der eine Hemmung des Nachschubs durch die Walküre=Maßnahmen bisher erkennen läßt, ist durch Guderian bekannt geworden: kampfkräftige Verbände, die aus Wünsdorf und Krampnitz am 17. Juli in den Festungsbereich Lötzen verlegt werden sollten, wurden nach einer Rückfrage Olbrichts bei Guderian bzw. seinem Stellvertreter Thomale „für zwei bis drei Tage" zurückgehalten. Olbricht hatte sein Ansuchen damit begründet, daß er sie für einen geplanten Walküre=Alarm benötige. — Carl ZUCKMAYERs Dramengestalt des Ingenieurs Oderbruch (in „Des Teufels General") hat es in der deutschen Wehrmacht nicht gegeben. Zuckmayer selbst hat sich bei seiner Rückkehr nach Deutschland davon überzeugt und hat ausgesprochen, wie Karl STRÖLIN S. 15 schreibt, daß er die deutschen Verhältnisse von außen nicht genau habe beurteilen können.

4 vgl. die Schilderung von SPEIDEL S. 127 ff. über den Besuch Rundstedts und Rommels auf dem Obersalzberg am 29. Juni und das darauf folgende Telefongespräch Rundstedt=Keitel. Jodl hat in Nürnberg die Fortsetzung des Widerstands damit begründet, daß nur so die Möglichkeit bestanden habe, Millionen deutscher Frauen und Kinder und die Masse des Ostheeres dem Zugriff der Russen zu entziehen (vgl. Anm. 1). Eisenhower gegenüber hat Jodl in Reims am 6. Mai 1945 die Weiterführung des Kampfes nach der Niederlage von Avranches mit den Worten begründet: „Hitler und ich waren der Ansicht, daß unsere Gegner sich um die Beute Deutschlands entzweien würden." (s. bei BOLDT, S. 66), vgl. SHIRER S. 924. Jodl und Keitel in ihrem Verhältnis zu Hitler s. WESTPHAL, S. 85.

5 MÜLLER, Gegen eine neue Dolchstoßlüge, 2. Aufl. S. 36.

6 Vgl. die Denkschrift SPEERs vom 18. März 1945 und Hitlers Äußerungen dazu IMT XVI, 546—549. Vgl. Anm. 20 S. 527. Hitler nach dem Verlust von Stalingrad (nach WEIZSÄCKER S. 344): „Wir siegen, wenn nicht, so gehen wir bis zum letzten Mann kämpfend in Ehren unter; das war auch das Motto Friedrichs des Großen." Vgl. Rommel in Anm. 24, S. 527.

7 SCHMIDT S. 574, ähnlich WESTPHAL, RAHN u. a.

7a Ich verdanke Gotthard JÄSCHKE den Hinweis auf den Artikel von Prof. Philip E. Mosely in Foreign Affairs „The Occupation of Germany. New Light on How the Zones were Drawn" und auf die Veröffentlichung der drei Zonenprotokolle in Treaties and other International Acts Series 3071, Department of State Publication 5729 (1955). J. gibt in Heft 7 der „Zeitschrift für Geopolitik" vom Juli 1952 in seinem Aufsatz „Die Teilung Deutschlands" eine Darstellung über das Wirken der Beratenden Europa=Kommission (EAC), die die Deutschland aufzuerlegenden Kapitulationsbedingungen, den den drei (später vier) Mächten gemeinsamen Kontrollmechanismus und die Abgrenzung der Besatzungszonen zu bearbeiten hatte.

Die Kommission konstituierte sich nach der Konferenz von Teheran (28. Nov. bis 1. Dez. 1943) am 15. Dez. 1943 mit drei Mitgliedern: Strang (England), Winant (USA) Gussjew (UdSSR). In der 1. Arbeitssitzung am 14. Jan. 1944 legt Strang einen Entwurf vor, in dem „die Sowjetzone schon fast genau in der Größe der heutigen DDR und der damals östlich

Zu Seite 484—488

davon gelegenen Teile Preußens vorgesehen war" (40 % des Reichsgebiets von 1937), am 18. Febr. geben die Russen, am 12. Juni die Amerikaner ihre Zustimmung. Im Juli 1944 arbeitet die EAC an einem Detailentwurf über die Aufteilung Deutschlands in drei Zonen und Berlins in drei Sektoren. Am 12. September geht ein erstes Ergebnis, das 1. Zonen≈ protokoll, an die drei Regierungen: es beschreibt die russische Demarkationslinie gegen den Westen. Ein 2. Zonenprotokoll holt die Abgrenzung der britischen und amerikanischen Zone nach (als Dreimächteabkommen genehmigt am 6. Februar 1945), ein 3. Zonenprotokoll erweitert das Dreimächteabkommen durch die Abgrenzung einer Französischen Besatzungs≈ zone (26. Juli 1945).

Es war das Anliegen des USA=Präsidenten auf der Potsdamer Konferenz, daß „Deutsch≈ land durch die Zonengrenzen nicht geteilt werden dürfte", und das Potsdamer Protokoll enthielt die Forderung: „Soweit durchführbar, soll die deutsche Bevölkerung in ganz Deutschland gleich behandelt werden." Resümee vom 26. Mai 1946 durch General Clay: „Nach einem Besatzungsjahr stellen die Zonen luftdicht abgeschlossene Gebiete dar, fast ohne freien Austausch von Waren, Personen und Gedanken. Deutschland besteht jetzt aus vier kleinen Wirtschaftseinheiten, die miteinander nur durch Verträge verhandeln können."

8 „Nach dem Kriegstagebuch des Oberbefehlshabers West kostete der Zusammenbruch in Frankreich nahezu eine Million Soldaten und unendliches Material. Diese Million hätte man bei der ‚Westlösung' für die Reichsverteidigung erhalten können, die identisch mit der Europas gewesen wäre." Wilhelm Ritter von SCHRAMM, Warum die „Westlösung" nicht verwirklicht wurde, Sondernummer des „Parlament" zum 20. Juli 1952.

9 Karl von RUMOHR, persönlicher Bericht, ungedruckt.

10 vgl. dazu den Überblick bei SCHMIDT S. 566 ff. und das Kapitel „Bedingungslose Über≈ gabe" bei ROTHFELS S. 156 und bei MOLTMANN. Der „Morgenthau=Plan" wurde im September 1944 auf der zweiten Konferenz von Quebec zwischen Roosevelt und Churchill paraphiert: er sollte Deutschland seiner gesamten Industrie berauben und zu einem Agrikulturland (zu einer Ziegenweide: goat pasture plan nach HULL) machen. Beide Staatsleute haben sich später von diesem Plan distanziert, Churchill hat von einem Akt des Wahnsinns gesprochen, Roosevelt zu einem seiner Staatssekretäre geäußert, daß „er nicht wisse, wie er dazu gekommen sei, jene besondere Sprache des Übereinkommens von Quebec mit seinen Initialen zu versehen." Es müsse „ohne viel Nachdenken geschehen sein." (J. F. BYRNES, Speaking Frankly. New York 1947, S. 186.)

11 „mehr als unbesonnen", GUDERIAN S. 315.

12 Man stellt gegen Stauffenberg das uns nicht unvertraute Bild des Helden, der Außer≈ gewöhnliches, ja nach Sitte und allgemeinem Glauben Himmelschreiendes tut und sich dafür selbst zum Opfer bringt, und glaubt damit sich und, wie es scheint, einer sittlichen Weltordnung überlegen Genüge zu tun. Daß ein echtes und großes und nicht minder opfervolles Tun in einer Weltstunde des 20. Jahrhunderts einmal ganz anders aussehen, das größere Selbst=Opfer, wenn man so will, einmal im Nicht=Selbst=Opfer beschlossen sein kann, dies hat der Zwanzigste Juli mit manchen anderen „Grenzentscheidungen" der Menschen d i e s e r Welt zur Anschauung gebracht. Vgl. dazu Anm. 55 S. 535.

13 Thomas ABBT, 1738 in Ulm geboren, zweiundzwanzigjährig Professor in Frankfurt an der Oder, danach Prinzenerzieher beim Grafen Schaumburg=Lippe=Bückeburg als Vor≈ gänger Herders, achtundzwanzigjährig gestorben an den Folgen einer Wunde, die er bei Kunersdorf erhalten, war ein Verehrer Friedrichs des Großen. Sein Werk „Vom Tod für das Vaterland" wirkte in Scharnhorst erweckend.

14 Zur Beteiligung des Adels: Graf Fritz von der Schulenburg sagte im Winter 1943/1944 in einem Gespräch mit H. FRITZSCHE, der darüber berichtet hat: „Wenn ich überhaupt aus der Sache herauskomme, werde ich mein Adelsprädikat ablegen. Dann erst wird sich zeigen, was an uns ist." FAHRNER schreibt von Claus Stauffenberg, „daß durch ihn und um ihn auf allen Tätigkeitsgebieten, in die er eintrat, bei einmal Menschen anderer Arten da waren, als man sonst auf solchen Bühnen sehen konnte, deren Vorhandensein man erst durch ihn – und wie reich! – gewahr wurde. Unter führend Handelnden wird jeder die seiner Art gemäßen Menschen ans Licht bringen, und man braucht nicht zu glauben, daß es jene nicht gäbe, wenn sie im Umkreis anders Gearteter nicht sichtbar werden." Diese Beobachtung dürfte gerade im Umkreis Stauffenbergs für das Wirksam≈

543

Zu Seite 488

werden so vieler Beteiligter mit adligen Namen eine Erklärung geben. Alexander Graf Stauffenberg, Professor in München, sagte dazu in einer Rede: „Was die überwältigende Beteiligung des deutschen Adels aller Stämme an dieser Erhebung betrifft, so wird es der Stolz aller nicht in Standesvorurteilen befangenen Deutschen sein, daß die ältesten und edelsten Geschlechter des Reiches, die ihre ‚Privilegien' bekanntlich schon seit Generationen eingebüßt hatten, wieder ihr ursprüngliches Anrecht geltend machten: dem deutschen Volk vorzuleben und vorzusterben." Man vergleiche in der genannten Denkschrift Gneisenaus vom 8. August 1811 (s. Anm. 6 S. 521) den Vorschlag, den Adel provinzweise zu versammeln und Beschluß fassen zu lassen: „Nach errungener Unabhängigkeit ist in unserem Staat kein anderer Adel gültig als derjenige, der in diesem heiligen Krieg erneuert worden ist . . . Wie könnte eine Adelsversammlung, ohne sich zu beschimpfen, einen solchen Antrag ablehnen."

15 Es ist ohne Frage, daß die christliche Substanz stärkste Antriebe und Kräfte gegeben hat in der gesamten Erhebungsbewegung und nach ihrem Scheitern im Bestehen unendlicher Leiden, die als eine neue „Christenverfolgung" bezeichnet worden sind; s. dazu die vielfältige Literatur der beiden Kirchen. Eine bezeichnende Überlieferung sagt aus der Vernehmung Yorcks (KB 167): „daß zwischen den politischen Gesprächen häufig über liturgische Fragen, z. B. über die Ausgestaltung des Abendmahlsgottesdienstes diskutiert worden ist." Zur Haltung der Brüder Stauffenberg: In den Wochen vor dem Attentat besuchte Claus St. einmal den Berliner Bischof Kardinal Graf von Preysing im Hermsdorfer Krankenhaus mit den Formen der für ihn selbstverständlichen Ehrerbietung. Wie mich Monsignore SCHWERDTFEGER wissen ließ, zu dem sich der Kardinal als seinem langjährigen persönlichen Sekretär mehrfach über diesen Besuch geäußert hat, sprach Stauffenberg damals mit keinem Wort von einem bevorstehenden Staatsstreich oder Attentat, geschweige daß er auch nur andeutend eine seelsorgerische Billigung einer solchen Tat zu erwirken versucht hat. Doch führte das Gespräch über äußere und innere Schicksale Deutschlands, wie aus beider Überlieferung zu erkennen ist, bis zu einem Punkt, daß an einer tiefer gefühlten Einstimmung in der Haltung kein Zweifel blieb. Stauffenberg gab in der Zeit danach ein heiteres beiläufiges Diktum des Kardinals wieder, das ihm gefiel durch die lebensvolle Frische des so gar nicht satzungsbeengten Kirchenfürsten. — Aus seiner Bamberger Zeit war Stauffenberg mit dem Erzbischof von Bamberg bekannt. Vor Gericht über die eigenen konfessionellen Bindungen gefragt, hat Berthold Stauffenberg ausgesagt (nach KB 435), er sei Patronatsherr der Kirche in Lautlingen, seine Familie sei von der Tradition her in der katholischen Kirche verwurzelt gewesen und es sei Wert darauf gelegt worden, die Kinder katholisch erziehen zu lassen. Zugleich für seinen Bruder sprechend fügte er nach dem vorhandenen Bericht hinzu: „Wir sind zwar nicht das, was man im eigentlichen Sinne gläubige Katholiken nennt. Wir gingen nur selten zur Kirche und nicht zur Beichte. Mein Bruder und ich sind der Meinung, daß aus dem Christentum heraus kaum noch etwas Schöpferisches werden könnte."

16 Persönlicher Brief Dr. K. E. H., geschrieben in der Auseinandersetzung über die Neugründung eines deutschen Heeres.

17 Man hat vergeblich gesucht, das wie ein Findling dastehende Wort Churchills in den Aufzeichnungen des Britischen Parlaments, den Hansards, wiederzufinden. Auch in dem, was er geschrieben hat, kommt es nicht vor. Es blieb nur der Weg, ihn selbst darauf anzusprechen. Er hat, nach einer Mitteilung SCHLABRENDORFFs, sich zum Sinn des Gesagten bekannt und es für nicht unmöglich erklärt, daß er sich einmal so ausgesprochen habe.

18 „Diesen Tag als ein discrimen Germaniae supremum unter uns wach zu erhalten, genügen nicht Laudationen und Gänge der Pietät. Ihn in unseren demokratischen Alltag einzubauen, wird schwerlich gelingen. Etwas von Flamme, vom Wagnis der Minorität, von beunruhigender Direktheit wird immer mit ihm verbunden bleiben." Diese echte Herausforderung durch den Zwanzigsten Juli spüren zu lassen vermögen die Reden, die Paul Graf Yorck zu Wartenburg, deutscher Generalkonsul in Lyon, der Bruder des Hingerichteten, bei verschiedenen Gedenkfeiern, besonders vor jungen Menschen, gehalten hat. Die Auszüge sind entnommen aus einer Niederschrift seiner Rede zum 20. Juli 1961 in der Bendlerstraße in Berlin, einer Rede in Darmstadt und einer Rede vor Offizieren des Standorts Sigmaringen am 20. Juli 1962.

Zur Verantwortung des hohen Truppenführers und insbesondere zum Bilde von Rommel seien aus letzterer Rede folgende Sätze wiedergegeben: „Der hohe Truppenführer allein verfügt über den Überblick und die sachliche Vorbildung, um Sinn oder Sinnlosigkeit militärischer Operationen zu beurteilen. Er ist es seiner Truppe einfachhin schuldig, sie nach seinen Einsichten zu führen und sich undurchführbaren Aufträgen zu widersetzen; und ebenso kommt in einem verlorenen Krieg der Moment, da der Militär den Politiker zur Einleitung von Verhandlungen zwingen muß. Daß dies rechtzeitig geschieht und nicht wie im Jahr 1918 zu einem Zeitpunkt, als es für Verhandlungen zu spät war, dafür trägt der Leiter der militärischen Operationen vor seinem Volke die Verantwortung. Diese Verantwortung liegt in der Sache selbst begründet, und keine verfassungsrechtliche Konstruktion kann sie vermindern. Nach Stalingrad wäre die oberste Heeresleitung und jeder Armeeführer verpflichtet gewesen, den Diktator vor ein Ultimatum zu stellen. Rommel tat es für seine Person und auf sein Risiko im Jahre 1944, als die Landung bevorstand, und die Chancen für einen annehmbaren Frieden nicht mehr gegeben waren. Aber diese späte Einlösung eines jedem hohen Truppenführer unausweichlich gestellten Auftrages überstrahlt alles, was er als Soldat sonst geleistet hat. Er hat es mit dem Einsatz seines Lebens in letzter Minute versucht, seines Volkes äußere Freiheit durch einen politischen Entschluß zu verteidigen, als er die Nutzlosigkeit eines weiteren Waffenganges einsah."

19 Es hat des Unverstandes der Nachkriegsjahre bedurft, diesen Männern zu verweigern, was man jedem Franzosen, Schweizer, Engländer, Dänen, Griechen selbstverständlich zuerkannte und ihren Vaterlandssinn als einen gegen die andern gerichteten Nationalismus zu verdächtigen. Ohne Frage bekundet sich im Zwanzigsten Juli ein Durchbruch zur Menschlichkeit, ein Aufruhr des Gewissens, ein Handeln, das über jede nationale Grenze hinausgeht, aber das widerstreitet nicht der gleich echten Überlieferung: von denen, die sich zu einer Bereinigung und Erhebung zusammenschlossen, hatte wohl jeder noch eine tief in der Substanz verwurzelte Verbindung zu Deutschland, liebte Stamm, Wuchs und Boden – wie oft wurde es hier in Schilderungen bezeugt –, man kannte beim Wort Vaterland nur das Eine Erröten, daß es durch falsche Führer täglich tiefe Wunden empfing und keiner die Hand aufhob. Exakt und doch auch mit dem Ton des Wortspiels bezeichneten sich einen vor ihnen von Gericht als nationale Sozialisten. Die Verbindung zu dem mit Dankbarkeit gedachten Vaterland gab ihnen die Kraft zum selbstlosen Opfer und verbot ein Ausweichen in menschheitliche Prätentionen.

Beispielhaft möge hier eine doppelte Überlieferung über Frhr. Ferdinand v. Lüninck stehen, der der katholischen Kirche verbunden, einst Oberpräsident von Westfalen gewesen war. Bei der Vernehmung befragt, ob er sich zur Annahme eines Amtes (politischer Beauftragter für Danzig) auch dann bereit gefunden hätte, wenn man ihm gesagt hätte, daß illegale Mittel angewendet werden sollten, soll er so erwidert haben: „Ich glaube nicht, daß ich verpflichtet bin, eine solche Frage zu beantworten. Ich will aber ohne Rücksicht darauf ehrlich antworten, daß die höchste und stärkste Bindung, die ich auf Erden kenne, die an mein deutsches Vaterland ist, daß ich zwar in einem solchen Fall vor einem ungeheuren Pflichtenkonflikt stände, daß ich aber die gestellte Frage nicht unbedingt verneinen kann, wenn ich im gegebenen Augenblick die Not des Vaterlandes für so groß ansehe, daß es einen andern Weg nicht gäbe." (KB 137)

Ein damaliger Mitgefangener gab Bericht von einer Szene im Gefängnishof. Sie waren in drei Gliedern angetreten, um Anweisungen des Wärters anzuhören. Ein sehr alter Herr mit Generalstabsstreifen drohte vor Schwäche zu fallen. Der Berichtende hielt ihn, etwa mit den Worten: „Auch wenn sie uns hängen wollen, jetzt müssen wir aufrecht stehen", worauf er von hinten leicht angestoßen wurde und die Worte des Herrn von Lüninck vernahm: „Fritzsche, was sie mit uns machen ist gleichgültig! Aber was wird aus Deutschland?" (Persönl. Bericht von Dr. H. FRITZSCHE, s. auch BZH S. 191.)

20 In dem Gedichtband „Denkmal" von Alexander Stauffenberg (s. Anm. 32a, S. 523) ist dem „Vorabend" überschriebenen Gespräch zwischen den Brüdern der Eid in teilweise wörtlicher Zitierung und in einigen über das hier Wiedergegebene hinausgehenden Sätzen zugrunde gelegt. Der Band hat auch in seiner dichterischen Gestaltung als Geschichtszeugnis Gewicht.

545

21 Zur Einweihung der Lautlinger Kapelle hat Paul Graf Yorck am 20. Juli 1957 die Gedenk=
rede gehalten. Sie ist in Nr. 55 des Staatsanzeigers für Baden=Württemberg vom 24. Juli
1957 und neuerdings in Vierteljahrsh. f. Zeitgesch., 12. Jhg., 1964, 3. Heft, S. 250, ab=
gedruckt. Was Yorck hier berührt, darf vielleicht als das am meisten zu Sinn und Herzen
Dringende gelten, was zum Zwanzigsten Juli und aus dem Geist des Zwanzigsten Juli
heraus bei einer öffentlichen Feier ausgesprochen worden ist.

Im Text gebrauchte Abkürzungen:

OKW	Oberkommando der Wehrmacht	AA	Auswärtiges Amt
OKH	Oberkommando des Heeres	d. R.	der Reserve
OKM	Oberkommando der Kriegsmarine	ID	Infanteriedivision
AK	Armeekorps	IR	Infanterieregiment
I a	Erster Generalstabsoffizier	OB	Oberbefehlshaber
I b	Zweiter Generalstabsoffizier	AHA	Allgemeines Heeresamt
i. G.	im Generalstab	RSH	Reichssicherheits=Hauptamt

Schrifttum

AHLMANN, W.: „Tymbos für Wilhelm Ahlmann", Ein Gedenkbuch, herausgegeben von seinen Freunden. Berlin 1951.
AHRENDT, H.: Eichmann in Jerusalem. Ein Bericht von der Banalität des Bösen. München 1964.
ASSMANN, K.: Deutsche Schicksalsjahre, Wiesbaden 1950.
ANDREAS=FRIEDRICH, R.: Der Schattenmann. Tagebuchaufzeichnungen 1938—1945. Berlin 1947.
BARDECHE, M.. Die Politik der Zerstörung. Nürnberg oder Europa. Göttingen 1950.
BECK, L.: Studien. Hgg. von Hans Speidel. Stuttgart 1955.
BOHNENKAMP, H.: Gedanken an Adolf Reichwein, Braunschweig 1949.
BOLDT, G.: Die letzten Tage der Reichskanzlei. Bearb. von Ernst A. Hepp, Hamburg 1947.
BONHOEFFER, D.: Widerstand und Ergebung. München 1951.
— Gesammelte Werke, München 1958 ff.
BOR, P.: Gespräche mit Halder. Wiesbaden 1950.
BOVERI, M.: Der Verrat im 20. Jahrhundert. Band 1 und 2. Hamburg 1957.
BRACHER, K. D.: Die Auflösung der Weimarer Republik. 3. Aufl., Villingen 1960.
BRAUBACH, M.: Memoiren zur neuesten Geschichte. „Historisches Jahrbuch" der Görres= gesellschaft 70 (1950/51), S. 388—401 (krit. Literaturbericht).
— Quellen, Forschungen und Darstellungen zur neuesten Geschichte Europas. Ebenda Band 72 (1952/53), S. 614—632.
— Beiträge zur Zeitgeschichte. Ebenda Band 73 (1954), S. 152—183.
— Der Weg zum 20. Juli 1944. Ein Forschungsbericht (Arbeitsgemeinschaft für Forschung des Landes Nordrhein=Westfalen 13), Köln und Opladen 1953.
BUDDE, E. und LÜTSCHESS P.: Die Wahrheit über den 20. Juli. Düsseldorf 1953.
BZH 20. Juli 1944, Sammelband der Bundeszentrale für Heimatdienst Bonn, hervorgegangen aus der Sondernummer der Wochenzeitung „Das Parlament" vom 20. Juli 1952, 1. und 2. Aufl. bearb. von Hans Royce, 3. Aufl. (1960) bearb. von Erich Zimmermann und Hans=Adolf Jacobsen, Berto=Verlag Bonn.
CHURCHILL, W. L. S.: Second World War. 3 Bde. London und Boston 1948 ff. Deutsche Übersetzung: Der zweite Weltkrieg. Hamburg 1949 ff.
COOPER, R. W.: Der Nürnberger Prozeß. Krefeld 1947.
COULONDRE, R.: Von Moskau nach Berlin. 1936—1939. Bonn 1950.
DEAN, J. R.: Ein seltsames Bündnis. Amerikas Bemühungen, während des Krieges mit Ruß= land zusammenzuarbeiten. Wien 1947.
DELP, A.: Im Angesicht des Todes. Frankfurt 1947.
DIELS, R.: Lucifer ante portas. Stuttgart 1950.

DÖNHOFF, Gräfin M.: Den Freunden zum Gedächtnis. Hamburg 1946.
DULLES, A. W.: Germanys Underground. New York 1947. Deutsche Übersetzung: Verschwörung in Deutschland. Zürich 1948.
FECHTER, P.: Menschen und Zeiten: Begegnungen aus fünf Jahrzehnten.
— An der Wende der Zeit. Menschen und Begegnungen. Beide Gütersloh 1950.
FITZGIBBON, C.: 20. July. New York 1954.
FOERSTER, W.: Ein General kämpft gegen den Krieg. München 1949.
— Generalstabschef Ludwig Beck. Sein Kampf gegen den Krieg. Aus nachgelassenen Papieren des Generalstabschefs. München 1953.
FOERTSCH, H.: Schuld und Verhängnis. Stuttgart 1951.
FRANCOIS=PONCET, A.: Souvenirs d'une ambassade à Berlin, septembre 1931 — octobre 1938. Paris Flammarion. Deutsche Übersetzung: Als Botschafter in Berlin 1931–1938.
— Von Versailles bis Potsdam (De Versailles à Potsdam).
— Politische Reden und Aufsätze. (Darin: Achtzehn Monate bei Mussolini.) Alle drei: Mainz 1949.
FREDE, G. und SCHÜDDEKOPF, O. E.: Wehrmacht und Politik 1933–1945. Dokumente mit verbindendem Text. Braunschweig 1952.
FURTWÄNGLER, F. J.: Männer, die ich sah und kannte. Hamburg 1951.
GAFENCU, G.: Préliminaires de la guerre à L'Est. Paris, Edition Egloff. Deutsche Übersetzung: Vorspiel zum Krieg im Osten. Zürich 1944.
— Derniers jours de l'Europe. Un voyage diplomatique en 1939. Paris, Edition Egloff. Deutsche Übersetzung: Europas letzte Tage. Zürich 1946.
GALEN, Kardinal Graf v.: Rechtsbewußtsein und Rechtsunsicherheit. Rede in Rom, März 1946. Als Handdruck verbreitet.
GISEVIUS, H. B.: Bis zum bitteren Ende. 2 Bde. Zürich 1946. 2. verm. Aufl. Hamburg 1948. Vom Verf. auf den neuesten Stand gebrachte Sonderausgabe, Hamburg (ohne Jahresangabe).
GOEBBELS, J.: Diaries 1942–1943. Ed. by Louis P. Lochner. New York u. London 1948. Deutsche Ausgabe: Zürich 1948.
GÖRLITZ, W.: Der deutsche Generalstab. Frankfurt 1950.
— Der zweite Weltkrieg. 2 Bde. Stuttgart 1951/52.
GOLLWITZER, H., KUHN, K., SCHNEIDER R.: Du hast mich heimgesucht bei Nacht. Abschiedsbriefe und Aufzeichnungen des Widerstands 1933–1945. München 1954.
GRAML, H.: Die deutsche Militäropposition vom Sommer 1940 bis zum Frühjahr 1943, Beilage zur Wochenzeitung „Das Parlament", 16. Juli 1958.
— und KRAUSNICK, H.: Der deutsche Widerstand und die Alliierten. Beilage zur Wochenzeitung „Das Parlament", 19. Juli 1961.
GREINER, H.: Die Oberste Wehrmachtsführung 1939–1945. Wiesbaden 1951.
GROPPE, Th.: Ein Kampf um Recht und Sitte. 2. Aufl. Trier 1959.
GUDERIAN, H.: Erinnerungen eines Soldaten. Heidelberg 1951.
HAFFNER, S.: „Beinahe." Die Geschichte des 20. Juli 1944. „Neue Auslese", 2. Jhg., Heft 8.
HAGEN, H. W.: Zwischen Eid und Befehl. Tatzeugen=Bericht von den Ereignissen am 20. Juli 1944 in Berlin und „Wolfsschanze". München 1958.
HAGEN, W. (Pseudonym für Walter Hoettl): Die geheime Front. Organisation, Personen und Aktionen des deutschen Geheimdienstes. Linz 1950.
HALDER, F.: Kriegstagebuch Band I: Vom Polenfeldzug bis zum Ende der Westoffensive (14. August 1939 bis 30. Juni 1940), bearb. von H. A. Jacobsen in Verb. mit A. Philippi. Stuttgart 1962.
— Hitler als Feldherr. München 1950.
HAMMER, W.: Theodor Haubach zum Gedächtnis, Frankfurt 1955.
— Hohes Haus in Henkers Hand. Deutscher Parlamentarier Leidenswege und Opfergang 1933–1945. Frankfurt 1955.
HARNACK, A. v.: Ernst von Harnack, ein Kämpfer für Deutschlands Zukunft. Schwenningen 1951.
HART, B. H.: Jetzt dürfen sie reden. Stuttgart 1950.
HASSEL, J. D. v.: Verräter? Patrioten! Der 20. Juli 1944. Köln 1946.
HASSELL, U. v.: Vom anderen Deutschland. Aus den nachgelassenen Tagebüchern 1938 bis 1944. Zürich 1946.
HENDERSON, J. L.: Adolf Reichwein. Eine politisch=pädagogische Biographie, hrsgg. v. H. Lindemann, Stuttgart 1958.

HENK, E.: Die Tragödie des 20. Juli 1944. Ein Beitrag zur politischen Vorgeschichte. Heidelberg 1946 (2. Aufl.).
HERZFELD, H.: Johannes Popitz, in „Forschungen zu Staat und Verfassung", Berlin 1958.
HEUSINGER, A.: Befehl im Widerstreit. Schicksalsstunden der deutschen Armee 1923–1945. Tübingen 1950.
HILDEBRANDT, R.: Wir sind die letzten. Aus dem Leben des Widerstandskämpfers Albrecht Haushofer und seiner Freunde. Neuwied, Berlin 1949.
HOFER, W.: Der Nationalsozialismus, Dokumente 1933–1945, Frankfurt 1960.
— Die Entfesselung des zweiten Weltkrieges. Stuttgart 1954.
HOFFMANN, P.: Zu dem Attentat im Führerhauptquartier „Wolfsschanze" am 20. Juli 1944. In Vierteljahrsh. f. Zeitgesch., 12. Jahrg., Heft 3/1964.
HOGGAN, D. L.: Der erzwungene Krieg. Die Ursachen und Urheber des zweiten Weltkriegs. Tübingen 1961.
HOLLDACK, H.: Was wirklich geschah. Die diplomatischen Hintergründe der deutschen Kriegspolitik. Darstellungen und Dokumente. München 1949.
HOSSBACH, F.: Zwischen Wehrmacht und Hitler 1934—1938. Wolfenbüttel 1949.
HUBER, C.: Kurt Huber zum Gedächtnis, Regensburg 1947.
HUCH, R.: Die Aktion der Münchner Studenten gegen Hitler. „Neue Auslese", 4. Jahrg. 1/2.
JESSEN, J. und andere (Sammelwerk): Der Wettbewerb als Mittel der volkswirtschaftlichen Leistungssteigerung und Leistungsauslese. Berlin 1943.
— Grundlagen der Volkswirtschaftspolitik. Hamburg 1938.
ILLING, Gertrud: Der 20. Juli 1944. Burgscheidungen 1959, hrsgg. von der zentralen Schulungsstätte der CDU „Otto Nuschke".
IMT „Der Prozeß gegen die Hauptkriegsverbrecher vor dem Internationalen Militärgerichtshof Nürnberg 14. November 1945 – 1. Oktober 1946." 42 Bände (Bd. 1–21 Sitzungsprotokolle, Bd. 22/23 Indices, Bd. 24–42 Beweisurkunden.) Nürnberg 1949.
INGRIM, R.: Hitlers glücklichster Tag. Stuttgart 1962.
JOHN, O.: Berichte über Harnack, Leuschner, Moltke, Mierendorff, Haubach, Reichwein, Dohnanyi in „Blick in die Welt" 6/1946–12/1947.
JÜNGER, E.: Der Friede. An die Jugend Europas. An die Jugend der Welt. Paris 1948, Tübingen 1949.
— Strahlungen, Tübingen 1949.
KB s. unter PETER.
KIELMANSEGG, J. A. Graf v.: Der Fritschprozeß 1938. Hamburg 1949.
KIESEL, G.: SS=Bericht über den 20. Juli. Aus den Papieren des SS=Obersturmbannführers Dr. Georg Kiesel. „Nordwestdeutsche Hefte", 2. Jahrg. Nr. 2, Febr. 1947, S. 77–99.
KLEIST, P.: Zwischen Hitler und Stalin 1939–1945. Aufzeichnungen. Bonn 1950.
KLUKE, P.: Der deutsche Widerstand. Eine Literaturübersicht. „Histor. Zeitschrift", 169 (1949).
KOCH, L.: Erwin Rommel. Die Wandlung eines großen Soldaten. Stuttgart 1950.
KOGON, E.: Der SS=Staat. Das System der Konzentrationslager. 3. vollst. und erw. Aufl. Frankfurt 1949.
KORDT, E.: Nicht aus den Akten. Die Wilhelmstraße in Frieden und Krieg. Erlebnisse, Begegnungen und Eindrücke 1928–1945. Stuttgart 1950.
— Wahn und Wirklichkeit. Die Außenpolitik des Dritten Reiches. Versuch einer Darstellung. Unter Mitwirkung von K. H. Abshagen. Stuttgart 1947.
KOSTHORST, E.: Die deutsche Opposition gegen Hitler zwischen Polen= und Frankreichfeldzug. Bonn 1955.
KRAUS, H.: Die im Braunschweiger Prozeß erstatteten moraltheologischen und historischen Gutachten nebst Urteil. Hamburg 1953.
KRAUSNICK, H.: Vorgeschichte und Beginn des militärischen Widerstandes gegen Hitler; in: „Die Vollmacht des Gewissens." München 1956. – s. auch bei GRAML.
KREBS, A.: Fritz=Dietlof Graf von der Schulenburg. Zwischen Staatsraison und Hochverrat. Hamburg 1964.
L'AIGLE, A. de: Meine Briefe von Theo Haubach. Hamburg 1947.
LATERNSER, H.: Verteidigung deutscher Soldaten. Plaidoyers vor alliierten Gerichten, Bonn 1950.
LEBER, A.: Sozialdemokraten um den 20. Juli. Den toten, immer lebendigen Freunden. „Telegraf", 20. 7. 1946.

— Das Gewissen steht auf. 64 Lebensbilder aus dem deutschen Widerstand 1933—1945, Berlin=Frankfurt 1954.
— Das Gewissen entscheidet. Frankfurt 1957.
— Fr. Gräfin von MOLTKE: Für und wider. Entscheidungen in Deutschland 1918—1945. Berlin=Frankfurt 1961.
LEITHÄUSER, J. G.: Wilhelm Leuschner. Ein Leben für die Republik. Köln 1962.
LILJE, J.: Im finstern Tal. Nürnberg 1947.
LEBER, J.: Ein Mann geht seinen Weg. Schriften, Reden und Briefe. Berlin=Frankfurt 1952.
LOTHAR, P.: Gespräche einer letzten Nacht. Hamburg 1953.
MAKAROV, Prof. A. N.: Berthold Stauffenberg. „Friedenswarte", Zürich 1947, S. 360—365.
MEINECKE, F.: Die deutsche Katastrophe. Betrachtungen und Erinnerungen. Wiesbaden 1947.
MENDELSOHN, P. de: Die Nürnberger Dokumente. Studien zur deutschen Kriegspolitik 1937—1945. Hamburg 1946.
MICHEL, K.: Ost und West. Der Ruf Stauffenbergs. Zürich 1947.
MIERENDORFF, C.: In memoriam Carlo Mierendorff. Darmstadt 1947.
MOLTKE, Graf H. J. v.: Einer vom deutschen Widerstand. Die letzten Briefe des Grafen Moltke. „Neue Auslese", 2. Jahrg., Heft 1, Jan. 1947.
— Letzte Briefe aus dem Gefängnis Tegel. Berlin 1951.
MOLTMANN, G.: Die frühe amerikanische Deutschlandplanung im zweiten Weltkrieg. In Vierteljahrsh. f. Zeitgesch., 7. Jahrg., Heft 3/1957.
— Die Genesis der Inconditional=Surrender=Forderung in „Wehrwissenschaftliche Rundschau", VI, 1056.
MÜLLER, W.: Gegen eine neue Dolchstoßlegende. Ein Erlebnisbericht zum 20. Juli 1944. Hannover 1947 (2. Aufl.).
— Was geschah am 20. Juli 1944? „Das Freie Wort" (Düsseldorf), 19. Juli 1952.
MÜNCHHEIMER, W.: Die Verfassungs= und Verwaltungsreformpläne der deutschen Opposition gegen Hitler zum 20. Juli 1944. „Europa=Archiv" 5 (1950), 14. Folge.
NAMIER, Sir L. B.: In the Nazi Era, London 1952.
— Diplomatic Prelude, 1938/1939. London 1948.
PARTSCH, K. J.: Stauffenberg. Das Bild des Täters. „Europa=Archiv", 5. Jahrg., 20. Juli 1950.
PECHEL, R.: Deutscher Widerstand. Erlenbach=Zürich 1947.
PETER, K. H.: (Hrsg.): Spiegelbild einer Verschwörung. Die Kaltenbrunner=Berichte an Bormann und Hitler über das Attentat vom 20. Juli 1944. Geheime Dokumente aus dem ehemaligen Reichssicherheitshauptamt, hg. vom Archiv Peter für historische und zeitgeschichtliche Dokumentation. Stuttgart 1961.
PETWAIDIC, W.: Die autoritäre Anarchie. Streiflichter des deutschen Zusammenbruchs. Hamburg 1946.
PICARD, M.: Hitler in uns selbst. Zürich 1946.
PÖLCHAU, H.: Die letzten Stunden. Berlin 1949.
RAUSCHNING, H.: Die Revolution des Nihilismus. Kulisse und Wirklichkeit im Dritten Reich. Zürich 1938.
— Gespräche mit Hitler. Ebenda 1939.
— Die Zeit des Deliriums. Ebenda 1946.
RECK=MALLECZEWEN, F. P.: Tagebuch eines Verzweifelten. Lorch 1947.
REICHWEIN, A.: Abenteuer mit Mensch und Tier. Aus den Geschichten Adolf Reichweins. München 1949.
— Schaffendes Schulvolk; neu hrsg. von seinen Freunden. Braunschweig 1951.
REMER, O. E.: 20. Juli 1944. Hamburg 1951.
RITTER, G.: Das Regierungsprogramm vom 20. Juli 1944. Karl Goerdelers geplante Rundfunkrede nach Übernahme der öffentlichen Gewalt. „Die Gegenwart", Jg. 1946, Heft 12/13.
— Carl Goerdeler und die deutsche Widerstandsbewegung. Stuttgart 1956.
  vgl. Anzeige von Hans Herzfeld in „Histor. Zeitschr." Bd. 182 (1956), S. 321—332, Max Braubach in „Histor. Jahrb." Bd. 76 (1957), S. 254—258, Golo Mann in „Merkur" (1955) Heft 7.
ROMMEL, E.: Krieg ohne Haß. Afrikanische Memoiren. Hg. von L.=M. Rommel und F. Bayerlein. Heidenheim (Brenz) 1950.
ROTHFELS, H.: The German Opposition to Hitler. An appraisal. Hinsdale Ill. 1948, Henry Regnery. In deutscher Sprache: Die deutsche Opposition gegen Hitler. 1958. (Fischer=Bücherei)

RUDEL, H. U.: Dolchstoß oder Legende? Rottach=Egern o. J.
— Trotzdem. Wien o. J.
RUDOLPH, L. von: Die Lüge, die nicht stirbt, Nürnberg 1958.
SALIN, E.: Die Tragödie der deutschen Gegenrevolution. „Zeitschrift für Religions= und Zeitgeschichte", 1948, Heft 3.
SAUERBRUCH, F.: Das war mein Leben. Bad Wörishofen 1951.
SCHACHT, H.: Abrechnung mit Hitler. Hamburg 1948.
SCHELLENBERG, Walter: Memoiren. Köln 1959.
SCHLABRENDORFF, F. v.: Offiziere gegen Hitler. Nach einem Erlebnisbericht F. von Schlabrendorffs, bearb. und hg. von G. von Schulze=Gävernitz. Zürich 1947. 2. Aufl. 1950.
SCHMIDT, P.: Statist auf diplomatischer Bühne 1923–1945. Erlebnisse des Chefdolmetschers im Auswärtigen Amt mit den Staatsmännern Europas. Bonn 1949.
SCHOLL, I.: Die weiße Rose. Frankfurt 1952.
SCHRAMM, P. E. (Herausgeber in Zusammenarbeit mit Hans=Adolf Jacobsen, Andreas Hillgruber, Walther Hubatsch): Kriegstagebuch des Oberkommandos der Wehrmacht (Wehrmachtführungsstab) 1940–1945. Frankfurt 1961.
SCHRAMM, W. Ritter v.: Der 20. Juli in Paris. Bad Wörishofen 1953.
SCHUSCHNIGG, K. v.: Ein Requiem in Rot=Weiß=Rot, Zürich 1949.
SCHWERIN=KROSIGK, Graf L. v.: Es geschah in Deutschland. Tübingen 1952.
SENDTNER, K.: Die deutsche Militäropposition im ersten Kriegsjahr in „Die Vollmacht des Gewissens", München 1956.
SHIRER, W. L.: The rise and fall of the third Reich, a History of Nazi Germany. Deutsche Übersetzung: Aufstieg und Fall des Dritten Reiches. Köln=Berlin 1961.
SHULMAN, M.: Die Niederlage im Westen (Defeat in the West). Gütersloh 1949.
SKORZENY, O.: Geheimkommando Skorzeny. Hamburg 1950.
SPEIDEL, H.: Invasion 1944. Ein Beitrag zu Rommels und des Reiches Schicksal. Tüb. 1949.
STADTMÜLLER, G.: Schrifttum zur Geschichte der militärischen Widerstandsbewegung 1933 bis 1945 in „Die Vollmacht des Gewissens", a.a.O.
STAUFFENBERG, A. Graf Schenk v.: Claus Graf Schenk von Stauffenberg, Lebensbilder aus dem Bayerischen Schwaben, hrsg. von Götz Frhr. von Pölnitz. München 1954. S. 449–467.
— Denkmal. Düsseldorf und München, 1964.
STELTZER, Th.: Von deutscher Politik. Frankfurt 1949.
STERN, W.: Zur Vorgeschichte der Verschwörung vom 20. Juli 1944. Von einem Autorenkollektiv des Instituts für Deutsche Militärgeschichte unter der Leitung von Oberst W. Stern. Ost=Berlin 1960.
STREBEL: In memoriam Berthold Schenk von Stauffenberg. „Zeitschrift für ausländisches öffentliches Recht und Völkerrecht", Stuttgart 1950, Nr. 1.
STRÖLIN, K.: Verräter oder Patrioten? Der 20. Juli 1944 und das Recht auf Widerstand. Stuttgart 1952.
TAYLOR, A. J. P.: Die Ursprünge des zweiten Weltkriegs. Gütersloh 1962 (2. Aufl.).
THOMAS, G.: Gedanken und Ereignisse. „Schweizerische Monatshefte", Dez. 1945.
TIPPELSKIRCH, K. v.: Geschichte des zweiten Weltkriegs. Bonn 1950.
VERMEHREN, M.: Reise durch den letzten Akt. Hamburg 1947.
WEINBERGER, L.: Tatsachen, Begegnungen, Gespräche. Ein Buch um Österreich. Wien 1948.
WEINKAUFF, H.: Die Militäropposition und das Widerstandsrecht in „Die Vollmacht des Gewissens", a.a.O.
WEISENBORN, G.: Der lautlose Aufstand. Bericht über die Widerstandsbewegung des deutschen Volkes. Hamburg 1953.
WEIZSÄCKER, E. v.: Erinnerungen. München 1950.
WENIGER, E.: Zur Vorgeschichte des 20. Juli. Heinrich von Stülpnagel. „Die Sammlung", 4. Jahrg. (1949), Heft 8/9.
WESTPHAL, S.: Heer in Fesseln. Bonn 1950.
WHEELER=BENNETT, J.: The Nemesis of Power. The German Army in Politics. 1918–1945. London 1954. Deutsche Übersetzung: Die Nemesis der Macht. Die deutsche Armee in der Politik. 1918–1945. Düsseldorf 1955.
WINNIG, A.: Aus 20 Jahren. Hamburg 1948.
YOUNG, D.: Rommel. Wiesbaden 1950.
ZUCKMAYER, C.: Carlo Mierendorff, Porträt eines deutschen Sozialisten. Berlin 1949.

Namensverzeichnis

(ohne Autorennamen)

A

Abetz, Otto, Botschafter in Paris, 412, 416
Adam, Wilhelm, Gen.=Oberst 32, 492
Ahlmann, Wilhelm, Dr. jur. Dr. phil. 187 ff., 298, 514
Albrecht, NSKK=Gruppenführer 444, 537
Aldinger, Hauptmann 470
Armster, Oberst 314
Arnds, Leutnant 384
Arndt, Ernst Moritz 269
Arntz, Helmuth, Oberlt. d. R. 431, 434 f., 523, 535
Assmann Kurt, Kapitän z. See 380, 534
Attlee, Cl. R., 1940—43 stellv. brit. Premiermin. 526
Attolico, Bernardo, 1935—40 ital. Botschafter in Berlin 50

B

Bach, Sebastian 184, 289
Badoglio, Pietro, ital. Marschall 477
Bargatzky, Walter, Kriegsverw.=Rat 352, 369, 413, 533
v. Bargen, Gesandter 534
Bauch, Kurt, Prof., Kunsthist. 262, 291, 521, 523
Bäuerle, Theodor, Württbg. Kultminister 498
Beck, Józef, Oberst, poln. Außenmin. 53
Beck, Ludwig, Generaloberst 13 ff., 41 ff., 47, 49 ff., 55, 57, 59 ff., 68, 70 ff., 76, 81, 83 ff., 88 ff., 95, 100, 119, 148, 153, 165, 170 ff., 191, 194, 196 ff., 204, 205 f., 208 f., 211, 215, 228, 242, 259, 261, 266, 272 f., 274, 276, 278, 280, 291, 294, 300 f., 302, 305, 312, 316, 318, 327, 330, 336, 339, 341 ff., 346, 351, 354 ff., 368, 370, 372 ff., 384 f., 388 ff., 397 f., 401, 404, 406 ff., 425, 446, 451, 465, 491, 492, 493, 495, 497, 498, 500, 516, 520, 521, 522, 526, 528, 531, 541, 542
Becker, Carl Heinrich, Prof., Orientalist, ehem. preuß. Kultusmin. 110
Bell, George, Bischof von Chichester 320, 513
v. Below, Nikolaus, Oberst 380, 433, 527, 534
Benesch, Dr. Eduard, bis Okt. 1938 tschecho=slowakischer Staatspräs. 49
Berger, Dr., Stenograf 380, 420
Berggrav, Eivind, norweg. Bischof 145
Bernanos 155
Best, Dr. Werner, Geheimdienstoffizier 497
Bernardis, Robert, Oberstlt. i. G. 273, 374, 383, 400, 521, 531
v. Bernstorff, Albrecht Graf 500
v. Bismarck=Schönhausen, Gottfried Graf, Reg.=Präs. in Potsdam 287, 341

Blaskowitz, Joh., Generaloberst 205, 278
v. Blomberg, Werner, Generalfeldmarschall bis 1938 Oberbefehlshaber der Wehrmacht u. Reichskriegsmin. 25 ff., 165
v. Blumenthal, Hans=Jürgen Graf, Major 274 ff., 287, 314
Blumentritt, Günther, Gen. der Inf. 354, 403, 404 ff., 412 f., 415 f., 467 f., 528, 533 f.
v. Bock, Fedor, Generalfeldmarschall 55, 194, 196 f., 200, 206
v. Boddien, Hans Albrecht, Oberlt. 200
Bodenschatz, Karl, Gen. d. Flieg. 380, 420
Boehringer, Robert, Dr. 500, 517, 518
Böhme, Gerhard, Gewerkschaftler 318
v. Boehmer, Hasso, Oberstlt. i. G. 289, 314
Böhm=Tettelbach, Hans, Major, rhein. Industrieller 47, 495
v. Boeselager, Georg Frhr., Oberst 201 ff., 211, 332, 367
v. Boeselager, Philipp Frhr., Bruder des vorigen 201
v. Boineburg=Lengsfeld, Hans, Generallt. 352 f., 404 f., 408, 411, 415 f.
Bolbrincker, Oberst 447 f.
Bolz, Eugen, vorm. Staatspr. v. Wttbg. 319
Bonhoeffer, Dietrich, Pfarrer 37, 41, 179 f., 184 ff., 215, 267, 320, 466, 493, 512, 513, 514, 522, 537
Bonhoeffer Klaus, Syndikus d. Deutschen Lufthansa 186, 493, 514
Borgmann, Oberstlt. 380
Bormann, Martin, Reichsltr. 419, 441, 442, 450, 452, 463, 472, 518, 524, 534, 535, 536, 538, 542
Brandt, Heinz, Oberst 212 f., 280, 350, 380, 418, 420, 531
v. Brauchitsch, Walter, Generalfeldmarschall, 1938 bis 1941 Oberbefehlshaber des Heeres 28 ff., 45, 47, 50, 55, 57 f., 60, 81, 206, 208, 442, 494, 495
v. Bredow, Kurt, Generalmajor, 1932/33 Chef des Ministeramtes im Reichswehrministerium 24, 34, 495
Brehmer, Generalmajor 408, 412
v. Breitenbuch, Eberhard, Rittm. 201, 515, 526
Brinck, Reinhard, Dr. Rechtsanwalt 353
v. Brockdorf=Ahlefeldt, Erich, Gen. d. Inf. 45
Brückmeier, Eduard, Legationsrat im AA 84
Brueghel, Peter, holländ. Maler (1565—1625) 101 f.
Brüning, Heinrich, 1930—1932 Reichskanzler 16 f., 44, 69, 82, 88, 149, 319, 494
Buchholz Heinz, Stenograf 380, 530

551

Buchholz, Peter, Domkapitular, kath. Gefängnisseelsorger in Plötzensee 139, 506
Buchner, Obersturmf. d. Waffen-SS 388
v. Büchs, Herbert, Major i. G. 380
Buck, Leutnant 443
Buhle, Walther, Gen. der Inf. 379, 381, 423, 527
v. Burgdorf Wilhelm, Gen. 461, 469 f., 534
Burckhardt, Carl J., Prof., Völkerbundskommissar in Danzig 510
Burckhardt, Jakob 155
Busch, Ernst, Generalfeldmarschall 32, 337 f.
v. dem Bussche, Axel Frhr., Hauptmann 286, 299, 333 ff., 510, 523, 525
v. dem Bussche, Erich Frhr., Gen. der Art., bis 1933 Chef des Heerespersonalamtes 492

C

Canaris, Wilhelm, Admiral 34 ff., 44, 47, 54, 57 f., 81, 95, 185, 205, 208, 211, 215, 276, 281, 303, 335, 343, 465 f., 493, 496
Carpentier, Dr. med., Truppenarzt 521
Chamberlain, Sir Neville, 1937–1940 brit. Premiermin. 48 ff., 60, 495
Churchill, Winston Spencer, 1939/40 Erster Lord der Admiralität, 1940–1945 brit. Premierminister 47, 51, 77, 199, 216, 218, 246, 320 f., 323 f., 326, 340 ff., 374, 487, 495, 496, 524, 525, 543, 544
Clay, Lucius, amer. General 543
Colsman, Erwin, Oberst, rhein. Industrieller 520, 522
Cords, Helmut, Oberlt. 262, 285, 387, 401, 523, 531
Cramer, Walter, Fabrikant 317, 498
Cripps, Sir Stafford 150
Curtis, Lionel, All Souls College Oxford 156, 509

D

Dahrendorf, Gustav, Redakteur 127, 317, 505, 527
Dante, Alighieri 84
Danton, Georges, Führer in der Frz. Rev. 123
Darlan, François, franz. Admiral 515
Delbrück, Justus, Reg.-Rat a. D., Kfm., 37, 186, 493
Delp, Alfred, Jesuitenpater 131, 139 ff., 152 ff., 155, 160 f., 193, 506
Descartes, René, franz. Philosoph 100
Dieckmann, Wilhelm, Major d. R., Oberreg.-Rat 510
Diels, Rudolf, Ministerialdir., Chef der Gestapo in Preußen 492, 494, 498, 539
Dietl, Eduard, Gen. 63
Dietrich, Sepp, Obergruppenf. u. Generaloberst 215, 415, 468
v. Dietze, Constantin, Prof., Volkswirtschaftler 498, 514

Dilthey, Wilhelm 133
v. Dohnanyi, Hans Dr., Reichsgerichtsrat 36 f., 178, 185 f., 208, 211 f., 215, 275 f., 455, 465 f., 477, 493, 514
zu Dohna-Tolksdorf, Heinrich Graf, Generalmajor 287, 295, 317
Dollmann, Friedrich, Generaloberst 355, 534
Dönitz, Karl, Großadmiral 290, 414 ff., 422, 428, 470
v. Drechsel, Max Ulrich Graf, Gutsbesitzer, Hauptmann 281, 283
Dulles, Allen Welsh, Sonderbeauftr. Roosevelts in Bern 150, 322, 326, 338 f., 495, 497, 501, 505, 514, 524, 525, 526

E

Eden, Anthony, 1935–1938 und 1940–1945 brit. Außenmin. 320 f., 524
Eggert, Hauptm. 201
Ehrensberger, Otto, Referent im Reichsinnenministerium 165, 510
v. Einsiedel, Horst, Dr. rer. pol. 145
Eisenhower, Dwight, amerik. Gen. u. Oberkommandierender 341 f., 347, 370, 410, 477, 542
Elsas, Fritz, Dr., bis 1933 Bürgerm. von Berlin 498, 539
Elser, Georg, Tischler in München 58, 497
Erdmann, Hans Otto, Oberstlt. 286
Erttel, Holm, Dr., Oberlt. d. R. 442
v. Erxleben, Prof., Volkswirtschaftler 498
v. Esebeck, Frhr., Gen. d. Panzertr. 393, 532 f.
v. Etzdorf, Hasso, vortragend. Legationsrat, Vertr. des AA beim Generalst. d. H. 56, 84
Eucken, Walter, Prof., Volkswirtschaftler 514

F

Fahrner, Rudolf, Prof., Germanist 228, 235, 239 ff., 246, 254, 262, 264, 267 f., 269, 298, 300, 327 f., 362 f., 518 f., 520, 521, 525, 528, 543
v. Falkenhausen, Alexander Frhr., Gen. der Inf., mil. Befehlsh. v. Belgien u. Nordfrankreich 123, 191, 208, 326, 340, 354, 372, 407, 504, 527
v. Falkenhausen, Gotthard Frhr., Dr. 352, 526, 533 f.
Fechter, Paul, Mitherausgeber der Deutschen Rundschau 63, 89 f., 498, 501
Fegelein, Hermann, SS-Gen. 380, 418
Fellgiebel, Erich, Gen. der Nachr.-Tr. 280 f., 312 f., 319, 367, 369, 371 f., 384, 425, 431 ff., 441, 463, 522, 523, 535, 542
Finckh, Eberhard, Oberst i. G. 228, 283 f., 355 f., 392, 402, 404, 406, 415, 438, 458, 468, 518, 519
Fischer, Albrecht, Baurat a. D. 317

Fließbach, Major 395 ff., 449
Frank, Reinhold, Rechtsanwalt 498
Freisler, Roland, Präs. d. Volksgerichtshofs 23, 128, 135, 177, 461, 463, 502, 527, 537, 538, 539, 540
v. Freytag=Loringhoven, Wessel Frhr., Oberst i. G. 282, 303, 335, 430, 493
Friedrich der Große 193, 219, 393, 542, 543
v. Fritsch, Werner Frhr., 1935–1938 Oberbefehlshaber des Heeres 18, 25 ff., 30, 33, 43, 71, 81, 85, 165, 275, 280, 465, 492, 522
Fritzsche, Hans, Hauptmann 262, 283, 387, 389, 401, 530 f., 532, 543, 545
Fröhlich, August, Gewerkschaftler, ehem. Ministerpräs. v. Thüringen 317
Fromm, Fritz, Generaloberst, Befehlsh. d. Ersatzh. 256, 260, 271 ff., 274 f., 303, 306, 346, 350, 365, 371 f., 382, 384 ff., 393, 396 ff., 400 ff., 407, 422, 425, 440, 446 f., 449, 474, 522, 530, 531, 532, 535, 536, 541
Fugger=Gloett, Eugen Fürst 161, 509

G

Gehre, Ludwig, Hauptmann 212, 282, 287, 343, 466, 493
Gehrke, Oberstlt. 398, 447, 532
George, Stefan 169, 226, 239, 250, 269, 503, 518, 520, 521
Georgi, Friedrich, Major 262, 291 f., 396, 400, 434, 436 ff., 514, 523, 530, 532, 534
v. Gersdorff, Rudolf=Christoph Frhr., Generalmajor 199, 205 f., 210, 213 f., 245, 515, 516, 520
Gerstenmaier, Eugen Karl Albr., D. Dr., Konsistorialrat 113, 135 ff., 139, 142, 158, 210, 262, 293, 390, 396, 400, 501, 505, 506, 509, 530, 531, 532
Geßler, Otto, 1920–1928 Reichswehrmin. 161, 317
Geyr v. Schweppenburg, Leo Frhr., Gen. 355
Giehrl, Rudolf, Oberstlt. a. D. 161
Giraud, franz. Gen. 39
Gisevius, Hans=Bernd, Reg.=Rat 44 f., 209, 262, 282, 288, 326, 339, 342, 372 ff., 388, 390, 492 ff., 511, 517, 524, 526, 528 ff.
Glaise v. Horstenau, Edmund, Gen., Dir. des österr. Kriegsarchivs, 1942 deutscher bevollm. Gen. in Kroatien 524
Gläsemer, Wolfgang, Oberst 390, 445 ff., 537
Gloeden, Erich, Architekt 227, 539
v. Gneisenau, August Neithardt Graf, preuß. Generalfeldmarschall 125, 226, 230, 232, 242, 245 f., 267, 269, 509, 522, 544
Goebbels, Joseph Dr., Reichspropagandamin. 24, 53, 119, 307, 327, 349, 391 f., 394, 402, 423 f., 441 ff., 447, 503, 531, 532, 533, 535, 536, 538, 541

Goerdeler, Carl Friedrich, 1930–1937 Oberbürgerm. v. Leipzig 44, 51, 54, 56 f., 59 f., 65, 68 ff., 79 ff., 84, 86, 88, 90, 95 ff., 115, 136, 148, 153, 161, 176, 191, 206, 209, 215 ff., 225, 259, 263 f., 272, 274 f., 292, 294, 299, 315 ff., 319 f., 323, 324, 326 f., 330, 339, 341 ff., 354, 358, 370, 372 ff., 403 f., 451, 453 f., 456, 459, 463, 495, 498, 499, 500, 501, 504, 509, 511, 514, 515, 516, 517, 519, 521 ff., 524, 527, 528, 539, 541
Goerdeler, Fritz, Bruder des vorigen, Stadtkämm. v. Königsberg 498
Goethe, Joh. Wolfg. v. 108, 236, 403, 507
v. der Goltz, Rüdiger Graf, Rechtsanwalt 276
Göring, Hermann, Reichsmarschall 25, 27, 29, 70 f., 79 f., 84 f., 87, 213, 290, 307, 311, 331, 333, 349, 370, 380, 415, 418, 419, 421 f., 428, 453, 466, 470, 492, 499, 501, 522, 534
Graziani, Rodolfo, ital. Marschall 384
Groener, Wilhelm, Generallt., 1928–1932 Reichswehrmin., 145, 495
Gronau, Hans, Oberst 277
Groppe, Theodor, Generallt. a. D. 522
Groß, Nikolaus, Gewerkschaftsführer, Redakteur 160, 502
Grosscurth, Helmuth, Oberst i. G. 55, 496
Guderian, Heinz, Generaloberst 59, 115, 198, 346, 423, 427, 447 f., 451, 461, 496, 498, 515, 527, 528, 533, 534, 538, 542, 543
Günsche, Otto, SS=Sturmbannf. 380, 418
Gürtner, Franz, Reichsjustizmin. 37, 493
v. Guttenberg, Karl Ludwig Frhr., Gutsbes. 37, 178, 493

H

Haake, Leipziger Bürgerm. 70
Habermann, Max, Vorst. des DHV 94, 502, 511
Hacha, Emil, Nov. 1938 – März 1939 tschechoslow. Staatspräs. 53
Hädelmayer, Roman 175
v. Haeften, Hans Bernd, vortr. Legationsrat im AA 84, 145 f., 151 f., 284, 293, 310, 463, 540
v. Haeften, Werner, Syndikus, Oberlt. d. R. 284 f., 299, 360, 362, 369, 378, 382 ff., 387, 396 f., 399, 430, 431 f., 439 f., 532, 534, 535
v. Haeften, Gen., Präs. des Reichsarchivs 507
Hagen, Stenograf 530
v. Hagen, Albrecht, Oberlt., Syndikus 280, 335, 345, 520, 529
Hagen, Hans Dr., Lt., dann Hauptmann 442 f., 533, 535 ff., 538
Hahn, Kurt, Oberst i. G. 281, 312, 371, 431, 434, 436 ff.

553

Hahn, Paul, ehem. Oberpolizeidir. v. Stuttgart 498
Halder, Franz, Generaloberst, August 1938 bis Sept. 1942 Chef des Generalstabs des Heeres 32, 42 ff., 49 f., 55, 57, 59, 60, 81, 161, 204 ff., 244, 247, 270, 493, 494, 496 497, 515, 519, 522, 540
v. Halem, Nikolaus, Groß=Kaufm. 175 ff., 199, 343, 511, 512
Halifax, Edward Lord, 1938–1940 brit. Außenmin. 47, 60, 148, 199, 495, 508, 512
Hamm, Eduard Dr., vorm. Staatssekr. und Chef der Reichskanzlei 161, 498
Hammarskjöld, Dag, Gen.=Sekr. d. UNO 250
v. Hammerstein=Equord, Kurt Frhr., Generaloberst, 1930–1934 Chef der deutschen Heeresleitung 18, 34, 43 f., 95, 200, 492, 495, 522
v. Hammerstein=Equord, Ludwig Frhr., Lt. 262, 285, 388, 401
Hansen, Georg, Oberst i. G., 1944 Nachf. v. Canaris 40, 281, 368, 373, 385
v. Hardenberg, Carl Hans Graf, Gutsbes., Oberstlt. 197, 200, 293
v. Hardenberg, Marg. Gräfin, geb. v. Oven, Sekretärin 514, 522
Harnack, Arvid Dr., Oberreg.=Rat im RWM 115, 504
v. Harnack, Ernst, bis 1933 Reg.=Präs. in Merseburg 114 ff., 504
Harnack, Mildred, Lektorin an der Univ. Berlin 504
Harnack, Major i. G. 439
v. Hase, Paul, Generallt., Wehrmachtkomm. von Berlin 186, 288, 300, 351, 383, 392, 441 ff., 532, 537
v. Hassell, Ulrich, 1932–1938 Botschafter am Quirinal 54, 56, 59 f., 65, 84 ff., 89, 96, 161, 192, 206, 208 f., 316, 319 f., 324 f., 343, 457, 463, 492, 495, 496, 497, 498, 500, 501, 505, 506, 508, 509, 512, 515, 516, 522, 523, 524, 526, 539
Hassel, Oberst 281, 293 f., 311 f., 431, 435, 440
Haubach, Theodor Dr., Journalist, 1930 Presseref. im preuß. Innenmin. 98 ff., 102 ff., 108, 113, 127, 139, 143, 152, 209, 293, 319, 344, 366, 498, 502, 503
Haushofer, Albrecht Dr., Prof. f. polit. Geographie u. Geopolitik an der Berl. Hochschule f. Pol. 87 f., 153, 171, 501, 511, 514
Hausser, Paul, SS=Gen. 215
Hayessen, Egbert, Major i. G. 273, 351, 383, 392, 442, 530
Hegel, G. F. W., deutscher Philosoph 136, 147
Heinz, Friedrich Wilhelm, Oberstlt., fr. Stahlhelmf. 49, 275, 493, 495

v. Helldorf, Wolf Heinrich Graf, seit 1935 Polizeipräs. v. Berlin 31, 44, 165, 287 f., 319, 361, 384 f., 532, 541
Henderson, Sir Neville, 1937–1939 brit. Botschafter in Berlin 84, 496, 504, 509
Herber, Franz, Oberstlt. i. G. 395 ff., 448 f., 531, 538
Herder, Joh. Gottfried 542
Herfurth, Otto, Generalmajor 288, 425
Hermes, Andreas Dr., 1920–1923 Reichsernährungs= und Finanzmin., 1930–1933 Präs. der Raiffeisenverbände 319, 498
Herrmann, Matthäus, Lokomotivf. a. D. 319
Heß, Rudolf, bis Mai 1941 Stellvertr. des „Führers" 87
Heusinger Adolf, Generallt., 1940 bis 1944 Chef der Operationsabteilung im Generalstab des Heeres 194, 280, 337, 349, 380, 381, 514, 516, 523, 527, 528, 529, 531
v. der Heyde, Bodo, Oberstlt. i. G. 395 f., 401, 448 f., 530, 531
Heydrich, Reinhard, Chef der Sicherheitspolizei und des SD, Stellvertr. Himmlers, ab März 1942 stellv. Reichsprotektor von Böhmen=Mähren (4. Juni 1942 erschossen) 27, 40, 45, 58, 451
Himmler, Heinrich, Chef der Deutschen Polizei und Reichsf. SS, ab 1943 Reichsinnenmin. 25, 27, 45, 86, 145, 166, 172, 213, 218, 311, 331, 333, 337, 343, 346, 350, 367, 369 ff., 380, 388, 394, 408, 414, 418, 419 ff., 424 ff., 427, 440, 450 ff., 455, 459, 468, 474, 501, 524, 532, 535, 536, 541
v. Hindenburg, Oskar, Oberst, persönl. Adjut. des Reichspräs. 18
v. Hindenburg, Paul, Generalfeldmarschall, 1925–1934 Reichspräs. 18, 22, 24, 41, 44, 69, 79, 82, 193
Hitler, Adolf, passim
Hitzfeld, Gen. 288, 447 f.
Hoepner, Erich, Generaloberst 41, 46, 232, 242, 291, 306, 319, 377, 387 ff., 393, 397 ff., 407, 437, 439, 446, 494, 530, 531, 533, 535, 536
v. Hofacker, Caesar, Oberstlt. d. R., Prokurist der Ver. Stahlwerke 170, 295 f., 351 f., 354, 356, 369, 370 f., 373, 385, 393, 404 f., 405, 409 ff., 414 ff., 426, 454, 468, 519, 521, 523, 528, 534
Hölderlin, Friedrich 104, 108, 148, 503, 507
Homer 103, 520
Horst, Max Dr., Reg.=Rat 352, 409
Hoßbach, Friedrich, Gen. der Inf., 1938 Wehrmachtsadjut. bei Hitler 491, 492, 493
v. Hoeßlin, Roland, Major 286 f.
Hübener, Otto, Versicherungsdir. 493
Huber, Kurt, Prof. für Psych. u. Phil. in München 517

Hugenberg, Alfred, Vors. der Deutschnat. Volkspartei 17, 69
Hull, Cordell, Staatssekr. des Amerik. Außenamtes 149, 321, 543
van Husen, Paulus, Oberverw.=Gerichtsrat 144, 505, 506, 524

I J

Isenberg, Gerhard, Ministerialrat 171, 511
Jaenecke, Erwin, Generaloberst 527
Jäger, Fritz, Oberst 227, 388, 391 f., 530
Jakob, Major 538
Jean Paul 102, 147, 361, 507
Jessen, Jens Peter, Prof. für Staatswissenschaft in Berlin, Hauptmann d. R. 54, 84, 86, 88 f., 170, 187 f., 209, 262, 277, 293 f., 298, 316, 455, 498, 501
Jessen, Sydney, Fregattenkap. 291, 523, 539
Jodl, Alfred, Generaloberst, 1939—1945 Chef des Wehrmachtführungsstabes 220, 245, 338, 380, 408, 419, 422, 450, 470, 475, 527, 529, 534, 538, 542
John von Freyend, Ernst, Oberstlt. 379, 436
John, Hans Dr. jur. 282, 493, 504
John, Otto Dr. jur., Syndikus der Deutschen Lufthansa 262, 282, 326, 370, 375, 385, 390, 394, 493, 504, 541
Jung, Edgar I., Dr., Rechtsanwalt 175
Jüttner, SS=Obergruppenf. 542

K

Kaiser, Hermann, Studienrat, Hauptmann d. R. 263, 271, 273 f., 287, 314, 319, 340 f., 374, 498, 499, 519, 520, 521, 522, 528
Kaiser, Jakob, Landesgeschäftsf. der christl. Gewerksch. in Rheinland u. Westfalen 94, 293, 317, 319, 344 f., 502, 511
Kaltenbrunner, Ernst, seit 1943 Chef des Reichssicherheitshauptamtes 40, 237, 263, 268, 312, 314 f., 327, 344, 401, 453, 458, 459, 470, 506, 524, 532
Kapp, Wolfgang, Generallandschaftsdir. 15, 37, 117
Kaschny, Rechtsanwalt 317
Kaulbars, Baron, russ. Emigrant, Vertrauensmann des OKW 510, 515
Keitel, Wilhelm, Generalfeldmarschall, 1938 bis 1945 Chef des Oberkommandos der Wehrmacht 26, 39, 193, 213, 271 f., 281, 303, 338, 372, 379 ff., 384 f., 390, 392 ff., 408, 409, 417, 419 f., 422, 424, 436 f., 440, 461, 468, 470, 475, 494, 521, 529, 530, 535, 536, 542
Kempner, Franz, Staatssekr. a. D. 498, 499
Keppler, Wilhelm, Staatssekr. im AA 83, 151
v. Kessel, Albrecht, Legationsrat im AA 84, 497, 507
v. Ketteler, Wilhelm Frhr., Legationsrat 175, 281

Kielmansegg, Johann Graf 492, 496, 531, 535, 538
v. Kielpinski, Obersturmbannf. 458
Kiep, Otto, 1930—1933 Generalkonsul in New York, Gesandter z. D. 319, 343, 493, 500
Kiesel, Georg Dr., SS=Untersuchungsbeamter 459, 464, 493, 516, 519, 523, 532, 538, 541
Kinzl, Gen. 391, 531
Kißling, Georg=Conrad, Major d. R. 289, 314, 498
Klamroth, Bernhard, Oberstlt. i. G. 279 f., 335, 345
Klamroth, Hans=Georg, Major d. R., Kfm. 533
Klapper, H., Major d. R. 530 f.
Klausing, Friedrich=Karl, Hauptm. 283, 369, 371 f., 383, 387 ff., 396, 401, 429, 439, 510
v. Kleist, Bernd, Oberst 198, 514
v. Kleist, Erwin, Generalfeldmarschall 233, 349, 494
v. Kleist=Schmenzin, Ewald Heinrich sen., Gutsbes. 47, 317, 336, 495, 498, 525
v. Kleist=Schmenzin, Ewald Heinrich jun., Oberl. 262, 286, 336, 388, 401, 530, 537
Kleist Peter, Referent im Ministerbüro Ribbentrop 321, 496, 499, 509, 518, 519, 524
v. Kluge, Günther, Generalfeldmarschall 194, 196 f., 208, 212 f., 214 f., 245, 279, 330, 337, 366 f., 369 ff., 374, 393 f., 404 ff., 426, 467, 468, 499, 514, 515, 516, 519, 528, 534, 540, 541
Knaak, Gerhard, Major 335
Knochen, Dr., SS=Standartenf., Chef des SD in Frankreich 416
Koch, Erich, Gauleiter v. Ostpreußen 164 f., 509, 510, 518
Kodré, Heinrich, Oberst i. G. 533
Kolbe, Oberfeldw. 382, 388
Köllner, Oberst 393, 440
Koerner, Heinrich, Landesgeschäftsf. der christl. Gewerksch. 502
Kordt, Erich, 1938—1941 Legationsrat im Ministerbüro Ribbentrop 45 f., 50, 56, 84, 492, 495, 496, 497, 499
Kordt, Theo, Botschaftsrat 1938—1939 in London, bis 1945 in Bern 47, 60, 84
Korfes, Otto, Generalmajor 356
Korselt, Theodor Dr. jur., Regierungsrat 517
Korten, Günter, Generaloberst 380, 420, 534
v. Kortzfleisch, Gen. 383, 388 f., 425, 522, 538
Koßmann, Bartholomäus, Rechtsanwalt, Staatsmin. a. D. 317, 353 f.
Kösting, Ernst, Generalmajor 326, 518, 520
Krancke, Admiral 414, 415 f.
Kranzfelder, Alfred, Korvettenkapitän 167 289 f., 338, 374
v. Kraewel, Kurt, Oberstlt. 404, 408, 412, 414 f.

Kreiten, Karlrobert, Pianist 517
Kriebel, Gen. 462
Krupp v. Bohlen und Halbach, Gustav, Leiter der Krupp=Werke 70, 319
Kuban, Oberstlt. 395
v. Küchler, Georg, Generalfeldmarschall 209, 215, 516
Kuenzer, Richard Dr., Ministerialrat, vortr. Legationsrat im AA 498, 500
Kuhn, Joachim, Major i. G. 203, 280, 335, 430, 541
Kuntze, Gen. 446
Kupfer, Admiral 262

L

Lahousen, Erwin, Generalmajor 211, 493
Lampe, Adolf, Prof. für Volkswirtsch., Freiburg 498, 514
v. der Lancken, Fritz, Oberstlt. 192, 275, 395, 400, 430, 526
Langbehn, Carl Dr., Rechtsanwalt 88, 316, 324, 501
Leber, Annedore 174, 297 f., 374, 501, 502, 503 ff., 514 ff., 522, 523, 526, 529
Leber, Julius Dr., Journalist 95, 108, 114 f., 117 ff., 121 ff., 151 f., 170, 297 f., 319, 327, 338, 344 f., 356, 366, 374, 451, 454, 463, 481, 491, 492, 501, 502, 504, 505, 514, 515, 516, 525, 527
v. Leeb, Wilhelm, Ritter, Generalfeldmarschall 55, 206
v. Lehndorff=Steinort, Heinrich Graf, Gutsbes. 200, 287, 314, 331, 358
Lehr, Robert, vorm. Oberbürgerm. v. Düsseldorf 498
Leipart, Theodor, seit 1921 Vorsitzender des ADGB 94
Lejeune=Jung, Paul, Synd. 316, 319, 498, 524
Lemmer, Ernst, Journalist, Gewerksch.=Generalsekr. 94
v. Leonrod, Ludwig Frhr., Major 281, 283, 314, 387, 523
Letterhaus, Bernhard, Verbandssekr. der kath. Arbeitervereine Westdeutschlands, Hauptmann d. R. 160, 282, 317, 319, 502
Leuninger, Franz, christl. Gewerkschaftsf. 502
Leuschner, Wilhelm, 1929–1933 hess. Innenmin. 92, 93 ff., 103, 107 f., 123, 148, 293, 299, 317 ff., 344, 354, 356, 463, 501, 502, 511
Ley, Robert, Führer der DAF 94
Liedig, Korvettenkapitän 49, 493
Lindemann, Fritz, General der Art., Waffengen. im OKH 80 f., 277, 370, 539
v. Linstow, Otfried, Oberst i. G. 353, 404, 410, 412 ff., 468
Lloyd George, A., Lord of Dolobran, brit. Staatssekr. 47, 199

Lochner, Louis, amerikan. Journalist in Berlin 320
Loeser, Ewald, Bürgerm. v. Leipzig, später kaufm. Dir. bei Krupp 319, 498
Lohmeyer, Hans, Oberbürgerm. v. Königsberg 69
Lothian, Lord, brit. Botschafter in Washington 148
Ludendorff, Erich, Gen. d. Inf. 28, 82, 164, 491
Ludin, Hans, Lt. 519
Lukaschek, Hans, vorm. Oberpräs. v. Schlesien 144, 317
v. Lüninck, Ferd. Frhr., vorm. Oberpräs. v. Westf. 318, 545
v. Lüninck, Hermann Frhr., vorm. Oberpräs. der Rheinprovinz 319
Luther, Martin 102, 133, 181, 512, 518
v. Lüttwitz, Frhr., Generallt. 355
Lynar, Friedrich Wilhelm Graf zu, Major 291

M

Maass, Hermann, 1924–1933 Geschäftsf. des Reichsausschusses der deutschen Jugendverbände 98, 127, 152, 293, 344, 472, 502
Maisel, Ernst, Generallt. 461, 469
v. Manstein, Erich (v. Lewinski), Generalfeldmarschall 166, 197 f., 215, 245, 349, 491, 492, 498, 515, 516, 520
Marogna=Redwitz, Rudolf Graf, Oberst 289, 314, 493, 532 f.
Marshall, George, 1939–1945 Generalstabschef der amerikan. Armee, 1947–1949 amerikan. Außenmin. 341
v. Matuschka, Michael Graf, Regierungsdir. 283, 295
Maley, Alexander, amerikan. Offizier im Marine=Nachrichtendienst 508
Mehnert, Frank, Bildhauer 228, 231, 242, 269, 517
Meichssner, Joachim, Oberst i. G. 263, 282, 302, 316
Meisel, Admiral 290
Menge, Arthur, vorm. Oberbürgerm. von Hannover 317
Mertz v. Quirnheim, Albrecht Ritter, Oberst i. G. 228, 244, 261, 275, 284, 351, 356, 364, 373, 383 f., 386, 389, 390 ff., 396 ff., 401, 410, 440, 445 f.
Messersmith, G. S., amerik. Staatssekr. 149
Meyerhöfer, Generalmajor 532
Michel, Elmar, Dr., Ministerialrat 352, 404, 518, 522, 534
Mierendorff, Carlo, Dr. phil. Generalsekr. der Transportarbeitergewerksch. 98, 102 f., 104, 106, 108, 113, 117, 123, 138, 152 f., 160, 209, 319, 327, 502, 503, 504
Model, Walter, Generalfeldmarschall 202, 211, 467

v. Möllendorf, Rittmeister 379, 382
Molotow, W. M., seit 1939 russ. Außenmin. 321
v. Moltke, Freya Gräfin 153, 505, 506
v. Moltke, Helmuth Karl Bernhard Graf, Generalfeldmarschall 32, 43, 228, 491, 518
v. Moltke, Helmuth James Graf, Rechtsanwalt, Sachverst. für Kriegs- und Völkerrecht im OKW 113, 130, 131 ff., 138 f., 142 ff., 152 ff., 160 ff., 209, 293, 325, 343, 352, 463, 505, 506, 510, 511, 513, 514, 515
Momm, Harald, Oberst 288
Montgomery, Bernhard, Viscount of El Alamein, brit. Feldmarschall 369, 410
Mörl-Pfalzen, Anton, vorm. Sicherheitsdir. v. Tirol 318
Morley, Felix, Herausg. der Washington Post 149, 508
Müller, Gotthold, Verleger 358, 499, 525, 541
Müller, Heinrich, SS-Obergruppenführer, Chef der Gestapo 40
Müller, Joseph Dr. jur., Rechtsanwalt, Lt. 60, 82, 215
Müller, Otto Dr., Prälat, Verbandspräses der kath. Arbeitervereine 160
Müller, Wolfg., Oberst 288, 396, 432, 448 ff., 493, 502, 531, 535, 538, 539, 540, 541, 542
Mumm v. Schwarzenstein, Herbert, Dr. jur., Legationsrat 177 f., 500, 512
Mussolini, Benito, Duce 20, 50, 53 f., 214, 225, 379, 384, 401, 406, 419 ff., 535
Muthmann, Walther, Oberreg.-Rat 171, 511

N

Napoleon I. 71 f., 126, 246, 267
Nebe, Arthur, SS-Gruppenf., Chef des Reichskriminalamtes 44, 206, 209, 288, 374, 541
v. Neurath, Konstantin Frhr., 1932—1938 Reichsaußenmin., 1939—1943 Reichsprotektor v. Böhmen und Mähren 26, 50, 527
v. Nida, Generalmajor 533
zur Nieden, Wilhelm, Stadtbaurat (Leipzig) 319, 498
Niekisch, Ernst, Begründer der altsozialistischen Partei 199
Niemöller, Martin, Pfarrer in Berlin-Dahlem, 1937—1945 im KZ 23, 497
Nietzsche, Friedrich 123, 155
Noske, Gustav, 1919—1920 Reichswehrmin. 317

O

Oberg, Karl Albrecht, SS-Gruppenf., höherer SS- und Polizeif. in Frankreich 294, 408, 412, 416 f., 534
Oberhäuser, Gen. 404, 412, 533

von Oertzen, Hans Ulrich, Major 201, 261, 270, 335, 337 f., 383, 445, 522, 528
Ohlendorff, Otto, SS-Gruppenf. 89, 501
Olbricht, Friedrich, Gen. der Inf. 95, 165, 191 f., 204, 209, 211 f., 215 f., 238, 253, 256, 258, 260 f., 269, 270 ff., 275 f., 279, 284, 287 f., 291, 302 f., 311 ff., 315 f., 319, 330, 336, 346, 369, 371 f., 383 ff., 388 f., 392 ff., 422 f., 425, 436 f., 438 ff., 440 f., 445 ff., 454, 474, 514, 521, 526, 530, 531, 532, 537, 538, 542
Oppen, H. W., Lt. 262, 285, 388, 401, 507, 531
Ortega y Gasset, span. Philosoph 155
Oster, Hans, Generalmajor 34 ff., 40 f., 43 ff., 47, 49 f., 54, 55, 57 ff., 81, 85, 90, 95, 185, 191, 199, 205 f., 208, 212, 215, 275 f., 291, 294, 314, 465, 466, 493, 519

P

v. Palombini, Kraft Frhr., Gutsbes. 498, 539
v. Papen, Frz., 1932 Reichsk. 18, 114, 146, 175
Pascal, Blaise, frz. Philos. (1623—1662) 183
Patzig, Kapitän z. See 37
Paulus, Friedr., Generalfeldmarschall 211, 516
Pechel, Rudolf, Herausg. der Deutschen Rundschau 493, 494, 495, 498, 502, 504, 505, 507, 511, 512, 516, 525, 526
Perels, Friedrich Justus, Justitiar der Bekennenden Kirche 498
Pestalozzi, Joh. Heinrich, Pädagoge 112
Peters, Hans, vorm. Prof. für Staatsrecht 145
Petzel, Walter, Gen. der Art. 515
Piffrader, SS-Oberf. 388, 401, 530
Planck, Erwin, Staatssekr. in der Reichskanzlei, später Dir. bei O. Wolff (Eisengroßhandel) 54, 86, 88, 170, 208, 316
v. Plate, Oberst i. G. 533
v. Plettenberg, Kurt Frhr., Kammerpräs. 293, 332, 352, 456
Poelchau, Harald, ev. Gefängnispfarrer in Tegel 138, 502, 505, 506, 508, 509, 512
Popitz, Johannes Prof., preuß. Finanzmin. 54, 59, 84, 85 f., 88 f., 161, 170 f., 192, 206, 209, 293 f., 316, 343, 451, 498, 500, 501, 511, 515, 519
v. Preysing-Lichtenegg-Moos, Konrad Graf, ab 1946 Kardinal, Bischof v. Berlin 544
Pridun, Karl, Oberstlt. i. G. 395, 449 f.
v. Puttkamer, Karl Jesco, Admiral 380, 527, 534
v. Puttkamer-Nippoglense, Jesco, pomm. Gutsbes. 498

R

v. Rabenau, Friedrich, Gen. der Art. 515, 522, 527
Raeder, Erich, Großadmiral, 1935—1943 Oberbefehlshaber der Marine 81

Rahn, Rudolf Dr., Botschafter 508, 515, 534, 542
v. Ramin, Barnim, Rittm. 397, 400, 401, 532
vom Rath, Ernst, Gesandtschaftsrat in Paris 53
Rathgens, Karl Ernst, Oberstlt. i. G. 468, 540
Rattenhuber, SS=Obersturmf. 331, 379
Rehrl, Franz, vorm. Landeshauptm. von Salzburg 318
v. Reichenau, Walter, Generalfeldmarsch. 32
Reichwein, Adolf, Prof. a. d. Päd. Akademie Halle, nach 1933 Dorfschullehrer, später stellvertr. Leiter des Museums für Volkskunde Berlin 108 ff., 130, 152, 293, 319, 324, 327, 344, 356, 366, 504
Reinecke, Hermann, Gen. der Inf. 394, 400, 445, 537
Reisert, Franz Dr., Rechtsanwalt 161, 509, 511
Reither, Josef, österr. Bauernf. 318
Remer, Otto Ernst, Major, Oberst, Generalmajor 351, 392, 400, 424, 441 ff., 447, 529, 531, 536, 537, 538, 542
v. Ribbentrop, Joachim, 1938–1945 Reichsaußenmin. 44, 50, 54, 82 f., 148, 321, 419, 422, 451, 500, 508, 538
Richter, F. W., sächs. Staatsmin. a. D. 498
Rilke, Rainer Maria 517
Risler, Thorwald, Feldw. d. Nachrichtentruppe 432, 535
Ritter, Gerhard, Prof., Historiker 73, 75, 315, 454, 491, 493 bis 499, 501, 509, 510 f., 513 bis 517, 522 bis 529, 538, 541
v. Roenne, Alexis Frhr., Oberst i. G. 282 f., 523
Röhm, Ernst, Stabschef der SA, Reichsmin. 24, 26
Röhrig, Lt. der Nachrichtentruppe 439, 440
Roesch, Augustinus, Jesuitenprovinzial 139, 144, 503
Rommel, Erwin, Generalfeldmarschall 53, 63, 244, 347 f., 353 ff., 359, 369 ff., 374, 404, 467 ff., 516, 528, 539, 542, 545
Römer, „Beppo" Dr. jur. 177, 512
Rosenberg, Alfred, 1934–1945 Beauftr. für die weltansch. Schulung der NSDAP, Min. für die besetzten Ostgebiete 492, 509
Roosevelt, Franklin D., 1933–1945 Präs. der USA 53, 149, 218, 320 ff., 508, 543
v. Rost, Hansgünther, Generalmajor 277, 288, 522
Rothkirch, Graf 446
Ruge, Friedrich, Vizeadmiral 437
v. Rundstedt, Gerd, Generalfeldmarschall 55, 81, 194, 206, 340, 347, 354, 366, 461, 470, 494, 528, 542
Ruprecht, Kronprinz v. Bayern 161

S

Sack, Karl Dr., Ministerialdir. u. Chefrichter d. H. 275, 390, 466, 491, 493, 522, 532
Sadrozinski, Joachim, Oberstlt. i. G. 273
v. Salmuth, Generaloberst 355
Sander, Ludolf Gerhard, Oberstlt. 431 ff., 437, 535
Sauerbruch, Ferdinand, Prof. Dr., Chirurg 87, 255, 495, 498, 518, 520
Schaal, Gen. d. Panzertr. 533
Schacht, Hjalmar, 1935–1939 Reichsbankpräs., 1934–1937 Reichswirtschaftsmin. 26, 41, 45, 54, 73, 78 ff., 148 f., 193, 325, 494, 495, 499
v. Schack, Adolf Graf 288, 442
Schady, Leutnant 399
v. Scharnhorst, Gerhard Johann David, preuß. Gen. 125, 519, 543
Schauß, Hauptmann 445
Scheffer, Paul, Amerikadeutscher 149
Schellenberg, Walter, SS=Brigadef. im RSH 40
Scherff, Walther, Generalmajor 380, 418, 527, 539
Scheringer, Lt. 519
Schiller, Otto, Prof., Landw. Hochsch. Hohenheim 520
v. Schirach, Baldur, Reichsleiter 533
v. Schlabrendorff, Fabian Dr. jur., Rechtsanwalt, Oberlt. d. R. 176 ff., 185, 198, 199 f., 203, 208, 212, 213, 262, 280, 324, 326, 358, 464, 493, 495, 497, 499, 512, 514, 515, 516, 520, 523, 524, 525, 528, 530, 539, 544
Schlange-Schöningen, Hans, 1931–1932 Reichskomm. f. Osthilfe 319
Schlee, Oberlt. 398, 440, 445 f., 534, 536, 538
v. Schleicher, Kurt, Gen. der Inf., 1932 bis 1933 Reichswehrmin. und Reichskanzler 18, 24, 34, 69, 88, 492, 495
Schleicher, Rüdiger Dr. jur., Prof., Ministerialrat im Reichsluftfahrtmin. 186, 514
v. Schlieffen, Alfred Graf, preuß. Generalfeldmarschall 32, 228
Schmidt von Altenstadt, Oberst 246
Schmundt, Rudolf, Gen. der Inf., 1942–1944 Chef des Heerespersonalamts 197, 211, 213, 338, 380, 420, 469, 515, 527, 534
Schneppenhorst, Ernst, Gewerkschaftsf. 502
Scholl, Hans, Stud. der Med., München, und Sophie, Stud. der Biol. u. Phil., München 216
Scholz=Babisch, Friedrich, Landwirt, Rittmeister 288, 314, 494
Schöne, Hermann, Oberstlt. 288, 442
Schönfeld, Hans, ev. Pfarrer 320, 493, 508

Schrader, Werner, Oberstlt. 282, 335, 493
Schroth, Gen. 461
v. der Schulenburg, Fritz=Dietlof Graf, Regierungspräs., Oberlt. 44, 153, 161, 164 ff., 176, 209, 243, 258, 261, 263, 282, 288, 290, 292 ff., 296 f., 302, 316, 319, 333 f., 336 ff., 351 f., 373 f., 390, 400, 459, 460, 463, 477, 498, 510, 511, 522, 523, 524, 526, 531, 532, 540, 543
v. der Schulenburg, Friedrich=Werner Graf, 1934–1941 Botschafter in Moskau 319 f., 325, 326
Schultze=Buettger, Georg, Oberst i. G. 198 f.
v. Schulze=Gaevernitz, Gero 338
v. Schuschnigg, Edler Kurt, bis 1938 österr. Bundeskanzler 319
Schwamb, Ludwig, vorm. Staatsrat und Ministerialdir. im hess. Innenmin. 108, 317
Schwärzel, Helene, Büroangest. 539
v. Schwerin, Gerd Graf, Generallt. 355
v. Schwerin=Schwanenfeld, Ulrich Wilhelm Graf, Gutsbes. in Mecklenburg und Westpreußen, Hauptm. 41, 137, 161, 291, 293 f., 316, 318, 344, 373, 384, 392, 396, 400, 493, 523, 531
v. Seeckt, Hans, Generaloberst, 1920–1926 Chef der Heeresleitung 15, 491
Seitz, Karl, 1923–1934 Bürgerm. v. Wien 318
v. Sell, Ulrich, Oberstlt. 288, 314
Seneca, römischer Philosoph 189
Severing, Carl, preuß. Innenmin. 99
Siegmund=Schultze, Friedrich Wilhelm, Prof., Sozialpädagoge 320
Sierks, Hans=Ludwig, Stadtbaurat a. D. 498
Sinzinger, Generallt. 533
Skorzeny, Otto, SS=Hauptstf. 401, 532
Smend, Günther, Oberstlt. i. G. 277
Solf, Hanna, Witwe des 1936 verst. Botschafters in Tokio Wilhelm Solf 343
v. Sonnleithner, Franz, Legationsrat 380
Specht, Gen. 446, 447, 461, 538
Speer, Albert, Reichsmin. für Rüstung und Munition 474, 542
Speidel, Hans Dr., Generallt. 352 ff., 404 ff., 409 f., 414, 468, 470, 478, 495, 498, 514, 519, 527, 528, 533, 534, 540, 542
Sperr, Franz, vorm. Gesandter Bayerns in Berlin 160 f., 506
Sperrle, Hugo, Generalfeldmarschall 406, 409, 414
Spinoza, Baruch, Philosoph (1632–1677) 100
v. Sponeck, Graf, Generallt. 541
Stähle, Wilhelm, Oberst 493, 522
Stalin, Jos. 199, 218, 320 ff., 325 f., 509, 524
Stallforth, amerikan. Geschäftsm. 508
v. Stauffenberg, Berthold, Graf Schenk, Marineoberstabsrichter bei der Seekriegsleitung in Berlin (Berater in Fragen des Völkerrechts) 165, 167, 225 f., 230, 239, 249 ff., 255, 260 ff., 267 f., 289 f., 294, 300, 327 ff., 342, 363 ff., 373, 378, 397, 400, 433, 459, 460, 517, 518, 520, 532, 539, 544
v. Stauffenberg, Claus Graf Schenk, Oberst i. G. 67, 95, 131, 134, 137, 139, 142 f., 151, 161, 165, 170, 173, 187 ff., 192, 212, 225 ff., 253 ff., 272 ff., 276 f., 280, 281 ff., 296 ff., 312, 314 ff., 319, 327 ff., 332 ff., 340 ff., 350 ff., 356, 358, 359 f., 396 ff., 370 ff., 377 ff., 381 ff., 391 ff., 396 f., 399, 402 f., 409, 413, 417, 420 f., 425 ff., 429 ff., 435 f., 440, 448, 449, 451 f., 457, 466, 474, 477, 479, 482, 484, 485, 487 f., 500, 501, 502, 506, 511, 517, 518, 519, 520, 522, 523, 524, 525, 526, 527, 528, 529, 530, 531, 532, 533, 535, 537, 538, 541, 542, 543, 544
v. Stauffenberg, Melitta Gräfin, Flugkapitän, Dipl.=Ing. 466, 540
v. Stauffenberg, Nina Gräfin, Frau v. Claus St. 239, 528
Steengracht van Moyland, Gustav Adolf Baron, Staatssekretär 423
Stein, Martin, Oberst 288
vom und zum Stein, Karl Reichsfrhr. 72, 97, 125, 168, 227, 294, 510
v. Steinäcker, Hans Joachim Frhr. 498
Steltzer, Theodor Dr., bis 1933 Landr. des Kr. Rendsburg, dann okumen. Aufgaben 144 f., 161 f., 503, 505, 506, 507, 508, 509
Stevens, Brit. Major 497
Stieff, Helmuth, Generalmajor 213, 278 ff., 302 f., 312, 330, 334 f., 337, 345, 367, 369, 371, 372, 378, 408, 425, 434 f., 437, 492, 516, 530
Stieve, Prof. Geheimrat, Anatom 540
Strasser, Gregor, bis 1932 Reichsorganisationsleiter der NSDAP, 1934 erschossen 163 f.
Strecker, Gen. 446
Stresemann, Gustav, Reichskanzler und Außenmin. 16
Strölin, Karl, vorm. Oberbürgermeister v. Stuttgart 527, 542
Strünck, Theodor Dr. jur., Hauptm. d. R. 282, 342, 366, 493, 496, 524
Stuckart, Wilhelm, Staatssekr. im Reichsinnenministerium 173
v. Stülpnagel, Karl Heinrich, Gen. der Inf. 42, 55, 191, 199, 280, 291, 296, 351 ff., 356, 374, 393, 403 ff., 409 ff., 426, 455, 468, 493, 494, 497, 528, 532, 533
Sümmermann, Landrat a. D. 317

T

Taft, Robert, republik. Senator (USA) 517
Tantzen, Theodor, Ministerpräs. a. D. (Oldenburg) 317

Temple, William, Erzbischof v. York, ab 1942 v. Canterbury 320
v. Teuchert, Friedrich Frhr., Reg.-Rat 352, 403, 413, 494, 534
v. der Thann, bayer. Gen. 494
Thiele, Fritz Walter, Generallt. 281, 312, 319, 371, 385, 432, 433 ff., 440 f.
Thierack, Otto Georg, seit 1942 Reichsjustizminister 463, 540
Thierfelder, Franz Dr., Kriegsverw.-Rat 352
Thiersch, Urban, Bildhauer, Oberlt. 286, 359, 368, 520, 521, 528
Thomale, Gen. 447, 542
Thomas, Georg, Gen. der Inf., Chef des Wehrwirtschafts- und Rüstungsamtes 54, 60, 192 f., 208, 496
Thormaehlen, Ludwig, Bildhauer, Museumsdirektor 229, 249, 268, 518, 520
v. Thüngen, Karl Frhr., Generallt. 288, 388
Tillich, Paul, ev. Theol. und Philosoph 130
Tito, Marschall, jugoslaw. Staatschef 493, 524
Traber, Fregattenkapitän 262, 291
v. Tresckow, Erika, 514, 517
v. Tresckow, Gerd, Bruder des folgenden, Oberstlt. 193 f.
v. Tresckow, Henning, Generalmajor 90, 170, 177, 191, 193 ff., 253, 255, 261 f., 266, 269 f., 277, 279 f., 287 f., 293, 302 ff., 315, 319, 325, 327, 332 f., 337 f., 347, 356, 358, 359, 367 f., 370, 426, 430, 455, 484, 514, 515, 516, 519, 522, 541, 542
v. Trotha, Dietrich Dr. rer. pol. 145
v. Tròtt zu Solz, Adam, Legationsrat im AA 84, 131, 146 ff., 161 f., 178, 209, 263, 293, 320, 322, 324 ff., 338 f., 341 f., 345, 356, 366, 373 f., 454, 507, 508, 525

U

v. Üxküll-Gyllenband, Nikolaus Graf, Oberstlt. 165, 243, 295, 314, 352, 460, 519
v. Unger, Oberst i. G. 353, 404, 414
v. Unruh, Gen. 166, 521

V

Vansittart, Sir Robert, Unterstaatssekr., 1937–1941 Hauptber. d. brit. Außenmin. 47
Velebit; serb. Gen. 524
Visser't Hooft, W. A. Dr., Generalsekr. des ökumenisch. Rats der Kirchen 150, 508, 513
Voigt, Fritz, Polizeipräs. v. Breslau a. D. 317, 502
Vollert, Oberst, Ministerialdir. (Prag) 318
Voß, Hans, Admiral 380, 417, 527, 534
v. Voß, Hans Alexander, Oberstlt. i. G. 199

W

Wagner, Eduard, Gen. der Art., Generalquartiermeister im Generalstab des Heeres 42, 205, 276, 294, 312, 354, 371, 372, 434, 437 f., 458, 497, 510, 531, 542

Wagner, Joseph, Gauleiter v. Schlesien 134, 166, 176
Wagner, Siegfried, Oberst 275, 314
Waizenegger, Heinz, Oberst 380, 534
Wallenberg, Jakob u. Markus, schwedische Bankiers 77, 216, 223, 341, 358, 5$5
Warlimont, Walter, Gen. der Art. 380, 408, 411, 494
Wehrle, Hermann, Kaplan 283, 295, 523
Weidemann, Gen. 275
Weinberger, Lois, christl. Gewerkschaftler (Wien) 511
Weiß, Generaloberst 194
v. Weizsäcker, Ernst Frhr. von 1938 bis 1943 Staatssekr. des AA in Berlin, später Botschafter am Vatikan 39, 44, 54, 56, 82 f., 215, 296, 491, 493, 495, 496, 499, 500, 517, 542
Wentzel-Teutschenthal, Carl, Gutsbes. 498
Werth, Alexander 151
v. Westarp, Kuno Graf, Mitgr. der Konserv. Volkspartei 118
Wiersich, Oswald, Bezirkssekr. des ADGB 502
v. Willisen, Oberlandforstm. 317
Wilson, Sir Horace, Berater der brit. Reg., Schatzsekr. 47, 340, 495
Wilson, Thomas Woodrow, 1912–1920 Präs. der USA 106, 326
Winnig, August, Schriftsteller, vorm. Oberpräsident von Ostpreußen 28, 492, 510, 525
Wirmer, Joseph, Rechtsanwalt 293, 319 f., 327, 344, 463 f., 493, 498, 540
Wirth Joseph, 1921–1922 Reichskanzler 60
v. Witzleben, Erwin, Generalfeldmarschall 31, 41 f., 45 ff., 49 f., 59, 81, 191, 208 f., 290, 291, 300, 305 f., 377, 388 ff., 400, 403, 407 f., 440, 463, 495, 515, 531, 535, 536, 540
Wolters, Friedrich, Prof., Hist. 108, 269, 504
Wolters, Oberstlt. 433, 537
Wurm, Theophil, Ev. Landesbischof von Württemberg 135 f.

Y

Yorck, Marion Gräfin 153, 505
Yorck v. Wartenburg, Peter Graf, Dr. jur., Oberreg.-Rat 131, 133 ff., 145, 152, 156, 161, 165, 209, 226, 261, 293 f., 319, 373, 390, 396, 400, 486, 505, 506, 510, 532, 544

Z

Zeitzler, Kurt, Generaloberst, 1942–1944 Chef des Generalstabs des Heeres 204, 245, 249, 277, 349, 423, 527
v. Ziehlberg-Heisterman, Gustav, Generallt. 541
Zimmermann, Rudolf, Oberst i. G. 354, 414
v. Zitzewitz-Muttrin, Friedrich-Karl, pomm. Gutsbes. 498